四川经济稳中求进系列研究文集

四川省统计局◇主编

四川大学出版社

责任编辑:徐　凯
责任校对:喻　震　徐志静
封面设计:墨创文化
责任印制:王　炜

图书在版编目(CIP)数据

四川经济稳中求进系列研究文集 / 四川省统计局主编. —成都：四川大学出版社，2018.3
ISBN 978－7－5690－1631－4

Ⅰ.①四…　Ⅱ.①四…　Ⅲ.①中国经济－四川－文集
Ⅳ.①F127.71-53

中国版本图书馆 CIP 数据核字（2018）第 051762 号

书名　**四川经济稳中求进系列研究文集**

主　　编　四川省统计局
出　　版　四川大学出版社
地　　址　成都市一环路南一段 24 号 (610065)
发　　行　四川大学出版社
书　　号　ISBN 978－7－5690－1631－4
印　　刷　四川盛图彩色印刷有限公司
成品尺寸　185 mm×260 mm
印　　张　27
字　　数　590 千字
版　　次　2018 年 8 月第 1 版
印　　次　2018 年 8 月第 1 次印刷
定　　价　108.00 元

◆读者邮购本书,请与本社发行科联系。
电话:(028)85408408/(028)85401670/
(028)85408023　邮政编码:610065
◆本社图书如有印装质量问题,请
寄回出版社调换。
◆网址:http://press.scu.edu.cn

序　言

2017年，是实施“十三五”规划的重要一年，也是推进供给侧结构性改革的深化之年。贯彻好稳中求进工作总基调，正确认识四川经济发展面临的挑战与机遇，把握并处理好四川经济发展的一系列重大问题，是2017年四川经济工作的主要目标和重要任务。

为更好地把握稳中求进工作总基调，促进四川经济可持续发展，为各级党委政府科学决策提供参考依据，四川省统计局联合大专院校、科研院所开展“四川经济稳中求进系列研究”，完成系列研究课题25项，并将其中15篇优秀成果汇编成书公开出版。

该系列课题研究得到了四川大学、西南财经大学、西南交通大学、四川农业大学、四川师范大学、西南石油大学、成都信息工程大学、成都理工大学、四川省社会科学院、四川省农业科学院、四川理工学院、成都工业学院、四川大学锦城学院、四川省区域科学学会、四川省人口学会、四川省情杂志社等科研院所和单位的专家给予的大力支持，在此表示衷心的感谢。

书中难免有疏漏，敬请批评指正。

编　者

2017年12月

目　录

主体功能区视角下四川区域协调发展研究

区域发展不协调问题由来已久，一直是困扰区域经济发展的重点问题。长期以来，围绕生产力布局不合理、区域发展差距过大和区际冲突等问题，四川省委省政府出台了一系列的政策措施，区域协调发展取得了显著成效。但随着经济发展环境与条件的变化，区域发展不协调问题更趋复杂，不但涉及区域差距扩大和利益冲突的问题，更有空间失衡的问题，仅靠现有的政策实在难以解决。推进形成主体功能区，是《四川省主体功能区规划》（以下简称《规划》）提出的新举措，其最根本的目的就在于促进区域协调发展。《规划》提出推进形成主体功能区，将全省国土空间从总体上划分为重点开发、限制开发和禁止开发三大类功能区域，并明确了三类主体功能区的功能定位、发展方向与发展重点，试图从解决空间失衡问题出发促进区域协调发展。这是在对四川非均衡和生态环境脆弱的国土特征进行重新认识的基础上，对区域发展战略的丰富和深化。

一、主体功能区下区域协调发展新内涵

（一）强调以实现公共服务均等化来促进区域协调发展

过往对区域发展不协调的认识主要是从区域差距出发的，认为区域发展不协调的最主要表现就是区域差距。而对区域差距的认识也是一个逐步深化的过程，起初主要是从经济差距，特别是地区生产总值的绝对差距来认识区域差距，随着区域发展不协调矛盾的转化及对其认识的逐步深入，人们渐渐认识到区域经济差距背后是更大的社会差距和制度差距，到 20 世纪 90 年代，则普遍认识到区域差距是一种综合的、复杂的区域差距，或者是一种系统差距，这种差距表现在社会经济生活的方方面面。

推进形成主体功能区，是从差异角度来认识区域发展不协调的。首先，区域发展差距的实质是人口分布、经济布局与资源环境的空间失衡，而不是地区生产总值的绝对差距。其次，缩小地区发展差距应该是缩小地区间居民生活水平和公共服务的差距，而不是缩小生产领域的地区生产总值差距，要缩小生产领域的经济差距是十分困难的，而公共服务领域的差距则是应该、可以和必须缩小的。最后，每个区域在工业化城镇化进程中承担的功能应是不同的，一些区域是开发功能，另一些区域则是保护功能，同时，承担开发功能的区域可以细分为优化开发和重点开发，承

担保护功能的区域也可以细分为限制开发和禁止开发。

（二）强调通过优化区域分工格局来实现区域协调发展

过往促进区域协调发展，主要是通过协调区域经济结构，追求区域之间总量与产业的均衡。宏观调控和区域调控的主要目标是片面追求总量均衡和产业均衡，而忽视人口、经济与资源环境的空间均衡，这是导致我国空间无序开发和区域发展不协调的重要原因。

推进形成主体功能区，主要通过协调区域空间结构。首先，利用遥感、地理信息等空间分析技术和手段，对国土空间进行综合、客观的评价分析。其次，依据人口、产业和交通等对空间需求的预测，分析未来国土空间变动趋势，划定各类主体功能区。最后，依据各主体功能区的经济结构特征、资源环境承载力、既有开发强度和密度等因素，明确各类主体功能区的发展定位、配套政策、开发时序、管制原则以及绩效评价。推动形成主体功能区，实质是充分利用空间因素对区域之间的功能协同作用，重组主体功能定位明确的国土空间格局。

（三）利用有开发有保护的管制手段来促进区域协调发展

过往从区域经济差距出发认识区域发展的不协调，这就决定了在区域发展的手段和政策选择上以开发为主。在中央政府层面，加强落后地区的开发是区域协调发展的主要导向，无论是采取输血还是造血手段，其主要目的就在于提高落后地区的经济发展能力，缩小落后地区经济上的差距。在地方政府层面，落后地区纷纷采取遍地开发的粗放型开发模式，试图通过资源开发来缩小与发达地区的经济差距。

推进形成主体功能区，是从差异角度出发来认识区域发展的不协调，强调“有开发有保护”的管制手段，而不是一味的开发手段。有一定经济基础、资源环境承载能力较强、发展潜力较大、集聚人口和经济条件较好的区域，应该重点进行工业化城镇化开发。而生态系统脆弱，资源环境承载能力较低，不具备大规模高强度工业化城镇化开发条件的区域，则必须把增强生态产品生产能力作为首要任务，应该限制进行大规模高强度工业化城镇化开发。

（四）基于主体功能区实施分类指导的区域调控与管理

过往的协调区域发展主要是按照行政区和经济区来进行的，如欠发达地区与发达地区的协调以及省际协调。从经济地带演变进程看，我国先后经历了“沿海经济地带”“内地经济地带”—“一线经济地带”“二线经济地带”“三线经济地带”—“沿海经济地带”“内地经济地带”“边疆经济地带”—“东部经济地带”“中部经济地带”“西部经济地带”—“东部、中部、西部、东北”五大区域板块。从经济区演变进程看，我国先后有省区经济区划、流域经济区划。随着社会的发展，城市群和大都市区不断崛起，以城市群、大都市区以及“泛”区域为主体的区域协调发展不断推进。

主体功能区的提出，在地带协调、行政区协调、经济区协调、城市群协调等的基础上，使区域协调发展的空间单元更加细化，不同区域主体功能的差异更突出，发展方向和发展重点的定位更准确，从而让区域调控和管理在功能区层面得到进一步的延伸。

二、当前四川区域发展不协调基本判断

（一）主体功能区间居民生活差距大

四川区域经济的人口分布和经济布局不平衡，导致不同主体功能区域之间居民生活差距较大，且差距呈不断扩大趋势。2015 年，重点开发区双流人均地区生产总值由 2002 年的 14866 元上升到 67862 元，重点生态功能区石渠县人均地区生产总值由 2002 年的 2684 元上升到 7586 元，两个功能区的相对差距也由 2012 年的 5.54 倍上升到 8.95 倍。不仅不同主体功能区居民生活差距拉大，同一类主体功能区的居民生活差距也在拉大。2015 年，重点生态功能区通江县人均地区生产总值由 2002 年的 2303 元提高到 2015 年的 13662 元，与同为重点生态功能区的石渠县相对差距由 0.86 倍扩大到 1.80 倍（见表 1）。

表 1　2002—2015 年双流区、通江县、石渠县人均地区生产总值变化

单位：元

年份	双流区	通江县	石渠县	双流/通江	双流/石渠	通江/石渠
2002	14866	2303	2684	6.46	5.54	0.86
2003	16856	2589	2772	6.51	6.08	0.93
2004	19369	3104	2854	6.24	6.79	1.09
2005	21330	3454	3022	6.18	7.06	1.14
2006	24487	4368	3202	5.61	7.65	1.36
2007	29896	5287	4421	5.65	6.76	1.20
2008	35371	6430	4833	5.50	7.32	1.33
2009	40851	7130	4991	5.73	8.18	1.43
2010	43940	7998	5365	5.49	8.19	1.49
2011	47845	9531	6466	5.02	7.40	1.47
2012	58134	11206	7287	5.19	7.98	1.54
2013	61965	11859	7303	5.23	8.48	1.62
2014	65561	12862	7228	5.10	9.07	1.78
2015	67862	13662	7586	4.97	8.95	1.80

（二）公共服务均等化水平亟待提高

由于历史、资源禀赋、区位条件和社会经济基础的差异，四川各主体功能区之

间的社会经济发展处于不同的水平和阶段，加之“5·12”地震灾后重建因素的作用，使得各主体功能区之间公共服务设施空间分布的数量和质量非均衡化现象明显。在养老服务设施方面，各地数量不一。重点开发区双流的老年活动文化体育设施、托老所、老年服务中心、老年问题咨询辅导中心等已初具规模，老年公寓和护理养老型专科医院等新兴老年服务设施也正蓬勃发展，而重点生态功能区通江、南江等地的养老服务设施建设总体滞后，基本还停留在政府出资按行政管辖区设立条件简陋、功能单一的养老福利院这一初级阶段。再如在教育设施方面，各地质量差异明显。以绵阳涪城区和巴中巴州区为例，重点开发区涪城区的学校教学设备先进、师资力量雄厚，而同为重点开发区的巴州区则总体简陋，师资外流明显。2015年，绵阳涪城区的中小学生师比为16∶1，巴中巴州区每个教师负担的中小学生较绵阳高出5人，绵阳涪城区有6所高中达到省一类标准，而巴州区仅有巴中中学1家达到这一标准。

（三）区域的空间开发格局有待优化

由于受传统体制机制束缚、经济发展水平限制以及与主体功能区建设相配套的财税、土地、考核、人口等政策尚未出台，导致区域无序开发问题严重，不合理的低水平重复建设现象十分突出，加剧了资源环境压力。当前四川环境容量综合评价超载的主体功能区超过半数，部分主体功能区单位生产总值的SO_2和化学需氧量排放处于较高水平，转变经济发展方式、大力推进节能减排任务艰巨；工业化城镇化快速发展导致省内耕地减少，对农产品尤其粮食生产影响较大；部分限制开发区资源开发强度过大，环境破坏较为突出，2015年全省水土流失面积高达15.65万平方千米。随着开发建设规模的进一步扩大，空间开发结构性矛盾将会越来越突出，建设空间扩大与生态空间缩小的矛盾将进一步加剧。

（四）区域产业结构同构化问题突出

尽管近年来四川区域间产业分工程度有所提高，但由于对区域产业合理分工的引导力度不够和协调机制不完善，在利益的驱动下，各主体功能区对自身比较优势认识不足，对工业园区发展定位不清晰，竞相发展电子信息、新能源、生物医药、机械、化工等产业，导致区域产业结构高度雷同，影响了区域经济发展效率。2015年，全省63个省级以上开发区中，分别有80%、60%、50%、45%、40%的市（州）将食品、机械、化工、医药、电子信息列为支柱产业或主导产业，还有相当部分市（州）列为重点产业；主导产业设置重复程度较高的是机械、医药、食品和电子等产业（产品），分别有26、15、15和12个经济开发（园）区，重点开发区成都市14个省级经济开发（园）区就有6个确立机械为主导产业方向。

（五）区域协调发展体制机制不健全

四川区域协调发展中的诸多问题，固然有自然、历史等因素的影响，但根本原因在于区域协调体制与机制的不健全。主要表现在：财税体制不合理，基层政府财力薄弱，造成欠发达地区政府难以为当地居民提供基本的公共服务；考核体系不科学，未充分考虑各地差异和发展定位，造成地方政府过度追求经济增长，导致区域间恶性竞争；资源价格形成机制有待完善，既造成对资源的过度需求和浪费，又误导一些地区盲目发展高耗能、资源性产品；区域协调互动机制不健全，各类规划协调对接不足，区域管理机构职能交叉重叠，缺乏统一协调的管理机制；地区间尚未建立“成本共担、利益共享”的利益协调机制，制约了区域间有效的分工合作。

三、促进四川区域协调发展的战略任务

（一）形成主体功能清晰的区域发展崭新格局

培育区域主体功能是基于主体功能区的区域协调发展这一前提，发展方向、内容和开发强度按照主体功能定位来确定，充分发挥区域比较优势，进一步提高和完善区域主体功能，既符合自然和经济规律，又体现了统筹效率与公平的关系，并有利于破除按照行政区进行同质化发展与管理的惯性模式，鼓励经济要素跨区域合理流动，克服行政壁垒和市场分割引发的区域冲突，从而形成主体功能清晰、协调互动的区域发展新格局。

（二）促进人口、经济与资源环境的空间均衡

现阶段区域发展不协调问题的主要矛盾是空间失衡，而空间均衡发展是主体功能区战略的核心目标。针对国土开发和建设布局不合理，空间开发无序导致的空间失衡，推进形成主体功能区的重要任务，则是通过调整空间结构、管制空间开发强度、规范空间开发秩序，以促进人口、经济和资源环境的空间均衡，促进生活、生产、生态的空间均衡。

（三）实现公共服务均等化与生活条件同质化

在主体功能区的推进形成过程中，从生产角度来看，不同区域承担的功能以及发展内容各不相同；从消费角度来看，需保障各区域与全体人民共享发展的成果，而实现公共服务均等化与生活条件同质化是共享发展成果的重要方面，也是主体功能区缩小区域发展差距的重要途径和价值体现。同时，在现有条件下，针对问题区域，首要任务是保障其享有与全国大致相当的基本公共服务。这些地区基本公共服务的有效保障与区域的扶贫、提高人口素质、保护生态环境、自主创新发展等密不可分。

四、促进四川区域协调发展的现实路径

（一）强化空间整合，注重空间整体协调

空间整合需要建立一个均衡的空间结构战略，来为区域协调发展提供有利的制

度设计。首先，要加强各类规划的空间合作以及政策的空间整合；其次，要加强区域之间、城乡之间的多元互补以及功能上的相互依赖；最后，要加强空间发展合作，在不同层面的空间发展合作中，区域层面的合作位于承上启下的核心位置，而边界区域的合作更为重要，比如位于同一流域区域的合作、行政区之间毗邻区域的合作，是发展协调的空间关系的重点。

（二）约束开发强度，形成合理开发秩序

开发活动作为一种人类经济活动，受制于国土空间上的自然生态资源约束，受制于资源环境的承载能力。因此，一个地区的开发强度表现为这个区域资源消耗量与资源总量的比值，可以用公式表示为：$D=C/L$。其中，D 表示开发强度，C 表示资源消耗量，L 表示资源总量。按照资源类型，开发强度可以分为国土开发强度、水资源开发强度、能源开发强度、环境容量开发强度等类型。很显然，如果 D 一定，这个地区可选择的开发途径有：（1）扩大资源总量，增加 L。通过生态环境恢复和建设，扩大资源环境容量，从而缓解约束。这条途径可以有力地促进可持续发展，但生态恢复与环境容量扩大需要的时间比较长。（2）促进流动，增加 L。通过贸易或是资源输送工程，来促进资源的流动，缓解资源约束。这条途径的实现，有赖于与其他地区建立资源贸易关系，有赖于区域市场统一与资源输送工程的建设。资源输送工程耗资巨大，且只适合于可流动资源，不宜大规模进行。（3）集约利用，减小 C。通过转变经济发展方式，节约和集约利用资源，提高资源利用效率。这条途径能够统筹经济效益、生态效益和社会效益，是比较现实的选择。（4）多管齐下。转变经济发展方式，提高资源利用效率，保护生态环境，提高资源环境承载力，并促进资源要素合理的跨区域流动，从而使区域经济发展建立在资源节约与环境友好基础之上。

对不同类型的主体功能区，约束开发强度的重点应有所不同。对优化开发区而言，应提高土地、水、能源等的利用效率，消减污染物排放与降低能耗、水耗，大量进口能源与矿产资源，并保护好生态空间；对重点开发区而言，要加快转变经济发展方式，加大资源环境保护力度；对限制开发区而言，要加大生态环境建设与修复力度，保护优先，点状开发；对禁止开发区而言，应严格禁止不符合主体功能定位的开发活动。

（三）加强空间管治，促进区际利益协调

区域协调发展在一定程度上存在市场交换与政府自上而下调控的双重失灵，区域协调发展需要引入制度创新能力建设，且在多元化的社会中需要政府、社会与市场的合作。而通过多元参与的对话、协调与合作，以达到最大限度地动员社会资源的管治方式，更加适应区域协调发展的制度创新和管理要求。空间管治是建立在政府与市场的基础之上，作为政府与市场手段的补充，以弥补政府与市场在某些调控与协调领域的不足。主体功能区管治的基本原则是整体利益优先，市场主导、政府

推动与社会参与，统一开放，公平竞争，优势互补，互惠互利，多边协调，联动发展。根据这一原则，主体功能区管治应主要明确主体功能区与周边及相邻区域空间的协调，以及主体功能区内部不同层次区域空间的协调，协调的重点是基础设施的共建共享与生态环境的建设。

（四）采取多种措施并举，推进公共服务均等

一是发展特色经济。限制开发区和禁止开发区的居民不可能单靠财政转移支付以及救助来致富，这些区域的发展、区域主体功能的培育以及在区域经济关系中的谈判地位，依赖于特色经济的发展，依赖于适宜性的特色产业。特色经济的发展，要结合限制和禁止开发区经济发展方式转变与结构调整来进行，不断挖掘特色和创新特色，降低当地居民对资源的绝对依赖，将限制和禁止开发区的发展引入到与整个生态系统保护相一致的方向。

二是适度转移人口。推进形成主体功能区，需要转移的人口量较大，应是一个长期的过程。人口转移的基本原则是因地制宜，量力而行，且以引导为主，推进人口自愿转移。人口转移要优先考虑生态保护与恢复目标，其次才是均衡生活条件目标。人口转移要分类引导，如对于老年人，应通过养老自然减少；对于年轻人，应通过教育，使其转化为具有外地就业能力的转移人口和本地发展能力的环境维护人员；对于第三代人，应通过教育移民等方式，引导他们走出去。

三是完善财政转移支付制度。从推进形成主体功能区的视角来看，现行财政转移支付中体现基本公共服务均等化目标的一般性转移支付规模过小，而需要补偿的限制与禁止开发区域较大，还远远不能实现区域间人均财力和基本公共服务水平的均等化。推进形成主体功能区，必须增加一般性转移支付比重，在一般性转移支付资金分配计算方法中加入体现主体功能区的测算因素或测算因子，提高对这两类区域的财力缺口的补偿比例和转移支付系数。同时，应该设置更为综合的生态修复转移支付标准并使其制度化，建立针对限制和禁止开发区域的一般性转移支付资金稳定增长机制。目前，一般性转移支付的长期增长主要依靠企业所得税收入的增长，应将税收返还增量部分用于一般性转移支付，并逐步取消税收返还，清理并规范专项转移支付。借鉴国外财政转移支付制度中明确的中央地方职责与税种划分，建立规范的财政转移支付制度。

五、促进四川区域协调发展的对策建议

（一）明确区域主体功能定位

明确各区域主体功能定位和发展战略是科学推进我省区域经济发展的前提。一是把握各区域区情特征和发展状况，根据国家和全省经济发展一盘棋的总体要求，明确各区域的战略地位和功能定位。二是认真分析各区域的优势和劣势，以及面临

的机遇和挑战，按照其主体功能确定区域发展战略，制定和完善区域发展规划，明确发展思路、发展重点和发展目标等。三是加强对各区域发展的分类指导，采取差别化的财税、投资、金融、土地等政策以及目标责任、指标考核、干部考绩等手段，引导各区域从实际出发，因区制宜，突出特色，科学发展。

（二）创新区域发展利益机制

主体功能区建设的思想是在打破各区域之间的行政壁垒，促进区域内生产要素自由流动的基础上建立起来的。一是建立区域间利益分享和补偿机制，针对区域资源开发、产业布局中的利益矛盾，研究制定区域间的财政税收、经济核算、就业安排、扶持补偿等政策，促进区域利益公平化。二是建立省级层面协调机制，建议省委省政府设立区域经济协调推进领导小组，通过制定各经济区发展规划和支持政策，协调区域间重大利益关系，指导各经济区发展。三是建立各经济区地方政府协调机制，定期召开市（州）长联席会，确定区域合作重点领域和工作任务，协调处理利益关系，协商解决重大问题。

（三）完善财政转移支付制度

通过财政转移支付等手段对不同区域的经济利益进行再分配，在实现区域协调发展中有不可替代的作用。一是调整转移支付的标准，以人均财力而不是经济总量作为转移支付的基础。二是增加一般性转移支付规模和所占比重，在计算方法中加入体现主体功能区的测算因素，提高对限制开发区和禁止开发区的财力缺口的补偿比例和转移支付系数。三是加强转移支付资金的管理，增强资金使用的规范性、透明性、科学性和民主性。四是建立转移支付资金的绩效评价机制，保证转移支付资金切实起到促进基本公共服务均等化的作用，提高财政转移支付效果。

（四）建立区域生态补偿机制

必须保障限制开发和禁止开发区域利益，推行政府与市场相结合、垂直生态补偿和水平生态补偿相结合的复合型生态补偿机制。一是积极推动和配合国家层面尽快出台以流域补偿为主的省际横向生态补偿相关政策、法规，明确流域中下游省份受益地区对生态保护地区进行生态补偿责任。二是构建以流域补偿为主的省内横向生态补偿机制，参照四川“三江流域水环境生态补偿”经验，在流域上下游市、县政府之间，实行水环境生态补偿横向转移支付。三是建立资源环境交易平台，推行碳汇、水权、排污权等市场化交易，促进限制开发和禁止开发区域的生态产品开拓市场。

（五）健全区域定向援助机制

针对限制开发和禁止开发区人口多、自我发展难度大的实际，应借鉴灾后对口援建、对口支援藏区的经验，探索建立定向援助机制。一是重点实施一批产业扶持项目，通过对口支援产业合作园区和“飞地”园区建设，积极承接产业转移，发展优势特色产业，增强限制开发和禁止开发区域的发展动力。二是积极实施一批基础设施、科教文卫、社会保障、基层组织建设等援助项目，进一步改善限制开发和禁止开发区基本生产生活条件，大力提高公共服务水平。三是建立对限制开发和禁止开发区的技术和人才的对口支援制度，着力解决科技、人才缺乏的瓶颈。四是建立和完善省内对口支援合作的长效机制，努力促进对口支援向合作共赢、互利互惠的协调发展方式转变。

（六）促进基本公共服务均等化

基本公共服务均等化是区域协调发展的重要内涵，要按照全面建设小康社会的要求，突出重点领域和重点地区，大力推进区域间基本公共服务均等化。一是加大省级财政对相对重点生态功能区公共财政的扶持力度，强化均衡性财政转移支付，切实提高重点生态功能区基本公共服务的水平，缩小各区域人民生活水平差距。二是突出加强对民族地区、贫困地区、革命老区基本公共服务的财政投入力度，重点加快义务教育、公共卫生和基本医疗、基本社会保障等领域基本公共服务均等化的步伐。三是统筹城乡基本公共服务资源配置，鼓励和引导城市优质公共服务资源向农村延伸，促进农村共享城市优质公共服务资源。完善农民工基本公共服务制度，逐步实现基本公共服务对象由户籍人口向常住人口转换。

（四川省统计局　四川大学）

新常态下四川区域经济与生态环境协调发展研究

"十三五"是四川省面对全面建成小康社会的决胜阶段，这一阶段经济发展预计会进入规模治理同步提升期和工业城镇化加速期，稳步扩大经济总量仍是最主要任务之一，因此资源环境压力仍在高位运转。新常态下，转变经济发展方式，做好环境保护工作，如何由政府主导向社会共治转变、由总量控制逐步向质量控制转变，从统筹管理向分区分类、精细化管理转变，都是全省大力推进生态文明建设和"生态省"建设的需要。

一、新常态下四川区域经济与生态环境发展现状

（一）经济平稳较快增长，生态建设与环境保护持续开展

1. 经济平稳较快发展

2011—2016 年，四川省经济总量稳健增长，2016 年实现地区生产总值达 32680.50 亿元，年平均增长率 9.22%。人均地区生产总值为 32695 元/人，年平均增长率 8.72%。2016 年全年人均可支配收入达 17221 元/人，年平均增长率为 21%；其中城镇居民人均可支配收入 28335 元，比上年增长 8.1%；农村居民人均可支配收入 11203 元，比上年增加 956 元，比上年增长 9.3%；恩格尔系数方面，城镇为 34.5%，农村为 38.1%。全年全社会劳动生产率为 621 元/人，比上年增长 5.08%，2011—2016 年平均增长率为 9.0%。

2016 年 1%人口抽查结果显示：全省常住人口 8262 万人，比上年末增加 58 万人，其中城镇人口 4065.7 万人，乡村人口 4196.3 万人。常住人口城镇化率 49.21%，比上年末提高 1.52 个百分点。

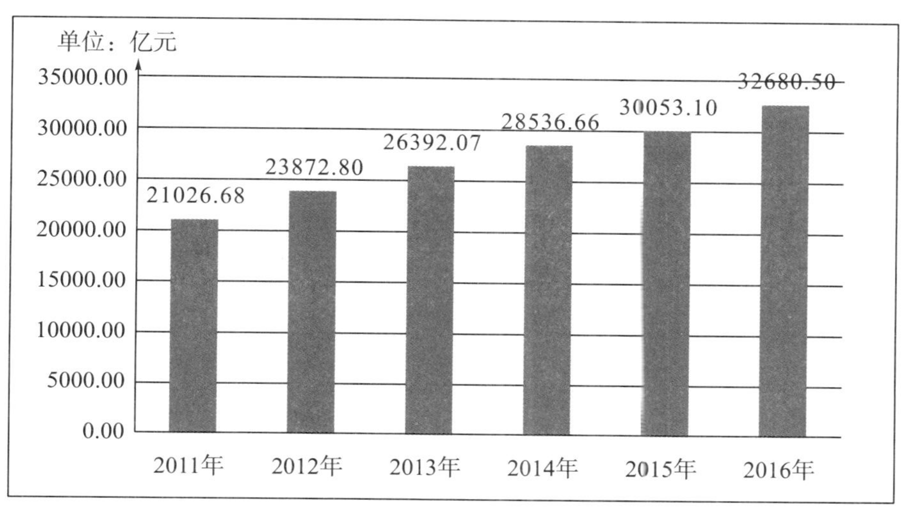

图 1　四川省地区生产总值变化

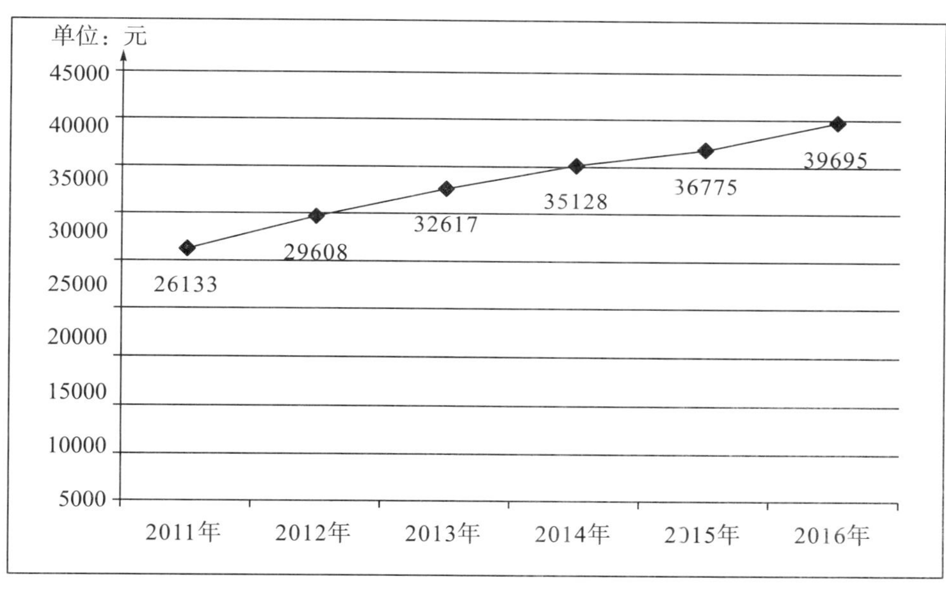

图 2　四川省人均地区生产总值变化

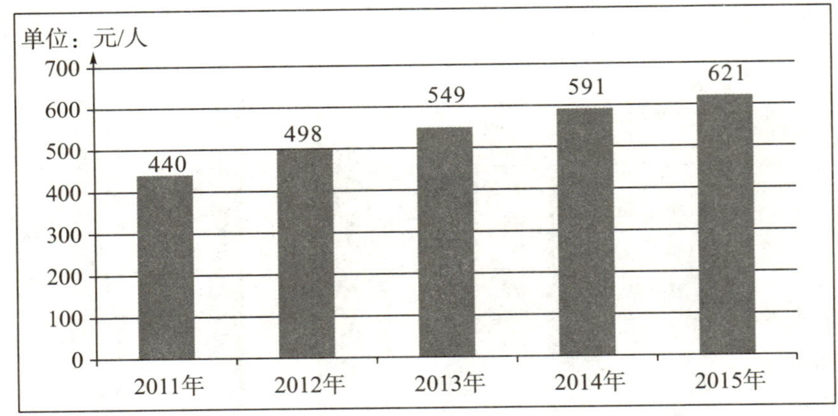

图 3 “十二五”期间四川省全社会劳动生产率

从经济区划分来看，2016 年四川省五大经济区中，成都平原经济区地区生产总值破 2 万亿元，达 20774.15 亿元，增速 8.0%；川南、川东北经济区突破 5000 亿元，依次为 5667.20 亿元和 5381.78 亿元，其中川南经济区发展尤其抢眼，增速达到 8.4%，川东北地区增速为 7.7%；攀西地区和川西北地区地区生产总值分别达 2418.60 亿元和 511.12 亿元，增速分别为 6.8%和 6.5%。五大经济区经济发展差距有所缩小，区域发展协调性不断增强。

2. 生态建设与保护持续开展

（1）森林资源规模和水平。2013—2015 年森林覆盖率逐年增长，2015 年森林覆盖率为 36.2%，比上年增加 0.72%；纳入国家天然林保护工程的林场个数为 180 个，纳入国家天然保护工程的苗圃 62 个。2015 年年末封山育林面积 44.71 万公顷；2015 年造林面积达 31.82 万公顷，其中人工造林面积 26.46 万公顷，为上年的 2.69 倍。

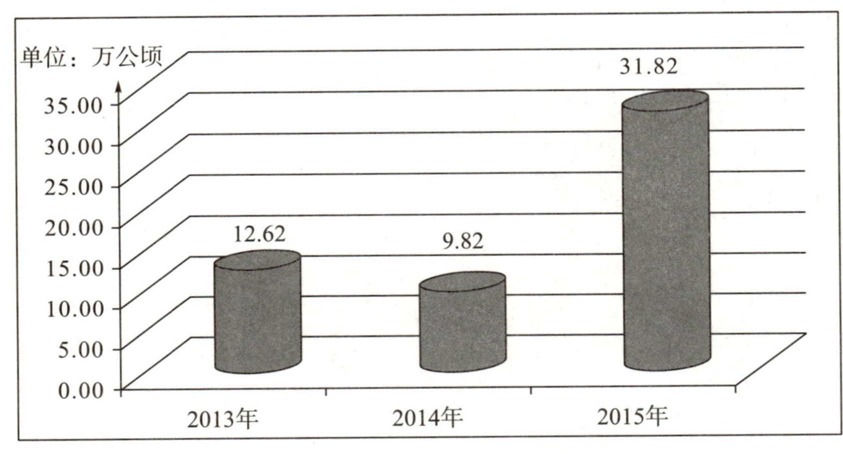

图 4 “十二五”期间四川省造林面积

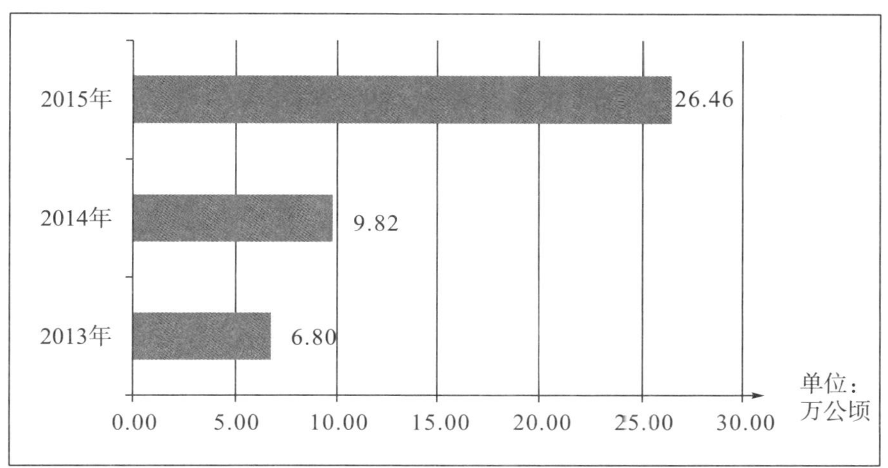

图 5 “十二五”期间四川省人工造林面积

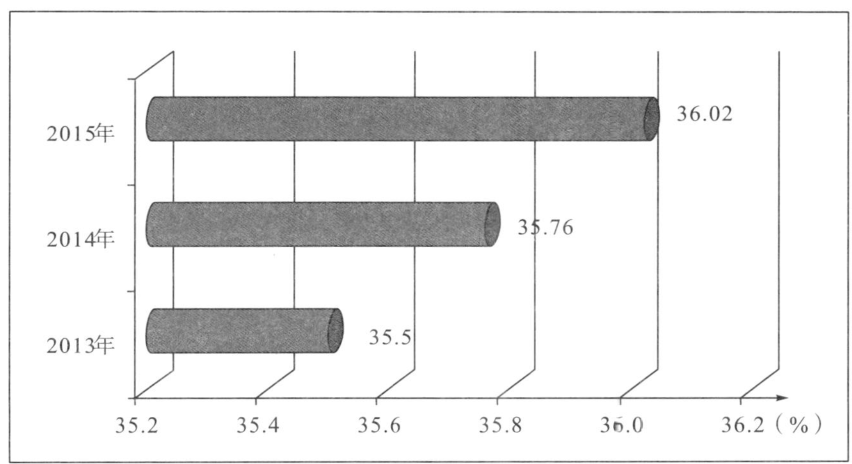

图 6 “十二五”期间四川省森林覆盖率

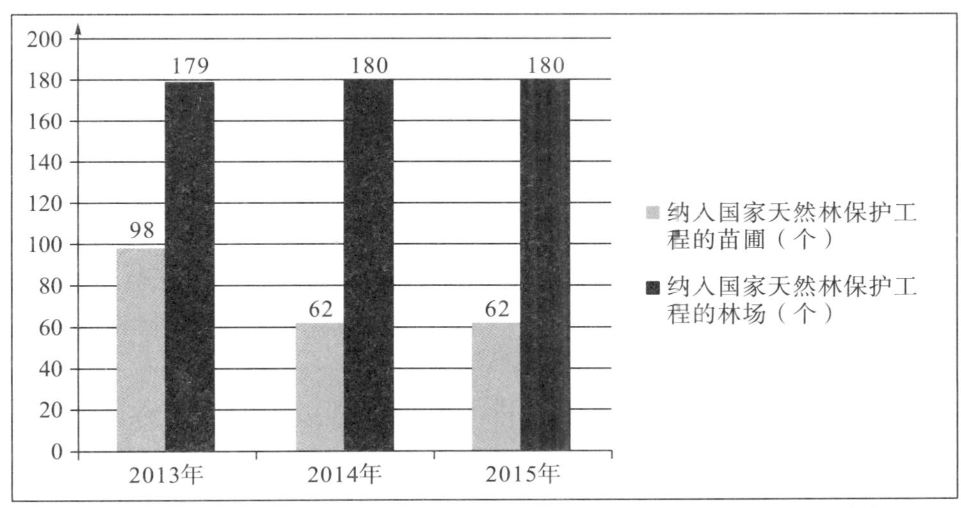

图 7 “十二五”期间四川省纳入国家天然保护林保护工程的苗圃和林场个数

（2）城市设施水平。2015 年全省用水普及率为 93.05%，人均公园绿地面积 11.96 平方米，建成区绿地覆盖率为 38.65%，污水处理率为 88.52%，生活垃圾处理率为 97.28%，均在上年基础上有所提升。

（3）农村改造。2015 年农村改水投资额为 237052.8 万元，比上年增加 52.3%；农村改水累计受益人口达 6629 万人，比上年增加 0.83%，年平均增长率 0.62%；农村改厕投资额 10761.6 万元，比上年增加 37.10%，年平均增长率为 67.33%；农村卫厕普及率 77.7%，比上年增加 4.58%，年平均增长率 3.92%。

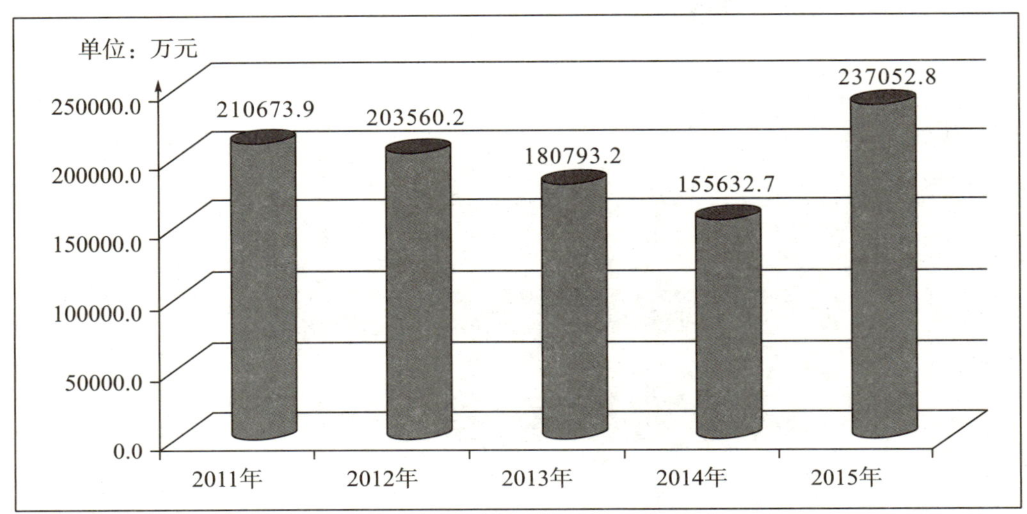

图 8 “十二五”期间四川省农村改水投资情况

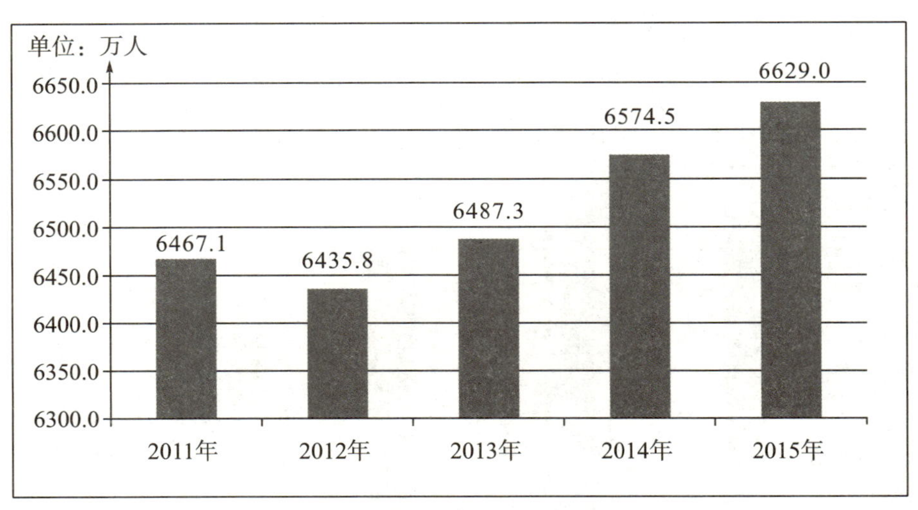

图 9 “十二五”期间四川省农村改水累计受益人数

（4）生态工业建设。在“大力发展一批生态工业园园区”的战略部署下，“十二五”期间全省已有 15 家省级以上经济技术开发区启动了生态工业园区创建工作，已有3家工业集中区进行了工业园区规划编制。截至2016年年末，全省自然保护区有169个，面积8.345万平方公里，占全省土地面积的17.2%；国家级生态县（区）15个，省级生态县（市、区）48个，生态工业规模初显。

（二）产业结构和能源结构优化推进，环境治理效果明显

1. 产业结构的优化推进

“十二五”以来，四川省第一产业和第二产业的比重不断下降，其中工业对地区生产总值的贡献率从2011年到2015年降低了16.8个百分点，第三产业所占的比重持续上升，5年中第三产业对地区生产总值的贡献率上升了15.4个百分点。

2011—2015年，单位地区生产总值耗能整体呈减少趋势，2015年达0.695吨标准煤/万元，比上年减少7.2%，年平均减少率为6%。同年全省能源生产弹性系数为0.34，比上年下降76.71%，能源消费弹性系数为0.01，比去年下降97.56%。

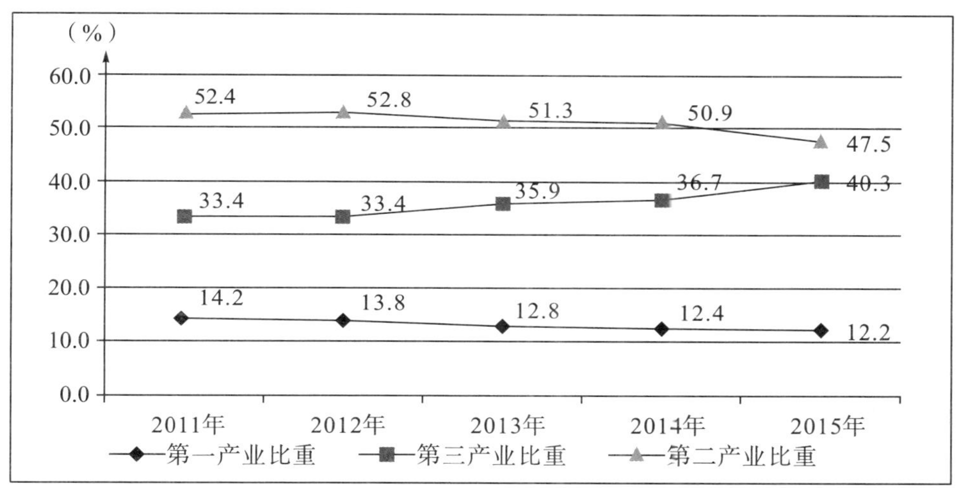

图10 “十二五”期间四川省三大产业比重变化趋势

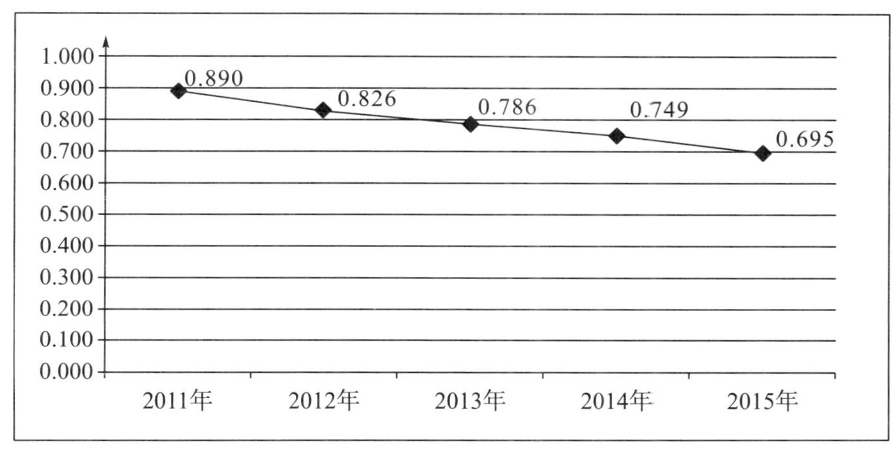

图11 “十二五”期间四川省单位地区生产总值能耗

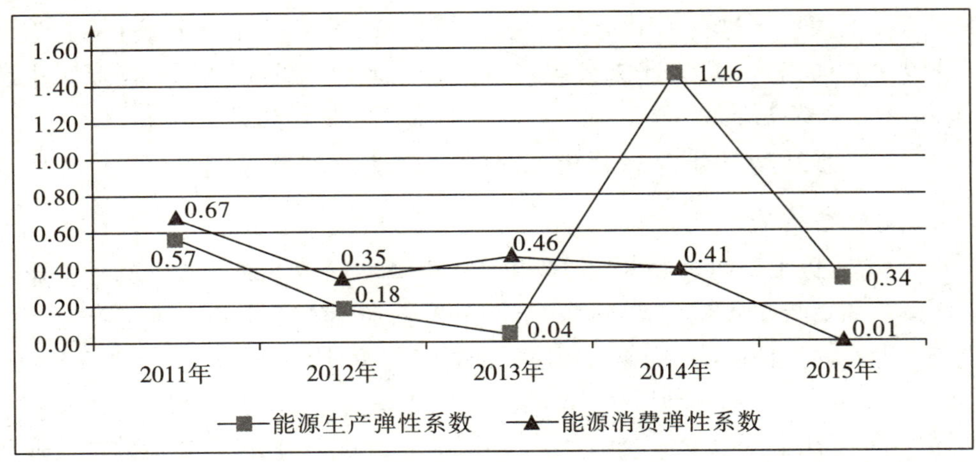

图 12 "十二五"期间四川省能源生产弹性系数和能源消费弹性系数

2. 环境污染治理及投资力度不断增加

四川省在环境治理上的投资总额持续增加。据 2014 年数据，全年投资总额为 288.19 亿元，比上年增长 23.16%，年平均增长率为 38.43%；其中城市环境基础设施投资 148.14 亿元，工业污染源治理投资 23.25 亿元，环保投资 116.80 亿元，均在上年基础上有所增长；全年环境污染治理投资占地区生产总值比重为 1.01%，比上年增加 13.48%，年平均增长率为 24.77%。

2016 年全省安排环保专项资金 9.3 亿元，完成工业挥发有机物治理项目 15 个，重金属污染综合整治项目 9 个，清洁生产审核项目 109 个。继续投入 6000 万元省级专项资金，用于全省劣Ⅴ类、Ⅴ类和部分急需整治的Ⅳ类乡镇集中式饮用水源地整治，项目资金涵盖 40 个水质较差的乡镇集中式饮用水源地，将保障 22.5 万人的饮水安全。

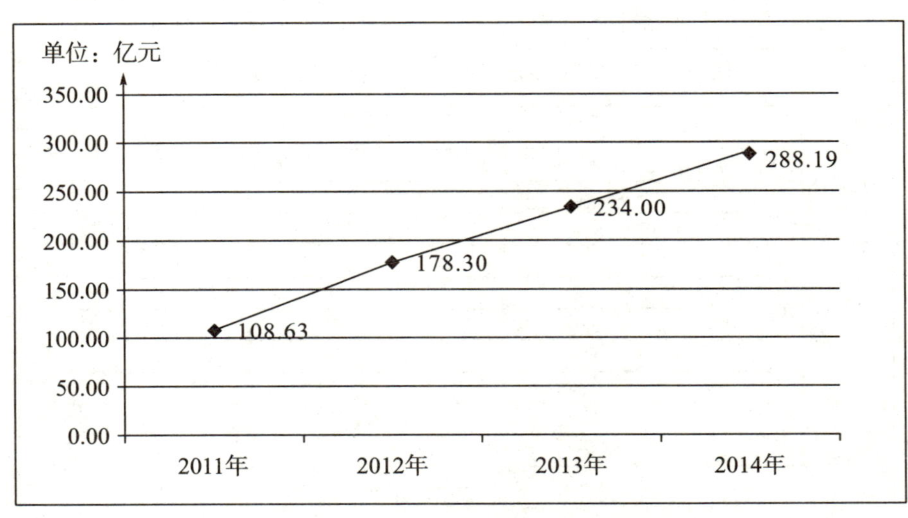

图 13 "十二五"期间四川省环境污染治理投资总额情况

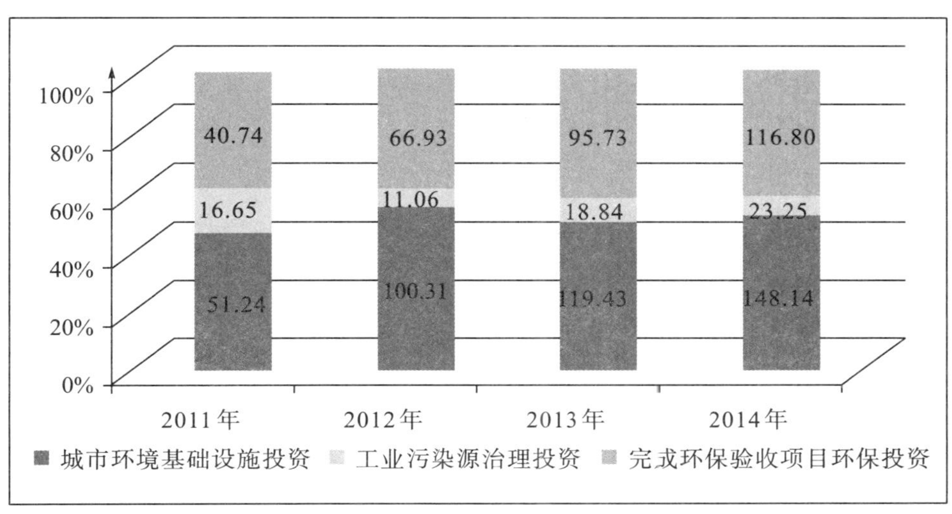

图 14　“十二五”期间四川省环境污染治理投资比例分布

3. 调整优化能源结构，积极推进环境污染防治工作

近年来四川省强力推进落后产能淘汰工作，“十二五”期间的单位工业增加值能耗下降率均超过全国平均水平；2016 年全省技术改造与淘汰落后产能资金支持工业节能节水工程建设、绿色低碳发展示范项目合计 50 个，其中节能项目 20 个，节水项目 8 个，资源综合利用项目 6 个，循环经济发展项目 5 个，节能环保技术产品产业化项目 4 个，清洁生产示范项目 3 个，其他绿色低碳发展示范项目 4 个。

为治理环境污染，四川省一方面大力开发水电、风电、太阳能等清洁能源和可再生能源，同时大力推进机动车减排，严格实施秸秆禁烧，这些工作都取得了显著成效。

4. 法律法规不断完善，积极推进全省生态环境综合整治

近年来四川省从规划设计到具体实施，全省环保工作以强硬的态度和手段，全面打响大气、水、土壤污染防治“三大战役”。期间出台了一系列法律法规对历史遗留环境问题的处理作了相关规定，制定了充分体现四川省及各市州实际的地方性法规，在法制修改中体现了四川省的发展阶段及特征。2011 年 7 月 29 日出台《四川省城乡环境综合治理条例》，2014 年 11 月 5 日印发《关于建立成都市及周边地区、川东北地区、川南地区大气污染防治工作联席会议制度的通知》，《四川省灰霾污染防治办法》列入 2014 年度立法计划，2016 年年初印发《四川省发展和改革委员会四川省财政厅四川省环境保护厅关于挥发性有机物排污费征收标准等有关问题的通知》，四川省成为继北京市、上海市、江苏省、安徽省和湖南省开征挥发性有机物 VOCs 排污费之后的全国第六个省份。除此以外，四川省还提出建立与新《中华人民共和国环境保护法》《中华人民共和国大气污染防治法》等国家法律相适应的环保管理执法体制，截止到 2016 年年底四川省“大气十条”和“水十条”及其

年度实施方案已经全部出台，四川省“土壤十条”也即将出台，明确攻坚目标。

（三）环境资源消耗过高，资源环境约束加剧，污染治理的压力仍然存在

1．环境资源消耗过高，产出效率偏低

虽然四川省第三产业的比重和对地区生产总值的贡献率在逐步上升，但第二产业和工业在地区总产值中的比重及贡献率仍然最大。相较于全国而言，四川省第二产业在地区生产总值中的比重仍然偏重，“十二五”期间重工业在工业机构中的比重甚至进一步上升，占据整个工业比重的2/3。四川省的产业结构还需进一步调整。

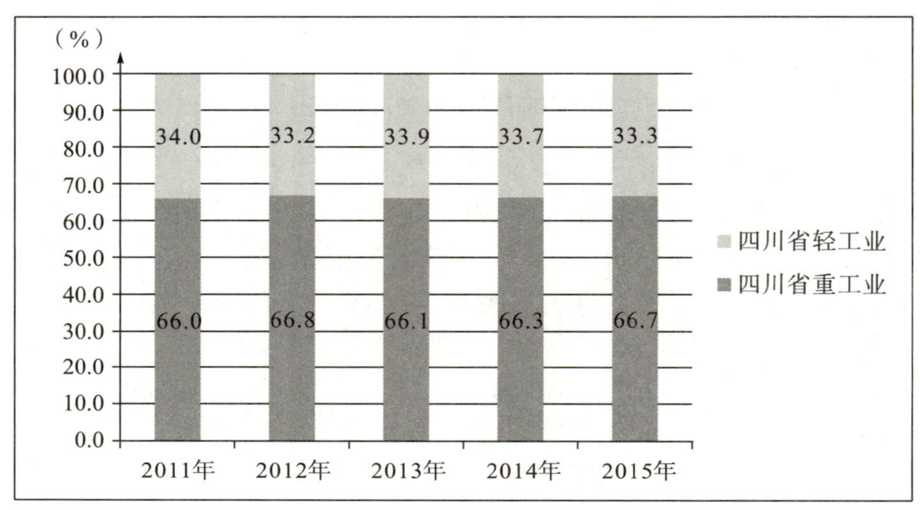

图15　“十二五”期间四川轻、重工业比重结构变化

四川省重工业占比偏大，特别是化工、医药、有色、石化等高污染的工业企业数量多、产量偏大。以大气主要污染物为例，一是二氧化硫的排放，钢铁、电厂、建材是排放的三大主要行业，排放总和约占工业源总量的77%，攀枝花是省内二氧化硫排放最大的城市，占全省总量的14%，就是因为该市的钢铁行业排放较多的缘故。二是二氧化氮的排放，工业源是主要排放源，火电、建材是其主要排放行业，分别占工业源总排放量的33%和45%；三是烟粉尘排放，从全省范围来看，工业源排放占总量的92.4%，建材、钢铁、电厂、化工是主要排放行业，分别占排放总量的33%、29%、13%和8%；四是挥发性物质排放，工业源的贡献率最大。

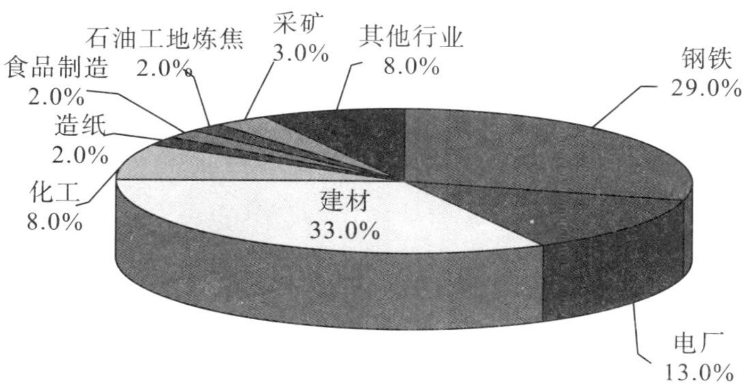

图 16　四川省各行业对烟粉尘排放贡献率（2014 年）

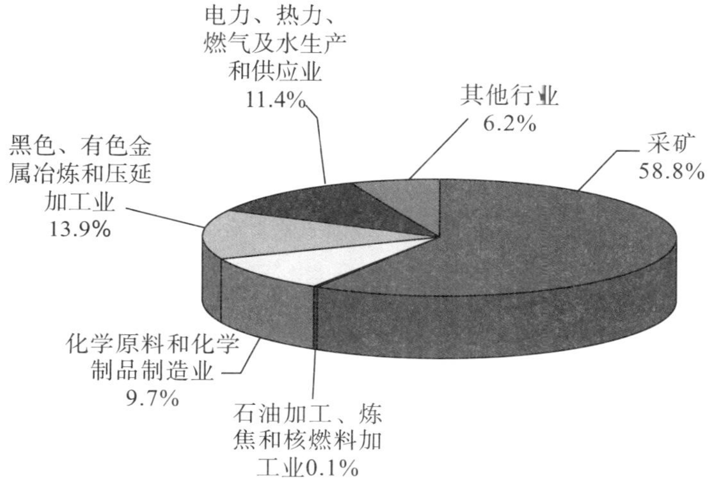

图 17　四川省各行业固体废弃物产生情况（2014 年）

2. 水资源开发过度，生态环境面临挑战，资源环境约束加剧

由于水资源的时空分布不均，且开发使用过度，导致全省较多地区出现水资源缺乏的问题，生态系统面临缺水挑战，资源环境的约束加剧。由于四川省的地理情况表现为地势西高东低，西部为高原地区，而东部为平原地区，地势平坦，因此水资源分布十分不平衡。从时间上来说，受地形和气候的影响，水资源季节分配不均，且水资源的年际分布状况也不稳定，存在枯水期、平水期和丰水期交替的现象。常形成区域性缺水和季节性缺水。四川省各流域水资源分布严重不均，水资源总量最多的为岷江和沱江，占全省总量的 39.6%，其次为金沙江；占总量的 33.6%，嘉陵江占总量的 18.4%。从地域上看水需求最大的仍然为东部地区；四川省人均用水量低于全国平均值，水资源缺乏较为严重。

3. 水环境治理压力仍然较大

四川省地表水主要污染因子为总磷、氨氮和化学需氧量。据 2015 年数据，全年四川省废水排放量为 34.16 亿吨，比上年增加 3.10%，其中城镇生活污水排放量为 27.10 亿吨，占全省废水排放总量的 79.33%，比上年增长 2.85%；工业废水排放量为 7.04 亿吨，占全省废水排放总量的 20.60%，比上年增长 5.92%；集中式污染防治设施污水排放量为 0.0234 亿吨，占全省废水排放总量的 0.069%，比上年增长 17%。从水体中主要污染物排放来源看，城镇生活源和工业污染源是两大主要根源。全省废水排放总量的增加是由城镇化率和社会经济加速增长造成的，并且这也是废水处理和回收利用面临的巨大挑战。四川省区域经济最发达的岷江、沱江区域也是目前水环境压力最大的区域。

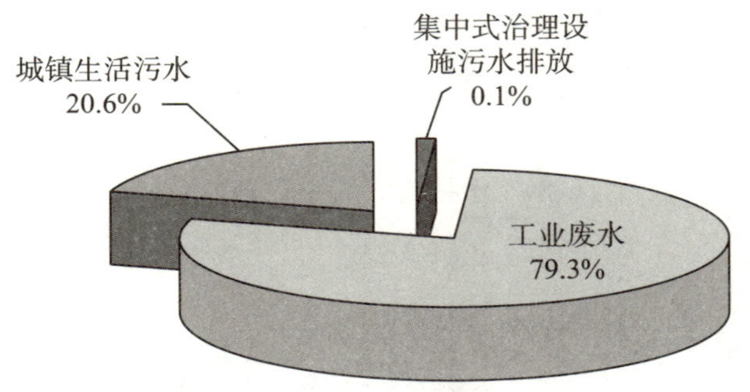

图 18　四川省水体污染源排放占比（2015 年）

城市污水处理率在不同地州市有较大差异。城市污水处理成本相对偏高，表明整体运营管理的状况有待提高；再生水利用量逐年下降造成可利用的水资源浪费；大部分企业缺乏总磷总氨指标的监测数据。从 21 市州分布情况看，成都市、自贡市、德阳市、广元市、遂宁市、乐山市的污水处理率排名前列。部分地区的污水处理能力建设未与城镇化推进速度相匹配，仍有增加城市污水处理厂规模的必要。

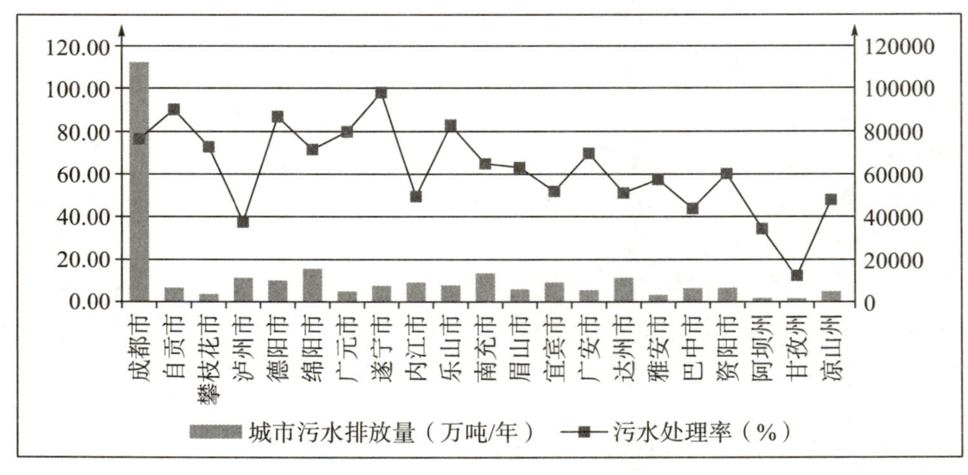

图 19　四川省各市州城市污水排放情况（2015 年）

全省工业废水排放量最高的前五名行业依次为制浆造纸行业、食物生物发酵工业、纺织印染工业、制药工业和化学纤维业。应对这几类高耗能高污染行业进行有效的污染防治控制，推行行业结构调整是未来的主要努力方向。

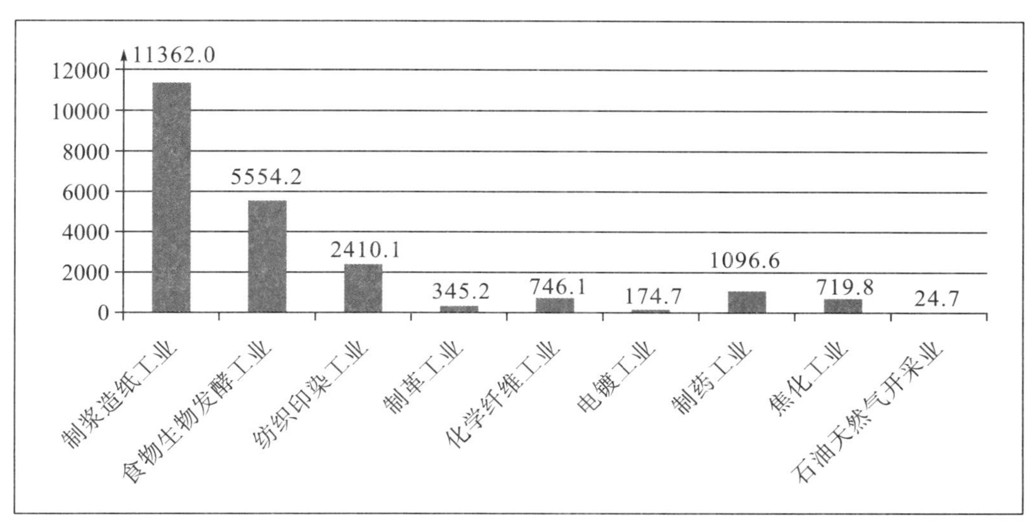

图 20 四川省重点工业工业废水排放情况（2015 年）

从全省范围来看，乡镇污水排放量合计为 237.49 万吨/日，其中成都的污水排放量最高，占四川总量的 10.20%，排放量最低的前五名分别是攀枝花、雅安、自贡、广元和乐山。同时由于省会城市经济发达、技术水平普遍先进等原因，成都市污水处理满足率为 116.35%，远高于四川省平均污水处理率 22.97%。污水处理率最低的雅安市仅为 1.94%，可能是由于乡镇污水处理厂的建设数量偏少，在运行和维护方面缺乏足够的管理导致的。

四川省畜禽养殖是农村污染的主要来源。2014 年纳入四川省规模化畜禽养殖统计的畜禽数量占畜禽养殖总数量的比例较小，不足 30%。在畜禽养殖污染中，主要污染源来自生猪养殖，其化学需氧量和总氮产生量分别占总量的 66.98%和 64.54%。看来，四川省规模化畜禽养殖场污染防治技术水平整体偏低。这主要源于技术薄弱、资金投入不足和法规政策不完善等诸多原因。

总体来看，四川省五大水系水质总体受到轻度污染。其中长江干流（四川段）、黄河干流（四川段）、金沙江干流及其支流水质达标率为 100%，水质总体优；嘉陵江干流水质达标率为 100%，支流水质达标率为 81.2%，干流水质优、支流水质良好；岷江水系总体达标率为 61.5%，干流水质和支流水质均轻度污染；沱江水系总体达标率为 11.1%，干流水系为轻度污染，支流水质中度污染。五大水系的主要污染指标为总磷、氨氮和化学需氧量、高锰酸盐指数和生化需氧量。四川省的岷江和沱江的地表水环境质量偏低，水环境治理压力仍然较大。

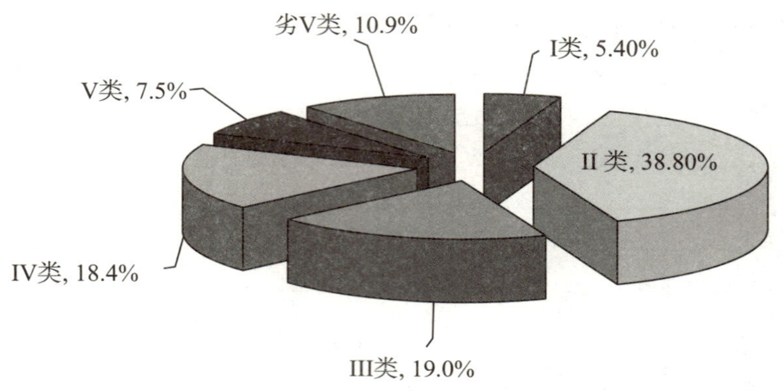

图 21 四川六大水系水质类别比例（2016 年）

4. 大气污染形势相比全国仍然严峻，且呈现季节性特征

2016 年全省 21 个市（州）政府所在地城市环境空气质量平均达标天数为 287 天，比例为 78.8%，其中，优的天数占 25.6%，良的天数占 53.2%，总体超标天数比例为 21.2%，其中轻度污染占 16.5%，中度污染占 3.6%，重度污染占 1.0%。和 2015 年相比，达标天数占比相对下降了 1.7 个百分点，从单个污染物来看，二氧化硫、可吸入颗粒物（PM 10）年均浓度同比分别下降 6%、1%，细颗粒物（PM 2.5）、二氧化氮和一氧化碳年均浓度同比保持不变，但臭氧浓度同比增加 1%。

全省首要污染物为可吸入颗粒物。2016 年全省范围内，可吸入颗粒物（PM 10）年均浓度指标仅阿坝、甘孜、凉山州和攀枝花、广元、雅安、遂宁、巴中政府所在地达标，其余 13 个城市均未达标；细颗粒物（PM 2.5）年均浓度指标仅阿坝、甘孜、凉山州和攀枝花、广元政府所在地达标，其余 16 个城市均未达标。

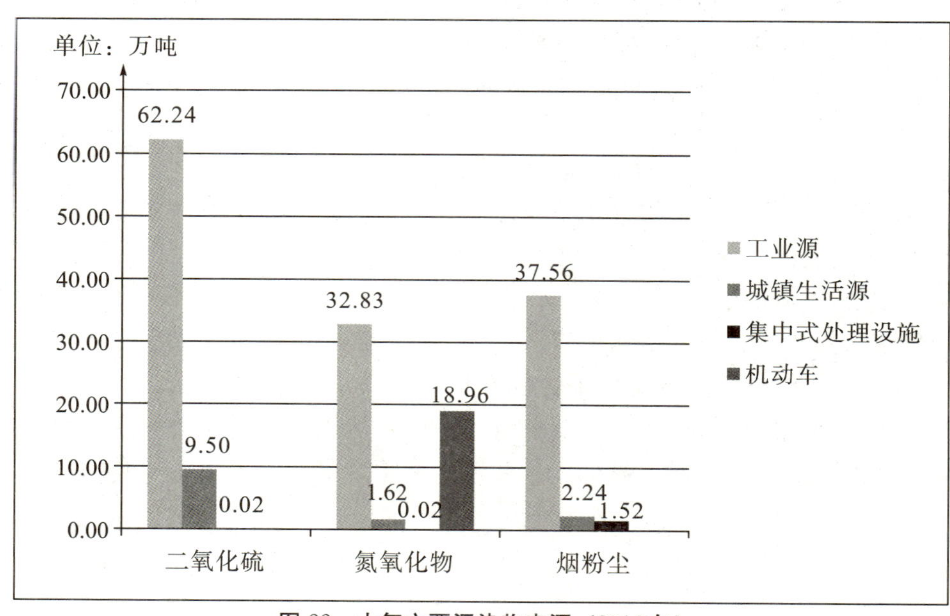

图 22 大气主要污染物来源（2016 年）

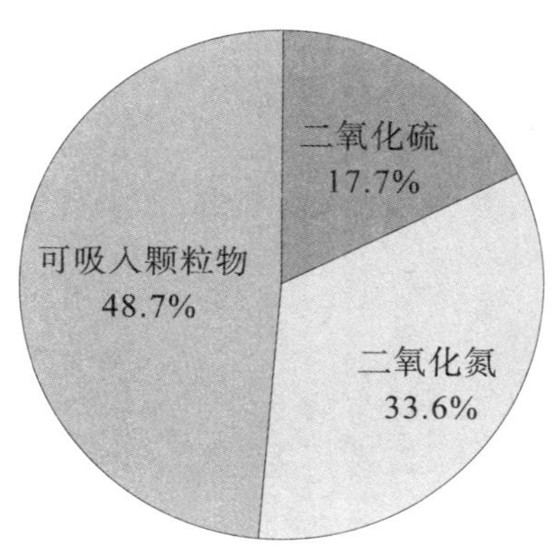

图 23　四川省大气主要污染物贡献率（2014 年）

移动源和工业源是全省范围的主要污染来源。烟粉尘排放以工业源为主，排放占总量的 92.4%，且建材、钢铁、电厂、化工是工业源主要排放行业；挥发性物质 VOC_S排放中，移动源的贡献率最大，为 33%，其次为工业源，占 28%，成都市的排放量和排放强度均为最高。

用四川省的 15 个城市作为代表（包括成都、自贡、泸州、绵阳、雅安等），用这些城市的二氧化硫、二氧化氮和可吸入颗粒物年平均浓度与京津冀地区、长三角地区和珠三角地区比较，结果发现：二氧化硫与长三角地区相当，高于珠三角地区，低于京津冀地区；二氧化氮为四个地区中最低；可吸入颗粒物低于京津冀地区，高于长三角和珠三角地区。

城市空气中二氧化硫、二氧化氮和可吸入颗粒物浓度春季和冬季偏高，夏季和秋季较低。主要是由于天气干燥和降雨量较少等，加上昼夜温差大，容易形成逆温，再加上盆地等原因，阻碍了污染物的扩散。成都夏季污染主要以臭氧污染为主，2016 年臭氧日最大 8 小时均值 90 特定百分位浓度均超过二级标准，超标 0.05 倍。

5. 固体废弃物污染不容忽视，物理污染逐渐显示出对自然环境和人类生活的负面影响

随着工业化、城市化的发展，危险废弃物产生量增长迅速，固体废弃物的产生也呈逐年上升趋势。从全省各行业固体废弃物产生总量来看，主要集中在采矿业，占各类行业产生总量的 58.76%。工业危险废弃物的产生主要集中在工业生产较发达的地区，产生量排名前 5 的依次为攀枝花市、成都市、雅安市、德阳市、绵阳市；从对工业危险废弃物的利用和处置情况来看，也是上述产生量较大的工业城市数量和比重偏高。看来，无论从产生还是利用处置等方面看，四川省都有区域集中的特点。

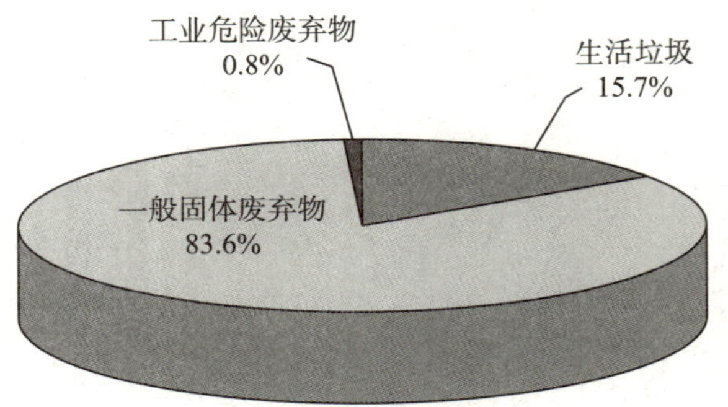

图 24　四川省固体废弃物产生源产生量占比（2015 年）

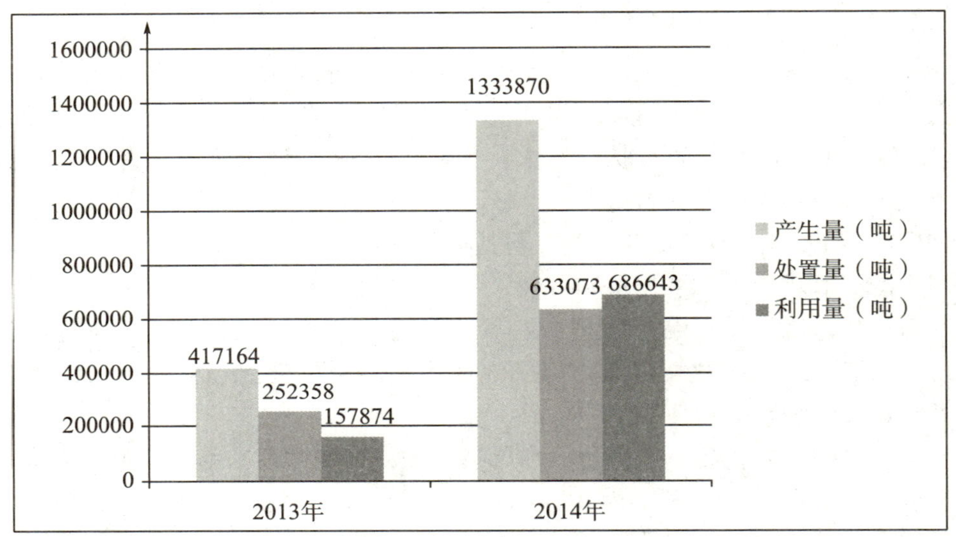

图 25　"十二五"期间四川省工业危险废弃物产生、处置、利用量

物理污染主要包括噪声、光和热污染。首先是噪声污染。在以成都为代表城市研究道路交通噪声情况的调查中可以发现，部分住宅、学校、医院等敏感建筑物与道路之间没有设置足够的防护距离，尤其是集中在老旧城区狭窄的次要道路旁的老旧住宅楼，这也反映出城市建设布局的不合理性。另外，在机场附近以及飞机起飞降落航线上的居民均会感受到飞机噪音对生活带来的影响，尤其夜晚和清晨时段影响最为严重。还有施工噪音和工业噪音，在我省依然存在且出现日益严重的趋势。我省在噪声控制技术应用方面，由于资金和技术的限制还十分有限。

光污染方面，以成都作为典型城市，四川地区主要城市的光污染现象随处可见，且黑夜的污染较白天的污染更为严重，其污染的表现形式和主要发生的原因多种多样，光污染的防治不仅需要环保部门，而且需要城管、住建、交通管理等部门的多管齐下，才能取得较好的效果。

热污染是通过使受体水和空气温度升高的增温作用污染大气和水体。近年来四川省受热污染的影响也越来越大，主要原因是城市人口稠密、工业集中、交通工具多，以及生活中排放的废水、废气、废渣形成低压区，还有城市下垫建设没有规划好，绿色面积较少。

（四）生态创建水平高低不一

全省地区经济发展仍存在差距。2016 年成都、绵阳、德阳的地区生产总值占据经济总量的前三位，排名末三位的是甘孜、阿坝、巴中；增速最快的是泸州、遂宁，增速均超过 9%，凉山、阿坝位居末位，增速分别为 6%和 6.2%。总的来看，成都平原经济区和川南经济区发展最快，川西北生态经济区和攀西经济区发展偏慢。

由于各地在经济、社会、地理位置、气候等诸多方面存在较大差异，造成了生态建设水平较不均衡。相对而言，全省平原地区由于人口、经济聚群发展导致环境质量较差，山区单位 GDP 能耗、环境保护投资占地区生产总值比重、城镇化率、乡镇建成区生活污水、生活垃圾集中处理率等情况较差。从城乡分布来看，虽然近年全省加大了环保基础建设力度，城市污水、垃圾处理率逐年提高，但广大农村和乡镇生活污染仍较严重，乡镇垃圾处置率非常低；农村规模化畜禽养殖场污染防治技术水平整体偏低；农村环保基础设施建设相对滞后，资金、技术、人力的投入和治理相比不足。

以全省固体废弃物为例，部分地区和中心城市的一般工业固体废弃物综合利用水平高，如成都、泸州、绵阳、遂宁、乐山、眉山、达州、巴中、资阳的综合利用率都在 90%以上，远高于全国平均水平；但在工业固体废弃物产生量占四川比重最大的攀枝花市，综合利用率却很低，不到 20%，远低于全国平均水平和全省平均水平。因此对重点地区采取措施切实解决突出问题是十分有必要的。

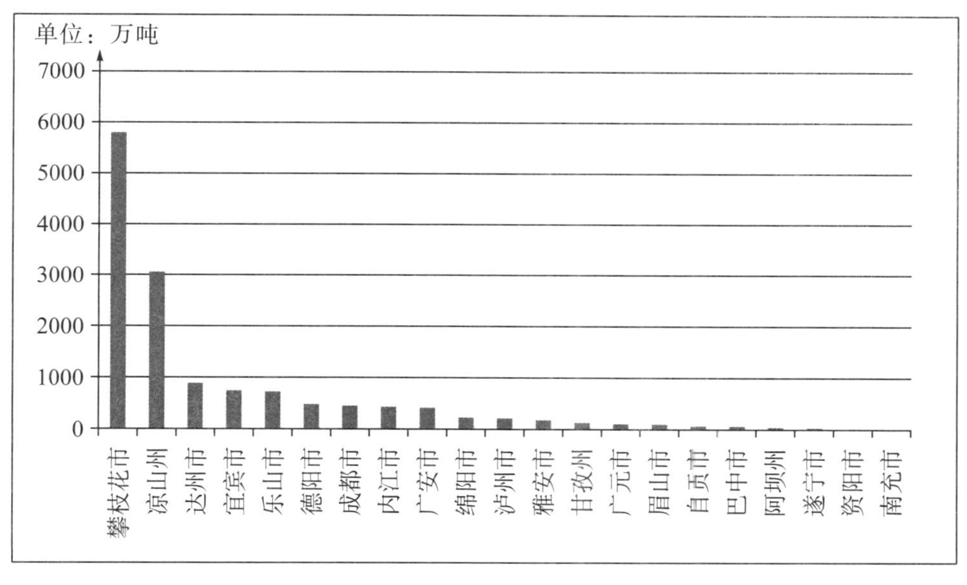

图 26　四川省各市州一般固体废弃物产生情况（2014 年）

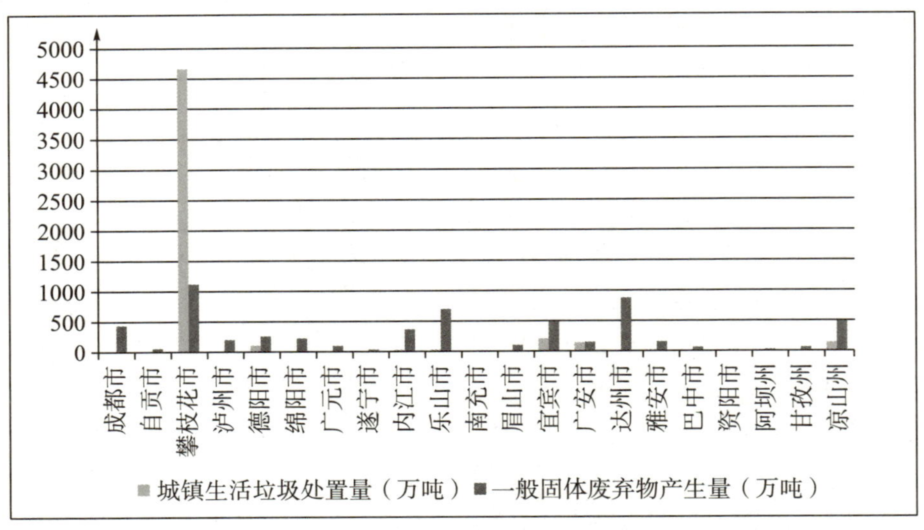

图 27　四川省各市州固体废弃物产生对比（2014 年）

（五）人民群众对环保的关注度大幅上升，但个人消费行为与环保理念契合度不高

虽然通过不懈的努力全省的环境质量有所改善，但仍有诸多环境质量问题令人担忧，由于关系到人民群众切身利益的环境问题凸显，近年来群众对环境问题的投诉呈大幅上升趋势，但个人消费行为与绿色消费理念整体契合度不够高，公众对垃圾分类、有效回收、塑料品污染、污水排放、大气污染源等环保知识的了解不够。根据“四川公众 2016 年环境保护日专项调查报告”，仍有四成受访市民在空气情况质量不佳和出现雾霾天气时，选择“自驾汽车”作为主要出行方式；在农村，养殖户将牲畜粪便直接排放到河道造成水质污染，燃烧秸秆现象仍旧存在。全民节俭意识、科学环保、绿色生活的践行尚需提升。

总之，“十二五”期间，四川省在坚持发展经济的同时，不断推进各地的生态创建工作，生态建设水平不断提高，在环境污染治理、生态环境保护与建设等方面取得了显著成效；但由于区域城乡发展和环境治理又面临新情况和新问题，使得全省在生态环境的建设目标、建设领域、保障机制等方面还存在诸多压力和挑战。

二、新常态下四川经济与环境发展的原因分析

（一）经济增长由高速向中高速换挡，经济发展方式的转变逐步突破

经济发展与生态环境建设是互相制约、相互促进的，生态环境的好坏既是由其自然禀赋和人类社会对其产生的作用所决定的，同时又对社会发展具有深远的影响。近年来，由于人口增长、经济快速发展以及对资源不合理的开发与利用等，生态平衡遭到较大强度的干扰，生态环境日益恶化，严重影响着人类的生存和发展。

只有实施可持续发展战略，才能协调好区域经济开发与环境保护之间的关系，使生态环境的整体功能得以正常发挥，为人类的生存与发展提供良好的环境。如果说社会发展的初期主要表现为以牺牲环境为代价的粗放型经济发展模式，那么后期则应以两者协调、可持续发展为导向。

“十二五”期间第三产业在四川省的比重持续上升，显示出五年间全省结构优化势头，产业结构正在从工业向服务业转型。单位 GDP 耗能、能源生产弹性系数、能源消费弹性系数等资源消耗指标普遍下降，也表现出随着节能意识的加强、科学技术的进步，能源利用效率不断提高的趋势，经济结构已发生根本性的变化，对省内生态环境系统的冲击强度也趋于下降。

（二）资源开发和生态环境的矛盾依然尖锐

四川省人多地少的矛盾十分突出，人均耕地面积仅为全国平均量的 2/3，用地缺口较大；粗放型的资源开发方式导致生态破坏严重，发展消耗的能源资源代价高；不合理的资源开发造成植被、水系破坏，引发地质灾害，出现大面积脱减水河段，许多珍稀鱼类和水生生物随之消失；水资源时空分布不均，部分区域水资源严重不足，例如占全省经济总量 85％的平原盆地区域，水资源仅占全省的 22％。除了主要资源储备总量不足之外，资源利用效率也不高，全省万元增加值的能耗、水耗均高于全国平均值，矿产、木竹材等资源利用率也低于全国平均水平。高耗能高污染企业仍然占比过大，对大气、水、土壤均造成了严重的污染。

（三）各地区经济发展不平衡，资源利用和分配不均衡

由于各地在经济、社会、地理位置、气候等诸多方面存在较大差异，造成了生态建设水平较不均衡。相对而言，平原地区水环境质量较差，丘陵地区农业灌溉用水、氨氮排放强度、人均公共绿地面积普遍不高，山区的单位 GDP 能耗、环境保护投资占地区生产总值的比重、城镇化率、乡镇建成区生活污水集中处理率等情况较差，高原地区的生活污水集中处理、主要农产品无公害、绿色及有机产品种植面积的比重、退化草地处理率等完成情况较差。总的来看，平原地区生态创建水平要优于其他三类地区，丘陵地区和山区整体生态创建水平大致相当，高原地区整体生态创建水平较低。

（四）经济下行压力大，环境行政严格执法的难度加大

当前的环境问题是几十年积累形成的，新的环保法规实施后必然会淘汰、关闭一些历史形成的产业、企业；在经济下行压力下，企业污染治理投入和运行维护难以保障，治污决心和行动出现迟疑，各级政府又要兼顾经济发展，因此调整产业结构过程和严格执法的阻力加大。新常态下，如何在守住生态环境底线的同时，帮助政府优化经济发展，推进节能减排和清洁生产审计，强化对企业的守法援助与守法鼓励，加大生态环境保护与建设投资力度，真正实现“循环经济”的持续发展，已成为环境保护工作的新考验。

（五）社会宣传和全民教育有待加强

人类认识世界、改造世界的能力越来越强，对自身活动造成的环境影响也越来越重视。虽说人民群众对环境保护和建设的关注度日益递增，但和一些发达国家相比，我们对垃圾分类、有效回收、塑料品污染、污水排放等环保知识的了解甚少，并且缺乏有效的宣传教育；公民在日常生活中更多的是“监督”政府和企业，自己的行为和意识却并不到位。怎样有效开展环境宣传教育，提高全民的生态环境保护意识，尤其在公众对环境的影响因素“认知”程度不高的情况下科学引导，完善信访、举报和听证制度，调动广大群众和民间团体参与环境保护的积极性，也是新常态下经济工作的重点。

三、新常态下四川区域经济与生态环境协调发展的对策建议

（一）深化改革，优化结构，提升经济发展质量和效益

一是深入推进供给侧结构性改革。供给侧结构性改革是经济发展工作的主线。在适度扩大总需求的同时，着力增加有效供给，减少无效供给，提升全要素生产率，既有良好的环境质量又有良好的经济增长，不断提高发展质量和效益，推动经济持续平稳健康发展。

二是调整优化产业和能源结构。针对不同区域构建不同的环境政策，布局科技含量高、资源消耗低、环境污染少的产业体系，推动产业结构与环境保护相协调。经济发展较快区域，如成都市要提出严格的工业源排放条件和标准，生活污染源应全部纳入集中治理体系；经济发展相对较缓区域应根据区域环境质量情况，制定优先发展区域和限制建设区域，以此推动产业结构调整。进一步调整能源结构，推动传统能源安全绿色开发和清洁低碳利用，发展清洁能源、可再生能源，有效降低发展的资源代价。严控重污染排放源，对高耗能高污染产业制定严格的环保政策，限制其粗放发展，优化产业结构，大力发展排污量小的高新技术产业，减少对大气、水、土壤等环境的污染。

三是实现环境质量和容量双重控制。在经济发展新常态下，要把环境质量和容量放到同一高度。质量与容量双重控制，才是切合实际的解决之道。以大气资源为例，除了计算环境承载力，还要监控各污染物的平均浓度，必须以双重标准来衡量全省的大气质量。

（二）工艺创新，绿色发展，促进经济与环保协同前行

一是强化源头治理，推动生产工艺和技术创新。必须深入改革落后的生产工艺和技术措施，为防止“仅用于应付检查”的情况发生，应持续对规模以上企业和项目进行不定期环保大抽查，及时发现问题，严格要求整改；如发现问题可强行关闭营业，加大整治力度及生产者的违法成本。

二是坚持绿色理念，发展“共生与循环经济”。环保部门应加强环境数据的收集和保管，从技术上加强对污染源的调查和容量测算结构校核工作，提高测算结果的科学性和准确性。同时加强对污染物的处理、废弃物利用、循环使用等内容的技术研究和引入，对城市和农村的固体废弃物排放进行循环、加工、回收利用，对生活垃圾、生活污水、工业废水进行无害化处理和循环利用，着力推进全省“共生与循环经济”模式的全面形成。

三是利用现代信息技术，建设资源节约型社会。充分利用大数据、互联网等信息技术，积极推进分类环保进市州、进园区、进校园、进社区。搭建社区、楼宇企业与再生资源企业合作平台，提高分类意识，借助互联网完成集环卫清扫保洁、再生资源回收、垃圾分类指导于一体的垃圾回收系统，实现垃圾高效分类回收，加快建设资源节约型社会。

（三）加强监管，落实责任，提升生态环境保护制度化规范化水平

一是继续完善生态环境保护管理机制和监督体系。其一，要用严格的法律制度保护环境，出台符合省情并且切实可行的法律法规，帮助政府优化经济发展，推进节能减排和清洁生产审计，强化对企业的守法援助与守法鼓励，加大生态环境保护与建设投资力度，真正实现“循环经济”的持续发展；其二，加强环境大检查和网络化监管，构建“多元”“共治”的环境治理体系，鼓励群众举报，严厉打击各类环境违法犯罪行为，加大“12369”环保热线的宣传和执行力度；其三，要实时掌握全省环境状况，加强推进环境监测网络建设和监察能力的建设，区域联防联控建立“环境污染突发事件应急管理系统”，一旦有重污染出现及时向社会公布信息，并采取积极有效的应对措施，联合全社会共同积极应对；其四，通过环境立法完善环境公益诉讼制度，倡导民间环保机构和个人参与监督和举报；其五，切实加强领导和协调，形成环境质量行政领导负责，综合部门协调指导，环保部门统一监督，资源和有关行业主管部门分工实施的生态环境建设与保护的管理体系，共同推进全省自然生态保护工作。

二是全面推进企业环境信息公开，建立企业“信用档案”。建立企业信用记录，强化企业法律责任，既要及时对有环境违法行为的企业进行严格治理或取缔，加大其违纪成本，又要保证对守法企业的援助和激励，提高执行的科学性和合理性。这方面具体可借鉴人民银行的信用体系建设，首先数据采集建立“企业环保信用档案”，然后通过自我监督和公众监督进行实时评级评分，“环保信用”有污点者可能面临全社会公开通报、上系统黑名单、经济处罚、行政处罚甚至一定时期内禁止生产经营、停业整顿等不同级别的处理。同时，公民可以通过 APP 了解各企业参与环保的现状和违纪企业接受整改的期限等，参与监督反馈。

三是加快建设项目“环保全过程”体系构建。环境监测和质量评估部门对建设项目怎样实现科学严谨的审核和监督程序，有效地开展事中、事后监督、监测和控制管理，并提出切实可行的建议和对策，这也是未来经济和环保工作的重心所在。

从环境影响评价工作来看，职能部门和管理人员应对环境影响评价、环保监理、排污许可证制度等工作细则进行深入探究，对建设项目进行“环境保护全过程”体系构建，针对有需求的园区和企业，组织专家进行实地调研，对企业现有的治理工艺设施及安装运行情况进行净化效率评估和技术诊断，提出整改意见和治理措施，从而有效实现对企业和园区的事前、事中、事后的“全程跟踪服务”。

（四）合理布局，优化定位，推动区域间协调发展

一是合理布局，发展区域特色产业。针对全省各地生态效率和发展水平不平衡、资源配置和利用不够均衡的现状，进行差异化规划和布局。资源型区域可以从调整产业结构和转变经济增长方式入手，突出资源优势，加快发展优势产业，延伸产业链条，按照环境质量和容量双控制原则合理进行产业和工业园区布置，特别是对经济发展较快和环境污染较重区域应充分考虑环境承载能力的约束，提出发展前置条件。经济发展缓慢但农林资源和旅游资源丰富的地区立足生态保护功能，突出农业加工和旅游业。

二是优化定位，打造重点开发区。按照全省产业发展由粗放型向集约型转变的要求，各地要优化产业园区分布，根据资源及非物质禀赋找准产业定位，着重打造重点开发区，发挥集群效应，以承载区域经济发展，改变原“遍地开花”但经济增长缓慢、污染治理难的格局。在地级市有效施行后再推广至各县、各镇，逐步优化产业结构，推进污染治理，打造生态城市、生态园区。

三是划定红线，打造生态保育。我省是生态大省，也是长江上游生态屏障，要严格执行国家主体功能区规划，针对生态敏感区域及早划定“生态红线”，突出生态保护，给出限制和禁止开发区域，打造生态保育区，并在此基础上实施生态补偿机制。根据“生态红线”范围制定本区域和跨区域经济补偿机制，将经济补偿与生态补偿挂钩，使生态保育成为另一种“新常态”。

（五）强化宣传，提升意识，营造有利于生态文明建设的社会氛围

一是通过教育宣传，树立全民生态环境保护意识。逐步在中小学开展生态环境保护的基础教育，在大中专院校加强生态环境保护的专业教育，在广大农村对农民进行改变传统生产方式和生活方式的教育。

二是要确保公众的知情权、参与权和监督权。推进政府和企业信息公开化、透明化，建立公众听证制度，凡涉及群众利益的均充分听取各个层面的意见。积极发动、组织引导人民群众参与生态文明建设、宣传和监督工作，发现乱排污的个人或企业均加大惩治力度，鼓励公众通过各种渠道举报环境违法行为，并保证及时处理和解决。

三是营造“保护环境人人有责”的社会氛围。广大群众不仅要“督企”“督政”，更要“督己”，自觉践行环保理念，节约集约利用资源，倡导绿色生产生活方式，积极加入全社会污染治理联合防治工作，为“治蜀兴川”做出我们这一代人的

绿色选择。

习近平总书记曾说过："生态环境没有替代品，用之不觉，失之难存。"新形势下，我们既要尊重历史发展规律，又要抢抓机遇，始终坚持稳中求进的工作总基调，加快转型发展，提升供给质量，统筹推进"五位一体"总体布局，协调推进"四个全面"战略布局；始终坚持系统化、科学化、法治化、精细化和信息化生态环境发展思路，保障改善民生，增进人民福祉，汇聚各方强大合力，推动四川区域经济与生态文明建设协调发展。

（四川省统计局　成都工业学院）

“一带一路”倡议下金融创新服务助力四川经济发展

一、研究背景及意义

（一）研究背景

四川省作为西部的经济大省，近年来的快速发展有目共睹。现有发展方式的局限性和资源环境矛盾日益突出，虽然经济和金融的总量发展很快，但是四川省，特别是欠发达地区仍然存在多方面的问题。习近平总书记在2013年年底提出了建设“新丝绸之路经济带”和“21世纪海上丝绸之路”的战略构想，后来该构想发展为“一带一路”倡议。随着国家“一带一路”倡议的推出，四川省经济发展遇到了前所未有的机遇，四川省人民政府从发展开放型经济的角度，牵头起草了四川省融入“一带一路”倡议的“251三年行动计划”，并经省领导审定、省政府办公厅印发实施。四川省经济要想实现又好又快的发展，应该注重把“引进来”和“走出去”更好地结合起来，加快培育和发展战略性新兴产业，转变经济发展方式，优化产业结构，提高资源利用效率，走绿色协调发展之路。从当前产业地理分布中不难看出，与经济发达省份相比，四川省的经济发展缺乏有力的梯度支持。成都市的经济发展“一城独大”，经济总量和财政收入均占全省的1/3。四川要积极发展经济，以求成为经济强省，必须构建多点多极支撑，协调全省的经济发展。与此同时还要大力发展特色优势产业和战略性新兴产业。

四川省将重点落在了新能源、信息网络、高端设备、新材料、航空发动机、生物医药、燃气轮机等重大项目的开发中，这些项目主导了四川省多个产业的发展，更有效地推动了云计算、移动互联网、大数据等与现代制造业的发展，从而有效地促进了工业互联网以及互联网金融的健康发展，不断拓展国际市场，这些都给四川的发展带来一定的机遇。在这一过程中，投融资改造是各行业发展求变的基础，那么为企业创造良好优质的投融资环境，提供更方便易得的金融服务，发挥金融创新对四川省优势产业的支撑作用，是“一带一路”倡议下四川区域经济发展的前提保障。

（二）研究意义

目前，四川省的经济和金融发展都存在一定的问题。经济问题主要表现在产业结构不合理、工业发展水平低、区域发展不平衡；金融问题主要表现在金融服务机构单一、有效信贷需求不足、信贷投放集中度过高、金融生态环境欠佳等方面。在经济发展中最为典型的表现就是融资依然以银行贷款为主，为了有效缓解四川省经济发展存在的这些问题，本文将侧重从金融创新的角度来对四川省的经济发展进行研究。

在国家"一带一路"倡议下，契合"251 三年行动计划"的实施，四川省将重点引导 100 家民营企业实现快速发展。从为企业提供优良的金融服务角度看，基于现有的金融服务，四川省内资金在可获得性以及资金使用的便捷性、安全性方面仍有很大的改善空间。具体来讲，在融资方面，需要金融机构对政府重点支持发展的行业加强细分行业的研究，从而为其提供更合适的金融服务；同时还要提供有针对性的财产保险；配合"一带一路"倡议下的"251 三年行动计划"，在资金上精准支持特定产业发展的同时，把控行业发展及企业投资改革的风险。

金融创新支持是"一带一路"建设的核心主力，四川省区域要更有效率地融入"一带一路"倡议，离不开金融业的支持和协同发展。金融支持四川"一带一路"建设是一项系统性工程，不仅需要发挥市场在金融资源配置中的基础性作用，也需要政府从体制机制上推进金融改革，做好相关顶层设计，通过创新金融支持模式，充分满足四川省"一带一路"建设过程中的金融需求。

因此，本文在"一带一路"倡议下，结合四川省"251 三年行动计划"，分析政府主导下的优势产业的金融发展现状和不足之处，阐述如何利用金融创新助力优势产业改变不足，从而实现区域经济协调发展；并从多个角度比较成都作为西部金融中心的优势和劣势；通过对过去 15 年四川省、重庆市、云南省、贵州省四地的研究比较，探讨金融创新对区域经济的发展是否起到了积极的作用，分析金融创新及其在支持区域经济发展过程中所暴露的问题，并得出若干重要结论。

（三）国内外研究现状

1. 金融与经济的关系

发展经济学和区域经济学研究表明，区域的经济增长和发展都是由诸多因素共同推动的，包括要素积累、资源配置、技术进步、宏观经济稳定、教育水平、制度发展、国际贸易，甚至宗教信仰的差异等，都成为解释不同国家、不同地区在不同历史条件下不同的经济增长率和经济发展程度的原因。

现代经济学鼻祖亚当·斯密在其巨著《国富论》（1776）中分析了资本积累对一国财富增长的重要性。斯密认为，增加国民财富的方法之一是增加生产性劳动者的数量；要增加生产性劳动者的数量，必先增加资本。熊彼特（1912）从经济循环流转的方向出发，经过分析认为，一国经济之所以能够持续稳定增长，是因为创新的驱动力量。其所说的创新一种是生产力的创新，另一种是各生产要素组合的创新。凯恩斯（1936）的投资乘数模型说明了投资变动对国民总产出和总就业的倍数效应，强调通过增加货币，降低利率以扩大就业，增加国民收入。他认为在边际消费倾向一定的情况下，单位的经济收入增加会使支出的绝对量也相应增加，这部分增加的支出又成为下一轮收入的增加，如此不断，就会形成一条无穷的数值不断减少的再支出链条，从而带动国民产出的增加。基于此，凯恩斯提出了以扩张投资为核心的政策主张，即通过扩大政府支出，增加投资核心来拉动经济增长。

第二次世界大战后，一批新独立的国家在追求本国经济发展中不同程度地都受到储蓄不足和资金短缺的制约，而金融发展滞后和金融体制运行的低效率则是抑制经济发展的深层次原因。戈德史密斯、格利、肖和麦金农等一批经济学家先后对金融发展支持经济发展问题进行了深入研究。格利和肖（1973）认为，金融体系的完善和发展会促进经济的不断增长。而在金融体系中，货币和非货币因素均将通过储蓄和投资的过程作用于经济的增长。当各类存款、贷款等形式重新投入社会时，将使得投资越来越活跃，从而激活整个经济体系。

经济学家戈德史密斯是现代比较金融学的奠基人，其代表性著作是《金融结构与经济发展》(1996)。他提出了金融相关率 FIR（FIR＝FT/WT，其中 FT 指一定时期内金融活动总量，WT 指经济活动总量）等重要指标，为此后的金融与经济关系研究提供了重要的方法论和分析基础。他指出，经济增长与金融发展是同步进行的，经济快速增长时期一般都伴随着金融的超水平发展。发达的金融结构对经济增长的促进作用是通过提高储蓄和投资总水平以及有效配置资金这两条渠道实现的。他还认为，金融发展过程会遵循一定的规律，发展中国家早晚要走发达国家已走过的道路。

金融发展就是各种金融资产的增多和各类金融机构的设立，金融发展过程就是从不发达社会的初始金融制度迈向发达社会的金融制度。经济单位之间的储蓄—投资差异是金融制度存在的前提，金融发展的目的就是要克服由金融制度缺陷造成的困难，手段是金融制度创新和金融技术创新，这种创新无论是在分配技术方面还是在中介技术方面都能扩大可贷资金的市场广度，提高资金分配的效率，从而提高储蓄和投资的水平，最终使经济增长率得以提高。金融发展与经济发展密切相关，经济发展是金融发展的前提和基础，而金融发展则是推动经济发展的动力和手段。

崔远森和李昌克（2013）在衡量金融发展水平时采用的是金融相关比率和存贷比率，他们通过实证研究发现，无论采用上述哪一个指标均能够表明，区域金融的发展可成为经济增长的强大动力。这种动力作用在我国西南地区的强度要远远大于近几年经济下滑严重的东北地区。

2. 金融创新对经济发展的影响

国内外学者 20 世纪就开始研究金融创新对经济发展的影响，大致有三种观点：第一种观点认为金融创新对经济发展没有影响。波多尔斯基（1986）将金融创新放入传统的 IS－LM 模型后发现金融创新不是促进经济增长的原因，对金融创新的量化并不是一件易事，因此对金融创新与经济增长的影响关系进行定量分析是比较困难的。

第二种观点认为金融创新对经济增长存在促进作用。熊彼特（1912）在创新理论中提出金融机构作为提供资金匹配服务的中介部门对经济发展起到了重要的作用，金融创新能够扩大金融部门的规模和运营效率，对经济发展具有显著的促进作用。金融创新既可以发生在金融部门，也可以发生在实体经济部门，只有金融部门和实体经济部门互联互动，才能更好地为经济发展提供动力。金融创新对经济的增长还体现在抵御金融风险的能力上，金融创新能够促进经济增长的原因在于金融创新不仅可以提高金融系统对风险冲击的承受弹性，还可以降低金融市场的交易成本，帮助金融机构有效规避来自金融当局的风险管制。亚历山大·加莱托维奇（1996）研究发现金融创新能够影响企业技术创新资本的流动效率，这样无疑可以加快技术进步，进而促进经济增长。吴敬琏（2006）认为一个国家或地区的金融发展水平会影响经济增长的活力，决定经济增长是否具有持续稳定性，对多样化的金融组织进行金融创新能够提高经济的运行效率，促进经济发展。段世德（2013）认为，在金融创新的过程中，国家根据经济发展的需要从组织制度等方面对金融行业不断进行调整改革，以提高市场的竞争力和市场效率。从微观方面看，金融创新体现在金融产品方面，大量的金融工具和金融服务是金融创新的重要成果，当金融产品在金融市场上得到认可并被应用时，能够提高市场的资源配置效率。

第三种观点认为金融创新与经济增长相互影响，作用复杂。克罗基特和本杰明（2001）研究了包含家庭部门、企业部门和金融部门的经济系统后提出，金融创新通过对家庭和企业产生积极的影响，然后影响经济增长。法鲁克（2014）试图应用熊彼特的传统经济制度来评估金融创新的本质。他认为熊彼特的资本主义动力学揭示了制度环境对金融创新的作用，并通过创新来保证经济发展的可行性。李丛文（2015）对金融创新、技术进步和经济增长三者之间的关系进行了研究分析。通过实证检验得出结论：金融创新只有与技术进步结合到一起才能发挥对经济的最大促进作用，在金融创新促进经济增长的过程中，经济发展对金融发展也有正向效应，二者相互依赖，相互影响。同时，我们必须明白金融创新必须与实体经济相适应，根据实体经济的需求进行金融创新能更好地促进实体经济的发展。

3. “一带一路”的相关文献

（1）“一带一路”研究

“一带一路”是习近平总书记在2013年年底提出的建设“新丝绸之路经济带”和“21世纪海上丝绸之路”战略构想的简称。2015年3月27日在海南博鳌亚洲论坛上，国家发改委、外交部和商务部联合发布了《推动共建丝绸之路经济带和21世纪海上丝绸之路的愿景与行动》（国家发改委等，2015）。“一带一路”是一种全新的区域经济合作模式，旨在促进经济要素有序自由流动、资源高效配置和市场深度融合，推动开展更大范围、更高水平、更深层次的区域合作，共同打造开放、包容、均衡、普惠的区域经济合作构架。“一带一路”框架包含了与以往经济全球化完全不同的理念，即“和平合作、开放包容、互学互鉴、互利共赢”，这正是丝绸之路文化内涵的体现。总体上，“一带一路”倡议可以简单地用“和平、合作、发展、共赢的核心理念”“政策沟通、设施联通、贸易畅通、资金融通、民心相通的合作重点”以及“利益、命运、责任三个共同体”来表达。

其中，资金融通被认为是“一带一路”建设的重要支撑。上述文件明确指出要“深化金融合作……以银团贷款、银行授信等方式开展多边金融合作”；同时也指出，中国将加强与沿线国家之间的合作，在“……金融合作等领域，推进一批条件成熟的重点合作项目”。可见，在“一带一路”倡议实施中，金融需要积极发挥支撑保障作用。资金融通是“一带一路”连接各个环节的重要纽带，能够较好发挥金融的支持作用，有利于为“一带一路”重大项目的落地提供切实可行的支撑以及降低项目的风险性。

那么，金融在“一带一路”倡议中具体应该发挥怎样的作用呢？关礼（2015）认为《愿景与行动》为金融支持“一带一路”建设指明了方向。张红力（2015）则认为金融的作用不仅定位于服务，还应该积极发挥经验引领、专业引领、模式引领和战略引领四种引领作用。赵志刚（2015）认为金融支持“一带一路”建设是一项系统工程，政府应从体制、机制上推进金融创新，应对好“一带一路”倡议实施中的金融需求。何昊和陈炫任（2015）认为金融的重要作用决定了其成为建设“一带一路”的强大助力，在支持“一带一路”的过程中，要按照“规划先行、金融先导”的基本原则，发挥金融服务实体经济的作用。闰衍（2015）认为，在“一带一路”发展过程中，要重视潜在风险，加码金融支持力度，确保金融支持的长期可持续性。当然，在“一带一路”倡议实施过程中，金融支持也会遇到一些问题，例如胡才龙（2015）就认为存在投资资金不足、投资面临不确定性、金融环境不理想等问题。

李稻葵（2015）认为“一带一路”是持久战，因为不同国家和地区间的文化差异，发展水平不同，接受起来也没有那么容易，所以要坚持“一带一路”长期发展的倡议，并且，“一带一路”一定要发动市场的力量，而不能政府一头热。刘卫东（2016）则指出，“一带一路”不是我国的区域发展倡议，而是统筹我国全方位对外开放的长远、顶层倡议，是我国与沿线国家共同打造开放、包容的国际区域合作网络的倡议。

总之，“一带一路”坚持“共商、共建、共享”的原则，以“五通”为合作内容，打造了一种全新的区域合作模式。“一带一路”有区域经济合作的需求，但同时也超越了单纯的区域合作，它以更为包容的、全方位开放的模式来体现合作的非排他性，可以说，在合作内涵上，“一带一路”相比于其他倡议更有“胸怀”，它摒弃了以往很多倡议和合作模式的局限性，不具有排他的性质。正如葛剑雄（2016）所说的，今天的“一带一路”更多的在于一种合作、共同发展的精神，要懂得相互尊亘，不是排他，而是“各美其美”，不是谁压倒谁，谁代替谁，而是相互了解与欣赏，是“美人之美”。

(2) 关于区域经济合作模式的相关研究

伴随着生产的专业化和分工的精细化，以及全球经济的联系越来越紧密，国内外学者早就对区域经济合作模式展开了广泛、深入的研究。金德尔伯格和林德特(1985)在著名的《国际经济学》中提出，区域经济一体化体现在三个方面：其一是生产要素的自由流动，其二是区域内各成员国之间的自由贸易，其三是区域层面的宏观经济呈现一体化倾向。根据区域经济一体化程度的不同，传统的区域经济合作模式主要分为以下几种类型：自由贸易区、关税同盟、共同市场。

自由贸易区指由签订有自由贸易协定的国家组成的贸易区，在成员国之间取消工业品贸易限额，减免或废除关税，使商品在区域内各成员国之间逐步自由移动，但不涉及建立共同的关税和共同的贸易政策，不建立超国家的机构，例如，欧洲自由贸易联盟和拉丁美洲自由贸易协会等。孟广文(2015)在《建立中国自由贸易区的政治地理学理论基础及模式选择》一文中提出，自由贸易区的主要特征有四点：一是划属专门的用于出口的工业区域，同时为本土企业提供免税贸易条件和宽松的监管环境。二是设立享有优惠政策的工业区域以吸引外国投资，实行来料加工贸易。三是明确界定国家关税领土的封闭区域，这些地区往往地理位置优越，在有效实施关税与财政分离的原则下，拥有适合贸易和出口加工的基础设施。四是以免税构建的出口工业区域，在区域内本土企业的生产主要用于出口，并有一定的财政补贴和金融优惠政策。相比自由贸易区而言，关税同盟的一体化程度更高。关税同盟概念由维纳(1950)提出并沿用至今。它除了包括自由贸易区的基本内容外，成员国之间对外还建立统一的关税率。结盟的目的在于使参加国的商品在统一关税之内的市场上处于有利的地位，排除非同盟国商品的竞争，它开始带有超国家的性质，如欧洲经济共同体实行经济一体化的基础就是关税同盟。维纳(1950)认为，关税同盟具有自由贸易和保护贸易结合的特点，会产生贸易创造和贸易转移两种截然相反的结果。之后，英国经济学家米德和李普赛采用供求曲线的新古典经济学分析方法对贸易创造和贸易转移效应进行了描述。科登在分析了传统贸易创造和贸易转移的基础上，把规模经济应用于关税同盟的研究，提出了成本降低效应和贸易抑制效应的观点。

相比来说，共同市场不仅通过关税同盟形成的贸易自由化实现了产品市场的一体化，还通过排除集团内要素自由流动的障碍，实现了要素市场的一体化。所谓共同市场，就是在共同市场成员国内完全废除关税与数量限制，并建立对非成员国的统一关税，同时也允许成员国间资金、劳动力等生产要素的自由流动。如欧洲经济共同体在1986年就已经实现农业共同市场。共同市场理论的代表人物是米德和伍顿，他们主要分析了在生产要素可以自由流动的条件下，对共同市场内部各成员生产要素价格及收益的影响，认为建立共同市场可以产生净收益，使成员总的国民收入水平上升，并且还可能伴随技术与管理水平的转移，因而会使劳动生产率明显提高，带来经济增长效应。

在区域经济合作模式的长期尝试中，“次区域”经济合作的概念也被提了出来。1989年，次区域经济合作由新加坡总理吴作栋首倡，他提出了“成长三角”的概念，也就是在经济发展水平以及意识形态不同的三个及以上国家或地区的毗邻地带，加强经济要素和市场需求的优势互补合作，推进经济往来和相互投资，从而促进地区稳定、经济协调发展而设置的经济区域，比如在新加坡、马来西亚、印尼的三角区域就可以建立“成长三角”。

李铁立（2004）在其《边界效应与跨边界次区域经济合作研究》一文中指出，在跨边界次区域经济合作发展过程中，存在着制度变迁和组织结构演变，按照制度变迁和组织结构演变的特征，跨边界次区域经济合作可以划分为政府主导、企业主导以及政府、企业、民间的正式与非正式组织共同推动三个阶段。而吴世韶（2011）却认为，次区域内国家间的政治经济矛盾和次区域外国家和组织的地缘政治经济竞争所带来的利益分配问题是当前次区域经济合作的核心问题。发展是次区域经济合作的初始出发点，和平的周边环境与共同发展的政策取向是次区域经济合作成功的必要条件，在此基础上，构建地区认同与形成共同获益是次区域经济合作得以发展的根本原因。

（3）区域经济主导产业群的研究

地区经济的发展过程，从根本上来说就是主导产业群不断更新换代的过程，也是主导产业群带动其他产业部门不断向前发展的过程。主导产业群的发展水平将直接影响着地区的经济发展水平和经济结构的合理性。因此，为了优化产业结构，促进经济又快又好地发展，主导产业群的确定具有十分重要的现实意义。

主导产业的相关理论是在西方主要工业国家随着产业经济学理论的兴起而逐步形成的。由亚当·斯密（1776）提出的绝对优势理论为比较优势理论的形成奠定了基础。比较优势理论从根本上说明了区域主导产业存在的重要性。赫希曼（1958）提出了产业关联理论，他认为产业的发展必定会使产业之间存在一定的联系。熊彼特（1912）提出的创新理论认为产业的发展就是在一系列不断创新的过程中形成重要性不同的产业。这些为区域主导产业的形成奠定了理论基础。

美国经济学家罗斯托（1958）在结合发展中国家的发展经验和汲取其他经济学家的创新理论、不平衡发展理论等比较成熟的理论的基础上，对主导产业的相关理论进行了系统的整理。由于受到美国制度学派以及德国历史学派的理论的影响，罗斯托的主导产业理论很好地解释了经济增长的原因。

在罗斯托（1958）的产业理论中，他没有直接明确提出区域主导产业的选择标准，这给后来主导产业理论的应用带来了一定困难。直接明确提出主导产业选择基准的是日本著名的经济学家筱原三代平（1955），他在研究了非均衡发展理论的基础上提出主导产业选择的理论，他认为产业部门的经济增长速度有快有慢，主导产业的发展也会呈现出不同的特点，选择主导产业有着一定的标准，根据这些准则，可以对区域的主导产业进行选择。

国内关于主导产业理论研究的相关文献主要集中在区域经济和国民经济领域，他们关注的焦点是主导产业的选择：选择原则、选择基准、选择方法和选择的模型等。而关于主导产业选择的研究目的主要是在学习国外的理论研究成果的基础上，结合当地的经济发展情况，解决经济发展中遇到的发展缓慢等问题，促进经济的发展。

郝寿义和安虎森（2004）认为区域主导产业区别于其他产业的功能有：一方面它具有明显的比较优势，产出规模和产品调出规模相对较大。它能承担地域分工的重大任务，为当地经济发展做出应有的贡献。另一方面它是区域经济的主体和核心，它的发展能够带动该地区经济的发展，是经济发展的方向标，并能推动区域产业结构向更高一层次演进。

高向梅（2013）运用主成分分析法对四川省的主导产业选择进行了实证分析。从她的研究中可以看出：除了第一产业的农林牧渔业外，四川省综合得分较高的产业几乎全部是第三产业，排名前十五位的产业当中只有建筑业、煤炭开采和洗选业、化学工业、金属矿采选业和金属冶炼及压延加工业这五个产业，而且排名都比较靠后，较前的位置都被第三产业占据。这个现象说明了四川省现在的产业结构正发生着改变，尤其是第三产业的发展势头强劲，已经盖过了曾经是经济的基础和绝对主导的第二产业。根据主导产业的内涵，主导产业不是单一的产业而是一个产业集群。产业集群是工业化过程中的普遍现象，在所有发达的经济体中，都可以明显看到各种产业集群。产业集群是指在特定区域中，具有竞争与合作关系，且在地理上集中，由交互关联性的企业、专业化供应商、服务供应商、金融机构、相关产业的厂商及其他相关机构等组成的群体。

4. 四川省金融发展与经济增长关系研究

以往学者对这个问题的研究大都集中于四川省经济与金融发展过程中存在的诸多问题上。如李由（2009）认为地方层面存在融资结构不合理问题，地方金融是地方经济的重要组成部分，需要重点解决“三农”资金需求、中小企业融资难的问题。作者建议建立多种类金融机构并存与补充的金融服务体系来增加四川省地方金融供给，重点发展农村信用社和城市商业银行；以地方产权交易市场为中心，构建多层次资本市场，为四川经济发展提供新的投融资交易平台；加快发展和完善全省金融市场需求主体，创新投融资抵押担保方式；引导和协调四川省金融资源在城乡间的合理配置，构建农村资金回流机制。经伟宪（2010）在对四川省巴中市的融资现状进行研究后发现，巴中市融资状况存在诸多问题，不仅表现为存贷差距逐步拉大、贷款结构不尽合理，还表现为资金缺口仍然很大，融资渠道过于狭窄。作者将其归因于多方面因素的影响：①历史成见的影响，②融资中介缺位，③信用意识不强，④信息交流不畅，⑤企业能力不足，⑥金融服务落伍。最后作者认为解决融资难问题需要多方面努力，包括加快社会信用体系以及融资平台建设、金融改革创新等措施。

有些学者的研究侧重于四川省内欠发达地区的金融发展问题，认为欠发达地区金融支持的效应会更加显著。如陈小平（2010）对四川省经济以及金融发展现状进行分析后认为，虽然经济和金融的总量发展很快，但是四川省特别是欠发达地区存在多方面问题，表现在金融服务机构单一、有效信贷需求不足、信贷投放集中度过高、金融生态环境欠佳，金融产业有待强化。陈小平研究后提出建议，认为欠发达地区应当深化政银企合作，培育有效信贷需求，发挥信贷投放、直接融资和民间金融的作用，多渠道增加资金供给能力，当地政府应当发挥政策合力，进一步优化信贷结构，改善金融生态环境，进一步强化金融产业。

有些学者不仅关注四川省经济增长与金融发展的双向关系，还关注经济的结构问题。如顾新（2001）提出四川省经济总量虽然属于中上水平，但经济的二元结构明显。成都市与其他地市发展水平严重失衡，严重制约全省经济的发展效率。周克（2015）研究四川省产业结构升级的现状和问题以及与四川省金融发展之间的关系后发现，2002 年以来四川省产业结构失衡的原因并非资源错配，或者说并不是第二产业本身出问题了，而是第三产业生产率自 1990 年以来提高太慢，以至于相对于总体生产率下降太快，同时四川省的金融发展对产业结构升级提供了有力的支持，四川省产业结构变化是金融发展的格兰杰原因，发展生产性服务业和调整金融结构有助于纠正四川省产业结构的失衡。

5. 金融创新服务四川区域经济发展

“一带一路”倡议和国际产能合作的深入实施，将为跨境投融资合作带来巨大潜力。然而，“一带一路”合作项目大多投资庞大、投资周期长、涉及跨境合作、项目结构复杂，并且在合作中也存在巨大的投融资需求，金融机构参与“一带一路”建设相对滞后，迫切需要创新金融环境，提高投融资领域的创新开放水平。

（1）“一带一路”倡议下金融创新途径

阎豫桂（2017）通过全面梳理“一带一路”投融资合作中宏观和微观两方面的风险问题，提出了金融改革创新途径：在宏观机制方面，建立健全对话协调机制，支持中外经济合作园区建设，打通境内外债券市场，改革创新金融机构风险防控机制；在微观业务模式方面，大力发展 PPP 业务模式，加强多元化投融资结构设计，开展跨境资产证券化业务，创新风险管理渠道。

王耀民、李季刚等（2016）从商业银行在“一带一路”中获得的国际贸易融资业务方面的机遇入手，讨论了现阶段商业银行融资业务中的主要问题，如业务形式单一且规模过小，资金供给不均衡和风险控制不到位等，提出了通过各种手段如建立银行内部动态风险管理机制，加强与非银行类金融机构战略合作等方式，从金融业务创新角度积极开拓此项业务的市场发展潜力。

丁振辉（2016）主要总结了“一带一路”下国家的金融战略如何与商业银行的业务创新相挂钩，认为在“一带一路”倡议下，中国企业走出去在很多方面存在金融支持不足，并总结了现阶段商业银行的传统业务有哪些，如信贷业务和金融租赁业务等，但面对“一带一路”巨大的融资需求，商业银行必须开发更多的创新业务，从金融产品和服务创新角度，如拓宽金融服务的领域，加大金融服务创新模式的研究等，表明了应从哪些方面实施金融创新。

王树文（2016）总结了在“一带一路”倡议下，沿线国家对基础设施建设存在巨大需求，且项目又存在融资缺口，为了解决相应的难题，提出了融资模式的创新，如利用 PPP 项目可以丰富投资主体，吸引更多资本，但也有相应的风险需要注意，提出了在“一带一路”背景下 PPP 模式风险规避的路径选择，以期通过这三种途径来最小化 PPP 模式风险，推动政府和企业合作，助力中国企业“走出去”。

（2）“一带一路”倡议下金融创新存在的风险

伴随着“一带一路”整体建设的深化和“一带一路”沿线国家（地区）金融部门的快速发展，金融风险问题逐渐凸显，国内学者也开始着眼于对“一带一路”建设中的金融风险问题进行分析。如杨婧（2015）从总体上概括了“一带一路”建设运行模式和地方经济增长融合的连带关系，并对金融风险进行了归纳总结，主要分析了地方政府在投资和融资活动中即将面临的风险问题，并从协调整合地方政府的投资和融资行为、划清风险界限和加强地方政府的财政风险防范几方面提出了相应的研究建议。张明（2015）从投资收益率、投资安全性、中国自身经济结构调整等六个方面指出了“一带一路”建设所面对的潜在风险，并认为这些风险是“一带一路”建设成败的细节所在。王芳（2016）认为科技金融是实现创新驱动的重要环节，分析了我国科技金融发展的现状以及不足，并提出以后应在哪些方面进行创新和重点发展。黄少卿（2015）对“一带一路”沿线基建类投资进行了风险预测与对策研究，将“一带一路”沿线中国企业基建类投资涉及的风险分为政治风险、财务风险、管理和运营风险等。王艳（2012）对金融衍生品套期保值选择与企业价值之间的关系进行了研究，认为金融衍生品大多还集中于大宗商品，对利率和汇率类金融衍生品的使用仍然很少，而使用大宗商品类衍生品确实可以帮助企业减少风险，提高企业价值。

（四）对已有文献的评价

对国内外相关研究进行总结，我们发现大部分研究都充分肯定了金融对经济的发展有重要的促进作用，而且随着时间的推移和研究的深入，逐渐认识到金融影响经济发展的路径和机制有着更为复杂的关系，“一带一路”倡议的提出，国家经济和贸易结构会发生相应的改变，金融作为经济发展的服务员，其发展也要与经济结构相适应。因此，“一带一路”倡议下金融与经济的关系比较特殊，这就需要在研究“一带一路”倡议的发展中注重金融对经济的影响，分析金融对经济发展的影响程度，探讨影响途径和机制，以便于更好地完善相关政策。尤其是从区域经济发展的已有研究中可以看到，区域经济对国家经济发展来说是一个重要的组成部分，而其中的主导产业对区域经济的发展有着举足轻重的影响。“一带一路”倡议是我国提出的具有重大经济意义的区域性发展战略规划，这就要求我们在区域经济发展已有研究的基础上，根据我国“一带一路”倡议发展的特点，去布局相关重点产业。

已有文献在四川省的经济发展和“一带一路”倡议研究上，对四川省的经济发展特点和历程都有比较明确的分析，有的文献对“一带一路”倡议的意义和发展目标以及发展的重点进行了阐述，还有文献对“一带一路”倡议下四川省的发展有哪些优势和不足进行了分析，已有研究成果对于分析四川省在“一带一路”倡议下的金融和经济发展关系以及四川省面临的机遇和挑战具有重要的借鉴意义。“一带一路”倡议下金融需要与经济发展相适应并支持经济发展，通过金融创新的方式构建国家合作机制，建立标准化自由贸易区与多边金融合作机制可以降低经济中的交易成本，提高市场运行效率。本文的研究目的是从金融视角分析在“一带一路”倡议下，我们应该如何根据四川省的发展现状，结合自身的发展优势去加快经济的增长，并利用金融创新来解决在发展过程中可能面临的一些挑战。

金融创新作为金融的一个重要组成部分对经济发展的影响程度也越来越重要，金融创新可以弥补传统金融的不足，进而也更加符合现代经济发展的需要。所以金融创新也是在经济发展，尤其是“一带一路”这种区域性合作倡议刚刚起步的时候需要重点研究和发展的对象。从已有研究中，我们发现在金融创新实施的过程中仍然存在改进的空间，这也是本文需要解决的问题，即如何根据“一带一路”倡议的发展特点来不断完善金融创新，更好地服务于四川省在“一带一路”倡议中的发展。

（五）研究路径

本课题研究“一带一路”倡议性金融创新服务经济发展，运用的主要分析方法以及研究路径如下。

第一，采用文案调查法梳理了金融与经济发展的关系，根据已有的研究理论整理分析了金融和经济互相促进发展的关系，企图在此基础上总结“一带一路”倡议下金融与经济关系的特殊性，重点剖析金融在区域经济发展中的作用。通过查找大量研究成果，对金融创新的概念以及金融创新如何影响经济发展作了比较系统的总结，得出在“一带一路”倡议下四川省进行金融创新应该考虑的方面。

第二，在明确了金融与经济发展的关系、金融创新的内涵与外延以及金融创新对经济增长的作用方式和途径后，大量阅读已有研究成果和政府相关文件，采用定性分析方法总结了“一带一路”倡议的目的和对四川经济发展的影响，将“一带一路”这个倡议放到宏观经济发展框架当中分析，尤其是金融在“一带一路”中的引领作用。并根据“一带一路”倡议下四川省的发展规划与具体的实施措施，分析了四川省面临的机遇和挑战，金融在这当中应扮演怎样的角色，根据四川省的发展需求金融又应该有哪些方面的支持。

第三，从四川省金融发展与经济发展的历程看，四川省金融业总量不断壮大，金融服务实体经济的能力在不断增强，金融基础设施和监管制度在持续优化，金融创新稳步推进，随着“一带一路”倡议的实施，四川省的金融监管制度和金融创新进度需要进一步完善和推进。采用描述统计的分析方法从经济和金融两个维度认识了四川省的发展现状和特点。在经济方面，四川经济总量持续上升，增速从2011年至今持续下滑，第三产业占国民经济的比重逐步提高；2016年四川同“一带一路”沿线国家的贸易额占对外贸易总额的30.6%。在金融方面，通过横向和西南的贵州、昆明等地的对比，认识成都作为西部金融中心的优势和存在的不足，并分析导致这些不足的原因。

第四，着重研究了四川省金融发展在“一带一路”倡议中存在的不足，主要表现在直接融资发展滞后与间接融资发展粗犷、金融机构的信贷结构有待优化，总量有待扩大，金融监管体制与社会金融意识相对滞后，从金融创新概念及其分类入手，探讨了“一带一路”倡议下，金融创新更好地服务于四川省经济发展需要的措施。

第五，应用定量分析法对金融及其创新与四川省经济发展情况进行了实证研究，采用向量自回归模型（VAR）描述金融变量与经济变量之间的动态关系，分析经济系统中金融与经济之间的相互作用，然后使用面板数据变系数固定效应模型分析了金融创新对经济发展的贡献程度，比较了西南地区各省在金融创新上的差异以及各省的金融创新对其经济发展的影响程度。一方面对前面的理论分析给予了实证支撑，另一方面通过计量经济模型分析对产生问题的原因给出相应的认识和判断。

二、理论依据与分析

（一）金融与经济的关系

1. 金融与经济的本质特征

金融是随着商品经济的活动发展起来的，从金融和经济的关系来看，首先是经济决定金融，经济是金融发展的基础，追根溯源，由于在商品经济中物物交换存在很大的障碍和困难导致了货币的出现，金融的出现就是为了解决经济发展中的困难和障碍，因此，经济的发展规模与水平决定了金融的规模和发展水平。虽然经济决定金融，但金融反过来会作用于经济的发展，经济发展的水平很大程度上取决于金融的支持程度。正如邓小平同志所指出的，“金融很重要，是现代经济的核心，金融搞好了，一着棋活，全盘皆活”。银行等金融机构将社会的闲散资金集中起来，贷给企业等生产部门来扩大企业的规模促进经济的发展，证券、保险、基金等也为企业提供了融资渠道，为消费者提供了投资渠道，这样就可以提高资金的使用效率进而作用于经济的发展（陈义昌，邓明湘，1989）。

我国除在自然资源、地理位置、气候等方面存在经济差异外，在计划经济转轨的过程中，还存在文化、思想观念、人力资源素质、政策等差异，形成了明显的经济和金融差异，表现出不平衡的状态。区域经济的发展规律告诉我们，平衡是相对的，不平衡是绝对的，任何时期都会有发达和不发达地区，不发达地区又会有相对发达区域和相对不发达区域。金融作为国民经济的重要组成部分，不仅直接反映经济的区域性特点，金融的运行和发展也呈明显的区域性特征，经济发展的区域性政策在很大程度上需要借助金融区域化运作得以实现。

一般而言，金融发展与经济发展的关系适用于区域的金融发展与经济发展的趋势，但是也可能出现不同于一般的特殊趋势。在区域内金融资源更可能从外部引入，从而出现非均衡的增长前景。金融资源流入的驱动力可能来自人们的某种收益或安全预期，来自区域的优惠税收政策，来自经济运转高效率带来的高资产收益率，来自直接投资机会等。分析表明：如果实物资源的流入不受区域政策限制，金融资源的流入并不会造成物价的显著上涨，区域就有可能形成所谓的“赶超型”增长。一方面，在特定区域内，以区域外融资为主、区域内储蓄转化为辅，通过以金融先行的制度设计和创新来推动经济发展是可能的；另一方面，如果金融过程出现曲折、波动和金融抑制，必将影响经济的平稳发展和繁荣，严重时将引起经济停滞和衰退。

2. 金融在区域经济中的作用

（1）筹集区域发展资金

没有足够、持续的资本供给，既不能形成新的区域经济增长点，也不能促使区域经济持续稳定快速发展，一个地区的资本形成能力受本地区储蓄水平的制约。金融是聚集和集中资金的杠杆，完善的金融市场，良好的金融工具对资金的吸附作用很大，金融通过直接和间接两种投资方式将区域内、区域外企业和居民的盈余资金通过储蓄间接转化为投资或直接转化为投资，形成资本，从而对区域经济增长和发展起着第一推动力和持续推动力的作用，这也是金融的基本功能。

（2）调整区域产业结构

区域经济发展过程就是利用区域经济条件形成合理的产业结构，并取得最佳效益的过程。从动态角度看，就是实现对区域内不合理的产业结构进行调整和更新换代，实现产业结构高级化。区域金融不仅具有筹集资金的功能，还在于金融对经济有明显的结构调整功能，并通过这种调整产生经济结构重组的动力。同时，区域之间存在的结构差异客观上也为金融调整能力的发挥奠定了基础，可从以下两方面认识。

①在间接金融中，运用信贷和利率杠杆等经济手段，调控贷款投向，坚持择优扶持、区别对待的原则，对区域内急需发展的产业（如基础产业、主导产业）和效益好的产业可实施积极信贷支持；相反，则要加以限制。这种金融发展明显有利于结构调整，有助于实现区域经济资源的合理配置。

②在直接金融中，借助股票、债券等直接金融工具的流动性，通过价值资本的流动带动其他生产要素在更广阔的空间转移，在很大程度上削弱了生产要素部门间转移和重新组合时所遇到的资产实物形态的部门转移障碍，从而消除了产业分割状况并有效推进产业结构调整与升级。

（3）带动区域要素流动，提高区域要素生产力

现代经济增长理论认为，经济增长的因素不仅包括劳动和资本投入，也包括知识进展、技术进步、资源配置和规模经济等方面的原因。而金融在现代经济中的核心地位则体现在其是经济运行中各部门联系的关键纽带。资金这种特殊要素的流动必然会引导和配置其他资源在区域内和区域间流动，从而获得本地区稀缺资源，并加速技术、信息、劳动力等其他要素的流动。

金融带动区域要素合理流动最终将会显著优化区域要素生产效率。具体而言，金融主要从两方面对区域内要素生产率的提高发挥主要作用。其一，金融通过促进技术进步在要素生产率提高方面对经济增长做出贡献。技术进步是要素生产率提高的内动力，技术进步的源头是发明和创新，要素生产率的提高在于发明和创新成果的大面积推广和普及。金融在技术创新的源头上为发明和创新提供资金支持，推动科技成果迅速传播和普及并转化为现实生产力。其二，金融通过促进资源优化配置和规模节约在要素生产率的提高方面对经济增长做出贡献。资源配置和规模节约是推动要素生产率提高的重要外部因素，这两个因素都需要在有效的市场中实现，不仅需要有效的区域商品市场和区域劳动力市场，而且需要完善的区域资本市场。区域资本市场的发展有利于资本的集中和转移，推动区域实体经济的分化、重组和升级。

（4）推动公司治理结构改革

金融发展特别是区域资本市场的发展，在微观层面，不仅可以为企业提供一种便利的融资渠道，而且资本市场的市场融资机制还能有效地促进区域内国有企业治理结构的转换。目前，我国正处于经济转轨时期，受路径依赖的制约，计划经济体制下的一些弊端依然存在。例如国有企业预算软约束的问题，在“拨改贷”后，由于企业的根本制度未作彻底改变，又演化为信贷软约束，使得道德风险、内部人控制等问题接踵而来。加上借贷双方信息不对称，如果一味强调储蓄转化为投资，就会形成商业银行的巨额不良贷款，降低金融的稳定性。增强金融抗风险能力的重要条件之一就是企业制度的改革，改变单一无效率的国有企业产权结构，形成有效率的企业治理结构，真正让企业面向市场，适应市场，才能克服预算软约束的问题。随着上市公司股权多元化以及多个出资者和所有者的监督力度的不断加强，外部约束对企业内部人的约束力逐渐增强，促使国有企业完善治理结构，改善经营水平，从而提高企业的经济效益。

（二）金融创新的内涵与外延

1. 金融创新的含义

金融创新的概念最早由奥地利经济学家熊彼特（Schumpeter，1912）提出，当时指新的产品的生产、新技术或新的生产方法的应用、新的市场开辟、原材料新供应来源的发现和掌握、新的生产组织方式的实行等。就金融创新的定义而言，国内外尚无统一的解释，但大部分都是由熊彼特的创新理论延伸得出的，我国学者对金

融创新定义的界定主要有以下两种观点：

（1）从金融创新的范围界定

按照金融创新的范围，国内学者将金融创新定义为广义的金融创新和狭义的金融创新。广义的金融创新泛指金融发展史上出现的任何创造性变革，从货币产生、信用发展、银行建立直到目前所经历的所有市场创新和金融结构的变化都属于广义金融创新。狭义的金融创新是指第二次世界大战后，特别是20世纪70年代以来，金融领域的各种要素的重新组合和创造性变革所引起的金融现象。具体来说，狭义的金融创新是新的金融工具的创造活动和过程。

（2）从金融创新的目的界定

按照金融创新的目的，金融创新是指为了追求利润机会、促进经济发展、降低市场风险、提高资源配置效率等而形成的市场改革和各种金融要素的结合。它泛指金融体系和金融市场出现的一系列新事物，包括新的金融工具、新的金融市场、新的融资方式、新的支付清算手段以及新的金融组织与管理方法等。

准确界定金融创新的概念，要符合创新理论的基本原理，并且这种界定必须有广泛的可接受性和普遍的应用意义。根据上述要求和国内外学者的研究，从金融创新的目的出发，本文将金融创新定义为，创新主体为了更好地实现金融资产的安全性、流动性和受益性的目标，利用新的观念、新的技术、新的管理方法和组织形式等，对金融要素进行新的组合，创造或引进新的金融事物以适应市场变化，创造一个高效的资本运营体系的过程。

2. 金融创新的领域

从金融创新的宏观生成机理来看，金融创新都是与经济发展阶段和金融环境密切联系在一起的。20世纪60年代各国对金融实行严格管制；70年代以来，电子计算机技术迅速进步并在金融行业迅速推广，金融当局开始放松管制。在进入中后期以后，西方国家普遍出现“滞胀”和随之而来的高利率；同时，“石油危机”造成全球能源价格大幅上涨，形成金融“脱媒”现象，风险加剧；80年代后，各国普遍放松管制，金融自由化增强，出现了利率自由化、金融机构自由化、金融市场自由化、外汇交易自由化。进入90年代以后，世界经济发展的区域化、集团化和国际金融市场的全球一体化、证券化趋势增强，国际债券市场和衍生品市场发展迅猛，新技术广泛使用，金融市场结构发生了很大变化。我国的金融创新经过20年的发展，在金融业务、市场、工具以及组织管理制度等方面也取得了巨大的成绩。结合中国目前处于经济转型期的实际情况而言，我们可以将新时期下的金融创新归纳为以下几个方面。

（1）金融传统业务的创新

金融传统业务的创新主要涉及资产业务创新、负债业务创新以及表外业务的创新。传统业务的创新主要发生在银行业，资产业务创新主要表现为贷款结构的变化、贷款证券化以及与市场利率密切联系的贷款形式的出现；负债业务的创新主要表现为存款业务的多样化、存款证券化、存款业务电算化，同时商业银行的存款账户个性化，满足了不同顾客的需求。

（2）金融市场的创新

金融市场的创新是指通过对金融交易方法进行技术改进、更新或创设，从而形成新的市场架构的金融创新。金融市场的创新主要包括两个方面：一是相对于传统国际金融市场而言的欧洲货币市场；二是相对于基础市场而言的衍生市场。金融市场创新是一个典型的自发过程，在这个意义上金融创新不存在任何可以选择的路径，但是金融市场创新本质上又是一个金融制度的变迁过程。

（3）金融工具的创新

金融工具的创新是业务创新的重要组成部分，因为在金融市场上，工具创新总是处于先导地位。每一种新的金融工具的产生，总会伴随着金融交易技术的革新以及相应的金融机构的变化。任何一种金融工具都是由面值、收益、风险、流动性、期限、可转换性、复合性等特征组合而成的。金融工具的创新就是通过对金融产品与服务的特征予以分解和重新组合安排，使之适合经济发展，满足客户的收益性、流动性和安全性需求。金融工具的创新是最引人注目的，也是内容最丰富的。例如，按创新金融产品满足的需求，金融工具的创新可分为规避管制的产品创新、转移风险的产品创新、增加信用的创新、增加灵活和流动性的产品创新、降低融资成本的产品创新等。

（4）金融制度的创新

金融制度的创新是指作为金融管理法律、法规的改变以及这种变革所引起的金融经营环境与经营内容上的创新，包括金融组织制度的创新与金融监督制度的创新。金融制度的创新一方面需要金融技术的支持，另一方面又从金融技术进步中获取动力。当信息技术的进步提供了相应的条件后，这类制度创新便会突破技术瓶颈和供给的成本限制而很快得到实施。另外技术进步进程的加快总是导致大量新的衍生金融工具的出现，而要保证这些衍生金融工具能正常运用，客观上就迫使相关金融制度作出适当的创新反应。目前，随着英特网的普及和电子商务的发展，相应的，电子货币、网上支付随之迅速发展，现行的金融制度根本无法加以规范和约束，因而相应的金融制度创新需要就十分强烈。

3. 金融创新惠及产业

产业为本，金融为用，产业经济的发展离不开金融的支持，在产业转型升级过程中，经济难免经历落后产能行业失业率提高、从业人员收入下降等问题，金融创新能够降低社会的收入不平等程度。在一个好的金融社会中，信贷主体和信贷产品更加多元，小微企业更加活跃，社会的基尼系数也更低。

我国过去的金融体系是为发挥后发优势战略而设计的，这是以大银行为主导的支持大型项目和基础设施建设的体系。该体系适用于发展早期且与世界技术前沿存在较大差距的时期，其对于支持成熟技术和基础设施是适用的，但是对于支持创新创业和民营经济是远远不足的。

很多研究表明，我国中小企业获得的对外融资数量较低，融资所需成本较高，融资期限过短，无法支持研发和创新。主要原因是在信用管理体系还不健全的条件下，我国的金融业生产技术还较为落后，还停留在“细算账、知根底、看三表”的原始阶段。采用这种方式进行信用审查要耗费极大的成本，造成了金融机构开展小业务的规模不经济。金融机构往往依赖抵押物，绝大多数中小企业因无力获得抵押物而无法获得贷款。

4. 金融创新对经济发展的影响

国内的许多研究发现，金融系统的良好运行能够降低信息不对称，降低交易成本，从而影响居民的储蓄率、社会投资水平和社会技术进步以及经济增长。金融系统能否充分发挥其功能作用直接影响着经济增长，但是在国家经济发展的不同时期，金融系统的组织结构存在差异性，其所具备的金融功能及效果也有较大差别。在不同的经济发展水平下，金融功能大同小异，相对来说比较稳定，并不会随着政策或其他外在环境而剧烈变动。作为经济体的重要组成部分，金融系统主要的功能有风险管理功能、信息披露功能、公司治理功能、调节储蓄和便捷交易功能，这些功能可以从不同方面促进资本的积累和技术进步。在金融系统内部可以通过调节利率来配置资源影响资本积累，也可以通过影响技术进步而影响经济增长，金融创新对经济增长的影响都是通过金融系统的功能来实现的，具体来讲金融系统的功能与经济增长的作用机制如图 1 所示：

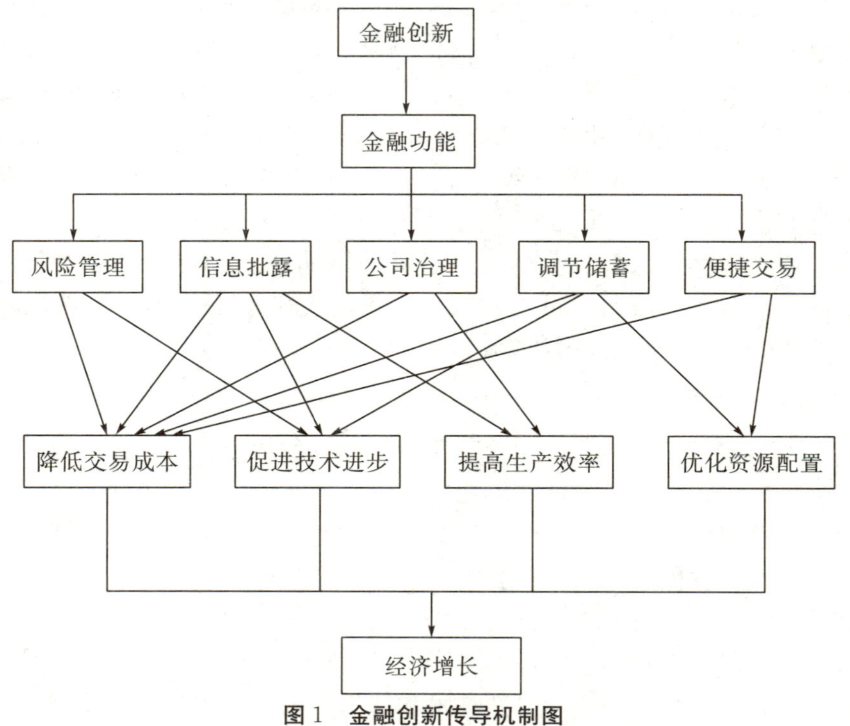

图 1 金融创新传导机制图

（1）风险管理与经济增长

由于信息不对称和交易成本的存在，在金融市场中的参与者都会面临不同程度的决策风险，他们也会主动规避这些风险。就拿流动性风险来说。流动性风险是指金融市场中的资产变现的可能性，变现可能性越小，流动性风险越大，在经济体中一般高收益的项目需要持续不断的长期资本投入，当存在较大的流动性风险时，投资者将把用来投资的资金变为储蓄存入银行，如果金融机构不给予这些长期项目长期的流动性支持，这些项目将会因为资金短缺而无法竣工。功能不断完善的市场可以适当降低流动性风险，这样投资者将会更加愿意放弃储蓄收入，将资金从银行移动到资本市场以获得更高的收益。

风险管理不仅能够影响资本积累，还能对技术进步产生较大的影响，企业为了维持或扩大市场份额就需要不断地进行技术改进和提升。企业实现了技术创新势必会提高整个行业或相关行业的技术水平，然而企业实现技术创新并不是一件容易的事，在创新中随时会面临各种不确定性，这意味着技术创新的投入也面临着较大的风险，在金融市场上创新基金的发行可以实现风险分散的功能，使单个企业面临的风险降低，提高企业创新的积极性，从而引导资金流入那些促进经济增长的技术创新项目中，这样通过金融创新提高技术进步就可以促进经济的发展。

（2）信息披露与经济增长

单个投资者在对某个公司进行投资时，由于投资者并非专业评估人士，缺乏相关领域的专业知识，同时个人的能力也是有限的，无法从大量的资料中获取对自身投资有利的全部数据和信息。另外，单个投资者只是为了一个临时的投资项目就付出很大的精力和时间去评估一个企业也是不划算的，如果该项目投资消失，项目评估也就失去了它的存在意义。所以如果一个企业的有效信息披露较少，投资者会不愿意将资金投入该企业，这可以总结为信息成本居高不下阻碍了资金流入可以产生高价值的项目，导致资金限制，资源配置效率低下。

信息获取成本的存在催生了信息中介公司的产生，信息中介公司可以帮助所有投资者完成项目评估，降低投资者获取信息的成本，方便投资者获取较为可靠的信息，提高投资者决策效率。同时，信息的获取和处理可以挖掘经济增长的潜力，在现代企业管理制度中，股东更愿意依靠资本，通过金融中介和市场选择对自身有利的职业经理人，这样就可提高企业的管理效率和经营活力，从而促进经济的增长。

（3）公司治理与经济增长

金融机构存在的一个重要作用是归集社会中的闲散资金，金融机构通过销售理财产品把社会资金集中起来统一管理，这样会降低单个投资者对资金的监管成本，因为任何投资者都没有必要实时对项目投资方进行监管，并且金融机构在资金管理能力和信息获取方面有更强的优势。相比较而言，金融机构和项目投资方有较多的接触，他们之间存在长期合作关系，双方对彼此的了解相对较深，金融公司获得更多的项目信息越容易帮助这些项目公司去扩大规模，提高资源的配置效率，从而促进经济的增长。

（4）调节储蓄与经济增长

调节储蓄就是将零散的银行存款归集为大额资金并成功转化为投资，金融创新能够创造出各种各样的金融工具满足投资者获取高于银行利息收入的投资需求，这样金融机构将大额资金投资到收益较高的项目上，储蓄的调节优化了资源的配置。目前，全国的银行存款再创新高，利息收入微薄，从不同的投资者手中归集资金，以项目为导向的储蓄调节对资源配置效率的提高和技术进步有明显的促进作用，从而加快了经济的发展。

（5）便捷交易与经济增长

金融创新带来的交易的便捷性体现在金融工具的创新、金融技术的创新、金融服务方式的创新和金融制度的创新。比如，众筹、余额宝、互联网银行等金融创新可以为资金提供筹资渠道、为闲置资金提供活期存款服务，同时现在不同的银行间跨行转账免收手续费能够加速资金的流动性，提高储户使用的便捷性。交易成本的降低和便捷交易功能能够使得百姓进行更多的交易，金融机构为了向客户提供更先进的技术革新就会促进行业技术进步，提高资源利用率，推动企业技术创新实现良性循环。

（三）“一带一路”下政府主导的重要产业

1. “一带一路”倡议的目的、影响及重点

（1）倡议的背景、价值和意义

国际政治、经济形势的发展不仅需要我国制定全球外交大战略，而且需要进行国别、区域和周边外交战略调整（李琪，2014）。丝绸之路倡议构想既传承了以团结互信、平等互利、包容互鉴、合作共赢为核心的古丝绸之路精神，也顺应了求和平、谋发展、促合作、图共赢的时代潮流，体现了我国战略方面的全新思维，将影响我国经济的长远部署，也是影响未来世界的一件大事（张春贤，2014；王之泰，2014）。它充分兼顾了国际、国内两方面的战略需求，对于沿途国家的经济建设、地区繁荣乃至世界经济的平衡都具有重大的战略意义，带来的将是世界上最大的欧亚大陆的一体化和全面复兴，有助于增进政治互信，维护地区和平，促进各国共同繁荣；有助于经略周边，打破围堵，拓展发展空间；有助于深入推进西部开放开发，构建全方位对外开放新格局的战略举措（何茂春等，2013；张开城，2014）。经济带上的国家发展阶段不一样，天然禀赋差异也很大，经济互补性很强。合作的内容非常丰富，投资合作具有非常重要的地位（李前，2014）。中亚地区拥有丰富的石油和天然气，是世界能源的三大中心之一，深化地区国家间的能源合作不仅具有地缘经济意义，而且有着非常积极的地缘政治、地缘安全意义（惠宁等，2014；王海运，2013）。

（2）倡议的性质、特点和思路

“一带一路”倡议一定程度上被解读为中国的西进战略，包括国际和国内两个

视角，是我国向西开放的重要平台，是新时期我国大周边外交的重要战略布局，具有带动经济发展、维护和平稳定、沟通东西文化、促进民心相通等多重功能（李建民，2013；李红，2014；王海运，2013；周明伟，2014）。其核心目的是为我国开辟更广阔的商品市场和能源、资源供给地（蔡宏波，2014）。与美国、俄罗斯、伊朗、哈萨克斯坦、日本等国提出的与丝绸之路相关的战略相比，中国是要改变以往过于依赖美日韩及东盟市场的被动局面，完善沿海开放与向西开放、沿边开放与向西开放相适应的对外开放新格局，其亮点是中国对中亚政策的“四要原则”，“丝绸之路经济带”的“五大支柱”和上合组织开展务实合作的五大具体措施（李建民，2013）。这一倡议不仅与中亚国家的未来发展目标对接，而且对俄罗斯、蒙古国、阿富汗、巴基斯坦等来说都是最为“理想的发展模式”，具有很强的区域互补性（李琪，2014；李红，2014）。它是一个包容性、开放性的战略构想，具有多元的国家战略诉求，包含多重的对外开放功能，呈现了广阔的地域延展性，倡议指向合作、互信、交流、融合等多重开放功能，是国家的能源安全、地缘政治、军事安全、国际合作、文化复兴、缩小区域差距等方面战略的综合考虑，是中国采取的有利于欧亚地区乃至全球经济发展的多边共赢的新思路，在发达国家、发展中国家与贫困国家之间搭起了一座桥梁（党建伟，2014；张开城，2014；李文增，2014）。经济带建设将紧紧围绕经济合作，坚持共商、共建、共享原则，充分利用现有合作机制和平台，照顾各方利益，寻求合作最大公约数（李朴民，2014）。各国产业合作的基本思路是：以政府为主导，以农业和能源工业为基础，多层次、多角度、全方位的开放合作（王保忠等，2013）。

（3）倡议的目标、任务和重点

“一带一路”倡议的远景目标是构建区域合作新模式，近期主要是贸易、交通、投资领域的合作，未来不会设定关税同盟，不会打破现有的区域制度安排，更多的是一种务实灵活的经济合作安排，构建一个以中国为纽带的全球性贸易体系，进而构建国际政治、文化新秩序，与周边国家形成“利益共同体”和“命运共同体”，改善古丝绸之路等欧亚大陆通道的公路、铁路、港口、通关等软硬件条件（赵东波，2014；李建民，2013）。主要任务是促进基础设施互联互通，提升经贸合作水平，拓展产业投资合作，深化能源资源合作，拓宽金融合作领域，密切人文交流合作，加强生态环境合作（李朴民，2014）。倡议的重点是打造完全便利的战略通道，建立关税同盟、扩充组织成员，空间上的重点是第二亚欧大陆桥沿线。倡议的路径是逐步探索对外统一协调的宏观经济政策，成立丝绸之路经济带战略通道协调委员会，创新基础设施建设融资机制（胡波，2013）。

2. 金融应在“一带一路”建设中发挥引领作用

当今社会，科学技术加速进步，金融发展日新月异，金融不仅是社会资源配置的核心手段，还对产业变革、社会演化、文化传播、信息交互和国家安全产生了深远影响。可以说，金融是最大的时代内涵，资金流引导物质流已成时代主流，金融不仅是经济的血液，更是时代的灵魂（时吴华，2015）。在这样的时代背景下，金融不能仅仅定位于服务“一带一路”，而是应该积极发挥四种引领作用，成为中国梦“逐梦”的急先锋和“圆梦”的主心骨（张红力，2015）。

（1）金融应发挥经验引领的作用

“一带一路”是一个复杂体系，必须根据不同国家的不同特质，实行“规则统一、形式各异”的区别推进政策。制定和实施有所区别的个体政策，需要充分掌握信息，合理把握尺度，而中国金融机构在这方面具有明显优势，在适应各国政治、文化和法律框架并有效开展务实经济合作方面，积累了大量经验。据商务部统计，2004—2013 年 10 年间，中国与沿线国家贸易额年均增长 19%；对沿线国家直接投资年均增长 46%，大幅高于同期对外贸易、对外直接投资年均总增速。2013 年，与沿线国家贸易占中国对外贸易总额的 1/4；对沿线国家直接投资占中国对外直接投资总额的 16%；在沿线国家承包工程营业额占中国对外承包工程总额的一半。应该说，在过去与沿线国家的经济、金融往来中，中国金融机构始终是直接的参与者和实质上的主力军，积累了大量因地制宜开展合作的经验，理应在“一带一路”推进中深入发挥经验引领作用。

（2）金融应发挥专业引领的作用

“一带一路”是个系统工程，内涵丰富，金融作为全方位的资源配置手段，不仅能满足多样化需求，还能通过“以点代面”式的业务引领，推动“一带一路”倡议在具体实施路径上有序推进。具体而言，经贸合作是“一带一路”建设的基础和先导，初期大规模基础设施建设是关键；紧接着，“一带一路”建设的重心将转移到资源能源的合作开发利用上；随后，全方位贸易服务往来有望成为主题，从而带来多产业链、多行业的投资机会，并为实现“五通”（政策沟通、设施联通、贸易畅通、资金融通、民心相通）注入强大动力。在这分步走的推进路径上，金融不仅可以满足建设资金的需求，还能提供融资顾问、投行财务顾问、融投方案制定、股权债权产品、投资、租赁、风险管理等综合化服务，并通过这些服务引导“一带一路”建设不断向纵深发展，实现稳健的阶段转换，进而保障“一带一路”建设有条不紊地推进、循序渐进地拓展、集约高效地深化。

（3）金融应发挥模式引领的作用

“一带一路”沿线国家绝大多数是新兴和发展中国家，这些国家需要的不仅是资金，更是实现协调、可持续发展的增长模式和发展理念。在过去 30 多年的改革开放过程中，中国取得了举世瞩目的巨大成就，中国经济实现了年均近两位数的可持续增长，中国经济规模上升到世界第二位，中国社会和谐稳定建设取得长足进步，中国实体企业不断做大做强，中国金融机构则飞速发展并在各类国际同业排名中位居领先地位。中国模式是一种已经取得成功并可以被广泛借鉴和复制的新兴市场国家发展模式，中国模式沿着“一带一路”进行扩散和传播，不仅有利于消融中国崛起的压力，也有利于沿线新兴市场国家少走弯路、借鉴中国模式取得快速进步，最终有利于“一带一路”沿线形成一个基于中国模式共识的有机整体。金融是中国改革开放的重要领域，中国金融机构对中国模式更是十分了解，在“一带一路”推进过程中，金融理应发挥模式引领作用，在业务合作的同时向沿线国家广泛传播消化西方智慧、结合自身实际创新发展的中国经验（程实，2014）。

（4）金融应发挥战略引领的作用

“一带一路”是事关中华民族伟大复兴的国家战略，国家战略势必要以国家利益最大化为根本目标，而实现这一目标，则需要在“一苛一路”推进过程中充分体现以我为主的强国思维和居安思危的底线思维。金融具有鲜明的时代特质和重要的战略地位，这使其具有充分体现强国思维和底线思维的机会和可能。一方面，在金融投资过程中，中国应审时度势，注重保持相对优势，以商业银行和投资银行作为金融实干“主力军”，引导沿线国家产业发展；积极果敢地推动人民币国际化，通过占据金融主动来体现强国思维。另一方面，金融作为经营风险的专业行业，应在“一带一路”建设过程中充分发挥风险识别、预警、评估和管理作用，避免由于各种原因发生区域性、系统性危机，通过守住金融底线来体现底线思维。

3. “一带一路”倡议下四川省发展计划

（1）四川省总体规划——“251 三年行动计划”

“一带一路”倡议是中央的重大决策，也是四川加快发展开放型经济、确保走在内陆地区改革开放最前列的重要抓手。四川经济融入“一带一路”倡议建设应该抓住升级扩大对外开放、建设国际区域性枢纽、加速优势产业发展、促进旅游业发展等机遇。正确认识四川经济融入“一带一路”建设所具有的历史悠久、文化深厚、区位优势较突出、辐射带动能力较强等优势，以及对外通道建设滞后、区域经济发展不平衡、产业结构性矛盾突出、走出去的准备不足、省际竞争激烈等因素的挑战。采取明确参与战略，大力宣传引导；构建协调机制，建筑共赢平台；加快基础设施建设，实现互联互通；加快开放高地建设，扩大开放合作；加快四川经济建设，加强产业互动；加快西部创新中心建设，推进创新创业等路径与对策来促进四川经济融入“一带一路”倡议建设的发展中，加快四川经济的发展速度，提升四川的经济实力（尹婷婷，2015；谢开华，2015；张世均，2017）。

①服务国家战略，扩展发展空间

从国家来讲，推进“一带一路”建设，是中央洞察全球发展格局新变化，构筑陆海统筹、东西互济开放新格局的大战略，也是中央经略周边、经略西部、经略海洋、参与全球治理的大手笔。

从四川省来看，积极融入“一带一路”建设，既是四川服务国家战略的应尽之责，也是四川省拓展发展空间、高水平开创对外开放新格局的根本之策。大量的实证研究表明，四川与“一带一路”沿线国家的贸易投资合作已经具备良好的基础，开放合作水平总体高于全国，经贸往来的关联性、渗透性、互补性甚于全国。

②围绕目标定位，抓好四个重点

国家发改委、外交部、商务部《共建“一带一路”愿景与行动》对四川省的着墨虽然不多，但四川的特殊区位和西部经济龙头的地位需要其有更多的担当，也给四川省创造性融入“一带一路”倡议预留了更为广阔的空间。

精准制导“路线图”，把握好点、线、面的关系，20 个重点国家是“点”，国家层面高度重视的 4 大战略经济走廊是“线”，四川省根据实际划分的 5 大区域板块是“面”。实施重大战略项目，主要抓好 10 大优势产业国际合作和推动 4 大富余产能走出去。培育壮大市场主体，通过重点扶持做好对企业的联系和服务工作，支持百户企业打造具有较强跨境产业链整合能力的本土跨国公司。加强省市和园区联动，提出构建四川省融入“一带一路”建设的“1＋2＋X”省内支撑体系，主要是发挥好三个作用，即成都市战略平台的带动作用，天府新区和绵阳科技城两大战略支点的撬动作用，国有产业合作园区等若干个战略基地的载体作用。

（2）四川省的具体实施措施

四川省将积极参与“一带一路”和长江经济带建设，大力发展内陆开放型经济。作为“一带一路”和长江经济带的重要交汇点，“十三五”时期，四川将主动对接国家对外开放战略，把“引进来”和“走出去”更好地结合起来，加快培育四川省参与国际竞争新优势（李丹等，2015）。

①深度拓展 20 个重点国家市场

四川是唯一同时连接丝绸之路经济带、21 世纪海上丝绸之路及长江经济带的省份，四川将极大地利用其地缘优势和对“一带一路”沿线国家的比较优势，主动融入国家统筹内陆、沿江、沿边开放的总体战略，坚持“三外”联动、贸易投资与产业互动，优化区域布局，突出项目合作，培育市场主体，加强省、市及园区协同，聚焦靶心、定向施策、精准发力，形成“既竞争拓展、又高效有序，既面上推进、又点线突破”的蓬勃态势，以更有作为的开放主动，赢得国际竞争的主动和我省经济发展的主动。

立足四川省产业、贸易、投资等竞争优势，结合沿线国家的经济现状、资源禀赋和发展诉求，锁定俄罗斯、新加坡、印度、捷克、沙特等 20 个国家集中开拓、精耕细作。编制《“一带一路”20 个重点国别指南》，积极推进与重点国家建立完善双边合作机制，多方位拓展经贸合作领域，使之成为四川省融入“一带一路”倡议的核心支撑。力争到 2017 年，与 20 个重点国家的进出口额占沿线国家总额的 85％以上，“双向”投资额和对外承包工程营业额占 90％以上。

②优先抓好 50 个重大项目

新常态下，四川积极融入中央“一带一路”的重大倡议中，将加强与沿线国家在四川省优势产业、新兴产业、过剩产业的项目合作，选择投资额 1000 万美元以上、工程承包合同额 1 亿美元以上的重大产业化和基础设施项目，建立“重大项目动态跟踪促进”机制，强化要素支持保障。发挥商务部和驻外经商机构的渠道优势，力争一批国家间合作项目，大力支持企业以对外援助或先期开展咨询服务、规划设计等方式争取对外合作项目。在“走出去”和“引进来”项目中，优选50个重大项目，实施重点跟踪、强力促进。

确定装备制造、电子信息、饮料食品、油气化工、钒钛钢铁、能源电力、汽车制造、现代农业、文化旅游、商贸物流等10个优势行业，分行业制定拓展方案，推动四川省优势产业、企业、产品、技术、标准等一体化“走出去”。加快商、文、旅深度融合，推进川菜国际化进程，支持川菜、川酒、川茶、川果、川丝、川戏、川灯、川景抱团“出海”。加强四川省与沿线国家在五大高端成长型产业、五大新兴先导型服务业等领域的合作，支持和带动沿线国家产业升级。

③实施100家优势企业示范引领

围绕优势企业，实施重点引导，形成示范，四川将选择长虹、成达、宏华、东方电气等100户与沿线国家具有较好贸易投资基础、具备较强竞争实力的骨干龙头企业，建立《“一带一路”百户优势企业服务台账制度》。对“百户优势企业”实行动态管理，重点扶持货物贸易额上1亿美元、服务贸易额达到1000万美元、对外工程承包营业额超过5000万美元、对外投资额上1000万美元的成长型企业，打造一批具有较强跨境产业链整合能力的本土跨国公司。

同时，强化对无“走出去”实绩企业的宣传培训，加强工贸、农贸、技贸、服贸结合，指导制造业企业、农业产业化企业、服务业企业瞄准当地消费习惯和消费水平开发适销对路的产品和服务，从源头上提升市场拓展能力。充分发挥商协会作用，更大规模、更有成效地组织各类市场主体参加境内外品牌展会。每年组织针对“一带一路”市场的境内外经贸活动50次以上，力争到2017年年末与沿线国家有经贸往来的企业达到3000家。

④落实民营企业的多层次发展

融入“一带一路”倡议是民营企业转型升级的重要路径，民营企业只有着眼于全球市场，加大走出去的力度，突破自身发展的局限。通过实施走出去战略，实现原产地多元化，转移本地传统优势产业的过剩产能，企业才能获得新的生存和发展空间。四川省民营企业要注重掌握政策导向，加强与有关国家的深化合作，重点在能源资源、电子信息、装备制造、航空航天、战略性新兴产业、工程建设、服务业、农产品等领域扩展贸易合作。要积极参与我省“万企出国门”活动，充分利用国际国内两个市场，在更广范围内有效利用和配置资源。要主动唱好戏，早谋划、早定位、早介入，搭上“一带一路”这班快车，用好“互联网+”这个手段，扎根创新创业的热土，主动融入全球经济格局，壮大自身实力，在国际经济调整布局和产业转移中赢得一席之地。

构建多层次交流合作机制，引导服务民营企业走出去和参与“一带一路”建设，推动民营企业转型升级。要加强和政府部门的合作交流，加快传统产业梯度转移。鼓励大型企业带动上下游中小企业协同发展，支持中介机构与企业组建走出去战略联盟。帮助走出去企业提升素质，加强自身国际化能力建设。具体要做到加强民营企业自身建设，提高民营企业国际化水平；政府积极发挥主导和引领作用，结合四川省的情况积极鼓励支持民营企业参与；金融机构应积极为我国民营企业解决融资难、贷款难的问题，同时对民营企业普遍反映的相关资金、金融问题作好预案，并提供解决机制。

4. 四川省融入“一带一路”倡议的金融发展机遇与需求

四川经济融入“一带一路”倡议建设既需要确定四川经济发展的战略定位，又要注重经济发展的战略构建，还需要抓住国家“一带一路”倡议建设给四川经济发展带来的新机遇。四川经济融入“一带一路”倡议建设主要具有历史悠久、文化深厚、区位优势较突出、辐射带动能力较强等优势，但同时又存在对外通道建设滞后、区域经济发展不平衡、产业结构性矛盾突出、走出去的准备不足、省际竞争激烈等因素的挑战（江佳慧，2016；张钰静，2015；李后强；2015）。

（1）“一带一路”下四川省面临的机遇

四川省与两条经济走廊有着密切的联系，即孟中印缅经济走廊、中巴经济走廊，而且，早在几年前四川省就已经开始酝酿实施，再加上“一带一路”倡议的推动，也将重点落在了新能源、信息网络、高端设备、新材料、航空发动机、生物医药、燃气轮机等重大项目的开发中，主导了四川省多个产业的发展，更有效地推动了云计算、移动互联网、大数据及现代制造业的发展，从而有效地促进了工业互联网以及互联网金融的健康发展，不断地拓展国际市场，这些都将给四川的发展带来一定的机遇。

①为四川发展注入新活力

随着科技的迅速发展，互联网技术以及交通工具的发展也极为迅速，而且在各种交通工具不断变革的过程中，也大大缩短了时空距离感。“一带一路”倡议的实施注重互联互通的规划，实现经济一体化、交通一体化、金融一体化、货币一体化、经济一体化等，主要提倡以农村包围城市的发展战略。正所谓“要想富，先修路”，“一带一路”倡议的实施，需要建立在交通经济发达的基础上，这样才能与周边城市实现互联互通的作用。“一带一路”倡议在实施的过程中，给四川的发展带来了一定的机遇，有效地推动了四川铁路、公路、机场等基础设施的建设，为四川的发展注入了新的活力，当然，在“一带一路”倡议的实施下，要促进四川的发展，还应加大网络、信息等方面的投入和建设，要有着过硬的硬件设备以及先进的软件设施，才能更好地对网络平台进行改革，为促进四川的发展夯实基础。

②促进产业发展

四川省和“一带一路”沿线国家在很多产业上可以找到结合点，其中能源产业、制造业和旅游业都将迎来新的机遇。能源产业方面，四川省矿产资源丰富，目前国民经济需要的能源、冶金、化工、建材等基础工业矿物原料都比较丰富，辅助矿产也较充足，可以与沿线区域实现资源共享，推动能源产业的发展。制造业方面，四川省制造业种类丰富、层次鲜明，制造业较为发达，这正好可以在轻工业和重工业不发达的中亚、东南亚等沿线国家找到市场，进一步扩大市场布局；与此同时，出口这些商品，可以有效推动中国商品向国际化升级。旅游业方面，四川具有丰富的旅游资源，“一带一路”倡议实施以后，可以设计多元化的文化旅游路线，实现四川与沿线国家人民的相互交流。

“一带一路”倡议的实施为四川省对外贸易的发展提供了良好的契机，实现了优势互补。四川省主要从沿线国家和地区进口集成电路及微电子组件、有机化学品、机器及零件等产品。四川省主要向“一带一路”沿线国家和地区出口集成电路及微电子组件、计算机、钢材等。“251 三年行动计划”将会为四川省对外贸易再一次实现大幅度增长提供巨大的可能性。

③加速民营企业发展

根据规划，四川省将推动川企，尤其是民营企业实施“走出去”战略，开拓新市场。在我国经济新常态的趋势下，民营企业优化整合后，实施“走出去”战略是民营企业转型升级、可持续发展的重要途径。目前，“一带一路”倡议的实施为民营企业的发展提供了对外合作的机会和相关国家优惠政策，营造了良好的金融、人才、法律、政策环境，特别是“251 三年行动计划”的实施，将重点引导 100 家民营企业，这都为四川企业进军国际市场提供了先决条件。

此外，在“一带一路”倡议的实施下，四川省将通过举办海上丝绸之路品牌博览会，为四川企业进入新兴市场打下基础，让更多的国外企业了解到四川企业的品牌，扩大品牌知名度，逐渐实现品牌效应；通过加强与沿线国家国际商会的协作，建立品牌战略联盟，在全新的市场条件下，互帮互助，开放市场，最终形成品牌优势；四川企业实施“走出去”战略，可与沿线国家相关企业合作，引进先进的科学技术、管理水平和科研人才，进一步了解当地居民的生活方式和消费习惯，结合企业本身的优势，优化升级企业产品，打造全球营销网络和国际性自主品牌。这除了有利于四川企业本身从民营企业到跨国企业的转变外，同时也扩大了商品市场，服务了当地居民。

④促进互联网金融的发展

虽然金融发展对经济增长有促进作用，但是经济的发展反过来又带动了金融的发展。在为四川经济未来多方位全方面发展创造有利空间的同时，四川经济的良好态势也将为四川金融的茁壮成长注入新的活力。“一带一路”倡议是跨地区甚至是跨国家的发展战略，其中更少不了互联网金融的发展，对地区乃至国家的金融发展都具有促进作用。在“一带一路”倡议的指导下，城市间的互联互通是必然的，同时也能够为城市以及地区的发展带来大量的贸易往来，更是互联网金融时代发展的重大变革，这将是四川地区一次重要的发展机遇，相比于传统金融发展体系，在互联网的带动下，四川金融体系不断完善，为四川的发展带来极大的金融效益。另外，在“一带一路”倡议中，四川地区结合“一带一路”倡议，并将互联网金融作为地区经济发展的重要突破口，不断改善管理能力差、金融抑制不足等问题，在倡议的实施下，用技术来取胜，这样才更有利于四川省金融市场的可持续发展。

（2）“一带一路”倡议下四川省面临的金融需求

当然，金融引领“一带一路”建设是个大命题，更是一项旷日持久的系统工程，绝不可能一蹴而就，目前业已取得的“短胜”以及为四川省所带来的机遇尚不足以保障其“长胜”。因此，进一步稳健、有序、高效地推进“一带一路”建设，迫切需要进一步充分发挥金融所应当具备的作用（霍伟东，陈若愚，2016）。就现阶段而言，我们认为四川省在融入“一带一路”建设中主要还存在以下几点金融需求：

①基础设施建设的投融资需求

就目前“一带一路”倡议建设的实际内容来看，主要包含“政策沟通、设施联通、贸易畅通、资金融通、民心相通”等五个方面，其中“设施联通”是整个“一带一路”系统工程的基石。沿线国家大部分为新兴经济体国家，经济发展相对滞后，各国之间以及各国家内部的基础设施建设也较为落后，“联而不通，通而不畅”的问题较为严重，这也是“设施联通”的重要任务。首先是交通基础设施，包括沿线国家内部铁路、公路网络的建设以及各国之间互联互通的铁路、公路网络建设，沿线各跨境港口的升级等。其次是能源资源基础设施，能源资源贸易是沿线国家之间经贸联系的重要组成部分，丝绸之路跨越中西亚、俄罗斯等地区、国家矿产、石油、天然气等能源资源丰裕，随着各国之间贸易联系的加深，对能源资源勘探开发、运输管道铺设等相关基础设施的投入也需加大。最后是通讯基础设施，现代网络通信技术对企业生产、商贸合作的重要性不言而喻，为进一步加深各国之间的联系，对电信网络宽带、智能化电网等现代通讯基础设施建设的投入也需加大。据亚洲开发银行推测，仅“丝绸之路经济带”每年的基础设施建设就需 8000 亿美元，巨大的基础设施投资建设需要银行、信托、金融租赁等相关金融业的支持。

具体到四川省的情况而言，省商务厅有关数据显示，截至目前，全省累计推动实施重大项目 52 个，总金额约 300 亿美元，涵盖外经、外贸、外资三大领域。其中，科伦药业哈萨克制药厂、四川和邦以色列化工并购、汇源达老挝钾盐矿、海特高新新加坡航空培训等重大项目，占全省对外投资总额的 75%以上。此外，中铁二局参建中老铁路、埃塞俄比亚国家铁路，东方国合老挝水电，成都建材埃及水泥厂等 4 个工程项目合同额达 33.5 亿美元。天齐锂业斥资 3 亿美元的澳大利亚锂矿石生产项目有效整合了国内外产业链。路桥矿业投资 4 亿美元的厄立特里亚矿业并购项目，成为四川在非“建营一体化”示范项目。成都天翔投资 2.4 亿美元并购德国行业龙头贝尔芬格公司，不仅获得了先进技术，还建立了全球化采购销售体系。这些项目实施成功的前提均是充分的投融资需求保障。可以预见，随着四川省不断深入融入“一带一路”建设，未来四川省在基础设施建设上的投融资需求将会进一步扩大。

②进出口贸易的融资需求

贸易畅通是“一带一路”倡议系统工程的重要任务之一，随着“一带一路”倡议的实施，沿线区域经济一体化程度必将加深，贸易自由化进程进入快车道。沿线国家之间资源禀赋、产业结构互补性较强，各国在能源资源、制造、高科技及技术等众多领域开展贸易的前景十分广阔。据有关机构推测，未来十年中国与沿线国家之间贸易总量年均增长率可达到20%～30%，贸易绝对量的快速扩张也需要金融对贸易融资的支持。

据四川省人民政府披露，2016年四川与“一带一路”60多个沿线国家货物进出口总额达111.4亿美元，其中，对“20个重点国家”进出口占比提升到84.6%，16个沿线国家进出口实现正增长。在经济下行情况下，四川对外经贸合作实现逆势增长。目前，四川在全球41个国家和地区设立了195个国际营销网点，其中超过30%布局在“一带一路”沿线国家。其中，越南、老挝、新加坡、巴基斯坦、埃及等沿线国家进入全省服务出口前10强。对外贸易发展势头强劲。2016年，全省对“一带一路”沿线国家工程承包新签合同额超过48亿美元、同比增长43%，占总额60%以上；新增境外投资企业65家，增长67%，占全省总数的33%。2017年一季度，四川与“一带一路”国家进出口增长1.2倍，占比达到25.3%。

以南亚为例，对外工程承包增长30%以上。四川水电、地质等企业参与中巴经济走廊电力、交通项目进入建设高潮，中铁二院孟加拉帕德玛大桥铁路连线项目将在孟中印缅经济走廊中发挥重要作用，印度古吉拉特邦产业园开始启动，尼泊尔多个水电项目积极进展。

另外，“一带一路”沿线国家在四川的投资也有显著增长。截至2016年年底，新加坡、以色列等22个沿线国家在四川累计投资项目918个，实际到位外资超过70亿美元，占全省总额接近10%。

③跨境人民币的需求

就目前国际货币交易体系而言，美元仍然处于绝对的领导地位，全球大多数大宗商品从开采、运输到最后的销售均以美元为支付和清算货币。但美国并未肩负起一个大国应有的责任，时常以自己单方面的利益制定货币政策，损害相关国家的经济利益。近年来，随着中国经济的崛起和人民币交易量的快速增长，人民币越来越被沿线国家看作是减少美元干扰的一种新希望，尤其是一些与美国存在政治争议的国家，这些国家希望在对外经济往来结算中有新的货币选择。2008年以来，中国人民银行与多个沿线国家的中央银行签订双边本币互换协议和双边贸易本币结算协议，为人民币在沿线国家的跨境结算奠定了基础。

目前，四川省正全面优化省内平台和境外两大布局，着力打造“一带一路”多元合作平台。在省内方面，积极推进“一带一路”经济联络基地建设，促进全省8个国家级经济开发区创新发展。在境外方面，继续在重点地区建立境外商务代表（处），2017年拟争取新增5个左右，探索建设四川“海外贸易中心”。在“251三年行动计划”下，四川省力争与“一带一路”沿线国家的贸易规模由目前的200亿美元扩大到250亿美元，双向投资由13亿美元扩大到18亿美元。因此，贸易规模和双向投资的大幅增长势必会对跨境人民币交易有更多的需求。

④金融风险管理和防控的需求

沿线国家经济发展相对较为落后，存在政局不稳、财力不足、效率较低、法律法规不健全、信用体系不完善等问题，容易导致自身融资成本上升、相关金融机构的信贷风险加大，进而使得沿线区域内跨境金融合作层次处于较低水平。此外，沿线国家还存在较大的地域政治风险，部分国家国内政局尚不稳定，甚至时有发生战争的风险，如2014年乌克兰危机、持续数年的叙利亚内战等，这些都给“一带一路”倡议实施的时间、空间和进度带来不确定性，延缓了金融投资的回收期，提升了金融支持成本，进而需要相关金融机构有较强的风险管控能力。

从目前已实施的项目情况来看，四川实施“一带一路”倡议的合作伙伴，如老挝、埃塞俄比亚、哈萨克斯坦等国家均存在金融体系不完善、信用体系不完善、法律法规不健全等问题，因此这就需要四川省在与这些国家的合作中要尤其注意对相关金融风险的把控和监管，严防系统性风险的产生和蔓延。

⑤跨区域金融合作机制的需求

“一带一路”沿线国家的经济发展水平不一，既有经济发展程度较高的国家和地区，如新加坡等，也有经济发展相对落后的国家和地区，如蒙古、柬埔寨等。经济发展程度的多样性导致了沿线国家金融市场环境的多样化，这给区域间金融协作发展、应对跨区域金融风险带来了挑战。因此，建立健全跨区域金融合作机制便成为四川与沿线国家共同维护区域金融稳定的重要手段。

据四川省人民政府介绍，在推进金融领域合作方面，四川省将推动省内银行业对外开放，积极引导外资、港资、台资金融机构来四川发展，推动四川金融机构布局海外市场，加快与全球接轨，增强参与全球资源配置能力和抗风险能力，提高核心竞争力。例如，近年来四川与台湾地区的交流合作不断扩大。截至2017年6月底，四川省累计登记注册台资企业1922家，项目投资总额182.25亿美元，利用台资159.9亿美元，各项指标均位居西部地区首位。

⑥民营企业对金融支持的需求

在四川省实施以四川企业尤其是民营企业为主的“走出去”战略中，要充分整合利用金融资源，对民营企业提供有针对性的扶持帮助。就绝大多数民营企业自身而言，其存在规模较小、企业现金流紧张等特点。因此，在“一带一路”倡议下，相较于资本雄厚、实力强大的国有企业，这些企业存在固有的“先天不足”，也更迫切地需要相关的金融支持。

目前，四川省已有针对性地采取了一些措施，在今后将继续深化对民营企业的相关支持。例如，中国人民银行成都分行营业管理部积极推动自由贸易区金融开放创新，将优化金融服务作为重点，引导自由贸易区内的双流、青白江片区10家商业银行16个营业网点服务自由贸易区内的实体经济发展。中国人民银行双流中心支行把中小企业信用体系建设作为支持自由贸易区发展的重要举措来抓，外汇行政审批事项中的企业名录登记由原来的20个工作日缩短为即时办理，立等可取。尽快推动自由贸易区相关金融政策落地，在外汇管理上把管理与服务相结合，在把控风险，合规经营的前提下，对企业特别是民营企业的金融服务需求以“一企一策”来解决，近日又对27户企业“面对面”开展政策解读和辅导，使金融服务的满意度和效率实现双提升。

（3）金融支持四川融入“一带一路”建设的途径

金融支持是“一带一路”建设的核心主力，四川要更高效地融入“一带一路”倡议离不开金融业的支持和协同发展。金融支持四川“一带一路”建设是一项系统性工程，不仅需要发挥市场在金融资源配置中的基础性作用，也需要政府从体制机制上推进金融改革，做好相关顶层设计，通过创新金融支持模式，充分满足四川“一带一路”建设过程中的金融需求。四川“一带一路”建设过程中的金融支持涉及提升金融服务实体经济能力、深化跨区域间金融合作、创新开放型金融体制机制、创新战略建设需要的新型融资机制、为四川自由贸易区积极争取有利的金融支持政策、发挥互联网金融优势、加强金融人才交流合作等几个方面。

①提升金融服务实体经济能力

金融支持四川加速融入“一带一路”建设必须紧密结合川内实体经济跨境合作的需求。具体而言，金融支持实体经济跨境合作的方式主要包括实体经济跨境合作对资金需求的可获得性以及资金使用上的便捷性和安全性。

在资金需求的可获得性方面，应当充分利用多层次的资本市场，探寻直接融资与间接融资、政策性融资与商业融资等多种融资渠道的结合，切实解决川内企业“走出去”以及引进外资企业上的资金不足或者成本过高等问题。

在跨境合作的便捷性方面，四川需要通过金融机制消除货币兑换、支付结算等方面的障碍，并积极开展同沿线国家金融机构间的业务合作，推进人民币跨境直接投资，为实体经济跨境合作提供一个便捷的金融交易环境。

在跨境合作的安全性方面，四川应大力发展贸易信用保险和海外投资保险，鼓励川内商业保险公司开展与跨境合作相关的人身和财产保险，发挥金融的风险管理功能，为川内实体经济的跨境合作提供保障。

②深化跨区域的金融合作

“一带一路”倡议的建设需要跨区域的金融合作，四川作为中国西部的金融中心，在融入“一带一路”时需要提升同沿线国家间的跨区域金融合作层次，构建完善的跨区域金融合作体系。

在国际项目合作方面，四川应当依托丝路基金、亚洲基础设施投资银行、金砖国家开发银行等跨区域性金融机构，切实发挥七大传统优势产业，积极发展七大战略性新兴产业和五大高端成长型产业，为四川“引进来”和“走出去”的重点建设项目提供充裕的资金支持。

在金融机构设立方面，四川在积极鼓励川内金融机构“走出去”的同时，也欢迎沿线国家的金融机构“走进四川”，积极推动四川与沿线国家之间互设跨境分支机构，提高四川同沿线国家间的金融一体化程度，丰富四川跨境金融支持载体，为四川跨境商业合作提供跨境结算、资金池等金融服务。

在区域金融监管方面，首先要强化四川金融监管当局与沿线国家金融监管当局之间的沟通，扩大相互之间金融监管信息共享的范围，争取在区域金融监管上保持一致性；其次积极协调四川同沿线国家在投融资监管机制制定上的一致性，共同协商制定合作投融资监管流程，着实提高四川在“引进来”和“走出去”上的资金使用效率。

在区域性风险防范方面，四川应同沿线国家共建区域性金融风险防范预警体系，及时发现区域内的金融隐患，确保区域内金融安全稳定运行。

③创新开放型金融体制机制

金融支持四川加快融入“一带一路”倡议的基本思路是以“企业先行，金融跟进，平衡效益与风险”为准则，统筹全省优势资源，充分发挥金融在促进四川加快融入“一带一路”中的先导作用，通过创新开放型金融体制机制，制定“一带一路”沿线金融支持战略框架，拓展四川“一带一路”建设过程中的金融服务布局。

在金融形态方面，四川应进一步加强开发性金融在“一带一路”倡议中的突出地位。“一带一路”倡议对金融的需求呈现出量大、期长、收益低等特征，开发性金融应当在前期的金融支持中担当重要角色，为之后的金融支持的市场化运作提供保障。四川应积极对接亚洲基础设施银行、丝路基金、金砖国家开发银行等多边开发性金融机构，重视与开发性金融机构的合作，创新针对性较强的融资机制。

在筹资机制方面，多元化的筹资机制有利于满足四川融入“一带一路”倡议的资金需求，四川应先从体制机制上鼓励社会资本参与“一带一路”信贷项目，如将四川融入“一带一路”的重点项目也纳入 PPP 实施意见中的应用范围等。

在外汇管理和服务方面，由于四川地处西南，经济开放程度相较于我国东部沿海地区还比较落后，在外汇管理水平和国际外汇业务服务经验方面，四川与东部沿海地区均有一定差距。四川应进一步优化外汇管理和服务机制，完善国际结算服务，拓展外汇避险服务，以便为四川融入“一带一路”倡议营造更好的开放型金融交易环境。

④创新战略建设需要的新型融资机制

“一带一路”倡议的建设过程会带动跨境国际产业链的形成，进而引出“一带一路”建设对供应链金融等新型融资机制的需求。四川在“一带一路”建设过程中应积极主导并构建以本省优势产业为核心的跨境国际产业链，加强同沿线国家之间的合作，推动上下游产业链和关联产业协同发展。四川省相关金融机构也应加强细分行业的研究，配合本省“一带一路”倡议，精准支持特定产业的发展，为以本省产业为主导而构建的跨境国际产业链提供涵盖结算、融资、应收账款管理和风险规避等一系列金融服务。

⑤为四川自由贸易区积极争取有利的金融支持政策

“一带一路”倡议与自由贸易区战略作为中国进一步推进对外开放的重要力量，两者之间需要形成有机的对接。自由贸易区战略已经编织起了立足周边、辐射“一带一路”、面向全球的自由贸易区网络，而四川作为“一带一路”倡议的内陆核心支点，有必要在此设立内陆自由贸易区，学习并借鉴上海自由贸易区的成功经验。四川可以积极争取将上海自由贸易区人民币资本项目可兑换、自由贸易体系 FT 系列账户等自由贸易区金融制度创新措施复制到省内，将“一带一路”倡议与四川创建内陆开放自由贸易区的金融支持政策融为一体。

⑥发挥互联网金融优势

针对目前四川金融体系依旧不完善、体制不健全、活力不足等一系列问题，我们可以通过充分发挥经济发展对金融的反哺作用，积极调动互联网金融的发展，最终促成四川更好地融入“一带一路”建设。

具体而言，互联网金融是传统金融与信息通信技术相融合而形成的新型金融模式，金融资源在现代信息技术的调配下更便捷、高效。四川的互联网金融生态已经具备了支付、融资、投资理财、风险管理这四类基本的金融需求。互联网金融可以凭借其独特的属性，解决跨区域间合作存在的贸易壁垒、行政壁垒、市场分割等问题。“一带一路”建设重在实现物流、信息流以及资金流等方面的互联互通，同时，四川在现代信息技术方面具有较强的优势，为此，四川应紧紧围绕交易、物流、贸易等环节，着重搭建相关的网络信息平台，积极发挥其在互联网金融方面的特殊优势，解决好传统金融、传统市场难以解决的难题。

⑦加强金融人才的交流合作

金融支持四川融入“一带一路”是一项系统工程，不仅需要充足的储备资金、良好的金融运行环境，更离不开国际金融人才和相关议题的储备。随着“一带一路”倡议的实施推进，我们有必要构建一套使沿线国家对合作共赢、利益分享所信服的新型金融理论，为“一带一路”倡议奠定金融理论支撑。四川作为中国西部的金融中心，在金融人才储备上具备一定优势，省内相关专业高校及科研院所的研究水平均在全国位居前列。四川有必要加强同沿线国家相关金融人才之间的交流合作，为沿线各国培养一批熟悉中国与国际金融规则的开发性金融人才。同时，金融人才的交流合作作为“民心相通”的重要组成部分，不仅为四川同沿线国家之间的关系发展做出了贡献，更为四川融入“一带一路”建设奠定了良好的社会根基。

三、四川省金融发展与经济发展的现状

（一）发展历程

改革开放以来，伴随着西部大开发战略的实施，四川省的经济持续快速发展。2006—2015 年，地区生产总值年平均增速 12.2%，2016 年四川省地区生产总值超过 3.2 万亿元，稳居全国第六。伴随着经济的快速发展，金融业总量在不断发展壮大。2015 年，全省金融业实现增加值 2113.2 亿元，是 2010 年的 3.68 倍，分别占地区生产总值和服务业增加值的 7.02%和 17.42%，比 2010 年分别提高 3.61 个百分点和 7.6 个百分点，成为服务业中增加值占比最高的产业。金融业实现税收收入 433.44 亿元，占全省税收收入的 10.45%，比 2010 年提高 4.85 个百分点。2015 年年末，全省金融业从业人数达 56.24 万人，是 2010 年年末的 1.69 倍。2015 年年末，地方法人金融机构资产占全省金融业总资产的比重达 36.3%，成为全省金融业重要的基础性力量。金融服务实体经济能力在不断提升。“十二五”期间，分别向 500 个重点项目、小微企业、“三农”和地震灾区累计新增贷款 4113.01 亿元、7131.99 亿元、7549.3 亿元和 4200.4 亿元。通过中小板和创业板为全省中小企业提供股权融资超 126.2 亿元。保险投资为全省重点项目累计提供 739.4 亿元长期资金，为 1.84 亿户（次）农户提供 8439.7 亿元风险保障。金融基础设施和金融监管持续优化。支付体系不断完善，“迅通工程”“村村通”顺利完成，累计消除金融服务空白村 3.5 万个，支付结算综合服务平台正式上线运行，金融 IC 卡在公共交通、卫生医疗等多领域实现广泛应用。小微企业和农村信用信息数据库成功搭建，小额贷款公司、融资担保公司接入征信系统以及开展第三方信用评级取得成效。严厉打击非法集资、非法证券期货活动，在重点案件处置、宣传教育等方面持续发力。在全国率先厘清了中央和地方金融监管职责和风险处置责任，风险监测和处置机制进一步完善，区域金融秩序稳定。金融创新稳步推进。“十三五”期间，全省 3 家城市商业银行引进战略投资者，68 家县级农村信用社启动股权改造，完成“三州”地区以州为单位的统一法人农村信用社改革，已开业农村商业银行 36 家。四川省成为西部首批开展跨国公司总部外汇资金集中运营管理试点地区，获批开展个人本外币兑换特许业务试点。在全国率先开展企业资产证券化业务，华西证券成功完成改制，国金证券首批启动互联网金融合作。四川省成为全国第一个开展巨灾保险试点的省份，首创生猪价格指数保险和土地流转履约保证保险，成功完成商业车险等险种的费率市场化改革。地方金融资产管理公司成立运营。稳妥依托农民专业合作社开展农村资金互助组织试点。小额贷款公司在地方股权交易市场私募债试点及互联网小额贷款业务试点顺利启动。成都获批成为全国农村金融服务综合改革试点地区和全国首批移动电子商务金融科技服务创新试点城市。

银行业作为四川金融业务的主要支柱，商业银行存贷款增幅保持在 10%至

20%之间。2012年年末，四川银行业金融机构总资产、存款余额和贷款余额均居中西部第一，位于广东、江苏、山东、浙江、北京、上海之后，居全国第七位；到2016年年末，全省银行业总资产达到8.5万亿元，全行业2016年实现利润721亿元。商业银行存贷款与地区生产总值之比持续上升，显示出金融业与经济发展的交叉推动作用。

四川省是我国股份制改革试点最早的省份之一，20世纪80年代初发行了蜀都大厦股份有限公司股票，从1988年起，便在全川开始了大规模的股份制改革试点，并于1991年12月26日建立了全国第一家证券交易中心，在成都红庙子街60号正式挂牌开业。2006年，随着中国资本市场改革的不断深化和股权分置改革的顺利推进，四川证券市场各项基础设施建设取得突破性进展和实质性成效，稳定运行的内在基础不断加强，深层次矛盾和结构性问题逐步得到解决，四川证券市场保持了良好的发展势头。2016年年底，四川辖区共有A股上市公司112家，历年累计融资336197亿元；证券公司4家，证券营业部400家，证券服务部62家，客户资产总额为2292.82亿元，同比增加265.37%；投资者证券账户开户数540万户，同比增长31.71%。四川证券市场继续保持西部地区领头羊的地位。

自我国恢复保险业务以来，四川省保险机构从无到有，险种从少到多，保障范围从小到大，实力由弱到强，发展十分迅猛。近年来，四川省保险规模不断扩大，保费年平均增速11.7%，2015年全省实现保费收入1267.3亿元，保费规模全国排名第五。四川保险深度为3.196%，超出全国平均水平0.46个点，由保险深度计算出的四川省保险业绩指标为1.17，发展状况良好且高于全国平均水平。

（二）西部金融中心建设优势明显

早在1993年，国务院批转的《西南和华南部分省区区域规划纲要》中，成都就被明确定位为"西南金融中心"。历经10余年的发展，这一战略定位逐渐成为现实。

1. 金融组织体系逐步完善，中西部地区金融机构种类最齐、数量最多

目前，成都共有各类金融机构、准金融机构1800余家，金融机构呈现集聚发展的良好态势。其中，银行业金融机构74家、保险机构83家、证券期货机构248家、小额贷款公司120家、融资性担保公司127家、登记备案的股权投资基金管理公司及管理基金共计635家、第三方支付机构41家、融资租赁及典当等类金融机构174家，金融机构集聚发展态势良好。

以成都为中心的金融服务外包产业初步呈现集群发展态势，金融服务外包机构数量超过70家。建立完善了成都银行业服务外包监测机制，涉及31家金融机构、181家服务外包商、378个约12亿元的外包项目。成都金融后台服务聚集区初具规模，引进工商银行、澳新银行、太平洋保险等16家大型金融后台服务机构，项目投资总额超过120亿元，中小型金融后台服务机构超过100家。金融中介服务机构

发展迅速，成都金融中介机构超过 2000 家。

表 1　2016 年四川省证券业基本情况

指标名称	数量
证券公司数	4 家
证券营业部	400 家
证券服务部	62 家
年末国内上市公司数	112 家
投资者账户开户数	540 万个
客户交易结算资金	276.07 亿元
期货交易额	2078 亿元
客户资产总额	2292.82 亿元

数据来源：四川省金融工作局。

2. 市场功能进一步增强，中西部金融市场交易规模最大

2016 年 6 月末，成都金融机构本外币存款余额 3.24 万亿元，存款增量居中西部第一；成都金融机构本外币贷款余额 2.44 万亿元，同比增长 11.8%，贷款增量居中西部第一；成都保费收入 515 亿元，同比增长 63.7%，创 5 年来新高，在全国位居第四、中西部第一；累计证券交易额为 4.02 万亿元，资本市场累计实现融资 291.7 亿元，均位居中西部前列。2015 年年末，成都（川藏）股权交易中心挂牌企业 385 家，"新三板"挂牌企业 137 家，经备案的私募投资基金管理人 457 家；四川银行业金融机构资产、负债规模均列全国第八、西部第一，存款、贷款余额均列全国第七、西部第一，保费规模居全国第五，成为全国第七个上市公司过百的省份，金融市场规模居全国前列。

3. 资本市场快速发展，中西部经济证券化水平最高

2016 年 6 月末，成都共有 A 股上市公司 66 家，新三板挂牌企业 147 家，位居中西部第一。2016 年全国获得证监会"AA"评级的 8 家证券公司，有 2 家注册在成都。

2016 年 6 月，启动设立规模 400 亿元的成都前海产业投资基金（母基金），预计将带动设立 2000 亿元子基金群。

2016 年 6 月，重点打造的基金产业集聚区——中国・天府国际基金小镇正式全球发布。全部建成后可容纳超过 1200 家资本机构，将成为资本创富、资本兴蓉的创新创业平台。

成都在中国证券业协会登记备案的私募基金管理公司及基金 635 家，基金规模达 376.87 亿元，预计实际管理规模超过 1000 亿元。

4. 金融改革创新成绩显著，多项金融创新试点居全国最前列

2012年，成都获批全国首批科技和金融结合试点，通过建立省、市、区三级科技金融服务机构，基本形成了以天使投资、创业投资、产业投资、债权融资、上市融资、融资顾问、上市辅导等多种方式相结合的投融资服务格局。

2015年，成都获批党的十八大以来全国首个农村金融服务综合改革创新试点，在全国率先设立农村产权交易所，首创生猪价格指数保险、土地流转履约保证保险，实现农村地区支付结算全覆盖。开展农村产权抵押融资试点，截至2016年6月末，全市农村产权抵押融资金额达到134亿元，处于全国领先地位。

2015年，获批全国首批移动电子商务金融科技服务试点城市，并以此为契机，加快实现移动金融IC卡在交通、商业、便民缴费、餐饮、旅游等多个领域的应用，截至2016年6月末，全市10家试点银行累计实现发放各类移动金融卡片27.9万张。

5. 加快金融对外开放，中西部金融国际化水平最高

作为“一带一路”、长江经济带战略的重要节点城市，成都正加快建设国家向西开放的门户城市和内陆开放型经济高地，逐渐成为中西部汇聚全球资本的首选城市。目前，已有超过半数的世界500强企业落户成都，花旗、汇丰、渣打、苏格兰皇家、摩根大通等国内外金融巨头企业布局成都，外资金融机构数量、资产规模等指标在中西部地区位于前列。成都共有外资银行16家、外资保险18家、外资小贷7家、外资融资性担保公司3家、外资股权投资基金6家。特别是抢抓“一带一路”建设机遇和以“蓉欧班列”为催化，成都在西部城市中率先开展跨境贸易人民币结算试点、跨国公司总部外汇资金集中运营试点和个人本外币兑换特许业务试点。成都开展跨境人民币结算的银行机构约40家，结算国家和地区接近100个，区域金融结算和服务中心已初现端倪。

6. 西南地区各省会城市金融竞争力比较

作为西南地区重要的省会城市，成都、贵阳、昆明在金融竞争力上各有什么样的优势，本文从以下几个角度进行对比。未将重庆纳入比较范围，主要是因为重庆是直辖市，与省会城市的各项指标无可比性。

首先，从省会城市各金融资产的绝对规模进行比较，具体情况可参照以下图示：

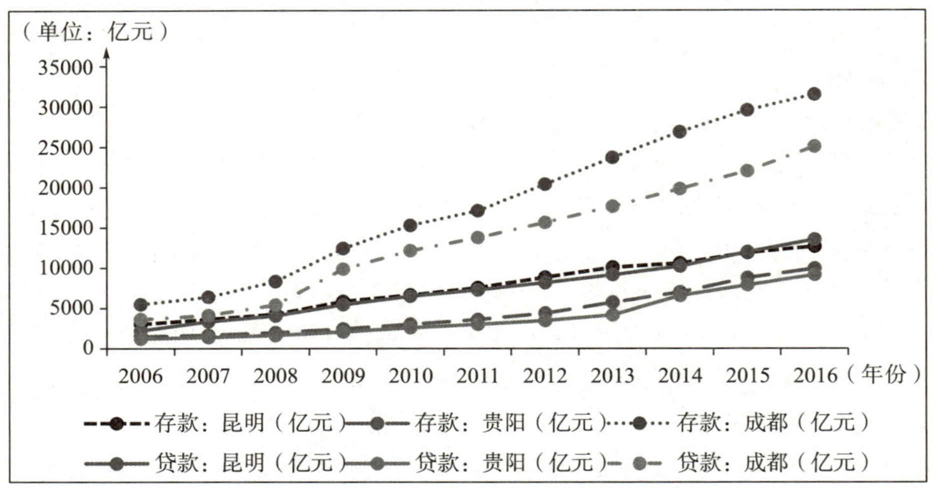

图 2　西南地区省会城市存款和贷款余额趋势图

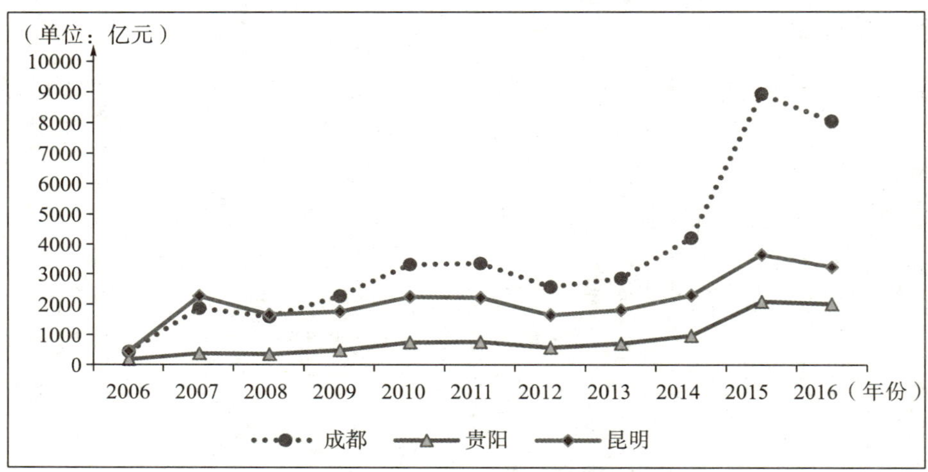

图 3　西南地区省会城市股市规模趋势图

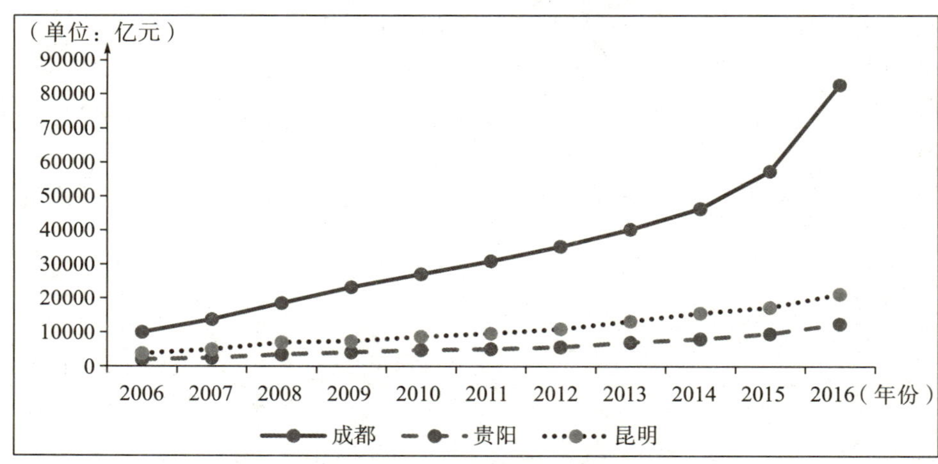

图 4　西南地区省会城市保费收入趋势图

数据来源：Wind 数据库和各省统计年鉴。

从图 2 到图 4 可以看出，在绝对规模上，成都市存款和贷款规模、上市公司股票规模和保费收入规模都是遥遥领先的，且与贵阳和昆明的差距在不断扩大，这可以说明成都市相较于其他两个省会城市更具有金融资产优势，对资金的吸引力最大。

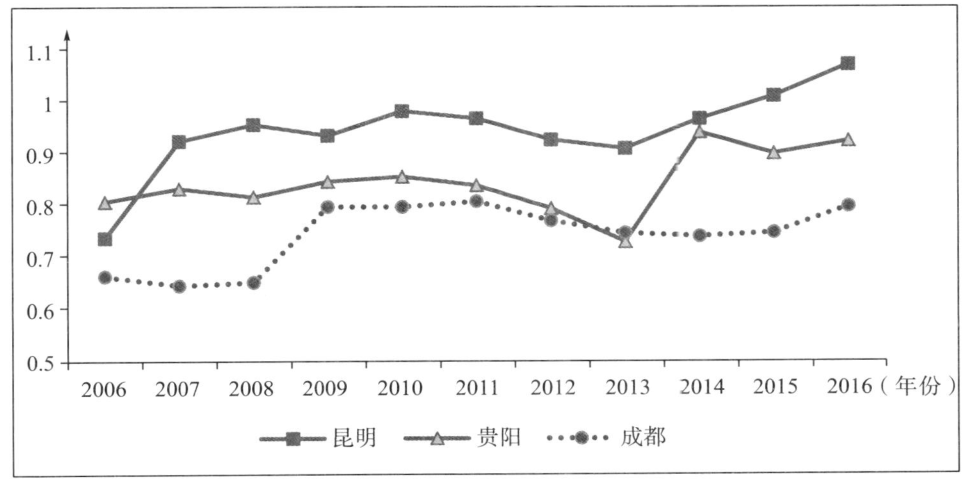

图 5　西南地区省会城市存贷比

数据来源：Wind 数据库和各省统计年鉴。

存贷比表示存款转化为贷款的比率，该比率越高表示存款转化为贷款的效率越高，可以看到成都市和昆明市的整个存贷比呈上升趋势，而贵阳市的存贷比在 2013 年之前基本平稳，直到 2013 年之后才逐渐下降。综合比较，昆明市存贷比最高，成都市最低，故成都市应该加强贷款机制的建设，逐渐提高存贷比（如图 5 所示）。

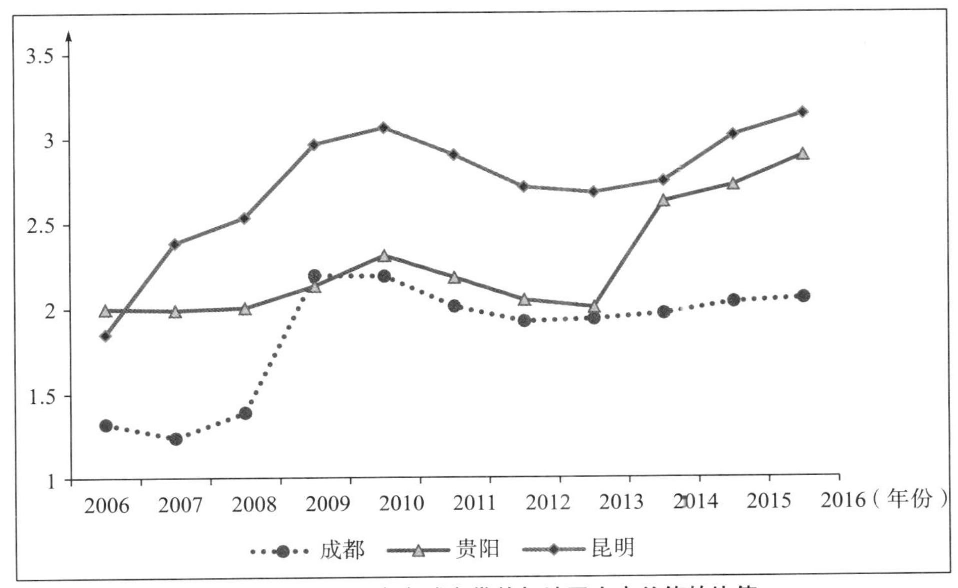

图 6　西南地区省会城市贷款与地区生产总值的比值

数据来源：Wind数据库和各省统计年鉴。

贷款与地区生产总值的比值反映了创造单位生产总值所需要的贷款额度，该指标较低表明贷款资金运用效率高，从图6我们可知成都市的水平总体低于其他省会城市，这说明成都市资金应用效率高于其他省会城市。

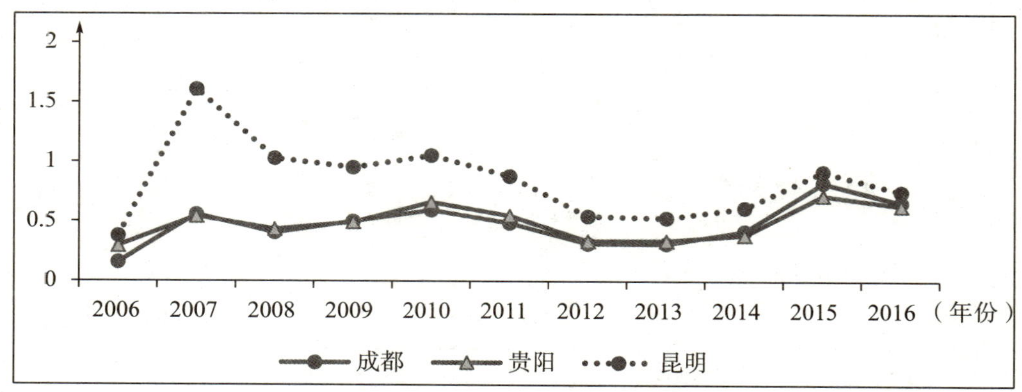

图7　西南地区省会城市股票市值与地区生产总值比值

数据来源：Wind数据库和各省统计年鉴。

近年来，各省会城市上市公司股票市值与地区生产总值的比值非常接近，该比值表明股权直接融资占地区生产总值的比率，成都市和贵阳市均稳中有升，昆明市稳中有降，成都市虽然在上市公司市值的绝对规模上占有很大的优势，但是就相对比率来说仍有提高的空间，成都市应该进一步鼓励有实力的公司从资本市场上进行股权直接融资，提高股权融资占地区生产总值的比重。

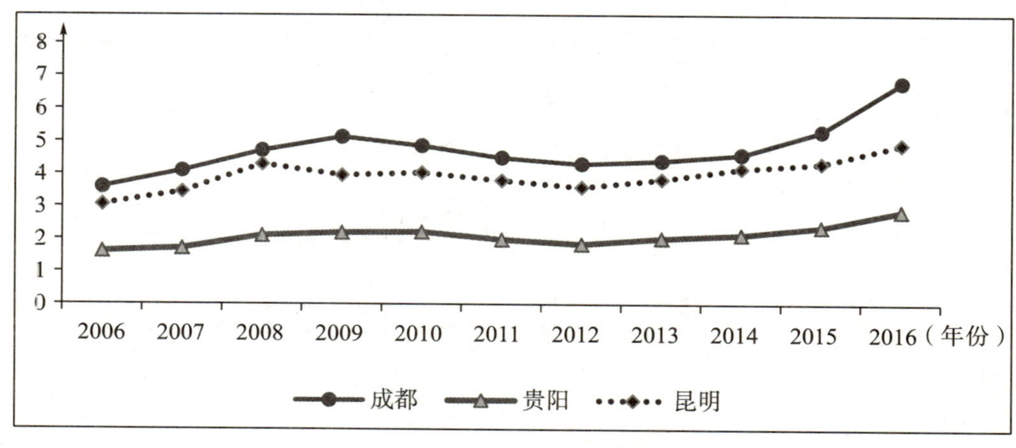

图8　西南地区省会城市保险深度

数据来源：Wind数据库和各省统计年鉴。

保险深度，该指标越大表明保险渗透率越高，可以看到成都市的保险深度高于其他两个城市，且差距有不断扩大之势，这表明成都市的保险市场要强于另外两个城市，在建设西部金融中心的过程中应该保持这种优势（如图 8 所示）。

（三）四川经济发展现状

1. 经济增长与经济结构

从 2008 年至今，中国的经济增长方式转变比较明显，从只关注经济总量转变为关注经济全面的健康发展。在全国经济的大背景下，四川省的经济增长方式也发生了改变。2001 年四川省的经济总量为 4293.49 亿元，经济增长率为 9.2%，投资总额为 1617.52 亿元，2016 年全年四川省实现地区生产总值 32680.5 亿元，按可比价格计算，比上年增长 7.7%，高于全国 6.7%的增速。四川省人均地区生产总值 39695 元，增长 7.0%。从 2001 年到 2016 年的数据大致可以看出四川省的经济总量发生了较大的改变，一直在持续上升，但从经济增长率来看，从 2011 年开始，经济增长速度开始下降，从 2010 年最高的 15.1%下降到 2016 年的 7.7%（如图 9 所示）。

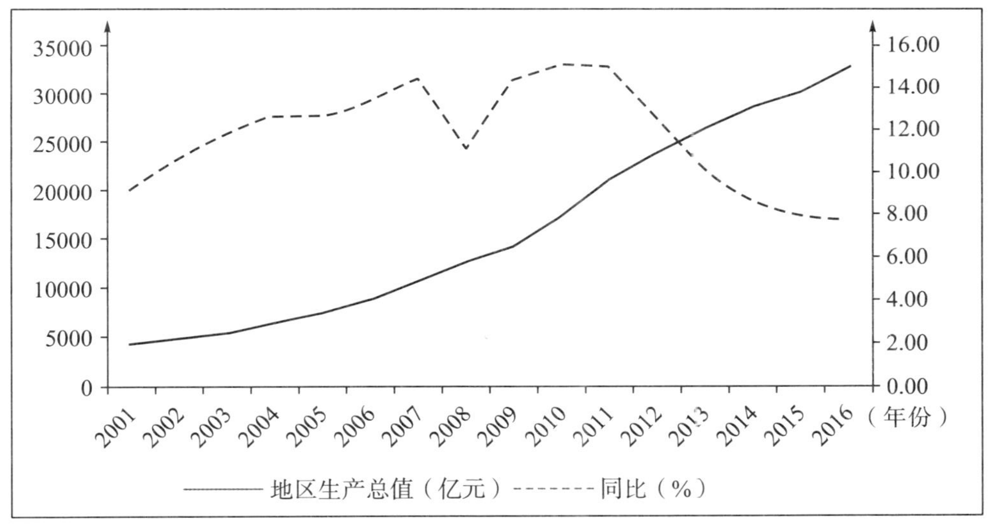

图 9　2001—2016 年四川省地区生产总值总量及同比增速

数据来源：四川省统计局。

在四川省各行业发展方面，农业中粮食和油料产量平稳增长，工业方面全年工业增加值比上年增长 7.9%，增幅比全国平均水平高 1.9 个百分点。分行业看，41 个大类行业中有 36 个行业增加值实现增长。其中，酒、饮料和精制茶制造业增加值增长 11.9%，非金属矿物制品业增长 10.3%，石油和天然气开采业增长 21.1%，汽车制造业增长 14.2%，计算机、通信和其他电子设备制造业增长 9.4%（如图 10 所示）。

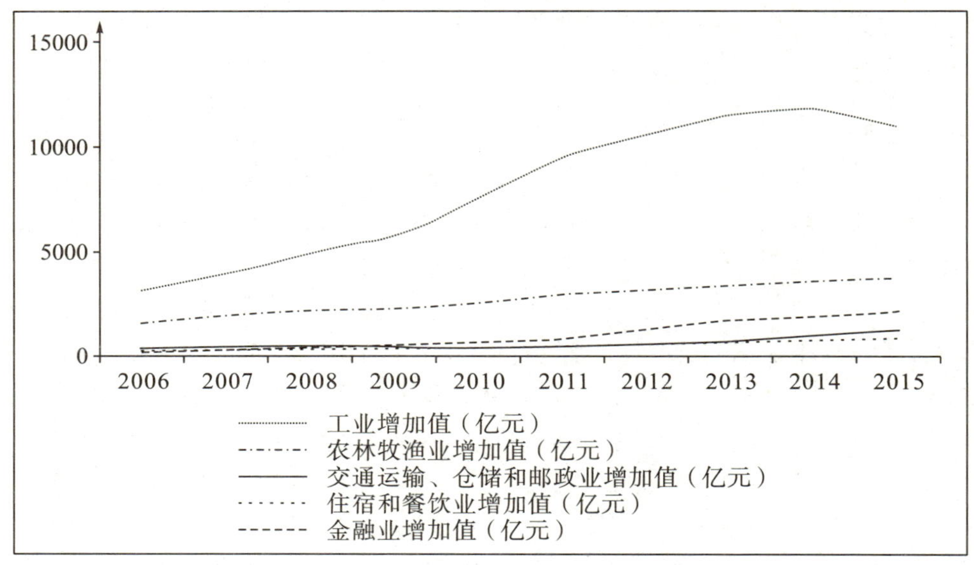

图 10　2006—2015 年四川省各行业规模

数据来源：四川省统计局。

2015 年四川进出口总值 3197.7 亿元人民币，其中与“一带一路”沿线国家的双边经济合作贸易额占外贸总值的 33.4%，相比 2014 年的 30.6%有所提升，我国“一带一路”倡议建设的中心在西部，西部地区的中心在四川，这充分体现了四川作为我国“一带一路”倡议建设的核心节点的重要战略地位（如图 11 所示）。

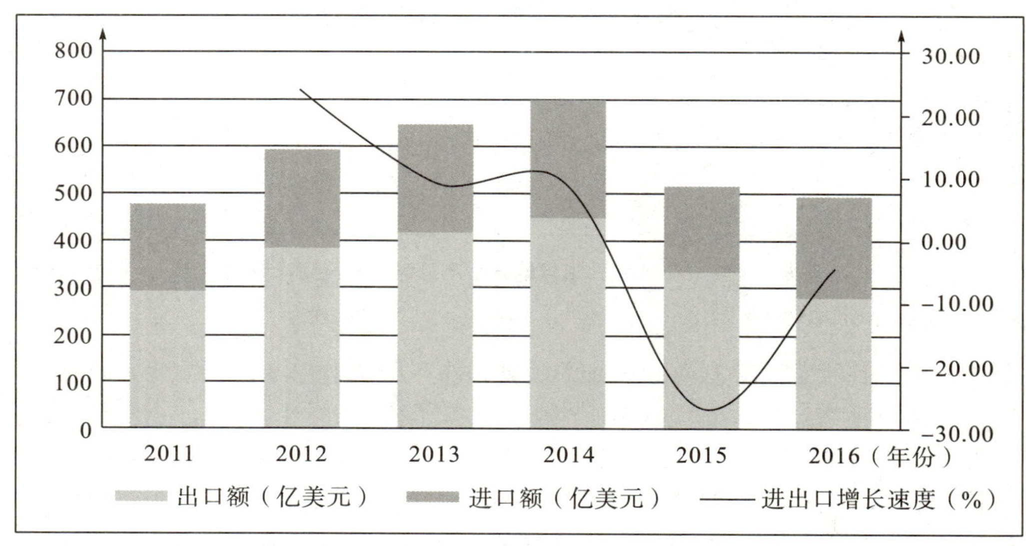

图 11　2011—2016 年四川省进出口额及增速

数据来源：四川省统计局。

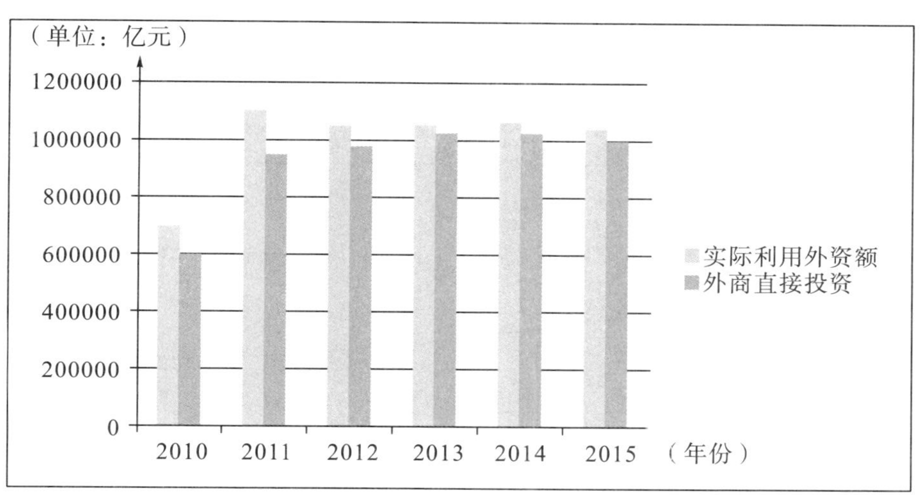

图 12　2010—2015 年四川省实际利用外资额与外商直接投资变化图

数据来源：四川省统计局。

四川省位于中国大陆西南地区，自古就有"天府之国"的美称，到 2016 年四川省第一、二、三产业都有了一定的发展，产业结构调整为 12.01∶42.61∶45.38。图 13 统计了 2001—2015 年第一、二、三产业占总产值的比例值，由此可知，四川省第一产值的比重逐渐降低；第二产业在 2011 年之前逐渐增大，在 2011 年之后有所降低；第三产业在 2011 年之前有所降低，在 2011 年之后逐渐增大。这说明，在新常态下，第三产业对四川省产业结构的优化升级起着关键的作用。

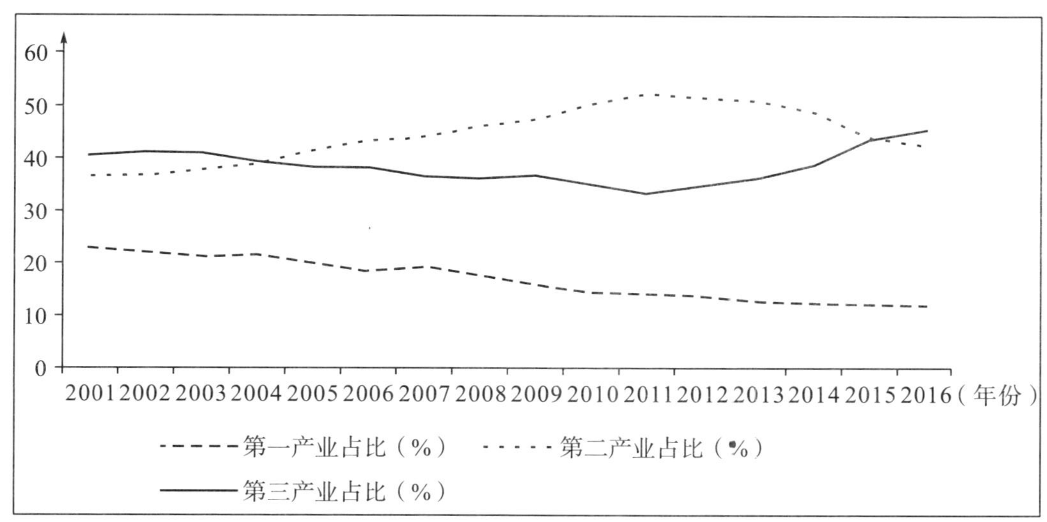

图 13　2001—2016 年四川省各个产业占比

数据来源：Wind 数据库。

民营经济是经济的重要组成部分，也是区域经济发展中最具活力的，民营经济占比的提升从一定程度上反映了经济活力的提升。从 2005—2015 年四川省公有制及民营经济的对比来看，四川省民营经济占比持续上升，民营经济占比从2005年的43.43%上升到2015年的60.68%，在2007年达到50.23%，首次超过50%，民营经济占比的提升为四川省的经济发展带来了新的活力（如图14所示）。

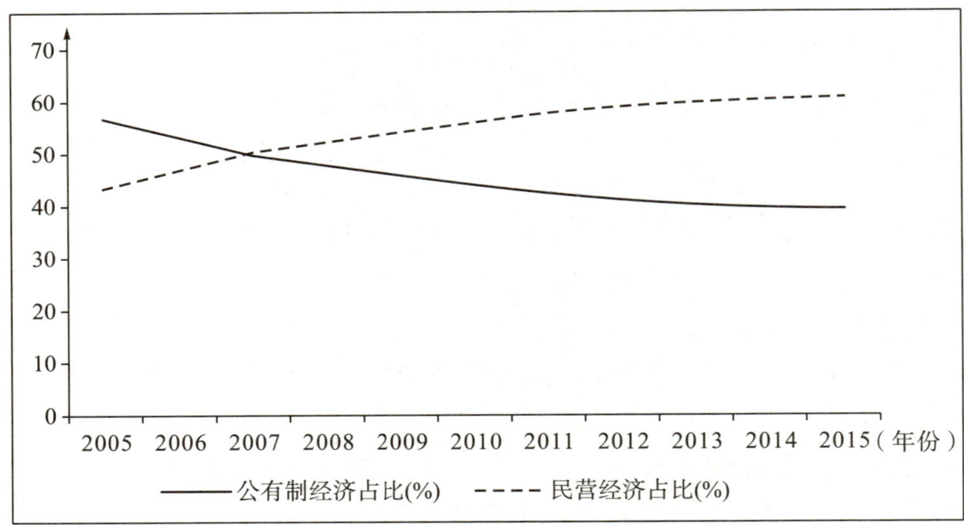

图14 四川省公有制经济及民营经济占比

数据来源：四川省统计局。

2. 投资需求与消费需求

四川省的投资结构自2001年到2015年发生了比较大的变化，从总量上看，资本形成额在不断上升，从速率上看，最近几年在一定程度上出现了放缓，从投资率上看，在2009年以前四川省的投资率一直在上升，在此之后就开始下降，达到2015年的49.27%，这表明四川省经济结构出现变革，投资比重下降（如图15所示）。

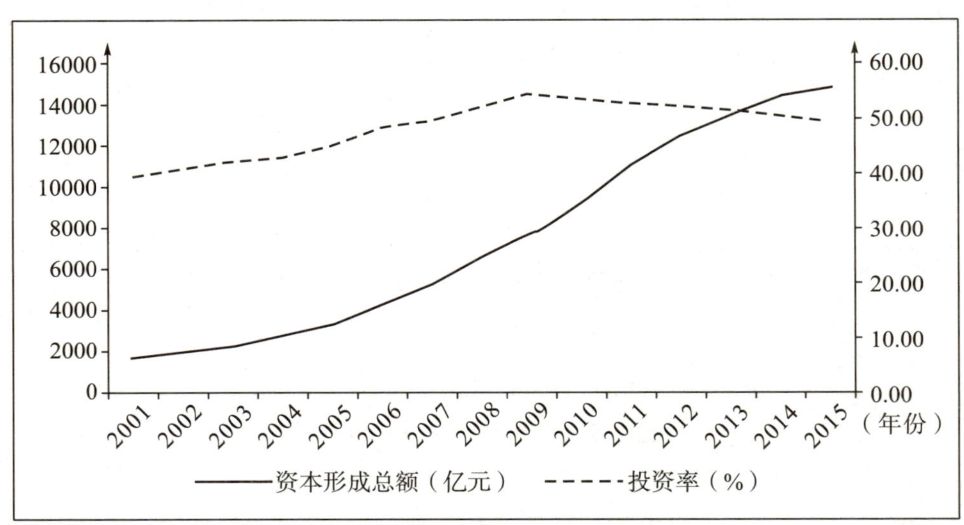

图15 2001—2015年四川省资本形成以及投资率

数据来源：四川省统计局。

一方面，随着四川经济的快速发展，人均收入水平不断提高，市场对消费需求有了新的变化；另一方面，随着互联网的快速发展，群众的消费需求以及消费方式也有了变化。在这样一个快速变革的时代，居民消费结构将会有实质性的改变。从图 16 中可以看出四川省最终消费支出在总量上，特别是 2009 年后，一直保持快速增长，但是最终消费率却一直在下降，最近几年才保持平稳。

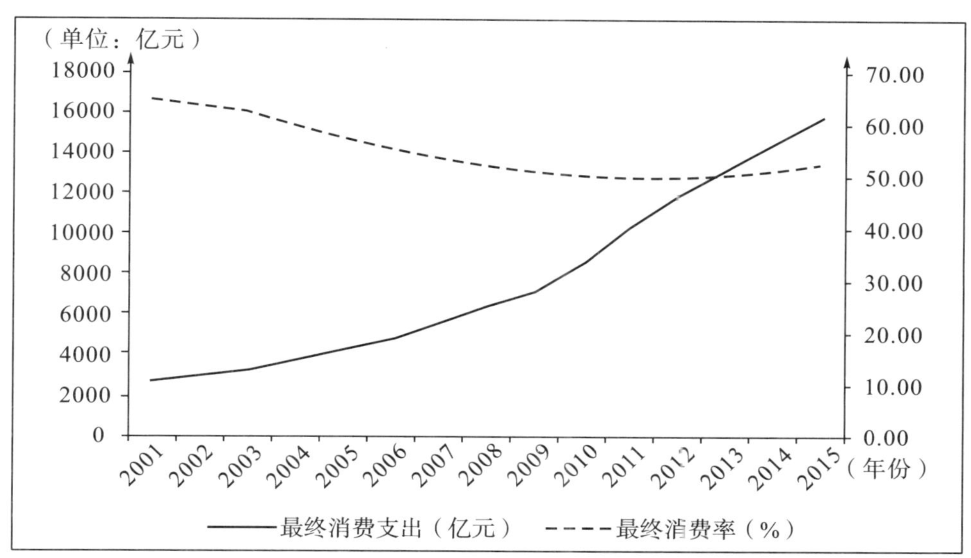

图 16　2001—2015 年四川省最终消费支出及最终消费率

数据来源：Wind 数据库。

从消费结构上看，四川省的消费构成中政府支出以及居民支出在 2001 年到 2015 年一直保持平稳，居民消费支出保持在 77%左右，政府消费支出大概在 23%上下。同时在农村改革之前，二元化经济结构比较突出，四川省就是其中的一个。由于四川省的城乡分离严重，导致四川省的中心地区较发达，乡镇地区较贫困，即中心城区与乡镇地区的差距特别大。随着这几年农村改革的实施，城乡分离的一部分问题已得到解决，但还有一些本质的问题没有得到解决，如公共服务建设、农村劳动力与土地改革等。在“十三五”规划中，四川省明确指出了要从人口分布、产业布局、基础设施等方面入手，并推进新常态下新农村建设和新型城镇化的发展。从图 17 可以看出，城乡消费水平对比，自 2008 年后就开始持续下降，达到目前的最低值，表明农村居民的消费占比在不断上升，这反映出四川省的城乡二元结构在一定程度上得到了改善。

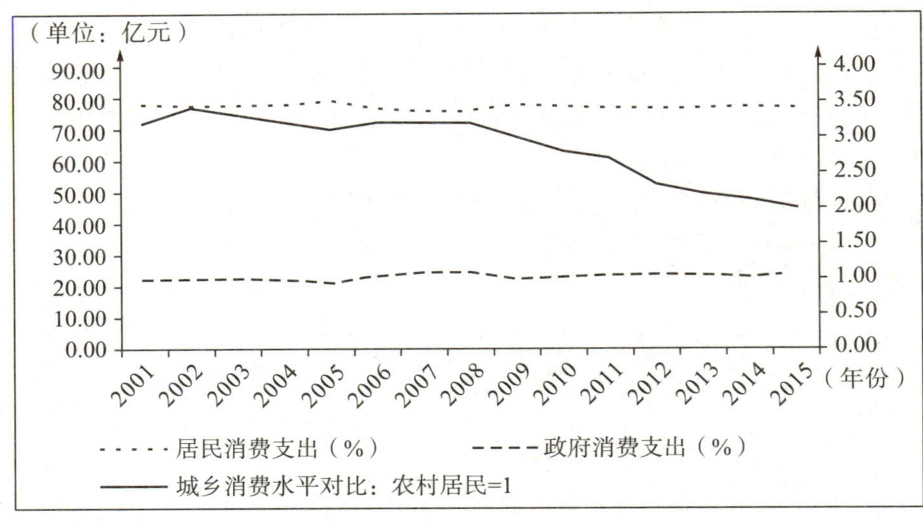

图 17　2001—2015 年四川省消费结构

数据来源：四川省统计局。

上述情况的产生，我们认为在消费率与投资率的变化态势上，四川省与全国趋势一致，大致呈现出 2000—2008 年投资率稳步上升而消费率日渐下降，2008 年至今投资率逐步下降，消费率开始回升的总态势。在改革开放初期，四川省与全国都是以消费为主的经济增长模式，但随着国家陆续出台扩大内需、加大经济投资力度的相关举措，其经济增长方式由消费驱动变为投资驱动。2008 年后经济发展的内生主力又发生了变化。

由于四川省的净出口在经济增长中比重较小，因此消费率与投资率存在此消彼长的关系。从 2000 年以后可以看出，投资率的稳步提高造成了消费率的持续回落。随着四川省投资力度的不断加大，其经济增长方式转变为投资驱动型，导致消费拉动力度的减弱，2008 年四川省投资率首次超过消费率。2008 年之后，这种情况发生了变化。全球金融危机发生后，我国政府逐渐放弃了政府带动全社会投资刺激经济的思想，转而从供给侧着手探求推动经济发展的新方法，一系列以供给侧改革为核心的政策应运而生。在这种思想的指导下，社会的投资与消费比重也随之发生变化。2009 年之后，四川省的投资率不断下降，2015 年四川省投资率已低于 50%，与之相对应，消费率开始呈现回升态势，这体现出四川经济发展的动力正逐渐由投资转向消费。

通过上述分析，我们认为四川省经济总量在持续上升，但 2011—2016 年增长率持续下降，从 15.1%降至 7.7%；经济结构优化升级，民营经济占比上升，第一产业的比重逐渐降低，以 2011 年为节点，第二产业的比重呈倒 U 型，第三产业的比重呈 U 型，即新常态下，第三产业对四川省产业结构优化升级起着关键作用；投资需求与消费需求呈上升趋势，2001—2015 年四川省资本形成额在不断上升，但投资率在下降，最终消费支出快速增长，但最终消费率快速下降，近几年才保持平稳。

3. “一带一路”倡议下四川经济的发展优势与劣势

通过描述统计分析和文献归纳，可以得到“一带一路”倡议下四川省经济发展的优势和劣势。

（1）四川经济发展的优势

①经济总量达三万亿元以上，发展态势良好，潜力巨大

2016年四川省全年地区生产总值高达32680.5亿元，全国排名第六，按可比价格计算，增长率为7.7%，比全国经济增长高出1%，在经济新常态下，四川省的经济总量与增速在全国屈指可数。从经济发展潜力看，四川省是我国第三批自由贸易试验区，西部综合交通枢纽，有泸州作为成渝经济圈的商贸物流中心，依靠长江上游港口城市的优势为四川经济发展提供运输便利；绵阳作为成渝经济圈的科技中心，为四川经济发展提供技术服务；宜宾作为成都经济区、川南经济区和攀西经济区的融合点，为四川省各经济区互联互通发挥枢纽作用，同时，四川省确定了页岩气、节能环保装备、航空与燃机、新能源汽车和信息安全五大成长性高端产业作为四川未来经济发展的支柱产业，这些产业不管在国内还是国外都有很大的发展空间。因此，四川省的经济发展以成都为中心，在周边几大城市的支持下发展潜力巨大。

②产业结构逐步优化，产业转型基本实现

从一、二、三产业占比发展变化来看，四川省产业结构变化有一定的规律：由图13可知，第一产业的比重逐步下降；第二产业的比重先上升后下降；在第二产业比重下降的同时，第三产业比重由缓慢下降变为迅速上升，最终超过第二产业。目前，四川省产业结构调整为12.01∶42.61∶45.38，第三产业已经超过第二产业成为经济发展的主体，这说明四川省经济发展已经处于经济工业化后期，产业结构转型基本实现。

③经济发展具有天然的地域优势

“一带一路”倡议建设的实施使四川省由内陆腹地转变为向西、西南开放的前沿省份，在对外交流与合作中面临新的机遇。“丝绸之路经济带”和“长江经济带”这两大国家战略在四川省的叠加，意味着四川省将成为长江经济带上的重要增长极。四川省在实施对外开放战略中，对内利用长江黄金水道优势，与沿江省份互联互通，可以成为东西部货物运输的一个中转站，通过泸州港、宜宾港实现物流从中西部向丝绸之路经济带沿线国家的快速中转；对外将继续推进“万企出国门”的政策，组织企业走进中亚、南亚、东南亚、欧洲地区去寻找投资合作新机遇。四川省通过内外双修将彻底打开大门，升级扩大四川省对外开放的格局（李果，2014）。

④信息技术、电子、建筑、建材、汽车等产业在全国同行业中优势明显

信息技术、电子、建筑、建材、汽车等产业在基础设施建设中的作用不可或缺，“一带一路”沿线国家的建设对其需求巨大。四川省可以充分发挥自身的产业

优势，抓住“一带一路”沿线国家基础设施建设等方面的巨大需求，积极参与“一带一路”沿线国家的经济建设，加大四川省优势产业“走出去”的力度，将四川省经济融入“一带一路”的建设发展（张世均，2017）。

⑤四川省迎来建设国际区域性枢纽的新机遇

四川省向东可以积极联通长江经济带，加强川渝经济圈建设，借力重庆便利的内河航运——长江黄金水道，使四川省与东部沿海发达地区更加紧密地联系起来，促进共同发展；四川省向西可以建设面向西南开放的核心腹地，依托中老泰国际铁路、孟中印缅经济走廊和中越国际大通道，形成四川省连接东南亚和南亚区域的对外开放捷径；四川省向南可以积极构建面向南方的国际经济走廊沿线的产业布局，拓展同印度、巴基斯坦、东盟等国家或地区的经贸合作，积极融入中国与东盟自贸区和大湄公河经济带；四川省向北应积极联通北方省份，把四川省与北方丝绸之路联系起来，将“四川制造”输入丝绸之路沿线国家直至欧洲国家（张世均，2017）。

（2）四川省经济发展的劣势

①区域经济发展不平衡

判断区域经济发展不平衡的因素包括基础设施水平、经济发展水平以及社会发展水平。四川省的地区生产总值位于西部地区的前列，但是区域发展不平衡问题比较突出。由图 18 分析可知，四川省 21 个市（州）按照地理位置和社会发展水平划分为五个经济区，其中成都经济区经济发展程度最高，2015 年地区生产总值总和为 19126.41 亿元，占比近 60%；川南经济区次之，2015 年地区生产总值总和为 5221 亿元，占比 16.29%；川北经济发展水平紧随川南，2015 年地区生产总值总和为 4979.34 亿元，占比 15.54%；攀西经济区发展比较迅速，但是总量不高，2015 年地区生产总值总和为 2240.02 亿元，占比 6.99%；川西经济区发展较为落后，2015 年地区生产总值总和为 478.08 亿元，只占了 1.49%。区域经济发展不平衡将会影响四川省经济融入“一带一路”建设的程度。

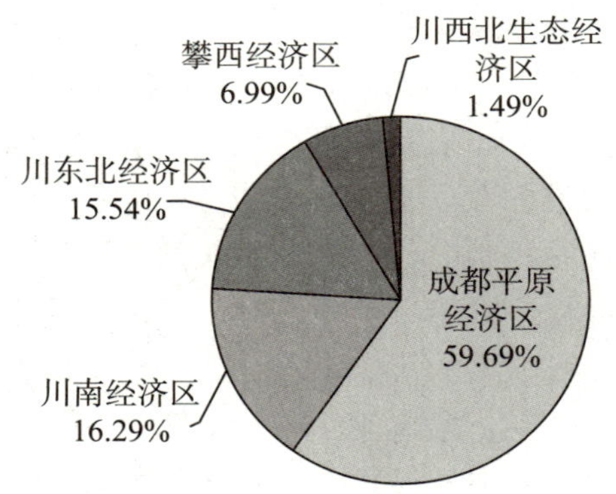

图 18　2015 年五大经济区地区生产总值占比

数据来源：Wind 数据库。

②产业规模较小

表 2　五大高端产业营业收入

五大高端产业	营业收入（亿元）
页岩气	24.3
节能环保装备	428.6
航空与燃机	95.1
新能源汽车	187.6
信息安全	236.7

四川省产业结构虽然在逐年优化，经济产业链在西部地区处于领先地位，但是仍然处于较为低端的水平。根据四川省人民政府的公开数据，2015 年四川省内的五大高端产业营业收入见表 2，五大产业总体对经济的贡献率为 9%。自 2014 年四川省政府确定四川省未来重点发展的五大高端成长型产业以来，高技术水平产业有所发展，但五大高端成长型产业当下在四川省工业总产值中所占比例较小，没有形成规模，对经济增长的贡献率不高。同时，四川省企业实力不够强，无论是自身管理、资本总量还是对外项目合作等方面都存在诸多不足。

③对外贸易形势严峻，进出口出现罕见的持续下滑

从图 19 可知，2000 年到 2014 年四川省进口总额与出口总额快速持续增长，2014 年以后四川省出口总额持续下滑，2016 年进口总额有所上升。总体来说，四川省进出口总额呈下降态势，对外贸易形势严峻程度前所未有，主要原因如下。

第一，世界经济不景气，风险因素增多，国际市场需求不足导致企业竞争更加激烈，传统竞争优势削弱，同时，企业面临成本持续上升、融资难和融资贵等问题。

第二，产业国际竞争力不足，四川省外向度较高的产业为电子信息和装备制造业，两类产业进出口占全省 50%以上，但产业整体的国际竞争力普遍较弱。多数企业实力不强，缺乏核心竞争力，少数大企业对进出口影响很大。

第三，区域发展不均衡，从区域来看，四川省进出口区域结构不优，对少数重点市特别是成都市依赖程度高，成都市作为全省外贸核心降幅过大，进出口多点多极支撑格局远未形成。

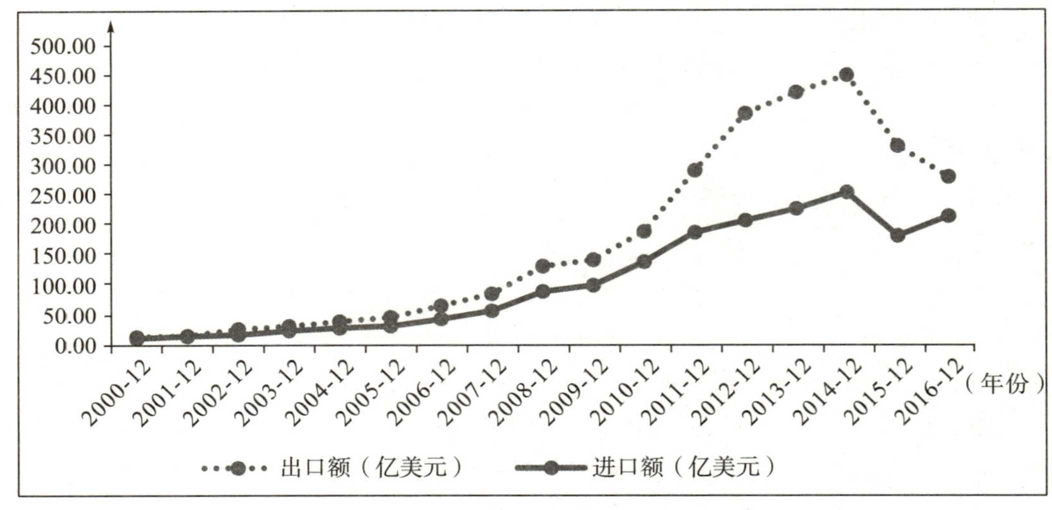

图 19　四川省进口与出口总额

④企业融资渠道狭窄，融资工具单一

由表 3 可知，自 2006 以来，四川省企业在融资方式上，银行贷款在企业总融资额中的比重保持在 88%以上，最高比重可达 97.1%，债券、股票融资占比极低，这足以说明四川省直接融资发展不足，企业多借助银行贷款，资本市场实现资源优化配置功能无法有效发挥，资产证券化率不高，致使中小企业融资难问题尤其显著。间接融资方面银行等金融机构定价管理、资产负债管理、流动性管理能力相对滞后，间接融资面临存量与增量的双重挑战，极大地阻碍了企业融资发展。

表 3　2006—2015 年四川省非金融机构融资结构表

年份	融资量（亿元）	比重（%）		
		贷款	债券	股票
2006	505.6	88.1	0	11.9
2007	652.3	98.6	0	1.4
2008	784.1	97.1	2	0.9
2009	645.4	98.3	0	1.7
2010	580	96.5	3.5	0
2011	1216.7	91.4	8.3	0.3
2012	1604.7	88.1	2.2	9.7
2013	2559.9	92.5	2.1	5.4
2014	4946.9	92.2	4	3.8
2015	5812	88.8	4.6	6.6

数据来源：《2015 年四川金融运行报告》。

⑤企业“走出去”缺乏必要的政府配套政策、制度支持

长期以来，我国企业走出去面临的各类境外风险呈上升趋势，对我国对外投资合作造成了直接和间接的影响和损失。在“一带一路”政策下，今后相当长一段时间境外投资风险将长期伴随四川省各企业“走出去”的进程，但与“一带一路”相对应的政府配套措施、制度、工具、培训却依然匮乏。如许多“一带一路”沿线国家都存在社会治安、民族及宗教冲突、法律缺失等安全问题，有可能会导致企业遭受较大的人员经济损失，还存在政府风险、政策风险、中外融合风险等。除了这些外部风险外，四川省内多数企业都存在跨国经营水平总体不高，国际化经验不足，风险防范意识不强，对外投资存在冲动的倾向等种种问题，缺乏长远的运筹容易导致盲目决策。亟待政府部门建立常态工作机制，完善监管法规制度，加强信息通报预警，组织人才培养和教育培训，提高海外利益保护能力，增强社会咨询服务和海外投资保险体系等方面的工作。

⑥市场上缺乏金融风险对冲工具，企业无法有效管控金融风险

对外交易中汇率风险尤其突出，伴随着人民币汇率改革的不断推进，汇率波动正在增大，这对企业管理汇率风险提出了新的挑战，而市场上的汇率风险对冲工具寥寥无几，大多数企业无力管控汇率风险，汇兑损益可能会极大地影响企业收益。信用风险、利率风险、流动性风险同样也会对企业经营造成影响，市场上的衍生工具品种单一，无法满足“一带一路”下迅速增长的金融风险。保险覆盖不全面，缺乏合适的险种，导致保险业资金支持、风险管理、信用管理和监管制度等优势无法有效发挥，难以激发民营企业“走出去”的意愿。

（四）经济与金融发展中面临的突出问题及原因剖析

1. 四川省经济与金融发展协调性不足

长期来看，一定区域内经济增长与金融发展之间保持相对均衡、相互协调发展的关系，经济增长为金融发展提供了资金附着基础，金融发展对经济增长起促进作用。为了全面考察四川省金融发展与经济增长的协调性，本文从四川省经济发展规模、金融规模、金融结构和金融效率这几个方面来分析金融发展与经济增长的协调关系。

为了更好地比较，本文考虑将经济发展以及金融经济规模、金融结构和金融效率进行指标化处理。经济指标方面，国内生产总值（GDP）是衡量一个国家或地区的经济增长比较通用的指标。但与名义 GDP 相比，实际 GDP 剔除了通货膨胀的影响（选用居民消费价格指数 CPI 将国内生产总值换算成以 1978 年不变价格计算的值），更能真实地反映经济发展的水平，并且在中国，人口因素是不得不考虑的问题，因此，本文选取实际人均国内生产总值（RGDP）作为区域经济增长的指标。金融规模指标（FIR）的选取，考虑到当前我国的金融体系主要是以国家宏观调控为主，主要的资金都集中在银行，而银行的资产也主要是贷款和存款，因此可以利

用贷款和存款的数量来进行金融规模的确定。金融结构指标反映四川省金融发展的结构变化，选取了两个金融结构指标 DIM 以及 STZ，DIM 为四川省的保险行业收入与四川省当前的国民收入总值的比值，STZ 主要采用四川省上市公司流通股市值和 GDP 之比。金融效率指标（FAE）构建为四川省的存贷比，反映出金融机构的金融资产的配置效率和金融市场的运营效率。因为下面比较的更多的是变化趋势信息，为了方便比较指标同时不改变趋势，下文在作图时做了多倍化处理。

近年来，四川省经济经历了平稳的发展。从经济规模指标（RGDP）来看，从 2002 年开始就持续上升，在 2008 年以前增长较为平稳，但是从 2009 年开始至今 RGDP 开始加速增长。RGDP 将 GDP 进行人口基数的调整，用四川省实现的生产总值与四川省的常住人口（或户籍人口）相比进行计算，可以反映四川省人民的生活水平。因此，可以看出伴随着四川省的经济发展，虽然经历了金融危机所带来的影响，但是从人均 GDP 来看受到的影响并不大，四川省人民的生活水平在不断提升。

金融规模指标 FIR 走势受宏观调控影响“一波三折”。FIR 作为当前金融规模的衡量指标，构建为存款和贷款的数量总和与 GDP 之比，反映金融市场、金融工具的数量规模变化。从四川省金融规模（FIR）来看，2002—2015 年 FIR 指标由 2.47 逐波下滑到 2.19，后面又逐渐回升，期间有多次反复。历史数据显示，四川省的各年 GDP 增长相对平稳，因此，金融规模指标 FIR 的变化则表明四川省金融规模波动明显，与宏观调控期相适应，呈现“调控回落—恢复增长—再调控回落”的走势，反映出四川省特定时期金融发展与经济增长并非平衡发展，四川省经济和金融发展的不平衡，这两者不能形成良性互动。

金融结构指标反映出经济与金融“结构协调”。DIM 以及 STZ 分别反映四川省的保险业以及资本市场，比上区域 GDP 后可以反映保险以及资本市场的占比变化，在一定程度上反映金融的结构变化。DIM 以及 STZ 数值越大，显示保险、资本市场在区域经济贡献中越来越重要。图 20 表明结构指标 DIM 从 2002 年开始一路上升，在 2010 年之后出现下降。但与国民经济指标走势相比，金融结构指标走势明显背离，反映出两者的发展不相适应。同时由于 STZ 采用的是股票市场数据，在一定程度上反映证券市场信息，从 STZ 指标可以看出，STZ 整体趋势向上但是伴随着大幅的波动，但是通常认为证券市场是经济的晴雨表，会在一定程度上提前反映经济状况，但是从图 20 来看两者的联动性较差，显示出四川省金融结构的变化不能很好地和经济增长相匹配。

资金转化效率不高，投入产出率低。金融效率指标（FAE）是用四川省的存贷比来构建的，比值越高表示资金转化效率越高，金融服务实体经济的能力越强。但是从图 20 可以看出，四川省的金融效率指标从 2002 年开始就持续向下，在 2008 年达到最低点后开始缓慢上升，在最近几年出现一定程度的下降，这说明四川省金融以及经济虽然在总量上发展较快，但是金融效率却没有跟上，这一点值得警惕。

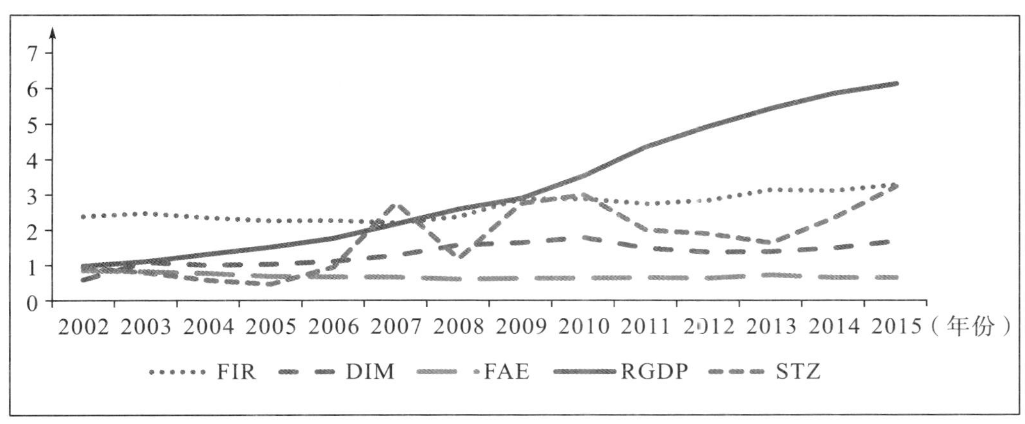

图 20　四川省经济发展、金融发展规模、结构、效率指标趋势

2. 原因剖析

在金融业发展迅猛的同时，四川省金融与经济发展的协调性还处于较低水平。产生这种现象的原因主要有以下几点：

（1）直接融资发展滞后与间接融资发展粗放

四川直接融资比重偏低，资本市场实现资源优化配置的能力不突出、功能不健全，资产证券化率不高。与东部发达地区相比，四川地区法人金融机构实力偏弱，"走出去"步伐缓慢。区域性产权交易市场不够活跃，交易规模相对较小，缺乏全国性且有重要影响力的交易市场。金融机构定价管理、资产负债管理、流动性管理能力相对滞后，间接融资面临存量与增量的双重挑战。保险资金参与地方经济建设的渠道尚不畅通。

（2）产业结构调整滞后，金融风险持续上升

四川产业结构调整滞后，发展不平衡，部分传统产业产能严重过剩。产业金融通道不畅，基态落后，发展不平衡。在过剩产能化解和"僵尸企业"退出过程中，金融风险点和风险行为将进一步增多，地方政府债务及地方融资平台债务水平持续上升，债务违约有蔓延趋势，债券兑付存在违约迹象，加之银行业不良贷款余额增加，金融风险持续上升，给金融稳定和社会安定带来风险隐患。

（3）企业过度负债，金融同质化竞争激烈

当前四川省规模以上工业企业资产负债水平仍处于高位。受大规模政策刺激及灾后重建因素叠加影响，债务水平快速攀升。在债务压力下，工业企业经营重点转向保运转和防止资金链断裂，形成螺旋式紧缩效应。受新旧产业存在空档期以及传统经营模式的制约，金融机构之间的竞争加剧，新金融业态发展缓慢，给全省金融业发展带来严峻挑战。

（4）金融监管体制和全社会金融意识相对滞后

"十二五"期间，四川省金融业实现跨越式发展，成为全省国民经济支柱产业和第三产业发展领头羊。但受历史原因以及金融快速创新发展因素的影响，现阶段

金融监管体制与混业经营发展趋势不相适应。全社会金融意识相对滞后，与金融业爆发式增长形成巨大反差。

四、金融创新服务于四川省区域经济发展

（一）“一带一路”下金融创新与四川省区域经济发展的关系

四川省经济融入“一带一路”倡议建设既要确定四川经济发展的战略定位，又要注重经济发展的战略构建，还要紧紧抓住国家“一带一路”倡议建设给四川经济发展带来的新机遇。四川省经济融入“一带一路”倡议具有历史悠久、文化深厚、区位优势较突出、辐射带动能力较强等优势，但同时又存在对外通道建设滞后、区域经济发展不平衡、产业结构性矛盾突出、走出去的准备不足、省际竞争激烈等因素的挑战（江佳慧，2016；张钰静，2015；李后强；2015）。

在“一带一路”倡议下，四川省迎来了不小的发展机遇，首先，这一战略推动了信息网络、新能源以及生物制药等多个重大项目的开发，主导了四川省多个优势产业的发展。同时，在设施联通方面，有效地推动了四川铁路、公路、机场等基础设施的建设，增加了与周边城市互联互通的可能性。其次，这一战略是跨地区甚至是跨国家的发展战略，有效地推动了云计算、移动互联网、大数据及现代制造业的发展和互联网金融的发展，大量的贸易往来，使得传统金融发展体系在互联网金融的影响下也在不断发生变革和创新，在互联网的带动下，四川省的金融体系不断完善，为四川省的发展带来极大的金融效益。

“一带一路”倡议在为四川省带来发展机遇的同时，也带来了一定的挑战。根据亚洲开发银行的推测，仅“丝绸之路经济带”每年的基础设施建设就需 8000 亿美元，巨大的基础设施投资建设需要银行、信托、金融租赁等相关金融业的支持。因此资金融通是“一带一路”建设的重要支撑，也是“一带一路”对四川省金融业提出的新要求。

熊彼特（1912）曾提出，金融创新能够扩大金融部门的规模和运营效率，能够降低金融市场的交易成本，帮助金融机构有效规避来自金融当局的风险管制，对经济发展具有显著的促进作用。

金融创新不仅包括产品创新，还包括合作模式创新、运行机制创新、服务渠道与方式创新，以及业务功能的完善等。其目的在于低成本、高效率地为实体经济提供风险可控的、优质的、多样化的金融服务，满足实体部门的金融需求，支持经济、产业结构调整，促进经济持续快速发展。

（1）积极的影响

金融创新可以降低金融市场上的信息不对称造成的负面影响，再有就是金融创新将金融企业原有明确的分工格局打破，使得各部门间的业务相互交叉，彼此间互通有无，在很大程度上改善了原有的一些弊端，使其业务范围变得更大，更加全面

和高效。

金融工具的多样化使得投资融资的方式更加灵活多变，企业的内源融资比例在一步一步地减小，外源融资中的银行贷款所占的比重越来越大，这使得股票和债券等直接融资方式发展速度愈发加快。

最重要的是金融创新可以改变金融企业现有的资产和负债结构，从而改变金融企业的运营状况与运营模式，推进区域的金融结构更上一层楼，改变现有的各区域金融市场发展不平衡的现状，使四川省的高度发达区域与欠发达地区联系起来，促进各区域金融市场的一体化。

（2）消极的影响

金融创新虽然在一定程度上有利于金融行业的发展，有利于区域经济的发展，对经济效率有提升作用，但是随之而来的还有金融风险。一般金融风险包括信用风险、流动性风险和体系风险、经营风险。程与豪（2016）认为金融创新风险就是在金融创新设计或实施过程中，由于外界环境因素、主观失误或其他原因造成创新措施不能顺利实施或资产、信誉受损的可能性，其种类包括创新成本风险、网络运用的技术风险、相关从业人员的道德风险和操作风险。金融行业要进行发展就需要一个相对稳定的社会大环境，随着创新的进行，各机构不断推出新的金融工具，虽然这在某种程度上转移和分散了风险，但是也增加了整个行业的系统性风险。如果创新产生的风险超出行业的承受范围，就可能对金融的运营产生不利影响，继而限制经济的发展速度。

所以，为了充分发挥金融创新的优势，维持金融市场的稳定性，就需要金融市场监管者的努力，更需要金融创新主体的配合以及相关法律部门的参与，加强金融创新的信息披露，使投资者有充分的信息用于了解创新产品的特征与潜在风险，有助于其作出正确的投资决策，那么金融创新就能保证并促进金融市场的稳定与发展。

（二）金融创新如何更好地服务四川区域“一带一路”经济发展

为了解决在“一带一路”倡议实施中存在的融资难、融资贵以及融资渠道过窄难题，并且为了迎合“一带一路”下四川省优势产业的金融创新需求，主要是基于融资和规避风险的创新需求等，本文阐述了传统金融机构业务的创新、融资模式的创新、金融工具的创新以及在“一带一路”下金融制度的创新。

1.“一带一路”倡议下金融业务的创新

金融业务创新是指金融机构在业务经营管理领域的创新，是金融机构利用新思维、新组织方式和新技术，构造新型的融资模式，通过各种金融创新工具的使用，取得并实现其经营成果的活动。金融业务创新主要包括金融工具创新、金融技术创新、服务方式创新与金融市场创新等内容，传统业务的创新主要发生在银行业。金融业务的创新丰富了金融机构的产品种类，改善了服务方式，并且创新了融资模式和拓宽了融资渠道，在“一带一路”下加速了银行业的国际化进程。

(1)“一带一路”倡议下传统金融业务创新

“一带一路”建设的资金需求主要在能源、交通和基础设施等领域，依赖传统融资方式，会形成风险资产的迅速增加，资本消耗大，与银行的发展战略构成冲突，因此寻求轻资本、高利润、可持续成为银行转型的必由之路。从商业银行的角度看，中长期项目融资业务有望迎来重大发展机遇，跨境支付结算市场也将进一步打开。国内大型商业银行凭借自身雄厚的实力及在海外的网点布局，其所能提供的融资服务潜力巨大，能较好地为政策性银行弥补贷前贷后管理方面的不足。

因此，商业银行需进行战略转型，要注意两点：首先，银行业必须加强与沿线各国金融机构的合作交流，深化区域金融合作，形成优势互补，着力提升在能源、基础设施、农业、消费、民生等领域的金融服务水平。其次，坚持混业经营的市场导向，从单纯的资金供给方转变为综合化金融业务的供应商，通过投行、基金、保险、信托、金融租赁、期货等目前银行所拥有的各种渠道，为企业提供立体式、全方位的融资支持和资产管理服务。

①要拓宽金融服务的领域

在“一带一路”框架下，要更加强调以客户需求为导向，在机构网点、金融产品、科技平台、人才服务等方面提升对客户的服务能力。通过提供股权融资、质押贷款、进出口贸易信贷、金融租赁等多种形式的金融服务，优化产品结构，在支持四川省优势企业走出去的过程中，加强境外资金和产能合作。在控制风险的基础上，加大对重点国家、重点客户、重点项目的可行性研究。积极开展跨境结算、交易、信息服务等领域的金融服务，构建综合化、立体式的金融服务体系。

②要加大金融服务创新模式的研究

积极探索以境外资产、股权、债权等为抵押标的的贷款服务和并购贷款服务，支持四川省优质企业在境外募集发行资金。积极推广境外 PPP 模式，建立多元化的可持续资金保障机制，为四川承揽的基础设施建设的重大项目、优势产能走出去提供合理优价的融资便利。

③创新金融服务的产品

在强化项目信贷、境外投资、短期融资等传统金融产品服务的基础上，积极开展跨境并购与重组贷款、跨境贸易金融租赁、跨境资产组合等新的金融产品服务。利用境内外市场盈利模式的差异，培育健全的跨地区、跨币种、跨领域的金融服务产品。

地处四川省的东方电气集团是我国重大装备尤其是大型电力设备走出国门的优势企业。政府的外贸、财税等部门的政策支持，以及中国进出口银行、国家开发银行等政策性金融机构和工商银行等大型商业银行的融资支持，二者形成的合力，提升了出口竞争优势，也推动了一大批海外工程项目的落地。

2015 年 10 月 10 日，由东方电气负责金属结构和机电总承包的埃塞俄比亚吉柏3水电站项目首台机组成功并网发电。出口大型发电机组，涉及金额大，中国工商银行提供的出口买方信贷，是东方电气埃塞俄比亚吉柏3水电站项目竞标成功的关键。东方电气依托在水电设备领域的自主技术创新，以及中国工商银行在融资上的大力支持，最终达成了合作协议并顺利完成并网发电。

在这一建设项目中，中国工商银行四川省分行（以下简称四川工行）为埃塞俄比亚发电公司提供总额为4.7亿美元的出口买方信贷，协助解决了业主的融资需求，为东方电气在非洲市场的业务拓展奠定了基础。四川工行针对对外工程承包和大型成套设备出口企业，提供各类对外非融资性担保、工程项下应收账款融资、出口买方信贷、境外项目融资、内保外贷等金融产品，通过多元化的产品支持，满足了企业在“走出去”各个阶段的金融业务需求。

在“一带一路”进程中，金融机构如何帮助境外投资企业规避汇率风险，成为社会各界关注的焦点。对此，四川工行做了以下工作规避风险，一方面给埃塞俄比亚开的履约保函是用埃塞俄比亚货币来做的，但是锁定了美元和当地币的汇率，这样实际上就避免了汇率波动的风险；另一方面，针对人民币升值的汇率风险，四川工行提供远期结售汇、买断融资等金融创新产品来规避汇率风险，为企业锁定财务收益。然而，目前也存在国内企业不擅长使用避险工具以及国内金融机构避险产品不够多样化、全面化的问题。因此，长远来看，人民币国际化一定是最终的解决办法。

通过对上述案例的分析，可以发现，在传统的金融业务中扮演着重要角色的商业银行，除了建立多元化的可持续资金保障机制大力支持相关建设项目之外，也需要拓宽自己的服务领域，深化和海外金融机构的合作，并从外汇等方面积极控制风险，才能更好地服务于“一带一路”倡议的建设。

2.“一带一路”倡议下融资方式创新

(1)“一带一路”倡议下互联网金融模式

随着“一带一路”倡议的实施，中国对外贸易和对外投融资模式都将发生重大改变。“一带一路”倡议对外贸经济有不小的拉动作用，在该环境下，不论是传统金融业务，还是非金融机构，利用互联网技术进行金融运作的互联网金融都将迎来新的机遇。在“一带一路”现阶段，项目众多，资金需求量庞大，互联网金融的P2P网络借贷、众筹平台将为“一带一路”沿线国家的中小企业融资带来便利，其高速的运营效率将迅速扩展到沿线国家，并且也推动了我国经济的发展。

互联网金融是传统金融与信息通信技术相融合形成的新型金融模式，使金融资源在现代信息技术的调配下更便捷、高效。四川省的互联网金融生态已经满足了支付、融资、投资理财、风险管理这四类基本的金融需求。互联网金融可以凭借其独特的属性，解决跨区域间合作存在的贸易壁垒、行政壁垒、市场分割等问题，并且提高融资效率，拓宽融资渠道。“一带一路”建设重在实现物流、信息流以及资金流等方面的互联互通，同时，四川在现代信息技术方面具有较强的优势，为此，四川应着重搭建相关的网络信息平台，积极发挥其在互联网金融方面的特殊优势，解决好传统金融、传统市场难以解决的难题。

同时，互联网金融在“一带一路”下的快速发展也将给金融监管部门的风险监管工作加大难度，互联网融资门槛较低，具有信息量大、效率高、跟进快、成本低等特点，风险难以监管防范。

因此，四川省应结合自身实际情况，借鉴发达国家的成功经验，促进三网融合（电信网、广播电视网、互联网），注重技术水平的提高；扩大金融数据库，解决信息不对称的问题；出台明确的法律法规，建立健全的监管体系；建立独立资金平台，解决资金托管问题；在保护消费者权益的基础上扩大国际影响，加强与“一带一路”沿线发达国家的合作。

（2）“一带一路”倡议下 PPP 融资模式

随着项目融资的发展，PPP（Public-Private Partnership，公私合伙或合营）开始出现并越来越流行，特别是在欧洲。该词最早由英国政府于 1982 年提出，是指政府与私营商签订长期协议，授权私营商代替政府建设、运营或管理公共基础设施并向公众提供公共服务。广义的 PPP 可以理解为一系列项目融资模式的总称，包含 BOT（建设—运营—移交）、TOT（转让—经营—移交）、ROT（改建—运营—移交）等多种模式。

PPP 模式将部分政府责任以特许经营权的方式转移给社会主体（企业），政府与社会主体建立起“利益共享、风险共担、全程合作”的共同体关系，政府的财政负担减轻，社会主体的投资风险减小。这一模式促进了投资主体的多元化，使得政府部门和民间部门可以取长补短，让项目参与各方整合组成战略联盟，对协调各方不同的利益目标具有关键作用。

“一带一路”倡议沿线国家多是亚洲的发展中国家，对大规模的基础设施有着旺盛的需求，四川省的信息技术、电子、建筑、建材、汽车、能源等产业在全国同行业中具有较大优势，四川省可以充分发挥自身的产业优势，基础设施建设等方面的巨大需求，积极参与“一带一路”建设，加大四川省优势产业“走出去”的力度。然而面对旺盛的基础设施建设需求，其融资缺口预估计将达 8 万亿美元，而亚洲开发银行每年仅为基建放贷 100 亿美元，远远满足不了资金需要。未来解决“一带一路”基础设施建设投资资金不足的问题，不仅要靠公共资本的先导作用，也要充分调动私人资本的积极性。2015 年 12 月召开的国务院常务会议已明确指出，“一带一路”倡议将吸收社会资本参与，采取债权、基金等形式，为“走出去”企业提供长期外汇资金支持，需要采取金融创新的方式来带动民间资本（如 PPP 模式等），使资金链更能满足大型基建的需求。

在 PPP 成为引领我国经济新常态的重要引擎的大背景下，西南地区作为“一带一路”的重要经济腹地和交通枢纽，正在积极运用 PPP 模式推进国家西部大开发战略，加快西南地区的交通基础设施和新型城镇化建设，带动区域经济的繁荣和发展。

四川省德阳市绵竹市城市供排水一体化 PPP 项目成为四川省水务工程的标杆。

2016年6月14日，绵竹市住房和城乡建设局与博川水务投资有限公司正式签订了"绵竹市城乡供排水一体化PPP项目合同"，标志着绵竹市城乡供排水一体化PPP项目正式落地。该项目属于市政工程，总投资约5.65亿元，设计污水和供水日处理能力18.23万吨，特许经营期间为30年，建设期3～4年，项目的运作方式为TOT+BOT+ROT。

绵竹市城乡供排水一体化PPP项目的实施机构为绵竹市住房和城乡建设局，民营资本方为博川水务投资有限公司（下称"博川水务"）。项目总投资约5.65亿元，其中：存量资产评估价值3.5亿元，涉及22座乡镇供水厂、5座城区供水厂、5座乡镇已建污水处理厂和1座园区已建污水处理厂，拟采用TOT方式（转让—经营—移交）运作；拟新建项目投资约2.15亿元，涉及新建13座乡镇污水处理厂、3座园区污水处理厂、1座乡镇供水厂，拟采用BOT方式（建设—运营—移交）运作；存量项目中设备老化、管网漏损、管线连接不合理的资产拟由社会资本进行更新改造，采用ROT方式（改建—运营—移交）运作。项目总投资中资本金比例约50%，其中：政府指定机构出资占比10%，社会资本出资占比90%；总投资中的另一个50%拟通过融资渠道解决。

根据测算，政府不仅通过与社会资本合作实现了3.5亿元存量收益，每年还可通过项目公司实现对其他基础设施工程的投资。同时，本项目政府可行性缺口补助平均每年支付4763万元，支出峰值出现在2020年，金额为7735.8万元，年度财政支出占比控制在一般公共预算支出的2.5%以内，未突破财政部提出的每一年度全部PPP项目占一般公共预算支出比例应当不超过10%的要求，并随着绵竹市年公共预算支出基数的增长，PPP项目占比会进一步降低，财政承受能力论证通过。

通过对上述案例的分析，我们认为PPP模式具有以下优势：

①PPP模式可以做到公益性和经营性兼得

基础设施的建设一般都是金额大、建设时间长的项目，PPP模式下政府以设施积极吸引社会资本投入，不仅能弥补工程建设资金缺口，也可以保证基础设施建设的顺利完成。

②PPP模式可以使政府和私营资本实现共赢

一方面，私营部门可以进入某些原本只有政府部门才能进行投机建设的项目，增加了私营资本获利的途径和空间；另一方面，这一融资模式不仅较好地解决了政府在项目建设中资金不足的问题，同时也减轻了政府在建设期利息、财政贴息等方面的支出压力。

③PPP模式有助于提升项目的建设水平

首先，PPP项目中规范、严谨的合同文本可以约束双方的权利义务，明确利益主体间的权责利关系，有助于项目的顺利实施和运营。其次，由于引入了私营资本，政府部门在项目实施的过程中更加注重提高建设水平。对私营资本而言，为了取得更大的利润，其会不断提升项目的相关技术水平。两者互相监督，从而提高项目融资的效率，使得相关项目更加顺利地进行。

3. “一带一路”倡议下金融工具的创新

(1)“一带一路”倡议下四川在金融工具发展方面的不足

金融工具是在金融市场中可交易的金融资产，人们可以用其在市场中尤其是在不同的金融市场中发挥各种“工具”作用，以期实现不同的目的。不同的金融工具，由于其在偿还期、流动性、安全性以及收益率等方面各不相同，因而可以满足市场参与者不同的金融需求。通过金融工具创新，金融市场主体能够有更多选择的余地，以形成自己的资产组合，大大地增强了他们规避风险、投资盈利的机会和手段，进而吸引更多的投资者加入金融市场，不断扩大金融市场的规模，更好地服务实体经济。由此可知，在“一带一路”倡议下，金融工具的创新更可以为融资和投资提供高效便捷的渠道，分散风险，根据实际情况所需，为实体融资、投资项目的推进提供便利。

针对“一带一路”倡议下四川省面临的挑战，比如资金风险、民营企业在资金和项目竞争中所面临的各种风险，以及与沿线国家在合作中面临的政治、经济、文化风险，我们可以发现，要想稳重有序地推进“一带一路”倡议下的各类合作项目，必须做好针对各类风险的控制和保障，只有有效地控制风险，才能确保合作的高质量，从而吸引更多的企业和资金参与“一带一路”倡议。

虽然“一带一路”倡议提出后，有各行各业的众多企业积极参与其中，但是面对投资项目的各类风险把控仍显不足，根据对四川省金融发展现状的分析可以知道，四川省在西部地区的金融发展水平稳居前列，但仍存在金融服务供给在地区间分布不均，用于融资风险管控的渠道缺乏，跨境结算中利率和汇率风险规避不足的问题。比如，面对跨境投资的合作项目，经常需要面对当地由于政治经济不稳定带来的风险，或是需要面对企业由于特有行业属性带来的业务风险，针对这些“走出去”的企业，四川省还缺乏具有针对性的保险险种；再比如针对跨境结算中的汇率和利率风险，虽然成都在西部城市中率先开展跨境贸易人民币结算试点、跨国公司总部外汇资金集中运营试点和个人本外币兑换特许业务试点，但仍存在规避风险手段单一的问题，而利率和汇率类金融衍生工具的使用则可以很好地发挥直接规避汇率及利率波动风险的优势，弥补保险险种不足的缺点。

(2) 金融工具的创新

结合“一带一路”倡议和四川经济发展的实际情况，项目的推进在金融上体现为融资和投资，随之产生的就是风险的分散和管理，按照此逻辑，下面将从风险分散和管理的角度出发，分析金融工具创新可发挥的作用。从分散风险的方式分类来看，可以将用于分散风险的金融工具分为直接和间接两类。直接的一类则是金融衍生工具，间接的一类则以保险为代表，投保者可以根据自身的风险特性，从保险公司购买保险产品，将自身风险转嫁给第三方，而保险深度及密度越高，则代表对保险类金融工具的使用越频繁，对风险的规避管控程度越高，金融发展越全面。保险作为传统的主要的风险管理及分散工具，可以在“一带一路”倡议下应对各类风险，发挥新的重要作用。

①保险类工具的创新

从目前我国保险业的发展形势来看，在支持“一带一路”倡议发展上仍存在以下问题：首先，目前的跨境保险产品结构较为单一，主要集中在车险、跨境及境外工程险、出入境旅游意外险等领域，但针对跨境面对的政治及经济风险类的产品仍不足。其次，合作机制不健全。无论是政府层面、保险监管层面还是商业保险公司总部层面，均未建立健全与“一带一路”沿线国家的双边及多边跨境保险合作机制。为此，保险业要充分认识到机遇与挑战并存。

从保险业的历史和属性看，保险业与建设“一带一路”是天然契合的。保险业将充分发挥资金支持、风险管理、信用管理和监管制度等优势，助力“一带一路”建设深入推进。目前，发挥保险保障功能已成为国内保险企业的共识，因此，对保险企业而言，必须发挥好保险资金优势，积极创新保险资金运用方式，以多渠道、多方式投资“一带一路”重大项目，促进共同发展、共同繁荣。

保险业既可为对外贸易和海外投资提供全面的保险保障，又可充分发挥自身在风险管理方面的数据与技术优势，向企业提供信息咨询、融资结构设计等风险管理服务，为企业开展跨境合作提供重要的决策参考，提高中国企业跨境贸易投资的风险防范意识，加强对海外利益的保护。比如，可以设立投资保险（又称为政治风险保险，是信用保险的一种），承保被保险人因投资引进国政治局势动荡或政府法令变动所引起的投资损失风险。除此之外，利用保险业的优势，可以搭建与“一带一路”区域金融业的境内外合作平台，在利率和汇率类衍生品使用有诸多限制管控的情况下，为人民币跨境使用、跨境结算、双向贷款及境外汇兑等货币流通提供风险保障；同时，通过再保和投资运作等形式，实现本外币保费资金的双向跨境流通，既发挥金融合作试验田作用，也促进保险资产配置效能的最大化。

②金融衍生产品的创新

金融衍生品是从基础性金融产品衍生出来的一种投资和风险管理的产品，它是一种双边合约，其价值取决于基础产品或资产的价格或考变化。金融衍生品具有风险转移功能、价格发现功能和套利功能。

第一，金融衍生品在四川省的使用现状。

ISDA 国际掉期交易协会的调查显示，世界前 500 强上市公司中，使用最多的金融衍生工具是利率衍生品，其次是汇率衍生品，最后是商品类衍生品。四川区域上市公司使用金融衍生品的品种与国际现状有所不同，在四川省，使用较多的是商品类衍生品，企业大多通过大宗商品期货对原材料价格的波动风险进行控制，而国际使用最多的是汇率及利率类衍生品，而这一类的衍生品在我省的企业中很少涉及。造成此现象的原因主要有：一是近年来我国经济飞速发展，进出口贸易额逐年增长，国际原材料价格（原油、有色金属等）的巨幅波动严重影响到有国际贸易业务的公司的经营发展，众多企业具有商品期货套期保值的需求，而且商品期货市场是我国目前最成熟的衍生品市场。二是随着“一带一路”倡议的落实和推进，越来越多涉及与“一带一路”相关国家的国际业务的国内企业产生了规避汇率风险的需求，但我国的汇率衍生品市场的发展十分缺乏，在汇率波动有较多管制的情况下，汇率衍生工具在企业的使用普遍度不高。三是我国基准利率缺失导致利率衍生品的风险管理功能还不完善，国家对从事利率衍生品交易的商业银行有较多的管制。但是在“一带一路”倡议的推进下，必定会有越来越多的公司需要对境外利率和汇率风险进行规避，从而使得利率及汇率类金融衍生品发挥其补充保险类金融工具分散风险作用的又一选择。

第二，金融衍生品在“一带一路”倡议下的新机遇

从上述分析可以看出，金融衍生品在涉及“一带一路”倡议下的各类业务中，不仅体现在大宗商品的采购方面，在跨境业务结算方面也能发挥巨大的避险潜力。例如，沿线国家货币年波动率普遍超过8%，远高于人民币汇率约3%的水平，另外，频繁密集的多国外汇结算面临的不确定性更加严重。一次反向波动就有可能吞噬掉进出口企业一年的利润，而汇率远期、利率互换等衍生品则可以很好地分散由于跨境结算、贷款带来的风险。

利率衍生品。根据海外市场经验，随着利率市场化的逐步推进，短期利率的波动可能更加频繁和剧烈，避险需求强烈，迫切需要有效的避险工具。特别是“一带一路”的沿线国家多存在政局不稳、经济动荡、金融市场不发达的问题，当面对境外融资利率波动风险时，利率远期或期货、利率期权、利率互换可以有效地将利率水平锁定在预期可接受的范围内，减小由于“一带一路”沿线国家政治经济的不确定性带来的融资成本的上升。

汇率衍生品。作为全球第二大经济体的中国，建立本土的利率及外汇衍生品市场便成为跨境贸易的迫切需求，尤其是在“一带一路”倡议引导下，会有更多企业参与境外投资建设，而境外的货币结算则需要面临汇率波动带来的风险。四川从沿线国家的进口总量占其全年进口总量的比重迅速攀升，特别是四川同西亚十八国之间的贸易比重，西亚大多为石油出口国，随着四川经济的提升，对石油等资源的消耗也将随之上升，贸易总额会持续增加。由于四川与沿线国家间的资源禀赋和产业结构互补性较强，加之“一带一路”倡议的有效推进又为四川与“一带一路”沿线国家之间的投资贸易提供了契机，但在饱受战乱的国家和地区，政府信用极低，经济动荡，货币币值的大幅波动成为我国企业在结算中面临的主要风险。而汇率远期或期货、汇率互换等衍生产品则可以将汇率锁定在预期可承受范围内，在未来的时间以约定好的汇率兑换结算，控制由于汇率波动导致的不必要损失。

4.“一带一路”倡议下金融制度的创新

金融是各区域重要的核心竞争力，金融安全是各区域健康发展的重要组成部分，金融制度是区域经济发展中重要的基础性制度。因此，应遵循金融发展规律，

紧紧围绕服务实体经济、防控金融风险、深化金融改革三项任务，创新和完善金融调控，推进构建金融监管框架，加快转变金融发展方式，健全金融法治，保障区域金融安全，促进经济和金融良性循环、健康发展。

然而，四川省在面对"一带一路"倡议建设下仍存在诸多金融制度问题，需要改善，下面将从三个方面阐述相关制度的创新措施。

（1）自由贸易区借鉴上海自由贸易区金融制度创新政策

2016年8月，新一批自由贸易试验区尘埃落定，国家将在四川、重庆、辽宁、浙江等7个省市设立自由贸易区，期盼已久的自由贸易区终于在川落实，四川省将打造内陆开放型经济高地，探索与"一带一路"沿线国家经济合作新模式，促进内陆地区与沿海沿边沿江协同开放，培育内陆地区参与国际竞争合作新优势，构建全方位开放新格局和开放型经济新体制。

设立中国（成都）内陆自由贸易区，打造具有"一带一路"特色的国际合作试验区。一是有利于探索符合内陆地区尤其是符合西部及四川地区发展实际的国际贸易畅通新机制，提升与"一带一路"沿线国家的贸易便利化水平，充分发挥成都双流、天府两个国际机场，中欧、中亚两条国际货运班列以及跨境贸易电子商务试点城市等战略平台优势，建设空中丝绸之路、铁路丝绸之路和网上丝绸之路。二是有利于探索与"一带一路"沿线国家和地区的产业、服务、金融等方面的双向合作，实施"引进来"和"走出去"双向开放，带动四川省航空航天、轨道交通、电子信息、生物医药等装备制造和优势产业走好"一带一路"。三是有利于提升资金融通水平，加大对"一带一路"倡议项目的支持力度。

然而在"一带一路"背景下，四川省金融制度创新还不完善，因此，需积极向已经成功实施多项金融制度创新的上海自由贸易区学习。自正式挂牌以来，上海自由贸易区通过制度创新，探索形成了一系列较成熟的经验，为多地效仿。四川省在成都市部分区域率先推动学习上海自由贸易区经验，可以避免走弯路，节约学习成本，更有利于加快与国际的接轨。据了解，上海自由贸易区主要围绕投资管理、贸易监管、金融制度创新、事中事后监管等进行了多方面的制度创新，而四川省亦结合实际情况，从上述四个方面总结出相关金融制度创新和监管制度创新。

在金融制度创新上，四川省可结合自身做到以下几点。

一是扩展境外融资渠道。在现行短期外债管理体系下，设立专项指标，用于支持符合条件的银行和企业融入外币资金。

二是扩大人民币跨境使用。简化跨境贸易和投资人民币结算业务流程，银行业金融机构可在"了解你的客户""了解你的业务"和"尽职审查"三原则基础上，凭境内企业提交的收付款指令，直接办理经常项下和直接投资项下人民币跨境结算业务。

三是建立跨境电子商务结算制度。开展跨境电子商务外汇支付业务，支持跨境电子商务发展。

四是推进有利于外商直接投资的结汇制度改革。开展外商投资企业资本金意愿结汇制试点，允许外商投资企业根据意愿随时向银行申请将外汇资本金结汇使用，为企业规避汇率风险提供政策空间。

在事中事后监管制度创新上，可借鉴以下两点：一是建立安全审查制度。推动建立外资企业准入阶段协助国家有关部门进行安全审查的工作机制，明确安全审查范围和内容，建立发现识别机制、初步审查机制。二是健全信息共享和联合监管制度。建设信息共享和服务平台，实施黑名单管理，开展跨部门联合监管执法、协调合作。

(2) 创新开放型金融体制机制

为了解决“一带一路”下相关金融需求得不到满足的难题，四川省需努力构建顶层设计，从以下几个方面进行相关金融与经济的机制体制创新。

一是针对创新性较强的融资机制，出台四川省跨境金融合作方案、实施步骤和保障措施，推动我省投融资体系的建立，为“一带一路”建设提供金融支持与制度保障。

二是优化四川省外汇管理和服务机制，完善国际结算服务，拓展外汇避险服务，以便为四川省融入“一带一路”倡议营造更好的开放型金融交易环境。

三是建立“一带一路”沿线国家项目投融资信用体系，构建沿线国家和四川省企业的统一专用信用数据库和信用评价体系。

四是搭建针对四川省的区域性法律交流平台，建设我省企业海外投资纠纷解决机制。为防范金融风险、增强合作效果，对沿线国家基础设施建设的投融资应遵循国际通行规则，同时遵守东道国的法律法规，重视与投资东道国政府、企业和非政府组织等进行密切沟通。

(3) 加强金融监管制度创新

在“一带一路”倡议背景下，项目中新型融资工具以及融资方式的创新都会伴随相应的风险，因此，如何更好地规避这些风险，需要四川省在金融监管领域做好相应的防控措施，以保障“一带一路”倡议的顺利实施。

一是强化四川省金融监管当局与沿线国家当局之间的交流，扩大相互之间金融监管信息共享的范围，推动签署双边监管合作谅解备忘录，提升在重大问题上的政策协调和金融监管的一致性，逐步在区域内建立高效监管协调机制。

二是加强日常跨境监管的沟通，协助解决中资银行等金融机构在沿线国家开展业务中遇到的政策障碍，并适时开展与“一带一路”沿线国家监管当局和金融机构的交流和培训，以进一步增加相互了解和互信。

三是严格规范金融市场交易行为，加强互联网金融监管，规范各种借贷平台，建立统一的信用评价机制，以保障参与“一带一路”项目的中小企业能快速、安全地进行项目融资。

四是构建区域性金融风险预警系统，实现对区域内各类金融风险的有效分析、监测和预警，及时发现风险隐患，形成应对跨境项目风险和危机处置的交流合作机制。

五、金融及其创新与四川省经济发展的实证分析

（一）四川省金融结构与经济发展的关系

近几年来金融与经济改革已经取得新的重大成就，金融业保持快速发展，金融产品日益丰富，金融服务水平逐步提高，但金融与经济发展的关系并没有发生改变。回归本源，金融是实体经济的血脉，金融的作用是为实体经济服务，配置金融资源到经济发展的重点领域和薄弱环节是金融的天职。金融与经济发展关系的理论已经相当成熟，已经有大量研究从不同方面讨论了金融发展与经济发展的关系，目前研究主要集中在金融结构与经济增长的关系上。从主流观点来看，发达的金融市场可以促进经济增长，金融市场主导的金融体系要比银行系统主导的金融体系对经济的促进作用更加明显，但是中国的发展是个特例，20 世纪 90 年代，中国的证券市场经常异象丛生，暴涨暴跌，股灾频繁，市场长期低迷，与实体经济并不协调，在这期间中国经济却有年平均超过 9%的持续增长，堪称全球一绝，形成了中国金融结构—经济增长之谜。虽然学术界一致认为与经济发展相适应的金融结构对经济增长有促进作用，但是关于最优金融结构的探讨却众说纷纭，对于具体的经济体没人知道哪种金融对其发展是最有利的，这就需要我们从实证的角度去探索哪些金融因素对经济发展的促进作用最为明显。四川省地区生产总值连续几年居于全国各省前列，西部地区第一，2016 年四川省地区生产总值总量为 3280.5 亿元，增速为 7.7%，在全国经济发展中的地位举足轻重，因此，解释四川金融结构对经济发展的影响以及探索四川金融结构与经济增长的关系具有重要的意义，下面从实证的角度来讨论四川省金融结构与四川省经济发展的关系及其影响。

1. 变量选择与样本数据说明

为了分析四川省金融与经济发展的关系，我们选用了季度 GDP 为变量反映四川省的经济增长水平，同时选取季度金融机构存贷款余额、保险业保费收入、流通股市值作为变量反映四川省金融业的发展水平。为了消除价格因素的影响，采用 GDP 平减指数对 GDP 进行价格平减。由于我国的市场经济是从改革开放之后逐步发展起来的，银行、保险、证券行业的年度数据统计有限而且缺失严重，为了保证实证结果的准确性和有效性，我们选择季度数据以扩大样本容量。本文研究所需要的统计数据主要来源于《四川统计年鉴》和 Wind 资讯金融终端。

戈德史密斯（1969）在《金融结构和经济发展》中提出，在对金融结构与经济发展的分析中，无论是国际的比较分析还是一国之内不同时期金融发展的比较分析，需要解释的数值并不是相关变量的绝对指标，而是它们与某些宏观经济变量的相对关系，这些宏观经济变量可以分别看作合适的分母、参照物和比较标准，而且选择的宏观经济变量必须与金融变量的属性相对应。学术界普遍认为作为一定时期

金融工具流量分母的宏观经济指标非国内生产总值莫属，因此，我们需要对选择的指标变量进行相应的处理，构造反映金融结构和经济增长的指标，具体如下。

（1）金融相关比率［S（FIR）］

戈德史密斯提出的金融相关比率反映的是一国金融上层结构与经济基础结构之间在规模上的变化关系，通常用金融资产总价值与国内生产总值比来计算，用金融资产与GDP的比值作为金融相关率的代表变量，由于是季度数据我们才用S（FIR）表示季度金融相关率，来反映四川省金融与经济规模的变化。

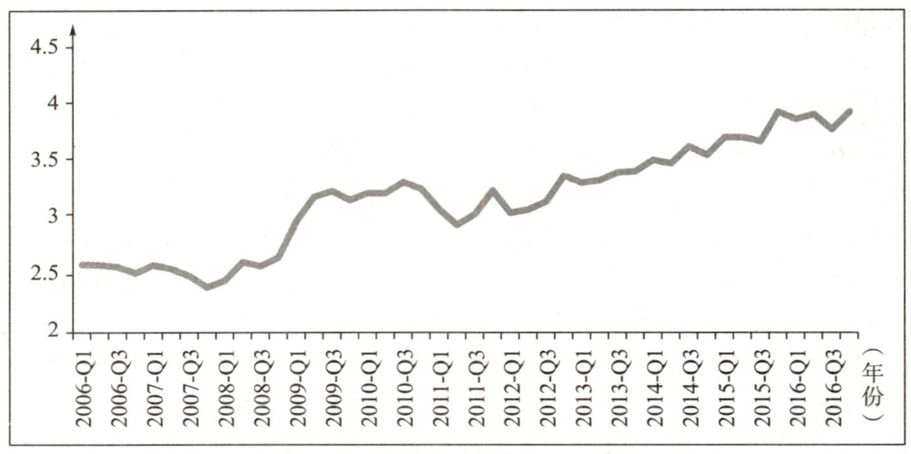

图21　四川省金融相关比率［S（FIR）］发展趋势

如图21所示，从2006年到2016年金融规模与经济规模都在不断扩大，从金融相关比率来看，该比值整体呈上涨趋势，说明金融规模的扩张速度快于经济增长的速度，四川省金融发展的规模优势明显。

（2）保险深度［S（DIM）］

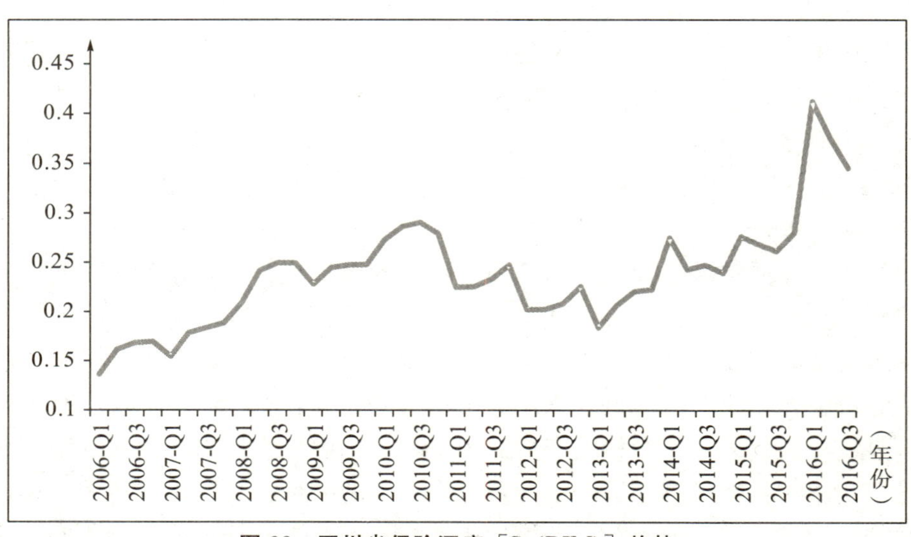

图22　四川省保险深度［S（DIM）］趋势

保险深度是指保费收入占国民经济的比重，反映一个国家保险业在整个国民经济中的地位。"新国十条"明确了现代保险服务业的发展目标，即到2020年保险深度达到5%，从图22我们可以得知从2006年到2015年四川省保险深度一直在0.1到0.4之间徘徊，2016年第四季度，保险深度首次突破5%，从各省市的情况来看，2016年，共有北京、上海、山西、四川和辽宁五个省（市）的保险深度超过5%，而2015年仅北京超过5%。其中，北京保险深度为7.39%，继续稳居全国第一。上海（5.57%）、山西（5.42%）和四川（5.24%）分列第二、第三和第四，辽宁（5.06%）取代广东，位居第五。

（3）巴菲特指标［S（STZ）］

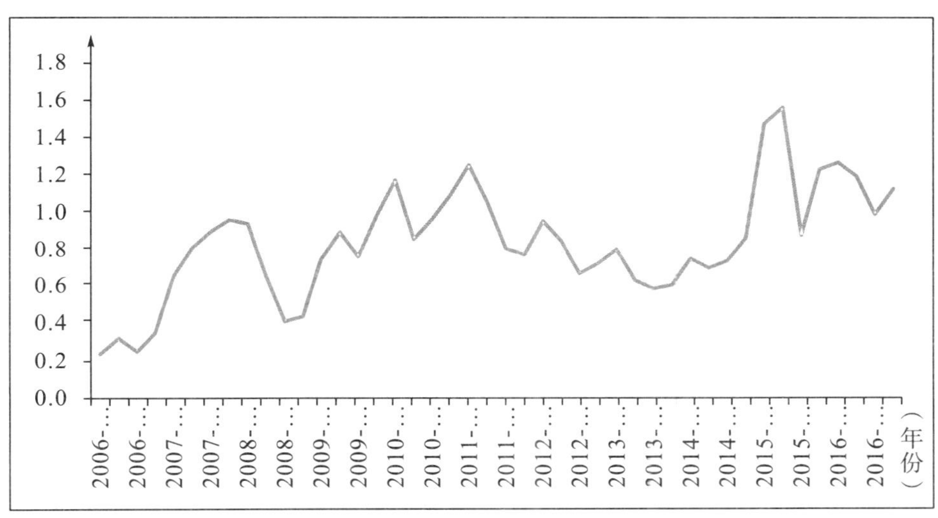

图23　四川省巴菲特指标［S（STZ）］趋势

巴菲特指标是衡量证券市场化率的一个指标，反映证券市场的发达程度，它是股票市值与GDP的比值，通常被视为股市估值高低、投资冷热程度的指标，也可以反映市场投资机会和风险程度，由于2001年巴菲特在《财富》杂志发表的文章《巴菲特论股市》中用到了这个指标，并且这个指标在美国市场应用特别有效，所以被称为巴菲特指标。长期而言，上市公司股票总市值与国民经济的增长速度基本一致，从图23我们可知，四川省巴菲特指标从2006年第三季度开始上涨，到2007年第三季度达到峰值，2008年受金融危机的影响，巴菲特指标逐步回落，2008年降到谷底。随着经济的复苏，巴菲特指标也逐步回升，到2011年第一季度巴菲特指标回升至波峰，2014第一季度巴菲特指标又至波谷，2015年第二季度巴菲特指标到历史最高，后期受股灾的影响巴菲特指标随之下降。总的来看，市场化率随时间呈上涨趋势，意味着证券市场在国民经济中的地位越来越重要。

（4）贷款使用效率［S（LE）］

贷款使用效率指每单位的贷款能够带来的经济产出，同时也反映了银行这一中介机构的间接融资能力。通常贷款使用效率用 GDP 与贷款额之比的近似值来表示，该比值越高说明贷款拉动经济的能力越强，贷款的使用效率越高。该指标反映了银行系统的资金创造产出的效率。

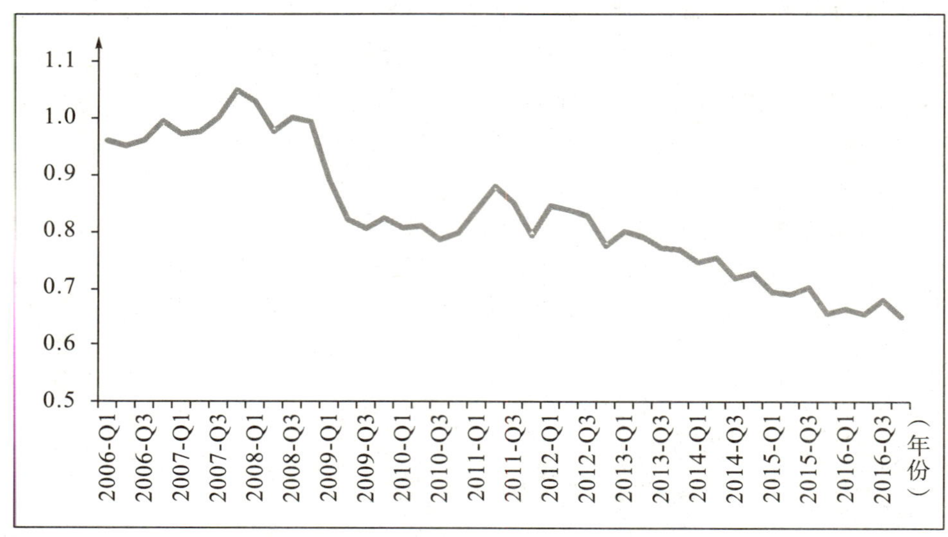

图 24　四川省贷款使用效率［S（LE）］的趋势

由图 24 可知，2009 年前四川省的贷款使用效率在 0.8 以上，最高达 1.13，从 2009 年到 2016 年贷款使用效率持续下降，2016 年一季度贷款使用效率降到 0.69，总体来说贷款的使用效率逐年下降，相反一些发达国家的贷款使用效率在逐年上升。朱哲意（2012）在研究中发现，日本的贷款使用效率在逐年上升，2003 年以来，日本的贷款使用效率一直保持在 1.2 以上。这主要是由于四川省的融资结构不合理，长期以来我国金融市场以银行为主导，间接融资方式在融资中占主体地位，银行贷款主要为大型国有企业服务，民营企业贷款难融资难的问题难以解决，同时，四川省的投资市场不够成熟，资本市场处于发展阶段，融资者的融资渠道并未完全打开。这势必会影响国民经济的增长效率，从而导致贷款的使用效率下降，对经济增长的冲击表现出负向的反映。

（5）国内生产总值［S（GDP）］

国内生产总值是衡量一个地区的经济增长比较通用的指标。但与名义［S（GDP）］相比，实际［S（GDP）］剔除了通货膨胀的影响，更能真实地反映经济发展的水平。本文通过 GDP 平减指数将名义［S（GDP）］调整为实际［S（GDP）］并取对数，选取国内生产总值［S（GDP）］作为区域经济增长的指标。

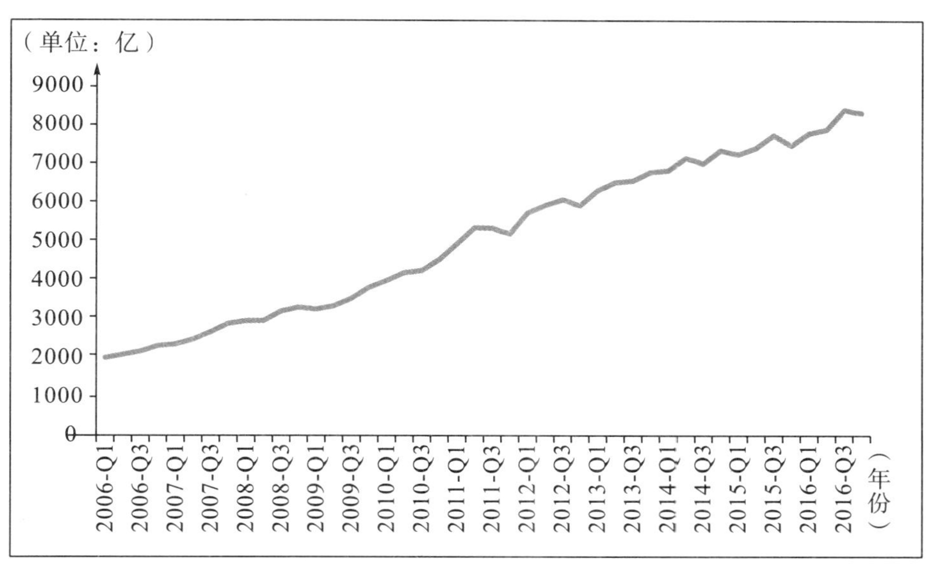

图 25　四川省实际［S（GDP）］的趋势

由图 25 可知，四川省实际 GDP 从 2006 年到 2016 年总体处于上升趋势，地区生产总值稳居全国前列，2016 年全省实现地区生产总值 32680.5 亿元，按可比价格计算比上年增长 7.7%，增速比全国平均水平高 1 个百分点。

由于采用的数据为季度数据，有明显的季节性效应，我们需要消除季节因素后研究变量之间的经济关系。记消除季节因素并取对数的国内生产总值为 LNGDP、消除季节后的贷款效率为 LE、金融相关比率为 FIR、保险深度为 DIM、巴菲特指标为 STZ，差分后的序列为 DLNGDP、DLE、DFIR、DDIM、DSTZ，建模中使用的变量见表 4。

表 4　四川省金融发展指标

指标类别	经济含义	指标公式
规模指标	金融相关比率（FIR）	金融总资产/GDP
银行业指标	贷款使用效（LE）	GDP/贷款
证券业指标	巴菲特指标（STZ）	股票市价总值/GDP
保险业指标	保险深度（DIM）	保险收入/GDP

从描述性统计结果来看，四川省金融与经济规模不断扩大，金融相关比率稳步提升，保险深度有重大突破，提前实现了“新国十条”规定的保险业目标，证券市场化稳步推进，证券化率明显提高，证券市场在国民经济中的地位越来越重要，但银行贷款使用效率逐年降低，贷款对经济增长的拉动能力减弱（贷款质量问题，保险指标，巴菲特指标）。

2. 金融与经济发展的实证分析

当前对金融发展和经济发展之间的关系进行分析主要是使用横截面数据进行回归分析和使用时间序列进行分析。比较这两种方法可知，时间序列分析法有较大的优势能够避免横截面法较为简单的结论分析。同时，根据经济与金融发展的关系理论我们可知，金融与经济构成一个系统，金融服务于经济的发展，反过来经济社会的发展又会促进金融的发展。因此，在经济系统中金融与经济的联系紧密而复杂，单一方程模型并不能很好地拟合和解释经济与金融的关系，理论上金融变量与经济变量的关系应该通过结构方程模型相互作用，但是结构方程模型相当复杂，经济理论常常不足以为变量之间的动态关系提供一个严密的说明，最终可能无功而返，相对而言，VAR 模型不以经济理论为基础，而是以单一数据之间的统计关系为出发点建立模型，在模型的设定和变量的选择上有很强的灵活性和便利性。VAR 模型的提出既避免了单一方程对金融与经济的关系描述不足的问题，又解决了结构方程模型难以解决的问题，而且 VAR 模型承认经济变量之间的相互影响反映在历史数据中，我们可以通过历史数据来挖掘经济变量之间的关系，所以使用 VAR 模型反映金融结构与经济发展关系有很强的优越性。

（1）VAR 模型理论

1980 年西姆斯（C. A. Sims）将向量自回归（VAR）模型引入经济学，推动了经济系统动态性的广泛应用。VAR 是基于数据的统计性质建立模型，VAR 模型把系统中每一个内生变量作为系统中所有内生变量的滞后值的函数来构造模型，从而将单变量自回归模型推广到由多元时间序列变量组成的向量自回归模型。VAR 模型常用于预测相互联系的时间序列系统及分析随机扰动对变量系统的动态冲击，是处理多个相关经济指标的分析与预测最容易操作的模型之一。根据选择的变量我们构造模型如下：

$$\begin{pmatrix} DLNGDP_t \\ DFIR_t \\ DLE_t \\ DDIM_t \\ DSTZ_t \end{pmatrix} = \Phi_1 \begin{pmatrix} DLNGDP_{t-1} \\ DFIR_{t-1} \\ DLE_{t-1} \\ DDIM_{t-1} \\ DSTZ_{t-1} \end{pmatrix} + \cdots + \Phi_1 \begin{pmatrix} DLNGDP_{t-p} \\ DFIR_{t-p} \\ DLE_{t-p} \\ DDIM_{t-p} \\ DSTZ_{t-p} \end{pmatrix} + \begin{pmatrix} c_1 \\ c_2 \\ c_3 \\ c_4 \\ c_5 \end{pmatrix} + \begin{pmatrix} \varepsilon_{1t} \\ \varepsilon_{2t} \\ \varepsilon_{3t} \\ \varepsilon_{4t} \\ \varepsilon_{5t} \end{pmatrix} \quad (5-1)$$

①模型定阶与估计

VAR 模型中一个重要问题就是滞后阶数的确定。在选择滞后阶数时，一方面想使滞后阶数足够大，以便能完整反映所构造模型的动态特征；另一方面，滞后阶数越大，需要估计的参数就越多，模型自由度就减少。所以我们需要综合考虑，既要有足够数目的滞后项，又要有足够数目的自由度，通过滞后长度标准（Lag Length Criteria）得出检验结果，见表 5。

表 5　滞后长度标准表

Lag	LogL	LR	FPE	AIC	SC	HQ
0	198.3731	NA	2.40e−10	−10.79851	−10.62256 *	−10.73710
1	225.8749	47.36421	1.28e−10	−11.43749	−10.55776	−11.13044
2	250.6174	37.11371 *	8.14e−11 *	−11.92319 *	−10.33967	−11.37050*
3	263.6796	16.69063	1.05e−10	−11.75998	−9.472673	−10.96165

从检验结果可以看出，所有检验除了 SC 检验是滞后 1 阶最优，其余均是滞后 2 阶 VAR 模型最优。因此，我们选择滞后 2 阶数的 VAR 模型，估计结果见表 6。

表 6　VAR（2）估计结果

变量	DLNGDP	DFIR	DLE	DDIM	DSTZ
DLNGDP（−1）	−1.373190	59.66532	−0.183400	4.917658	0.300635
	(0.65036)	(25.6251)	(0.06230)	(5.16831)	(0.54264)
	[−2.11144]	[2.32839]	[−2.94368]	[0.95150]	[0.55402]
DLNGDP（−2）	0.770393	−27.96606	0.068649	−0.899388	0.254676
	(0.47511)	(18.7202)	(0.04552)	(3.77567)	(0.39642)
	[1.62149]	[−1.49389]	[1.50827]	[−0.23821]	[0.64244]
DFIR（−1）	−0.014135	0.539645	−0.002088	0.005667	0.006835
	(0.01003)	(0.39520)	(0.00096)	(0.07971)	(0.00837)
	[−1.40929]	[1.36551]	[−2.17280]	[0.07110]	[0.81677]
DFIR（−2）	0.000450	−0.321290	−0.001289	0.015308	−0.001084
	(0.00993)	(0.39144)	(0.00095)	(0.07895)	(0.00829)
	[0.04532]	[−0.82080]	[−1.35428]	[0.19390]	[−0.13078]
DLE（−1）	6.448847	−394.6195	1.131215	−52.06163	1.143328
	(4.67930)	(184.372)	(0.44827)	(37.1858)	(3.90427)
	[1.37816]	[−2.14035]	[2.52352]	[−1.40004]	[0.29284]
DLE（−2）	−9.495902	245.6794	−1.320814	20.60126	−2.119719
	(4.35057)	(171.419)	(0.41678)	(34.5734)	(3.62999)
	[−2.18268]	[1.43321]	[−3.16911]	[0.59587]	[−0.58395]
DDIM（−1）	0.056294	−2.239162	0.004445	−0.006368	−0.025010
	(0.02534)	(0.99837)	(0.00243)	(0.20136)	(0.02114)
	[2.22170]	[−2.24281]	[1.83110]	[−0.03162]	[−1.18298]
DDIM（−2）	0.024325	−1.231313	0.003493	−0.160967	−0.001174
	(0.02846)	(1.12137)	(0.00273)	(0.22617)	(0.02375)
	[0.85472]	[−1.09805]	[1.28133]	[−0.71172]	[−0.04945]

续表6

变量	DLNGDP	DFIR	DLE	DDIM	DSTZ
DSTZ（−1）	0.084112	−5.838182	0.019952	−3.027871	0.030151
	(0.25334)	(9.98219)	(0.02427)	(2.01330)	(0.21138)
	[0.33201]	[−0.58486]	[0.82209]	[−1.50393]	[0.14264]
DSTZ（−2）	0.179129	−1.805001	0.016492	2.249658	0.050218
	(0.25452)	(10.0287)	(0.02438)	(2.02268)	(0.21237)
	[0.70378]	[−0.17998]	[0.67638]	[1.11222]	[0.23647]
C	−0.003444	0.038904	−0.000239	−0.018693	0.002989
	(0.00595)	(0.23446)	(0.00057)	(0.04729)	(0.00497)
	[−0.57876]	[0.16593]	[−0.41969]	[−0.39530]	[0.60207]
R^2	0.415682	0.373314	0.509908	0.244376	0.179294
$\bar{R}^2$	0.190944	0.132281	0.321411	0.046248	0.136362
F 值	1.849630	1.548810	2.705127	0.840866	0.568004

②系统平稳性检验

模型结果估计后，为了保证模型估计结果、脉冲响应以及方差分析的有效性，我们需要对 VAR（2）模型的整个系统作一个平稳性检验，如果被估计的 VAR 模型所有根的倒数小于 1，即位于单位圆内，则 VAR 系统是稳定的，模型结果是可靠的，检验结果如图 26 所示，所有的 AR 根都在单位圆内，说明 VAR（2）模型系统是平稳的。

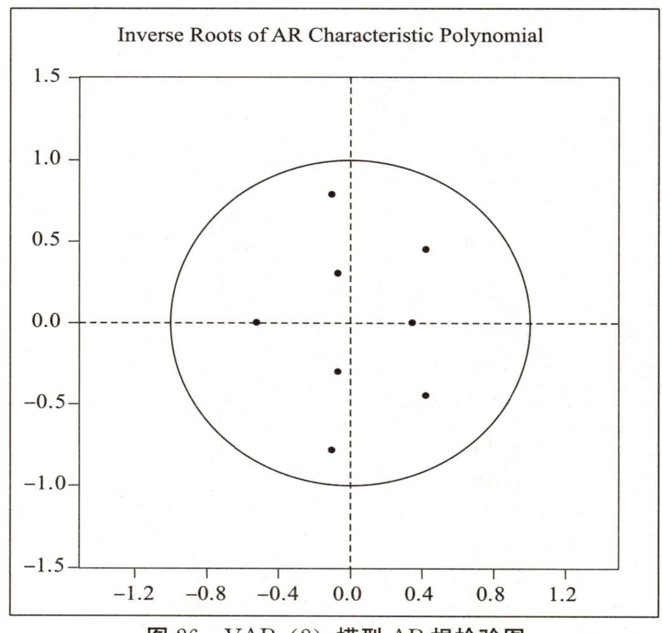

图 26　VAR（2）模型 AR 根检验图

③格兰杰（Granger）因果检验

VAR模型的另一个重要的应用是分析经济时间序列变量之间的因果关系。判断一个变量的变化是否是另一个变量变化的原因，是经济关系研究中常见的问题。格兰杰非因果关系检验是检验经济变量间因果关系时常用的一种计量经济学方法，其本质是用条件概率来定义因果关系，以上VAR模型的格兰杰因果检测结果见表7：

表7　格兰杰因果检验的结果

原假设	Chi-sq	Df	P值
D（FIR）不是D（LNGDP）的Granger原因	2.659261	2	0.2646
D（LNGDP）不是D（FIR）的Granger原因	7.927529	2	0.0190
LE不是D（LNGDP）的Granger原因	4.794464	2	0.0910
D（LNGDP）不是LE的Granger原因	8.683353	2	0.0130
D（DIM）不是D（LNGDP）的Granger原因	0.579885	2	0.7483
D（LNGDP）不是D（DIM）的Granger原因	1.358417	2	0.5070
D（STZ）不是D（LNGDP）的Granger原因	6.1187114	2	0.04377
D（LNGDP）不是D（STZ）的Granger原因	0.962623	2	0.6180

由于我们的目标是研究金融结构与经济之间的关系，因此，我们只关心国内生产总值与金融指标之间的因果关系。从表7的结果可以看到，在5%的显著性水平下，经济增长是金融相关比率（FIR）的格兰杰原因，而金融相关比率并不是经济增长的格兰杰原因。根据相关研究我们得知，金融相关比率的变化一般体现在金融发展的三个阶段，第一阶段为金融增长阶段，表现为金融相关比率伴随着经济增长而增长。由于随着经济的增长，作为经济活动价格载体的现金流量也随之增加，此时金融发展的滞后会限制经济的发展，经济发展为摆脱金融发展的限制会刺激金融系统创新金融工具、优化金融制度和改革金融市场，这就会使得金融相关率加速增长，第二阶段为金融调整阶段，金融相关比率达到最高点后震荡下降，第三阶段是金融稳定阶段，表现为金融相关比率经历增长调整以后趋于稳定状态。从图21我们可以得知四川省的金融相关率正在加速增长。因此，四川省的金融相关比率的发展仍处于第一阶段，金融发展还存在巨大空间，经济增长促使金融相关比率的提高，解释了经济增长是金融相关比率的格兰杰原因。

经济增长是贷款使用效率（LE）的格兰杰原因，但是贷款使用效率不是经济增长的格兰杰原因。之所以经济增长是贷款使用效率的格兰杰原因，主要是由于经济增长的背后必然有大量的投资，企业投资有资金需求的动力，而银行贷款是企业主要筹集资金的渠道，经济增长必然会影响贷款的需求，从而影响其使用效率；贷款使用效率不是经济增长的格兰杰原因是由于在经济增速“换挡”、结构调整时期，银行贷款与国民经济运行的关系弱化，主要表现为贷款使用效率逐年降低，说明相当比例的贷款没有真正进入实体经济的运行，金融结构与经济结构不相适应，金融体系与经济发展背离，这就导致贷款使用效率不是经济增长的格兰杰原因。

相反，巴菲特指标（STZ）是国内生产总值增长的格兰杰原因。从巴菲特指标的经济意义上看，巴菲特指标反映了金融市场的证券化程度，从本质上讲，资金进入证券市场总体上来说是一个良性循环，上市公司的市值增加本身就是对上市公司的一种支持，这样可以使公司更容易获得贷款以保证企业的研发和技术创新，从而促进经济增长。但是我们也必须认识到并不是巴菲特指标越高越好，该指标并非完全与经济发展成正比，它还受金融市场、金融体制、经济政策等因素的影响，巴菲特指标越高也可能是经济过热，是金融市场对实体经济过度的反应，金融市场可能存在巨大泡沫。从巴菲特指标看，四川省市场证券化率不断提高，证券市场规模越来越大，与四川省的经济发展相适应，在国民经济中的作用越来越重要。

（2）脉冲响应分析

在实际应用中，由于 VAR 模型是一种非理论性的模型，它无须对变量作任何先验性的约束，因而在分析 VAR 模型时，往往不分析一个变量的变化对另一个变量的影响如何，而是分析当一个误差项发生变化，或者说模型受到某种冲击时对系统的动态影响，这种影响我们通过脉冲响应函数表示。对本文建立的 VAR（2）进行脉冲响应分析，结果如下：

①经济增长对巴菲特指标的反应

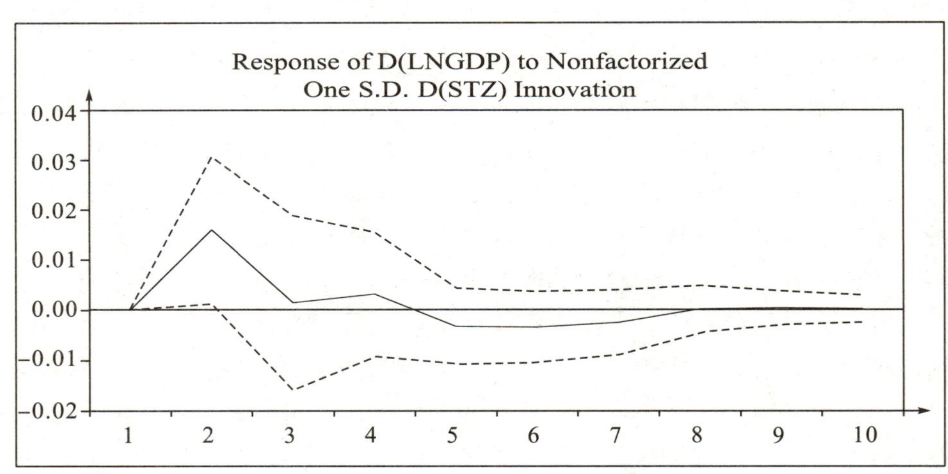

图 27　D（LNGDP）对 D（STZ）冲击的反应

图 27 反映了巴菲特指标（STZ）变动对国内生产总值增长率影响的动态过程。其中，横轴表示以季度为单位的冲击作用滞后期间数，共有 10 期；纵轴表示国内生产总值对数一阶差分值［D（LNGDP）］的响应；表示脉冲响应函数，代表了证券化率的冲击对国内生产总值的反应；表示正负两倍标准差的偏离带。

从图 27 可以看出，当给当巴菲特指标的一阶差分［D（STZ）］一个标准差的正向冲击，国内生产总值对数一阶差分［D（LNGDP）］会在第一季度快速上升并在第二季度达到最大值，在随后的 5 个季度缓慢收敛至零。由于变量［D（LNGDP）］的脉冲函数前四季度在零轴以上，证券化率的正向波动对经济增长带来正向影响，但该影响并不具有持续性，巴菲特指标上升对 GDP 的增长只有暂时的拉动作用。

巴菲特指标与 GDP 增长的关系可以通过虚拟经济与实体经济的关系来解释，实体经济与虚拟经济的发展是相互影响、相互促进的，虚拟经济从根本上服务于实体经济的发展，当虚拟经济与实体经济保持相同比例时，虚拟经济会发挥积极的作用促进实体经济的发展，即巴菲特指标的上升一定程度上会促进 GDP 的增长，当虚拟经济落后于实体经济的发展时，就会抑制实体经济的发展；当虚拟经济脱离实体经济基本面时，就会形成经济泡沫给经济带来消极的影响。因此，从长期来看，巴菲特指标的上升对经济的拉动作用是暂时的。

②金融相关比率对经济增长的反应

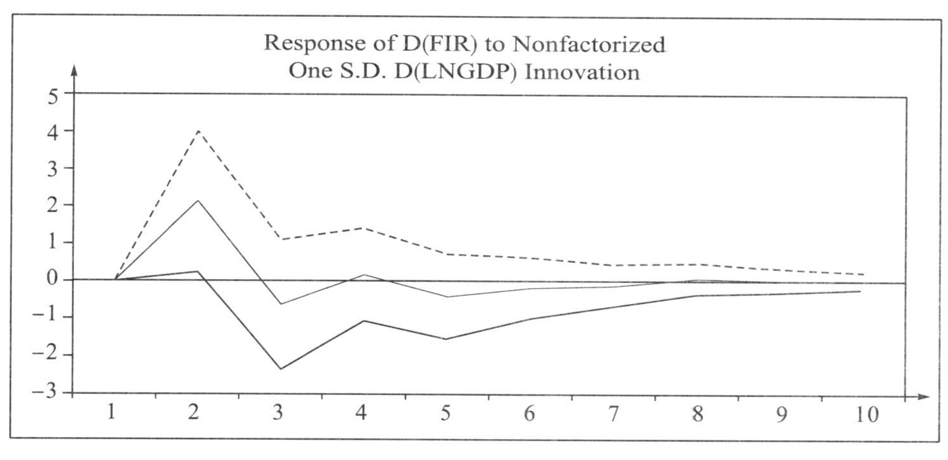

图 28　D（FIR）**对** D（LNGDP）**冲击的反应**

图 28 反映了国内生产总值增长率对金融相关比率影响的动态过程。其中，横轴表示以季度为单位的冲击作用滞后期间数，共有 10 期；纵轴表示金融相关比率一阶差分的响应；实线表示脉冲响应函数，代表了国内生产总值的冲击对金融相关比率的反应；虚线表示正负两倍标准差的偏离带。

从图 28 我们可以得知，当给国内生产总值一阶差分［D（LNGDP）］一个标准差的正向冲击，金融相关比率一阶差分［D（FIR）］在第一季度快速上升并在第二季度达到最大值，第三季度下降为负值后震荡收敛至 0。金融相关比率一般用来衡量一国的金融发展水平，GDP 的冲击对金融相关比率的影响说明四川省金融的发展与经济发展相互促进、相互制约，这种关系表现在冲击的震荡性上，根据戈德史密斯对金融相关比率的解释可知，虽然经济结构和金融结构体现在金融相关比率上，但同样的金融相关比率并不能说明经济结构和金融结构的一致性，如果金融结构与经济结构相适应，经济的增长必然会促进金融相关比率的提高，从脉冲响应图看，在短期内经济增长对金融相关比率有正向影响，但这种影响持续时间较短，主要原因在于四川省金融结构不合理，金融与经济协调性不足。

③贷款使用效率对经济增长的反应

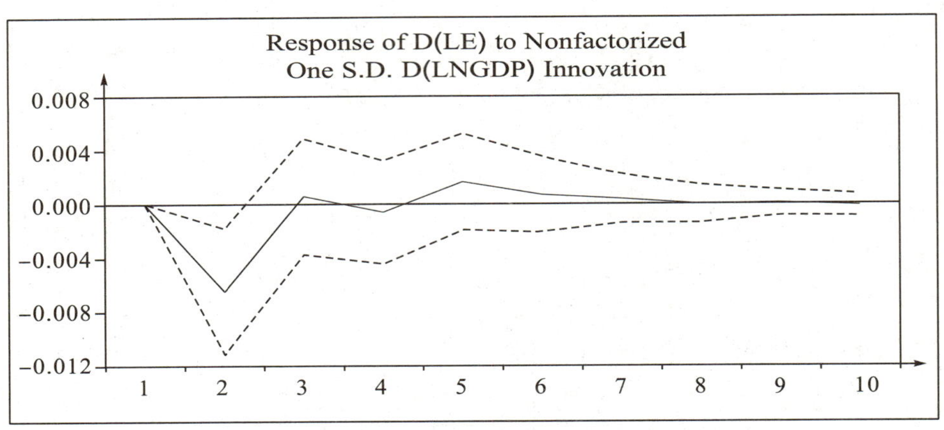

图 29　D（LE）对 D（LNGDP）冲击的反应

图 29 反映了国内生产总值增长率对贷款使用效率影响的动态过程。当给国内生产总值一阶差分（DLNGDP）一个标准差的正向冲击，贷款使用率一阶差分（DLE）在第一季度快速下降并在第二季度达到最大值，第三季度后开始震荡收敛至 0，这说明随着经济增长率的提高，短期内经济增长对贷款使用效率呈负向影响。

从图 29 我们可知，近几年来四川省贷款使用效率逐年递减，而发达国家贷款使用效率呈递增趋势，这形成了一个鲜明的对比，表明四川省的融资结构不合理，长期以来我国金融市场以银行为主导，间接融资方式在融资中占主体地位，银行贷款主要为大型国有企业服务，民营企业贷款难融资难的问题难以解决，同时，四川省的投资市场不够成熟，资本市场处于发展阶段，融资者的融资渠道并未完全打开。这势必会影响国民经济的增长效率，从而导致贷款的使用效率下降，对经济增长的冲击表现出负向的反应（监管问题，技术问题）。

（3）方差分解

脉冲响应描述的是 VAR 模型中的一个内生变量的冲击给其他内生变量所带来的影响。而方差分解（variance decomposition）是通过分析每一个结构冲击对内生变量变化（通常用方差来衡量）的贡献度，进一步评价不同结构冲击的重要性。因此，方差分解给出对VAR模型中的变量产生影响的每个随机扰动的相对重要性的信息。由脉冲响应可知各变量引起的波动在第10期已衰减为零，因此我们对经济变量的前10期进行方差分解，结果见表8。

表8 方差分解贡献度

时期	D（STZ）→D（LNGDP）	D（LNGDP）→D（FIR）	D（LNGDP）→D（LE）
1	0.464721	0.000000	0.000000
2	17.73608	8.275470	12.65797
3	17.09223	8.821937	10.80579
4	17.38490	8.601868	10.25272
5	17.51260	8.871962	10.44439
6	17.91299	8.784476	10.43680
7	18.21232	8.771424	10.35362
8	18.21252	8.752802	10.34412
9	18.20939	8.750180	10.32385
10	18.20542	8.745215	10.31846

从方差分解的结果可以看出，在10期的方差分解中，巴菲特指标［D（STZ）］对国内生产总值增长率［D（LNGDP）］的贡献率从第1期到第2期迅速上升，从0.46%上升至17.73%，从第3期到第8期缓慢上升且在第8期达到最高18.21%之后便开始衰减，充分说明市场证券化率上升对经济增长率产生正向影响是短期的并伴有周期性，市场证券化率适度上升可以促进经济的增长，但市场化率过度增长使得虚拟经济脱离了实体经济的发展也会造成经济的虚假繁荣。

国内生产总值增长率［D（LNGDP）］对金融相关比率（FIR）的贡献率从第2期到第3期缓慢上升，从8.275%上升至8.82%，第4期下降后在第5期达到最高8.87%，之后随着时间的增加贡献率缓慢衰减，这说明经济增长对金融相关比率的正向影响比较显著，并且随着经济的发展金融结构在不断调整，金融相关比率不断上升。

国内生产总值增长率［D（LNGDP）］对贷款使用效率［D（LE）］的贡献率在第二期达到最高值12.65%，随后波动衰减，虽然国内生产总值的增长率对贷款使用效率是负向影响，但贷款使用效率对经济增长率冲击的反应比较迅速，说明了间接融资是促进四川省经济增长的主要融资方式。

（4）实证结论及原因分析

①四川省金融与经济的发展相互作用，相互影响

从经济理论上讲，金融与经济是一个有机统一的整体，经济是源，金融是流，

经济发展决定了金融服务对象的需求，金融发展可以更好地为经济发展提供服务，经济发展可以促进金融的发展，反过来金融发展滞后又会阻碍经济发展；从实证结果看，格兰杰因果检验说明经济增长与金融指标互为因果、相互影响的关系并不是那么明显，个别金融指标不是经济增长的格兰杰原因，但经济增长是该金融指标的格兰杰原因，是由于选择的样本区间正好处于经济增速“换挡”、结构调整时期，金融经济结构不相适应导致因果关系不明显，从脉冲响应图看，金融发展与经济增长相互促进，相互影响，证券市场化率提高可以促进经济增长，经济增长又会影响贷款使用效率。

②四川省金融与经济规模在逐步扩大，但贷款使用效率持续降低

我国经济发展主要依靠银行系统为主导的金融体系，四川省经济的发展也不例外。长期以来四川省的经济发展主要依靠贷款拉动投资以促进经济的增长，随着经济规模的不断扩大，以贷款为主导的融资方式必然使四川的贷款使用效率降低，这足以说明四川省的融资结构不够合理，投资市场发展不够成熟。具体来说，在中国人民银行信贷登记系统不够完善的情况下，银行之间恶性竞争，对企业的真实情况了解不够，导致监管失控，不良贷款增多，信贷风险增大，同时，地方政府为支持国有企业发展，对银行贷款有过多的行政干预，企业体制不健全，以寻租的方式获取贷款的企业颇多，与信贷相关的法律法规尚未出台，对信贷监管不够，企业融资渠道狭窄，直接融资途径有限。

③四川省保险行业蓬勃发展，提前完成“新国十条”规定的保险业发展目标

近几年来四川省保险行业迅速发展，保费收入与经济发展基本同步，2016 年保险深度首次突破 5%，实现了“新国十条”规定的保险目标，但是保险区域差异较大，不同地区保险发展有明显差异。

④四川省金融市场的证券化率明显提高，证券市场在经济发展中的地位越来越重要

长期以来，我国出于宏观审慎和控制风险的考虑，对公司上市以及资产证券化审批管理比较严格，这一定程度上限制了我国证券化率的提高，2012 年中国人民银行才正式启动了资产证券化试点，2013 年把资产证券化业务转成常规业务，一定程度上丰富了资金的融通渠道，调整了金融结构，提高了证券化率，随着市场改革进程的不断推进，直接融资在经济发展中的地位日趋重要。从证券化率来看，四川省的证券化率有明显提高，但直接融资渠道还没完全打开，2016 年四川省、湖北省、河南省直接融资总规模分别为 364.55 亿元、527.91 亿元、417.49 亿元，与湖北省、河南省相比四川省的直接融资规模不够。

（二）金融创新对经济发展的影响

近 20 年来，我国的金融系统得到全面发展，无论是金融市场规模、产品种类还是开放程度都取得了丰硕的成果。但是金融发展的市场化、网络化、数字化和国际化程度不断提高又为金融的发展带来了新的挑战，这势必要求我们不断进行金融

创新。就金融创新和经济发展贡献来看，金融创新可以降低交易成本，促进技术进步，提高生产效率，优化资源配置从而促进经济的发展，但是大量研究已经表明，投资消费是宏观经济增长中的两个重要因素，在现代经济理论中哈罗德和多马提出的长期经济增长模型认为资本积累能够促进生产力的转化，在经济增长中起决定作用，也有学者认为维持经济增长除了生产能力外，市场需求的约束同样重要，如果没有潜在的社会需求作为支撑，潜在的产能将得不到释放，生产能力也就不能转化为现实的经济增长。因此，我们用固定资产投资作为生产能力的替代，用居民消费支出作为社会需求能力的替代，通过分析固定资产投资、居民消费对经济增长的影响，讨论西南地区各省金融创新度对经济发展的影响。

1. 数据选取及来源

本文选用时间宽度的数据为2000年至2015年四川、重庆、云南、贵州四个省的年度数据，原因如下：选用四川、重庆、云南、贵州四个省市的数据便于比较分析四川省金融创新在西南地区的发展状况；2000年以前的数据统计口径存在差异且有许多数据缺失，用单个省的数据建模数据量较少，不能满足大样本的条件。基于以上两点原因，取该区间作为研究周期，结合文献综述，考虑金融创新对经济增长的影响，其指标测算和处理方法如下：

（1）金融创新度（FIL）

金融创新主要通过金融创新度来反映，从金融资产的用途来看，金融资产可分为投资性金融资产和交易性金融资产。交易性金融资产指以交易为目的的资金使用，通常用M1表示；投资性金融资产主要指金融机构资金运用、债券余额、股票流通市值和保费余额。大多数研究表明，在金融资产总额一定的情况下，当经济实体实现金融创新后，经济系统内投资性金融资产总额与交易性金融资产总额的比值会变大，该比值越大，金融创新度就越高。用FAT表示交易性金融资产的规模数量，用FA表示投资性金融资产规模，则金融创新度（FIL）可以表示为：

$$FIL = \frac{FA}{FAT} = \frac{FA}{M1} \qquad (5-2)$$

本文按照此定义来衡量各省之间的金融创新（FIL）。对于交易性金融资产，因为没有各省市从2000年至2015年的统计数据，只有每年度全国总的M1统计数据，所以本文采用各省市GDP占全国GDP的比例来确定各省份的M1，对于投资性金融资产，本文按照其定义，通过各省市统计年鉴和Wind数据库整理得到。

比较各省市的金融创新度（FIL），总的来看，各省市之间的金融创新水平基本接近，相差不是太大，2000年到2004年之间各省市的金融创新度（FIL）下降，2004年以来保持着稳步提升的态势，到2015年，四川、重庆、云南三省市的金融创新度非常接近，与贵州金融创新度保持了一定的差距。

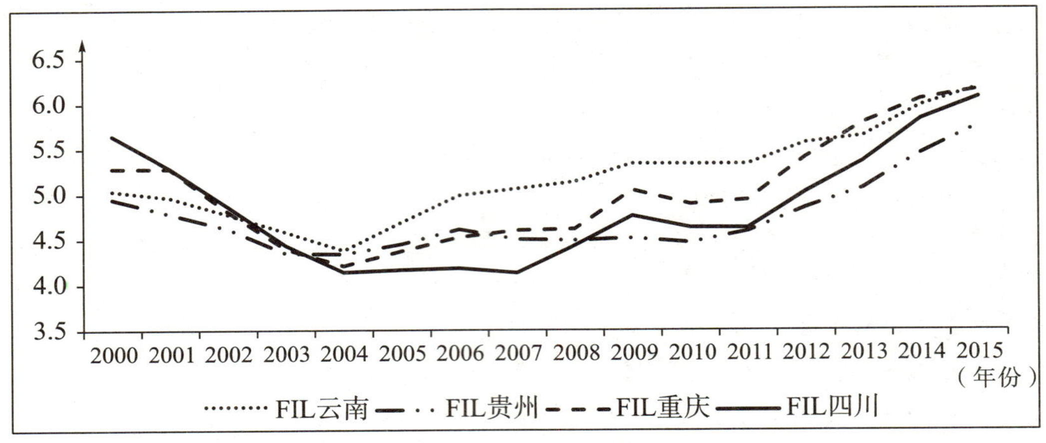

图 30　西南各省市金融创新（FIL）趋势图

（2）经济增长（GDP）

经济增长的指标选取国内生产总值指数，以 2000 年为基准，用 GDP 平减指数调整便可得到国内生产总值指数。

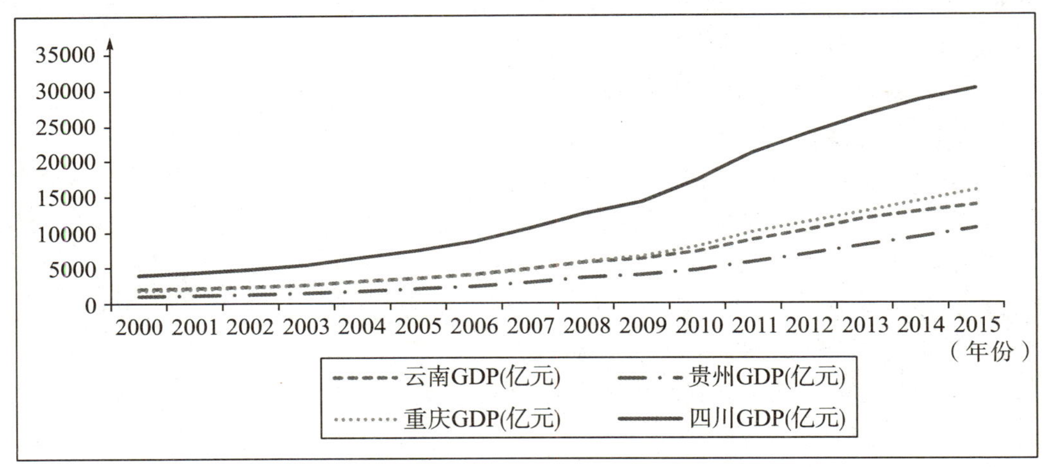

图 31　西南各省市 GDP 趋势图

四省市的 GDP 总量呈现稳步上升的态势，与我国整体的经济增长相一致。四川省长期以来遥遥领先，贵州省相对于其他三省市来说一直处于末尾。云南省和重庆市的 GDP 总量一直比较接近，但是依然可以看出，重庆市 GDP 总量增长速度要高于云南省，且其 GDP 总量从 2008 年起超越了云南省。

（3）固定资产投入（CA）

经济持续不断的增长离不开固定资产，固定资产投入越多企业的产出也会越多，固定资产的不断更新是经济持续增长的不竭动力。因此，固定资产的投入是影响经济增长的一个重要因素，Barro 和 SalaiMarting（1992）认为理想意义上利用物质资本的服务流量作为资本投入的测度，但实际意义上数据并不支持该测度，且大量学者在研究中均采用固定资本投入作为资本投入的度量，本文也采用固定资产投入作为资本投入的度量。

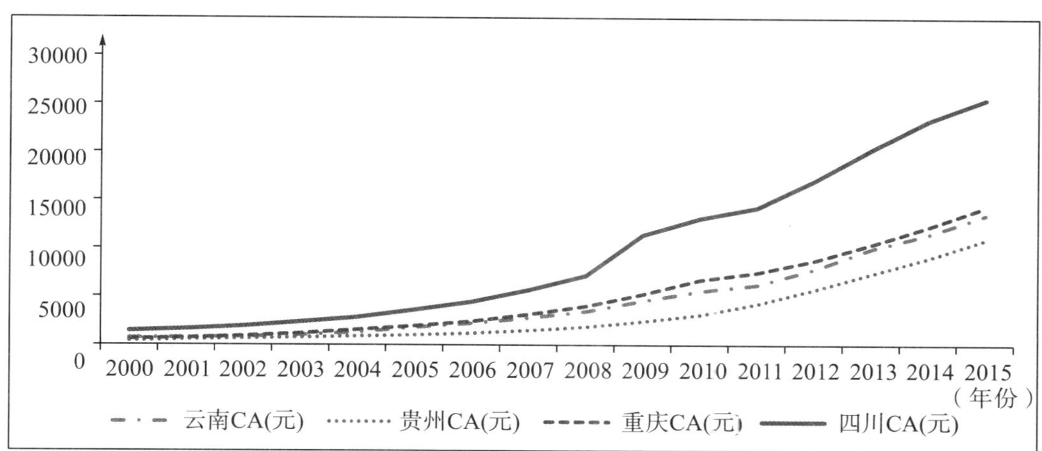

图 32 西南各省市固定资产投入（CA）趋势图

数据来源：Wind 数据库和各省统计年鉴。

从图 32 可以看出，四省市的固定资产投入整体增长迅速，尤其是四川省增长尤其突出，且与其他三省市的差距在明显加大。重庆市和云南省总体来看相差不大，且增长速度也基本相同。可以看到贵州省和其他三省市之间存在明显的差距。

（4）居民消费性支出（CI）

投资、消费、进出口是经济增长的三驾马车，近几年来，我国内需一直不足，居民的消费增长是扩大内需最主要的动力，居民消费能力的提升是过剩的产能转化为经济增长的重要途径。

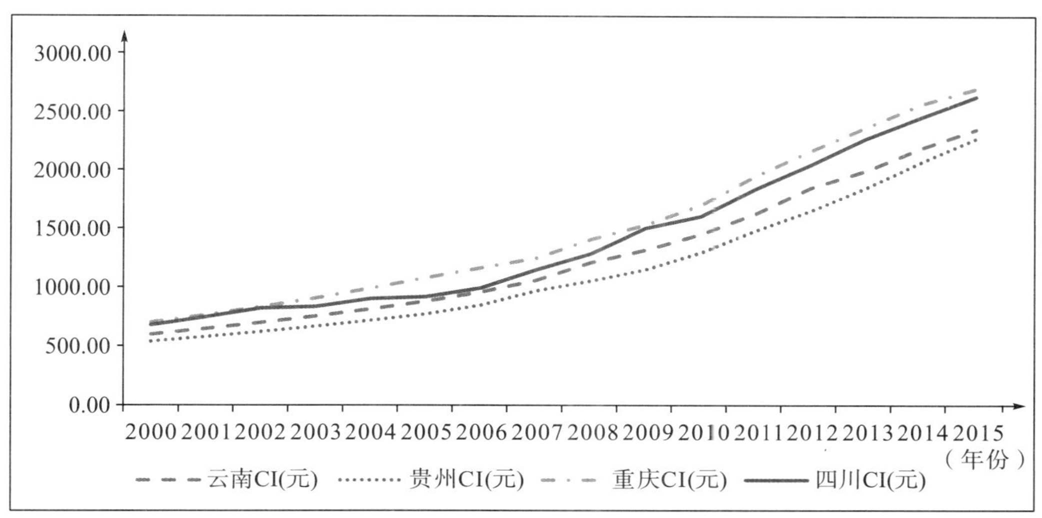

图 33 西南各省市居民消费性支出（CI）趋势图

数据来源：Wind 数据库和各省统计年鉴。

从图 33 可以看出，四省市的居民消费支出一直以来比较接近，且整体处于稳步上升态势，相互之间对比并没有明显的差距。各省市消费增长的速度基本相同，重庆市的消费总量比其他三省稍高。

2. 面板数据模型

相比时间序列模型，面板数据模型能够结合数据的时间和空间特征，使模型在估计参数时具有较大的自由度和稳健性，这也使面板数据模型在解释截面数据之间的异质性时有比较好的优势。其一般表达式为：

$$y_{it} = a_{it} + x_{it}\beta_{it} + \varepsilon_{it} i = 1,2,\cdots n, t = 1,2\cdots T \tag{5-2}$$

式中：i 是个体截面的数量，t 为时间跨度，可以发现面板数据模型中的系数可以随着个体 i 和时间 t 的不同而改变，所以通过面板数据模型可以发现时间序列模型中被忽略的个体因素的作用。但是由于模型自由度的不足，所以不能估计出所有的 α_{it} 和 β_i 。这使得面板数据模型在具体应用时需要对模型系数的影响作用进行一定的约束。根据对变量作用的约束程度，面板数据模型主要分为混合数据模型、固定效应模型和变系数模型。混合数据模型主要假定所有变量的影响作用都相同，即：

$$\alpha_1 = \alpha_2 \cdots = \alpha_n \beta_1 = \beta_2 \cdots = \beta_n \tag{5-3}$$

固定效应模型则是放松了对模型中截距项的约束，认为截距项在个体之间是可以有差异性的，即只要求 $\beta_1 = \beta_2 \cdots = \beta_n$ 。最后变系数模型则是更进一步放松了对变量的约束，认为所有变量都可以有个体差异，模型的系数都可以不同。

虽然四川、重庆、贵州、云南都处于西南地区，但其经济规模、经济增速以及经济结构等方面存在很大差异，考虑到经济结构和地区间经济的差异化发展，会使经济变量的个体之间出现异质性特征，经典的面板模型可能不再适用来分析这样的问题，本文将使用变系数面板数据模型来实证分析西南各省份之间的金融创新和经济增长的作用关系，并试图寻找不同省份之间的差异性特征。

3. 实证分析

(1) 平稳性检验

由于长面板数据既有时间维度又有空间维度，大多数经济变量序列是非平稳的，如果直接使用非平稳变量作为平稳序列进行建模分析，可能会带来伪回归等不良后果，因此，对长面板数据也需要进行平稳性检验，面板数据的单位根检验方法同普通单序列的单位根方法虽然很类似，但两者完全不同。目前，面板数据的单位根检验方法主要分为两类：一类是相同根情形下的单位根检验，例如 LLC（Levin-Lin-Chu）检验法、Breitung 检验；另一类是不同根情形下的单位根检验，例如，Im-Pesaran-Skin 检验、Fisher-ADF 检验和 Fisher-PP 检验，这些方法都是对面板数据的不同截面分别进行单位根检验，其最终的检验在综合了各个截面的检验结果上构造出统计量，对整个界面数据是否含有单位作出判断。

我们首先对 GDP、金融创新度（FIL）、固定资产投资（CA）、居民消费性支出四个序列的平稳性进行检验，结果见表 9：

表 9　变量原序列平稳性检验

方法		统计量	P 值	截面样本量	观测值个数
相同根情形下的检验	LLC 检验	2.36876	0.9911	16	236
	Breitung 检验	10.28134	1.0000	16	220
不同根情形下的单位根检验	Im-Pesaran-Skin 检验	7.66952	1.0000	16	236
	Fisher-ADF 检验	5.41311	1.0000	16	236
	Fisher-PP 检验	5.80514	1.0000	16	240

从表 9 我们可知变量原序列单位根检验的统计量均小于临界值，表明 GDP、金融创新度（FIL）、固定资产投资（CA）、居民消费性支出四个序列在两种情形下都是非平稳序列。我们接着检验各变量的一阶差分序列的平稳性，结果见表 10：

表 10　变量一阶差分序列平稳性检验

方法		统计量	P 值	截面样本量	观测值个数
相同根情形下的检验	LLC 检验	−4.5784	0.0000（***）	16	215
	Breitung 检验	1.44003	0.9251	16	199
不同根情形下的单位根检验	Im-Pesaran-Skin 检验	−2.0727	0.0191（***）	16	215
	Fisher-ADF 检验	53.0385	0.0111（***）	16	215
	Fisher-PP 检验	81.0973	0.0000（***）	16	224

从表 10 我们得知 GDP、金融创新度（FIL）、固定资产投资（CA）、居民消费性支出四个序列的一阶差分在不同根情形下的单位根检验均显著，表明这些序列都是一阶单整序列。

（2）协整检验

Maddala 和 Wu 基于 Fisher 所提出的单个因变量联合检验的结论，建立了可用于面板数据的一种协整检验方法，该方法通过联合单个截面个体 Johansen 协整检验的结果获得对应面板数据的检验统计量，具体检验结果见表 11：

表 11　Johansen 面板协整检验结果

原假设	Fisher 联合迹统计量	P 值	Fisher 联合 λ-max 统计量	P 值
0 个协整向量	248.6	0.0000（* * *）	1054	0.0000（* * *）
至少 1 个协整向量	60.26	0.0000（* * *）	39.72	0.0000（* * *）
至少 2 个协整向量	27.92	0.0005（* * *）	30.16	0.0002（* * *）
至少 3 个协整向量	6.017	0.6453	6.017	0.6453

上述检验结果的样本区间为 2000—2015 年，结果表明 4 个变量之间存在协整关系，迹检验和最大特征根检验都表明存在 3 个协整向量。

（3）模型设定形式的检验

对面板模型进行估计时，使用的样本数据包含了截面、时期、变量 3 个方面的信息，如果模型设定不正确，估计结果将与所要模拟的经济现实偏离甚远。因此，建立面板模型的第一步便是检验被解释变量 y_{it} 的参数 α_i 和 β_i 是否对所有截面是一样的。我们分别估计混合回归模型、变截距模型、变系数模型，分别计算它们的残差平方和并构建 F 统计量。计算得到的两个统计量如下：

$$F_1 = 8.820127 \qquad F_2 = 43.529 \tag{5—4}$$

查 F 分布表，在给定 5%的显著性水平下，得到相应的临界值为：

$$F_{1\alpha}(9,48) = 1.765 \qquad F_{2\alpha}(12,48) = 1.686 \tag{5—5}$$

由于 $F_1 > 1.765$，$F_2 > 1.686$，应拒绝原假设，因此，模型应采用变系数的形式。

为了确定变系数模型是固定影响模型还是随机影响模型，我们采用 Hausman 检验确定模型的具体形式，检验结果见表 12：

表 12　豪斯曼检验结果

检验方法	卡方统计量	自由度	P 值
Hausman 检验	198.189659	3	0.0000

从检验结果中可以看出检验统计量的值大于临界值，我们应该拒绝个体效应是随机效应的假设，因此，我们最终确定的模型为变系数固定效应模型。

（4）模型结果及分析

变系数模型形式为：

$$\ln GDP_{it} = a + a_{it} + \beta_{i1t} FIL_{it} + \beta_{i2t} \ln CI + \beta_{i3t} \ln CA + \varepsilon_{it} \tag{5—6}$$

a_{it} 为 i 地区 lnGDP 对平均 lnGDP 的偏离，用来反映省与省之间 GDP 的差异，在估计结果之前，我们先对变量之间的相关性进行检验，结果见表 13：

表 13　相关系数矩阵

变量	GDP	FIL	CI	CA
GDP	1	0.653794	0.818094	0.981407
FIL	0.653794	1	0.905977	0.752192
CI	0.818094	0.905977	1	0.884707
CA	0.981407	0.752192	0.884707	1

从变量的相关系数矩阵来看，变量之间存在高度相关性，可能造成模型存在多重共线性。因此，我们采用主成分法对居民消费支出 CI 和固定资产投入 CA 提取一个主成分记作 CP，然后用 GDP、金融创新度（FIL）、CP 作变系数固定效应模型，估计结果见表 14：

表 14　模型修正后的结果

变量	系数	标准误	t 值	p 值
C	7.46294	0.447480	16.67774	0.0000
云南（FIL）	0.219040	0.090249	2.427050	0.0185
贵州（FIL）	0.128073	0.097664	1.311363	0.1952
重庆（FIL）	0.230421	0.093389	2.467326	0.0168
四川（FIL）	0.407160	0.097683	4.168185	0.0001
云南（CP）	0.340029	0.054177	6.276285	0.0000
贵州（CP）	0.466198	0.045865	10.16464	0.0000
重庆（CP）	0.382431	0.055775	6.856668	0.0000
四川（CP）	0.324902	0.049637	6.545563	0.0000
固定效应				
云南	0.014700			
贵州	−0.400063			
重庆	−0.339191			
四川	0.725124			
R^2	0.953318	F 统计量		140.3972
$\bar{R}^2$	0.94	P 值		0.000000

从表 14 可以看出，在控制居民消费支出、固定资产投资后，云南、贵州、重庆、四川四个省市的金融创新度对 GDP 增长的贡献不同。其中，四川省的金融创新对经济贡献作用最大，其次是重庆、云南和贵州。从金融的创新度发展趋势来看，近几年来各省市金融创新度增长较快，到 2015 年西南地区各省市的金融创新

度相差不大，但四川省的地区生产总值一体独大，与四川省的经济规模相比，四川省的金融创新相对滞后于经济的发展，因此，加大金融创新的力度，提高金融创新的能力，调整金融结构，四川省的经济将会进一步提升（云贵有强势的追赶势头，不创新会落伍）。

4. 原因分析

（1）尽管四川省金融比较发达，但是综观各省市情况看，西南四省市在金融创新度（FIL）上差距很小，且近年来增长趋势也一致，造成这一现象的原因可以总结为以下三个方面：

①相似的金融市场结构

西南四省市各自内部的金融市场结构基本相同，银行在其金融市场中的地位都是绝对的优势，保险、证券、基金、信托等都在快速发展。其金融市场融资都是以银行信贷占主导优势，而像债券融资、股权融资都处于不足的状态。总体来看，四个省市的信贷资产都占金融总资产较高的比重。

②无差异化的金融产品

由于金融企业都是以分支行的形式在四省市中进行业务操作，而金融企业各分支推出的金融产品都是按照总部的要求制定的，各分支行没有根据各地不同的特色提供有差异性的金融产品。虽然四省市都会有自己的区域性金融企业，但这类企业所提供的金融产品也有很强的相似性。且由于各省市区域性金融企业在整个金融资产规模中占比相对较小，故其特色金融产品很难使各省市的金融创新出现较大差异。

③统一的金融管理制度

最开始是中国人民银行在西南区域设立成都分行，统一管理整个西南区域金融事宜。目前整个金融行业实行一行三会的管理制度，在该制度下，四省市各金融管理机构均按照总行、证监会、银监会和保监会制定的统一制度进行辖区管理，这就不可避免地导致各地区金融创新的方向是一致的，结果就是四省市的金融创新度相差不大且有相同的趋势。

（2）四川省的经济总量和金融资产总量在四省市中处于绝对优势，但是并没有在金驰创新度上有明显的优势解释

虽然四川省在经济总量和金融资产总量上处于绝对优势，但是其在金融市场结构、金融产品等方面和其他地区没有太大区别，其未能在总量优势的基础上调整自己的金融结构，金融创新度（FIL）是一个相对量指标而非绝对量，因此其金融创新没有与其他省市拉开差距。因此未来四川省在金融创新发展的过程中除了要扩大总量规模，还应该根据四川省自己的特色进行金融内部结构的调整，如提高四川省直接融资的比例，提高非银行金融机构在整个金融市场中的地位，鼓励金融工具和金融市场制度的创新，只有这样才能使四川省不但在金融资产总量上占绝对优势，还能保证在金融创新方面一枝独秀。

六、研究认识与判断

本文梳理了“一带一路”倡议的主要目的和任务，在此倡议下四川省的主导产业以及“一带一路”倡议下四川发展面临的机遇和挑战，分析了四川省金融与经济发展历程、当前经济与金融发展现状，运用计量模型验证了金融结构与经济发展的关系和金融创新对经济发展的影响，主要认识和判断如下：

第一，总体来看，四川省经济持续快速发展，金融总量不断发展壮大，金融服务实体经济的能力不断提升，金融基础设施和监管持续优化，金融创新正在稳步推进。但是随着“一带一路”倡议的全面实施，目前四川的金融状况尚不足以支撑“一带一路”的发展，在投融资、风险管理与防控以及跨区域金融合作方面与“一带一路”倡议所需仍有较大差距，四川省原有金融发展优势与“一带一路”倡议下的金融需求不能完美融合，在“一带一路”中的作用微不足道，同时，金融发展中存在的问题更加突出，因此，针对“一带一路”倡议提出与之相适应的金融发展政策尤为重要。

第二，在“一带一路”倡议下四川省的经济发展有着天然的优势，对内利用长江黄金水道与沿江省份互联互通，成为东西部货物运输的一个中转站，通过泸州港、宜宾港实现物流从中西部向丝绸之路经济带沿线国家的快速中转；对外将继续推进“万企出国门”的政策，组织企业走进中亚、南亚、东南亚、欧洲地区去寻找投资合作新机遇。四川省通过内外双修将彻底打开大门，升级扩大四川省对外开放的格局。同时，四川省经济发展也面临一些现实问题，其一，区域经济发展不平衡，成都经济发展程度最高，占比近60%。其二，产业结构性矛盾突出，四川省政府确定四川省未来重点发展的五大高端成长型产业在四川省工业总产值中比重较小，没有形成规模，对经济增长的贡献率不高。其三，企业融资渠道狭窄，融资工具单一。其四，企业“走出去”缺乏必要的政府配套政策、制度支持。

第三，成都建设西部金融中心的优势明显，在中西部地区，成都金融机构种类最齐、数量最多，金融市场交易规模最大，证券化水平最高；金融改革创新成绩显著，多项金融创新试点居全国最前列，金融国际化水平最高。从绝对量来看，成都市确实有巨大优势，细看相对指标，成都市的金融发展还有许多改进空间，与贵阳、昆明相比，成都市银行存贷比较高，存款转化为贷款的效率较低，证券化水平虽然最高，但贵阳、昆明的差距逐步缩小。

第四，四川省金融与经济发展的协调性不足，面临突出问题。其一，金融规模走势受宏观调控影响，呈现“调控回落—恢复增长—再调控回落”的走势，四川省金融发展与经济增长并非平衡发展，两者不能形成良性互动。其二，金融结构走势与国民经济两者发展不相适应，金融结构变化不能很好地和经济增长相匹配。其三，四川省金融及经济虽然在总量上发展较快，但是金融效率却没有跟上，主要有如下原因：直接融资发展滞后与间接融资发展粗放；产业结构调整滞后，金融风险持续上升；企业过度负债，金融同质化竞争激烈；金融监管体制和全社会金融意识相对滞后。

第五，从金融结构的发展看，近几年来，四川省金融与经济规模在逐步扩大，贷款使用效率却持续降低，保险行业蓬勃发展，并提前完成“新国十条”规定的保险业发展目标，金融市场的证券化率明显提高，证券市场在经济发展中的地位越来越重要，同时也面临许多问题，比如金融产品种类不足，银行业信贷结构不合理，融资渠道单一，直接融资效率不高以及金融监管体制落后，金融生态环境欠佳等。

第六，从实证分析来看，四川省金融创新滞后经济发展，对经济增长的边际效应较大，近几年来金融创新发展较快，比较西南地区各省市的金融创新程度，云南、贵州、四川、重庆的金融创新程度相差不大，但在经济总量上，四川省地区生产总值一体独大，与四川省的金融创新度的匹配严重失衡。加大四川省金融创新的力度，提高金融创新的能力，四川经济将会进一步提升。

第七，在“一带一路”倡议下，四川省目前缺乏“一带一路”倡议具体实施的有力支持、缺乏扮演满足融资需求、外汇交易以及风险控制的金融中介机构，因此，建立健全金融相关体制机制，适时组建成立与“一带一路”建设相适应的金融中介机构，并充分发挥其应有的金融支持作用就成为当前较为迫切的任务。要在金融中介机构的倡导下发挥金融引领作用为四川经济注入新活力，促进相关产业及企业成长。

第八，在“一带一路”倡议下四川省有突出的金融需求，创新型投融资机制等金融创新举动是解决金融需求的重要途径，四川省需要从传统金融业务创新、融资模式创新、金融工具创新以及金融制度创新等方面着手助推四川经济的发展。在“一带一路”特殊背景下，其一，针对商业银行进行的传统业务创新，要拓宽金融服务领域，优化产品结构，培育健全的跨地区、跨币种、跨领域的金融服务产品，积极开展跨境结算、交易、信息服务等领域的金融服务，构建综合化、立体式的金融服务体系。其二，在融资模式创新方面，将企业融资与互联网金融模式和 PPP 融资模式结合，逐步完善这种新型融资模式，通过政府部门和金融机构的配合以及相关法律部门的共同参与，加强金融创新的信息披露，完善风险保障，共同维护金融市场稳定以降低资金风险。其三，在金融工具创新方面，积极创新保险资金运作方式，以多渠道、多方式投资为建设服务，设计针对“一带一路”建设项目的个性化保险产品，为海外建厂投资面临的政治和竞争风险提供分散风险服务，持续加强海外工程保险的保障能力。另外，在“一带一路”倡议的推进下，与优势产业相关的企业愈发需要对境外利率和汇率风险进行规避，发展利率和汇率类金融衍生产品，发挥其补充保险类金融工具分散风险的作用，减少由于“一带一路”沿线国家政治经济的不确定性带来的融资成本上升等风险，为这一倡议的有效实施保驾护航。其四，四川省需加强顶层设计，积极改善现有落后制度，加强省政府对银行等金融机构的政策引导力度，使相关政策能更倾向于服务落后地区以及中小企业，维护整个金融市场的和谐稳定，促使全民都能在“一带一路”倡议下走出去。同时，努力建设良好的社会信用环境，不断创造具有区域特色的金融政策，加强金融监管，落实属地监管责任，规范民间信贷活动，建立重大金融债务风险信息共享和联合处置机制，加强区域协调和部门联动，完善地方政府债务性风险应急处置机制，为四川地区的经济发展创造一个良好的制度环境，保证“一带一路”倡议稳定有序地实施。

（四川省统计局　西南财经大学）

攀西经济区特色经济增长极构建研究

攀西经济区具有丰富的自然资源和独特的气候自然环境，发展潜力和开发价值巨大。同时，攀西经济区少数民族人口众多，贫困范围广，贫困程度深，是新时期四川省扶贫工作的主战场。如何因地制宜地推动攀西经济区特色自然资源的开发和气候资源的利用，增强攀西经济区自身的造血能力和经济引领能力成为新时期攀西地区经济发展工作的重要方向。

产业发展是经济发展的承载和动力，攀西经济区构建特色经济增长极的关键在于充分将本地区的特色资源优势发展成为特色产业优势，通过特色产业的发展实现经济和社会的发展，实现攀西经济区特色经济增长极的构建。本研究从特色资源开发、产业结构调整、城镇化发展、生态环境保护、脱贫攻坚和社会事业发展等多个方面，分析攀西经济区构建增长极的相关问题，围绕攀西特色资源开发，从产业发展、资源开发、技术创新、空间开发四个维度，建立现代产业体系，构建特色经济增长极。

一、绪论

（一）研究背景

攀西经济区是我国少有的资源富集区，矿产、水能、农业资源高度富集，资源开发利用成为攀西经济区发展的核心问题。自 20 世纪 50 年代开始，攀西经济区资源开发就被纳入国家建设计划，经历“三线建设”和改革开放 40 年的开发，攀西经济区成为我国重要的钢铁生产基地、钒钛产业基地、水电基地，在全国经济发展中具有重要的战略地位。但是，经过近 70 年的开发建设，攀西经济区大规模、高强度的资源开发，并未从根本上解决区域经济发展滞后、贫困问题突出的矛盾，反而引发了资源枯竭、生态环境恶化的新问题。

“十三五”时期是四川省与全国同步全面建成小康社会的关键时期，攀西经济区是全省极具潜力的发展区域，同时也是全省全面建成小康社会的难点区域，打赢脱贫攻坚战的重点区域，在全省发展战略中具有特殊地位。因此，在新的发展形势和要求下，如何通过建设“攀西战略资源创新开发试验区”和“打造攀西特色经济区”，将攀西经济区建设成为全省特色经济增长极成为四川省未来发展的重要问题。

（二）基本范畴

1992 年 10 月 8 日，中共四川省委、省人民政府作出了《关于建立攀西资源综合开发区的决定》（川委发〔1992〕25 号），批准建立攀西资源综合开发区，其范围包括攀枝花市的东区、西区、仁和区、米易县、盐边县和凉山州的西昌市、冕宁县、德昌县、宁南县、会理县、会东县、普格县、盐源县的右所区、盐井镇。

2006 年 1 月 20 日四川省第十届人民代表大会第四次会议通过的《四川省国民经济与社会发展第十一个五年规划纲要》提出发展五大经济区，即成都、川南、攀西、川东北、川西北五大经济区，其中攀西经济区包括攀枝花市、凉山州的全部和雅安市的部分县。

2013 年 2 月 7 日，国家发改委主任办公会审议并正式批准设立攀西战略资源创新开发试验区。这是目前国家批准设立的唯一一个资源开发综合利用试验区。攀西战略资源创新开发试验区拟规划面积近 3 万平方千米，范围包括攀枝花市全境，凉山州的西昌市、冕宁县、德昌县、会理县、会东县、宁南县，以及雅安市的石棉县和汉源县，共 3 市州 11 个县市区。

2016 年 9 月四川省印发五大经济区“十三五”发展规划，要求攀西经济区把产业转型升级的新突破作为重要目标。钒钛、稀土产业、特色立体农业等都将是产业发展重点，力争实现战略资源综合开发利用水平和产业综合竞争力的显著提升。

攀西经济区行政区包括攀枝花市（三区两县：东区、西区、仁和区、米易县、盐边县）和凉山州（西昌市和 16 个县），面积 6.8 万平方千米，占全省面积的 13.9%，2015 年常住人口 591.25 万人，占全省人口比例的 7.2%；经济总量 2240 亿元，约占全省经济总量的 7.0%。

表 1　攀西地区行政区划

地区	县、市、区
攀枝花市	东区、西区、仁和区、米易县、盐边县
凉山彝族自治州	西昌、木里县、盐源县、德昌县、会理县、会东县、宁南县、普格县、布拖县、金阳县、昭觉县、喜德县、冕宁县、越西县、甘洛县、美姑县、雷波县

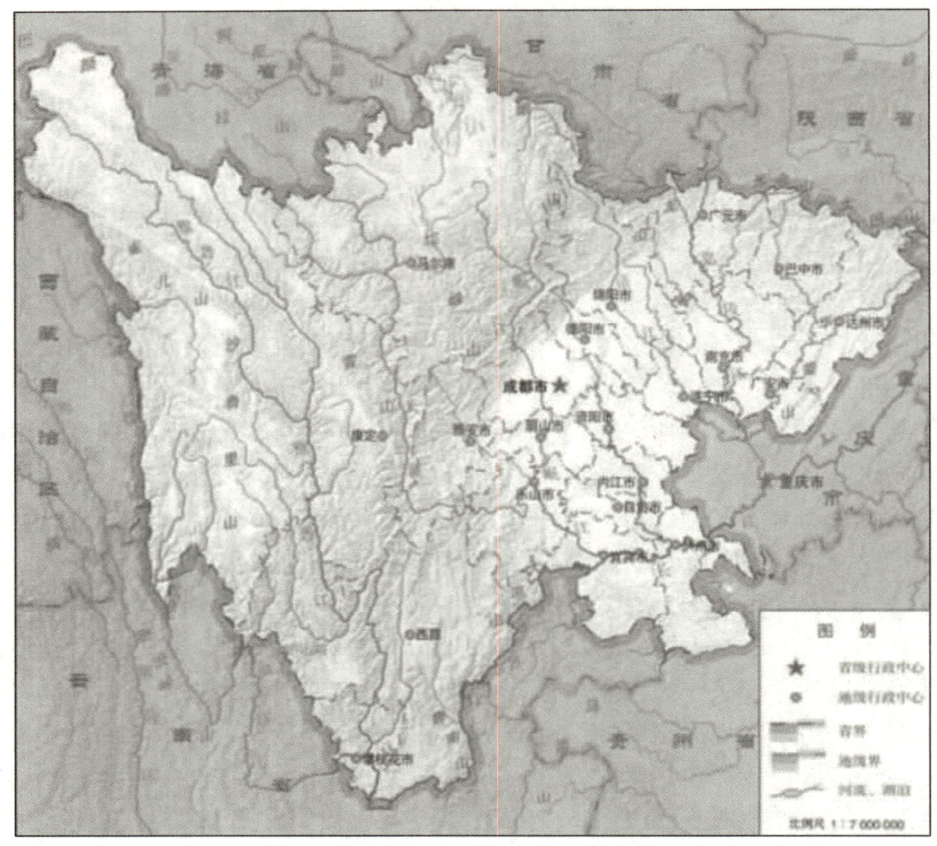

图1　攀西经济区区位图

二、攀西经济区资源与特色经济发展现状

攀西经济区地处四川西南部，位于长江上游川滇黔三省结合部，是四川通往华南、东南亚沿边沿海口岸的重要通道，是“南方丝绸之路”上重要的交通枢纽和商贸物资集散地。从 1992 年四川省委批准成立攀西资源综合开发区到 2006 年四川“十一五”规划中提出攀西经济区，再到 2013 年攀西成为国家级的战略资源创新开发试验区，攀西经济区不断抓住机遇，提高经济实力，努力将资源优势转化为产业优势，社会经济发展与人民生活水平都得到了改善和提高。

（一）攀西经济区资源特征

攀西经济区能源资源十分丰富，主要有矿产能源、水能资源、气候资源。

1. 矿产资源储量大、易开采，钒钛战略资源突出

攀西经济区成矿地质条件优越，使得矿藏规模巨大，储量分布集中，多数矿产具有埋藏浅、剥采比低、水文地质条件好、开采成本低等优势，具有良好的开采条

件。攀西经济区是我国重要的构造成矿带，裂谷带的地质作用背景，使该地区矿产资源丰富。早在20世纪五六十年代，矿产资源勘探工作就基本完成，已探明的铁矿54个，铁矿石保有储量104.44亿吨，包括含铁量20%以上的表内矿石58.37亿吨，含铁量15%～19.99%的表外矿石41.79亿吨。其中钒钛磁铁矿23个，保守储量100.16亿吨，钒钛磁铁矿的伴生资源——钛，有16处大型矿产地，1处中型矿产地，二氧化钛保有储量8.98亿吨，约占全国储量的93%；钒钛磁铁矿的伴生资源——钒，产地共有17处，其中大型5处，中型5处，五氧化二钒保有储量2045.2万吨，约占全国储量的63%。此外，钒钛磁铁矿的可贵之处是，除了含有铁矿石，还共生有铜、硫、磷、锰、硒、碲、铂等多种元素，并且含量都达到了工业综合利用指标，回收价值很高。

2. 水能资源丰富，且分布集中

攀西经济区的可开发水电资源丰富，可以根据地方、四川省以及外省对电力的需求，开发规模适宜的水电站。攀西经济区水能资源主要集中在金沙江、雅砻江和大渡河三江流域，三大水系的大小河流300多条，水能资源丰富，并且分布集中，可开发水能资源的80%集中在金沙江、雅砻江干支流上；技术可开发量超过8000万千瓦，约占全省水能资源技术可开发量的78%。三大干流属于部管或省管一级河流，可供国家和省开发巨型、特大型及大型水电站。除了干流外，还有众多中、小河流，可供开发“地方水电”。

3. 地理资源与气候资源独特，具有良好的发展潜力

攀西经济区海拔跨度从1500米的河谷至3000米以上的高山，立体气候显著，具有开发立体农牧林业的独特条件。该地区具有冬夏气温适宜的优势，旅游资源丰富，有泸沽湖、邛海泸山等代表性的景区景点160多个，是中国西部最佳的阳光休闲度假旅游目的地。攀西经济区地处横断山脉东北部，大裂谷地带，地形以山地为主，高原次之，地势北高南低；气候以亚热带季风气候为主，光热资源丰富，冬春逆温效应显著。攀枝花年均气温20.3℃，年均湿度介于55%至60%之间；凉山地区年平均气温14～17℃，年日照时数2000～2400小时，日照辐射总量120～150千卡/平方厘米·年，气温日较差大、年较差小，冬无严寒，夏无酷暑，干雨季分明，全年降水量的水平分布是东部多于西部，南北差异不明显，年降水量600～2000毫米。

（二）攀西经济区发展阶段

攀西地区是世界少有的资源富集区域，同时也是国家资源开发的重点地区。该地区的开发始于1958年，可划分三个为阶段：三线建设时期、改革开放时期与西部大开发时期。

20世纪50年代末至80年代初为攀西经济区的三线建设时期，该时期的资源开发以国家投资为主。1958年攀西开发被纳入国家建设计划，中央政府在攀西地

区设立经济特区，并进行了大量的基础设施建设和投资。在此期间成立了西昌钢铁厂和攀钢一期，并修建了成昆铁路及西昌卫星发射中心。

20 世纪 80 至 90 年代为攀西经济区资源开发的改革开放时期。在此阶段，攀西地区相继完成了攀钢二期、二滩水电站、成昆铁路电气化改造、西昌航天城、大桥水库以及安宁河流域开发等建设工作。

进入 21 世纪，攀西经济区便迈入了西部大开发时期。该地区利用西部大开发这一历史机遇，实现了快速发展。在这一时期，国家批准建立了攀枝花国家新材料成果转化及产业化基地，攀钢三期、攀枝花机场、攀西高速公路等建设项目快速推进，城镇化进程进一步加快；2013 年起，攀西经济区升格为国家级开发区，四川省在“十三五”规划中进一步明确了该地区的五大战略定位：以战略资源创新开发为特色的新兴增长极、国家级战略资源创新开发试验区、国家重要的水能开发基地、四川亚热带特色农业基地、全国知名阳光康阳旅游度假胜地。

目前，无论是攀西经济区自身的发展基础、资源条件，还是国家和四川省对攀西经济区的发展定位，战略性资源产业、特色农业以及旅游康养产业都成为攀西经济区未来发展的重点和特色所在。构建攀西经济区特色经济增长极也正需要以特色产业为依托，通过特色经济的不断发展带动攀西经济区的经济社会全面发展。

（三）攀西经济区特色经济发展现状

1. 战略资源开发利用现状

攀西地区战略资源分布较为集中。其中，钒钛磁铁矿主要分布在太和、白马、红格、攀枝花等矿区，稀土资源主要分布在冕宁县和德昌县，碲铋矿主要分布在石棉县和汉源县，水能资源主要分布在区域内的金沙江、雅砻江和大渡河流域。

（1）钒钛资源

攀西经济区钒钛资源储量丰富，已探明钒钛磁铁矿储量约 100 亿吨，约占全国钒钛磁铁矿储量的 83%。其中钛资源储量（以 TiO_2 计）6.18 亿吨，约占全国储量的 95%、世界储量的 35%，居世界第一位。钒资源储量（以 V_2O_5 计）1862 万吨，占全国储量的 52%、世界储量的 11.6%，居中国第一位、世界第三位。攀西钒钛磁铁矿属多金属共生矿，伴生的钴、铬、镍、镓、钪等 10 多种稀贵金属元素也具有极高的潜在利用价值。攀西经济区钒钛资源开发条件好，攀西钒钛磁铁矿资源分布集中，矿山水文、工程地质条件较好，大多宜于露天开采。目前，攀西地区共有钒钛磁铁矿采矿权 22 个。

攀西经济区钒钛资源开发利用研究机构众多。目前，攀西经济区已建成针对攀西钒钛磁铁矿资源综合利用国家级企业技术中心 5 个、国家重点实验室 2 个、国家地方联合工程实验室 1 个，省级工程技术研究中心 5 个、省级重点实验室 2 个、省级企业技术中心 11 个，建成国家钒钛制品监督检验中心，建立了钒钛资源综合利用产业技术创新战略联盟。

表 2　钒钛磁铁矿资源分布情况表①

矿区		保有资源储量（亿吨）	表内矿保有储量（亿吨）	平均地址品位（%）		
				TFe	TiO_2	V_2O_3
攀枝花矿区		11.05	6.06	30.64	11.64	0.29
白马矿区		14.96	11.91	26.62	6.09	0.26
红格矿区	北矿区	16.04	8.35	27.41	10.56	0.25
	南矿区	19.51	9.94	27.58	10.8	0.24
	南北合计	35.55	18.29	27.5	10.69	0.24
红格外围铁矿		3.95	2.24	27.64	12.14	0.25
马鞍山铁矿		0.18	0.11	36.07	14.24	0.3
米易潘家田铁矿		3.75	2.33	26.7	10.86	0.24
米易新街铁矿		0.41	0	27.1	9.53	0.34
米易安宁村铁矿		1.98	0.84	20.94	9.29	0.19
合计		71.83	41.78			

（2）水能资源

攀西经济区内水能资源丰富，区域内主要的水能资源分布在金沙江、雅砻江和大渡河三条主要干流之上。金沙江水电基地、雅砻江水电基地和大渡河水电基地分别在“中国十三大水电基地规划”中排在第一、第三和第五位。区域内可开发水能资源超过 8000 万千瓦，为经济区内丰富的战略资源开发提供了充足的电力保障。

攀西经济区内金沙江河段主要为下游河段，下游规划电站中乌东德、白鹤滩和溪洛渡位于区域内，总装机容量分别达到了 3630 万千瓦。雅砻江流域水电开发中位于攀西地区的水电站主要包括二滩水电站、锦屏一级水电站、锦屏二级水电站、官地水电站、桐子林水电站，孟底沟水电站、杨房沟水电站、卡拉水电站，装机容量达到 1912 万千瓦。大渡河流域水电开发位于攀西经济区的水电站主要包括深溪沟和瀑布沟水电站，装机容量达到 426 万千瓦。

表 3　主要大型水电站情况表

三大流域主要大型水电站	装机（万千瓦）	多年平均发电量（亿千瓦时）
乌东德水电站	1020	387
白鹤滩水电站	1600	602.4
溪洛渡水电站	1386	571.2
二滩水电站	330	170
锦屏一级水电站	360	166.2

① 谭其尤等，攀西地区钒钛磁铁矿资源特点与综合回收利用现状［J］. 矿产综合利用，2011（6）.

续表3

三大流域主要大型水电站	装机（万千瓦）	多年平均发电量（亿千瓦时）
锦屏二级水电站	480	242.3
官地水电站	240	118.7
桐子林水电站	60	29.75
孟底沟水电站	200	90.69
杨房沟水电站	150	68.74
卡拉水电站	108	52.44
深溪沟水电站	66	32
瀑布沟水电站	426	147.9

（3）稀土等其他资源

攀西经济区内稀土资源品质化保有储量约为175万吨（REO），远景储量约为1000万吨，资源量居全国第二位。攀西稀土品位高、易采选、易冶炼，是全国最大的单一氟碳铈稀土矿。

2. 特色农业发展现状

攀西地区具有亚热带气候资源，全区面积6.75万平方千米，亚热带气候区约1.5万平方千米，耕地面积0.66万平方千米，光热资源丰富，具有建设亚热带特色农业基地的先天优势。

（1）特色种植业发展情况

攀西地区的土地资源丰富，安宁河流域最大的西昌坝子是仅次于成都平原的省内第二大平原，面积达67万公顷，具有阳光充足、热量丰富、海拔高、气候多样、降水量充足等优势。西部为高山峡谷高原地形，气候垂直变化显著，具有种植反季节蔬菜等特色产品的优势。

攀西地区的大部分光热资源丰富，粮食播种面积达51.38万公顷，被称为“川西南粮仓”。早在20世纪80年代初，就成为四川省的新兴糖料基地，到2015年攀西地区的甘蔗种植面积已达到1453公顷。基于优越的光热等气候条件，大面积种植烤烟、中草药材、蔬菜等经济作物，目前已成为四川省的主产区，种植面积分别到达63745公顷、2035公顷、82699公顷。

（2）特色水果种植情况

经过20多年的品种引进和培育，攀西地区已经形成适应当地气候的特色水果生产基地。海拔1400米以下的金沙江干热河谷区被专家评价为是“世界上纬度最北、海拔最高、成熟期最晚、生长条件最好”的优质芒果最佳适宜区，种植面积十万亩左右，仁和、米易就是晚熟优质芒果基地。在海拔1400～1800米的中山地区发展优质早熟枇杷，盐边、米易的早熟枇杷已形成一定规模，优质枇杷可在每年的

1—3月上市，比国内其他产区提早2～3个月。凉山州的苦荞、花卉、石榴等农产品都相当有特色和发展潜力，已形成一定的生产规模，具备一定的市场影响力。此外，龙眼、荔枝、澳洲坚果、番木瓜等各类热带果品在攀西地区也具有良好的生长发育表现。这些优势水果产品构成了攀西地区特色农业的主导产品。

（3）特色畜牧业发展情况

攀西地区具有很好的畜牧业发展条件，天然草地占全区土地面积的26%，丰富的牧草资源为区域内的畜牧业发展提供了理想的基础条件。攀西地区禽畜品种齐全，并具有地域特色，其中人工饲养的优良品种包括德昌水牛、建昌马、建昌鸭、凉山黑猪、建昌黑山羊、金阳丝毛鸡、凉山驴等多种地方良种。攀西地区畜牧业近几年发展较快，在农业中所占比重逐渐提高，2015年攀西经济区畜牧业产值达193.9亿元，较2010年的137.47亿元增长了40.1%，在农业中所占比重达到39%。

3. 特色服务业发展现状

攀西经济区位于四川省西南部，区内拥有著名的攀西大裂谷和安宁河谷平原，是发展以生态康养为代表的特色服务业的适宜地区。

（1）产值规模不断提高

从统计数据来看，经过十余年的建设，攀西经济区以阳光康养为代表的旅游业发展迅速。从游客接待量来看，2016年攀西经济区接待游客达6143.4万人次，是2006年接待人数的5倍。从接待游客增速方面看，攀西经济区除2008年以外，一直保持着10%以上的增速，2007年增速甚至高达60%。从攀西经济区旅游业总收入来看，该地一直保持着较快速度的增长，2006年攀西经济区旅游业总收入仅为43.24亿元，而经过十余年的发展，该收入现已增长至2016年的544.22亿元，年平均增速高达28.82%（如图2、图3所示）。

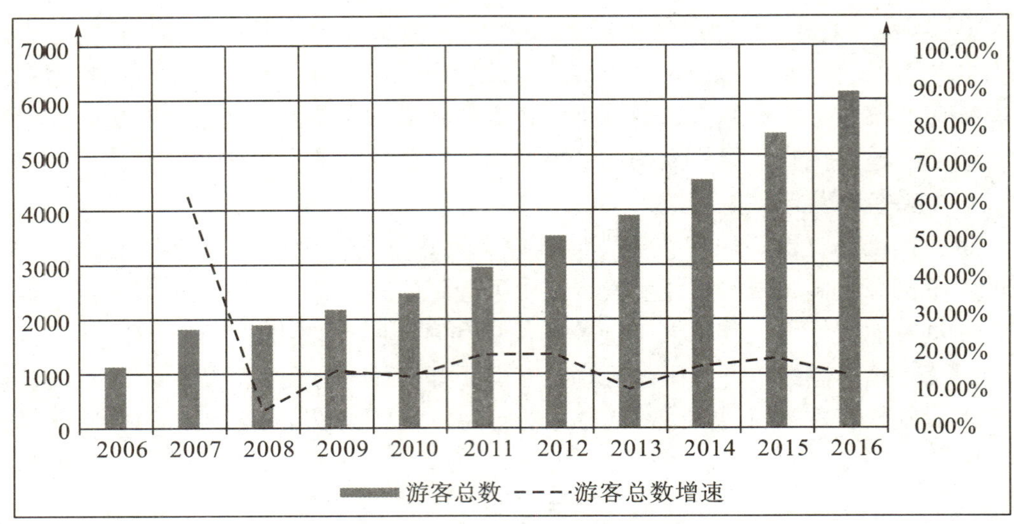

图 2　攀西经济区接待游客总数及增速

数据来源：据 2006—2016 年度攀枝花市与凉山州统计公报整理所得。

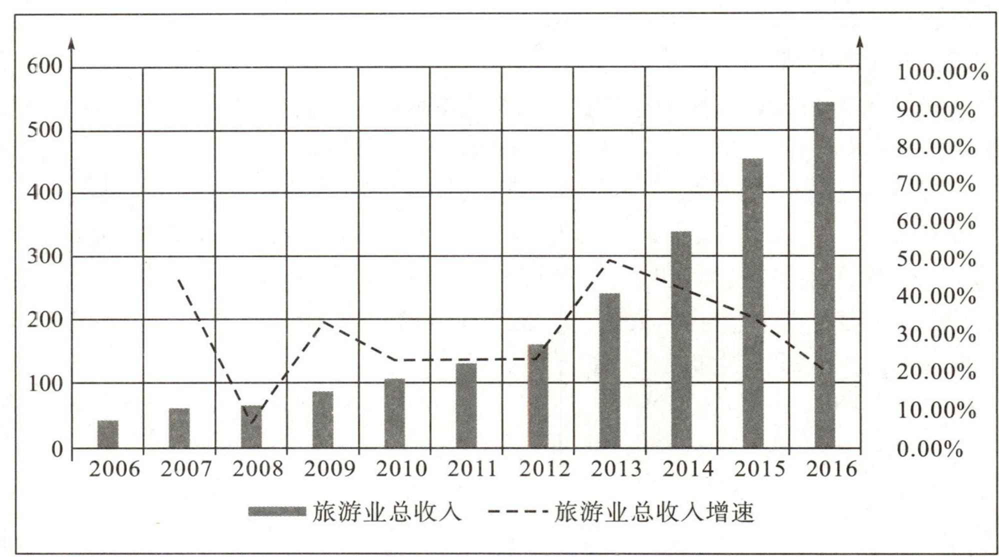

图 3　攀西经济区旅游业总收入及增速

数据来源：据 2006—2016 年度攀枝花市与凉山州统计公报整理所得。

（2）医疗服务日趋完善

完善的医疗服务是生态康养产业的重要辅助。攀枝花目前已建成三级医院共六所，配套完善了 29 个省级普通专科医师培训基地，以医疗水平的提升助力阳光康养产业的发展。凉山州则计划在三年内保持二级及以上医院 79 所（含三级医院 14 所）的规模，其中含三级医院 14 所，并根据区域覆盖及总人口聚集情况，将州一医院、州二医院、州中西医结合医院打造成全州区域医疗卫生中心，同时提高县级区域医疗中心的接待收治能力。

（3）产业规划逐步落实

攀枝花市积极制定前瞻性产业规划，编制完成了《攀枝花创建（中国）阳光康养试验区发展规划》《攀枝花市老龄事业发展规划（2013—2020年）》等多个规划。凉山州则确立了以“一个目标、两个目的地、三张名片、四个打造方向、五个支撑平台”为蓝本的康养行业发展路径，以期通过康养智慧平台建设、河谷产业带建设、大健康旅游产业园建设、企业康养换季办公总部基地建设等平台的搭建，实现凉山州以康养产业为代表的特色服务业的健康快速发展。

（4）市场主体发展迅速

攀枝花市建立了康养行业政府补助机制，以政府财政补贴的形式扶持康养行业的市场化运营，加速市场主体的培育速度。该地现有公办养老机构34个，可供老人居住的公办养老床位数3281张；民办养老服务场所45个，拥有康养床位近7万张，具备年均10万人次老人来攀康养的能力。攀枝花市已成功探索出以我国台湾地区敏盛长辈照护中心为主的“台湾模式”，以菩提苑养护中心为主的“日本模式”，以红格风情小镇为主的“欧洲模式”，以普达阳光国际康养度假区、花舞人间景区为主的“大型康养机构模式”，以米易阳光车旅休闲度假中心为主的“康养综合体模式”等为代表的五种模式，在服务理念和服务水平上都属全国一流。凉山州则依托西昌等地引进外来优势企业，培育本土行业龙头，仅2016年就引进了中法国际康养城、原住民尊城、邛海国际养老社区、观海湾阆悦苑国际颐养中心等项目，与法国DLBT集团、逸养三生、川投集团等国内外知名康养企业达成了紧密的合作关系。

（四）攀西经济区特色经济发展存在的问题分析

1. 战略资源开发利用存在的主要问题

攀西经济区钒钛等战略资源开发利用水平虽然取得了长足进步，但由于攀西钒钛磁铁矿等资源规模大、品位低，丰而不富，使得矿石结构复杂，存在多金属共生等问题。因此，攀西经济区战略资源开发仍存在一些突出的问题，有待进一步解决。

（1）资源开发粗放，综合利用水平不高

资源开采仍存在大矿小开、采富弃贫等现象。钒钛磁铁矿中钒资源综合利用率仅为47%，钛资源回收率不足14%，甚至还有将宝贵的钒钛铁精矿作为铁精矿用于钢铁生产的现象。低品位矿及尾矿利用不够，石煤提钒、钛铁矿提钛水平较低，共伴生稀有金属未实现规模化回收。

（2）产品档次较低，深度加工不足，创新能力不强

钒钛产品多属中低档次，附加值较低。部分钒钛磁铁矿当作普通铁矿利用、产业链条短、产品档次低等问题还未从根本上得到解决。钒功能材料、高档金红石型

和专用钛白粉、大飞机用钛及钛合金等高端产品的研发和生产尚处于起步阶段，企业自主创新基础薄弱，至今没有形成引领全球钒钛产业的龙头企业。

（3）技术工艺装备落后，环境污染严重

技术创新进展缓慢，一些关键技术仍未突破，制约产业向高端发展。传统的开发利用技术和方式对资源、能源的依赖强、消耗高，也带来生态建设和环境保护等方面的问题，节能减排任务艰巨。

（4）体制机制不活

攀西资源在开发上还存在开放水平、创新活力不够的问题，在要素配置、技术引进、区域合作、布局调整等方面还存在一些壁垒。

2. 特色农业发展存在的主要问题

（1）区域整体特色不突出，品牌建设还需加强

相较于进入大陆市场的台湾地区的特色农产品而言，攀西经济区完全有条件、有能力生产出更具竞争力的产品。但特色农业行业内部缺乏统一的产品指导，使得水果种植过于盲目，未能突出“攀西”区域的整体特色。下辖县区各自为政，未能形成合力，产业整合效率偏低，“攀西”整体品牌建设力度尚显不足。

（2）县域交通仍需进一步改善

目前，攀西经济区特色农业开发较好的是安宁河谷沿线地区，主要依托成昆铁路和雅西高速、108 国道的运输条件。而许多具备南亚热带气候资源条件的县域地区仍交通不便，使得当地特色农业发展相对滞后，农产品多为传统的甘蔗、蚕桑等就地加工品种。

（3）龙头企业培养缓慢，整体竞争力不足

攀西经济区特色农业在发展过程中已形成若干龙头企业，对当地特色农业的发展起到了明显的带动作用。但是，与先进地区，尤其是沿海经济发达地区相比，攀西经济区特色农业的龙头企业规模偏小，技术水平偏低，市场竞争力略显不足，对当地特色农业的发展带动力有限。此外，当地龙头企业缺乏合理的产业发展规划，整合程度偏低，发展速度迟缓，难以在短时间内形成延伸产业链，搭建完整的产业体系。

（4）劳动力素质低，农业科技人才队伍薄弱

攀西经济区特色农业技术含量相对较高，对土壤处理、品种培育及病虫防害等存在较高要求。为此，发展特色农业产业需要专业的涉农产业技术工人，以及一支高效的农业科技人才队伍。然而，由于历史原因，攀西经济区劳动力素质普遍偏低，文盲比重较高，现有农业科技人才队伍规模有限，保障能力相对薄弱。

3. 特色服务业发展的主要制约因素

（1）整体实力较弱，发展速度相对滞后

虽然攀西经济区特色服务业发展速度较快，但由于产业基础落后，使得该地区

以特色服务业为代表的第三产业发展并不充分。甚至与全省平均水平相比，还存在巨大差距。从产业占比上来看，2005年攀西经济区第三产业占比为30%，全省水平为38.4%，两者相差8.4个百分点。而2015年时，这一差距扩大到15.3个百分点，可见与全省服务业发展速度相比，攀西经济区的服务业发展是相对滞后的。此外，2015年攀西经济区服务业总产值为635.45亿元，同期成都市服务业总产值为5704.52亿元，前者仅占后者服务业体量的11.1%，说明从规模实力上讲，攀西经济区仍有很明显的提升空间。

从攀西经济区总量与服务业发展内部比较来看，2005年至2015年十年间，攀西经济区地区生产总值平均增速为15.1%，同期第三产业平均增速为14.4%，这说明即使从攀西经济区内部来看，服务业的发展速度同样是相对滞后的。从服务业的总体发展能够看出，攀西经济区特色服务业的发展规模亟待提升，发展速度亟待加快。

（2）特色服务业本地发展动力不足

攀西经济区特色服务业发展水平与该地区经济总体发展水平密不可分。对服务业而言，其发展有赖于该地区工业化及城镇化进程，而城乡居民的收入水平是该行业发展的支撑要素。2015年，攀西经济区人均生产总值为37886元，同期全省人均生产总值为36775元。这一中游水平的生产总值人均数据难以支撑该地区长期的服务业发展，而近期特色服务业产值主要集中于外来游客的贡献，本地游客贡献占比偏低。此外，2015年攀西经济区总体城镇化率为39%，而四川省平均水平为47.69%，居全省五大经济区末席。较为滞后的城镇化率使得攀西经济区特色服务业配套设施的建设进展迟缓，缺乏强有力的地方经济支持，外来投资占主流，客观上产生了对本地资本的挤出效应。

（3）基础设施及关联产业配套不完善

2016年，凉山州接待国内游客4081.12万人次，同比增长9.43%，但客流变化呈现明显的淡旺季区别，旺季中大量景点接待量超过最大接待能力。雅西高速通车进一步改善了凉山州的交通状况，但通行压力巨大，道路养护工作任务艰巨。成都到西昌的铁路运输依赖于成昆线，行程超过10个小时；攀枝花共有A级景区17处，星级酒店18家，农家乐151家，接待床位共计2.7万张。而进出攀枝花的火车日均20车次，从成都到该地耗时13个小时以上。航空客运航线极少，仅开通四个城市航班，且班次有限。这样的基础设施情况，使得攀枝花接待游客能力极为有限，而仅2016年春节期间，该地就接待旅客129.5万人次，需求与供给的矛盾突出。

生态康养产业涵盖了医疗卫生、养老服务、有机农业、健康体育和生态文化等多个相关产业，不同产业之间具有明显的互补性，只有协同发展才能发挥最大的产业联动效益。当前，攀西经济区生态康养的关联产业还在培育当中，部分产业的发展出现了瓶颈，生态康养与关联产业未能形成融合发展的态势，未能发挥与观光、度假、体育、研修等旅游业态间的产业联动，使得产业外部竞争未能转变成合作发展。

(4) 缺乏高端服务业人才

生态康养等特色服务业涉及中医理论、气候学、营养学以及护理学等，需要一支多专长的复合型旅游专业人才队伍，以适应这种集养老、健康、医疗、饮食于一体的新兴服务业态。目前，攀西经济区内的旅游相关大中专院校层次偏低，培养的产业技能人才多为酒店管理与导游等，难以满足当前生态康养产业的发展需要。这种专业培养方向与市场需求方向的不匹配，直接导致了酒店、餐饮、导游等专职学生难以找到合适的工作，而具备医疗养护、康养服务的从业人员又供不应求，严重限制了攀西经济区康养产业的健康发展。

(5) 形象宣传亟待改进与加强

近年来，攀枝花以“中国阳光康养旅游城市”的创建为基础，向外界塑造了“中国钒钛之都”“中国阳光花城”“四川南向开放门户”三个形象；凉山州则承接了2017年的春节联欢晚会分会场，将本地的彝族火把文化展现在了全国观众的面前。但是，由于长期以来外界对攀西经济区三线建设印象深刻，少数民族地区部分负面问题尚未根除，使得对当地冬暖夏凉的气候、多样的四季果蔬、丰富的旅游资源等印象模糊，尚未树立起具有国内外广泛知名度的攀西旅游新形象。当前，“生态康养”概念在攀西经济区的提出和落实不足五年，尚未能在全国范围内建立起康养旅游的知名品牌。

三、攀西经济区构建特色经济增长极的构建

攀西经济区作为典型的资源富集区域，将其培育成为全省的特色经济增长极，需要立足资源优势，从产业、技术、资源、空间等多个维度构建发展战略模式，完善区域发展战略体系。以战略资源创新开发为核心，促进工业转型升级，发挥气候资源优势建设四川亚热带特色农业基地，完善现代农业体系，以旅游康养为重点，实现服务业发展新突破。

(一) 攀西经济区特色经济增长极构建战略模式

攀西经济区构建全省特色经济增长极战略模式应立足资源优势，从产业发展战略、资源开发战略、技术创新战略、空间开发战略四大战略入手，建立现代产业体系，构建特色经济增长极。

1. 产业发展战略：资源优势导向战略

资源优势导向产业发展战略的基本特点包括：一是以区域内丰富的自然资源作为产业发展的主导优势条件，资源在种类、储量、品位、开发利用条件等方面具有独特的优势，决定了区域产业的选择、空间布局以及在国民经济中的分工；二是资源优势导向战略具有阶段性，在区域发展的不同阶段，与其他战略模式的组合方式将不同，在区域发展初级阶段，资源开发模式倾向于单一模式，以资源的简单加工

为主；在区域发展的高级阶段，资源开发模式以综合开发为主，以技术创新和资源的深加工为主导。

从攀西经济区资源现状来看，攀西经济区是典型的资源富集区，钒钛磁铁矿储量约90亿吨，稀土资源储量约175万吨，水能资源可开发量占全国的13%；独特的亚热带气候，在特色农业发展方面具有独特的优势；冬季阳光以及丰富的自然和人文景观，形成了现代服务业发展的资源优势。经过多年的开发，攀西经济区已经形成了以资源开发为基础的产业体系，但是传统的资源优势导向产业发展模式也暴露了诸多问题：一是产业结构单一化。长期以来，攀西经济区形成了以钒钛磁铁矿开发利用为核心的产业体系，矿产开采、钢铁长期居于主导地位，而新兴产业、服务业发展不足，区域发展对资源型产业形成了高度依赖。二是区域发展持续性不足。一方面对自然资源的大规模、高强度开发，导致了突出的生态环境问题，同时，自然资源的有限性也决定了这种产业发展模式不具有可持续性；另一方面，产业结构处于资源初级加工阶段，技术含量低，产品附加值低，在产业转型升级背景下，该类产业将被市场淘汰，在经济方面也不具有持续性。

攀西经济区产业发展最为突出和不可替代的优势仍然是资源优势，因此要构建特色经济增长极，产业发展仍然要坚持资源优势导向战略。但是，新发展条件下的资源优势导向战略应该更加注重发挥资源综合优势，以钒钛、稀土、石墨烯、水能等战略资源为基础，建立具有核心竞争力的现代特色工业体系；同时，充分发挥亚热带气候资源优势，发展亚热带特色农业、阳光旅游、现代康养等产业，培育新的产业增长点。

2. 资源开发战略：综合开发战略

资源开发是资源富集型区域发展的关键过程，决定了区域产业发展方向和技术创新方向。按照区域发展过程来看，资源开发具有阶段性，从区域发展初期的资源单一开发，随着技术的进步，逐步发展成为资源的综合开发利用；若自然资源逐渐枯竭、环境污染日趋严重，资源开发战略会被其他战略导向所取代。攀西经济区的资源开发经历了初期的单一开发模式后，进入到综合开发阶段，以提高资源综合利用效率和可持续发展能力。

攀西经济区在单一开发模式下，资源开发存在以下几个问题：一是资源开发利用效率不高，攀西经济区钒钛磁铁矿、稀土等战略资源都是复合型资源，在传统的单一开发模式下，资源无法有效率用，造成资源的浪费，如以铁矿资源利用为主的钢铁产业发展，导致钒钛磁铁矿中的钒、钛等资源无法利用。二是形成了相对单一的产业结构，资源单一开发模式难以形成以资源综合开发利用为中心的专业化分工体系，未形成产业间的有机联系，如钒钛磁铁矿若仅利用铁矿资源或钒钛资源，都只是围绕单一资源形成互不关联的相关产业，而未形成“钢铁—钒钛—深加工”的有机产业结构系统。三是单一资源开发模式不利于生产性服务业的发展，单一资源开发模式通常由于优势资源的高收益而导向以初级生产加工环节为主，由于产业结构深度不足，与生产紧密相关的服务业缺少发展空间，这也是攀西经济区服务业发展不足的重要原因。

因此，攀西经济区应该由资源单一开发战略转向资源综合开发战略，一方面加强资源的综合开发，形成以钒钛磁铁矿、稀土等战略资源综合开发利用的上下游产业链，使资源“物尽其用”；另一方面注重多种优势资源的综合开发，围绕水能、钒钛、稀土、石墨烯、气候等资源，注重产业间的融合发展，加强发挥攀西经济区的资源综合优势，形成以优势资源为核心的现代产业体系。

3. 技术创新战略：自主创新战略

技术创新是区域在发展过程中能够取得持续竞争优势的关键，区域经济发展的实践表明，只有持续的技术创新，才能不断优化区域内生产要素的组合，使资源优势转化为可持续的竞争优势。按照技术创新形成的机制，可以将技术创新战略划分为自主创新和引进创新。自主创新主要依托区域内的创新主体，在区域内进行创新活动，使创新成果融入本区域的经济社会发展。攀西经济区的技术创新应选择自主创新战略，原因如下：一是攀西经济区战略资源开发所需技术难以通过引进的方式获得，攀西经济区的战略资源是现代国防科技工业的基础，发达国家对钒钛、稀土、石墨烯等战略资源开发利用先进技术进行了技术封锁，无法通过市场手段获取相关技术。二是从攀西经济区以往技术引进的经验来看，引进的技术难以适应当地的实际情况，攀西经济区战略资源的结构、品位、开发条件等有着独特性，照搬已有技术，难以取得成效。三是攀西经济区已经具备了自主创新的条件，经过多年的发展，攀西经济区已经积累了战略资源开发的技术储备，形成了一批专业研发机构和专业人员，只要充分激发这些创新资源的创新活力，就能够取得技术突破。

4. 空间开发战略：功能开发战略

攀西经济区经过多年的发展，形成了以攀枝花市、西昌市为核心，成昆铁路、108 国道、310 省道、攀西高速为轴线的开发格局。当前，在新的发展要求和发展条件下，传统的轴线开发模式已经不能适应攀西经济区培育特色经济增长极的要求，主要体现在以下两个方面：一是从战略要求来看，国家实施主体功能区战略，要求各区域应承担主体功能，而不是以经济增长为核心的单一开发模式；同时，全省深入实施多点多极战略，需要不同层级的区域在发展中承担相应的职能，改变以往的同质化竞争模式。二是从攀西经济区内部来看，传统的空间开发模式造成了突出的区域、城乡差距问题，安宁河谷区域与山区发展差距突出、发达的城市与贫困的农村地区并存，需要以新的空间开发理念推进区域发展。因此，攀西经济区在空间开发模式上，应选择功能开发战略，依托中心城市和主要交通干线、金沙江水道，形成以攀枝花、西昌为核心，沿线、沿江为发展带的“双核两带”空间格局。

“双核”为攀枝花发展核心和西昌发展核心，攀枝花发展核心重点推进国家级战略资源创新开发，强化交通、金融、商贸、物流等城市综合服务功能，推进创新型城市建设，重点发展钒钛、钢铁等先进制造业、亚热带特色农业以及阳光康养、科技服务等现代服务业。西昌发展核心重点发展先进制造业、现代服务业及特色农业，提升交通、金融、商贸、物流等城市综合功能，完善城市基础设施，突出生态、休闲、人居功能。

“两带”为安宁河谷—攀枝花发展带和沿金沙江发展带。安宁河谷—攀枝花市发展带以攀西高速、成昆铁路、G108 等交通干线为纽带，重点发展清洁能源、钒钛、稀土、特色农业、阳光休闲度假旅游、科技服务等产业，引导产业和人口集聚，建成连接双核的重要经济带，带动安宁河谷地区发展。沿金沙江发展带以沿江高速公路、沿江铁路和金沙江航道为纽带，重点发展钒钛、矿业、冶金、机械制造、化工、特色农业、商贸物流、旅游、科技服务等产业，建成全省重要的产业和城镇集聚带，带动沿金沙江流域地区发展。

（二）攀西经济区构建特色经济增长极的战略重点

1. 以战略资源创新开发为核心，促进工业转型升级

未来攀西经济区战略资源产业发展应该以国家级战略资源创新开发试验区为依托，以钒钛战略资源综合利用为核心，创新资源开发模式，加强钒钛、稀土和石墨烯等产业技术攻关，围绕国防军工、海洋工程、新能源等重大领域和产业转型消费升级新需求，切实把资源优势转化为产业优势、发展优势，大力提升战略资源产业竞争力。

（1）推进钒钛资源利用创新升级

调整产品结构。大力发展含钒钛特种产品，提高钒钛产品附加值和钒钛产业竞争力。钒产业重点发展钒精细化工、钒功能材料、钒催化剂、钒中间合金等产品，积极开发钒电池及含钒电池材料、钒基储氢合金、氧化钒薄膜材料及钒铝合金等新型高端材料。稳步提高冶金用钒规模水平，研究开发钒在医药方面的应用产品。钛产业重点发展高档钛白、专用钛白、海绵钛、金属钛、脱硝催化剂载体、SCR 脱硝催化剂等，大力开发航空航天、海洋工程及船舶制造系列钛合金材料等高端产品，积极开发医疗器械及体育用品钛制品。

推进重大技术创新。采取自主创新和技术引进相结合的方式，针对钒钛资源和稀土及石墨烯资源开发利用主要技术瓶颈，加强产业技术攻关，突出应用技术开发，提高产业竞争力。钒产业重点突破钒清洁生产、高效提钒等关键技术，稳步提高冶金用钒制品规模水平，钒催化剂产品和钒清洁生产技术实现产业化，钒电池结合光伏发电站建设形成产业化示范。钛产业重点抓好高炉渣提钛、富钛料制取等核心技术攻关。实现氯化法钛白粉产业化生产，成为国内最大的钛白粉生产基地。

提升资源综合循环利用水平。在确保生态和安全的前提下，鼓励对表外矿、风化矿、极贫矿进行科学开发利用，提高钒钛矿尾矿回收利用率。提高铬、钴、镍等钒钛磁铁矿伴生金属的分离、提取及深加工规模化、产业化水平，提高钒钛资源综

合利用率。积极引导钒钛资源开发上下游产业及配套企业、废弃物产生及利用企业关联布局，形成专业化分工和综合利用协作互动的现代生产体系。

（2）推进国家大型水电基地建设

推进国家重要的水能开发基地建设。以金沙江、雅砻江、大渡河三江水电开发为重点，优先建设龙头水库电站，核准开工白鹤滩、孟底沟、卡拉等电站，加快建设乌东德、两河口、双江口等电站，建成全国大型水电开发基地。稳步推进水洛河、西溪河、美姑河等河流水电开发，科学合理、严格控制小水电开发。

加强水电送出平台、负荷供应平台和骨干电网建设。加强电力统调平台和外送通道建设，依托大型电站电力送出工程，构建以500KV为支撑、220KV为补充的电力汇集互联外送网架，基本形成以攀枝花和西昌为中心的骨干输电网架，提升水电外送能力。同时，搞好水资源综合利用，确保生态安全，提高水电开发和利用效率。

（3）积极培育稀土、石墨烯等新兴产业

建设全国重要的稀土研发制造中心。有序开发稀土资源，实现从原料型基地向深加工基地转变。以冕宁稀土工业园区为载体，积极推进稀土产业企业兼并重组，重点发展稀土火法冶炼、稀土金属、电池级材料等。加快组建稀土产业技术创新联盟，加强核心关键技术联合攻关，提升稀土资源综合开发利用水平，建设成为国内重要的稀土产业研发制造中心。

建立勘采产学研用一体化的石墨烯产业体系。依托攀西经济区丰富的石墨矿产资源，加强石墨烯科技攻关，推动石墨烯在电子信息、新能源、照明、生物医用等各个领域的实际应用。加快石墨产业园建设，打造石墨烯产业集群，不断培育发展石墨烯材料产业。

2. 建设四川亚热带特色农业基地，完善现代农业体系

（1）优化发展种植业，突出特色农产品优势

大力发展特色立体农业，重点发展早春蔬菜，以沿江河谷及两岸的阶地台地为主，大力发展反季喜温蔬菜，打造沿江早市蔬菜种植带，提高反季节蔬菜供应能力。

以安宁河流域为重点，大力推广优质粮油种植，稳定粮油种植面积，提高机械化作业水平，提高优质粮油生产能力。安宁河平原的稻田海拔高，水源不受或少受工业废水废液污染，日照长、光热充足和紫外线强等高原性气候特点，有利于稻作干物质积累，优化稻米品质并提高产量。

以西昌市为中心建立大规模花卉生产基地，建立集优质花卉产销展示于一体的花卉产业发展中心。西昌片区积温充足，日照长，紫外线强，有利于花卉的充分发育和色素细胞的形成，使花卉着色均匀，色泽明亮，无混浊感，而且保鲜期延长，不易发生冻害，有利于发展花卉产业。

（2）调整林业结构，发展优质水果基地

以山区坡地资源为主的地区，大力发展林业产业，重点集约培育木本油料、特色干果、亚热带水果等名优经济林和珍贵树种、大径级用材林，科学发展林下块菌

和中药材，打造特色林业经济带。

沿金沙江河谷的高热量地区大力发展优质水果种植，建设形成优质水果基地。

米易、宁南、会理、会东、德昌和金阳等县是海拔 1500 米以下的河谷平坝，光热资源丰富，完全满足甘蔗营养生长期的生态条件，应继续大力发展甘蔗种植，发展成为四川省最重要的甘蔗基地。攀枝花继续加大芒果、莲雾、杨桃、木瓜、枇杷等热带水果的种植，雷波、会理等县继续大力发展脐橙、锦橙和青皮软籽石榴等水果的种植。

（3）提升畜牧业发展，适应资源与市场需求

按照适度规模、生态养殖的要求，提高畜牧业现代化水平。大力发展标准化适度规模养殖，以养殖设施设备的升级改造为突破口，大力推进规模养殖，努力实现养殖标准化、设施现代化、管理智能化。完善动物疫情应急体系建设，建立各类重大动物疫病应急预案，规范应急处理工作程序。

目前在市场方面优质羊肉和优质细羊毛供不应求，攀西经济区有大量的草场，适合发展建昌黑山羊和优质半细毛羊，应该适应市场需求在建昌大力养殖发展黑山羊，在金阳、宁南和雷波养殖发展半细毛羊，积极建设人工草地，改良天然草地，实行舍圈饲养，提高养殖业的生产力水平。

（4）加强农业生产设施建设，建设农产品监管机制

以安宁河谷为重点，加快推进中低产田改造，开展测土配方施肥，完善农田水利设施，建设一批太阳能提灌站；整治田间生产便道和农村机耕道，改造提升通村道路；改善农业技术装备水平，提高农业生产机械化水平。加快农业示范区和生产基地建设，全面推进农产品生产规模化、标准化。

强化农产品质量安全监管机制和体系建设，推行农产品市场准入、产地准出制度、推广农产品质量标识，推行种植养殖 GAP 认证、加工领域 HACCP 认证和无公害、绿色食品、有机农产品的产地认定和产品认证。

（5）发展特色农村电子商务，建设农产品供应网络

积极发展农村电子商务，鼓励电子商务企业与农业龙头企业、农业专业合作组织、农户合作，将互联网由参与农产品销售环节转变为融入农产品的生产、销售、安全监管等多个环节。将电子商务平台与农村、农民无缝对接，逐步建立农产品供应网络；实现农产品资源集结，提高农产品商品化率，提高当地农民收入；建立与大型物流企业的长期合作机制，促进农村发展，助推新农村建设。

3. 以旅游康养为重点，实现服务业发展新突破

攀西经济区地处川西南与横断山脉毗连地带，坐拥独特的自然景观和宜人的光热气候。此外，该地区还属于少数民族聚集地，自古便是传统的贸易通道，是南方丝绸之路的必经之地，因此人文历史积淀深厚。在我国人口逐渐步入老龄化的历史背景下，以生态康养为代表的特色服务业愈发显现出发展优势。而攀西经济区具有自然、历史及人文的资源禀赋，是全省乃至全国范围内特色服务业最具发展潜力的

地区之一。

作为一类全新的产业，以生态康养为代表的特色服务业肩负着实现民族地区精准扶贫、转变攀西经济区发展方式的重任。因此，大力发展特色服务业，必须强化专项产业政策的保障效果和扶持力度，灵活运用国家既有的产业政策，并以地方现实为基准，以省级、地级产业规划为依托，积极补充国家政策短板，发挥好各级政府的产业引导和扶持作用。

（1）大力发展养老服务产业，扩大服务供给规模

围绕建设“康养福地、幸福攀西”的目标，打造西部顶尖、国内一流、国际知名的养老健康服务产业群。鼓励攀西经济区内有能力、有资质的社会服务团体提供健康养老服务。以日间照料、生态养老为基础，拓展服务领域，布局慢性病康复、健康咨询、中医保健等关联服务。以城镇养老市场的优化为主攻方向，积极推广社区居家养老服务，并适时向农村推广。采取适当的资源倾斜政策，重点关注农村地区失能、失独、失智、高龄等老年群体，提高整体养老服务水平，扭转该地区养老服务缺失的情况。鼓励有余力的医疗机构转型，或设立老年服务中心，整合老年病科室，增加特殊关护病床数。

（2）大力发展护理服务产业，培育专业化市场主体

促进护理型服务行业的发展，培育发展小型化、连锁化的专业市场主体。鼓励社会资本开拓护理服务市场，支持其创办高水平、规模化、具有一定品牌知名度的护理机构，与原有公立医疗机构一道形成多元的社会护理体系，以满足不同社会群体的服务需求。支持有条件的养老机构内设护理机构，并按规定纳入城乡基本医疗保险定点范围。

（3）构建新兴健康产业，提高医疗体系整体效率

推动医疗卫生事业与养生保健、体育休闲、养老服务及医药发展等产业实现融通，发展立足于产业升级的新兴健康产业。延伸已有医疗卫生事业覆盖范围，并与康养产业链实现接驳，以形成灵活高效的医疗健康服务体系。统筹攀西经济区现有医疗资源，重新进行合理布局，鼓励医疗卫生机构进入养老社区和居民家庭，建立家庭医生机制，推动医疗与康养事业的融合发展，壮大新兴健康产业的社会基础。

（4）扶持传统医药产业，提升科技水平

适度扩大中医、彝医等传统医疗体系建设，加强传统医药的研发和挖掘工作。在科研院所中加大财政专项投入，提升传统医学领域的技术水平，搭建起高效的产学研转换平台，将民族医学发扬光大。延伸传统医药产业，拓展上下游产业链，形成集养生旅游、医药制造于一体的综合性传统医药产业集群。给予传统医药医疗机构政策优惠，鼓励合格民间资本投资中医院、彝医院。

（5）支持康养职业教育，培育产业后备军

加强职业教育导向性建设，积极发展康养产业相关职业教育。积极向发达地区引进特长人才，建设健康服务业高级人才培训中心，提升整体技能水平。建设中医

康养人才培训基地，以市场需求为导向开展各类技能教育。搭建职教基地与高等医学院校的联训平台，利用好四川省内丰富的医疗教学资源。

四、构建攀西经济区特色经济增长极的对策建议

“十三五”时期，国家加快建设攀西国家级战略资源创新开发试验区、实施精准扶贫开发战略和支持民族地区加快建设小康社会的政策，为攀西经济区特色经济增长极的构建提供了难得的历史机遇。同时，四川省深入实施“三大发展战略”，着力建设攀西经济区，打造攀西城市群，制定并实施支持凉山脱贫攻坚措施，为攀西经济区特色经济增长极的构建提供了重要的政策机遇。当前，应从如下几个方面加快攀西特色经济增长极建设：

（一）贯彻自主创新战略，保障特色产业发展需要

加强重点领域技术研发，包括以共伴生矿产、低品位资源和尾矿等综合利用为重点，加强深加工产品的多样化、高档化和精细化研究。加大钒钛稀土资源综合利用技术研发力度，加强石墨烯等高新石墨材料开采、加工、应用技术研发。

建设科技服务平台，依托攀西国家级战略资源创新开发试验区建设，加强技术产权交易平台、科技成果转化与专利信息平台、科技创新合作平台建设，整合高等院校、科研院所、大型企业、区外研发机构等创新资源，提高科技创新能力和服务水平；加强科技人才引进和培养，强化人才支撑作用，创新人才引进培养政策，构建有利于科技人才成长的政策体系，推动“钒钛之光”人才培养工程，建立引智示范推广基地和单位，重点引进和培养科技研发急需的高端人才。

（二）着力优化投资结构，稳定特色经济增长持续动力

就攀西经济区的现实而言，消费和出口在短期内还难以支撑增长极建设；从长远来看，当前的投资结构就是未来的产业结构、消费结构和出口结构。调整经济结构总是与投资密切相关；同样，投资方向也决定了消费品的数量和质量，决定了出口产品的结构和竞争力。因此，调整投资结构、稳定投资总量既是攀西经济区加快转变经济发展方式的要求，又是稳定经济增长的现实需要。

一是要科学确定投资方向，通过规划控制、政策引导等方法，促进资金向特色产业领域流动，进一步加大对经济社会薄弱环节、科技、民生、环保、战略性新兴产业的资金支持，严格控制高耗能、高排放和产能过剩行业投资。超前谋划、科学规划投资方向，尽快建立产能过剩预警机制，准确反映市场供求变化趋势，防止盲目投资造成新的产能过剩。二是“放活”民间投资，按照深化改革的总体要求，攀西经济区可以在文化旅游、健康养老、医疗卫生、交通物流、农林水利、教育培训等领域进一步放宽民间资本准入；选取部分行业开展试点，探索不同的支持方式。三是落实和深化投资领域改革，保障民间资本的平等地位，逐步扩大民间资本在非

竞争性领域竞争环节的参与力度。

（三）深入实施扶贫攻坚战略，拓展特色经济增长新空间

按照全国、全省扶贫攻坚要求，精准实施扶贫开发攻坚行动计划，按照“特色产业发展一批、创新创业致富一批、低保政策兜底一批、医疗保障扶持一批、移民搬迁安置一批、治毒戒毒救助一批、移风易俗巩固一批”的要求，不断提高贫困人口自我发展能力和贫困地区开发水平。加大贫困地区投入力度，着力改善贫困地区生产生活条件，增加贫困人口收入，提升基本公共服务水平。创新扶贫开发机制，建立稳定的投入增长机制，扶持贫困地区加快发展；构建资产扶贫机制，探索扶贫收益扶贫新模式。通过投资拉动、政策扶持、对口帮扶等措施，改善贫困地区发展条件，促进贫困地区经济增长，使贫困地区成为攀西经济区经济增长的新空间。

（四）补齐社会发展短板，全面提高人民生活水平

加强教育、医疗、文化等社会事业发展，提高公共服务供给能力和质量，是从根本上解决贫困问题的重要途径，也是提高人民生活水平的重要方面。一是提高教育发展水平，基础教育与高等教育并重、教育均衡与特色教育结合，大力发展学前教育，均衡发展义务教育，结合少数民族特点，多样化发展高中阶段教育；结合产业发展实际需求，创新发展职业教育和高等教育。二是完善医疗服务体系，加快完善各层级医疗服务体系，重点建设一批妇幼保健计划生育服务中心、禁毒中心、艾滋病救治中心、疾病控制中心等专业公共卫生机构。三是加强文化事业发展，加强思想道德教育和科学知识普及，引导居民摒弃陈规陋习，形成良好的社会风尚；注重民族特色文化挖掘，促进文化产业发展。

（五）加强资源节约和环境保护，实现绿色低碳发展

提高资源开发利用企业的准入门槛，建立矿产资源开发退出机制，加强矿区生态环境监测和管理，实现资源的集约高效利用。坚持资源整合利用，转变单一的钢铁开发模式，积极进行技术攻关，综合利用钒钛等多种矿物资源，努力实现铬、钴、镍等主要伴生金属的产业化、规模化回收利用。积极引导产业链上下游配套企业，完善三废处理基础设施的配套建设，构建废弃物处理再利用平台，促进尾矿、废渣、废液、废气的循环利用，实现从原材料生产为主的初级产业形态到有利于循环生产、有利于不断延伸产业链的现代化、集群化产业形态的转变。

对生态环境脆弱的地带，严禁矿业开发活动；对易受破坏的地带，落实国家相关政策措施，实现矿区生态修复工程；对一般地带，则要加强保护，尽可能地降低人类活动对地区环境的不利影响。严格执行重点污染行业环境准入和排污标准，实施“三废”循环利用工程，降低污染物的排放，并提高资源利用率。

（四川省统计局　四川省区域科学学会）

四川省水环境治理问题研究

水环境治理主要指以政府为核心的相关利益主体，运用经济、法律、技术、财政、信息等手段防治水资源污染，以改善水环境质量及其功能的过程。四川作为天府之国，因水而生、因水而兴。当下，在环保压力与市场需求拉力双力作用的大背景下，加强我省水环境治理过程中的问题研究，对推进绿色发展、建设美丽四川极为重要。

一、四川省水环境治理现状

（一）水环境治理概况

1. 水资源禀赋条件良好

四川具有良好的水资源禀赋条件。2015 年全国水资源总量达到 27963.00 亿立方米，人均水资源量达到 2039.20 立方米/人。四川水资源总量达到 2220.50 亿立方米，占全国水资源总量的 7.94%；人均水资源量达到 2717.17 立方米/人，高于全国平均水平。

但从 2010 年到 2015 年的水资源情况看，四川水资源的“三降”趋势较为明显，即水资源总量呈起伏下降趋势，在全国水资源总量中的比重有所下降，人均水资源量有所下降（见表 1）。

表 1　全国、四川水资源情况比较表

年份	水资源总量（亿立方米）			人均水资源量（立方米/人）		
	全国	四川	占比	全国	四川	占比
2015	27962.6	2220.5	7.94%	2039.2	2717.2	133.25%
2014	27266.9	2557.7	9.38%	1998.6	3148.5	157.54%
2013	27957.9	2470.3	8.84%	2059.7	3052.9	148.22%
2012	29526.9	2892.4	9.80%	2186.1	3587.2	164.09%
2011	23258.5	2239.5	9.63%	1730.4	2782.9	160.82%
2010	30906.4	2575.3	8.33%	2310.4	3173.5	137.36%

注：数据来源于 2011—2016 年《中国统计年鉴 2011—中国统计年鉴 2016》。

2. 水质指标逐步改善

根据省环保厅《四川省水污染防治 2017 年半年报》提供的监测数据，2017 年上半年我省纳入国家考核的 87 个断面中，63 个达Ⅰ—Ⅲ类优良水平，较 2016 年同期提高 1.1 个百分点；Ⅰ—Ⅱ类优质水体比例达到 50.6%，超过 2014 年基准年 5.8 个百分点；地级及以上城市集中式水源地水质达标率达到 97.5%，与 2016 年同期持平；地表水劣Ⅴ类水质恶化情况得到遏止。

（二）水环境治理主要举措

1. 政策助推水环境治理

2015 年 4 月，国务院发布《水污染防止行动计划》（简称“水十条”），倒逼各级地方政府加强水污染防治、改善饮用水质量。2015 年 11 月 30 日，四川省政府通过《〈水污染防治行动计划〉四川省工作方案》，标志着我省以环境质量和环境效果为核心的水环境治理行动拉开了帷幕。2017 年 5 月，省政府印发《四川省城镇污水处理设施建设三年推进方案》，对城镇污水处理设施建设提出了主要目标和主要任务，到 2019 年年底，四川省将实施生活污水处理设施项目 1238 个，计划投资 388 亿元。2017 年 8 月，我省又针对省内水污染最突出的沱江区域，制定出台了《沱江流域水污染防治规划（2017—2020 年）》，明确到 2020 年沱江流域纳入国家和省考核的监测断面水质优良率（Ⅰ—Ⅲ类）达 65%以上，全流域劣Ⅴ类水体基本消除。

2. 有效控制源头污染物排放

严格按照水污染防治法律法规要求，通过依法取缔“10＋1”小企业①、专项整治“10＋1”重点行业②、加强城镇生活污染治理、推进农业农村污染防治、严格环境准入以及在环境容量小、生态环境脆弱区域、环境高风险等地方执行水污染特别排放限制等措施，从严加强环境管制。截止到 2017 年 1 月，全省取缔了 375 个不符合产业政策的小生产企业③，涉及成都、达州、广安、广元、凉山州、泸州、眉山、绵阳、南充、内江、攀枝花、遂宁、雅安、德阳、宜宾 15 个市州，涵盖电镀、印染、炼焦、造纸、炼油 5 大行业（如图 1 所示）。污水处理项目建设力度也不断加大。根据省环保厅发布的《四川省水污染防治 2017 年半年报》，2017 年上半年，我省实施城镇污水厂新建、扩建项目 774 个，实施污水处理厂提标改造项目 139 个，实施污水收集管网改造项目 666 个，铺设污水管道 885.92 千米。目前，全省范围内运营的城市污水处理厂达到了 952 座、镇（乡）污水处理装置达到

---

① 不符合水污染防治法律法规要求和国家产业政策的小型造纸、制革、印染、染料、炼焦、炼硫、炼砷、炼油、电镀、农药和磷化工等工业企业。

② 造纸、焦化、氮肥、有色金属、印染、农副食品加工、原料药制造、制革、农药、电镀和磷化工等行业。

③ 实施四川省水污染防治工作方案取缔十小企业名单公示［EB/OL］. http://www.sc.gov.cn/10462/11857/13305/13371/2017/1/10/10410745.shtml,2017－01－10.

1553 个，处理能力达到 861 万立方米/日，排水管道总长度达到 46000 千米，城市和县城污水处理率分别达到 90.5%和 75.2%。①

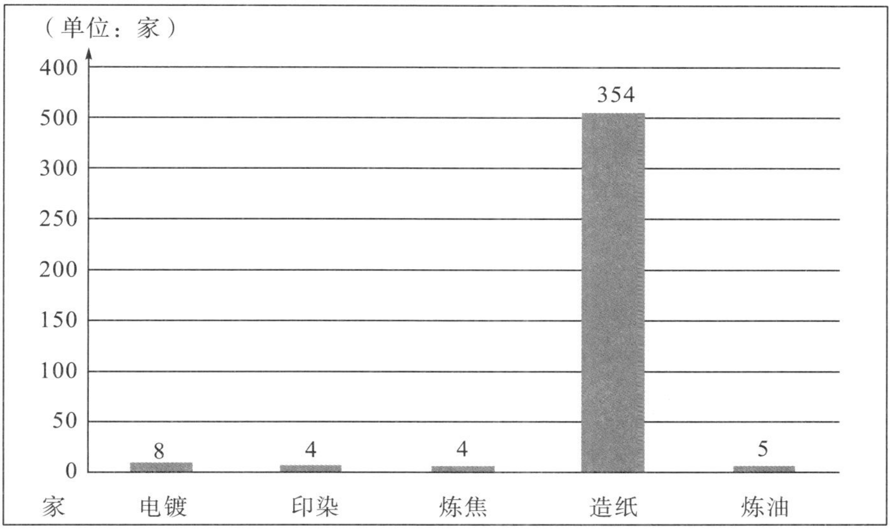

图 1　全省取缔小生产企业行业分布图

3. 加大治理执行力度

2017 年 1 月，省委省政府印发《四川省贯彻落实〈关于全面推行河长制的意见〉实施方案》，建立了四川省河长制工作领导小组领导下的总河长负责制，为河湖功能永续利用提供制度保障。河长制的推行，最大限度地整合了各级党委政府的执行力，在纵向上由省、市、县、乡四级河长组成了水环境治理的“责任链”，在横向上由河长制办公室具体负责协调相关部门在水环境治理中存在的各类问题。并通过建立考核问责与激励机制，倒逼各地加大水环境治理力度，形成水环境治理“合力”。目前，全国 32 个省（自治区、直辖市）制定了省级河长制工作方案②，四川省、市、县、乡四级的河长制工作方案均已出台（见表 2）。截至 2017 年 6 月底，全省共设立各级河长 6.28 万余名，其中省、市、县、乡四级河（段）长 1.95 万余名，覆盖河段（湖库）1 万余条（个），基本实现全省河流湖泊的全覆盖。③

---

① 四川城市污水处理率达 90.5%［EB/OL］. http://sichuan.scol.com.cn/ggxw/201705/55923561.html，2017－05－30.

② 上海、湖北、陕西、湖南、福建、河北、江苏、安徽、浙江、重庆、海南、贵州、山东、西藏、山西、宁夏、云南、吉林、江西、四川、广东、天津、内蒙古、河南、青海、广西、黑龙江、甘肃已由省级党委、政府办公厅联合印发；新疆、北京、辽宁由省政府办公厅印发；新疆生产建设兵团由兵团党委办公厅、兵团办公厅联合印发。时间截至 2017 年 8 月 3 日。

③ 河长制推行半年河湖管理有了 4 大变化［EB/OL］. http://www.sc.gov.cn/10462/10464/11716/11718/2017/8/1/10429387.shtml，2017－08－01.

表 2　四川省、市、县、乡工作方案进展情况表

省级工作方案印发时间	市级工作方案			县级工作方案			乡级工作方案		
	辖区数量	需出台工作方案的辖区数量	印发方案	辖区数量	需出台工作方案的辖区数量	印发方案	辖区数量	需出台工作方案的辖区数量	印发方案
2017 年 5 月 5 日	21	21	21	183	183	183	4633	4633	2038

注：时间截至 2017 年 7 月 20 日。

4. 积极培育水环境治理产业

当前，国内的水环境治理产业发展迎来蓝海机遇。据环保部测算，“水十条”的实施将拉动国内生产总值增长约 5.7 万亿元，将带动环保产业新增产值约 1.9 万亿元，其中直接购买环保产业产品和服务约 1.4 万亿元。[①] 水环境治理产业作为节能环保产业的重要部分，我省也将在“十三五”及今后一个时期，重点建设成都金堂、自贡板仓、绵阳游仙、广安武胜四大环保产业园区及成都锦江现代环境服务业园区，重点发展在全国具有比较优势的环保催化剂、膜材料、声屏障、环境监测仪器设备、烟气脱硫成套装置等环保装备（产品）。目前我省已拥有了一批技术创新能力较强、市场竞争力较强的水环境治理骨干企业。如环能科技的“基于磁絮凝磁分离技术的超高速水质净化系统及规模化应用”项目获得 2014 年度国家科学技术进步二等奖，“稀土磁盘净化废水设备”入选国家发改委“当前鼓励发展的环保产品”推荐目录并在全国推广应用；易态科技拥有 263 项国际水平的自主核心技术（专利技术），其中发明专利 144 项，实用新型专利 107 项，PCT 专利 12 项；利华德瑞自主开发的核心产品——新型平面密封多路阀被纳入“国家火炬计划”，产品远销东南亚、中东及非洲等多个国家。

5. 着力开展环保督查问责

2016 年，我省在全国率先启动省内环保督察，通过问题导向、追责问责，强化水环境治理监督。截至 2017 年 3 月 17 日，完成对 21 个市（州）的环保督察全覆盖。在对 142 个县（市、区）开展的下沉环保督察中，发现并移交各类问题线索 8300 余个；对 799 名党政领导干部进行个别谈话，约谈 52 人，问责 184 人；立案查处环境违法企业 703 家，实施行政处罚 479 起，对相关责任人实施行政拘留 24 人，刑事拘留 19 人。[②] 同时，对中央环保督察组交办的问题实行严肃问责。截至 2017 年 8 月 16 日，全省 13 个市（州）对中央第五环境保护督察组交办的 54 起问题开展问责，处理 186 人。从级别看，县处级 14 人、乡科级 81 人；从处理方式

① 环保部官员：“水十条”预计拉动 GDP 增长 5.7 万亿元［EB/OL］. http://finance.china.com.cn/industry/energy/xnyhb/20150605/3161520.shtml，2015－06－05.

② 于会文：搞好环境保护　推动绿色发展上新台阶［EB/OL］. http://www.schj.gov.cn/zwxx/stdt/201707/t20170707_194537.html，2017－07－07.

看，党纪政纪处分42人、诫勉130人。在一并通报的六起典型案例中，水环境问题就有三起。[①]

二、四川省水环境治理存在的主要问题

（一）水质状况依然堪忧

近年来，尽管我省多措并举在水环境治理上取得了较为明显的成效，水质恶化的水情得到遏止，但个别流域、区域水环境质量较差、水污染严重的情况依然存在。根据省环保厅《四川省水污染防治2017年半年报》提供的监测数据，目前，我省劣Ⅴ类水体主要集中在岷江、沱江两大流域，劣Ⅴ类水质断面比例控制在4.6%，较2016年同期下降1.1个百分点，低于国家考核要求2.3个百分点。

（二）协同治理长效机制尚未完全建立

首先，以行政力量推动为主。河长制在我省推行的时间还不长，在实施过程中以行政力量推动为主。依托行政力量推动，短期内能快速落实举措，见到成效，但也显现出诸多弊端。一是易受行政机关主要领导意识的制约。市、区（县）主要领导对水环境治理重视程度越高的地区，水环境治理的成效就越好。二是治理力度的稳定性与持续性不易保持。领导变更或者另有其他重要事务需要处理，水环境治理的力度就会受到影响。

其次，部门间协同治理联动性不够。水环境治理涉及环保、发改、经信、国土、水利、住建、农业、城管、科技等诸多部门。河长制的推行，建立了从上至下的水环境治理工作体系，打破了“九龙治水”掣肘的现象。但在实施过程中，各部门共同推进水环境治理的协同性还不够，主要表现在：

一是部门联动更多地体现为一种松散性的、临时性的协同治理。河长制的办公室设在水利部门，由其承担河长制的组织实施等具体工作。而水利部门与其他政府同级相关部门以及相关部门之间在水环境治理权限分配及责任承担方面的边界还没完全厘清，且水利部门尚缺乏有效组织协同治理的实质性抓手，相关部门间的治理联动目前还处于“磨合期”，还未从根本上摆脱部门“碎片化”的状态。

二是跨流域部门间一体化协调联动的紧密性不够。当前的水环境治理以单边式的属地治理为主，跨流域、跨流域部门间的水质指标变化情况、水环境治理进展情况、治理协同诉求情况等信息传递脱节现象时有发生。一旦出现突发性的跨流域水污染事件，河长们将无法第一时间获取水质污染数据，也无法采取最合理的应急治理方案。

---

① 四川13个市州对中央环保督察组交办的54起问题开展问责，处理186人［EB/OL］. http://sichuan.scol.com.cn/ggxw/201708/55973388.html，2017－08－17.

（三）污泥处理跟不上污水处理

从调研情况看，相较于污水处理设施的建设力度，作为污水处理后的产物——污泥的无害化处置设施建设明显滞后，从而导致污泥的有效处置能力不足。其原因主要在于：

一是污泥处置设施投资意识不强。我国的污泥处置起步较晚。早期建设的污水处理厂，由于没有污泥处置这方面的意识，既无设施或设施简陋，也无建设预留地。随着全社会对污泥处置意识的加强，尽管现有污水处理厂有计划增建或扩建污泥集中处理设施，但建设用地问题难以解决。

二是污泥处置设施供给不足。目前，污泥设施设备建设投入的需求大，供给不足。污泥处理量随着污水处理量的增加而增加。根据《2015—2016 中国污泥处理市场分析报告》，我国城市污水排放量约为 500 亿吨，年产污泥约 3500 万吨（80%含水率）。[①] 若按 2014 年我省城镇生活污水排放量及近年的增长情况推断，目前我省年产污泥应超过 200 万吨。日益增长的污泥处置需求迫切需要有与此相适应的污泥设施设备建设投入来匹配。但在当前建设经费有限的情况下，大部分地区的污水处理厂在项目建设上先保证污水处理兼顾污泥处理的建设顺序，使得二三线城市及广大农村地区只能尽可能简化甚至忽略污泥处理。

三是污泥处置设施的运营管理不规范。现在，新建的污水处理厂被要求污泥处理设施同步建设，一些独立的污泥处理设施也纷纷上马。但受到污泥处理成本的影响，一些污水处理厂的污泥处理设施不能稳定运行的情况时有发生。目前，污泥的处置方式主要有土地填埋、污泥堆肥农用（或绿化用）、污泥自然干化综合利用、污泥焚烧、外运等多种方式，其中土地填埋、污泥堆肥农用（或绿化用）使用最多。这些污泥处理处置方式所需的成本不一，如深度脱水填埋方式，脱水环节成本150～200 元/吨，运输成本 50～80 元/吨，填埋成本 100～180 元/吨，合计成本300～460 元/吨；堆肥方式的成本 200～250 元/吨，独立干化焚烧方式的成本 500～800 元/吨；协同焚烧方式中，电厂协同的处置成本 300～400 元/吨左右，水泥厂协同处置成本 200～300 元/吨，废物燃烧厂协同处置成本 300～400 元/吨，三种方法平均下来协同处置成本在 320 元/吨左右。[②] 而《中国污泥处理处置市场分析报告（2014 版）》给出的污泥处理处置全成本区间为 150～500 元/吨，平均成本为

① 黄野，董兴：城市污泥的处理及资源化利用探讨［J］．新农业，2016（11）：43－46．

② 陈湘静．我国污泥处理发展现状及待解问题分析［N］．中国环境报，2016－01－18．

270 元/吨。[①] 同时，我省在污水处理费中对用于污泥处理的部分尚无明确规定[②]，难以弥补设施运营的成本缺口。一旦污泥得不到及时有效的处理处置，大量积压，直接外运、直接农用或任意堆放和不规范填埋，不仅会严重影响到污水处理厂的正常运营，甚至可能造成污水处理系统的全面瘫痪，而且还将作为新的环境污染源，对河流水环境造成二次污染，威胁多年来我省日渐起色的水环境治理成效。

（四）水环境治理产业竞争力整体较弱

一是骨干企业综合实力较弱。以上市企业为例。目前我省水环境治理企业中有三家水环境治理龙头企业成功上市，分别是占据国内冶金浊水处理市场 20%份额的四川环能德美科技股份有限公司（简称环能科技）、完成收购德国最大水处理企业贝尔芬格公司的成都天翔环境股份有限公司（简称天翔环境）、四川水处理市场占有率最大的成都市兴蓉环境股份有限公司（简称兴蓉环境）。截至 2017 年 2 月，沪深两市上市企业共计 3137 家，筛选出主营业务涉水（包括供水、污水处理工程及设备的生产和销售）的环保上市企业共计 36 家。从上市企业数量上看，我省仅占涉水环保上市企业的 8.33%（如图 2 所示）；从总资产上看，仅占涉水环保上市企业的 7.01%；从营业收入上看，仅占涉水环保上市企业的 5.47%；从净利润上看，仅占涉水环保上市企业的 7.82%（见表 3）。省内骨干企业的发展水平与国内行业领军企业相比还有一定的差距。

---

① 闫旭，甄茜，蔡婕，邓海文. 污泥处理处置行业政策研究 [J]. 中国市场，2017（5）：106－108.

② 以成都市为例。在《成都市污水处理费征收使用管理细则》中，污水处理费是按照"污染者付费"原则，由排水单位和个人缴纳并专项用于城镇污水处理设施建设、运行和污泥处理处置的资金。污水处理费专项用于城镇污水处理设施的建设、运行和污泥处理处置，以及污水处理费的代征手续费支出，不得挪作他用。在该细则中，没有单独涉及污泥的处置费用。而国内一些先进地区已对污水处理费中用于污泥处理的部分作了明确规定。如江苏省在《江苏省污水处理费征收使用管理实施办法》中明确提出适当提高污泥处理处置费用，指出各地要坚持"泥水并重"的原则，在污水处理费中专项安排污泥处理处置费用，苏南地区原则上不低于 0.3 元/立方米，其他地区原则上不低于 0.2 元/立方米，确有特殊情况的地区，可根据当地实际安排污泥处理处置费用，确保城镇污水处理厂污泥得到规范处理处置，杜绝二次污染。

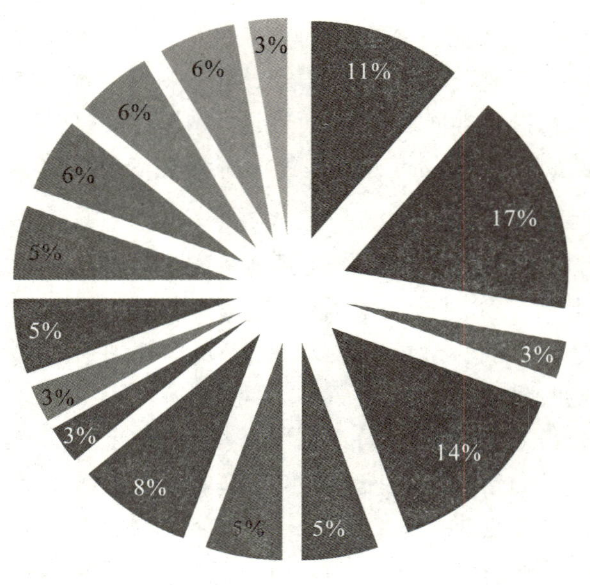

图 2　2016 年涉水环保上市企业地区分布图

表 3　36 家涉水环保上市企业 2016 年经营情况表

序号	证券简称	总资产（亿元）	营业收入（亿元）	净利润（亿元）
1	城投控股 *	446.01	94.77	20.95
2	碧水源	318.06	88.92	18.46
3	东方园林 *	240.06	85.64	12.96
4	首创股份 *	396.35	79.12	6.11
5	重庆水务	202.37	44.54	10.68
6	永高股份	43.48	37.67	2.15
7	翰蓝环境 *	132.73	36.90	5.09
8	同济科技 *	89.09	31.58	1.82
9	洪城水业	77.49	30.91	2.32
10	兴蓉环境	169.19	30.58	8.74
11	中金环境	73.05	29.90	5.10
12	博天环境	57.92	25.19	1.44
13	聚光科技	54.13	23.49	4.02
14	兴源环境	60.29	21.03	1.86
15	万邦达	72.97	16.85	2.62
16	国祯环保	54.17	14.63	1.30

续表3

序号	证券简称	总资产（亿元）	营业收入（亿元）	净利润（亿元）
17	中山公用	150.59	14.63	9.63
18	武汉控股	86.22	11.98	3.01
19	绿城水务	75.42	11.95	2.90
20	江南水务	45.68	11.07	3.26
21	天翔环境	42.38	10.74	1.27
22	巴安水务	35.64	10.30	1.41
23	中原环保	62.03	9.37	2.98
24	博世科	22.98	8.29	0.63
25	钱江水利	54.56	8.15	0.59
26	渤海股份	34.65	7.99	0.43
27	津膜科技	23.05	7.49	0.47
28	三川智慧	17.63	6.95	1.34
29	中电环保	17.22	6.48	0.11
30	开能环保	26.08	6.43	0.90
31	环能科技	20.93	4.88	0.70
32	清水源	14.93	4.79	0.45
33	京蓝科技	40.86	4.61	0.12
34	国中水务	41.58	3.58	0.16
35	海峡环保	17.52	3.30	0.96
36	创业环保	0.01	0.0020	0.0001
	总计	3317.32	844.70	136.94

注：数据来源于各企业披露的2016年年度报告；证券名称标*表示该上市企业2016年涉水业务占主营业务收入的比例小于50%。

二是产业发展链条较短。水环境治理产业链条较长，上游包括研发产业、创意设计产业以及规划设计产业，中游包括水环境治理装备制造业、节水器械生产制造业；下游包括水环境治理工程建设和配套设施建设以及工程或设施设备投入运营之后的运营、管理、监督、维护等服务业。从我省水污染治理企业分布的产业链条来看，主要集中在产业链中端，在城市水污染治理、工业废水处理等领域具备自行设计及成套设备制造能力和合同管理服务能力。产业链前端的研发设计以及后端的水环境监测、工程设计评估、教育咨询、认证评价等服务业还处于孵化培育之中，技术研发专业机构和服务专业机构数量较少，与快速发展的水环境治理业以及由此产生的治理服务需求还无法相适应。

（五）市场参与度较低

治理的要义是强调参与性和多中心性。党的十八届三中全会提出把市场作为资源配置的决定性要素，建立政府购买公共服务，吸引社会资本投入环境保护的市场化机制，推行环境污染第三方治理等。随后，《关于推进环境污染第三方治理的意见》（国办发〔2014〕69号）、《关于推进环境监测服务社会化的指导意见》（环发〔2015〕20号）、《关于推进水污染防治领域政府和社会资本合作的实施意见》（财建［2015］90号）等一系列政策措施密集出台，为社会力量介入以技术和资本为依托的水环境治理业提供了有力支撑，具有资本、技术、资源整合能力等优势的水环境治理企业将借此获得更多机会。

然而，课题组调研走访的水环境治理民营企业普遍反映，尽管四川本地有巨大的污水处理市场需求，但受到环境保护公益性特征的影响，污水处理服务特别是城市生活污水处理市场化一定程度上受到特许经营权的限制，民营资本很难进入污水处理市场。即便民营资本进入部分污水处理领域，受到政府购买公共服务的资本、规模的门槛限制，仍有很多业务领域无法进入本土市场。本土企业的产品和服务在四川的市场占有份额较少，然而，由于本土企业在技术、运营服务能力等方面在国内具有一定的市场竞争优势，本土企业在省外的发展态势却较好，业务呈现出“墙内开花墙外香”的发展状况。目前除兴蓉环境在省内尤其是成都水污染治理市场占有较大份额外（2015年营业收入中西南地区占比93.77%，其他地区占比6.23%；2016年西南地区占比93.24%，其他地区占比6.76%），其他民营企业在省内的市场占有率都差强人意。如环能科技2015年的营业收入中华北、华东、华南地区占据75.98%，包括四川在内的其他地区占据24.02%；2016年华北、华东、华南地区占据67.29%，包括四川在内的其他地区占比不到1/3，只有32.71%。

三、四川省水环境治理的相关对策建议

（一）加强水环境治理制度设计

1. 完善水环境治理决策制度

在河长会议制度的基础上，设立省、市、县三级水环境治理重大问题决策和议事协调处理中心，发挥指挥协调作用，从增强统筹力、决策力、协调力角度上，致力于分解水环境治理目标、加强治理执行监督、协调解决重大问题、实施风险防控与应对、组织跨区域协作，并不断丰富水环境治理协作内容，将分散治理变为联合治理、专项治理变为综合治理、事后整治变为事前防控，加强各级政府之间、同级政府各部门之间、跨区域部门之间的协调配合，增强水环境治理的合力与执行力。

2. 打造责任共同体

分合并举，实施责任共担。一是加强治理责任网络化。在“条块结合，属地管

理”原则的指引下，对各级政府、各部门在水环境治理上的责任边界进行相对划分，对部门间的交叉和重叠职能制定职能分工的标准和原则，细分明确各部门的职责权限，形成水环境治理的责任网格，并注重发挥镇乡基层政府和部门的作用，突出镇乡基层政府和部门在水环境治理中的主导地位。二是建立跨区域责任联盟。致力于促进更大范围、更深层次的跨区域水环境治理合作与经验互鉴，积极倡导跨区域政府、部门共同磋商建立责任分摊框架，明晰水环境污染性质认定方法、责任份额确定方式、责任分担方式、责任追究方式等内容。

3. 完善治理绩效评价考核制度

将治理结果考核与过程考核、年度考核与周期考核相结合。一是在目标导向下，合理设计治理绩效评价考核指标体系，既要考虑指标设计的科学性、可操作性、简洁性、数据可得性，又要兼顾体现治理的经济性、效率性和效果性，还要充分考虑区域差异性，包括水网密度、水资源质量、人口密度、经济条件等。二是要注重将各部门、跨流域的水环境联动治理纳入绩效评价考核内容，通过联合制定考核方案，明确考核标准，细化考核指标要求和具体内容，对水环境协同治理的过程进行考核评价，从而加快推进水环境协同治理的节奏，让水环境治理从量变到质变的转化过程提速。

4. 完善责任追究制度

借鉴北京、广东等地经验，制定出台《四川省水环境治理责任追究办法》，扩大责任追究范围，将目前实行的单一的行政负责转变为党政同责，为推进水环境治理上上“双保险”。加强绩效考核结果的运用，完善党政领导干部环境损害责任追究制度，强化环境损害终身追责。研究划定领导干部在水环境治理领域的责任红线，加强领导干部自然资源资产和环境责任离任审计，明确水环境治理参与主体追责的具体情形，细化责任追究方式。优化责任追究程序，明确责任追究实施主体，建立追责回避制度，完善复核、申述流程。通过释放从严问责的强烈信号，施行责任“倒逼”，让推进绿色发展、建设美丽四川不停留在口号和文件上。

（二）加大污泥处置力度

1. 加大污泥基础建设投入

积极引导污水处理厂加大污泥处置设施的建设投入，合理布局污泥集中处理点，加强对污泥的处理处置和综合利用。

2. 加大财政补贴力度

积极探索各级政府财政对污泥处理处置项目建设及绩效管理以奖代补的办法，对列入国家鼓励发展的污泥处理处置技术和设备加大财政补贴力度，对不同污泥处置方式项目可按其处理处置效果实行差别化财政补助标准。并对污泥处置财政补助资金使用情况，包括污泥处置方式、污泥处置量、补助标准、各级财政资金补助等情况予以定期公示，接受全社会监督。

3. 明确污泥处理处置费用

借鉴先进地区关于明确并提高污泥处理处置费用的经验，在我省的城市生活污水处理费收费管理办法中，对污水处理费中用于污泥处理的部分作出明确规定，并结合区域经济发展情况，对污水处理费中专项安排污泥处理处置的费用给予指导性意见。

（三）打造数字监管平台

1. 打造末端数字监管网络

对境内环保、水利、国土部门搭建的相关水环境监测网络①加以整合，在小流域、小河道、工业园区（产业园区）、重点企业、重点镇乡、畜禽禁养区、畜禽可养区等地增加监测点，安装在线监测设备及摄像头，提高监测点自动监测能力；建立数字化水环境监管基础数据库，为决策部门决策、水质量变化研究、水环境治理绩效评估、突发性水污染事件预警提供基础数据。

2. 加强违法排污行为数字监管

借助数字城市管理、天网视频监控等手段，利用 GIS（地理信息系统）、GPS（全球定位系统）、RS（遥感技术）等现代技术，对部分市区沿街餐饮店、区（市）县河道沿岸餐饮店等较容易发生违法排污行为的区域进行重点监控。通过“电子眼”，及时发现和制止违法排污行为，促进环境治理由粗放型向精细化转变。

3. 强化设施运营数字监管

对城镇污水处理厂的污水、污泥设施运营情况加强日常监管。通过建立远程监控系统，绘制厂点电子地图，实时系统掌握区域内污水处理厂的运行状况，帮助城镇污水处理厂完善运营管理计划，提高运营管理绩效。

（四）大力促进产业集聚发展

1. 做大做强水环境治理装备制造业

依托龙头企业，通过分步骤引进、扶持和培育一批产业化项目，大力促进我省水环境治理装备制造产品生产专业化、成套化、系列化、规模化发展。

一是以装备制造和产品生产为重点，依托环能科技、利华德瑞、齐力环保、天

① 国家环境保护部主导的国家环境监测网包括：覆盖 338 个地级及以上城市的 1436 个点位组成的国家环境空气监测网、覆盖 423 条河流和 62 座湖泊（水库）的 972 个断面（点位）组成的国家地表水环境监测网、覆盖 470 个城市（区、县）近 1000 个点位组成的国家酸沉降监测网、覆盖 329 个地级及以上城市的集中式饮用水水源地水环境监测网、覆盖全国近岸海域的 301 个监测点位组成的近岸海域环境监测网、覆盖所有地级及以上城市的近 8 万个点位组成的城市声环境监测网、覆盖全国 31 个省（自治区、直辖市）645 个生态点位 10 个区域重点站的生态环境监测网等。水利部的水质监测网络包括 251 个监测中心、2600 余个监测站。国土资源部 2015 年开始实施国家地下水监测工程，三年内将建设 10103 个地下水监测站点，其中新建监测站点 7235 个，改建监测站点 2868 个。

保重工等龙头企业，引进国内外知名水污染治理装备制造企业，大力发展生活污水与工业废水污染防治专用设备，各类采油废水回注设备、石油炼制废水处理设备、湿式催化氧化设备、中水回用关键设备等水污染治理装备制造以及家庭饮用水净水设备等高端环保产品制造。

二是依托兴蓉环境、美富特膜、易态科技等龙头企业，突出发展微生物处理添加剂、高性能水处理絮凝剂和混凝剂、配套水处理剂、高效生物填料、薄膜负载型光催化材料、活性炭、营养矿化石、纳米 KDF 等净水材料以及过滤网、中空纤维超滤膜等水净化系列产品。

三是积极布局水环境污染检测设备、水处理过程控制仪器设备、环境监测仪器仪表等水污染在线监测仪器生产。

2. 丰富水环境服务业业态

顺应我国环保产业逐渐由以设备为主导的产业形态向综合服务形态转型的发展态势，大力发展以环境保护设施专业化、社会化运营服务为主要内容的环保服务业。

一是鼓励发展包括系统设计、设备成套、工程施工、调试运行、维护管理的环保服务总承包模式、政府和社会资本合作模式等，大力发展环境技术与产品开发、环境工程设计与施工、环境监测与分析服务等环境技术服务。

二是大力推进水污染治理设施的管理、运营和维护等污染治理设施运营管理服务。加快推行环境污染第三方治理，拓展合同能源管理，在重点流域综合整治、工业集聚区污染防治、城镇环境保护基础设施建设运营、重点工业企业污染治理等方面，推动环境绩效合同服务。

三是积极配套发展环境影响评价、环境工程咨询、环境监理、环境管理体系与环境标志产品认证、环境技术评估、清洁生产审计与培训、环境信息服务等环境咨询服务，排污权交易、环境保险、相关产品的专业营销等环境贸易与金融服务，生态旅游、人工生态环境设计、教育与培训等环境功能服务及其他与环境相关的服务。

（五）进一步促进产学研用协同创新

1. 加强校（院）地共建共享协同创新

发扬四川水环境领域科技资源优势，鼓励在川科研机构、高等院校和企业联合开展水资源、水环境领域科学研究，依托产业链搭建创新链，联建一批产学研联合实验室、工程技术研究中心等研发机构，开展水资源节约、重点行业废水深度处理、生活污水低成本高标准处理、工业高盐废水脱盐、农村面源污染控制、氮磷污染控制、饮用水微量有毒污染物处理、地下水污染修复等领域关键技术攻关。

2. 搭建水环境治理产业公共技术与信息服务平台

一是依托域内环保产业园区及成都锦江现代环境服务业园区，搭建一批专业性公共技术平台，实行政府、企业、高校、行业组织等多元主体投入、市场化机制运作、面向社会开放，为中小企业无偿或低偿提供水环境治理共性与关键性技术研发、检验检测、总集成总承包等技术服务。

二是筹建产业信息服务平台，为水环境治理企业提供资讯服务、项目管理、技术交易、产权保护、产品展示、专家咨询等信息服务、增值服务，形成免费服务与有偿服务相结合、共享服务与增值服务相结合的平台运营管理格局，不断提高平台的有效服务面。

3. 鼓励组建联合体抱团发展

一是建立四川水环境治理产业联盟。引导环能科技、兴蓉环境、天翔环境等骨干企业遵循“破除壁垒、有序竞争、优势互补、合作共赢”的原则，发起设立以企业为主体、高等院校与科研院所积极参与的水环境治理产业联盟。通过促进产业链上中下游资源共享、资金融通、信息交流、相互协作，协助联盟会员解决发展中遇到的问题，加速科技成果转化，拓展企业发展空间。

二是鼓励对外开放合作。引导水环境治理骨干企业“走出去”，在国内外寻找协同创新战略合作伙伴，“飞地”自建、联建研发机构，不断扩大协同创新合作领域、提升合作层次、延伸合作深度、提高合作效果。

三是打造产业联合体。整合资金、技术、管理和服务，通过企企（国企与民企、民企之间）、企院、企校、企队（专业运营管理服务团队）协作，联合参与水环境治理市场竞争，提供领域综合化、项目规模化、建设运行一体化、专业技术复合化的水环境治理全面解决方案，承接省内外大中型水环境综合治理项目。

（六）积极引导社会资本进入水污染治理市场

1. 逐步打破区域水环境治理市场进入壁垒

探索改革污水处理特许经营权制度，调整基础设施建设与污水治理市场捆绑打包的做法，打破特许经营权形成的区域市场进入壁垒。鼓励和引导社会资本尤其是水环境治理装备、产品、服务供给企业延长产业链条，参与公共排污排水管道等基础设施、污水处理厂、河道治理等公共事业建设运营；定期公布基础设施、公共事业建设特许经营项目名单，采用招标、竞争性谈判等竞争方式选择特许经营者，为水环境治理民营企业提供公平的市场进入机会；健全环保工程设计、建设、运营等领域招投标管理办法和技术标准。

2. 加大政府水环境治理产品和服务采购力度

完善政府绿色采购清单，建立水环境治理名优产品库，优先将列入名优产品库的水环境治理产品和服务列入节能环保产品政府采购清单和资源综合利用产品、重大环保技术装备目录等鼓励类产业（产品）目录。严格落实优先采购和强制采购节能环保产品的政府采购政策，进一步扩大各级政府采购中水环境治理产品和服务的比例。

3. 加大示范推广力度

一是编制水环境治理产业示范企业目录，降低目录企业在市政污水处理工程、水供应、小流域污染综合治理、农村面源污染防治等领域的准入门槛，优先选择目录企业参与市域内水环境治理示范项目，帮助目录企业形成产品示范、技术示范、建设运营服务示范等效应。

二是编制水环境治理技术指导目录，加快转化应用与推广示范一批先进、适用的水环境治理技术成果，以供有水污染治理技术和服务需求的各类业主选择参考。

（四川省统计局　四川省社会科学院）

基于“互联网+”的四川省精准扶贫模式与对策研究

2014年，国务院印发了《建立精准扶贫工作机制实施方案》，2015年中央“一号文件”提出大力推进农村扶贫开发，加快农村贫困人口脱贫致富步伐，推进精准扶贫，从国家宏观层面已对精准扶贫的顶层设计、具体工作机制作了战略性部属。

党的十八大以来，四川省委、省政府把脱贫攻坚作为全省工作的头等大事统筹推进。鲜明提出“四个好”工作目标，把精准扶贫、精准脱贫作为主攻方向。省委一号文件提出：全省每年减少农村贫困人口100万人左右，到2020年全面消除绝对贫困。

目前，“互联网+精准扶贫”已成为贫困地区脱贫奔富的重要引擎和有力抓手。2015年9月，四川省在全国率先建成了“全光网省”，有了全光网络的支撑，使乡村贫困地区运用“互联网+”开展扶贫成为可能。2016年5月，四川省又率先发布了“网络强省”行动计划。四川省依托全光网优势，厚植“信息扶贫”理念，结合“宽带乡村”“普遍服务”等项目，花大力气解决农村宽带问题，消除城乡数字鸿沟，降低贫困群众享受信息生活门槛，打通精准扶贫的“最后一公里”。

一、四川省“互联网+精准扶贫”实践中存在的问题

四川省是全国脱贫攻坚重点省份之一，贫困人口数量大、涉及面广、贫困程度深，扶贫任务重。全省共有88个贫困县，其中36个国贫县，20个深度贫困县，160个县有扶贫任务。全省贫困村11501个，有建档立卡贫困户的非贫困村26251个，2015年底建档立卡贫困人口380万人。2016年年底，全省农村贫困人口从2012年年底的750万人减少到272万人，贫困发生率从11.5%下降到4.3%。

经过历年的脱贫攻坚和精准扶贫，四川省探索了一些卓有成效的扶贫模式，积累了一定的经验，但也要充分认识到精准扶贫工作面临的困难和存在的问题。现在离2020年全面建成小康社会只剩下3年时间，全省还有100多万农村贫困人口尚未实现脱贫，而且剩下的大都是贫中之贫的“硬骨头”。对已退出的贫困村和脱贫的贫困户，巩固脱贫成果、防止返贫也面临着不小的压力。受经济水平、社会基础以及资源保障等综合因素的影响，四川省贫困落后地区“互联网+精准扶贫”存在互联网意识薄弱、互联网应用产业化能力不足等现实短板。

（一）互联网意识薄弱，认同感不强

浙江、江苏、广东等较发达地区互联网相关产业发展速度较快，涌现了例如遂昌、揭阳等一批具有示范效应的“淘宝村”。而四川省的很多贫困地区互联网的普及率低于一些发达地区，政府、企业以及农民思想较为传统，互联网意识薄弱，对“互联网+扶贫”的认同感不强。经过对各县乡政府门户网站上出台的政策公示进行收集整理后，我们发现很多地方对互联网扶贫的认同感不强，没有这方面的扶持政策。

（二）文化素质偏低，专业人才短缺

“互联网+精准扶贫”涉及金融、供应链管理、营销等一系列的专业知识领域。而贫困地区的人才往往外流严重，大部分年轻人均在外务工，农村现有的劳动力少，多为留守老人和儿童，这也是造成贫困的原因之一。由于文化素质偏低，普遍为中小学文化水平甚至存在部分文盲，智能手机的使用都未普及，更不用说使用电脑上网操作了，再加上没有专业人员技术上的指导，即使有创业的条件也无法真正实现。

（三）互联网应用产业化能力不足

总体来看，四川省贫困地区的互联网应用产业化能力还十分不足，互联网在扶贫开发中的支撑带动作用有待提升。一是应用研发和创新投入不足。农业领域相关应用的研发和集成创新明显不足，技术成果转化率和产业化程度不高。互联网企业、软件服务企业、电信运营商对农业领域特别是生产环节的布局缺乏动力。农业生产主体对互联网新产品、新应用、新模式缺乏敏感度，供需双方普遍没有形成良性互动，进一步制约了农业领域互联网应用的产业化推广。二是使用技能不足。由于四川省贫困地区的互联网知识技能缺乏专业培训，使得农民互联网使用技能明显不足，成为农民使用互联网脱贫致富的一大瓶颈。

（四）农村金融服务匮乏

农村产业升级和结构调整需要大量资金的支持，而农村发展内部资金不足，迫切需要社会外部资金的注入。近年来，随着对农村金融的重视，国家开展了普惠金融等业务，农村金融服务有了一定程度的发展，但是这种措施都是先在金融产业发达的地区先行先试，对真正贫困的农村地区来说，金融服务仍存在服务机构少、业务单一、农民贷款难、支付汇兑不便、金融知识政策难以普及等普遍问题，并未真正、彻底满足村民的金融服务需求，解决农村金融服务匮乏问题任重道远。

（五）产品同质化严重，品牌效应不强

在传统销售渠道上，农户对蔬菜瓜果等农产品的品牌意识不强，比如说在农贸市场、超市里，除了进口农产品和本土农产品的区别外，几乎不需要其他品牌识别的需要。但是通过互联网销售农产品、开展涉农项目，消费者其实会面临更多的选择，这时候就会凸显品牌效应。多数农户只关注农产品的生产、加工，而缺乏品牌

意识，没有营销方面专业知识的积累，产品同质化严重，没有竞争优势，即使有好的产品，也卖不出好的价格。

（六）缺乏规范监管，食品安全存在问题

农民创业一般以个体或家庭、家族为单位，从事生产、加工、销售。与工业不同，农产品没有像工业品一样进行标准化生产，再加上通过互联网渠道进行销售，客户很难判断产品的优劣和安全性。曾有新闻报道农户生产过程中利用大量化肥农药来降低成本、提高产量，而对自己食用的部分产品则使用农家肥。消费者在网购时无法对农产品进行鉴别，存在食品安全风险。农村农产品监管不足，农产品质量得不到保证，是制约农产品提高质量、增加销量的重大问题。

二、“互联网+”背景下的精准扶贫模式研究

四川农村贫困区域“面大、量大、程度深”，利用“互联网+”手段消除城乡数字鸿沟，推动农村产业转型升级，聚合优质资源投向农村，农村信息服务便捷普惠，显得更为迫切。

“互联网+精准扶贫”将整合全省扶贫资源，形成统一开放的精准扶贫云平台，以互联网思维架构起面向产业集群和区域发展需求的精准扶贫综合服务体系，包括企业、科研院所、扶贫人才、扶贫信贷、仪器设备、文献专利、技术成果、扶贫场地、中介组织机构、政务政策等人、财、物方方面面的资源信息。“互联网+精准扶贫”囊括多种形式的扶贫模式，服务于脱贫攻坚，集聚扶贫资源，提高扶贫效率。

（一）“互联网+电商精准扶贫”

“互联网+电商精准扶贫”推动了农产品供需双方直接对接，沟通了生产者与消费者之间的共享纽带，不仅改善了贫困村农产品滞销田间地头的困局，还让四川群众分享电子商务发展红利，满足了城市居民对原产地生态农产品的需求，为最终实现四川互联网电商精准扶贫规模化、产业化目标奠定基础。目前，四川省贫困地区“互联网+电商精准扶贫”正日益发挥出独特而强大的扶贫功能，不断扩大农特产品的销售渠道，促进了农村加工物流业的发展，深刻地改变着贫困地区的产业发展格局和贫困群众的生产生活方式。

（二）“互联网+数字农村管理系统精准扶贫”

“互联网+精准扶贫”还要把互联网手段、互联网思维深刻地融入扶贫工作，例如建立“互联网+数字农村管理系统精准扶贫”模式。该模式是通过将贫困区域农村土地、气象、矿产、水利设施、地质灾害等基础数据信息录入系统之后，形成区域性的涉农大数据的动态、综合管理。“数字农村管理系统”中的各类信息是扶贫工作的“活字典”，可在几分钟内生成贫困户台账，随时可对扶贫工作进行动态管理，不仅其效率比过去要高 10 倍以上，而且更全面、更准确。因此，四川省的

精准扶贫工作有必要搭上“数字农村管理系统”的快车，切实推进贫困区域农村的精准扶贫工作。

（三）“互联网＋乡村旅游精准扶贫”

四川要打赢扶贫开发攻坚战，不仅有必要在乡村旅游发展中进一步牢固树立“绿水青山就是金山银山”的理念和筑牢贫田地区持续发展的生态本底，而且有必要通过“互联网＋乡村旅游精准扶贫”的模式，发挥政府在乡村旅游发展中的科学规划主导作用，大力抓好乡村智慧旅游的品牌营销，大力提高乡村智慧旅游服务的质量和水平。

（四）“互联网＋金融精准扶贫”

互联网金融给广大农村的贫困人口创造了前所未有的储蓄、借款、投资、生产、经营、创收的机会。有必要通过充分利用移动互联手段，拓展金融精准扶贫的空间，为农户提供各种农产品买卖的相关金融信息，在解决广大农村贫困户的农产品供应信息不对称等问题的同时，使其“互联网＋金融精准扶贫”的“网络效应”作用能够最大限度地发挥。

（五）“互联网＋教育精准扶贫”

授人以鱼，不如授人以渔。互联网提供从幼儿到成年人各阶段各学科的名校教育资源。扶贫先扶智，通过“互联网＋教育精准扶贫”，实现优质教学资源共享，助力全省教育资源均等化，可以让更多的农村孩子享受到与城里孩子一样的良好教育，阻断贫困的代际传递。

（六）“互联网＋医疗精准扶贫”

在贫困人口中，因病致贫、因病返贫现象普遍存在。“互联网＋医疗精准扶贫”以互联网技术为纽带，实施基层医疗机构信息化改造，打造“基层医通”平台，实现网络门诊、线上付费、检查预约、住院床位预约、药物配送、慢病随访等服务，从而解决医疗卫生信息化的难题。同时将“新农合”报销入口延伸至电信村级服务站和益农社，为广大农村群众提供便捷通道，降低医疗成本。推进全省分级诊疗，通过信息化手段支撑全省各级医院实现互联、远程会诊资源共享双向转诊等功能，缓解农村地区优质医疗资源欠缺问题，让“家庭医生”走进农村，基于电视、手机等终端，通过视频应用实现远程问诊，防止小病拖成大病。

三、“互联网＋”背景下加快推进精准扶贫的对策建议

（一）以互联网思维提升精准扶贫服务水平

以互联网思维武装扶贫主导者的思想，利用互联网为政府赋能、为群众赋权，不仅可以引导群众知网触网，更可以为精准扶贫提供更高效的服务。

1. 畅通信息渠道

“互联网+”可以为扶贫对象提供更及时有效的信息。设立扶贫对象数据中心，创新信息发布渠道，加强政策宣传力度，提高贫困群众的组织化率和信息化率，对接各方资源，实时更新情况，对单个贫困户采取有针对性的帮扶措施。

2. 拓展服务维度

积极推动网上办事大厅及政府权力清单建设，推进网上办事反馈测评机制，以互联网信息透明倒逼政府简化办事流程，推进电子政务、电子村务、便民服务、电子农务、网上培训等，让群众享受远程办事及服务。

3. 整合各方资源

通过互联网整合各方人力、财力、物力资源，构建有利于消除贫困的组合机制。政府可通过创建本地的大数据中心，为精准扶贫提供基本数据分析材料；也可通过推进“互联网众筹扶贫”等，鼓励社会各方力量以不同方式为贫困人口就业创业提供相关资助。

（二）提升人才素质，培育专业人才

扶贫工作的重要性、持久性和复杂性决定了扶贫人才培养的艰巨性。无论是贫困地区内部人才培养还是外部扶贫人才引进，首先需要从培养其长期坚守、合作共赢、扎根基层的扶贫理念着手，打造扶贫人才团队。重视扶贫人才自身培养与外部引进相结合，制定和实施相互促进的长效培养约束机制，让扶贫人才的自身价值与社会价值共同得到体现，让扶贫人才的个人利益与扶贫地区的社会利益都能得到保障。

1. 提升乡村教师素质，充实教师队伍

以贫困地区乡村师资建设为重点，加强与师范学院的联系，积极引导大学生面向生源地农村学校就业，为贫困县招聘补充特岗教师。建立乡村教师生活保障制度，向贫困县的义务教育阶段乡村教师发放生活补助，定期给乡村教师进行免费体检，建立乡村教师重大疾病救助机制，保障乡村教师和经济困难教师待遇。加强城乡教育联盟管理，大力推进县（市、区）域内义务教育学校校长教师交流轮岗，引导优秀校长和骨干教师向乡村学校流动。教育培训向贫困地区倾斜，组织开展教学点教师专项培训和贫困县特岗教师培训，送教下乡。

2. 抓好职业教育扶贫培训

面向大小凉山彝区、高原藏区等生态脆弱地区贫困家庭的劳动力，根据不同地域特征和实际需求，采取“分段式”“点餐式”“走出去，引进来”“理论+实训”等多种形式，开展职业教育精准培训。保障学员接受全程免费职业教育，学到一技之长，走出贫困地区就业创业，实现“培训一人，就业一个，脱贫一家”。

3. 构建具备信息动态跟踪的扶贫人才培养监督反馈机制

对于扶贫人才管理一方面要加大支持力度，让基层需要的扶贫人才下得去、干得好；另一方面，要加强扶贫人才信息的动态管理和监督，增强针对性，避免应付任务、走过场、虚造声势等现象的发生。构建能够及时了解掌握扶贫人才对贫困地区经济发展、科技利用、教育培训及文化建设等具体推动作用的信息系统，对扶贫人才做到人人有档案、人人有跟踪、人人有进展。监督反馈要做到及时有效，发现扶贫人才培养盲区、工作难点及流失原因，充分利用监督反馈信息指导推动扶贫工作攻坚破难，促使扶贫人才与贫困地区共同发展、利益共享、实现双赢。

（三）提高互联网应用产业化能力

对大多数困难群众而言，依托现有产业，增加既有产业附加值是实现增收更普遍的做法。提高互联网应用产业化能力，要采取政府主导、企业参与、民间融资的方式。要加大互联网思维的普及，提高农民运用互联网技术的能力，为农户的生产、销售等提供系列化的指导；大力改善交通及基础网络设施，统筹支持物流、快递公司分支机构或服务站点入驻乡镇、中心村，广泛推行无线网络覆盖城乡公共场所；大力推动电商安家工程，组建电商创业孵化中心，打造电商聚集区；通过政府购买服务的方式，创建政府主导的电商公共服务平台，培养本地运营商等，实现贫困地区农畜特色产品、民俗文化产品等网络交易变现。

1. 鼓励农民工、大学生返乡创业

通过简化手续办理、降低返乡创业门槛、税收减免优惠、给予财政补贴、提供就业创业帮扶等一系列政策激励在外务工的农民工和在外求学的大学生积极返乡创业，响应大众创业、万众创新的号召，为农村经济发展注入新的活力。

2. 促进贫困人口就业

针对相当比例的贫困人口无法外出务工或从事高强度体力劳动，政府可以通过“云服务”平台建设，将线下生产消费与远程线上服务结合起来。贫困群众可以按照线上订单要求进行来料加工或来样加工，为线上消费者提供个性化服务，也可以为线上企业提供售后、市场调查等线下服务。

3. 搭建贫困群众“网创”平台

贫困人口文化知识、技能水平普遍较低，资金积累少，创业动力不足。政府要将“电商扶贫”作为实施精准扶贫的一项主要内容，精心部署安排。对于适合互联网创业的困难群众，政府要顺势而为，找准着力点，激活贫困群众“网创”欲求，实现增收。要将救助性扶贫与开发式扶贫相结合，推行“扶持+孵化+服务”，对贫困家庭电商创业进行全方位、多角度扶持。可以通过邀请电商专家讲课培训，组织群众代表外出考察，组织本地电商团队座谈。充分利用媒体和各类培训、会议、活动宣讲网上创业知识和互联网创业成功脱贫典型，放大“互联网+精准扶贫”示范效应，有效营造“互联网+精准扶贫”的有利环境。

（四）建立金融支持和监管体系

整合各类扶贫发展资金，形成多元化投入机制。持续加大扶贫投入，拓宽资金筹集渠道，加强扶贫投入资金的管理，构建和完善以政府投入为引导、农业企业投入为主体、金融贷款为支撑、社会筹资为辅助的多元化扶贫资金投入体系。

加强对金融服务的支持，树立普惠金融理念，推动农村金融服务建设，培育农村金融市场，给予农村金融税收优惠、政策支持，来充分调动金融机构为农村提供金融服务的积极性。同时适当开发对互联网金融众筹、P2P项目的接入，多渠道筹集资金，盘活社会闲置资金下乡。

完善对农村金融的监管和风险防控机制，创新农村金融监管方式手段，加大对农村金融监管成本的投入，提高监管人员素质。在规范农村金融资金来源、用途的同时要保留其灵活性。针对农民建立符合农村特色的征信体系，便于对其进行监管。

（五）实现农产品品牌化、差异化

在“互联网+”时代，用品牌拉动农产品的价值，将贫困地区的原生态因素变成优势，原来的“资源限制”变成“经济优势”。一方面要依托互联网增加农产品的销量，另一方面要通过产品的品牌化运作提高农产品的附加值。在同质化的市场，要根据本地自然资源、生产条件和产业基础情况，充分发挥比较优势，大力发展有利于贫困农户增收致富的产业项目，积极借助新媒体渠道宣传当地特色文化和旅游资源，将特色人文资源同特色农产品结合起来，在包装“地域品牌”的同时，积极打造独创品牌。

（六）加强农产品安全标准检测

加强农产品交易标准、质量追溯及经营主体诚信体系建设、QS和“三品一标”认证等供应链监管服务。严格执行《食品安全法》等法律法规，加大农产品认证、质检等政府信息公开力度，对产品质量、安全等进行监测，对市场进行统一规划整治，有效解决互联网销售的营销信用问题。要用互联网思维提前谋划产业主攻方向与产品销售渠道，以服务集成提高农产品线上转化率，并在此过程中培训引导贫困人群，实现“输血”与“造血”同步。同时组建质检团队，不定期地对当地农户生产的农副产品进行抽查检验，通过处罚机制和征信体系，来保证法律规范的落实执行。

（四川省统计局　西南财经大学）

四川省民营经济竞争力研究

近年来，四川省民营经济整体呈较快发展态势，经济规模日益扩大，经济总量持续增加，占全省地区生产总值比重自 2007 年首次超过 50%以来逐年稳步提高，已成为全省经济的重要中坚力量和新常态时期全省经济“稳中求进”的重要基础。“十三五”期间，四川省民营经济发展将以供给侧结构性改革为主线，以壮大市场主体为基础，以优化发展环境为保障，努力实现做多做大、做优做强。民营经济是推动四川经济发展的主战场，是扩大就业的主渠道，是推进科技创新的生力军。民营经济持续健康发展及提升其竞争力已成为关乎四川经济能否“稳中求进”“求突破、上台阶”、提升区域综合竞争力的关键问题。

一、四川省民营经济运行现状

（一）四川省民营经济总量大、占比高

近五年，四川省民营经济增加值稳步上升，占全省地区生产总值比重均超过 59%以上，其中 2016 年民营经济增加值更高达 19863.3 亿元，总量近两万亿，比上年增长 8.1%，占全省地区生产总值比重超过 60%。其中，第一产业增加值 1562.7 亿元，增长 2.4%；第二产业增加值 11399.2 亿元，增长 8.2%；第三产业增加值 6901.4 亿元，增长 9.3%。

表 1　2012—2016 年四川省民营经济增加值及占比

指标	2012 年	2013 年	2014 年	2015 年	2016 年
民营经济增加值（亿元）	14062.6	15689.9	17195.4	18266.0	19863.3
占全省 GDP 比重	59.0%	59.8%	60.3%	60.7%	60.8%

数据来源：根据 2012—2016 年《四川省国民经济和社会发展统计公报》整理。

（二）产业结构“二、三、一”分布特征明显

四川省民营经济产业结构呈“二、三、一”分布，但以现代服务业为代表的第三产业占比稳步提升。2016 年，四川省民营经济三次产业结构为 8∶57∶35，第三产业比 2012 年提高 6 个百分点，第二产业比 2012 年降低 5 个百分点，第一产业比 2012 年降低 1 个百分点。整体看，民营经济在第二产业的优势最为显著，各年占

比都超过了50%，但第二产业占比呈缓慢下降趋势，逐渐由工业单产独大的产业结构向工业和服务业双主导的新型产业结构转型。伴随着经济转型升级和提质增效，四川省民营经济第二产业正经历以资源占有驱动向创新驱动的传统产业转型和先进制造业成长的交替过程；第三产业占比呈稳步提升态势，但离现代产业结构优化升级“三、二、一”的产业结构分布还有很大差距，服务业还未成为民营经济的主导产业。

表2　2012—2016年四川省民营经济产业结构表

指标	2012年	2013年	2014年	2015年	2016年
民营经济增加值（亿元）	14062.6	15689.9	17195.4	18266.0	19863.3
其中：第一产业（亿元）	1320.3	1359.1	1422.1	1473.8	1562.7
第二产业（亿元）	8721.6	9706.6	10549.6	10637.8	11399.2
第三产业（亿元）	4020.7	4624.2	5223.8	6154.4	6901.4
三产比例	9∶62∶29	9∶62∶29	8∶61∶31	8∶58∶34	8∶57∶35

数据来源：根据2012—2016年《四川省国民经济和社会发展统计公报》整理。

（三）四川省民营经济贸易顺差优势显著

2015—2016年，在国际国内经济形势更加复杂严峻、不确定和不稳定因素不断增多的大环境下，四川全省进出口总额为负增长，2016年呈现降幅逐季收窄的趋势。2017年第一季度呈现跳跃式正增长，但增长趋势呈收窄趋势，下半年外贸“稳中求进”任务艰巨（如图1所示）。

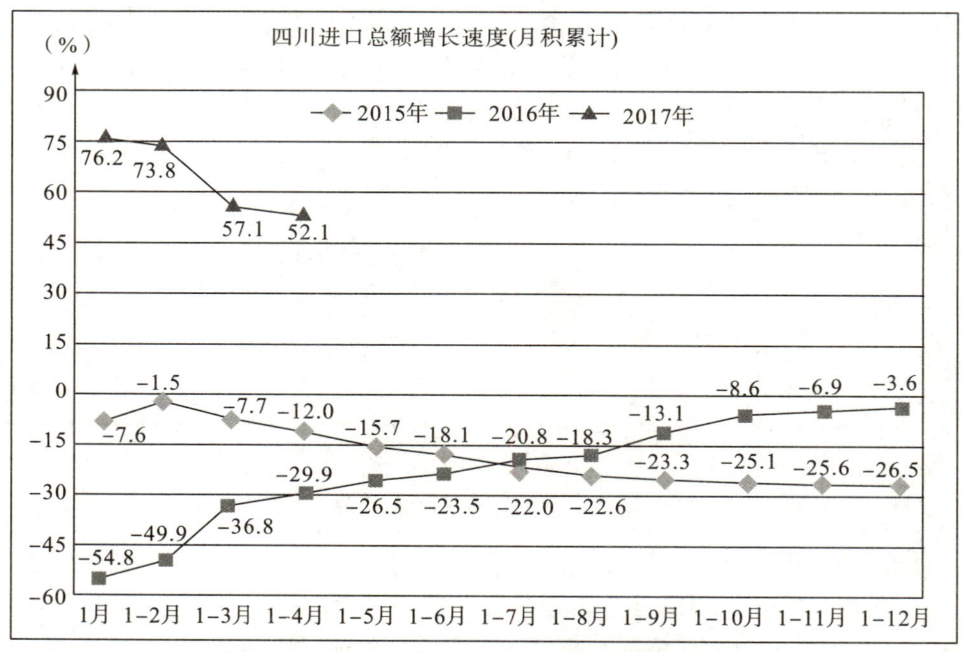

图1　2015—2017年四川省进出口总额增长曲线图

数据来源：根据四川省统计局数据整理。

从市场主体分析四川出口额可以发现：民营经济出口总额呈现出近两年下滑后迅速复苏的趋势。2015 年、2016 年民营经济出口同比分别下降了 28.3%、33.2%，2017 年上半年则有一次逆袭，同比上升了 75.8%，同比升幅位列第一。四川省民营经济出口规模和占比均位于外资企业和国有企业之间，2015—2017（1—6 月）年占比分别为 42.4%、33.2%、30.9%，与全国民营企业出口占比保持首位还有一定差距。

从市场主体分析四川省进口额可以发现：民营经济进口总额也呈现出近两年下滑后复苏的趋势。2015、2016 年民营经济进口同比分别下降了 47%、18.6%，2017 年上半年则同比上升了 42.7%。2015—2017（1—6 月）年民营经济进口额占比分别为 23.2%、15.6%、14.6%（见表 3）。

从市场主体分析四川省贸易差额可以发现：民营经济已成为全川贸易顺差的重要支撑力量，在出口方面的生机和活力尤其凸显。民营经济整体出口活力优于进口，2015—2017（1—6 月）年民营经济顺差额分别为 992126 万美元、594903 万美元、196.28 亿元，呈现明显的外贸顺差，成为全川出口创汇的中坚力量。

表 3　2015—2017（1—6 月）年四川省进出口状况

指标		出口			进口		
		国有企业	外资企业	民营企业	国有企业	外资企业	民营企业
2015 年	金额（万美元）	392482	1527977	1414685	255445	1146153	422559
	同比±%	−16.4	−25.1	−28.3	−26.2	−17.8	−47.0
	占比%	11.8	45.8	42.4	14.0	62.8	23.2
2016 年	金额（万美元）	276981	1589850	927727	272843	1532919	332824
	同比±%	−29.4	4.0	−33.2	7.0	33.8	−18.6
	占比%	9.9	56.9	33.2	12.8	71.7	15.6
2017 年 1—6 月	金额（亿元）	92.32	670.46	341.24	150.21	699.47	144.96
	同比±%	2.0	52.4	75.8	104.4	68.0	42.7
	占比%	8.4	60.7	30.9	15.1	70.3	14.6

数据来源：根据四川省商务厅数据整理。

（四）四川省民营企业数量多、从业人数增幅高

根据国家统计局数据，四川省 2014 年私营企业数量为 64.17 万户，该年度私营企业从业人员为 514.90 万人；2015 年私营企业数量为 78.09 万户，从业人数为 817.88 万人，私营企业数年增幅为 21.7%，私营企业从业人数年增幅高达 58.84%。

二、四川省民营经济竞争环境分析

党的十八大以来，“稳中求进”始终是党和政府坚持的经济工作总基调。国家发改委、外交部、商务部三部委 2015 年联合发布了《推动共建丝绸之路经济带和 21 世纪海上丝绸之路的愿景与行动》，“一带一路”作为国家发展战略全面加速推进。2016 年，党中央、国务院决定，在四川等 7 个省新设立自由贸易试验区。为积极融入“一带一路”和长江经济带战略，加快融入国内外产业链和价值链，中国（四川）自由贸易试验区的落地实施将成为落实中央关于加大西部地区门户城市开放力度以及建设内陆开放战略支撑带的着力点，将四川打造成内陆开放型经济高地，实现内陆与沿海沿边沿江协同开放，汇聚形成更多的人流、物流、资金流和信息流，打造“走出去”的大通道和“引进来”的强磁场。作为四川经济增长生力军，民营经济应充分重视竞争环境的急剧变化，以及环境变化带来的新机遇和新挑战。对民营经济来说，判断竞争环境的变化，规避威胁，抓住机会就成为休戚相关的重大问题。

（一）竞争环境 PEST 分析

1. 政治环境（P）

随着政治和经济体制改革的全面深入，党和国家对民营经济的认识不断实现理论上的新突破，中央和四川省人民政府制定和出台了一系列鼓励和促进民营经济快速发展的政策措施，解决民营经济发展体制障碍，为民营经济发展营造良好宽松的政策法律环境，更加保护好民营企业的合法权益，充分调动了民营企业的积极性，促进民营经济更健康地发展。

国家层面促进民营经济发展的政策：国务院 2009 年颁布的《关于进一步促进中小企业发展的若干意见》（国发〔2009〕36 号）、国务院办公厅颁布的《关于金融支持小微企业发展的实施意见》（国办发〔2013〕87 号）、国务院颁布的《关于促进市场公平竞争维护市场正常秩序的若干意见》（国发〔2014〕20 号）、《中小企业发展专项资金管理暂行办法》（财企〔2014〕38 号）等一系列相关政策文件，为促进我国民营企业快速发展，形成了大力发展民营经济的共识，为我国中小企业提供了一个良好的发展环境与平台。

省级层面促进民营经济发展的政策：四川省人民政府 2009 年颁布了《关于加快中小企业发展的决定》（川府发〔2009〕11 号）、2010 年颁布了《关于进一步支持中小企业加快发展的意见》（川府函〔2010〕162 号）、2014 年印发了《支持民营经济发展十五条措施》（下称“川 15 条”）的通知（川办发〔2014〕72 号）、2016 年印发了《促进民营企业建立现代企业制度实施方案》（川办发〔2016〕9 号）、《关于进一步促进民间投资健康发展的意见》（川府发〔2016〕38 号）等相关政策文件。其中，“川 15 条”从扩大民间投资领域、支持民营企业参与国有企业改革、加大小微企业贷款支持等十五个方面支持民营经济发展，凡法律没有明令禁止的行业和领域，一律对民间投资开放，并鼓励社会资本参与示范性重大项目，支持民营企业参与国有企业改革。

政策环境优势：从政策环境看，中央和四川省人民政府均从政策、税收、资金等方面全方位鼓励支持中小企业持续发展，挖掘民营经济发展潜力，使民营经济发展更上一个台阶，为促进四川省民营经济产业结构升级、产业集聚、产业链整合提供了良好的发展环境。当前，国内产业呈现出由东部沿海向中西部内陆地区梯度转移的特征，四川省民营经济应通过借鉴浙江以及东部沿海地区民营经济发展的经验和模式，结合自身的发展特色，培育新兴产业，打造四川省民营企业品牌，锐意创新，探索出一条适合四川省民营经济的发展的道路。但良好宽松的政策环境不仅给四川省民营经济发展带来了机遇，同时也带来了挑战。

2. 经济环境（E）

公平有序的竞争环境：“十三五”期间，四川省民营经济发展将以供给侧结构性改革为主线，以壮大市场主线为基础，以优化发展环境为保障，依法保护民营企业投资者、经营者和从业人员的合法权益，让民营企业放心投资发展。加大整顿和规范市场经济秩序，加强社会信用体系建设，严厉打击制假售假、偷税漏税和各种商业欺诈等违法犯罪行为，制止各类不正当竞争。公正文明执法，严禁非法干涉民营企业的正常生产经营活动。这些都为四川省民营经济的发展营造了良好的外部经济环境，创造了健康有序的市场竞争环境。

日益改善的投资环境：随着投资环境的不断改善，四川民间投资日趋活跃，成为推动全省投资增长的主要动力。垄断行业的不断改革，使得民营企业越来越多地参与国有企业改革。民营企业缺乏足够的资金支持，政府出台了一系列对中小企业资金支持、税收优惠的政策，帮助中小企业解决融资困难问题。国内外更多的大企业选择落户四川，提升了四川省民营经济的发展台阶，开阔了眼界，带来了提升自己的机会，从而产生更多的产业集。

蕴含潜力的产业结构升级空间：2016 年四川省民营经济三产比例为 8∶57∶35，仍呈明显的“二、三、一”产业结构分布特征，与浙江省民营经济典型的“三、二、一”产业结构相比还有很大的产业机构升级潜力。与浙江省民营经济相比，四川省民营经济起步晚，发展滞后，规模较小，区域分散，部分民营企业投资项目重复率较高，同质化竞争严重，个性化不足，制度技术创新乏力，缺乏整合的产业链。因此，四川省民营经济必须重点进行产业结构升级，大力推进创新，不断突破自我，实现持续快速的发展。

3. 社会环境（S）

开放包容的社会环境：民营经济的持续发展离不开稳定和开放包容的社会环

境、公平有序的市场环境和不断完善的市场体系。随着四川经济实力的增强，越来越多的民营企业开始“走出去”，不断参与国际市场竞争，获得全球资源优化配置带来的利益，汲取国外先进的生产技术和经营理念。2016 年四川全年实际利用外资 85.5 亿美元，比上年下降 18.1%。新批外商直接投资企业 331 家，累计批准 11122 家。外商投资直接到位资金 80.3 亿美元，落户四川的境外世界 500 强企业达 232 家，年末驻川外国领事机构 16 家。全年进出口总额 493.3 亿美元，比上年下降 3.6%。其中，出口额 279.5 亿美元，下降 15.6%；进口额 213.9 亿美元，增长 18.2%。

增加就业的主渠道：民营经济机制灵活，数量众多，吸纳了大量的农村富余劳动力和城镇下岗分流人员，已成为四川增加就业机会的主渠道。就业率的提升，就业压力的减缓，城乡居民收入的增加，共同促进了社会环境的安定。2016 年，全省居民人均可支配收入 18808 元，比上年增长 9.2%；农村居民人均可支配收入 11203 元，比上年增加 956 元，增长 9.3%。

4. 技术环境（T）

技术外溢效应日益显现：产业转移是技术和管理经营模式传递和转移的重要路径。四川在承接国内外产业转移和融入国际市场的过程中，模仿、消化、吸收国内外先进技术和管理经验，技术外溢效应日益发挥效果，逐步缩小与发达地区的技术差距，促进产业升级。

循环经济助推产业升级：《循环经济促进法》《循环发展引领行动》等一系列高层次循环经济法律法规和纲领性文件都在引导民营经济将高新技术转换为绿色生产力，大力推进节能减排和清洁生产，提升经济效益，助推产业升级，生产高效、节能、绿色环保产品。

表 4　四川省民营经济竞争环境的 PEST 分析

	竞争环境 PEST 分析
P：政治环境	政治稳定 国家宏观政策大力推进民营经济发展 省域政策“川 15 条”等助推民营经济上台阶
E：经济环境	公平有序的竞争环境 日益改善的投资环境 潜力巨大的产业结构升级空间
S：社会环境	开放包容的社会环境 创造众多的就业机会
T：技术环境	技术外溢效应日益显现 国家对科技开发支持将促进民营企业转移过剩产业、提升创新能力

（二）竞争环境SWOT分析

1. 优势（S）

政策优势：国家和地方针对民营企业颁布的《关于进一步促进中小企业发展的若干意见》（国发〔2009〕36号）、《关于进一步支持中小企业加快发展的意见》（川府函〔2010〕162号）、“川15条”、《促进民营企业建立现代企业制度实施方案》（川办发〔2016〕9号）等一系列相关文件为四川省民营经济发展提供了强有力的政策支持、财政金融优惠，为民营经济发展创造了良好的法治环境。市场经济是法制经济，这些政策的实施有利于创造公平、公正的法制环境和健康有序的市场竞争环境，为民营经济快速发展提供了有力的保障，能够保护民营企业投资者、经营者和从业人员的合法权益，让民营企业放心投资发展。

经济优势：民营经济是促进四川经济“稳中求进”、持续发展的中坚力量。2007年，民营经济增加值占全省地区生产总值比重首次超过50%，自此以来民营经济成为四川经济的重要组成部分，2016年四川省民营经济增加值19863.3亿元，比上年增长8.1%，占地区生产总值比重达60.8%，对地区生产总值增长的贡献率为63.9%。

资源优势：四川蕴含丰富的水利资源，是中国最大的水电开发基地，技术可开发量1.1亿千瓦，占全国的26%，居全国首位。四川矿产资源种类较为齐全，已知矿产132种，占全国总数的70%。32种矿产保有储量居全国前5位，钒、钛、锂、银、硫铁矿、天然气等11种矿产储量居全国第一。钛储量占世界总储量的82%，钒储量占世界总储量的1/3，天然气储量7万亿立方米。四川生物物种多样化，是全国乃至世界珍贵的生物基因库之一，有高等植物近万种，占全国总数的1/3，是中国三大林区之一；天然中药材4500余种，是全国最大的中药材基地。这些得天独厚的资源优势为民营经济的发展提供了坚实雄厚的物质基础。

区位优势：四川作为支撑“一带一路”国家倡议的互联互通枢纽和经济腹地，随着“一带一路”倡议、长江经济带战略、四川（内陆）自由贸易区的深入实施，国家在基础设施互联互通、国际区域合作、产业融合布局等方面的支持力度将不断加大，四川的区位优势将更加凸显。

基础设施优势：“十二五”期间，四川基础设施建设取得了显著进步，过去的“蜀道难”已渐渐改造为“蜀道通”“蜀道易”，为民营经济发展提供了便捷的物流基础设施。西部综合交通枢纽建设进展顺利，全省铁路营运里程达到3514千米，建成和在建高速公路6537千米，国省干线公路累计改造1.3万千米，水路通航总里程达到11003千米，航空货邮吞吐量保持年均4%的增长，年新开辟国际（地区）航线3条以上，成都双流机场二跑道及新航站楼业已投入运营，成都第二机场已在建设当中；五大经济区和四大城市群高速公路更加优化，连接内地91%的县市区，惠及全省91%的人口，覆盖全省94%的经济总量。西南地区首个集铁路、地铁、公交等于一体的现代化综合交通枢纽成都东客站的运营，可实现“零换乘”，是四川从单一运输方式向立体综合运输体系转变的标志。

劳动力、人才优势：根据四川省2016年年底人口统计数据，2016年全省出生人口86.1万人，人口出生率1.048%，人口自然增长率0.349%。四川省民营企业的发展离不开大量的劳动力的支持，民营经济的发展也解决了大部分就业问题。随着民营经济发展规模的不断壮大，需要吸纳更多的劳动力。四川丰富的劳动力资源为民营经济的快速发展提供了坚强的后盾。四川还拥有雄厚的科技研发实力，有包括四川大学、西南交通大学、电子科技大学、西南财经大学等4大部属院校以及社科院在内的共计20余所高校和科研院所，有各级各类研发机构数百家，是西部地区重要的科研基地。四川有举世闻名的西昌卫星发射基地，有西部“硅谷”绵阳科学电子城等。人才资源和研发能力的集中为民营经济发展提供了强有力的智力支持，有利于四川省民营经济集聚高新技术经济，推动产业结构调整。

2. 劣势（W）

创新能力不足：虽然有优越的政治、经济、社会以及技术环境，但四川省民营经济与浙江等沿海地区相比，仍存在创新能力缺乏、经营管理水平偏低、科学规划不足、抗风险能力偏弱等比较劣势。川内民营经济的品牌意识不强，行业同质竞争明显。民营经济创新不足，使其发展不稳定，生命周期较短，平均生命周期只有3～4年，影响社会民众对民营经济的信任度。

“川商”文化活力不足：与活跃的“浙商”文化相比，“川商”文化则显得活力不足，尤其是民营企业家的社会知名度和影响力较为滞后。一是民营“川商”的服务文化意识薄弱，经营观念仍有“盆地意识”，“重销售轻服务”意识明显。民营企业的售后服务与大中型企业存在明显差距。民营企业一般不太注重售后，而大中型企业更注重客户体验还有售后服务。二是民营“川商”的诚信文化有待提高，民营企业整体诚信水平和大中型企业相比存在差距，在签约、生产、出售、售后等环节的履约能力和承诺相比大中型企业都大打折扣。三是民营“川商”的企业文化薄弱，尤其是人才文化方面是短板。民营企业“唯亲主义”观念严重，现阶段高素质人才从业人员相对较少。

地区发展不均衡：民营经济在四川省21个市（州）的发展极不均衡，入围2015年“中国民营企业500强”前100强的四川省民营企业有5家均来自成都。经济发展较落后的市（州）对民营经济的认识仍存在偏差，缺乏科学合理的系统了解，未重视民营经济的大力发展。

3. 机会（O）

融入“一带一路”倡议的机遇：四川地处“一带一路”交汇点，占据了独特的区位优势，且省会成都被定位为内陆开放型经济高地，在“一带一路”倡议中具有重要地位。“一带一路”倡议的推进为“天府之国”四川带来新一轮发展机遇，对促进四川省经济结构转型、发展新兴产业、发掘民营经济的巨大经济潜力，突破四川、成渝城市群、西部地区经济发展瓶颈有着重要意义。四川是人口和资源大省，在经济总量、市场容量、工业发展等方面都有特殊的地位和优势。作为经济增长生力军，民营经济需充分发挥比较优势，融入“一带一路”倡议，加快“走出去”的步伐。

首先，全方位开放是促进四川对外发展的绝佳机会，“一带一路”倡议极大地改变了四川发展的地理区位劣势，从偏远地区变为亚欧大陆发展的前沿，为四川经济向外发展拓展了巨大的空间，增强了与各经济带之间的联系。

其次，“一带一路”带来高强度投资，同时也引进了先进的技术，促进了四川投资条件的改善，推动了四川经济的发展。“一带一路”倡议的实施将对铁路、公路、机场、水路、物流等方面的基础设施进行大量投入，显著提升四川基础设施建设水平。“一带一路”沿线关键通道和重点工程的实施，也为四川钢铁、建筑等传统优势产业的发展注入了活力，为旅游业等“绿色产业”带来了新的机遇。

第三，互补性合作全面推动四川融入世界经济格局。四川与“一带一路”沿线65个国家均有贸易往来，与这些国家的产业互补性也较强。2014年，四川对“一带一路”国家货物贸易进出口达212.1亿美元。四川在“一带一路”沿线国家的工程承包额超过40亿美元。“一带一路”倡议有利于四川的优势产业和富余产能向外转移，打造共赢的开放合作型经济系统。四川可以利用“一带一路”倡议推动国有企业、要素市场等重点领域的改革，促进四川省民营经济发展上一个新台阶。

融入“长江经济带”的机遇：长江经济带拥有我国最广阔的腹地和发展空间，是我国经济的新支撑带。四川地处长江上游，是依托黄金水道推动长江经济带发展的战略腹地，是促进长江经济带与“一带一路”联动发展的战略纽带和重要依托，是保障国家安全和维护民族团结的战略前沿和生态屏障。四川省民营经济深度参与“长江经济带”要主动作为、创新发展，以保护生态为核心发展循环经济。

实施“四川自由贸易试验区”的机遇：四川作为内陆省份，建设自由贸易试验区将实现西部内陆地区与“一带一路”等国家战略的紧密对接，使自由贸易试验区成为“一带一路”倡议实施的重要推动力；同时也将探索内陆地区发展的新路径，引领内陆开放新高潮。四川自由贸易试验区的大力推进，将为四川省民营经济发展提供广阔的舞台。对外商投资的高水平、高层次开放，必然能为四川省民营经济发展提供新的契机，民营企业进入国际市场以及参与进出口贸易的体制障碍、贸易壁垒将大大减少，从而促进四川省民营经济的飞速发展。

4. 威胁（T）

竞争威胁：伴随着“一带一路”等高层次开放战略的实施，市场竞争日趋激烈，四川省民营企业整体技术比较落后，高产品附加值比重偏低，企业规模整体偏小，使得四川将应对市场更加激烈的竞争和挑战。

风险威胁：应对全面开放，融入国际市场分工，川籍民营企业将应对世界各国不同政治、经济、法律、文化、宗教、风俗等方面的风险和挑战。"一带一路"沿线所涉国家大多是转型经济体，宗教多元化，民族宗教矛盾复杂，为四川省民营经济融入"一带一路"倡议带来了务必需高度重视的市场风险和国家信用风险。

表 5　四川省民营经济竞争环境的 SWOT 矩阵分析

优势（Strengths）	劣势（Weakness）
市场不断拓展、方式不断优化、合作重点工作不断推进、经验不断积累 占据"一带一路"倡议的地理优势 促进民营企业发展的政策扶持	技术创新能力较为薄弱 内资民营企业出口规模小，初加工、低附加值产品比重较大 外商投资来源地狭窄，招商引资的地区范围窄 对技术、人才引进不畅
机会（Opportunities）	威胁（Threats）
融入"一带一路"倡议 融入"长江经济带" 实施"四川自由贸易试验区"	竞争威胁 风险威胁

三、四川省民营经济竞争力评价

四川地处西南内陆，浙江地处东部沿海，民营经济都同样是省域经济发展的中坚力量。新时期，四川省民营经济转型升级、提升竞争力无疑将以浙江省民营经济为标杆，发现差距，找准发力点，实现跨越式发展。

（一）民营经济竞争力指标体系构建原则

确定评价的指标体系是进行综合评价的基础，指标选择的好坏对分析对象常有着举足轻重的作用。对民营经济竞争力进行评价，首先要建立一套完整的评价指标体系，能够准确反映民营经济的全面情况。因此，在建立评价指标体系时，应遵循以下原则：

1. 重要性

不同的指标反映不同的侧面和内容特征，且对于某项具体的经济活动所起的作用和影响也有较大的差别，选取指标时应考虑对竞争力影响的重要性，即对竞争力的贡献程度，做到所选指标个数不很多，但严格区分主次，取舍得当，突出直接反映企业竞争力的指标。

2. 科学性

要求设计的各指标必须概念确切、含义清楚、计算范围明确，既能系统科学地反映企业竞争力的实际情况，又有利于企业同国内外竞争对手的比较，挖掘竞争潜力。

3. 可比性

这一原则直接指导着评价过程中指标的赋值和量化处理，即每一项指标的量值都不应是自身所具有的客观状态，而应是与具有较强竞争力产品比较后的结果。

4. 定性与定量相结合

对定性的指标要明确其含义，并按照某种标准对其赋值，使其能够恰如其分地反映指标的性质。定性指标和定量指标都必须有明确的概念和确切的计算方法。

5. 通用性和发展性相结合

所建立的指标体系必须具有广泛的适应性，即设立的指标能反映不同类别、不同行业的企业竞争力的共性。建立的竞争力指标必须具有发展性，即可根据具体的行业和企业作出适当的调整，从而灵活应用。

6. 综合性

企业竞争力的评价应该充分考虑企业的显在竞争力和潜在竞争力。不仅要反映企业竞争力的“硬”指标，还要考虑企业竞争力的“软”指标，即在多指标分单项对比的基础上综合，最后得到企业产品市场竞争力的总体评定。

（二）民营经济竞争力构成要素及指标体系

综合国内外学者研究成果，本研究从区域规模、企业生产力、企业成长力、企业市场力、整合力等五方面构建四川、浙江省民营经济竞争力评价指标体系。

1. 区域规模

区域规模要素是反映地区民营企业群体的整体规模实力以及对区域经济的贡献情况，是区域内民营企业群体竞争力的最终成果体现。区域规模的扩大强化了产业集聚功能，使得区域、产业不断高级化。产业集群促进区域规模经济效应产生，知识和技术充分流动存在外部性，集群内企业分工专业化程度高，价值链环环相扣，使集群成为创新网络的主要构成体，成为区域创新的载体和内在动力。

2. 企业生产力

企业生产过程是一种复杂的团队活动，其结果与企业内各种资源的合理应用有关。在衡量一个企业的生产能力时，可从流动资产周转率、全员劳动生产率、单位能耗以及环保投入占技改投入的比率四个方面衡量。

3. 企业成长力

企业成长力主要反映企业在未来一定时期内的发展水平，并从质和量的角度评价企业发展的潜力及将来的发展趋势。民营企业是否具备高成长力与该企业的创新投入、创新能力紧密相关。

4. 企业市场力

企业的市场力不仅反映在企业在营销资源方面的丰裕程度和管理水平上，同时也反映在企业的营销效果方面。可以通过市场占有率、产品销售率以及销售利润率进行衡量。

5. 整合力

整合力是组织整合内外部资源的能力，或者称之为整合各种能力的能力，是民营经济的核心竞争力。企业资信评级、外资利用金额是评价民营经济整合力的重要指标。

基于以上原则及要素分析，结合四川省省情和地区特点以及四川省民营企业的特征，并参考其他相关企业竞争力评价指标体系，及数据的获取性，四川省民营经济竞争力评价指标体系可由区域规模、企业生产力、企业成长力、企业市场力、整合力等 3 个层次、5 大类、18 项指标构成（如图 2 所示）。同时，对四川省民营经济竞争力的评价将以居于全国先进水平的浙江省民营经济作为参照。

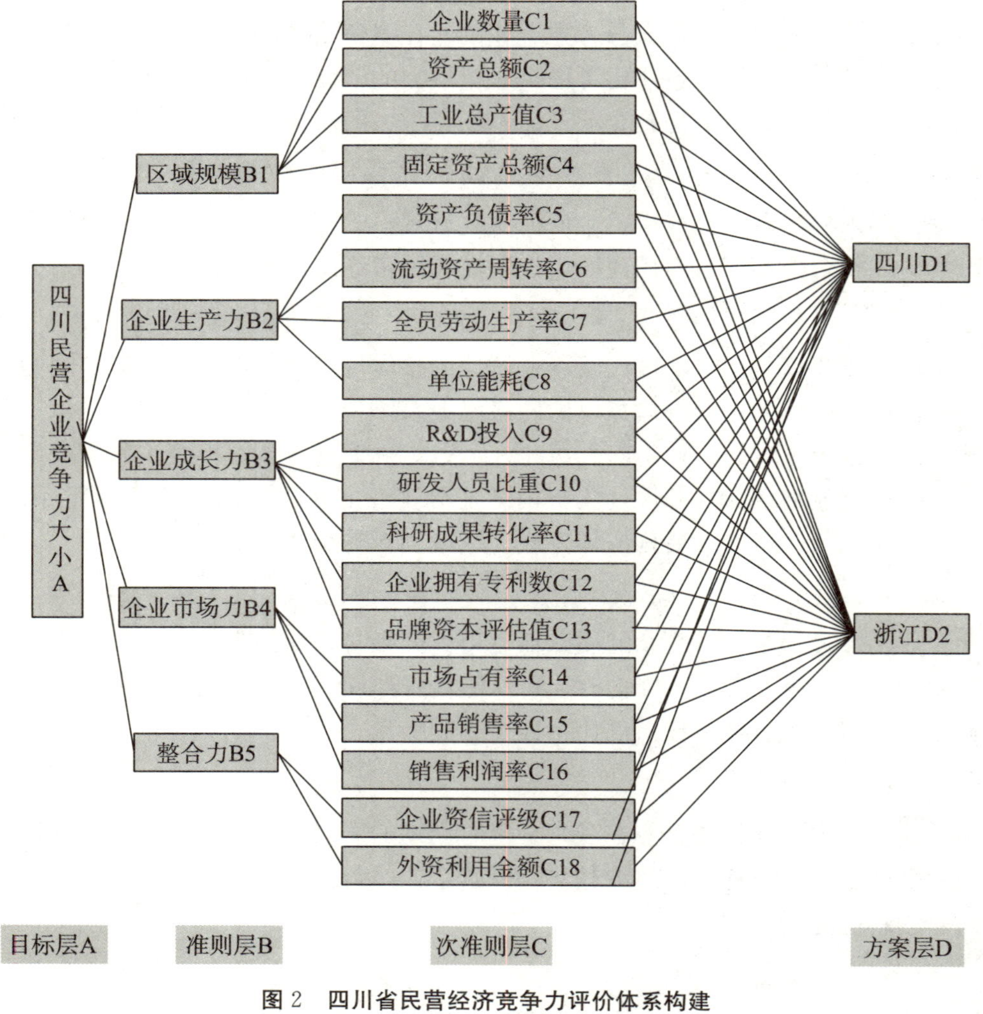

图 2 四川省民营经济竞争力评价体系构建

（三）四川省民营经济竞争力评价分析

1. 评价方法的选择

国内外学界对民营企业的研究，重点针对公司结构治理、民营企业家精神、企业文化、供应链管理、技术开发、品牌创建以及制度创新等方面。而我国对民营企业的相关统计数据不完善，使得从实证角度研究民营企业面临一定的困难。针对这种状况，对于一些无法直接获取的数据，可以采用定性与定量相结合的分析方法，从而解决民营企业数据收集的困难。本研究将选取层次分析法（Analytic Hierarchy Process，简称 AHP 法），以浙江省民营经济作为参照基准，进行四川省民营经济竞争力的综合评价。AHP 法是一种决策方法，一种新的定性与定量分析相结合的多目标决策分析方法，改变了以往最优化技术只能处理定量分析问题的传统观念，而率先进入长期滞留在定性分析水平上的许多科学研究的领地，为非定量事件的定量分析提供了简便的方法。

2. 四川省民营经济竞争力评价及比较分析

应用 AHP 法评价四川省民营经济竞争力的步骤分为明确问题、建立层次分析结构体系、构造两两比较判断矩阵。

（1）构造判断矩阵及层次单排序

为了使评价结果更加客观公正，建立 6 人评判专家小组，对各个指标的重要性进行打分并算术平均，然后再根据各个专家的意见，再计算出相应的权重，希望在一定程度上克服层次分析法的缺陷。

下面以中间层当中的区域规模、企业生产力、企业成长力、企业市场力、整合力为例使用层次分析法来确定五者的权重。由专家打分，可得到以下比较矩阵。构造准则层（A 层次—B 层次）判断矩阵见表 6：

表 6 （A 层次—B 层次）判断矩阵

A	B_1	B_2	B_3	B_4	B_5
B_1	1	2	$\frac{1}{2}$	$\frac{1}{3}$	5
B_2	$\frac{1}{2}$	1	$\frac{1}{3}$	$\frac{1}{5}$	4
B_3	2	3	1	$\frac{1}{2}$	6
B_4	3	5	2	1	8
B_5	$\frac{1}{5}$	$\frac{1}{4}$	$\frac{1}{6}$	$\frac{1}{8}$	1

对矩阵进行列向量归一化，接着按行求和，最后再进行归一化，得到：

$$Z=\begin{bmatrix} 1 & 2 & \frac{1}{2} & \frac{1}{3} & 5 \\ \frac{1}{2} & 1 & \frac{1}{3} & \frac{1}{5} & 4 \\ 2 & 3 & 1 & \frac{1}{2} & 6 \\ 3 & 5 & 2 & 1 & 8 \\ \frac{1}{5} & \frac{1}{4} & \frac{1}{6} & \frac{1}{8} & 1 \end{bmatrix} \to \begin{bmatrix} 0.15 & 0.18 & 0.13 & 0.16 & 0.21 \\ 0.07 & 0.09 & 0.08 & 0.09 & 0.17 \\ 0.3 & 0.27 & 0.25 & 0.23 & 0.25 \\ 0.45 & 0.44 & 0.5 & 0.46 & 0.33 \\ 0.03 & 0.02 & 0.04 & 0.06 & 0.04 \end{bmatrix} \to \begin{bmatrix} 0.83 \\ 0.5 \\ 1.3 \\ 2.18 \\ 0.19 \end{bmatrix} \to \begin{bmatrix} 0.17 \\ 0.1 \\ 0.26 \\ 0.43 \\ 0.04 \end{bmatrix}$$

按照同样的方法（各级指标的重要性由专家打分给出）可以求出各层次指标的最终权重，归纳为表 7：

表 7　四川省民营经济竞争力指标权重

目标层	准则层	次准则层	权重
民营企业竞争力评价	区域规模 0.17	企业数量（0.29）	0.0493
		资产总额（0.57）	0.0969
		工业总产值（0.09）	0.0153
		固定资产总额（0.05）	0.0085
	企业生产力 0.1	资产负债率（0.12）	0.012
		流动资产周转率（0.32）	0.032
		全员劳动生产率（0.5）	0.05
		单位能耗（0.06）	0.006
	企业成长力 0.26	R&D 投入（0.07）	0.0182
		研发人员比重（0.04）	0.0104
		科研成果转化率（0.31）	0.0806
		企业拥有专利数（0.11）	0.0286
		品牌资本评估值（0.47）	0.1222
	企业市场力 0.43	市场占有率（0.62）	0.2666
		产品销售率（0.16）	0.0688
		销售利润率（0.22）	0.0946
	整合力 0.04	企业资信评级（0.83）	0.0332
		外资利用金额（0.17）	0.0068

（2）综合指数评价法分析

民营经济竞争力是一个包含多层次、多因素的综合体系，竞争力评价可以借助综合评价的方法。本研究将对四川省民营企业竞争力利用 AHP 法确定各个指标的权重，利用综合指数评价法对四川省民营企业竞争力进行评价。

浙江是我国民营企业高度发达的省份，核心竞争力是企业获得长期竞争优势的独特能力。竞争力具有相对性，本文以四川省民营经济竞争力为评价对象，将我国民营企业高度发达的浙江省作为民营经济发展的先进水平，通过收集四川、浙江两个省份的各项指标的绝对数值，以浙江省指标数值为标准，用四川省的指标数值与浙江省对应的指标数值进行比较，得到四川省民营企业总体竞争力的标准得分。以100分法形式给出最终指标值，得出子系统综合评价平均指数。采用综合指数评价法对四川省民营经济竞争力进行评价，在此基础上提出提升四川省民营企业竞争力的路径。

研究数据来源于《中国统计年鉴》《四川统计年鉴》《浙江统计年鉴》及 Wind 数据库、四川省国民经济和社会发展统计公报、浙江省国民经济和社会发展统计公报。

（3）准则层综合指数评价结果

通过 AHP 法分析所得结果见表 8：

表 8　四川省民营经济区域规模综合指数表

指标层 1	评价值	权重
企业数量	36.53	0.29
资产总额	49.83	0.57
工业总产值	64.37	0.09
固定资产总额	95.46	0.05

$$T_1=36.53\times0.29+49.83\times0.57+64.37\times0.09+95.46\times0.05=49.5631$$

区域规模明显偏低：与浙江省相比，四川省民营经济区域规模综合指数得分为49.5631，明显偏低。尽管近年来四川省民营企业数量不断上升，但与行业先进水平相比，差距甚大。由于民营企业一般是从小微企业或者作坊式家族企业发展起来的，本身是小资金、低成本运作，这些企业注册资金很少，往往没有固定的大型厂区和现代化厂房，机器设备等也多由租赁和部分借贷购置，因而民营企业本身的资产总额审计量偏低，这对于商业银行借贷就无法找到合适的抵押物，造成融资借贷难度加大。而资金是民营企业生产力活跃的血液，融资难已经成为民营企业发展规模的重要制约因素和瓶颈，毕竟现实发展中太多的民营企业是“缺血”而死的，民营经济融资困难已成为不争的事实。因此，提升民营企业资产总额极其重要。

表 9　四川省民营经济企业生产力综合指数表

指标层 2	评价值	权重
资产负债率	94.76	0.12
流动资产周转率	72	0.32

续表9

指标层 2	评价值	权重
全员劳动生产率	82.43	0.5
单位能耗	67.61	0.06

$T_2=94.76\times0.12+72\times0.32+82.43\times0.5+67.61\times0.06=79.6828$

四川省民营经济具有较强生产力：企业生产力综合指数得分最高，为79.6828，说明四川省民营经济具有较强生产力。在企业经济活动和经营流程中，劳动生产率的提升在民营企业发展中所起的作用越来越突出。继续释放民营企业生产力，对产业结构优化、增长方式转型以及收入分配等都有不可估量的作用。

表 10　四川省民营经济企业成长力综合指数表

指标层 3	评价值	权重
R&D 投入	26.22	0.07
研发人员比重	12.16	0.04
科研成果转化率	27.75	0.31
企业拥有专利数	27.64	0.11
品牌资本评估值	66.67	0.47

$T_3=26.22\times0.07+12.16\times0.04+27.75\times0.31+27.64\times0.11+66.67\times0.47=45.2996$

企业成长力有待大幅提升：四川省民营经济企业成长力综合指数得分45.2996，明显偏低。企业成长能力低将造成自身企业技术创新能力的严重缺失，从而导致四川省在根本上弱化了民营经济机制创新的需要，使民营企业发展未能适应社会经济发展。“科学技术是第一生产力”，四川省民营企业应建立双向沟通机制，加快企业之间的科技创新探讨，加强小微企业的自主创新能力，形成高新技术产业链，促进四川省民营经济技术发展。

表 11　四川省民营经济企业市场力综合指数

指标层 4	评价值	权重
市场占有率	42.86	0.62
产品销售率	98.98	0.16
销售利润率	83.85	0.22

$T_4=42.86\times0.62+98.98\times0.16+83.85\times0.22=60.857$

四川省民营企业市场力较弱：企业市场力综合指数为60.857。进一步分析可知，相较于浙江省，四川省民营企业市场占有率较弱，而产品销售率及销售利润率则与浙江省旗鼓相当。四川省可以进一步扩大企业规模，积极引导民营企业运用现代营销手段，实行产品营销和企业形象并举，切实实行名牌带动战略，进一步扩大民营企业市场占有率，从而扩大企业市场力。

表 12　四川省民营经济整合力综合指数

指标层 5	评价值	权重
企业资信评级	77.78	0.83
外资利用金额	59.23	0.17

$T_5 = 77.78 \times 0.83 + 59.23 \times 0.17 = 74.6265$

四川省民营企业整合能力较强：民营企业整合力综合指数得分 74.6265，表明四川省民营企业整合能力较强。资源整合是提高企业核心竞争力的关键，当今企业缺乏的不是资源本身，而是资源整合能力。四川省民营企业应继续提升企业资信，大力吸收以及合理利用外商直接投资。

（4）总体综合指数评价结果

表 13　四川省民营经济竞争力综合评价结果

准则层	竞争力得分	次准则层	竞争力得分
区域规模	8.4257	企业数量	1.8009
		资产总额	4.8285
		工业总产值	0.9849
		固定资产总额	0.8114
企业生产力	7.9683	资产负债率	1.1371
		流动资产周转率	2.304
		全员劳动生产率	4.1215
		单位能耗	0.4057
企业成长力	11.7779	R&D 投入	0.4772
		研发人员比重	0.1265
		科研成果转化率	2.2367
		企业拥有专利数	0.7908
		品牌资本评估值	8.1467
企业市场力	26.1685	市场占有率	11.4265
		产品销售率	6.8098
		销售利润率	7.9322
整合力	2.9851	企业资信评级	2.5823
		外资利用金额	0.4028
评价结果			57.3255

四川省民营经济综合竞争力相对较弱：数据显示，浙江省民营经济高度发达，处于民营经济行业先进水平，通过综合指数评价法得出，相较于浙江省，四川省民营经济竞争力相对较弱，评价得分为 57.3255。

（四）四川省民营经济竞争力提升的制约因素分析

与浙江省相比，尽管四川省民营经济从总量上已占全省经济的半壁江山，但从竞争力层面考察，四川省民营经济综合竞争力较弱，企业成长力、区域规模等方面有待大幅提升。具体来看，四川省民营经济仍存在融资不畅、观念滞后、整体规模偏小、企业品牌不响、治理结构不优、制度创新不足、人才短缺、国际化水平偏低等突出问题。

1. 经济发展相对滞后，“融资难、融资贵”制约民营经济的发展

民营经济的发展必须要有与之适应的市场经济环境，与东部沿海发达省份和地区相比，四川经济环境发展相对落后，尤其是融资环境不顺畅，不能适应民营经济快速发展的需求。部分地方招商部门对民营经济尤其是小微民营经济的招商承诺具体到相关部门办理时难以兑现。

四川省民营经济融资渠道较少，难以获得政府的专项财政资金，无论是直接融资还是间接融资都很困难。银行对民营经济不愿主动放贷，贷款门槛较高。民营经济发展离不开资金支持，融资环境的好坏在某种程度上决定了企业的发展规模，“融资难、融资贵”问题长期困扰四川省民营经济，尤其是小微民营经济。

同时，四川省民营经济资本市场滞后，民营经济融资制度缺乏创新。民营企业创业资金的来源主要依靠个人、家族积累，有的是靠民间借贷吸收外来资金，容易引起民事纠纷。由于我国传统金融体制、国内信用担保、民营企业自身产权制度以及法律制度障碍，对民营企业进行征信评级的成本偏高，极大地限制了本地民营企业的发展。从民营企业自身来看，部分民营企业法人代表变更频繁，不按规定办事，信用观念不强，也造成民营企业信用不高，难以获得银行的商业贷款。

2. 民营经济观念滞后，企业家精神、企业文化欠缺

新常态时期，部分民营经济缺乏把思想调整到深刻认识新常态，主动适应新常态，积极引领新常态的观念。部分民营企业家存在“盆地意识”，缺乏开放包容的胸怀和国际化视野，缺乏对经济形势新常态的应对战略和策略，企业无法做大做强，持续生存时间不长，很快被激烈的市场竞争淘汰。思想是行为的先驱，民营企业家的思想观念还有待深刻调整，否则很可能跟不上中国经济转型的步伐。

部分民营经济缺乏人才意识，血缘、地域关系的劳动用工形式、家族制的管理模式较为常见。家族制的民营经济产权结构单一，业主本人投资往往占投资总额的绝大部分，而在所有其他投资者中，又多为业主亲属，难以形成对人才的产权激励。

四川省民营经济的总体文化水平偏低，民营经济难以形成独特的企业文化。当

企业发展到一定程度时就丧失了最初创业的氛围，内部常常因“权”“利”问题开始内讧，丧失凝聚力，员工对企业管理风格、管理制度、激励措施等不能认同，影响了公司目标的实现和长远规划的执行。

3. 治理结构不优，制度、技术创新活力不足

与国有企业、外资企业产权关系相比，民营企业产权相对集中单一，产权内部界定不清晰，公司治理不规范。部分民营企业还在实施单一的所有制结构，导致信息短缺、技术脱节、融资困难。

四川省民营经济产业向“三、二、一”结构转型升级，向全省外贸占比首位冲刺，必须依靠创新来驱动增长。民营经济在转型升级创新驱动方面，普遍存在科研乏力、人才匮乏的难题。对引进新技术、推动技术创新缺乏创新精神，技术改造和设备更新换代与东部沿海发达省份和地区存在较大差距，技术进步缓慢，很多民营企业缺乏明确的发展目标及长远的战略规划。

4. 民营企业整体规模偏小，产业转型升级滞后

四川省民营经济整体规模不大，在全国工商联公布的“2015 中国民营企业 500 强”榜单中，四川共有 12 家民营企业上榜，其中成都有 7 家上榜（见表 14）。新希望集团有限公司 2015 年营业收入总额为 782 亿元，位居中国民营企业 500 强中的第 25 位，成为领衔四川上榜的民营企业。但入围的民营企业行业分布主要集中在重化工、重资产行业。

表 14 2015 年四川省入围“中国民营企业 500 强”企业一览表

序号	500 强排名	企业名称	所属行业	2014 年营业收入总额（万元）
1	25	新希望集团有限公司	农业	7820573
2	52	通威集团有限公司	农副食品加工业	5062104
3	64	科创控股集团有限公司	医药制造业	4621089
4	84	四川宏达（集团）有限责任公司	有色金属矿采选业	4092407
5	99	四川科伦实业集团有限公司	医药制造业	3680434
6	114	四川蓝光实业集团有限公司	房地产业	3379929
7	123	四川德胜集团钒钛有限公司	黑色金属冶炼和压延加工业	3215038
8	202	四川金广实业（集团）股份有限公司	黑色金属冶炼和压延加工业	2168841
9	204	四川省达州钢铁集团有限责任公司	黑色金属冶炼和压延加工业	2130050
10	218	攀枝花钢城集团有限公司	废弃资源综合利用业	2018677

续表14

序号	500强排名	企业名称	所属行业	2014年营业收入总额（万元）
11	234	成都蛟龙港（双流蛟龙投资有限责任公司、成都蛟龙经济开发有限公司）	综合	1853217
12	474	四川省乐山市福华农科投资集团	化学原料和化学制品制造业	1041874

数据来源：根据全国工商联“2015中国民营企业500强”数据整理。

根据全国工商联最新发布的“2016中国民营企业500强”榜单，其入围门槛为101.75亿元，比上年的95.09亿元净增6.66亿元，首次突破百亿元大关。四川共有13家民营企业上榜，比上年增加1家，与入围民营企业最多的浙江省相差121家（见表15）。

但是，除两家新上榜企业（四川蓝润事业集团有限公司、成都红旗连锁股份有限公司）以外，入围的其余11家川企排名呈现“9降2升”的变化。其中，四川金广实业（集团）股份有限公司排位从2015年的第202位下降到2016年的第331位，下降了129位次。从事黑色金属冶炼和压延加工业的四川省达州钢铁集团有限责任公司则未能入围2016年“中国民营企业500强”榜单。两家位次上升的企业分别为蓝光投资控股集团有限公司和四川省乐山市福华农科投资集团，上升位次分别为4位次和89位次。

表15　2016年四川省入围“中国民营企业500强”企业一览表

序号	500强排名	排名变化位数	企业名称	所属行业	2015年营业收入总额（万元）
1	35	↓10	新希望集团有限公司	农、林、牧、渔服务业	6824439
2	60	↓8	通威集团有限公司	农副食品加工业	5321078
3	78	↓14	科创控股集团有限公司	医药制造业	4674444
4	97	↓13	四川宏达（集团）有限责任公司	有色金属矿采选业	4055914
5	101	↓2	四川科伦实业集团有限公司	医药制造业	3920979
6	110	↑4	蓝光投资控股集团有限公司	房地产业	3717922
7	123	新上榜	四川蓝润事业集团有限公司	房地产业	3381460
8	129	↓6	四川德胜集团钒钛有限公司	黑色金属冶炼和压延加工业	3288253
9	242	↓8	成都蛟龙港	综合	1910502
10	287	↓69	攀枝花钢城集团有限公司	废弃资源综合利用业	1650934
11	331	↓129	四川金广实业（集团）股份有限公司	黑色金属冶炼和压延加工业	1481194

续表15

序号	500强排名	排名变化位数	企业名称	所属行业	2015年营业收入总额（万元）
12	385	↑89	四川省乐山市福华农科投资集团	化学原料和化学制品制造业	1298136
13	500	新上榜	成都红旗连锁股份有限公司	零售业	1017494

数据来源：根据全国工商联“2016中国民营企业500强”数据整理。

2015年，全国民营企业500强的营业收入总额稳步增加，超过16万亿元，户均超过320亿元，增幅约10%。全国民营企业500强前一大行业，呈现出由传统产业向新兴产业调整的趋势。建筑业、黑色金属冶炼和压延加工业、有色金属冶炼和压延加工业、批发业、零售业入围企业数量均出现不同程度的减少，而电气机械和器材制造业由上年的24家增加至26家，电子计算机、通讯及其他电子设备制造业，则由上年的11家增加至18家，并首次进入前十大行业。而四川省民营企业排名普遍下降，与其营业收入增幅不及其他地区企业有关，主要原因在于四川省民营企业转型升级步伐缓慢，布局新兴行业上缺乏突破，入围行业仍然集中在重化工、重资产行业，未能适应新常态时期的市场变化。

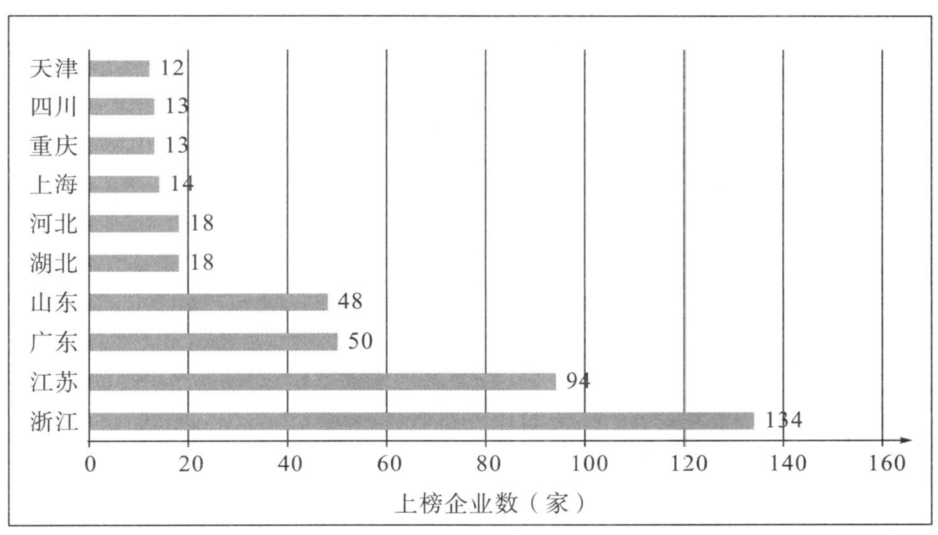

图3　2016年全国各省市“中国民营企业500强”上榜企业数量排名TOP10

数据来源：根据全国工商联“2016中国民营企业500强”数据整理绘制。

努力构建民营经济核心竞争力尤为重要。四川省民营经济综合竞争力尚有较大的提升空间，其深层次原因主要是大多数民营企业未能成功打造企业核心竞争力。正是缺少此关键因素，导致了四川省民营经济区域规模小、创新能力低下、成长力不足、市场占有率低、企业整体规模偏小，产业转型升级滞后等问题。因此，应从政府、行业协会以及企业自身三方面入手，通过对市场环境、行业发展、企业发展模式、经营战略等方面的改进，在实践中努力构建适合企业自身特点的核心竞争力，从而全面提升四川省民营经济综合竞争力。

四、提升四川省民营经济竞争力的路径

（一）宏观层面：政府行为与民营经济竞争力

建设服务型政府，优化发展环境是四川省各级政府为提升民营经济竞争力所需采取的重要措施：推进“放管服”改革向纵深发展；降低企业成本，确保政策落地；加强人才工作，提升企业素质。

1. 积极融入“一带一路”倡议

首先，“一带一路”是国家级顶层倡议，意味着我国的开放将更加重视空间和内容的开放，逐步形成以点带线，从线到片，最终形成大区域大合作的发展格局。“一带一路”倡议将成为我国对外开放的新路径，同时也是我国经济新的增长点，为四川迎来一个开放发展的新时期，也为民营企业“走出去”带来了较好的发展机遇，提供了更加广阔的空间和发展平台。

长期以来，四川受地理区位、资源禀赋、经济发展模式等因素制约，对外开放程度较低，其创新产出能力的提升受到严重制约。随着“一带一路”倡议的实施，我国全方位对外开放新格局正逐步形成，“丝绸之路经济带”的建设使很多西部内陆省份成为国际物流通道的节点，从末梢到节点的区位转变，为内陆省份创造了新的竞争优势，加强了四川地区与丝绸之路经济带各国在劳动力、资源、技术等生产要素方面的联系，为民营企业“走出去”提供了机遇和平台。“一带一路”倡议是国家战略性决策和国家战略层面的设计，秉承着“共商、共享、共建”的原则谈合作，致力于与沿线国家建设一个安全可靠、繁荣稳定的和平环境，为民营企业“走出去”提供一个和平的环境。

其次，“一带一路”倡议昭示了四川发展开放型经济的新方向和蓝图，为民营经济发展提供了新领域和空间。“一带一路”沿线国家大多为处于不同经济发展阶段的发展中国家，在资源禀赋方面具有优势互补的特征。在“一带一路”倡议背景下，民营企业可以充分利用海外发展平台，在农业、化工、科技、旅游等诸多领域与沿线国家展开合作，利用沿线国家的劳动力、资源和广阔的市场，拓展“走出去”合作空间，提高国际合作的效益。

最后，“一带一路”倡议为民营企业发展提供了便利条件。

然而，“一带一路”发展战略不仅为民营企业带来了机遇，同时也带来了巨大的挑战。一方面，民营企业在与沿线国家之间的经贸合作过程中，会遇到经济、政治、法律、文化等各种风险，很多中小型民营企业很难有效地规避这些风险。另一方面，“一带一路”沿线诸多国家和地区经济发展速度较快，市场潜力比较大，要

想在国际大市场上占有一席之地，必须主动接轨国际最高标准，推动企业由模仿创新向领先创新转变。坚持自主经营，打造拥有自主知识产权的品牌，提升企业的经济效益和国际影响力。

要充分利用“一带一路”倡议所提供的机遇和平台，不仅要采取措施积极应对地缘政治风险，还要不断提高民营企业的国际竞争力。具体来说，作为“一带一路”倡议的制定者和服务者，政府应当不断完善其境外投资公共服务平台，为民营企业“走出去”提供各种要素支撑。通过平台系统搜集分析“一带一路”沿线国家的相关法律、资源、市场行情、商情、社情等信息，并及时发布，为民营企业提供信息、咨询、指导等服务，最大限度地帮助民营企业规避风险。从民营企业自身来看，也应当制定必要的风险预警标准及应急措施指南，加强风险防范意识，最大限度地减少风险损失。

2. 推进“放管服”改革向纵深发展

简政放权、放管结合、优化服务以激发市场活力，是对民营资本的最优保障，也是对民营企业最好的尊重。当前阻碍民营经济发展的一个重要因素就是政策因素，只有通过简政放权，才能扫除这一障碍。在当前经济形势下，激发民营经济的发展活力和潜力，既需要政府贯彻落实好简政放权有关政策，又需要制定推行相关政策。因此，政府必须牢固树立“环境就是资源，就是竞争力、生产力”的意识，继续扭转政府职能这个“牛鼻子”，尊重市场经济规律，以更大的力度推进简政放权，努力为民营企业发展创造一片“碧水蓝天”。

继续深化“放管服”改革。深化垄断行业和事业单位改革，探索建立民营企业准入负面清单，限定清单长度，最大限度地激发市场主体活力。改进审批方式，探索以专家论证、社会听证代替行政部门审批。创新审批监管机制，结合行业自律、社会监督和执法部门联合执法，推动形成多层面多维度的监管体系，提高监管水平。

政府要主动转变职能，减少企业事前审批事项，积极建设民营企业的信用体系，建设包含企业诚信经营、积极履行社会责任，交易失信行为等信息记录的政府平台，加强对企业事中、事后监管力度，开放并融合各个部门的信息数据，明确各级政府部门的信息共享规则和责任，完善企业信用档案，要充分发挥政府信用平台对行业整体和企业个体的监督作用，建立失信企业“黑名单”制度，实时向社会公布，用制度促使企业诚信经营、规范经营。

3. 降低民营企业成本，确保政策落地

着力为民营实体经济特别是创新型企业降成本。加大重点领域结构性减税力度，研究营改增对不同行业、企业的影响，通过合理税收抵扣和税率设计，强化对技术创新、技术升级等行为的普惠激励。研究建立国家和地方层面的融资性担保和再担保风险补偿机制，建立中小企业信贷信用体系，引导金融机构为创新型中小微企业提供无资产抵押的信用贷款。

进一步放宽民间投资市场准入范围。加快推广 PPP 模式，引导民间投资进入基础设施等公共服务领域。积极营造公平竞争的市场环境。加强知识产权保护力度，严厉打击制假售假行为，探索加强反低价市场倾销管理，避免市场无序恶性竞争。加大对国货精品使用的支持力度，取消招投标中针对国产品牌所涉的歧视性规定。

消除体制机制障碍，鼓励民营企业参与国有企业的混合所有制改革，放宽民营资本的可进入领域和门槛。积极推进金融和财税体制改革，有效降低企业税负和利息收入，积极引导在外民营企业资本、人才、技术等优质生产要素回流，推动民营经济向“高精尖”发展。制度创新可以有效激发企业活力，积极引导民营企业在组织结构、产权制度、利润分配等方面探索新道路，积极对接多层次的资本市场，推动民营企业实现结构战略性调整。加大商业模式创业力度，构建“研发＋品牌＋标准＋渠道＋供应链管理”的新型模式，加快引领企业转型升级。强化政府监管的独立性，着力遏制利益集团左右政府决策的行为，构建民营经济进入垄断行业的制度平台。

加快推进民营企业的“块状经济”向产业集群式发展方式转变，按照高水平研发、高强度投入、高密度产出的要求规划建设各产业园区。推进建设绿色企业，继续深化科技减排、结构减排等措施，停工停产一些高耗能高污染企业，合理有序推进重点行业的污染整治，加快解决环境问题，尤其是其中行业性、结构性的突出矛盾，民营经济的增长不应以牺牲环境为代价。坚持“停劣上优”，以提高经济增长质量为目标，支持与鼓励民营企业加快形成资源节约型与环境友好型的产业结构和发展模式。

4．完善人才引进机制，提升民营企业整体素质

民营企业的发展伴随着人才的发展，培养企业发展的核心人才，既是民营企业自身的任务，也是地方政府的职责。民营企业的发展需要核心人才做支撑，管理人才和高科技人才是企业必须抓牢的“财富”。政府在服务民营企业的发展中，既要重视企业的发展，也要关心支持民营企业家的成长，帮助企业招贤纳士。只有对民营企业管理者和技术人员多关注，才能造就一支优秀的企业家队伍和一批高水平的技术工人，从而带动企业良性发展。只有着力破解民营经济发展中人才短缺和整体素质不高的瓶颈，通过引进科技专家、打造管理团队、提高员工技术能力等，全面提升人才素质，才能增强民营企业发展的核心竞争力。

为进一步做好民营企业人才引进方面的工作，政府要制定详细的配套方案，抓紧出台相关政策措施，根据市场需求和企业需要，引进不同类型的人才。目前，成都市已经出台文件，普通全日制本科及以上学历毕业生、技能人才可落户成都。

除此之外，政府还要做好本地企业人才的培养教育工作，努力培养一支高素质企业家队伍，高级技工的水平是提升四川制造业产品质量的决定性因素。我国颁布

的《教育规划纲要》提出职业教育的四项重大任务：以提高质量为重点大力发展职业教育、调动行业企业积极性、加快发展面向农村的职业教育和增强职业教育吸引力。加强职业院校和企业之间的交流合作，鼓励校企合作，为职业院校的师生提供生产一线的实习机会，同时使职业院校的教师及时了解企业的技术发展、装备现状及对专业人才的需求情况。企业可为学校提供实训基地，营造培养技能型人才的氛围。职业院校要不断完善相关专业的技能教室和实训场地，创造一个“学中做、做中学”的教学环境，帮助学生养成良好的职业操守和工作习惯，具备一定的工作技能。鼓励企业参与职业院校的教材开发建设。

只有利用一切可以利用的方式提高劳动者的工作技能，才能让企业立于竞争的不败之地。而高水平的技术工人的供给不足是四川省民营经济转型升级的瓶颈，结合四川省情况，应采取政府投入和民间资本投入相结合、营利性职业教育机构和非营利性职业教育机构共同发展的政策。

5. 融入长江经济带战略，推进四川自由贸易试验区，实施民营经济集群发展战略

四川省要抢抓长江经济带战略和四川自由贸易试验区的重大战略机遇，把国家开放和优惠政策具体落实到民营企业发展中，加大招商引资力度，实行亲商政策，注重制度创新，为民营企业发展提供实实在在的便利，促进四川省民营企业快速发展。

制定并实施四川省民营企业集群发展战略，发挥集聚效应。浙江省民营企业综合实力明显高于四川省民营企业，从指标上看，主要是四川省民营企业数量、资产总额、工业总产值、R&D投入、研发人员比重、科研成果转化率、企业拥有专利数以及市场占有率远落后于行业领先水平，而影响这些指标的一个重要因素是产业集群。其他省份的民营企业在发展过程中初步实现了民营企业的集群发展。江浙地区以中小城镇为中心，实现了不同产业的区域集群，从而有效提升了民营企业影响力。因此，四川应实施民营企业集群发展战略，例如考虑分别以成都、绵阳为集群区域，针对不同区域社会经济特征实行不同的产业集群布局，发挥规模效益，提升民营企业总体影响力，从而促进民营企业发展。

（二）中观层面：行业协会与民营经济竞争力

政府对行业协会的支持也是推动民营经济发展的一个有益和必需的手段，在政府促进民营经济发展的制度供给机制中，必须考虑政府对民营企业的自治管理组织——行业协会管理机制的创新。

1. 对行业协会进行专门立法，明确其为企业服务的职能

要完善四川省民营经济行业协会建设，促进民营经济发展，最重要的是要对行业协会实行专门立法，赋予其为企业服务的职能，为行业协会履行其服务职能提供可靠的法律保障。建立促进行业协会发展的法律体系，保障行业协会的法律地位，

地方政府可先行建立起有关商会和行业协会的地方性法规和章程，从性质、宗旨、组织形式、权利义务、会员资格等方面作出相应的规定，以指导各地商会和行业协会的建立及运作。

借鉴和吸收国外和浙江温州行业协会的立法经验，对四川省民营经济行业协会进行专门立法和立法整合。首先要明确以规范行业协会的组织和行为、保护行业协会的合法权益、发挥其在社会主义市场经济中的作用为立法宗旨；其次赋予行业协会必要的服务职能，即行业自律、行业代表和行业协调的职能，主要包括行业调查、收集发布、行业的技术职称评定、行业标准、行规行约的制定和行检行评、质量监督与检测、行业咨询与培训、标识和资质证书、原产地证明等。

2. 正确处理地方政府与行业协会之间的关系

从现实情况看，行业协会要健全发展，发挥其应有的作用，就必须正确处理其与各级政府之间的关系。为此，应减少行业协会对政府的高度依附性，实行政社分离，实现机制转换，明确行业协会的中介组织定位。过大、过强的政府职能对行业协会的职能有着显著的“挤出效应”，会阻碍行业协会的发展。

民营经济商会、行业协会等社会中介组织是否充分发挥作用是政府职能转变的重要标志，是市场经济是否发育成熟的重要标志。因此国家应抓紧改革商会和行业协会的审批办法，把政治性团体与农工商等经济领域里的经济团体的审批区分开来，尊重市场经济的规律。政府要由对行业协会的直接管理转为对行业协会的支持，还行业协会作为会员利益代表的民间自治性组织的功能。按照这一原则，对于发展较好的行业协会，实行机构、人员、关系与主管部门脱钩，只在政策和经费上给予必要的扶持；对于发展缓慢的行业协会，要按渐进原则进行市场化的机制转化；在未建立行业协会的领域，允许自发组织民间行业协会，最终实现行业协会的自我建设、自我管理、自我发展。针对目前行业协会经费不足的情况，政府除了直接拨款外，可以采取税收减免、票据管理、社会保险等财政税收优惠政策，辅助其走上自力更生的良性发展道路。

3. 健全民营经济行业协会内部管理机制

行业协会作为市场经济中独立自主的法人，必须要有高效、公平、公正的工作状态，才能获得行业内成员企业和社会的承认。真诚服务是行业协会的宗旨，要履行其宗旨必须制定客观合理的行规，完善的内部治理机制，使行业协会的运作有章可循，使其行为规范化、合理化。行业协会应坚持以民主、协商、公开、公正的原则处理协会内部事务，建立健全以章程为核心的自律机制，强化章程约束机制和行为准则约束机制，健全会员大会或代表大会、理事会或常务理事会等制度，健全协会内部财务管理和民主决策程序，促使行业协会基本形成自立、自管、自律、自强的运行机制。另外，还要重点解决人员和经费两大问题。一是人才机制。要避免大量行政机关非专业人员转移到行业协会的现象，利用多元化方式引进人才，如公开招聘；建立合理的激励机制，优胜劣汰，加强人员的培训，提高工作效率。二是经费问题。在行业培育初期阶段，可采用“民办官助”模式，即在行业协会尚未壮大时，政府应适当注入经费，辅助其良性发展，成熟后则可开拓多方面的融资方式，如收取会费，提供有偿服务，接受社会捐赠等，建立一个稳定的筹资渠道是行业协会生存发展的必要条件。

4. 扩大民营经济行业协会覆盖面

行业协会的覆盖面与其服务功能的发挥这二者之间的关系是相辅相成的。因此，要扩大行业协会的覆盖面，首先就应该明确行业协会为企业服务的职能，如进行行业调研并代表企业提出政策立法建议、帮助企业改善经营管理、受企业委托推广和鉴定科技成果、制定行规、协调价格、参与制定行业标准与实施监督、反映会员企业要求、协调维权等，只有完善为企业服务的职能，切实为企业服务才能吸引更多企业入会，扩大覆盖面。另外，行业协会在吸引企业入会时应打破部门、所有制、经济规模等的界限，注重吸收民营、外资企业等各类经济组织入会，提高行业协会的代表性。当行业协会发展之后，不仅要吸收本地区的企业做会员，还可考虑吸收外地的会员；不仅要发展团体会员，还可考虑发展个人（专家）会员，以扩大行业协会的覆盖面和影响力。

（三）微观层面：企业行为与民营经济竞争力

1. 促进民营企业组织模式转型

一般来说，民营企业产权约束性强，决策与运行效率高。然而很多企业是在家族、血缘、亲友关系基础上发展起来的，在做大做强、与现代企业制度接轨的过程中，在观念与行为方式方面也有诸多的不适应。新时期四川省民营企业急需加快现代企业制度建设，实现家族化企业管理模式向现代公司治理结构转变，封闭、单一的产权结构向开放性、多元化转变。企业发展初期，家族化管理适应了民营企业的发展需要，因而与其他企业组织模式相比具有较高的管理效率。但家族化管理模式下的企业治理结构和产权结构具有封闭性和单一性特征，使社会金融资本和社会人力资本很难融入企业的发展，加剧了民营企业融资艰难、人才匮乏、代际传承困局等问题的严重程度。实现企业组织形态的与时俱进与制度创新，是四川省民营企业快速发展的必经之路。

第一，关注和顺应集群经济发展的新动态、新趋势，推进要素组合、资源共享、分工协作、携手发展。改革开放以来，我国制造业迅速崛起，成为支撑中国经济高速发展的重要支点，集群经济则被誉为这一奇迹发生的奥秘所在。按集群经济发展的不同阶段，可将其划分为若干具体形态：一是初级型集群经济，由个体、家庭或小微企业共聚而成。二是由销售者或握有关键技术作为龙头的带动型产业集群。在这一形态下，最终产品必须合作完成，因此，分工明确，协作要求高，龙头往往是领导者、组织者，地位突出。三是虚拟型产业集群，即打破空间限制实现要素集聚的集群经济。科技创新带来的业态演进，为民营经济的新发展提供了新的机遇和发展空间。四川省民营经济唯有正确判断，与时俱进，才能把握时机，趁势而为。

第二，以集团化为抓手，做大做强做优民营企业，提高资源集中度。市场经济必然导致竞争的规模不断扩大，深度日益加剧，资源集中度不断提高；同时，为了将较高成本的外部交易转变为成本更低的内部运作，伴随着科技和管理的现代化，通过公司制＋资本市场，以产权为纽带，一些原本彼此独立的企业联结成更庞大的法人或法人联合体，促进经济组织日益成为异常庞杂的社会化专业分工与协作体系。这样，大企业时代也就应运而生了。强调集约化发展，通过更多的资本、技术和劳动投入，提高产品、服务质量与价值；更加重视技术进步与创新，力争拥有核心技术，握有拳头产品，不断改进产品结构，高新技术企业应充分利用自身优势大力推进原始性创新，已形成产品规模优势的企业应加强集成性创新，与国际技术差距较大的企业要加大引进、消化、吸收和再创新的力度，寻求在竞争中的领先位置；更加强化现代化管理，加强战略、制度和组织创新，采用先进管理方法，聚集市场、资本、人才优势，提高资金、资源使用效率与效益，提升产业集中度，形成一批有实力的跨国公司；更加注重经营自主知识产权和自主品牌，努力实现从低附加值的加工组装层次向高附加值的研发设计、品牌经营层次攀升，创立国际著名品牌，对接国际营销网络，引领民营经济的“四川制造”向“四川智造”转变。

第三，打破所有制壁垒，实现混合所有制经济融合发展。在国有资本与民营资本嫁接重组过程中，管理技术骨干持股有着重大的意义。从一般性来考察，国有股权和私人股权在所有权与经营权的配置上均可相对分离，企业内部人持股却是例外。因为尽管管理技术骨干的股份在属性上也是私有股权，但其持股的权利、义务却烙上了企业赋予、与企业价值和企业命运密切关联的印记。对企业发展动力机制的建构来说，管理技术骨干持股是一种长效的激励，被喻为“金手铐”制度。在企业动力机制的建构中，“金手铐”制度是极为关键的组成部分。劳动价值论和要素分配论都表明，人力资本、知识资本同样具有产权属性，是价值创造的基本要素，并且在以创新为发展引擎的现代经济条件下，是比货币资本更稀缺的要素。因此，向管理技术骨干派送、奖励股权，绝不应视为股东单方面给予的恩典，而是为民营经济注入发展动力和活力、开辟利润源泉的坚实保障。同时，坚持以岗定股，动态调整，建立健全股权内部流转和退出机制。避免持股固化僵化，以确保对内部人激励的可持续性，确保混合所有制经济的健康发展。

2. 推动民营企业经营战略转型

新时期四川省民营企业继续收缩产业战线，做强主业，实现经营战略由多元化向归核化转变；加快“走出去”步伐，实现经营活动国际化。目前，四川许多民营企业采取多元化经营战略，但大部分是在其主营业务尚未形成核心竞争力情况下的盲目多元化和水平多元化。在经济高速增长时期，多元化确实可以给企业带来可观的利润，但也会使企业因规模过大而管理逐渐失控，资金周转困难，一旦经济下行，企业资金链条极易断裂，导致企业破产倒闭。金融危机爆发后，沿海地区一批优秀民营企业纷纷倒闭，究其原因不在于这些企业没有市场竞争力，而在于企业投资的“多元化”。因此，新形势下四川省民营企业应降低多元化经营程度，集中力量将主营业务做大、做强、做优，重塑企业核心竞争力。

同时，在经济全球化背景下，对有竞争实力的四川省民营企业来说，通过海外直接投资、跨国并购等途径参与国际竞争，不仅可以突破国外以“两反一保”等形式出现的贸易保护主义，还可以直接占领消费市场，洞悉市场需求动态和行业技术前沿态势，及时进行产品研发和技术革新，增强企业国际竞争力。

自国家“一带一路”倡议提出以来，四川省民营企业积极实施国际化战略，利用“一带一路”沿线国家的劳动力、资源和广阔的市场，通过收购、参股或合作等方式，拓展“走出去”合作空间，提高国际合作的效益。但目前境外部分地区政治风险较大，四川省民营企业走出去又受融资、信息、人才等因素的制约，要充分利用“一带一路”倡议所提供的机遇和平台，还需要不断提高四川省民营企业的国际竞争力。

3. 实现民营企业发展模式转型

新时期，四川省民营企业亟待加快产品研发和科技创新，实现发展模式由投资驱动向创新驱动转变。大部分四川省民营企业分布在技术门槛和管理门槛相对较低的领域，长期以来遵循比较优势理论，采用“高物质消耗、低技术含量、低经济效益”的粗放型增长方式，形成了大量附加值低、污染重、资源消耗量大的生产能力和产业体系。国家节能减排目标的进一步落实、资源税的逐步调整以及生态环境保护力度的不断加大，迫使四川省民营企业发展模式由外延式向内涵式转变。同时，四川省民营企业长期以来过度依赖资本投资而忽视自主创新能力培育，导致企业发展内生动力不足，持续健康发展面临严峻挑战。

一是要注重引资与科技、引智的结合，吸引跨国公司来川设立区域总部、研发中心、采购中心、培训中心。在此基础上，积极推动本地企业与外商直接投资企业加强交流合作，提升民营企业引进、消化、吸收、再创新能力。

二是新形势下四川省民营企业应启动创新驱动，遵循“绿色、循环、低碳”原则，加快技术创新，淘汰落后产能，尽快走上“低物质消耗、高技术含量、高经济效益”的集约型增长之路。

三是推进四川省民营企业产品从“粗制滥造”向“精工细作”转变。加快推进四川省民营企业的技术革新，增强企业自主设计创新水平。同时企业要主动吸引高端创新型技术人才，引进新技术、新工艺，创造具有核心竞争力的产品。

四是从生产产品到生产价值的转变。四川省民营企业产品的生产应注重融合四川独特的地域文化和悠久的历史文化，赋予产品使用价值之外的内涵。通过技术创新、产品创新、管理创新与经营模式创新，打造民营经济品牌战略，树立品牌意识，整体行业要形成一批国内外知名品牌，提升行业整体竞争力。

4. 推动民营经济产业结构优化升级

一是积极参与高端制造业领域。目前来看，四川省民营企业在传统制造业领域受到的市场准入限制较少，所占比重日益提高，日益发展壮大，在某些行业已取代国有经济占据主导地位。民营经济在一般制造业领域中发挥的主力军作用越来越显著，各级地方政府应积极鼓励支持民营企业参与国有企业的资产重组，引导国有经济从非战略性领域中退出，逐步实现“国退民进”。未来，更应激励民营经济向高端制造业发展，提升民营经济制造业整体价值链水平。

二是投资高新技术产业。鼓励四川省民营科技企业发挥其先进的生产力和灵活的经营机制。从行业分布来看，民营科技企业主要集中在信息技术、新材料、生物工程及环保领域，几乎覆盖了国民经济的主要行业，所占比重不断提高。四川省民营科技企业可以资产重组、联合经营、智力资本作价投资等方式参与传统产业的技术升级改造，强化知识产权保护，促使企业资源实现高效配置，推动民营经济在高新技术产业上的健康发展。

三是进入基础性行业。基础性行业是支撑一国经济的基础部门，包括交通运输、邮电通信等基础设施和能源、基本原材料基础工业。从世界范围看，民营资本已经在许多国家基础部门投资中占据重要地位，民营企业参与大型基础设施的投资建设无疑是企业走向规模化的标志。从四川省情看，一直以来，国有经济都在此领域发挥主导作用，然而一些吸收民间资本投资基础性行业的成功范例也印证了民间资本进入基础设施行业的可行性。因而，应当积极鼓励民营经济进入经营性基础领域，引导民间资本在城市基础设施建设领域发挥重要作用。采取民营资本联合、联营、特许招投标等方式进入基础设施领域，通过建立收费补偿机制、财政补贴等方式弥补项目投资收益的不足，以稳定的收入预期吸引更多的民营资本。

四是发展现代服务业。民营经济在第三产业具有得天独厚的优势，除了在传统服务业领域占据数量优势外，在信息服务业等现代服务业和新兴产业中也表现出强劲的竞争力。因此，四川省民营经济的发展要由传统的第三产业转向现代金融保险、中介机构、物流配送、信息咨询和要素市场等为代表的现代服务业。要把第三产业发展与四川制造发展有机结合，大力发展为制造业提高服务的生产者服务业。民营经济在未来的发展中，必须整合自身特点和四川制造业优势，推动服务外包的发展，提高公共服务的水平，加强信息技术的应用，以获得更大的产业发展空间。

五是借力“互联网+”，助推民营经济电子商务发展。随着互联网的飞速发展，互联网经济对民营经济的作用日益显著。互联网经济改变了市场交易场所，拓展了市场交易时间，丰富了市场交易产品，加快了市场交易速度，节约了市场交易费用，激发了创新机制，带来了更广阔的市场前景和市场机会。互联网的迅速发展为身居内陆的四川省民营经济的发展提供了全新发展机会和无限可能。增强四川省民营经济和民营企业的竞争力，必须运用好互联网这一新事物，借力“互联网+”，助推民营经济电子商务发展。

五、提升四川省民营经济竞争力的保障机制

民营经济是四川省经济和社会发展的重要组成部分，在壮大县域经济、推动转型跨越、安排劳动就业、增加城乡居民收入、维护社会和谐稳定以及全面建成小康社会进程中起着不可替代的作用。纵向看，四川省中小企业、民营经济取得了长足发展，贡献突出；但横向比，四川省民营经济相较于浙江等其他发达省份仍然有较大差距。如何在“一带一路”倡议背景下和新经济形势下做大做强四川省民营经济，提升四川省民营经济竞争力已成为四川省经济发展过程中的重中之重。完善的保障机制对于提升四川省民营经济竞争力将起到保驾护航的作用。在充分评价四川省民营经济竞争力的基础上，将从政策、制度、资金、人才四个方面探讨保障机制的创新。

（一）建立健全政策保障机制

四川省政府应该尽快出台并完善现有的保障四川省中小企业、民营经济发展的相关政策，并且做到后续跟踪，确保政策的落地实施。为民营企业和民营经济保驾护航。

1. 拓展民营经济生存空间

四川省民营企业生存空间狭窄，经济业务来源单一，四川省政府应助力民营企业拓展生存空间。首先，凡是法律没有明令禁止的行业和领域，一律对民营企业开放。在基础设施、重大产业、社会民生等重要领域推出示范性重大项目，鼓励民营企业与社会资本参与。其次，鼓励省内有实力的民营企业参与部分国有企业改革，出台相对应的民营企业参与国有企业改革的具体政策，拓宽民营企业进驻国有企业的渠道。可采取国有企业产权转让、增资扩股、合资合作等方式，让民营企业真正能够进入国有资本领域，以发展混合所有制经济为重点。最后，支持四川省纺织、家电、食品、农产品等传统优势行业的民营企业和对外承包工程项目“走出去”，支持民营企业参加国内外知名企业交流会，对传统优势行业和优质企业实施取消工业制成品出口商品检验等优惠政策，为民营企业占领市场拓展空间。

2. 减轻民营企业负担

四川省民营企业不仅生存空间狭小，而且面临较重的企业负担。政府应尽快建立和完善相关政策保障，为民营企业减负松绑。在税收方面：继续推行对年应纳税所得额低于10万元（含10万元）的小型民营企业，按照所得额减去50%后再计入应纳税所得额，按20%的税率缴纳企业所得税的政策。同理，可针对全省的中、大型民营企业给予同样的方法、不同额度的税收减免优惠。对年应纳税所得额高于10万元但低于100万元的中型民营企业，按照所得额减去1/3后再计入应纳税所

得额，按20%的税率缴纳企业所得税。对年应纳税所得额高于100万元的大型民营企业，按照所得额减去1/4后再计入应纳税所得额，按20%的税率缴纳企业所得税。同时，推进税收营改增的范围和力度。在人力资源方面，将企业职工基本养老保险缴费基数下限再下调10个百分点，由现今的40%调至30%。将初创小微企业领取营业执照后缓交社会保险费的期限由12个月增加到18个月，同时延长生产经营严重困难的民营企业缓交基本养老保险费用的期限。

3. 积极培育民营企业大集团

四川省民营企业大多分散经营，业务渠道单一，从而导致竞争力不足，政府应建立完善相关政策，积极培育四川省大企业、大集团，发挥规模优势以提高竞争力。首先，政府应支持、鼓励全省范围内的民营企业进行跨地域、跨行业的兼并、联合、重组，发展成为特色突出、市场竞争力强的集团公司。其次，政府不得干预进行并购重组的民营企业对新公司类型的选择，应当支持企业自主选择重组公司类型，并购重组后的公司可以自由选择责任有限公司类型或者股份有限公司类型。最后，支持民营企业自主约定注册资本和股东出资份额，其注册资本由企业股东自行订立协议决定，可等于或高于合并前各公司的注册资本之和。政府相关部门只需承认协议的法律效应即可。此外，股东（发起人）认缴出资额、出资比例、出资期限、出资方式等也应由协议自行决定，相关管理部门不得干涉。

4. 实行政府采购优先支持政策

四川省民营企业发展过程中最大的困难之一是客户资源缺乏，没有稳定的客户，就会导致企业业务能力下降，利润不足。所以，政府应当实行政府采购优先支持政策，助力四川省民营企业有稳固的经济收入来源。一方面，四川省政府应出台相应政策，要求各市、县等相关部门，体制内单位必须按照有利于实现全省经济和社会发展目标的要求，在技术、服务等指标同等条件下，优先采购当地民营企业所生产、服务的自主创新产品，以促进民营企业发展；另一方面，对以综合评标为主的招标项目，要落实政策倾斜，增加自主创新等有利于民营企业竞争的因素，并合理设置分值比重，保障民营企业能够参与一定份额。

（二）建立健全制度保障机制

完善的制度保障机制将为四川省民营经济的发展提供强有力的支持，也将为民营企业发展带来诸多便利。四川省政府应建立健全制度保障机制，助力民营经济发展。

1. 大力推进民营经济“双创”制度

四川省政府应积极响应国家“大众创新，万众创业”的号召，在全省推行全民创业制度。首先，全省各市、县、区都应该加强政府引导，充分调动群众创业的积极性，特别是要鼓励创业潜在力量如企业下岗职工、大中专毕业生、转业军人、外出务工人员积极创业，形成全省踊跃创新创业的新态势。其次，放宽创业条件，鼓励各类社会资本在全省范围内投资、参股发展民营企业。降低门槛，放宽对民营企业注册资本的限制。同时，鼓励省内具备条件的个体工商户转化升级为小微型企业，引导规模较大的个体工商户转化升级为中小民营企业，实现集约发展。为民营企业项目推进、群众创业创造宽松、便捷的环境。最后，发展一批具备地域特色、行业特色、企业特色的优势民营企业。对这部分特色优质民营企业给予在安排新征用地、项目立项、资金支持、技改项目贷款贴息等方面的政策扶持。

2. 建立健全民营经济信息公开制度

四川省政府应运用好网络、计算机、新媒体等媒介，协调各相关部门建立信息公开制度。首先，由省政府统一部署，加快信息化建设。充分利用好全省现有的信息技术研发资源，加快建立统一的行业创新中心、产品设计中心，突破产业信息改造中的共性技术和关键技术难题，提高产品质量和市场的响应速度。其次，大力推进民营企业信息化改革，深化信息技术在企业设计、企业制造、企业管理和市场营销等各个环节的应用，着力抓好计算机辅助技术的应用。通过政府扶持电子商务发展，鼓励企业积极开展网络营销以降低企业营销成本，引导企业走信息化、电子化、科技化道路。最后，积极推进全省各地工业园区、自贸区、保税区、金融园区的信息化建设，通过提高各类园区的信息化水平和完善各类园区的信息制度建设以提高区内企业竞争力，提高园区的承载能力和吸引力。

3. 建立健全全面服务制度

为全省的民营企业提供全面周到的服务是助力四川省民营企业发展的重要举措。首先，建立民营企业服务体系。充分发挥民营企业服务中心的功能，大力开展针对民营企业的专业服务。按照市场化运作，在核准的业务范围内为民营企业提供信用担保、筹资融资、创业辅导、技术支持、信息咨询、市场开拓、人才培训、国际合作等各领域、多渠道的服务。其次，积极推进四川省民营企业信息网建设，建立覆盖全省规模的民营企业公共信息服务平台，逐步建立民营企业项目库、人才库、产品库、政策法规库、技术专利库等，为民营企业在互联网上查询各类需求信息，发布各类需求信息提供便利。最后，建立民营企业技术服务体系，为民营企业提供技术支持。推进建立四川省不同区域，不同行业的技术服务中心，指导省内有条件的大型优质民营企业建立技术研发中心。同时，搭建民营企业与省内科研机构、省内高校之间的对接桥梁，为民营企业技术性问题提供咨询、诊断、论证等服务。

4. 优化民营经济生产要素保障

充足的生产要素保障可以免除民营企业生产经营活动的后顾之忧。然而四川省民营企业在生产经营活动过程中经常面临生产要素短缺的状况。四川省政府应切实落实生产要素保障制度，优化生产要素保障。首先，针对全省民营企业存在的“用水、用电、用气难”等突出问题，政府各级相关部门要多渠道破解企业面临的难题，切实做好水、电、煤、气、运等自然生产要素的协调保障工作，有力保障企业正常生产需要。其次，面对四川省民营企业普遍存在的“用地难”问题，政府应通过强化老厂房改造，集约利用土地，积极开发新地等措施努力扩充增量、盘活存量、提高质量，为不同地区民营企业急需的发展用地创造发展空间，全力破解“用地难”。最后，面对“招工难，用工难”的问题，要加强本省劳动力资源保护利用，加大高校人才培育平台建设，突出实际操作运用能力，使培育出来的各类型人才符合全省民营企业发展的需要。

（三）建立健全资金保障机制

资金是企业生存的基础，然而四川省民营企业普遍存在资金短缺现象。四川省政府应建立健全资金保障机制，从现金流、渠道、服务等多方面为民营企业发展保驾护航。

1. 设立民营经济专项基金

为解决四川省民营企业日常生产经营活动中临时、急需的资金需求，四川省政府应协调省财政厅、省人民银行设立民营经济专项基金以备应急之用。对符合国家宏观经济政策、产业政策和四川省经济发展需要的民营企业，根据“政府推动，部门联动，政策促动、金融机构合作带动”的原则，由省财政厅、省人民银行牵头，以政府的名义担保，通过协作金融机构以委托贷款方式提供给企业短期性周转资金。民营经济专项基金可用于解决中小民营企业在季节性原料采购、申报贷款、项目补贴过程中，由于程序性等原因影响中小民营企业资金周转，从而可能导致资金链断裂的问题。设立民营经济专项基金的目的是确保企业资金链不断裂，企业正常的生产经营不受影响。

2. 拓宽民营企业融资渠道

依靠政府的财政性援助只能缓解一时的资金短缺状况。要想彻底解决民营企业资金短缺问题，政府就必须帮助民营企业拓宽融资渠道，才能从源头上解决资金短缺问题。政府应该首先加强对全省优质民营企业上市的指导服务协调工作，加大对民营企业的上市培育和政策支持力度，鼓励民营企业上市融资。对已经成功上市的民营企业，出台具体的政策予以奖励扶持。其次，积极支持城镇银行和小额贷款公司等新型金融机构的发展，建设一批“政府统筹，企业自建”的有实力、可靠的小额贷款公司，拓宽城镇民营企业主体融资渠道。最后，在全省范围内选择一批有实力的民营企业，探索发行民营企业集合债券、短期融资券、中期集合票据，开展股权融资、项目融资和信托产品等直接融资，引入各类风险投资、私募基金、创业投资基金等投融资机构投资民营企业。

3. 创新民营经济金融服务

四川省人民银行、银监会等监督管理部门要引导各大商业银行积极支持所在区域的民营经济发展，有效加大对民营企业的信贷投放力度，认真落实信贷倾斜政策，积极创造条件加大对民营企业信贷额度的授信工作，重点支持有市场、有技术、有发展前景、信用良好的民营企业。同时要不断完善民营企业担保抵押贷款方式，加快发展创业贷款、联户联保贷款，以及知识产权、应收账款、订单合同等业务，充分运用银行承兑汇票、信用证、保函、远期外汇等金融工具，不断满足全省不同地区的民营企业差异性融资需求。此外，省内各金融机构要设立专门为民营企业服务的信贷部门，配备专人负责民营企业信贷业务，根据民营企业融资“短、平、快”的需求特点，制定服务于民营企业的专门授信管理办法，开辟“民营企业贷款绿色通道”，简化业务操作流程，形成从市场调研、客户筛选、营销安排、客户开发、客户维护到贷后管理的“一条龙”服务模式。

4. 推动政—银—企信用建设

首先，进一步加强政府与民营企业、银行与民营企业间的交流、合作，定期举办银行与民营企业合作专项洽谈会，为民营企业融资提供平台。同时在全省范围内设立民营企业贷款风险补偿资金，对民营企业贷款实际形成的风险，按照金融机构、担保单位谁损失谁受偿的原则给予风险补偿。其次，加快推进全省民营企业信用制度建设，建立和完善民营企业信用信息征集机制和评价体系，提高民营企业的融资信用等级。依托人民银行和工商征信系统，不断完善个人和企业征信系统，为民营企业融资提供方便快速的查询服务。构建守信受益、失信惩戒的信用约束机制，增强民营企业信用意识。最后，在全省各地开展诚信民营企业培植计划试点，组织开展信用宣传、信用培育、信用征集、信用激励、信用评级工作，支持民营企业积极参加第三方信用评级。实施重点企业信贷客户培植计划，选取一定数量的符合国家宏观调控和产业政策、合法诚信经营的民营企业，加强辅导培植，完善信用档案，开展信用评级，把评级结果纳入信贷审批流程，重点给予信贷支持。

（四）建立健全人才保障机制

人才是企业文化的核心，企业人才的优劣直接决定了民营企业的发展态势和发展速度。四川省政府应建立健全人才保障机制，保障全省民营企业人才引进渠道的畅通，助力四川省民营经济发展。

1. 大力实施民营企业人才培养战略

大力实施人才培养战略，自主培育企业发展所需要的人才是提高民营企业人才储备和人才质量的关键。一方面，政府应加快培育民营企业经营者市场，努力培育出一批高素质优秀的民营企业家，建立企业经营者人才库、职业经理人制度等新型人才制度，储备优秀人才。同时，不断拓宽培训渠道，不断提高民营企业家的综合素质，坚持正确导向，创造有利于企业家成长和创新、创业的社会环境，充分调动企业家的创造性和积极性。另一方面，加强现有人才的教育培训，挖掘现有人才。通过引导民营企业自主进行人力资源开发，培养一批高级技术人才，为民营企业发展提供人力支撑。同时，政府积极组织开展民营企业管理人员培训，进行定期或不定期的人才交流，人才考核，进一步提升民营企业经营者素质。此外，政府还应督促企业对普通员工的教育培训力度，使其转变观念，坚定信心，形成整体合力。

2. 积极建立民营企业人才服务体系

健全的人才服务体系是民营企业培养人才、引进人才的重要保障，在四川省民营企业和民营经济发展过程中具有重要作用。首先，政府应建立健全民营企业各类人才培养体系，形成企业内部、企业与企业之间、同行业之间从人才培训到人才评定使用再到人才交流的互通机制。同时，建立健全民营中小企业培训体系，形成政府引导、社会支持和企业自主相结合的培训机制。其次，落实以“政府统筹，部门落实，行业协助”为原则的各类民营企业专业技术人员职称评审与推荐工作。严格评审办法，简化评审手续，提高评审效率，为民营企业筛选一批合格的技术型人才。同时建立政府与企业对接，行业与企业对接的人才推荐机制，保障人才充分就业。最后，充分发挥行业协会、商会、服务性中介的协调服务、行业自律、桥梁纽带等作用，由政府统一引导为企业人才培育、人才引进服务。

3. 不断创新民营企业人才引进机制

大力引进各类型人才，依靠外来人才的带动作用不仅有利于四川省民营企业自主的人才培育，对促进民营企业发展也具有重要意义。因此，创新人才引进机制，保障引进渠道畅通将助力四川省民营经济竞争力的提升。首先，实施人才优先战略，加强领军人才引进。要坚持重点引进、重点培养的思路，以分类管理、合同约束、考核评估为基本原则，充分依托国家“千人计划”“长江学者”奖励计划等全国扶持项目，在省内引进一批具有国内外影响力的领军人才，积极促成“以才引才”和“团队式引才”。其次，坚持以用为本原则，实行柔性引才机制。特别注重省内高校、综合性大学的学术性人才引进，通过提高全省的教育氛围、学术氛围达到吸引人才交流的目的。最后，完善引进人才优惠政策，建立健全外来人才收入增长机制，进一步提高外来人才的薪酬待遇。同时，加大住房资源的建设和整合力度，实行引进人才住房安置和货币化安置并举制度，解决引进人才的住房问题。

六、结语

近年来，受经济整体下行压力影响，作为四川经济增长生力军的民营经济顺势而为，脱颖而出，充分发挥比较优势，挖掘内在潜力，成为推动四川经济“稳中求进”发展的中坚力量。作为西南地区第一大省，四川省民营经济具有巨大发展潜力。但是，四川省民营经济相较于浙江等沿海省份，由于发展时间不长，发展力度不足，还存在诸如融资不畅、治理结构不优、企业品牌不响、制度创新不足、人才短缺、国际化水平偏低等突出问题。提升四川省民营经济竞争力，促使四川省由民营经济大省向民营经济强省转变，需要政府高度重视，在新形势下转变政府角色，完善相关促进民营企业发展的政策法规，推行相应的政策措施，为民营企业保驾护航。同时，必须提高四川省民营经济的自主创新能力。只有创新，才能使四川省民营经济和民营企业的发展实现量的突破、质的飞跃，缩小四川与民营经济发达省份的差距，提高四川省民营经济的整体竞争力。

（四川省统计局　成都理工大学）

四川省农业产业化发展研究

农业供给侧改革作为整个供给侧结构性改革的一个重要领域，自 2016 年开始推进以来，各地的实践证明这种供给侧结构性改革成效不错，农业农村发展的部分问题得到解决，为了进一步凸显农业供给侧改革的效果，2017 年中央将深入推进农业供给侧结构改革作为当前和今后一个时期农业农村工作的主线。在这种政策背景下，必须准确把握农业供给侧结构性改革的重点。而农业产业化作为农业供给侧改革的核心要素和重要推力，其发展程度的高低很大程度上影响着农业供给侧结构性改革的推进，因此，研究四川省农业产业化经营现状、问题，分析其原因以找出解决办法，就成了四川农业产品供给侧结构性改革的重要内容。

一、农业产业化是实现农业供给侧改革的必由之路

（一）四川省农业供给侧结构性改革面临的任务

习近平总书记在 2017 年“两会”参加四川代表团审议时指出，当前农业发展进入新的历史阶段，农业的主要矛盾由总量不足转变为结构性矛盾，突出表现为阶段性供过于求和供给不足并存，矛盾的主要方面在供给侧。在深入贯彻落实中央农村工作会议、中央一号文件、习近平总书记重要讲话精神的基础上，2017 年四川省委一号文件和《四川省“十三五”农业和农村发展规划》都围绕农业增效、农民增收、农村增绿三大任务，突出农业供给侧改革主线，从机制体制创新上发力，加快转变农业生产方式，以保持四川农业稳定持续发展。

2017 年中央一号文件指出农业供给侧结构性改革的主要目标是增加农民收入和保障有效供给，主攻方向是提高农业供给质量。四川省委省政府紧紧围绕这一目标，明确了四川农业供给侧结构性改革的六大任务：适应市场需求，优化产品结构；发展适度规模经营，优化经营结构；立足比较优势，优化区域结构；促进融合发展，优化产业结构；推进绿色生产方式，促进农业可持续发展；强化农业供给物质支撑，加强基础设施建设。其中，发展适度规模经营就是农业产业化发展之路，立足比较优势，优化区域结构正是当前四川农业产业化发展的主要内容。

（二）四川农业产业化与农业供给侧结构性改革的关系

农业产业化是在家庭承包经营的基础上，以市场为导向，以经济效益为中心，

围绕区域性支柱产业和主导产品，实行区域化布局、专业化生产、一体化经营、社会化服务、企业化管理；通过市场牵龙头、龙头带基地、基地连农户的形式，将农产品的生产、加工、销售等各个环节连成一体，形成有机结合、相互促进的经营机制。从上述内涵可以看出，农业产业化是农业供给侧改革的核心要素，农业供给侧改革直接针对的是供给侧，目的是调整产品结构，提高产品供给质量，促进农业供需关系在更高水平上达到新的平衡，产供销、种加养一体化的农业产业化发展模式无疑是促成农业供求新平衡的重要路径。由此可以看出，农业产业化是深入推进农业供给侧结构性改革的必由之路。

二、四川省农业产业化发展成效显著

（一）四川省农业概况

农业是国民经济中的一个重要产业部门，有广义和狭义之分，广义的农业包括种植业、林业、牧业、渔业、副业五种产业，狭义的农业指种植业。由于统计年鉴上只统计农、林、牧、渔业总产值，为了便于区分，本文中的农业包括种植业、林业、牧业、渔业四种产业。

2000—2015 年，四川省农业总产值从 1483.52 亿元增加至 3246.45 亿元，增加幅度为 118.8%（如图 1 所示），占全国农业总产值的比重从 9.93%下降至 9.56%。总体看来，四川省农业总产值的变化大致可以分为两个阶段：第一阶段，2000—2008 年高速增长期。这一阶段四川省农业总产值以年均 7.93%的速度增长，高于同期全国平均增速 6.39%，使得四川省农业总产值占全国比重逐年上升，2008 年比重达到峰值，为 10.98%。第二阶段，2009—2015 年稳定增长期。这一时期四川省农业总产值增速缓慢，年均增长 3.5%，低于同期全国平均水平 1.5 个百分点，导致四川省农业总产值占全国比重缓慢下降。

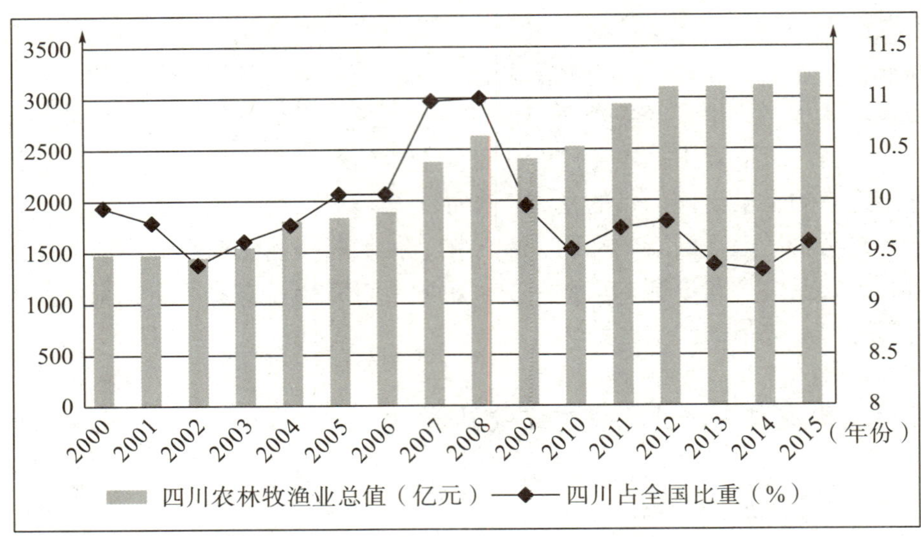

图 1　2000—2015 年四川省农、林、牧、渔业产值变化情况①

数据来源：历年《四川统计年鉴》和《中国统计年鉴》。

2000—2015 年四川省种植、林、牧、渔业产值及其占总产值的比重变化情况如图 2 和图 3 所示。分产业来看，种植业一直是四川省农业最重要的组成部分。近年来，各地政府依托多样性的生态和自然环境，强化政策引领、项目扶持，特色种植业生产规模不断扩大，导致种植业产值从 2000 年的 785.37 亿元增长至 2015 年的 1900.3 亿元，年均增长 6.4%，占四川农业总产值的比重由 52.94%增长至 58.53%。畜牧业是四川农业的第二大组成部分，2000—2015 年，畜牧业产值从 611.76 亿元增加到 1061.85 元，增加了 73.57%，年均增长 4.3%，低于种植业的增长速度，导致畜牧业产值占农业总产值的比重由 2000 年的 41.24%下降至 2015 年的 32.71%。林业是四川农业的第三大组成部分，2000—2015 年产值由 49.13 亿元增长至 80.67 亿元，增长了 64.7%，年均增长 3.5%，均低于种植业和畜牧业的增速，使得林业产值占农业总产值的比重由 3.31%下降至 2.48%。渔业是我省农业的第四大组成部分，四川省发展渔业有极大的优势，但是由于良好的水产养殖条件和市场潜力没有得到很好的开发，使得我省渔业产值不高，2000—2015 年，渔业产值由 37.26 亿元增长至 64.72 亿元，年均增长 3.9%，占农业总产值的比重由 2.51%下降至 1.99%。

① 全国和四川的农、林、牧、渔业总产值均是以 2000 年可比价格计算的，后文涉及的产值数据均是按可比价格计算的。

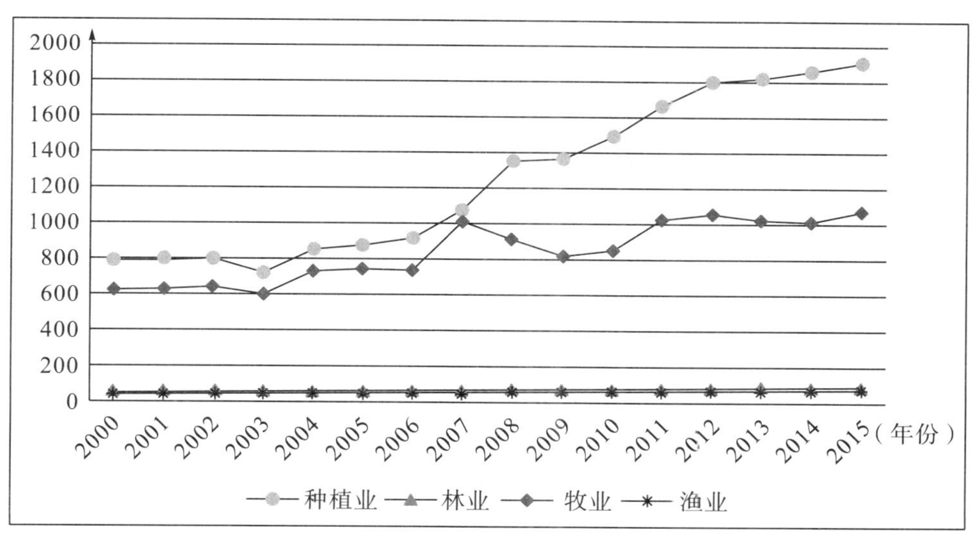

图 2　2000—2015 年四川省农、林、牧、渔业产值

数据来源：历年《四川统计年鉴》。

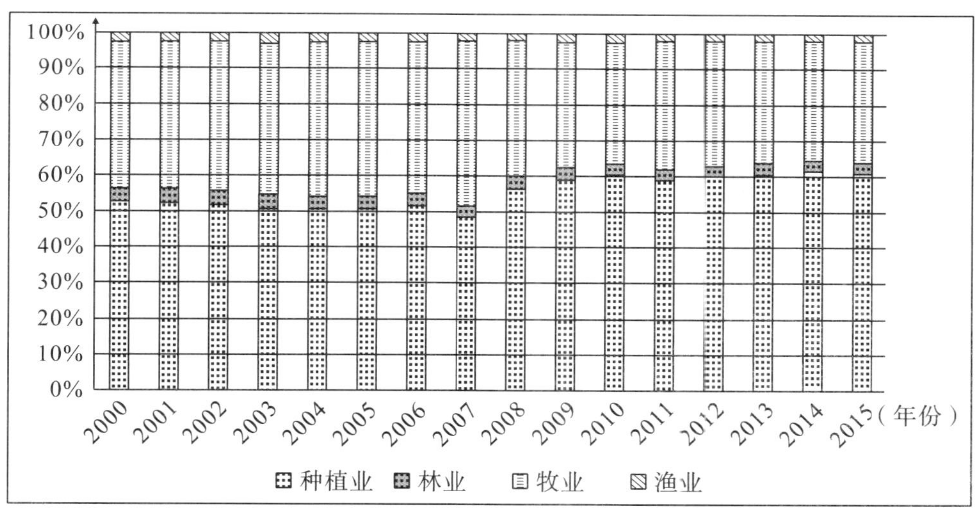

图 3　2000—2015 年四川省农、林、牧、渔业产值占总产值比重

数据来源：历年《四川统计年鉴》。

（二）主导产业规模不断扩大，农产品竞争力日益增强

2008 年 10 月，党的十七届三中全会和四川省委九届六次全会都强调“着力发展优势特色效益农业”，四川省农业厅出台了《四川省优势特色效益农业发展规划》，明确提出优势特色产业的发展思路、基本原则、总体目标、区域布局、建设重点和对策措施。近年来，全省各地强化政策引导、项目扶持，以现代农业产业化基地建设为抓手，以科技、机制创新为动力，推进马铃薯、蔬菜、油菜、中药材等十大特色优势产业集群发展，形成了具有较强市场竞争力的农业产业体系，十大优

势特色效益农业已成为四川农村经济和农民增收的主导产业。

整体来看，2010—2015 年，四川省优势特色效益农业的种植规模不断扩大（如图 4 所示），由 5979.8 万亩增加到 6840.6 万亩，增加 860.8 万亩，年均增长 2.7%。全省优势特色效益农业产量（除花卉产业外）稳步提升，由 4575 万吨增加至 5695.48 万吨，年均增长 4.48%。全省现代特色产业进一步向带状、块状集聚发展，川西 600 万亩“稻+菜”轮作产业带、盆周山区 500 万亩名优绿茶产业带、长江中下游 500 万亩柑橘产业带、龙门山脉 100 万亩猕猴桃产业带，川中 100 万亩柠檬产业集中发展区不断壮大。

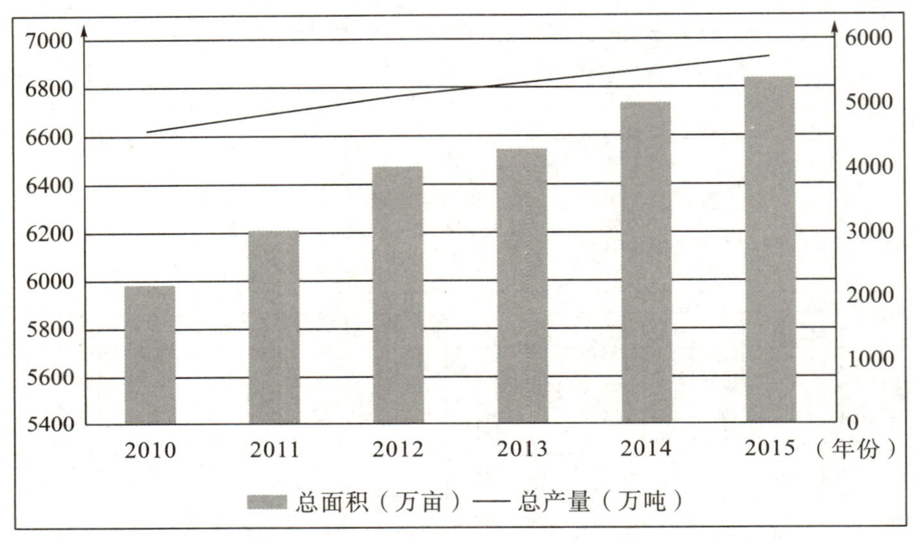

图 4　2010—2015 年四川省优势特色效益农业的播种面积和产量

分产业来看，蔬菜是我省优势特色效益农业的第一大产业，其播种面积和产量占比最高，2010—2016 年（见表 1），蔬菜播种、产量、单产均呈上升趋势，面积由 1749 万亩增加到 2058 万亩，年均增长 2.75%，产量由 3408 万吨增长到 4365.7 万吨，年均增长 4.22%，产量在全国的名次由第三位下降到第五位。2015 年，四川全省泡菜产量达 330 万吨，产值 270 亿元，约占全国泡菜产量的 70%。

作为我省的第三大主粮，马铃薯产业的发展不仅关系到我省粮食安全问题，还事关我国“马铃薯”主粮化战略的推进。四川省发挥自然环境优势，制定《四川省马铃薯产业十一五发展规划》，出台了许多马铃薯优惠政策，10 多年来，通过政府推动，项目帮扶、科技支撑，四川省马铃薯产业发展效果显著（见表 1）。2010—2016 年，马铃薯的种植规模和产量不断增加，播种面积由 1098.8 万亩增加至 1210 万亩，增加 111.2 万亩，涨幅 10.1%；产量由 274 万吨增加至 322.5 万吨，增加 17.7%，2010 年以来，四川马铃薯的种植面积和产量均保持全国第一。

2010—2016 年，油菜的种植面积由 1420.5 万亩增加至 1551.4 万亩，年均增长 1.48%，产量由 205.2 万吨增长至 243.6 万吨，年均增长 2.9%，产量由全国第二上升为全国第一；中药材种植面积由 142.5 万亩增长至 174.9 万亩，年均增长 3.4%，产量由 35.7 万亩增长至 45.9 万亩，年均增长 4.3%。

表 1　2010—2016 年四川省蔬菜、马铃薯、油菜、中药材特色产业发展情况

年份	蔬菜		马铃薯		油菜		中药材	
	面积（万亩）	产量（吨）	面积（万亩）	产量（吨）	面积（万亩）	产量（吨）	面积（万亩）	产量（吨）
2010	1749	3408.3	1098.8	274	1420.5	205.2	142.5	35.7
2011	1808.4	3573.6	1141.6	288.5	1446	214.4	148.2	38.7
2012	1869.2	3764.7	1186.8	304.5	1471.5	222.1	152.7	41.2
2013	1914	3910.7	1152	281	1497	224	156	40.4
2014	1972.5	4069.3	1183.8	292	1525.5	233.1	162	42.3
2015	2025	4240.8	1195.8	307.6	1540.5	238.5	168	43.9
2016	2058	4365.7	1210	322.5	1551.4	243.6	174.9	45.9

数据来源：2010—2015 年数据根据历年《四川农村统计年鉴》整理所得，2016 年数据来源于《四川农业农村基本情况》。

2010—2015 年（见表 2），蚕桑种植面积和产量比较稳定，产量稳居全国第二；水果播种面积由 830.3 万亩增长至 969.2 万亩，增加 16%，产量由 599.6 万吨增长至 806.5 万吨，增加 34.5%，产量由全国第十二名上升到第九名；烟草种植面积和产量均呈先增后降的趋同趋势，产量在全国的地位由第四位下降至第五位；茶叶的种植面积由 328.4 万亩增长至 482.6 万亩，增加 47%，产量由 16.9 万吨增长至 24.8 万吨，增加 46.7%；花卉产业种植面积由 70 万亩增长至 128.8 万亩，销售额由 2010 年的 65 亿元增长至 2013 年的 120 亿元，2016 年下降至 65.5 亿元。

表 2　2010—2015 年四川省蚕桑、水果、烟草、茶叶、花卉产业发展情况

年份	蚕桑		水果		烟草		茶叶		花卉	
	面积（万亩）	产量（吨）	面积（万亩）	产量（吨）	面积（万亩）	产量（吨）	面积（万亩）	产量（吨）	面积（万亩）	销售额（亿元）
2010	180	7.1	830.3	599.6	162.2	24.5	328.4	16.9	70	65
2011	180	7.4	871.3	642.9	175.7	24.9	348.6	18.6	85	71
2012	180	7.5	912.3	684.9	183	27.4	399.8	21	120	120
2013	180	7.6	920.3	718.7	180	25.1	425	22	120	120
2014	185	7.7	969.2	759.7	154.9	22.5	458.6	23.4	120	100
2015	185	7.6	969.2	806.5	145.8	22.2	482.6	24.8	128.8	65.5

数据来源：根据历年《四川农村统计年鉴》整理所得。

除上述特色效益农业外，四川省还依托资源优势，通过不断延伸产业链，重点发展了肉制品深加工、白酒、饮料加工等具有四川特色的主导产业、产品，2010年以来，在行业地位上，白酒、肉制品等优势农产加工品产销稳居全国前列，其中，生猪出栏、存栏稳居全国第一，外销量连续四年位列全国第一。

（三）农业产业基地建设扎实推进

标准化、规模化的产业基地是发展现代农业的基础、抓手和载体。近年来，在坚持市场导向、区域合理分工等原则下，四川省现代农业产业基地建设成效显著。2009年，省政府先后下发《关于深化试点加快推进现代畜牧业发展的意见》和《关于加快现代农业产业基地建设的意见》，提出了“到2012年，建成50个现代农业产业基地强县、20个林业产业强县、40个现代畜牧业重点县”的目标任务。从表3可以看出，经过三年的努力，第一轮四川省现代农业林业畜牧业重点县培育工作超额完成，2012年年底，全省共建成现代农业产业基地强县59个、林业产业强县25个、现代畜牧业强县46个，且均得到政府命名；全省建成国家级现代示范区7个，新建现代农业产业基地1669万亩，累计建成3970万亩，建成高标准农田3265.3万亩；新建现代林业产业基地480万亩，累计建成1540万亩；建成畜禽标准化养殖小区18028个。

为巩固第一轮现代农业产业基地强县、林业产业强县、现代畜牧业重点县的建设成效，省政府启动第二轮现代农业林业畜牧业重点县建设，确定了到2015年建成现代农业、林业、牧业重点县各60个、40个、40个。三年来，各地各部门扎实推进第二轮重点县建设工作（见表4），其中，省政府授牌认定了现代农业产业重点县20个、现代农业重点县10个、现代畜牧业重点县10个。在第二轮产业基地建设中，全省共建成国家级现代农业示范区6片，累计达13片，现代农业万亩亿元示范区1100片，其中，60个农业重点县共建成769片，占全省的69.9%，粮经复合现代农业产业基地1000万亩；建成现代林业“万亩林亿元钱”示范区48片，现代林业产业基地2295万亩，其中，40个现代林业重点县共建成1153万亩，占全省的50.23%；建成畜禽标准化养殖小区3063个，累计23354个。

表3　2010—2012年四川省第一轮现代农业产业基地建设情况

年份	农业			林业		畜牧业	
	现代农业产业基地强县（个）	现代农业产业基地（万亩）	高标准农田示范区（万亩）	现代林业产业强县（个）	现代林业产业基地（万亩）	现代畜牧业重点县（个）	畜禽标准化养殖小区
2010	20	2121	2835.5	10	1060	12	17718
2011	40	2950	3045	16	1256	32	17718
2012	59	3790	3265.3	25	1540	46	18028

数据来源：历年《四川农村统计年鉴》和《四川农业农村基本情况》，http://snsc.gov.cn/agriculture/146.htm。

表 4　2013—2015 年四川省第二轮现代农业产业基地建设情况

年份	农业		林业			畜牧业
	现代农业万亩亿元示范区	粮经复合现代农业产业基地（万亩）	"万亩林亿元钱"示范片	示范区面积（万亩）	现代林业产业基地（万亩）	畜禽标准化养殖小区
2013	800	340	—	—	1789.7	20291
2014	1000	640	43	25	2038	21889
2015	1100	1000	48	51	2295	23354

数据来源：历年《四川农村统计年鉴》和《四川农业农村基本情况》，http://snsc.gov.cn/agriculture/146.htm。

为了加快实现农业现代化，同步实现小康目标的要求，2016 年四川省启动了新一轮现代农业林业畜牧业重点县建设，正在建设现代农业示范市县 21 个，现代农业重点县 33 个；新建现代林业示范县 10 个，现代林业重点县 30 个，新建林业产业基地 233 万亩，累计建成 2528 万亩；建设现代畜牧业重点县 26 个，新改扩建畜禽标准化养殖小区 2025 个，累计建成 25479 个。

（四）农业产业化组织不断壮大

农业产业化组织主要包括龙头企业和各类农民专业合作经济组织。从表 5 可以看出，四川农业产业化龙头企业不断增加，2010—2016 年，产业化龙头企业由 7718 家增加至 8873 家，增加 1155 家。其中，国家级龙头企业由 36 家增加至 60 家，省级龙头企业由 365 家增加至 714 家，新增 349 家。产业化龙头企业的经营和加工能力有了显著提高，销售收入上 500 万元的龙头企业占全省龙头企业的 40%以上，销售收入上亿元的龙头企业由 2010 年的 482 家增加至 2016 年的 823 家，增加 70.7%；全省规模以上龙头企业农产品加工值由 2010 年的 6152.4 亿元增加至 113018 亿元，年均增长 11.6%。

农民专业合作组织是龙头企业与农户之间的纽带，在连接小生产和大市场方面发挥着重要的作用。总体上看，四川农民专业合作组织蓬勃发展，呈现良好的发展态势。2010—2016 年，各类农民专业合作组织由 2.4 万个增加到 7.4 万个，其中，工商登记注册的农民合作社由 14127 个增加到 63276 个，占全省农民专业合作组织的比重由 58.54%增加到 85.51%，其中 2015 年更是达到 95.52%；农民合作社规模不断壮大，2010—2015 年，农民合作社入社成员由 142.3 万户增加至 321.7 万户，占全省农户的比重由 7.44%增加到 16.03%。

通过上述分析可以看出，全省农业产业化组织发展迅速，带动能力不断增强，2010—2016 年产业化组织带动农户数由 1150 万户增加至 2008 万户，其中，农民合作社带动农户数占 30%左右；产业化组织带动面由 57%增加至 65%，帮助农户人均增收由 2010 年的 750 元增加至 2015 年的 1897.25 元。

表5 2010—2016年四川省农业产业化组织建设情况

指标名称	单位	2010年	2011年	2012年	2013年	2014年	2015年	2016年
一、龙头企业	家	7718	8238	8506	8506	8056	8703	8873
其中： 国家级	家	36	60	60	60	60	60	60
省级	家	365	415	444	504	589	589	714
销售收入500元以上	家	3223	3529	3786	2790	3040	4934	—
销售收入亿元以上	家	482	587	661	728	765	772	823
销售收入100亿元以上	家	1	3	3	3	5	5	—
龙头产业农产品加工值	亿元	6152.4	8084.3	7790.5	9006.4	9822.1	10545.2	11301.8
二、农民专合组织	个	24131	27691	32400	37777	55000	61000	74000
其中： 农民合作社	个	14127	20330	27241	32196	47329	58266	63276
入社成员	万户	142.3	181.7	224.3	249	287.6	321.7	—
入社成员占全省农户的比例	%	7.44	8.54	11.03	12.24	14.13	16.03	—
三、产业化组织带动农户数	万户	1150	1158	1240	1718.8	2133.7	2133.7	2008
其中： 农民合作社带动农户数	万户	322.3	369.5	475.2	544.2	589.9	637.3	—
带动面	%	57	59	62	62	63	63	65
助农人均增收	元	750	1250	1258	1397	1697.4	1897.25	—

数据来源：历年《四川农村统计年鉴》《四川省农民合作社省级示范社通知》以及《四川农业农村基本情况》。

（五）农业产业化的主要组织模式及其利益联结机制不断完善

课题组从四川省委农工委获悉，当前四川省农业产业化经营模式主要有龙头企业带动型、合作组织带动型以及专业市场带动型。四川农业产业化经营模式当中，龙头企业带动型占绝大多数，主要有公司＋农户、公司＋基地＋农户、公司＋合作组织＋农户，以及公司＋合作组织＋基地＋农户四种组织模式，其中，“公司＋基地＋农户”这一组织模式占80%左右。合作组织带动型主要有农民合作社＋（基地）＋农户、农民合作社＋农业科技服务组织＋农户、农民合作社＋协会＋农户。专业市场带动型适用于农业生产资料、农副产品销售等受市场约束较强的行业，主要组织模式为专业市场＋（基地）＋农业，目前在这种模式中起主导作用的主要是专业批发市场。

各地对龙头企业与农户的利益联结机制进行了广泛探索，从初期简单的订单合同型发展到多种模式，主要有通过多种形式把加工、流通等环节增值利润返还部分给农户的“返利模式”，如绵阳宝华生猪有限公司采取的“五统一分两返”模式；

由龙头企业向农户提供仔畜（禽）、饲料、防疫、技术等，农户按要求进行养殖，收回产品并支付劳动报酬的“代养寄养模式”；带动主体和农户之间约定农户最低收益的“利益保底模式”；带动主体与农户实行股份合作，按股分红的“股份合作模式”；养殖户共同参与养殖小区建设并在其中从事生产经营活动的“联户共建园区模式”等多种利益联结机制。本着进一步促进农民增收的原则，各地在扶持龙头企业、专业合作组织发展的过程中，引导企业和组织与农户之间建立多种利益联结机制，以促进农民的综合收益。如四川巴山雀舌名茶实业有限公司采取“保底收购＋二次返利”的模式，较好地维护了农民利益，再如四川朴华现代农业股份有限公司采取“固定土地流转费＋务工费＋产量分红＋反租倒包＋保底收购＋金融产品扶持”的利益联结模式，使农民收益多元化。

三、四川省农业产业化发展水平评价

（一）农业产业化数据处理

1. 农业产业化发展水平评价指标体系的构建

农业产业化作为一个内涵丰富的范畴，使得人们在认识农业产业化发展水平变化情况时，往往停留在定性分析或者片面的定量分析的层面上。为了较为全面、准确地评价四川省农业产业化发展水平，在综合分析学术界关于农业产业化经营评价指标体系的研究基础上，基于系统性、层次性以及数据的可获取原则，课题组在研究当中构建了农业产业化经营水平评价体系，具体的指标构成见表 6：

表 6　农业产业化经营水平评价体系

一级指标	二级指标	三级指标	
农业产业化经营水平	农业产业化的基础指标 X1	农业机械总动力	X11
		有效灌溉面积	X12
		农村总用电量	X13
	农业产业化的目的指标 X2	农业生产总值	X21
		农民收入	X22
		产业化组织带动面	X23
	农业产业化的质量指标 X3	产业链变化率	X31
		农产品商品率	X32
		农产品市场占有率	X33
		龙头企业的产销率	X34
		科技进步率	X35
		机耕作业率	X36
		品牌认证数	X37

2. 农业产业化评价指标的标准化处理

在上述指标体系中，各项指标的数量级差别较大，为消除量纲不同带来的影响，本文采用离差标准化法对各指标数据进行无量纲化，获得标准评价值。具体标准化过程为：

$$x_{ij}=\frac{X_{ij}-\min X_{ij}}{\max X_{ij}-\min X_{ij}}$$ 其中，i=1，2，3；j=1，2…7。

（二）农业产业化发展水平的实证分析

1. 农业产业化评价指标权重的确定

根据上述指标，运用美国运筹学家 T. L. Saaty 教授的层次分析法（Analytic Hierarchy Process，AHP）来确定指标权重。课题组设计了四川省农业产业化发展水平评价的 AHP 专家调查表（见附件 2），由相关专家、教授对上述指标进行重要程度排序，然后构造判断矩阵，通过计算获得各层次的指标权重，见表 7、表 8。

表 7 农业产业化基础指标和目的指标权重

指标	农业产业化基础指标 X1（权重 0.105）			农业产业化目的指标 X2（权重 0.26）		
	X11	X12	X13	X21	X22	X23
层次权重	0.702	0.084	0.214	0.31	0.11	0.58
组合权重	0.074	0.009	0.022	0.081	0.029	0.151

表 8 农业产业化质量指标权重

指标	农业产业化质量指标 X3（权重 0.635）						
	X31	X32	X33	X34	X35	X36	X37
层次权重	0.2	0.04	0.03	0.18	0.31	0.15	0.09
组合权重	0.127	0.025	0.019	0.114	0.197	0.095	0.057

2. 农业产业化发展水平评价结果分析

本文采用线性加权求和法计算四川省农业产业化发展水平，即 $F_t=\widetilde{X}_{ij}^{t}\times\eta_{ij}$。其中，$F_t$ 为第 t 年四川省农业产业化发展水平的综合评价值，$\widetilde{X}_{ij}^{t}$ 为各项指标第 t 年的标准评价值，η_{ij} 为各项指标的组合权重。根据上述指标权重、标准评价值，计算出四川省农业产业化发展水平的综合评价值，见表 9。

表 9　四川省农业产业化发展水平综合评价值

年份	基础指标	目的指标	质量指标	综合得分
2011	0.019	0.079	0.423	0.521
2012	0.038	0.165	0.438	0.642
2013	0.052	0.175	0.267	0.493
2014	0.078	0.215	0.289	0.582
2015	0.105	0.261	0.261	0.627

总体来看，2011—2015 年四川省农业产业化发展水平整体呈上升趋势，其中，2013 年农业产业化发展水平出现较大幅度的下降，综合评价值由 2012 年的 0.642 下降到 2013 年的 0.493，下降 13.68%。分指标来看，产业化基础指标和目的指标均呈逐年上升趋势，产业化质量指标呈下降趋势，主要原因在于 2011—2015 年龙头产业链变化率和科技进步率这两个指标频繁波动。这表明四川农业产业化发展后劲不足。

四、四川省农业产业化发展存在的问题及其原因分析

（一）农业产业化发展形势不容乐观

1. 农业产业化发展内部不均衡

四川农业产业化发展内部不均衡主要是农、林、牧渔业发展不均衡。从基地建设来看，不管是资金投入、基地建设种类还是规模，种植业都高于林、牧、渔业；从产业化组织建设来看，全省农业产业化龙头企业和专业合作组织中，种植业的比重是最高的，分别占 50%和 37%左右，畜牧业分别占 30%和 30%，林业占 7%和 6%左右，渔业最少，分别占 7%和 4%左右。[①] 一定程度上导致四川农业产业结构发展分化严重，2000—2015 年，种植业对农业经济的贡献不断增加，占农业的比重由 52.9%增加到 58.5%，畜牧业由 41.2%下降至 33.1%，林业由 3.3%下降到 2.5%，渔业则由 2.5%下降至 2%。

2. 农业产业化发展后劲乏力

农业产业化是建立在现代高新技术基础上的。农产品商品基地的形成，农副产品的转化、加工、升值要靠技术，产业链的拉长、深化与优化也要靠技术。简而言之，技术是农业产业化的生命与活力所在。课题组通过对衡量技术进步的指标全要素生产率进行测算，结果表明 2008 年以前，技术进步率呈上升趋势，此后开始振荡下行。产业链指标是衡量农业产业化深度与广度的指标，技术进步的下降导致产

① 注：比重根据《四川农村统计年鉴》相关数据计算获得。

业链增长速度放缓，两者合力制约农业产业化发展质量的提升，使得我省农业产业化发展乏力。

3. 农产品加工能力增长缓慢

全省规模以上的农产品加工企业数量较多，2010—2016 年，企业数量由 3529 家增加至 3943 家。除少数加工企业重视技术创新外，大多数企业存在创新能力弱、科技投入不足、加工技术落后等问题，这导致我省初加工产品、低档次产品多，而高附加值的深加工产品比较少，进而导致四川农产品加工产值增长较慢，2010—2016 年，全省农产品加工产值与农业产业之间的比例由 1.51∶1 增加到 1.69∶1，而全国农产品加工产值与农业产值之间的比例由 1.5∶1 增长到 2.2∶1[①]，增长速度远高于四川。

4. 四川省农产品市场流通体系不健全

主要体现在：一是农产品交易市场整体水平不高，市场规模小。截止到 2015 年年底，全省农产品批发市场、农贸市场分别达 129 个、3847 个，分别实现交易额 1780 亿元、1577 亿元，其中，大型农产品交易市场只有 48 个，占全国比重的 2.8%，大型农产品交易市场的营业面积和交易额仅占全国的 2.4%和 4.2%。而沿海地区如浙江等地的大型农产品交易市场已达 300 个，占全国的 18.5%，营业面积和交易额分别占全国的 5.1%和 12.7%，四川农产品交易市场与之相比，无论在规模上，还是辐射功能上都有相当大的差距。二是基础设施严重不足，升级改造任务较重。目前四川省部分农产品批发市场的道路、供水、供电等基础设施陈旧或不足；服务功能单一，缺乏配送功能，大部分批发市场缺乏信息服务、质量检测、交易结算、安全监控、垃圾处理等配套服务设施。三是大部分交易市场的交易方式陈旧落后，缺乏现代化、多样化的交易手段。电子商务等高科技信息技术在农产品流通中的运用相对较少。四是农产品冷藏冷冻基础设施匮乏，目前四川农产品冷链还停留在冷库储藏、冷藏运输等基础环节，终端配送环节的冷链技术还比较缺失。

（二）农业产业化发展问题的原因分析

1. 农业产业化发展不均衡的原因

近年来，四川省政府出台了一系列促进农村农业发展的法规政策等，加大了对种植、林、牧、渔业的发展力度，但是从出台的发展规划、实施意见可以看出，政府对种植业的政策扶持力度最大，其次是畜牧业、林业，而对渔业的政策支持则相对较弱。除了政府支持力度的偏差外，还有就是四川省农民的农业观念有待转变，长期受传统观念影响和地理位置的限制，使得农民形成了进行农业生产就是生产粮经作物以及饲养畜禽的狭隘观念，经过多年延续，这种观念在四川农民的脑海里根深蒂固。所以每当政府提出要大力发展农业，农民首先想到的就是大面积种植粮经

---

① 注：四川省的比例根据《四川农业农村基本情况》相关数据计算获得，全国的比例来源于农业部。

作物，其次是增资扩股地发展畜禽业，而对林业和渔业的投入则相对较少，从而导致四川农业产业结构发展不合理。

2. 农业产业化发展后劲乏力的原因

通过前文的分析可以看出，技术进步率下降是导致四川农业产业化发展后劲乏力的主要原因。近年来，四川在农业科技方面的投入不断加大，但由于投入结构的不合理，使得四川农业科技创新和转化推广体系问题日益突出。当前，四川农业科技体系财力物力的70%左右都是集中在产前和产中环节，产后环节比重过低，导致产后农产品处理技术、废弃物利用技术、农产品深加工等技术进步缓慢。四川省现行的农业科技推广机制是由政府主导的公益性农业科技推广机制，由于行政体制惯性，农业科技推广工作成效逐渐降低，农业科技推广人员的激励机制正在逐步失效。农民仍旧是作为受体被动地接受农业科技推广服务，缺乏对农业科技推广服务内容和方式的自主选择权。

3. 农产品加工能力增长缓慢的原因

首先是农业标准化、专业化生产比较薄弱，农产品质量检测及保障体系不健全，使得农产品质量安全得不到保障，难以支撑后续加工业的健康发展。其次是农产品加工企业技术研发投入不足，创新能力较弱。2015 年在财政政策的支持下，政府引导和带动全省农产品加工企业技术改造新增投资 27.1 亿元，累计投资676.8 亿元，规模以上农产品加工企业技术改造平均累计投资仅为 1756 万元。其中，大部分的财政投资只用于支持少数大型龙头企业或农产品精深加工技改投资建设项目，绝大多数成长型农产品加工企业得到政府或金融部门的支持较少，企业融资难度增大，导致技术研发投入不足，农产品加工能力增长缓慢。

五、四川省农业产业化发展的对策建议

（一）优化产业结构，保障农业产业化均衡发展

继续深入推进现代农业产业化基地建设，优化粮经饲结构，大力发展马铃薯、蔬菜、水果等优势特色种植业和草食畜牧业，巩固“川猪”“川兔”等川禽的优势地位。在保持发展种植业和畜牧业支持力度只增不减的情况下，加大力度发展现代林业和渔业。各地利用林业造林工程和项目，整合各项农业综合开发项目，推进经济林产业规模化、集约化、标准化经营，重点推进核桃、花椒、银杏等特色产业发展，大力推广林药、林粮、林菜、林禽等林下种养模式，进一步激活林业发展活力。科学规划布局，因地制宜发展池塘健康养殖、水库生态养殖、稻田综合种养，大力推进水产标准化规模养殖，加强水产良种繁育和养殖技术体系建设，进一步完善水产技术推广体系，促进四川水产业名优品种养殖稳步发展。

（二）着力推进农业标准化生产，确保农产品质量安全

标准化生产作为发展现代农业和产业化经营的基础工程，是保证食品安全，突破国外贸易壁垒的关键性措施。

1. 加快标准体系建设

严格推行国家标准和行业标准，鼓励采用国际标准或国外先进标准，提倡企业制定更为严格的企业标准，使产前、产中、产后的各个环节都有标准可依、有规范可循。

2. 完善农产品质量检验检测体系

构建从产前到餐桌的全程监管链条，构建农产品质量信息通报、问题曝光等平台，健全问责制度，严格落实部门监管责任和生产经营单位主体责任；建立完善农产品质量认证、包装标识、质量监管和追溯制度，逐步实行市场准入制度。

（三）完善农产品流通体系

1. 完善农产品市场建设的配套设施

在场地环境、设备设施、质量安全监测、垃圾处理等方面加快农产品市场的标准化建设，推进交易市场的改造升级。完善农产品物流基础配套设施，加快农村道路建设，尽快形成覆盖全的连接居民点、生产地和市场的道路网络。加大重要农产品仓储物流设施建设力度，其中，冷链物流体系是当前我省农产品现代流通体系建设的重点，除了加大冷库建设力度外，还要着力突破全程冷链技术，解决“最后一公里”难题。

2. 推进产销衔接，减少流通环节

大力发展订单农业，支持引导大型农产品流通企业、超市和农民专业合作社建立合作关系，普及推广农超对接、农校对接等多种形式的产销衔接，减少农产品中间销售环节，降低耗损率和流通成本。

3. 大力发展现代流通方式

积极发展连锁经营、直供直销、网上交易，逐步建立联通全省、辐射全国的农产品连锁配送体系和电子商务网络。

4. 加快信息流通服务体系建设

当前，四川省已经建立起了比较规范、权威的农产品信息平台，及时发布农产品供需情况、市场监测和预警等信息，指导农业有效生产，减少农民生产的盲目性，增加可预见性。但是，关于农产品供需分析、市场预警、科技服务等信息的流通效率还有待提高。因此，除了加大农业信息的宣传力度和增加宣传途径外，必须优化信息流通服务体系的需求结构，通过各种宣传媒介和手段，对农民、销售者开展宣传教育，增强他们利用信息指导生产和销售的意识；立足本地培训培养、适当引进专业和高级人才的原则，加快建立一支覆盖城乡的专业化农产品信息流通服务队伍。

（四）加大科技投入，增强产业化发展后劲

1. 强化科技创新驱动

良种研发、高端农产品加工技术是当前四川省农业产业化发展的突出薄弱环节，必须集中科技人才，加大科技投入，尽快取得突破性进展。通过整合科研院所、高校等科技资源，组建技术创新团队，打造科技创新平台，加快农业科技创新体系建设。深入实施农、林、畜、渔育种攻关和种子工程，积极开展名优特新农畜产品的生产、加工、贮藏、保鲜等关键性技术研究，提升我省农产品加工能力。

2. 改革农业科技推广机制，提高农业科技转化率

首先，通过政策引导支持农业企业参与农业科技推广工作，为农业科技推广工作注入新的动力，探索政府、农业企业和农业科研机构之间的权益分配机制。其次，构建农业科技应用主体的需求表达机制，挖掘村委会、合作社等组织的潜力，培养其参与农民科技需求调研和反馈的能力，通过走访、问卷调查和访谈等方法了解农村实情、农业生产和科技应用状况、科技应用中的障碍，摸清政府农业供给和农民科技需求的吻合情况，及时向有关推广部门、科研机构反馈农民对农业科技的需求，进一步完善政府农业科技的供给制度。最后，完善科技特派员和农业科技推广人员的考核制度。将农民纳入农业科技推广业绩的评估主体，把农民对农技推广人员服务的满意度作为评估推广业绩的重要指标，考评结果作为政府任期内工作目标完成情况、人员提拔任命、评先评优的主要依据之一。

3. 加快建立农业大数据平台

当前，国内在农业大数据如土地、作物生长、气象等数据的实际应用层面还比较缺乏，因此，四川可以借助大数据时代浪潮，通过建立农业大数据平台来指导大规模生产，大力发展精准农业，加快四川由农业大省向农业强省的转变。建议由省农业厅牵头，省统计局、省经信委、省商务厅、省气象局等多部门协助加快组建专业团队、创建集数据采集、存储、处理、分析挖掘等相关技术于一体的农业大数据平台，促使农业高效有序地发展。充分利用地理信息系统、遥感系统等技术，建立农场数字地图，实时掌握各类产业基地的变量信息（包括土壤条件、大气环境、气象、作物苗情、病虫草害等综合信息），通过作物生产管理决策系统，为农民提供个性化种植方案，提高生产效率，避免浪费。

经过较长时间的发展，四川农业产业化进程已进入到一个提速增效阶段，如何看待四川农业产业化的问题、提出什么样的对策，是目前四川农业产业化发展的紧迫任务，本课题对此作了初步尝试，希望于此有所裨益，接下来课题组还将以此为基础作进一步的研究。

（四川省统计局　四川师范大学）

附 件

附件1 农业产业化的相关文献综述

一、国内关于农业产业化的文献综述

农业产业化的概念，最早是由山东省潍坊市1993年在总结农业和农村发展经验时提出来的。农业产业化的概念一经提出，便在全国掀起了农业产业化理论研究和实践的热潮，引起中央领导的高度重视。从此以后对农业产业化的研究不断深入。国内学术界关于农业产业化的研究主要有：农业产业化的内涵、本质和基本特征，农业产业化产生和发展的条件及客观必然性，农业产业化组织模式和运行机制，农业产业化的评价体系构建，区域农业产业化发展的战略、规划及政策建议等。由于篇幅限制，本文只对上述内容进行简要的综述。

国家体改委原副主任邵秉任（1997）指出随着经济体制的转轨，农业和农村经济发展遇到了新的形式，一方面要求稳定农村的基本经营制度，另一方面又要求农业适应不断扩大的市场化进程，因此，发展农业产业化是农民和政府的必然选择。① 牛若峰（1997）认为农业产业化是以市场为导向，以加工企业或合作经济组织为依托，以广大农户为基础，以科技服务为手段，将农业再生产过程的产前、产中、产后诸环节联结为一个完整的产业系统；是实现种养加、产供销、农工商一体化经营，引导分散的农户小生产转变为社会化大生产的组织形式；是系统内“非市场安排”与系统外市场机制相结合的资源配置方式；是市场农业自我积累、自我调节、自立发展的基本经营方式；是以多元参与者主体共同利益为基础的经济共同体。② 陈民（1999）阐述了价值规律在农业产业化中的重要地位，认为其是促使我国农业产业化朝着一体化经营方向发展的内在诱因，同时也明确了市场的重要作用，农业资源的合理配置都要通过市场来进行，它是对农业产业化格局进行优化调整的客观依据。③ 牛若峰等（2000）认为农业产业化实质上是农业产业一体化、农工商一体化，是取代农户分散经营的必然结果，并提出了有步骤地推进农业产业化经营的思路，认为做好充分的市场调查和确立主导产业是实现农业产业化经营的重要前提。④ 邓培军（2009）指出农业产业化对解决“三农”问题，推动农业现代化有十分重要的意义。同时提出农业产业化今后的研究方向——加快建立农业产业化研究体系，加大定量方面的研究力度，突破过多局限为地区性的经营模式，进而摸索出一种统一的经营模式。⑤ 王世文等（2010）指出农业产业化的发展是一个复杂的过程，除了政府应根据实际情况给予必要的产业政策引导和优惠政策扶持外，还

---

① 邵秉仁. 农业产业化的必然性、关键及政策 [J]. 经济研究参考，1997（B4）：23-25.

② 牛若峰. 农业产业化的理论界定与政府角色 [J]. 农业技术经济，1997（6）：2-6.

③ 陈民，论市场经济规律对农业产业化的指导意义 [J]. 东岳论丛，1999（3）：28-29.

④ 牛若峰，农业产业化经营的组织方式和运行机制 [M]. 北京：北京大学出版社，2000.

⑤ 邓培军，我国农业产业化研究综述 [J]. 边疆经济与文化，2009（2）：29-31.

要能够大力发展高新技术产业，提高从业人员文化素质，整合资源禀赋，实现良性互动。①

我国幅员辽阔，各地资源禀赋和经济发展水平不一致，导致农村地区出现种类繁多的农业产业化组织形式。陈吉元（1996）认为多样化的组织形式符合我国国情，目前不存在最优的农业产业化组织形式，只有最适合的经营模式。所以在较长时期内，我国仍将存在多种农业产业化的组织形式。传统的农业产业化组织形式主要有“公司＋农户”“合作组织＋农户”“农村专业技术协会＋农户”“农场＋农户”“专业批发市场＋农户”。② 但随着时间的推移，农村地区的实际情况发生了程度不一的改变，传统农业产业化组织形式的弊端显露出来，因此专家学者陆续提供了新型的组织形式：周立群、曹利群（2001）提出在农业化初期，农村地区主要的组织形式是“龙头企业＋农户”和“合作社＋农户”，但这两种组织形式各有缺陷，前者容易侵占农民利益，后者则易进入资金和技术短缺的困境。因此，他们建议在龙头企业或组织与农户之间引入中介组织，以弥补各自的缺陷。③ 杨明洪（2002）则从交易费用的角度出发，认为为了实现外生交易费用的下降，基于商品契约的农业产业化组织形式必然成为主导，而在节约内生交易费用这个目的的驱使下，“公司＋中介组织＋农户”的组织形式将逐渐取代“公司＋农户”成为主流。④ 蔡海龙（2013）利用交易费用和产业组织理论，从纵向和横向两个方面来分析农业产业化组织形式的演进和创新，提出“农业企业＋家庭农场＋专业合作社”相互联结的现代农业产业联合体才是未来农业产业化的发展方向。张滢（2015）提倡发展“家庭农场＋合作社”的农业产业化经营模式，认为该模式能够实现规模经济效益，将外部经济内部化，帮助农户在市场竞争中占据有利地位，更好地维护自身利益。⑤

在定量评价方面，国内学者很早就开始探索衡量农业产业化程度高低的指标体系和评价方法。龙方（1996）认为，衡量农业产业化程度高低的指标可以分为十类。⑥ 柴军（1997）从对农业产业化的主要影响因素的分析入手，提出反映农业产业化状况的指标体系。⑦ 代明斌（1997）认为评价农业产业化的指标很多，归纳起来可以分为三类。⑧ 刘树（1997）在研究农业产业化时期和农业产业化指标体系目的基础上，提出了衡量农业产业化的七类指标，并就综合评价提出了相应的方

① 王世文等，关于景宁县农业产业化发展的思考［J］. 上海农业科技，2010（6）：4－5.

② 陈吉元. 农业产业化：市场经济下农业兴旺发达之路［J］. 中国农村经济，1996（8）：6－10.

③ 周立群，曹利群. 农村经济组织形态的演变与创新——山东省莱阳市农业产业化调查报告［J］. 经济研究，2001（1）：69－75，83.

④ 杨明洪. 农业产业化经营组织形式演进：一种基于内生交易费用的理论解释［J］. 中国农村经济，2002（10）：11－15，20.

⑤ 张滢. “家庭农场＋合作社”的农业产业化经营新模式［J］. 农村经济，2015（6）：3－7.

⑥ 龙方. 农业产业化指标体系研究［J］. 农业经济问题，1996（7）：45－49.

⑦ 柴军. 农业产业化状况的量化研究［J］. 农业技术经济，1997（3）：5－8.

⑧ 代明斌. 农业产业化评价指标初探［J］. 湖北财税，1997（10）：8－10.

法。[①] 邸文祥（2000）根据农业产业化的各生产要素提出详细的评价指标，基于综合性强、重点突出、量化可比、精简实用的原则，对各要素的评价指标进行归纳、精简，筛选出了十二项指标。[②] 上述学者基于不同的角度所构建的指标体系中，除了指标名称、归类等方面有所不同外，各项指标所表达的含义、指标体系所包含的内容大体是一致的。但是有些指标在实际操作过程中，由于数据难以获取，所以后来的学者在评价农业产业化发展水平时，不断对上述学者构建的指标体系进行修正。

党耀国等（2001）建立了以规模化、龙头企业和市场竞争力为基础的评价指标体系，构建了评价农业产业化经营的数学模型，并对河南省农业产业化经营评价进行了实证研究。[③] 赵占平（2003）通过对农业产业化经营特征的分析，建立了农业产业化经营的评价指标体系；运用灰色系统理论的原理，建立了农业产业化经营评价的三角白化权函数数学模型，并对河南省农业产业化经营评价进行了实证研究。[④] 黄映晖、孔素然等（2009）构建了农业产业化经营评价指标体系，并利用多元统计分析中的因子分析方法，对北京市 13 个郊区县的农业产业化经营现状进行了系统评价，为其他省市提供经验借鉴。[⑤] 张雪峰（2010）从农业产业化的发展基础、规模化、市场化、一体化等方面构建了农业产业化经营的评价指标体系，借助 SPSS10.0 软件，运用主成分分析法对 2008 年江苏省农业产业化经营水平进行了实证研究。[⑥] 黄红球（2013）通过设置农业产业化经营综合评价体系，运用加权平均与主成分的基本思想与方法，选取广东省农业产业化经营发展较好的 5 个典型地区及代表性产业，通过建模对广东省农业产业化经营展开了综合评价。[⑦]

二、有关四川农业产业化的研究成果

关于四川省的农业产业化发展问题，詹琦、尉青（1996）通过对江苏、四川两省进行调查，结果发现两地的农业产业化发展不平衡，发展层次低，江苏省的农业产业化发展状况无论是内容、形式、深度，还是龙头企业的辐射范围，都好于四川

---

① 刘树. 农业产业化指标体系研究 [J]. 农业技术经济，1997 (3)：9－12.

② 邸文祥，赵邦宏，赵慧峰. 中国农业产业化经营标准与评价指标初探 [J]. 河北学刊，2000 (5)：47－51.

③ 党耀国，刘思峰，叶耀军. 农业产业化经营评价指标体系及数据模型 [A] //中国优选法统筹法与经济数学研究会、中科院科技政策与管理科学研究所. 2001 年中国管理科学学术会议论文集 [C]. 中国优选法统筹法与经济数学研究会、中科院科技政策与管理科学研究所，2001：6.

④ 赵占平. 农业产业化经营评价指标体系及数学模型 [J]. 山东科技大学学报（自然科学版），2002 (3)：66－69.

⑤ 黄映晖，孔素然，唐衡，史亚军，康伟欣. 基于因子分析方法的农业产业化经营现状评价——以北京郊区为例 [J]. 中国农学通报，2009 (14)：299－303.

⑥ 张雪峰. 江苏省农业产业化经营水平实证分析 [J]. 农村经济与科技，2010 (7)：49－51.

⑦ 黄红球. 农业产业化经营评价指标体系设置及评价方法研究——基于广东省的证据 [J]. 农业技术经济，2013 (7)：110－117.

省。[①] 徐芳、陈健生等（1997）认为四川农业产业化的主导产业应该是以养猪为主的畜牧业，可通过折股联营的合作方式，将现有各环节的资源整合起来，形成风险共担、利益共享的连接体。[②] 郭晓明（1997）认为四川农业产业化发展虽取得了一定的成绩，但仍有以下问题需要进一步改善：农户土地规模过小，产品基地缺乏内在动力；龙头企业生产规范、技术层次低；生产、加工、销售各个环节未能建立起紧密的依存关系；农民组织化程度低。为了加快四川农业产业化进程，应该合理扩大农户土地规模经营，强化龙头企业带动功能，有效提高农民组织化程度，建立规范有效的四川体系以及全面推进农业科学技术进步。[③] 季全风、谭奎（2005）认为管理体制不顺、市场发育不良、资金投入不足、利益连接不紧、农民素质不高以及经营规模不大等是制约四川农业产业化发展的主要因素，因此他们提出：加强宏观调控，营造良好发展环境；培养龙头企业，建立合理利益分配分机制；培育农民合作组织，提高农民组织化程度，提高农民素质，促进农业新技术转化，发挥比较优势，大力培养主导产业；加快土地流转，推进适度规模经营；加大资金投入等是推进农业产业化经营的有效途径。[④] 张鸿、郑林用等（2010）通过对2008年四川省重点软科学项目“四川丘陵地区现代农业发展研究”的调查发现，四川农业科技自主创新能力不断提升，农业科技创新体系日臻完善，农产品核心竞争力逐步增强，农业产业化快速发展，但同时，四川在现代农业科技创新产业化中也存在一些问题，一是资源约束，人地矛盾突出，农业生态条件脆弱，二是农业产业化龙头企业技术创新能力较弱，产业核心竞争力差，三是农业技术创新与农业产业化发展结合不紧密。为此，该课题组提出了“核心技术—重点产品—优势特色新兴产业—灾后农业回复与重建—区域农业—现代农业”的发展思路，突出重点，以点带面，大力推进四川农业产业化发展。[⑤]

通过上述分析可以看出，国内学者在农业产业化的研究上，认为政府和市场是农业产业化进程中的两个最重要因素，而组织形式和运行机制对农业产业化的发展具有重大影响。在定量研究方面，指标体系评价仍然处于主导地位，计量经济学开始逐渐被引入。四川关于农业产业化的研究则大部分停留在定性分析上面，缺少定量分析以清楚地了解四川农业产业化发展程度及其具体走势，且已有的研究成果时间比较靠前，无法及时反映当前四川农业产业化的发展情况。

① 詹琦，尉青. 农业产业化与农业银行政策选择——对江苏、四川农业产业化的调查［J］. 农村金融研究，1996（12）：43－47.

② 徐芳，陈健生，郑虹. 四川农业产业化的主导产业分析［J］. 财经科学，1997（5）：31－34.

③ 郭晓鸣. 四川农业产业化发展的对策思考［J］. 理论与改革，1997（1）：12－14.

④ 季全风，谭奎. 试析推进农业产业化经营的有效途径［J］. 农村经济，2005（4）：36－37.

⑤ 张鸿，郑林用，任光俊，蔡红，郭红，龚万灼，林超文，何文铸，陈栋. 依靠科技创新推进农业产业化的战略与策略Ⅰ·总论［J］. 中国农学通报，2010（1）：321－325.

附件 2　农业产业化发展水平评价的 AHP 专家调查表

尊敬的××专家：

您好！

我是四川师范大学经济与管理学院的曾令秋，目前正在研究四川省统计局 2017 年四川经济稳中求进系列研究专项课题《四川省农业产业化发展研究》（项目编号 2017WJ07），需要运用层次分析法（Analytic Hierarchy Process，AHP）征求专家意见，希望您不吝赐教。

一、背景介绍

农业产业化经营是实现农业现代化的必然过程，是深化农业供给侧机构性改革的重要推力。农业产业化作为一个内涵丰富的范畴，使得人们在认识农业产业化发展水平变化状况时，往往停留在定性分析或者片面的定量分析层面。为了较为全面、准确地评价四川省农业产业化发展水平，在综合分析学术界关于农业产业化经营评价指标体系的研究基础上，基于数据的可获取原则，课题组在研究当中构建了农业产业化经营水平评价体系，作为本次调查对象，见表 1：

表 1

一级指标	二级指标	三级指标	
农业产业化经营水平	农业产业化的基础指标 X1	农业机械总动力	X11
		有效灌溉面积	X12
		农村总用电量	X13
	农业产业化的目的指标 X2	农业生产总值	X21
		农民收入	X22
		产业化组织带动面	X23
	农业产业化的质量指标 X3	产业链变化率	X31
		农产品商品率	X32
		农产品市场占有率	X33
		龙头企业的产销率	X34
		科技进步率	X35
		机耕作业率	X36
		品牌认证数	X37

二、问卷说明

此次问卷调查的目的在于确定农业产业化发展水平评价体系各指标之间的相对权重，调查表根据层次分析法的形式设计。AHP 的关键在于层次排序，即对每一层次的各要素进行两两比较。AHP 所使用的基本评价尺度是与语言叙述评比诸如“同等重要”“稍微重要”“相当重要”相对应的数值尺度为 1、3、5、7、9 和介于其中的折中值 2、4、6、8，见表 2。

表 2　AHP 评价尺度

成对比较标准	定义	内容
1	同等重要	两个要素具有同等重要性
3	稍微重要	认为其中一个要素较另一个要素稍微重要
5	相当重要	根据经验与判断，强烈倾向于某一要素
7	明显重要	实际上非常倾向于某一要素
9	绝对重要	有证据确定，在两个要素比较时，某一要素非常重要，即一个要素明显强于另一个要素可控制的最大可能
2、4、6、8		用于上述标准之间的折中值
上述数值的倒数		当甲要素与乙要素比较时，若被赋予以上某个标度值，则乙要素与甲要素比较时的权重就应该是那个标度的倒数

三、问卷调查表

专家在对要素 A 和要素 B 进行比较时，判定的重要度标记为“√”或者记为“0”，标注在相应的栏目内即可。

表 3　关于准则层的 AHP 专家调查表

		1	2	3	4	5	6	7	8	9
		同等重要	折中值	稍微重要	折中值	相当重要	折中值	明显重要	折中值	绝对重要
要素 X1 和 X2 的比较	农业产业化的基础条件指标（X1）									
	农业产业化的目的指标（X2）									
要素 X1 和 X3 的比较	农业产业化的基础条件指标（X1）									
	农业产业化的质量指标（X3）									
要素 X2 和 X3 的比较	农业产业化的目的指标（X2）									
	农业产业化的质量指标（X3）									
		1	1/2	1/3	1/4	1/5	1/6	1/7	1/8	1/9

表 4　关于因子层 X1 的 AHP 专家调查表

		1	2	3	4	5	6	7	8	9
		同等重要	折中值	稍微重要	折中值	相当重要	折中值	明显重要	折中值	绝对重要
要素 X11 和 X12 的比较	农业机械总动力（X11）									
	有效灌溉面积（X12）									
要素 X11 和 X13 的比较	农业机械总动力（X11）									
	农村总用电量（X13）									
要素 X12 和 X13 的比较	有效灌溉面积（X12）									
	农村总用电量（X13）									
		1	1/2	1/3	1/4	1/5	1/6	1/7	1/8	1/9

表 5　关于因子层 X2 的 AHP 专家调查表

		1	2	3	4	5	6	7	8	9
		同等重要	折中值	稍微重要	折中值	相当重要	折中值	明显重要	折中值	绝对重要
要素 X21 和 X22 的比较	农业生产总值（X21）									
	农民收入（X22）									
要素 X21 和 X23 的比较	农业生产总值（X21）									
	产业化组织带动面（X23）									
要素 X22 和 X23 的比较	农民收入（X22）									
	产业化组织带动面（X13)）									
		1	1/2	1/3	1/4	1/5	1/6	1/7	1/8	1/9

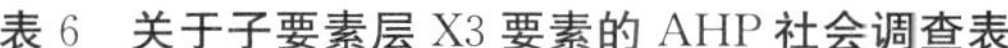

表 6　关于子要素层 X3 要素的 AHP 社会调查表

		1	2	3	4	5	6	7	8	9
		同等重要	折中值	稍微重要	折中值	相当重要	折中值	明显重要	折中值	绝对重要
要素 X31 和 X32 的比较	产业链变化率（X31）									
	农副产品商品率（X32）									
要素 X31 和 X33 的比较	产业链变化率（X31）									
	农副产品市场占有率（X33）									
要素 X31 和 X34 的比较	产业链变化率（X31）									
	龙头企业产销率（X34）									
要素 X31 和 X35 的比较	产业链变化率（X31）									
	科技进步率（X35）									
要素 X31 和 X36 的比较	产业链变化率（X31）									
	机耕作用率（X36）									
要素 X31 和 X37 的比较	产业链变化率（X31）									
	品牌认证数（X37）									
要素 X32 和 X33 的比较	农副产品商品率（X32）									
	农副产品市场占有率（X33）									
要素 X32 和 X34 的比较	农副产品商品率（X32）									
	龙头企业产销率（X34）									
要素 X32 和 X35 的比较	农副产品商品率（X32）									
	科技进步率（X35）									

续表6

		1	2	3	4	5	6	7	8	9
要素 X32 和 X36 的比较	农副产品商品率（X32）									
	机耕作业率（X36）									
要素 X32 和 X37 的比较	农副产品商品率（X32）									
	品牌认证数（X37）									
要素 X33 和 X34 的比较	农副产品市场占有率（X33）									
	龙头企业产销率（X34）									
要素 X33 和 X35 的比较	农副产品市场占有率（X33）									
	科技进步率（X35）									
要素 X33 和 X36 的比较	农副产品市场占有率（X33）									
	机耕作业率（X36）									
要素 X33 和 X37 的比较	农副产品市场占有率（X33）									
	品牌认证数（X37）									
要素 X34 和 X35 的比较	龙头企业产销率（X34）									
	科技进步率（X35）									
要素 X34 和 X36 的比较	龙头企业产销率（X34）									
	机耕作业率（X36）									
要素 X34 和 X37 的比较	龙头企业产销率（X34）									
	品牌认证数（X37）									

续表 6

		1	2	3	4	5	6	7	8	9
要素 X35 和 X36 的比较	科技进步率（X35）									
	机耕作业率（X36）									
要素 X35 和 X37 的比较	科技进步率（X35）									
	品牌认证数（X37）									
要素 X36 和 X37 的比较	机耕作业数（X36）									
	品牌认证数（X37）									
		1	1/2	1/3	1/4	1/5	1/6	1/7	1/8	1/9

问卷调查表结束！非常感谢您的耐心填写！

如果方便，请留下您的联系方式，以便将问卷调查表结果反馈给您，请您与我分享研究成果！

您的姓名：

您的邮箱：

您的职称：

您的单位名称：

您的主要研究方向：

大数据时代四川省农业信息化发展研究

信息化代表新的生产力和新的发展方向，已经成为引领创新和驱动转型的先导力量，是推动经济社会变革的重要力量。而农业信息化是发展现代农业，推进农业发展方式转变的重要支撑，是保障国家农产品供给安全、农产品质量安全、农业生态安全和农业生产作业安全的基本技术手段，是推进农业产业化经营和促进农民增收的重要途径，也是实现农村和城市生产要素、经济要素、生活要素合理配置和双向流通，破解城乡二元结构，促进城乡统筹发展的必由之路。当今社会已经进入大数据时代，而大数据是人们获得新的认知，创造新的价值的源泉，农业大数据已成为现代农业的新型资源要素，发展农业大数据是破解农业发展难题的迫切需要，也是大数据时代农业信息化发展的重要任务和关键环节。四川作为一个农业大省，农业发展水平对全省经济社会发展的影响重大，而信息化作为现代农业必不可少的重要技术支撑，在四川省农业发展稳中求进中具有战略性意义。

一、四川省农业信息化发展现状

（一）四川省农业信息化发展的主要成效

伴随着国家信息化战略和《全国农业农村信息化发展“十二五”规划》的实施，在中共四川省委、四川省人民政府的领导下，四川省各级农业部门及其相关部门在推进农业信息化方面进行了大量的实践探索，迈出了坚实的步伐，取得了明显的成效。

1. 农业信息化基础条件得到较大改善

2010年6月，四川省人民政府办公厅印发《关于加快发展通信业的意见》，要求到2012年年底实现所有行政村通电话、互联网通达所有已通电行政村，全面完成“村通电话、乡通宽带”工作任务。2010年12月，四川省人民政府在巴中召开了全省村村农家店暨农村信息化建设现场会，要求到“十二五”末实现全省行政村基本通宽带、交通沿线和自然村基本实现通信信号覆盖。2011年4月，四川省人民政府在成都举行了“行政村通电话、乡镇通宽带”工程总结表扬暨“自然村通电话、行政村通宽带”工作动员电视电话会议，启动了全省“自然村通电话、行政村通宽带”工程，要求“十二五”期间将自然村通电话比例从90%提高至95%以上，行政村通宽带比例从55%提高至80%以上。为完成电话和宽带村通工程任务，四川省通信管理局等部门出台了工作实施意见，确保省政府提出的目标任务的完成。到2015年年底，四川省全省3G和4G上网入村率97.6%，光纤网络入村率66.8%，农村宽带入户率12.8%，农村每百户有计算机和移动电话分别达16.3台和177.5部，农村广播电视已由“村村通”向“户户通”延伸，农业信息化基础条件得到了很大改善。

2. 农业信息服务体系得到逐步健全

四川省人民政府办公厅在《关于加快发展通信业的意见》中明确要求大力推广以“三农百事通”“信息田园”“天府农业信息网”“农村信息机”“农信通”“农技110”等为代表的农业综合信息服务，加快建立和完善农业综合信息服务站点，建立农村连锁信息服务体系。在巴中召开的农村信息化建设现场会上，有关省领导也要求到“十二五”末建成方便实用、资源共享、产品丰富的农村综合信息服务体系。《四川省“十二五”农业和农村经济发展规划》要求推进农业信息服务体系建设，办好四川农村信息网、新农通和新农村信息服务热线，建立覆盖全省的统一的农村经济综合信息共享平台。经过努力，“十二五”期间省、市（州）和70%以上的县级农业部门均设立了信息服务机构，36%的乡镇和22%的行政村建有农业信息服务站点，专职农业信息员已有600多人，农业信息服务组织体系正逐步健全。组建了四川农业信息化专家团队，他们在全省农业信息化规划、农业信息技术推广应用、农业信息化人才培养等方面正在发挥积极作用。

3. 农业生产信息化应用得到稳步推进

《全国农业农村信息化发展“十二五”规划》明确要求稳步推进种植业信息化建设，大力推进养殖业信息化建设，渔业信息化要迈上一个新台阶。四川省各级农业部门根据各地实际情况，认真贯彻落实规划所提出的要求，积极推进农田管理地理信息系统、土壤墒情气象监控系统、智能灌溉系统、测土配方施肥系统、作物长势监控系统、病虫害监测预报防控系统等信息技术在大田种植中的应用；积极推进温室环境监控系统、植物生长管理系统、产品分级系统、自动收获采摘系统等信息技术在设施园艺中的应用；积极推进饲（饵）料自动投喂系统、自动温度控制系统等在畜禽、水产养殖方面的应用，不断提升农业信息化技术水平。近年来，农业物联网等信息技术及智能农业装备在全省大田种植、设施园艺、畜禽水产养殖等领域的应用有了良好的开端，成都市已建成40多个农业生产物联网基地，自贡市养殖生产物联网技术应用率达到30%左右，2015年11月省农业厅首批确认了10个全省农业物联网示范基地。梓潼县在全省率先开展水稻无人机授粉技术的研究与应用，实现作业效率提高20倍以上，每亩平均增产5.4公斤。夹江县海滨农场应用无人机开展大面积水稻定量喷洒农药，节省药液90%以上，节省50个青壮年劳力。农业信息技术的应用在四川各地取得了可喜的成效。

4. 农业经营信息化应用得到加快发展

《四川省新农村市场体系发展规划（2009—2012年）》明确要求，到2012年年底全省农村市场流通的信息化水平要明显提高，逐步建成农产品产销对接信息服务平台、“万村千乡市场工程”信息化管理平台和农村市场运行监测体系，农产品网上交易成为农产品流通的重要方式，农村市场预测预警功能有效发挥作用。之后，省政府办公厅连续印发该规划的年度实施计划，加快推进农业经营信息化建设。2015年5月、2016年3月，省政府办公厅先后印发了《四川省促进农村电子商务发展的实施意见》和《四川省促进农村电子商务加快发展实施方案》，对全省农村电子商务交易额、农村电子商务综合服务平台（站点）覆盖率等提出了具体的目标任务。省农业厅、省商务厅、省供销合作社联合社等部门出台了落实措施，多渠道、多途径、多平台推进农业电子商务的发展，中药材天地网已成为全国中药材市场价格和销售数量的标杆，麦味网已成为省农业厅指导下的全省本土化农产品和休闲农业线上销售、线下体验的重要窗口，仁寿县成为第三方电子商务平台的全国首个电商试点县，实现网上销售枇杷10万千克。2015年11月，省农业厅首批认定了10家全省农业电子商务示范企业。

5. 农业管理信息化水平有了明显提高

“十二五”期间，四川省各级农业部门加快了农业管理信息化建设进度，全省农业电子政务水平有了较大提高。省农业厅先后建成了金农工程、农产品安全溯源、高标准农田、农村土地确权颁证等一批农业信息化重点项目。省级农产品质量安全追溯系统已有132个县的3000多个产品入驻。省级动物标识溯源系统初步实现畜禽免疫标识和动物疫病追溯管理，年使用追溯标识7100余万套，逐步实现“信息可查询，去向可追踪，质量可追溯，责任可追究”的监管目标。还初步构建了省级农业数据中心，通过三类网络和门户网站，基本实现了信息公开和资源共享。还完成了21个市州高清视频会议全覆盖，建设和完善了12316惠农短信、农情调度、生猪生产及价格监测预警等20多个业务系统，基本完成了省厅OA办公省级系统、农机化评价体系系统、农机购置补贴管理系统、机电灌溉管理与服务平台和省厅门户网站手机APP等信息化提升项目，省厅农业行政及业务管理效率得到进一步提升。成都市在全市各区市县稳步推进了“智慧动监”系统的应用，广元市建立和完善了市、县、乡镇三级互联互通的“农村土地确权登记交易管理平台”，德阳和眉山等市建立了农村集体“三资”信息化监管平台系统，绝大部分市县的农业电子政务水平也得到了大幅提升。

6. “互联网+农业”战略实施得到有序推进

为推动“宽带中国”战略的贯彻实施，四川省人民政府于2013年12月在《关于促进信息消费扩大内需的实施方案》中提出启动“农村宽带普及计划”“农村校通宽带计划”等专项计划，到2017年行政村通宽带比例达到95%，农村家庭宽带接入能力基本达到8Mbps/m。在2014年1月印发的《四川省“宽带中国”战略实施方案》中，省政府要求将农村地区宽带纳入电信普遍服务范围，加快实施“行政村通宽带”工程、“农村中小学通宽带”工程，设立农村公共宽带互联网服务中心。在2015年6月印发的《四川省2015年“互联网+”重点工作方案》中，省政府要求农业厅牵头加快实施农产品质量安全追溯体系建设，完善部门监管、企业管理、公众查询三大平台，初步实现数据整合、交换和共享；开展农业物联网示范，应用物联网技术对畜牧水产养殖、果蔬大棚生产及农机提排灌等实施精准化作业示范；强化“三农”信息服务，通过12316“三农”服务热线、网站、手机APP等多种手段，提供及时精准的信息服务和指导，完善和健全500个乡、村级信息服务站点，有效解决农村信息服务最后一公里问题。要求商务厅牵头做好7个国家级和10个省级电子商务进农村综合示范县工作，推进“四川农产品电子商务平台及流通信息公共服务平台”建设，打造专业农产品电商平台，组织1000家省级以上农民专业合作示范社入驻知名电商平台，组织100家休闲农业示范农庄开展电商服务，大力推进农村电子商务。目前这些工作正在有序推进，国家“宽带乡村”试点工程也取得了明显成效，“互联网+农业”的发展基础得到了进一步夯实。

（二）四川省农村家庭信息化应用状况

农村家庭即农户是农业信息化应用的主体，为了解四川农村家庭信息化应用情况，课题组设计了一份调查问卷（见附件2），采用网络调查和实地调查相结合的方式，对农户随机进行了农业信息化应用情况问卷调查。据回收的148份问卷情况来看，调查对象涉及全省21个市州中的16个市州，调查市州占比达76.19%，具有较强的地域代表性。

1. 信息化设备拥有情况较好

就四川省农村家庭所拥有的电脑、电话、电视机等信息化设备来看，调查结果表明，目前四川省农村家庭电视机和手机的普及率较高，分别达到了93.62%和85.11%。更为可喜的是有31.91%的家庭拥有笔记本电脑，10.64%的家庭拥有台式电脑，19.15%的家庭还安装有电话座机（如图1所示）。

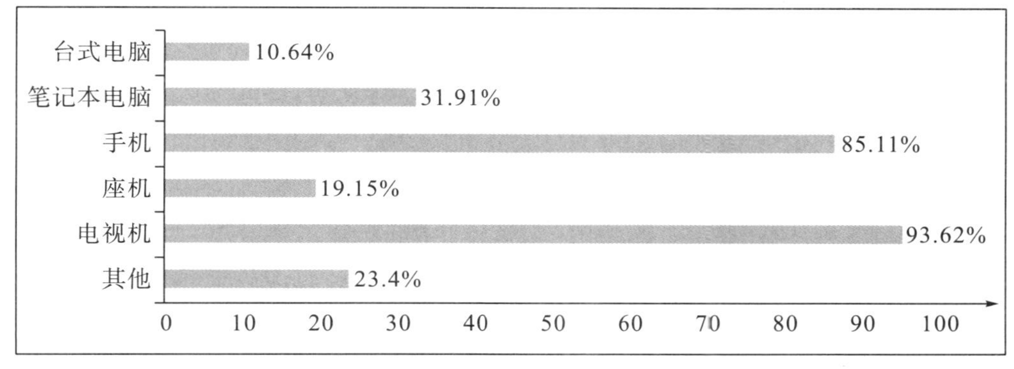

图1　四川省农村家庭信息化设备拥有情况

2. 手机和电信宽带成为主要的上网工具

而从农村家庭信息化设备的使用情况来看，较多的是使用手机上网，占比高达70.21%；其次是电信宽带，占比为38.3%；最后是广电网络和其他渠道，占比均为19.15%（如图2所示）。可见，移动互联网正成为四川农村家庭上网的主流渠道。

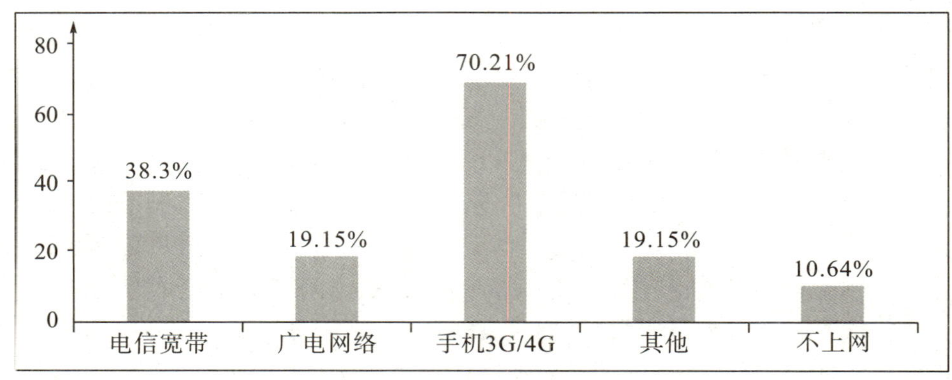

图2　四川省农村家庭上网渠道分布情况

3. 休闲娱乐成为上网的主要目的

从农村家庭成员每天上网的时间来看，呈现两极分化的情况，每天上网时间在3小时以上的接近一半，2小时以下的有四成多，而2～3小时的不到一成（如图3所示）。

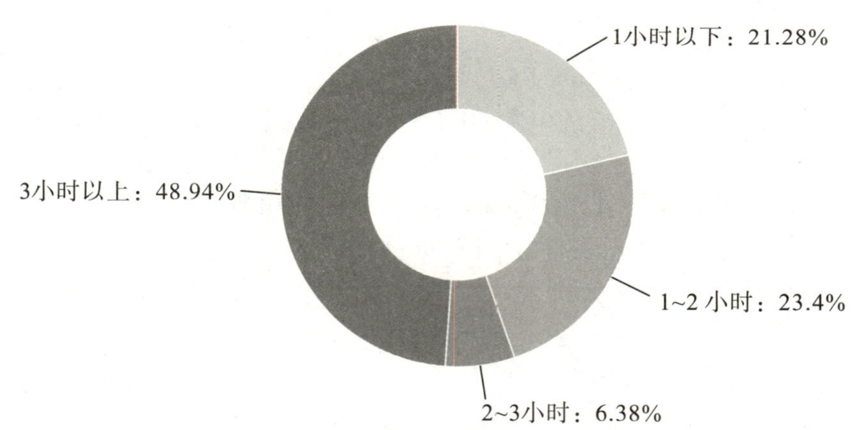

图3　四川省农村家庭每天网络使用时间情况

尽管农村家庭成员每天上网的时间不算短，但主要目的却是用于休闲娱乐和聊天，这方面的占比高达66.11%，而用于获取农业信息、学习农业技术等与农业生产经营有关方面的却仅占6.38%（如图4所示）。

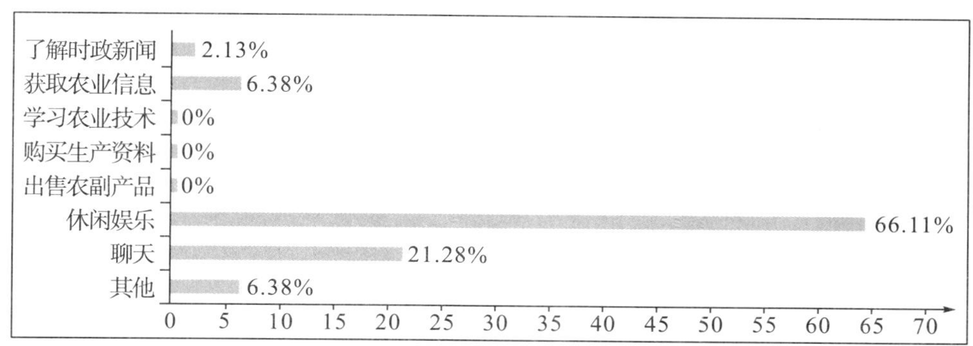

图 4　四川省农村家庭成员上网目的情况

4. 电视、手机、农技员是主要的信息获取渠道

那么，农村家庭成员又主要是从哪里获取农业信息和学习农业技术的呢？调查结果显示，农村家庭成员主要是通过电视、手机、农村信息员等渠道获取农产品行情等农业信息（如图 5 所示），而学习农业技术有 42.55%通过电视，29.79%通过农技员，25.53%通过网络，19.15%通过手机（如图 6 所示）。可见，电视、手机、农村信息员和农技员在农业信息服务方面扮演着重要角色。

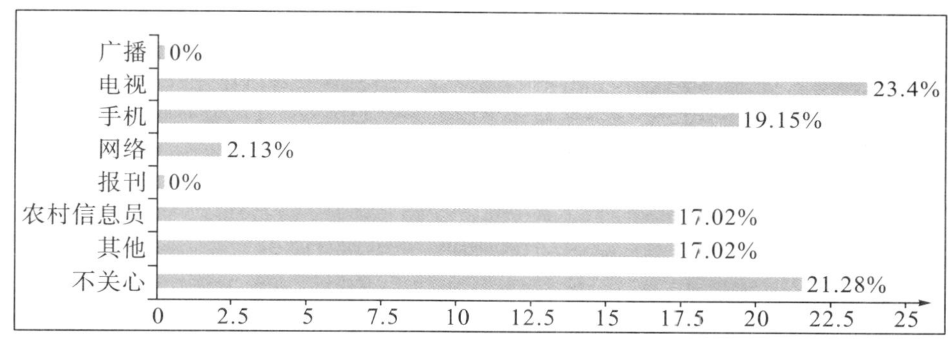

图 5　四川省农村家庭成员农业信息获取渠道情况

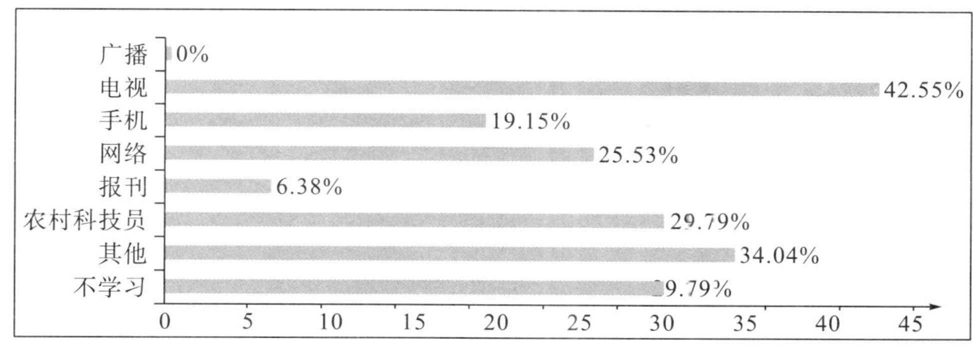

图 6　四川省农村家庭成员农业技术学习渠道情况

5. 村级信息服务站和农业网站成为咨询主渠道

而从农村家庭成员农业咨询方式来看，找村信息服务站（点）的有 36.17%，

通过农业网站的有 14.89%，利用农业微信等手机 APP 的有 10.64%，但通过 12316 热线电话咨询的却只有 2.13%。可见，村信息服务站（点）在农业咨询服务方面发挥着越来越重要的作用。不过，有 46.81%的农村家庭没有通过这些方式进行过农业咨询，这说明农村家庭成员利用信息化手段进行农业咨询的意识还不太强（如图 7 所示）。

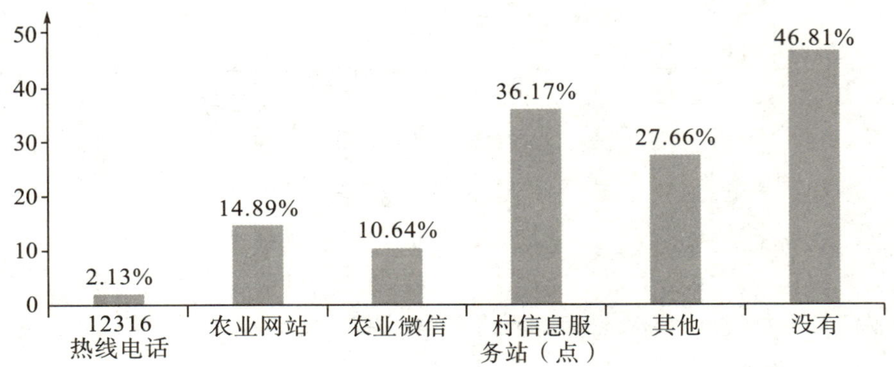

图 7　四川省农村家庭成员农业咨询方式情况

6. 网络宣传和售卖农副产品的意识不强

再从农村家庭农副产品的宣传渠道来看，通过亲戚朋友进行宣传和不宣传的占比最高，同为 40.43%；其次是通过村信息服务站（点）进行宣传的，占比为 27.66%；通过专业合作社进行宣传的，占比为 17.02%；而直接通过农业网站平台和电商平台进行宣传的，合计占比为 12.77%（如图 8 所示）。

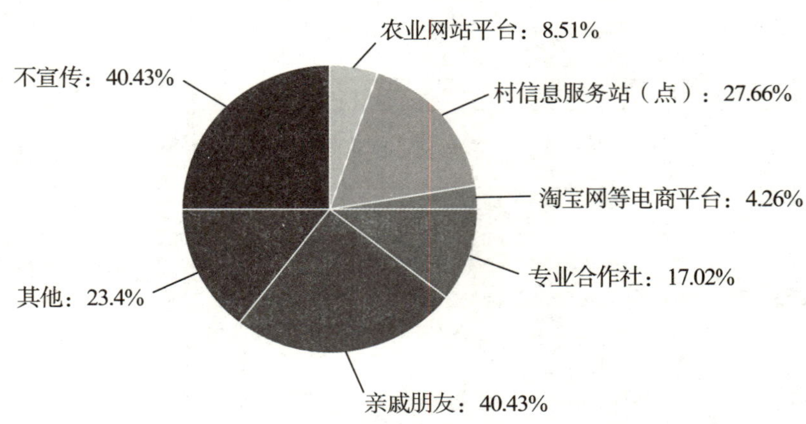

图 8　四川省农村家庭农副产品宣传渠道分布情况

从农村家庭农副产品的售卖渠道来看，近六成的还是选择农贸市场这个传统的渠道，此外有 36.17%的表示不售卖农副产品，而通过电商渠道售卖的仅有 6.39%（如图 9 所示）。

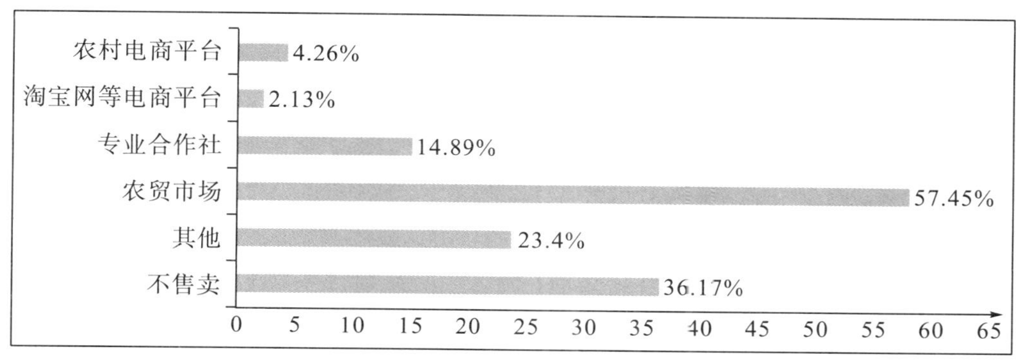

图 9 四川省农村家庭农副产品售卖渠道分布情况

7. 农产品质量安全追溯系统应用率极低

对于问卷中“您家或您村的农副产品进入了‘农产品质量安全追溯系统’了吗”这一问题，回答“是”的仅有 4.26%，回答“还没有”的占比为 42.55%，有 53.19%的表示“不清楚”（如图 10 所示）。可见，农产品质量安全追溯系统在四川农村的实施进展还比较慢。

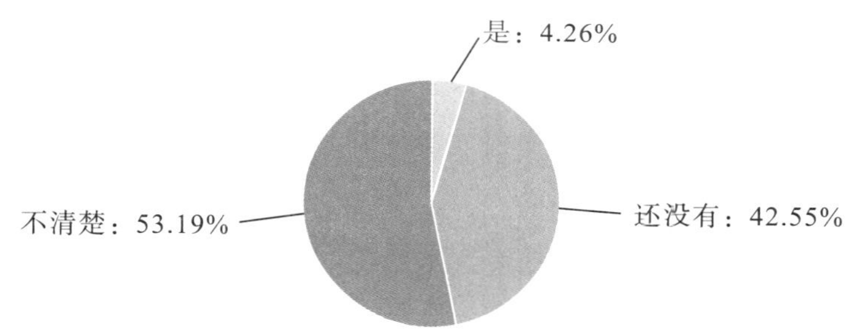

图 10 四川省农产品质量安全追溯系统实施情况

8. 农业生产信息化手段使用率不高

就“您家或您村在农业生产方面已经使用了哪些信息化手段”这一问题的回答，有 17.02% 使用了“农机精准作业”，12.77% 采用了“水稻智能催芽”，8.51%采用了“畜禽自动饲喂”和“畜禽发情监测”，4.26%使用了“农田病虫害远程诊断”和“水产养殖饵料自动投喂”，2.13%使用了“农田遥感监测”“温室环境自动监测与控制”“牛羊自动挤奶”和“水产养殖水体监控”（如图 11 所示）。显然，四川省农村在农业生产方面的信息化应用率还很低。

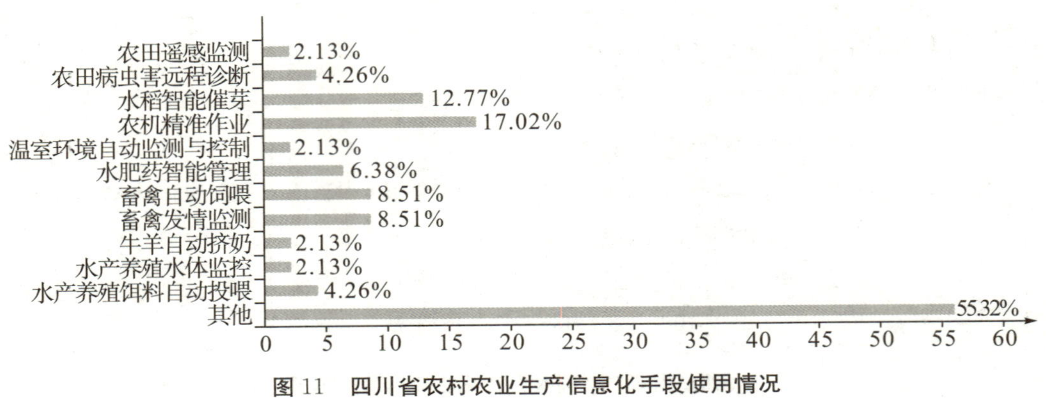

图 11 四川省农村农业生产信息化手段使用情况

9. 农业信息化应用能力不强

通过调查问卷发现，四川省农村家庭在农业信息化利用方面面临不知所措的困境，七成多的人不知道应该获取哪些农业信息，不知道怎样利用手机等设备获取农业信息的人也有四成多（如图 12 所示）。

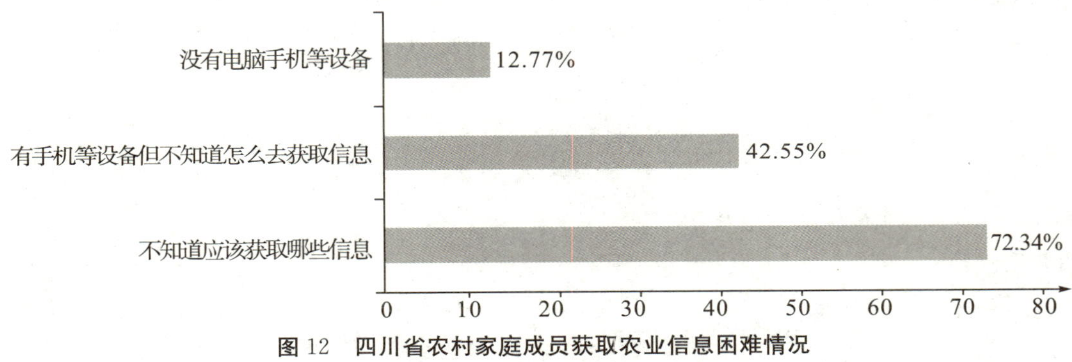

图 12 四川省农村家庭成员获取农业信息困难情况

因此，农户们急切希望政府能给予他们多方面的帮助，其中呼声最高的是在政策和经费上给予支持，占比高达 74.47%；其次是进行信息获取方式方法的培训，占比为 68.09%；接下来是进行农业信息重要性的宣传，占比为 57.45%；还有就是建设好维护好基础设施，占比为 53.19%（如图 13 所示）。

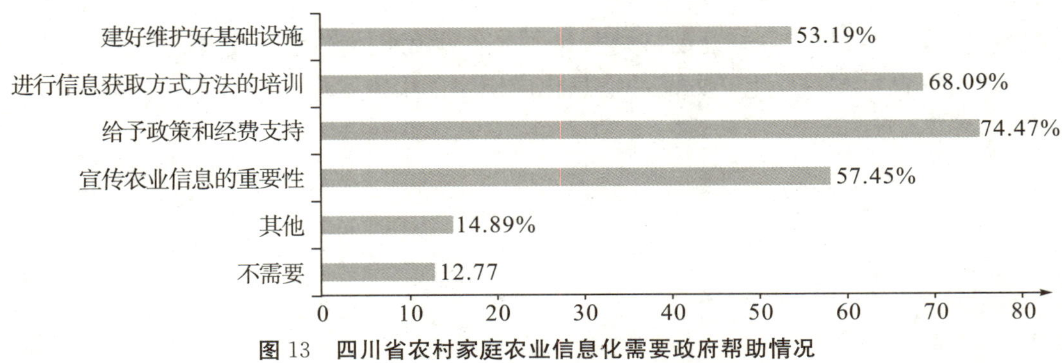

图 13 四川省农村家庭农业信息化需要政府帮助情况

（三）四川省农村农业信息服务情况

课题组通过问卷，从农户认知、使用的角度对目前我省农村村级农业信息服务的状况进行了调查。

1. 农村信息化设施村级覆盖率不高

就公共信息化设施情况来看，村里设有广播站的仅占 1/3，设有阅报栏的也仅占 1/3，有农家书屋的占比才为 21.28%，有电子阅览室的还不到 15%（如图 14 所示）。可见，农村信息化设施的村级覆盖率还不够高。

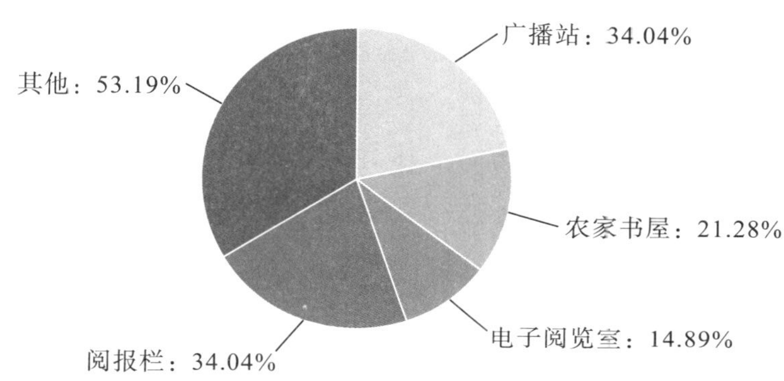

图 14 四川省农村村级公共信息化设施拥有情况

2. 农业信息发布仍以传统方式为主

那么，村委会主要通过什么途径和方式发布农业信息呢？张贴栏、现场开会、个别通知是最主要的方式，其次是广播，而利用网络平台发布的占比极低，才占 6.38%（如图 15 所示）。可见，村里头还较多地采取传统方式进行农业信息的发布。

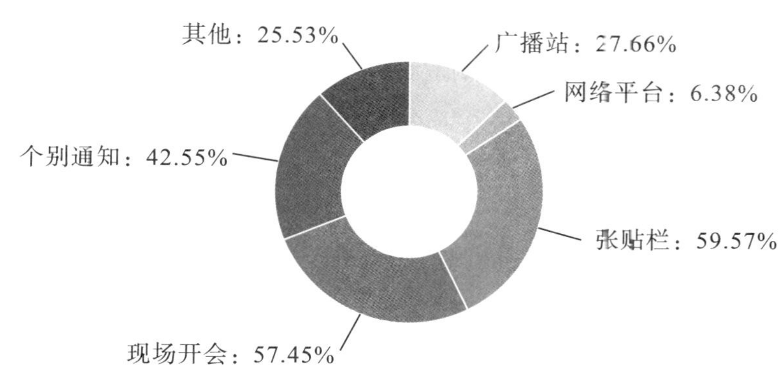

图 15 四川省农村村委会农业信息发布途径情况

3. 信息服务进村入户实现率很低

而信息服务进村入户情况，目前只有一成多点的村实现了，近三成的村“还没有”实现，约有近六成的调查对象对此表示不清楚（如图 16 所示）。

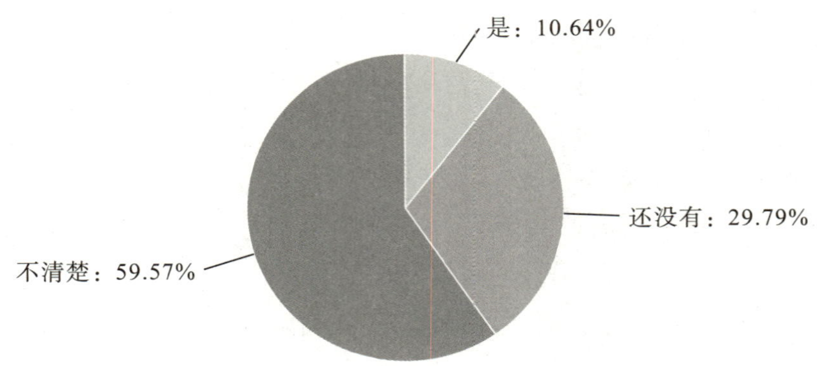

图 16　四川省农村信息服务进村入户情况

4. 农村电商服务站（点）覆盖率很低

至于农村电子商务服务站（点）的建设情况，“有”和“正建设中”的只占 10.64%，“没有”的则占 40.43%，表示“不清楚”的最多，占 48.94%（如图 17 所示）。

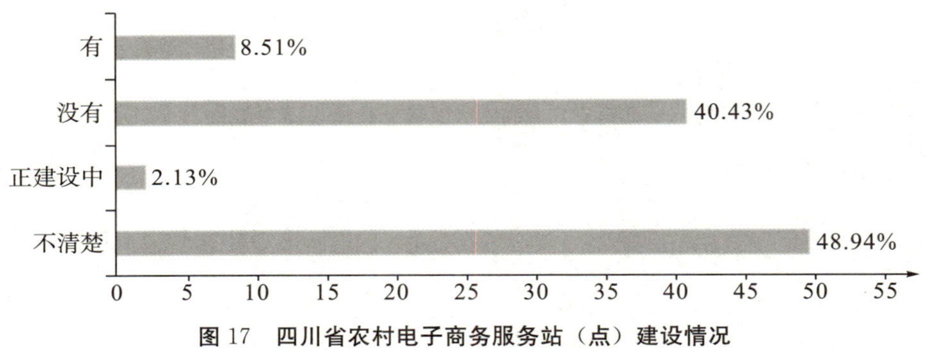

图 17　四川省农村电子商务服务站（点）建设情况

5. 农村信息服务站（点）覆盖率、利用率都较低

而农村信息服务站（点）的建设情况，“有”和“正建设中”的只占 17.02%，“没有”的则占 21.28%，六成多的调查对象表示“不清楚”（如图 18 所示）。

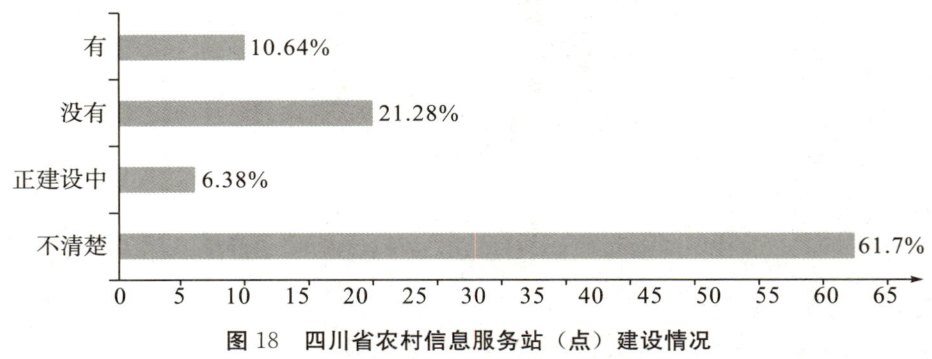

图 18　四川省农村信息服务站（点）建设情况

而去农村信息服务站（点）寻求农业方面的帮助情况，“没有”和“几乎没有”

的高达78.73%，“偶尔”的也占19.15%，“经常”的仅占2.13%（如图19所示）。

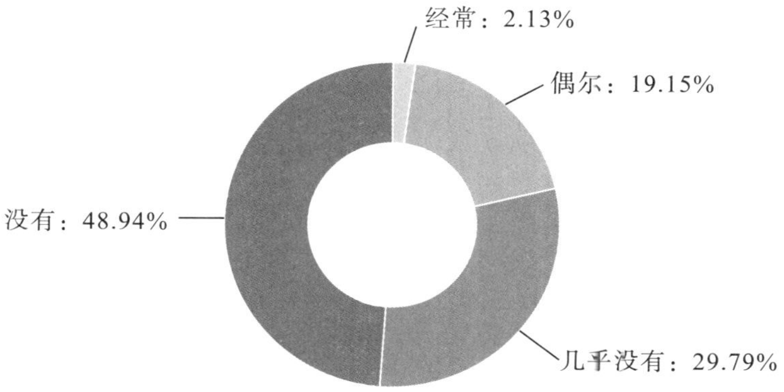

经常：2.13%
偶尔：19.15%
没有：48.94%
几乎没有：29.79%

图19　四川省农户到村级信息服务站（点）的情况

6. 村级信息服务站（点）设备和服务都不完善

农户对村级信息服务站（点）的信息设备认知，53.19%的认为有电话，31.91%的认为有电脑，17.02%的认为有打印机，10.64%的认为有投影仪（如图20所示）。

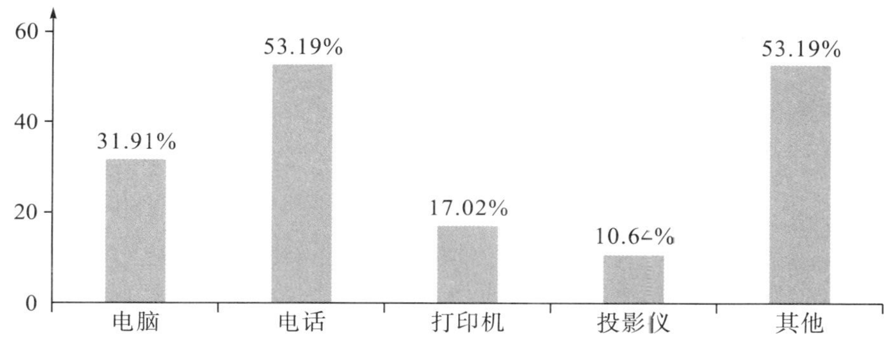

图20　四川省农村村级信息服务站（点）信息设备拥有情况

而对村级信息服务站（点）所开展的有关信息服务情况，认为有“村务公开”的占比为36.17%，有“文化信息共享”的占比为34.04%，有“科技下乡”的占比为17.02%，有“党员远程教育”的占比为10.64%（如图21所示）。

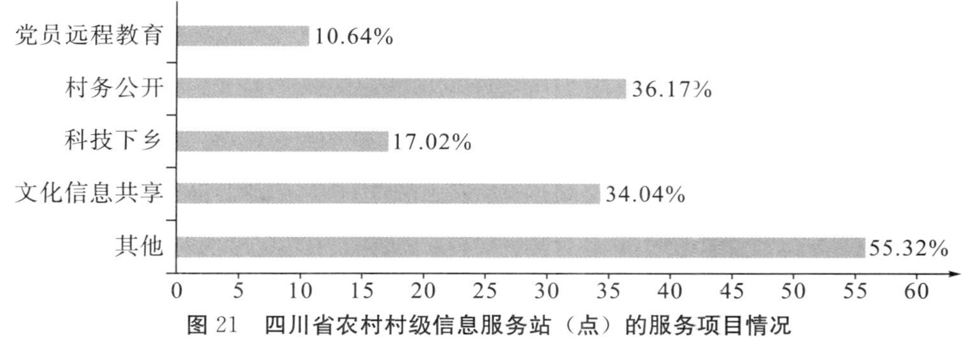

图21　四川省农村村级信息服务站（点）的服务项目情况

至于村级信息服务站（点）所开展的信息咨询服务，除"其他"外，医疗保健方面的信息服务占比最高，为 40.43%，其次是政策法规信息服务，为 34.04%，接下来是农村市场信息服务，为 31.91%，最后就是科技信息服务，为 21.28%（如图 22 所示）。

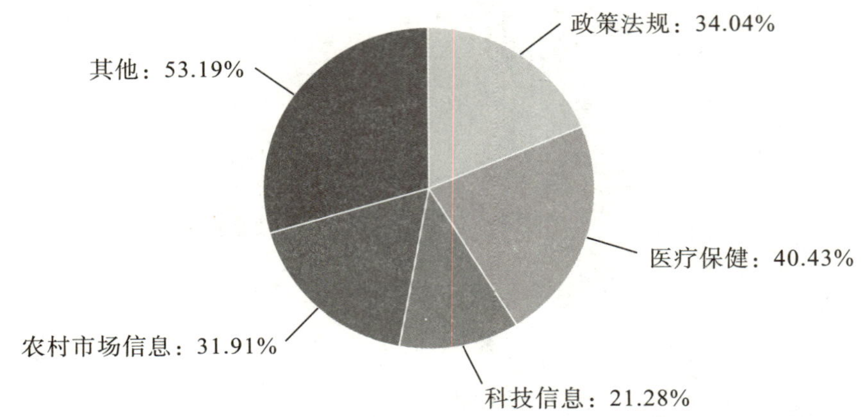

图 22　四川省农村村级信息服务站（点）信息咨询服务情况

对于村级信息服务站点所开展的有关培训服务，除"其他"外，有种养技术培训占 31.91%，为最高；其次是生产经营培训服务，占比为 23.4%；接下来是文化知识培训服务，占比为 19.15%；还有就是信息技术培训服务，占比为 17.02%（如图 23 所示）。

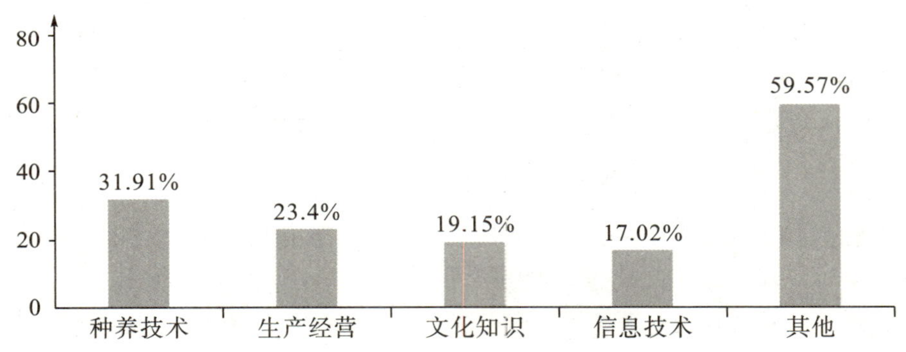

图 23　四川省农村村级信息服务站（点）培训服务情况

（四）四川省农业信息化发展水平基本评价

基于评价指标体系的可行性亦即数据的可获取性，课题组在中国农业大学构建的《中国农业信息化评价指标体系》基础上进行了部分指标的调整，构建了如下评价指标体系（见表 1）。表 1 中的指标值主要来源于四川省农业厅、四川省商务厅、四川省通信管理局等部门网站和《中国农村信息化发展报告（2017）》中的有关材料，带 * 的是课题组依据有关统计数据或者问卷调查数据推算的结果。

表 1　四川农业信息化评价指标体系表

一级指标	二级指标	序号	单位	指标值
农业信息化基础设施	农村每百户计算机拥有数	P_{1}	台	16.3
	农村每百户移动电话拥有数	P_{2}	部	177.5
	农村固定电话拥有率*	P_{3}	%	19.9
	农村每百户电视机拥有数	P_{4}	台	109.18
	农村广播节目综合人口覆盖率	P_{5}	%	96.4
	农村电视节目综合人口覆盖率	P_{6}	%	97.84
	农村有线广播电视家庭使用率	P_{7}	%	24.07
	农村光纤网络入村率	P_{8}	%	66.8
	农村 3G/4G 上网入村率	P_{9}	%	97.6
	互联网宽带业务行政村开通率	P_{10}	%	80
	农村宽带入户率	P_{11}	%	12.8
农业生产信息化	农田遥感监测应用率*	P_{12}	%	2.13
	农田病虫害远程诊断应用率*	P_{13}	%	4.26
	水稻智能催芽拥有率*	P_{14}	%	12.77
	农机精准作业应用率*	P_{15}	%	17.02
	温室环境自动监测与控制应用率*	P_{16}	%	2.13
	水肥药智能管理应用率*	P_{17}	%	6.38
	畜禽自动饲喂应用率*	P_{18}	%	8.51
	畜禽发情监测应用率*	P_{19}	%	8.51
	牛羊自动挤奶应用率*	P_{20}	%	2.13
	水产养殖饵料自动投喂应用率*	P_{21}	%	4.26
	水产养殖水体监控应用率*	P_{22}	%	2.13
农业经营管理信息化	农产品质量安全追溯系统进入率*	P_{23}	%	4.26
	农产品网上交易比重*	P_{24}	%	5.57
	农村电子商务站点行政村覆盖率*	P_{25}	%	8.51
农业服务信息化	农业信息服务机构区县覆盖率	P_{26}	%	70
	农业信息服务站点乡镇覆盖率	P_{27}	%	36
	农业信息服务站点行政村覆盖率	P_{28}	%	22
	农业信息服务进村入户实现率*	P_{29}	%	10.64
	农村信息员占农业人口比例*	P_{30}	人/万人	0.09

课题组依据目前普遍采用的信息化综合指数法对四川省农业信息化发展水平进行评价，评价结果为农业信息化发展水平总指数为 0.27，农业信息化基础设施总指

数为 0.53，农业生产信息化总指数为 0.12，农业经营管理信息化总指数为 0.12，农业服务信息化总指数为 0.31。而《中国农村信息化发展报告（2017）》课题组对我国 2015 年农业信息化发展水平测算的结果是农业信息化发展水平总指数为 0.36，农业信息化基础设施总指数为 0.50，农业生产信息化总指数为 0.12，农业经营管理信息化总指数为 0.20，农业服务信息化总指数为 0.49。两相比较，可见四川农业信息化发展总体水平还低于全国，农业经营管理信息化和农业服务信息化水平也比全国低，农业生产信息化水平与全国持平，农业信息化基础设施水平略高于全国。

二、大数据时代四川省农业信息化发展的机遇与问题

（一）大数据时代农业信息化发展的基本趋势

如今，一个大规模生产、分享和应用数据的时代正在开启，大数据正日益对全球生产、流通、分配、消费活动以及经济运行机制、社会生活方式和政府治理能力产生重要影响，数据已成为国家基础性战略资源，党中央和国务院已经作出了全面推进大数据发展和应用，加快建设数据强国的决策部署，提出了现代农业大数据工程建设的目标和任务。推进农业农村大数据发展和应用，已经成为大数据时代农业农村信息化建设的关键性任务。

大数据是以容量大、类型多、存取速度快、应用价值高为主要特征的数据集合，正快速发展为对数量巨大、来源分散、格式多样的数据进行采取、存储和关联分析，从中发现新知识、创造新价值、提升新能力的新一代信息技术和服务业态。显然，大数据时代农业信息化发展会呈现一些新的趋势，一是农业数据的采取要更加全面、更加科学，要广泛应用全球卫星定位系统、遥感监测技术、物联网技术等及时、准确地获取农作物生长、病虫害发生和治理、农产品质量安全等信息；要完善村级信息站的数据采集功能，建设农产品全球生产、消费、库存、价格等数据调查分析系统，加强全球农业数据调查分析。二是农业数据的存储和处理要更加高效、更加安全，要充分利用云计算技术，建立跨部门、跨行业的国家涉农大数据中心，构建面向农业农村的综合信息服务平台，同时要明确农业数据采集、传输、存储、使用、开放等各环节保障数据安全的范围边界、责任主体和具体要求，构建完善的农业大数据安全保障体系。三是农业数据的开放和利用要更加规范、更加便捷，农业数据资源要进行整合和统一管理，实行数据共享，推动数据逐步向社会开放，并且要提高开放数据的可利用性，充分实现涉农数据的应用价值。

（二）大数据时代四川省农业信息化发展的机遇

当今，运用大数据推动经济发展、完善社会治理、提升公共服务和监管能力正成为全球趋势，发达国家相继制定实施大数据战略性文件，大力推动大数据发展和应用。我国也紧紧把握大数据时代全球经济社会的变革趋势，提出了促进大数据发

展的行动纲要，在《中华人民共和国国民经济和社会发展第十三个五年规划纲要》中提出加强农业与信息技术融合，发展智慧农业，推进农业信息化建设；在《国家信息化发展战略纲要》中提出培育互联网农业，建立健全智能化、网络化农业生产经营体系，提高农业生产全过程信息管理服务能力。《全国农业现代化规划（2016—2020年）》《“十三五”国家信息化规划》和《“十三五”全国农业农村信息化发展规划》等，也对全面推进农业农村信息化作出了总体部署和任务安排。农业部在2015年出台了推进农业农村大数据发展的实施意见，对全国农业部门推进农业大数据发展工作作出了具体安排。2014年，国家发改委、财政部和工信部把四川纳入了全国“宽带乡村”建设试点省；2015年，农业部把彭州、大英和资中纳入全国信息进村入户试点县，把海滨农场确定为全国农业物联网应用示范单位。

信息化既是农业现代化的重要组成部分，又是发展现代农业的重要支撑和推动力。党的十八大报告提出了2020年全面建成小康社会的宏伟目标和工业化、信息化、城镇化与农业现代化“四化同步”发展的战略部署。在国家有关信息化发展的战略规划中，都将农业信息化作为重要内容进行了统一谋划和部署。国务院、国家有关部委先后出台的涉农“互联网＋”的有关文件，都对农业信息化新技术的应用提出了新要求。从国家层面来看，四川省农业信息化发展面临一个大好的机遇。

（三）大数据时代四川省农业信息化发展面临的主要问题

总体来看，“十二五”期间，四川农业信息化发展取得了积极进展，信息技术对农业产业发展的支撑作用逐步显现。但由于农业信息化建设起步晚、基础差，全省农业信息化水平还处于全国中等水平，农业大数据发展和“互联网＋农业”的推进任务十分艰巨，挑战与机遇并存，还面临以下这些问题需要尽快解决。

1. 认识没有到位，指导还需加强

尽管国家高度重视农业农村信息化，不仅在国家信息化规划中对农业农村信息化作出部署，还专门制定了全国农业农村信息化发展规划来指导全国农业农村信息化建设，四川省人民政府也出台了一些相关文件，但社会各界对信息化支撑现代农业发展的认识还不是很全面，“十二五”时期没有制定全省农业农村信息化发展规划，“互联网＋农业”发展的政策也未做到全面配套，农业系统以及其他相关系统的不少同志对信息技术在农业上的发展及应用还缺乏基本了解，主动将信息化手段与农业生产、经营、管理和服务融合的意识还远远不够，对农业信息化的政策和技术指导不够深入、透彻。

2. 总体推进较慢，发展很不平衡

“十二五”前期，全省农业信息化建设的重点主要放在了“自然村通电话、行政村通宽带”工程建设，提高农村信息网络覆盖率，推进农业信息服务体系建设方面。“十二五”后期则把主要精力用于促进农村电子商务发展，推进“互联网＋农业”方面，以至于农业信息化基础设施、农业电子政务和信息服务水平相对较好，

但生产和经营环节推广应用信息技术相对比较薄弱，全省农业信息化整体发展水平同发达地区相比差距还比较明显。再者，省内各市（州）信息化发展也很不平衡，成都市在农业信息化各领域的创新与应用走在了全省前列，内江、广元、遂宁、宜宾、泸州、乐山等市州在信息化新技术应用于农业某领域方面也取得了明显成效，但其他市州相对则做得不是很出色，地区差距较大。

3. 统筹协调不够，资源共享较难

农业信息化建设是一个系统工程，牵涉部门和领域众多，由于缺乏顶层设计与标准指导，尚未形成有效的沟通协调机制，有关部门、有关行业差不多是各自为政，多头并进，难以实现互联互动，已有的信息资源和信息系统也难以互联互通、协同共享，农业信息综合服务平台和体系难以形成，有效信息资源的开发利用不足，农业大数据的发展应用受到严重制约。

4. 人才严重缺乏，创新能力不足

大数据时代解决了农业信息资源匮乏的问题，但同时增加了信息采集、存储、处理、分析和利用的难度，必须要利用物联网、云计算等新的信息技术手段，而当前四川省既懂农业又懂信息化的跨界复合型人才严重缺乏，农业信息技术产品科研成果转化率和产业化程度不高，集成示范应用能力偏弱，适合于农业生产经营的多功能、低成本的信息技术和设备严重不足。能够在村级信息服务机构胜任农业信息采集、传输、发布和咨询服务工作的人员也极其不够，目前全省专职农村信息员队伍力量极为薄弱，难以为农业大数据发展提供有力支撑。

5. 服务体系未完善，农户利用率不高

村级信息服务机构和电商服务机构是解决农业信息化最后一公里问题的关键节点，要切实发挥信息化在农业生产、经营过程中的重要作用，必须全面推进信息进村入户，而当前四川省村级信息服务机构和电商服务机构的建立还处于起步阶段，农村信息服务体系还没有完善，农村信息服务的功能还比较薄弱，农户对农业信息服务机构的利用率还不高，最终影响了农业信息化应用水平的提升。

三、大数据时代四川省农业信息化发展的对策建议

（一）提高认识，明确目标，加强规划和指导

《“十三五”全国农业农村信息化发展规划》作为《全国农业现代化规划（2016—2020年）》的子规划，作为指导农业各行业、各领域和地方农业农村信息化工作的依据，已于2016年8月印发实施。该规划提出，到2020年，“互联网+”现代农业建设取得明显成效，农业农村信息化水平明显提高，信息技术与农业生产、经营、管理、服务全面深度融合，信息化成为创新驱动农业现代化发展的先导力量。未来几年，四川农业信息化发展必须紧紧跟上全国农业农村信息化发展的步

伐，依据该规划提出的指导思想、基本原则和发展目标，结合四川省的实际情况，将《四川省“十三五”农业和农村经济发展规划》中提到的农业信息化建设任务进一步具体化、明细化，形成《“十三五”四川省农业农村信息化发展规划》或者《四川省农业农村信息化发展规划（2017—2020 年）》以及《四川省农村电子商务发展行动计划（2017—2020 年）》《四川省农业物联网发展行动计划（2017—2020 年）》《四川省农业大数据发展行动计划（2017—2020 年）》等，加快做好顶层设计，明确当前和今后一段时期全省农业信息化建设的思路、目标、任务和措施。

（二）重点突破，总体推进，全面提高信息化水平

农业信息化涉及农业的全产业链，既需要相应的信息化基础条件来保障，更需要在农业产业全过程中来充分利用信息化条件。随着信息技术的发展以及与传统产业、传统行业的深度融合，大数据时代的农业信息化任务已经与以往有明显的不同，加快推进物联网、云计算、大数据、移动互联等新兴信息技术在农业生产、经营、管理和服务领域的创新应用，利用信息化新技术推动农业产业的转型升级，促进农业增效、农民增收、农村致富成为必然的选择。因此，四川农业信息化的发展应本着有所为有所不为的原则，抓住重点，弥补短板，加快总体推进，以实现农业信息化水平全面提升的目标。

在农业生产信息化方面，要积极推进耕地质量管理、肥水药精准实施等应用，实现大田种植的数字化、精准化。要加快推进种植业温室和养殖业圈舍环境监控、植物生长管理、智能设施控制等应用，实现种养业设施生产的自动化、智能化。要大力推进养殖环境监控系统、自动饲喂、疫病诊断与辅助决策等应用，逐步实现动物健康养殖管理智能化。通过信息新技术在农村生产方面的创新应用，进一步提高农产品产量和质量，确保农产品有效供给。

在农业经营信息化方面，要加快发展农业电子商务，把发展农业电子商务作为带动市场化、倒逼标准化、促进规模化、提升品牌化的重要措施来抓。要着力提升农业新型经营主体多方式、多渠道、多平台网络化经营水平，支持大型农产品批发市场加强农产品物流配送、市场、管理、交易等方面的信息化建设，提高交易效率。要积极探索农业（农村、农产品）电子商务运行新模式和相关支持政策，培育一批农业电子商务平台，提供生产、流通、交易、竞价、网上超市等服务。要鼓励和引导大型电商企业开展农业（农村、农产品）电子商务，支持各新型经营主体发展在线交易，积极发展以农业电子商务为方向的物流配送。

在农业政务信息化方面，要积极配合省政府“政务云”和农业部“农业云”的建设，抓紧实施农业大数据工程，奠定好全省农业系统“大数据”支撑的基础。要积极建设农产品质量安全追溯管理信息平台，建立农作物种子监管追溯系统，确保农产品质量安全。要提升动植物疫病监测、预警、防治、应急管理、信息传输和灾情发布的信息化水平，强化涉农数据的采集、监测、统计和分析，提高政策决策的科学化水平，促进农业行政管理高效透明。

在农业服务信息化方面，要加大信息进村入户试点力度，稳步扩大试点范围，力争尽快实现全省所有行政村全覆盖，努力把信息进村入户打造成为“互联网+”现代农业的示范工程，建立健全农业综合信息服务体系，为农民提供灵活便捷的信息服务。要积极探索设置乡镇综合信息服务站和农业综合信息员岗位，引导和鼓励社会力量积极参与乡村信息站点建设，加强村级农村信息员队伍建设，继续从种养大户、农村经纪人、农民专业合作社以及大学生村官等群体中培养选拔农村信息员，积极引入市场化机制，增强乡镇信息服务站活力和农村信息员创业热情。同时，要加强农村主体信息化应用能力建设，做好农业部门干部、新型农业经营主体和农民互联网、移动互联网应用能力培训，提高他们采集、分析、应用农业大数据资源的水平。

（三）完善机制，加强协调，促进农业大数据共建共享

农业信息化涵盖的范围十分广泛，不仅涉及农业的全产业链，也与农业相关产业关系密切，推进农业信息化发展要秉持合作、共享的理念，省农业厅加强与省发改委、省经信委、省商务厅、省通信管理局等多部门的协调、沟通，完善全省农业信息化发展协商机制，省政府办公厅有必要明确相关部门农业信息化发展的目标任务，并落实相关政策，加强对全省农业信息化建设的组织指导。有关部门也应本着合作共赢的原则，完善政府引导、企业主体的市场化营运模式，加强与有关企业的深度合作，形成统筹推进的合力，共同推动四川省农业信息化加快发展、跨越发展，促进四川省农业大数据共建共享。

首先要完善工作保障机制。省农业厅信息机构要完善职能，增强指导性。各市（州）县（市、区）农业部门要建立健全农业信息机构，落实专人负责农业信息化工作。乡镇农业服务组织要指定专门的专兼职人员作为信息员，负责农村信息采集、传输、发布等工作，进一步促进全省农业信息服务体系的健全和完善。省农业信息化专家团队应抓紧工作，尽快在农业信息化发展规划、技术攻关、体系建设等方面发挥好指导作用。同时，各级农业部门要围绕“互联网+”开展创新技术在农业领域应用为重点的分类培训，建立一支熟悉农业生产经营、熟悉农业信息技术的跨界型农业信息员队伍，推动全省农业信息服务向纵深发展。

其次要完善经费保障机制。农业信息化的跨越发展需要足够的经费投入。市县两级农业部门要积极争取同级财政部门对农业信息专项资金的投入力度，实现逐年递增，在现代农业项目中，安排适当资金支持现代信息技术示范推广和应用，主动争取发改、经信、科技、商务等相关部门的资金支持。省农业厅、经信委、商务厅等部门要积极争取国家部委有关农业信息化建设项目，获得相应的经费支持，以推进四川省农业信息化工作的进一步发展。此外，要加强政企、公私合作，完善“政府主导、市场主体”的合作共赢、众筹共享机制，积极吸引社会资本对农业信息化的投入，以弥补财政投入的不足。

最后要完善示范引领机制。试点、示范被实践证明是行之有效的工作推进方式，农业部在发改委的支持下先后在8个省份组织实施了国家农业物联网区域试验

示范工程，向全社会推介了426项节本增效农业物联网软件、技术和应用模式，其中就有四川华朴现代农业股份有限公司的猕猴桃ERP智能管理系统平台。商务部启动了10省市农业电子商务试点，四川中药材天地网被评为全国农业农村电子商务示范基地，仁寿县成为第三方电子商务平台的全国首个电商试点县。农业部从2014年起在10个省市22个县开展了信息进村入户试点工作，彭州、大英和资中被纳入全国信息进村入户试点县。同时，省农业厅也在各市州推荐的基础上，由新组建的农业信息化专家队伍评选出了10个全省农业电子商务示范基地和10个全省农业物联网示范基地，并由厅属相关单位筛选和培植了50个“互联网＋农业”示范点。相关部门不仅要在政策和资金上向这些示范基地和试点地区倾斜，也要加强对他们的监管，提高示范引领效果，通过他们的示范，加快提升全省“互联网＋农业”水平。

（四）加强技术创新，培育专门人才，提升信息化发展支撑力量

持续的技术创新是推进农业信息化的基础和动力，发展现代农业，实现农业发展方式的转变迫切需要将现代信息技术与农业产业全面融合，实现技术的再创新，而现有的信息技术和产品产业化程度较低，真正面向农业产业实际的、多功能、低成本、易推广、见实效的信息技术和设备严重不足。为保障四川省农业信息化发展有实用的农业信息技术可供利用，省农业厅与省科技厅应加强合作，大力支持适用于四川省农业发展的研发项目。对四川省农业发展影响重大的信息技术及产品的研发，可列为省级重点项目予以支持。

既懂农业又懂IT的复合型人才，是农业信息化发展中的重要资源。为解决四川省农业信息化发展人才奇缺的问题，除了继续做好从种养大户、农村经纪人、农民专业合作社以及大学生村官等群体中培养选拔农村信息员的工作外，可委托四川农业大学与电子科技大学、成都农业科技职业学院与成都信息工程大学等省内外高校，开展农业信息化复合型人才联合培养项目，开办“四川农业信息化定向培养班”，为四川省农业信息化发展提供充分的人才保障。

（五）完善服务体系，增强服务功能，提升农业信息服务实效

完善的农业信息服务体系是提升农业信息化应用水平的重要条件，各级农业部门不仅要完善自己的信息服务机构，增强农业信息服务功能，还要积极推进信息进村入户试点工作的开展，加强对乡镇农业信息服务站点的建设，构建较为完善的“省级农业信息中心—市县级农业信息机构—乡镇农业信息服务站—村级农业信息服务点”的农业信息服务体系。要制定乡镇农业信息服务站、村级农业信息服务点的服务规范和标准，完善必要的信息服务设施设备的配备，确定服务站点的岗位配置，建立农业信息资源共享系统，提升农业信息服务体系的服务效果，使其成为农业信息化服务的坚强阵地。

（四川省统计局　成都信息工程大学）

附　件

附件 1　四川省农业信息化发展大事记（2010—2016 年）

▲2010 年 6 月 21 日，四川省人民政府办公厅印发《关于加快发展通信业的意见》，要求到 2012 年年底实现所有行政村通电话，5 年内基本实现除“三州”外其他地区具备条件（20 户以上，通电）的自然村通电话、互联网通达所有已通电行政村。大力发展宽带通信，推进“光进铜退”，实现城区光纤到楼，乡镇光纤到乡，条件具备的地区光纤到村。全面完成“村通电话、乡通宽带”工作任务。大力推广农业信息服务，推广以“三农百事通”“信息田园”“天府农业信息网”“农村信息机”“农信通”“农技 110”为代表的农业综合信息服务，提高农村信息入户率。加快建立和完善农业综合信息服务站点，建立“一镇一店、一村一点”的服务网点，建立农村连锁信息服务体系，提高农业生产、加工、商贸流通领域的信息服务水平。

▲2010 年 12 月 3 日，四川省人民政府在巴中市召开了全省村村农家店暨农村信息化建设现场会，要求通信行业要以现场会为起点，奋力推进农村信息化建设再上新台阶，到“十二五”末，力争实现我省行政村基本通宽带、交通沿线和自然村基本实现通信信号覆盖，建成方便实用、资源共享、产品丰富的农村综合信息服务体系。省通信管理局王钢局长在总结“十一五”全省通信业推进农村信息化建设的基础上，提出了“十二五”农村信息化工作重点和目标。

▲2011 年 3 月 22 日，四川省通信管理局印发《关于实施 2011 年农村通信建设工作的意见》，提出 2011 年“自然村通电话”工程要完成 4000 个 20 户以上自然村通电话任务，20 户以上自然村通电话比例由 90%提高至 91%；“行政村通宽带”工程要完成 3000 个行政村通宽带任务，行政村通宽带比例由 55%提高至 61%；“信息下乡”活动力争 60%的乡镇实现“一乡一个信息服务站、一村一个信息服务点，一乡一个网上信息库、一村一个网上农副产品信息栏”的“四个一”目标。

▲2011 年 4 月 12 日，四川省人民政府办公厅印发《四川省新农村市场体系发展规划（2009—2012 年）2011 年度实施计划》，提出 2011 年提高农村信息化水平的工作目标是基本建成农产品产销对接信息服务平台、“万村千乡市场工程”信息化管理平台和农村市场运行监测体系，大力开展农产品网上交易。要求充分利用四川商情网（网购网销）、新农村商网、信息田园等成熟平台整合资源，加快推进与第三方电子商务平台链接的四川农产品产销对接信息服务平台建设，提供产销对接信息服务，促进产销对接加快发展。以“万村千乡市场工程”农家店为主要合作对象，建设 10000 个农村基础通信服务网点，为广大农村客户提供便捷、优质的基础通信服务。积极推进全省性“万村千乡市场工程”信息管理平台建设，为农家店提供经营信息服务。要求建立和完善农村市场消费品、农产品、农资市场的监测和市场分析机制，进一步完善农村百县监测系统建设，提高对农村市场的预测预警能力。加快推进宽带和移动互联网应用辅导站和辅导员队伍建设，提升农村信息化应

用能力。

▲2011年4月18日，四川省人民政府在成都举行了“行政村通电话、乡镇通宽带”工程总结表扬暨“自然村通电话、行政村通宽带”工程动员电视电话会议，全面总结了“十一五”以来全省农村通信工作情况，交流了经验，表扬了“行政村通电话”和“乡镇通宽带”工程先进集体和先进个人，部署了“十二五”时期农村通信各项任务，动员启动了全省“自然村通电话”和“行政村通宽带”工程。会议提出，“十二五”期间全省通信业将大力推进“自然村通电话”和“行政村通宽带”工程建设，力争完成1.8万个20户以上自然村通电话和1.2万个行政村通宽带任务，将自然村通电话比例从90%提高至95%以上，行政村通宽带比例从55%提高至80%以上，并深入推进农村信息化，进一步完善农村信息服务体系。

▲2011年12月5日，四川省人民政府办公厅印发《四川省“十二五”农业和农村经济发展规划》，要求推进农业信息服务体系建设，办好四川农村信息网、新农通和新农村信息服务热线，建立覆盖全省的、统一的农村经济综合信息共享平台。大力提高农村信息网络覆盖率，力争实现行政村基本通宽带，自然村和交通沿线通信信号基本覆盖。

▲2012年3月5日，四川省人民政府办公厅印发《四川省新农村市场体系发展规划（2009—2012年）2012年度实施计划》，提出2012年提高农村信息化水平的工作目标是加快推进“万村千乡市场工程”信息化和农村市场运行监测体系建设，大力实施农村商务信息服务体系建设试点工程，发展农村电子商务、农产品网上交易，促进城乡商务公共信息服务均等化。要求加强农村市场公共信息服务能力建设。以农村基层商务信息化建设为重点，以向农民提供商务信息公共服务为目标，依托新农村商网和农村党员干部现代远程教育网络大力开展农村商务信息服务试点工作。持续快速推进“宽带信息百镇千村工程”和“3G应用辅导千站万员工程”，提升农村信息化应用能力。加快推进服务新网络工程，充分利用四川商情网、新农村商网、信息田园、金农工程应用系统、农业门户网站等成熟平台打造与第三方电子商务平台链接的四川农产品产销对接信息服务示范平台，有效促进产销对接。积极推进农家店信息化建设，支持基础电信营运企业参与，帮助“万村千乡市场工程”承办企业建立信息中心和电子结算中心，提高农家店联网销售的比率。完善农村市场监测和分析机制，加强农村百县监测系统建设，运用3G、GPS定位等新技术提高预测预警能力

▲2013年12月31日，四川省人民政府印发《关于促进信息消费扩大内需的实施方案》，提出到2017年，行政村通宽带比例达到95%，农村家庭宽带接入能力基本达到每秒8Mbps。启动实施“农村宽带普及计划”“视听乡村”“农村校通宽带计划”等专项计划。开展农业信息化推进工程，推动农村公共服务体系建设，建设一批农村信息化服务平台和农业生产经营信息化示范基地，推动农村党员远程教育，培育农产品电子商务。

▲2014年1月22日，四川省人民政府印发《四川省“宽带中国”战略实施方案》，要求将农村地区宽带纳入电信普遍服务范围，加快实施“行政村通宽带”工程；加快实施“农村中小学通宽带”工程，积极发展在线教育，实现优质教育资源共享；设立农村公共宽带互联网服务中心，加强各类涉农信息资源的深度开发。

▲2014年7月，国家发改委办公厅、财政部办公厅、工信部办公厅联合发布《关于四川省、云南省“宽带乡村”试点工程的通知》，将四川省和云南省纳入全国“宽带乡村”建设试点省，指定中国电信股份有限公司四川分公司具体承担四川省“宽带乡村”试点工程。2014年10月，四川启动了“宽带乡村”试点扩大工程。

▲2014年9月，四川省财政厅、四川省通信管理局联合印发《四川省农村中小学免费通宽带试点方案（2014—2015年）》，决定至2015年年底，四川省将免费为马边县、广元市昭化区等10个试点县（区）的316所农村地区未通宽带中小学校接入光纤宽带，同时赠送3台上网电脑，并免除前三年的宽带上网接入费用。

▲2014年10月9日，四川省农业厅印发《四川省农技推广云平台建设实施方案》，决定从2014年起在全省实施农技推广云平台建设，充分利用基于移动互联网的通信网络，搭建现代农业技术推广服务平台，构建适应生产经营信息化需求的新型农技推广服务体系，推进信息技术和服务与现代农业建设相融合、与农民的生产生活相融合，努力提高技术推广服务到位率，为现代农业和社会主义新农村建设提供更加有力的科技支撑和技术服务保障，并确定了27个2014年农技推广云平台建设试点县市区。

▲2015年5月7日，四川省农业厅印发《关于推进2015年“互联网＋农业”重点工作的通知》，决定推进全省分级分批开展“互联网＋农业”的专题培训工作，保证2015年省厅对各市州农业局局长、市州局对各县市区农业（畜牧）局局长、省厅有关部门和单位对各县市区农业（畜牧）信息员专题培训1000人以上；决定在原有专家库的基础上组建由相关部门、科研机构、大专院校组成的“互联网＋农业”信息专家队伍，强化农业信息化研究和推广的创新力度；决定在年底前评选10家“互联网＋农业生产示范基地”，组织1000家省级以上农民专业合作示范社入住“天虎云商”等知名电子商务平台开设特色店铺，组织100家休闲农业示范农庄依托麦味网等休闲农业平台开展电商服务，选择不同规模的10家农产品电商企业创建“四川农业电子商务示范企业”。

▲2015年5月22日，四川省人民政府办公厅印发《四川省促进农村电子商务发展的实施意见》，提出到2017年农村电子商务交易额年均增长率保持在30%以上，农村电子商务交易额超过1000亿元，“卖得出、买得到、带得动、得实惠”的农村电子商务体系更加完善。建成全省农村电子商务综合服务平台，覆盖全省县域达100%，覆盖乡镇超过70%。建成以农民专业合作社、大学生村官为主的农村信息员队伍200个。平台入驻知名电商企业超过30家，聚集农村网商超过8000户。60%以上的农村商贸网点完成信息化改造，邮政便民网络覆盖100%的行政村、

60%的自然村。电子商务深度融入农村双向流通体系，并向全农业产业链扩张，带动生态旅游、乡村旅游等现代农业成为农村新的经济增长点。建成50%的县域涉农电子商务运营中心，培训农村居民电子商务应用6万人。以农村供销网点、邮政便民所等为主体的农村终端配送体系覆盖80%的行政村、60%的自然村。农村电子支付体系基本完善。

▲2015年6月11日，四川省人民政府办公厅印发《四川省2015年“互联网+”重点工作方案》，要求农业厅牵头负责实施农产品质量安全追溯体系建设，完善部门监管、企业管理、公众查询三大平台，初步实现数据整合、交换和共享；开展农业物联网示范，选择10个有一定规模的农业生产基地，应用物联网技术对畜牧水产养殖、果蔬大棚生产及农机提排灌等实施精准化作业示范，促进全省传统农业生产转型升级；强化“三农”信息服务，通过12316“三农”服务热线、网站、手机APP等多种手段，提供及时精准的信息服务和指导，完善和健全500个乡、村级信息服务站点，有效解决农村信息服务最后一公里问题。要求商务厅牵头负责大力推进农村电子商务，做好7个国家级和10个省级电子商务进农村综合示范县工作。推进“四川农产品电子商务平台及流通信息公共服务平台”上线运营，促进规模以上涉农流通企业和大型农产品批发市场电子商务应用率均达到60%以上。要求商务厅牵头、农业厅、商务厅、旅游局负责打造专业农产品电商平台，组织1000家省级以上农民专业合作示范社入驻知名电子商务平台，组织100家休闲农业示范农庄开展电商服务，开展四川农业电子商务示范试点。

▲2015年8月28日，四川省农业厅发出通知，要求在全省范围内积极引导各类型农民合作社、家庭农场和休闲农庄等农业新型经营主体入驻麦味农业电商平台。麦味农业（http://www.himyway.com/）是在四川省农业厅指导下，由四川省休闲农业协会管理、四川麦味农业开发股份有限公司负责建设和运营的综合性农业电商平台，主要开展优质农产品展示、农产品电子交易、休闲农庄旅游、麦味咨询等农业电商工作。该平台（含APP）将在2015年11月前后全新上线，是四川省农产品线上展示和交易的专门化窗口。

▲2015年10月13日，四川省人民政府印发《关于加快转变农业发展方式的实施意见》，在加快发展农业信息化方面，要求大力实施农业物联网区域试验工程，加快推进设施种植业、畜禽水产养殖、质量安全追溯等领域物联网示范应用，有效提高农业生产智能化和精准化水平。支持和鼓励各类专业合作社、种养企业和大户入驻农业电商平台，实现产销对接，贯通产供销全产业链。推进农业云、农业大数据建设和应用，提升农业生产要素、资源环境、供给需求、成本收益等综合分析和监测预警水平。强化农业综合信息服务能力，大力实施信息进村入户工程，完善农业信息发布制度。

▲2015年11月2日，四川省农业厅发出通知，宣布组建四川农业信息化专家团队，主要职责包括提出全省农业信息化发展规划、顶层设计、标准制定建议，指

导全省农业信息化项目建设；组织开展农业信息化技术攻关，增强农业信息化整体科研水平，促进农业物联网、农产品溯源、农业电商等信息化科研成果转化推广；指导全省农业信息服务体系建设，开展技术咨询和业务培训，培养一批面向基层的农业信息化急需人才；参与农业综合信息服务调研工作，提出农业信息服务解决方案建议，指导农业系统开展多种方式的农业信息服务。

▲2015 年 11 月 30 日，四川省农业厅发出通知，认定成都天地网信息科技有限公司、四川麦味农业开发股份有限公司、成都尚作农业科技有限公司、成都田岭涧农业发展有限公司、成都米米乐电子商务股份有限公司、北川维斯特商品交易市场有限公司、广元七绝电子商务有限公司、黄老五食品股份有限公司、四川峨眉山竹叶青茶叶有限公司、四川阳光绿源农业发展有限公司为全省农业电子商务示范企业，四川省正鑫农业科技有限公司、成都明生农业开发有限公司、四川种都蔬菜科技有限公司、四川圣迪乐村生态食品股份有限公司、四川华朴现代农业股份有限公司、四川省日兴农业科技发展有限公司、四川省夹江县海滨农场、达州雪峰农业开发有限公司、西昌天喜园艺有限责任公司、洪雅县槽渔滩宏益茶业专业合作社为全省农业物联网示范基地。

▲2015 年 12 月 3—4 日，四川省农业厅在内江市召开农业信息化工作现场会，通过现场参观与会议交流相结合的方式，就深入贯彻落实党的十八届五中全会和省委十届七次全体会议精神，扎实推进国务院《“互联网＋”行动指导意见》和省政府《“互联网＋”重点工作方案》的工作目标进行了全面安排部署。成都市农委、绵阳市农业局和内江市农业局的领导，以及中药材天地网和华朴公司负责人在会上作了农业信息化建设的交流发言。会议期间，与会代表先后参观了内江水产电子商城（渔网天下）农业电商实体店、市中区电商集聚区、四川省农产品供应链平台和市中区尚腾新村电商服务点，还听取了内江市农业局技术人员对本局推进“1＋4”农业电商平台以及有关农业信息化建设的情况介绍。会议还举行了四川省农业电子商务示范企业、四川省农业物联网示范基地颁证授牌和麦味农业电商上线仪式。

▲2016 年 3 月 10 日，四川省人民政府办公厅印发《四川省促进农村电子商务加快发展实施方案》，提出到 2017 年，全省农村电子商务交易额年均增长率 30％以上，农村电子商务交易额 1000 亿元以上；除甘孜州、阿坝州、凉山州外，县、乡级农村电子商务综合服务平台（站点）覆盖率分别达 100％、70％，村级电子商务服务点覆盖率达 60％，培训农村居民电子商务应用人才 10 万人次。到 2020 年，初步建成统一开放、竞争有序、诚信守法、安全可靠、绿色环保的农村电子商务市场体系，农村电子商务与农村一、二、三产业深度融合，在推动农民创业就业、开拓农村消费市场、带动农村扶贫开发等方面取得明显成效。

▲2016 年 3 月 30 日，四川省商务厅、四川省供销合作社联合社联合印发《关于促进农村电子商务加快发展的意见》，要求供销系统改造提升自身传统经营服务体系，促进传统业务与电子商务深度融合和线上线下互动发展，构建农村电子商务

经营服务网络，拓展农村电子商务服务便民功能，畅通农产品上行渠道，打造“网上供销社”；改造提升仓储、配送、运输等物流设施设备，充实完善电子商务运营服务中心，形成联结乡村、双向运行、便捷高效、经济实用的农村电商快递物流配送体系；对农村电子商务从业人员进行职业技能培训，对农民专业合作社和政府相关人员进行政策知识培训。各级商务主管部门要积极支持供销系统的上述工作，共同推进农村电子商务加快发展。

附件 2　四川省农业信息化发展调查问卷

您好！我们是成都信息工程大学《四川省农业信息化发展研究》课题组，为了解您及您的家人在农业信息化方面的真实情况，以便为政府有关部门制定农业信息化发展政策提供准确信息，希望您能积极参与，认真填答，我们将对您的回答完全保密。请根据您的实际情况在所选选项上打√。

谢谢您的支持与合作！

1. 您家还留在农村的有几口人？

A. 1 人　　B. 2 人　　C. 3 人　　D. 4 人　　E. 5 人及以上

2. 您家还留在农村的成员中最大年龄的是？

A. 20～30 岁　　B. 30～40 岁　　C. 40～50 岁　　D. 50 岁以上

3. 您家还留在农村的成员中最小年龄的是？

A. 10 岁以下　　B. 10～20 岁　　C. 20～30 岁　　D. 30 岁以上

4. 您家还留在农村的成员中最高的文化程度是？

A. 小学　　B. 初中　　C. 高中　　D. 大专及以上

5. 您家庭主要人员在农村所从事的是？（多选）

A. 粮油蔬菜种植　　B. 畜禽养殖　　C. 商贸服务　　D. 其他

6. 您家的年总收入是多少？

A. 5000 元以下　　B. 5000～10000 元

C. 10000～20000 元　　D. 20000～30000 元

E. 30000 元以上

7. 您家有下面哪些设备？（多选）

A. 台式电脑　　B. 笔记本电脑　　C. 手机　　D. 座机

E. 电视机　　F. 其他

8. 您或您家人通过什么渠道上网？（多选）

A. 电信宽带　　B. 广电网络　　C. 手机 3G/4G　　D. 其他

E. 不上网（跳答第 11 题）

9. 您或您家人上网主要干什么？

A. 了解时政新闻　　B. 获取农业信息　　C. 学习农业技术　　D. 购买生产资料

E. 出售农副产品　　F. 休闲娱乐　　G. 聊天　　H. 其他

10. 您家庭每天使用网络的时间大概是?

A. 1 小时以下　　B. 1～2 小时　　C. 2～3 小时　　D. 3 小时以上

11. 您或您家人主要通过什么渠道获取农产品行情等农业信息?

A. 广播　　B. 电视　　C. 手机　　D. 网络

E. 报刊　　F. 农村信息员　　G. 其他　　F. 不关心

12. 您或您家人主要通过什么渠道学习农业技术?(多选)

A. 广播　　B. 电视　　C. 手机　　D. 网络

E. 报刊　　F. 农村科技员　　G. 其他　　F. 不学习

13. 您或您家人通过下面哪些方式咨询过农业方面的问题?(多选)

A. 12316 热线电话　　B. 农业网站

C. 农业微信　　D. 村信息服务站（点）

E. 其他　　F. 没有

14. 您或您家人在获取农业信息过程中有哪些困难?(多选)

A. 没有电脑手机等设备

B. 有手机等设备但不知道怎么去获取信息

C. 不知道应该获取哪些信息

15. 您或您家人在获取农业信息过程中需要当地政府提供哪些帮助?

A. 建好维护好基础设施　　B. 进行信息获取方式方法的培训

C. 给予政策和经费支持　　D. 宣传农业信息的重要性

E. 其他　　F. 不需要

16. 您家农副产品的销售主要通过什么渠道进行宣传?(多选)

A. 农业网站平台　　B. 村信息服务站（点）

C. 淘宝网等电商平台　　D. 专业合作社

E. 亲戚朋友　　F. 其他　　G. 不宣传

17. 您家农副产品主要通过什么渠道进行售卖?(多选)

A. 农村电商平台　　B. 淘宝网等电商平台　　C. 专业合作社

D. 农贸市场　　E. 其他　　F. 不售卖

18. 您村有下面这些公共信息化设施吗?(多选)

A. 广播站　　B. 农家书屋　　C. 电子阅览室　　D. 阅报栏

E. 其他

19. 您村村委会一般通过什么途径发布农业信息?(多选)

A. 广播站　　B. 网络平台　　C. 张贴栏　　D. 现场开会

E. 个别通知　　F. 其他

20. 您村农业信息服务已经实现了“进村入户”吗?

A. 是　　B. 还没有　　C. 不清楚

21. 您村有农村电子商务服务站（点）吗?

A. 有　B. 没有　C. 正建设中　D. 不清楚

22. 您家或您村的农副产品进入了“农产品质量安全追溯系统”了吗？

A. 是　B. 还没有　C. 不清楚

23. 您家或您村在农业生产方面已经使用了下面这些信息化手段吗？（多选）

A. 农田遥感监测　B. 农田疾虫害远程诊断

C. 水稻智能催芽　D. 农机精准作业

E. 温室环境自动监测与控制　F. 水肥药智能管理

G. 畜禽自动饲喂　H. 畜禽发情监测

I. 牛羊自动挤奶　J. 水产养殖水体监控

K. 水产养殖饵料自动投喂　L. 其他（请填写）：

24. 您村有信息服务站（点）吗？

A. 有　B. 没有　C. 正建设中

D. 不清楚（如果回答 B、C、D，则不回答以下问题）

25. 您或您家人到村信息服务站（点）寻求农业方面帮助的频率？

A. 经常　B. 偶尔　C. 几乎没有　D. 没有

26. 您村信息服务站（点）具有哪些信息设施？（多选）

A. 电脑　B. 电话　C. 打印机　D. 投影仪

E. 其他

27. 您村信息服务站（点）具有下面这些服务吗？（多选）

A. 党员远程教育　B. 村务公开

C. 科技下乡　D. 文化信息共享

E. 其他

28. 您村信息服务站（点）具有下面这些信息咨询服务吗？（多选）

A. 政策法规　B. 医疗保健

C. 科技信息　D. 农村市场信息

E. 其他

29. 您村信息服务站（点）具有下面这些培训服务吗？（多选）

A. 种养技术　B. 生产经营　C. 文化知识　D. 信息技术

E. 其他

30. 您家所在地是？

A. 成都　B. 绵阳　C. 自贡　D. 攀枝花

E. 泸州　F. 德阳　G. 广元　H. 遂宁

I. 内江　J. 乐山　K. 资阳　M. 宜宾

N. 南充　O. 达州　P. 雅安　Q. 阿坝

R. 甘孜　S. 凉山　T. 巴中　U. 广安

V. 眉山

附件 3　四川农业信息化水平评价值表

一级指标	二级指标	序号	单位	实际值	目标值	无量纲值	权重
农业信息化基础设施	农村每百户计算机拥有数	P_1	台	16.3	100	0.16	0.05
	农村每百户移动电话拥有数	P_2	部	177.5	250	0.71	0.05
	农村固定电话拥有率*	P_3	%	19.9	100	0.20	0.01
	农村每百户电视机拥有数	P_4	台	109.18	100	1.09	0.02
	农村广播节目综合人口覆盖率	P_5	%	96.4	100	0.96	0.01
	农村电视节目综合人口覆盖率	P_6	%	97.84	100	0.98	0.01
	农村有线广播电视家庭使用率	P_7	%	24.07	100	0.24	0.01
	农村光纤网络入村率	P_8	%	66.8	100	0.67	0.03
	农村 3G/4G 上网入村率	P_9	%	97.6	100	0.98	0.02
	互联网宽带业务行政村开通率	P_{10}	%	80	100	0.01	0.02
	农村宽带入户率	P_{11}	%	12.8	100	0.13	0.02
农业生产信息化	农田遥感监测应用率*	P_{12}	%	2.13	50	0.04	0.04
	农田病虫害远程诊断应用率*	P_{13}	%	4.26	50	0.09	0.04
	水稻智能催芽拥有率*	P_{14}	%	12.77	50	0.26	0.03
	农机精准作业应用率*	P_{15}	%	17.02	50	0.34	0.03
	温室环境自动监测与控制应用率*	P_{16}	%	2.13	50	0.04	0.03
	水肥药智能管理应用率*	P_{17}	%	6.38	50	0.13	0.03
	畜禽自动饲喂应用率*	P_{18}	%	8.51	50	0.17	0.03
	畜禽发情监测应用率*	P_{19}	%	8.51	50	0.17	0.03
	牛羊自动挤奶应用率*	P_{20}	%	2.13	50	0.04	0.03
	水产养殖饵料自动投喂应用率*	P_{21}	%	4.26	50	0.09	0.03
	水产养殖水体监控应用率*	P_{22}	%	2.13	50	0.04	0.03
农业经营管理信息化	农产品质量安全追溯系统进入率*	P_{23}	%	4.26	50	0.09	0.05
	农产品网上交易比重*	P_{24}	%	5.57	30	0.19	0.05
	农村电子商务站点行政村覆盖率*	P_{25}	%	8.51	100	0.09	0.05
农业服务信息化	农业信息服务机构区县覆盖率	P_{26}	%	70	100	0.70	0.05
	农业信息服务站点乡镇覆盖率	P_{27}	%	36	100	0.36	0.05
	农业信息服务站点行政村覆盖率	P_{28}	%	22	100	0.22	0.05
	农业信息服务进村入户实现率*	P_{29}	%	10.64	100	0.11	0.05
	农业人口每万人拥有农村信息员数*	P_{30}	人	0.09	0.5	0.18	0.05

四川省农业适度规模经营路径选择与新型农业经营体系构建研究

随着新型城镇化的深入推进和现代农业的快速发展，传统农村土地小规模、分散化经营模式已经难以适应我省农村经济社会发展的新趋势和新要求。现代农业发展中所面临的种田人手不足且日趋高龄化、土地撂荒和粗放经营、规模化农业所需的土地集中和农民不愿放弃土地、农业机械化和农业技术推广受阻等一系列问题与矛盾愈来愈凸显，推进农业适度规模经营和构建农业新型经营体系成为实现土地资源有效配置、农业增效、农民增收和促进农业现代化的重要路径。为此，课题组对全省农业适度规模经营情况进行了摸底调研，通过深入分析四川省农业适度规模经营发展现状和地方典型案例，探究多类型农业规模经营与多元化服务体系之间的互作关系，为把握好我省农业规模经营的适度性和多样性，处理好服务外包与内部化、服务公平与效率关系、确保农民权益等提供对策建议。

一、农业适度规模经营的内涵界定

随着人们对农业规模经营认知的加深，对其内涵的界定也从单一的土地规模扩张研究发展到考虑多种生产要素资源的综合影响，而随着经济的发展和市场环境的日趋复杂化，促使对农业适度规模经营的研究范围也在不断拓展延伸。本研究认为农业适度规模经营是一个动态概念，与之对应的规模经营的实现路径与方式也是一个动态的、不断完善的过程，各类经营主体必须综合考虑自身资源状况、经济基础、经营主体素质和生产经营性质确定符合当地实情的经营规模。

鉴于四川农业生产经营的实践，对农业规模经营的理解，首先要突破农地规模扩张的局限性思维，并结合规模经济与范围经济两种理论综合分析。农业规模经济体现在，通过适度扩大相对稀缺性资源以提升要素配置效率，或提升分工专业化和合作组织化水平来降低农业生产经营成本以实现规模效益；农业范围经济则体现在把农产品生产拓展到其他关联产品的生产领域，或将农业产业与其他关联产业有机融合，促成外部市场内部化，生产过程中要素资源共享，成本互补与分摊，实现一体化经营效应。

二、四川省农业适度规模经营的现实条件及主要特征

（一）四川省农业适度规模经营的现实条件

自2009年中央提出开展农村土地承包经营权确权登记颁证工作以来，农村土地流转速度和规模呈现出"双加速"局面。2013年中央一号文件强调，"引导农村土地承包经营权有序流转，鼓励和支持承包土地向专业大户、家庭农场、农民合作社流转，发展多种形式适度规模经营"。党的十八届三中全会要求，"加快构建新型农业经营体系，鼓励承包经营权在公开市场上向专业大户、家庭农场、农民合作社、农业企业流转，发展多种形式规模经营"。2016年10月，中央办公厅、国务院办公厅下发了《关于完善农村土地所有权承包权经营权分置办法的意见》，为引导土地经营权有序流转、发展适度规模经营、推动现代农业发展和增加农民收入提供了制度基础。四川全省各地开展了形式多样的农地规模经营改革试验，除转包、出租、互换、转让之外，土地入股、土地托管等流转新形式也在各地如火如荼地开展起来，并催生出崇州"农业共营制"、彭山"土地信托"、邛崃"合作联社"等现代农业经营新模式。

一方面，四川省推进农地适度规模经营的基本条件日渐成熟。一是越来越多的农业劳动力转移到非农产业部门，极大地降低了农地需求，为农地规模经营腾出了大量的土地资源。二是农民增收渠道发生了根本性转变，工资性收入对农民的增收贡献率长期占据5成以上，通过农业生产促农增收的重要性明显减弱。三是严重老龄化的小农自给模式正逐渐瓦解，新型农业规模经营主体以及新兴的农业社会化服务主体数量在不断壮大，强有力地推动了农业适度规模经营多样化发展。2016年，四川省农村土地流转面积达1970.3万亩，占家庭承包经营面积的33.85%，相比2011年的1074.4万亩，增幅达83.39%，2011—2016年土地流转面积年均增速达12.89%（如图1所示）。四川土地流转市场加速发展，促进了土地的集约利用和规模化经营，为农业适度规模经营的有益探索积累了丰富的实践经验。

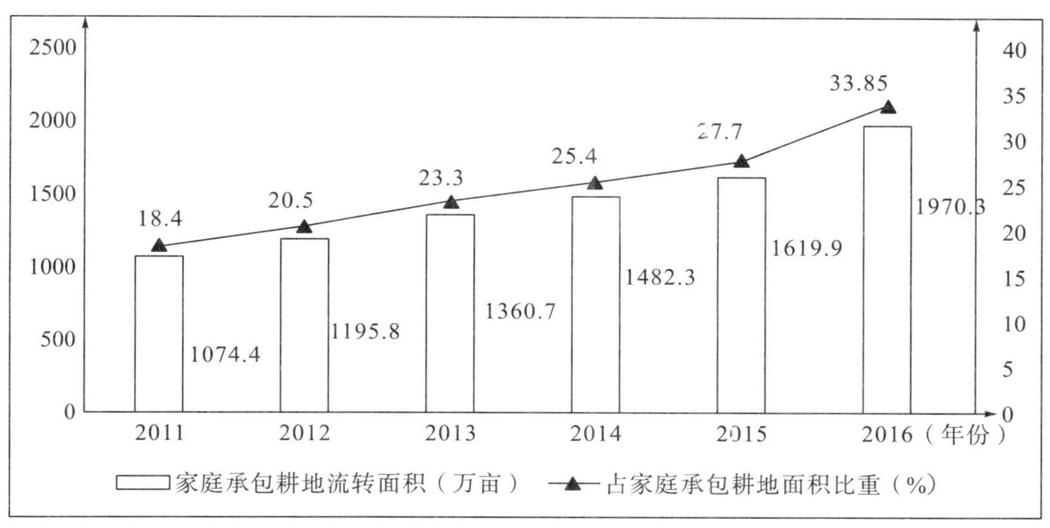

图1　四川省土地承包经营权流转面积及其占总承包面积的比例

另一方面，随着城镇化和工业化的快速推进，农村土地规模经营越来越凸显出四个方面的难题。一是农村劳动力大量外流，农业内部劳动力和资本要素供给不足抑制了土地利用，出现土地荒芜和弃耕。二是分散经营带来的土地细碎化与农村产业结构调整要求的现代农业规模生产，集中连片经营存在矛盾。三是外部资本下乡动机不纯带来的“圈地”嫌疑使得农户不愿意将其承包的土地轻易流转给外来者，难以实现土地要素与资本要素的有机结合。① 四是农民对土地的依赖程度不再强烈，绝大多数农民已转向以代际分工为基础的“半工半农”的家计模式，一定程度上进一步固化了土地细碎化经营格局，抑制了农地经营规模的快速发展。② 2015年，四川省农地经营规模在10亩以下的农户数量达1933.2万户，占农户总数比重高达91.89%，远远低于全国平均农户规模化经营水平，甚至低于重庆农户规模化经营水平（见表1）。加之四川农业兼业化、休闲化现象大量存在③，农户小规模分散经营依然是农业生产的最主要形式。随着农村市场化改革的不断深化，农户参与市场竞争的机会及其市场谈判能力愈来愈趋于下降，农产品生产供给与市场消费需求脱节，农业服务成本不断抬高，小户分散经营格局又进一步推高了农业人力资本、农业基础设施建设运营费用以及农技推广成本。

更为紧迫的是，尽管普遍意识到农业适度规模经营是推动农业现代化的客观要求和必然趋势，但我省人多地少、耕地资源后备不足的问题十分突出，丘陵、山地

① 刘卫柏，彭魏倬加．“三权分置”背景下的土地信托流转模式分析——以湖南益阳沅江的实践为例［J］．经济地理，2016，36（8）：134－141．

② 李光跃，彭华，高超华，杨祥禄．农地流转促进适度规模经营的基本思考——基于四川省的调查分析［J］．农村经济，2014（7）：52－55．

③ 据四川省农业厅公布数据，2015年，四川省农业兼业户数量达387.4万户，占农户总数的18.95%；非农业兼业户数量为209.3万户，占比10.24%。

和高原面积占到全省面积的95%，近60%的耕地集中在丘区。因此，欧美国家及国内部分大平原地区“大资本、大规模、大机械”的农业规模经营路径在我省并不具普适性。关于推进农业适度规模经营的演进路径仍然存在多方面担忧和顾虑。

表1　2015年四川与全国部分省（市）农户经营耕地规模分布情况比较

（单位：万户、%）

地区	10亩以下	未经营耕地	10～30亩	30～50亩	50～100亩	100～200亩	200亩以上
全国	22931.7	1656.6	2760.6	695.4	242.3	79.8	34.5
比重	80.74	5.83	9.72	2.45	0.85	0.28	0.12
江苏	1399	160.2	87.7	16.1	6.5	3.4	1.2
比重	83.57	9.57	5.24	0.96	0.39	0.20	0.07
山东	2052.2	158.4	160.2	18.6	3.9	1.4	0.8
比重	85.67	6.61	6.69	0.78	0.16	0.06	0.03
河南	1827.1	31.8	222.1	40.6	11.3	3.9	2.0
比重	85.43	1.49	10.38	1.90	0.53	0.18	0.09
重庆	679.9	56.9	31.2	5.6	1.6	0.7	0.5
比重	87.57	7.33	4.02	0.72	0.21	0.09	0.06
四川	1933.2	59.2	84.5	19.9	4.7	1.5	0.9
比重	91.89	2.81	4.02	0.95	0.22	0.07	0.04

数据来源：《中国农村经营管理统计年报2015》。

（二）四川省农业适度规模经营的主要特征

1. 农地流转形式日趋多元化，其中土地入股形式最具发展潜能

课题组调研发现，四川全省土地流转形式以转包、出租为主，但近年来，土地入股、托管等形式渐露端倪，目前出租已取代转包成为推动农地规模经营的最主要流转形式。相比2011年，2016年四川家庭承包耕地出租面积从437.70万亩增至978.28万亩，占比从40.74%提升至49.65%；转包面积从430.15万亩增至622.82亩，占比从40.04%降至31.61%；出租、转包面积合计占家庭承包耕地流转总面积的81.26%。同期，土地入股面积增势明显，从45.89万亩增至140.87万亩，其占比从4.27%增至7.15%；互换面积从44.41万亩增至49.93万亩，但占比从4.13%降至2.53%；转让面积有所下降，从61.49万亩降至61.33万亩；土地托管服务面积增至27.7万亩（如图2所示）。值得注意的是，尽管土地股份合作目前不占主流，但发展较快，既能确保农民土地承包权，又能最大限度地保证农民参与土地经营的知情权和决策权，促其分享产业增值收益，在推动农地规模经营发展方面具有较大潜能。出租、入股、互换面积增长较快，反映出中央鼓励多种形式（土地流转、土地入股、土地托管）发展农业适度规模政策在四川实践效果的充分体现。

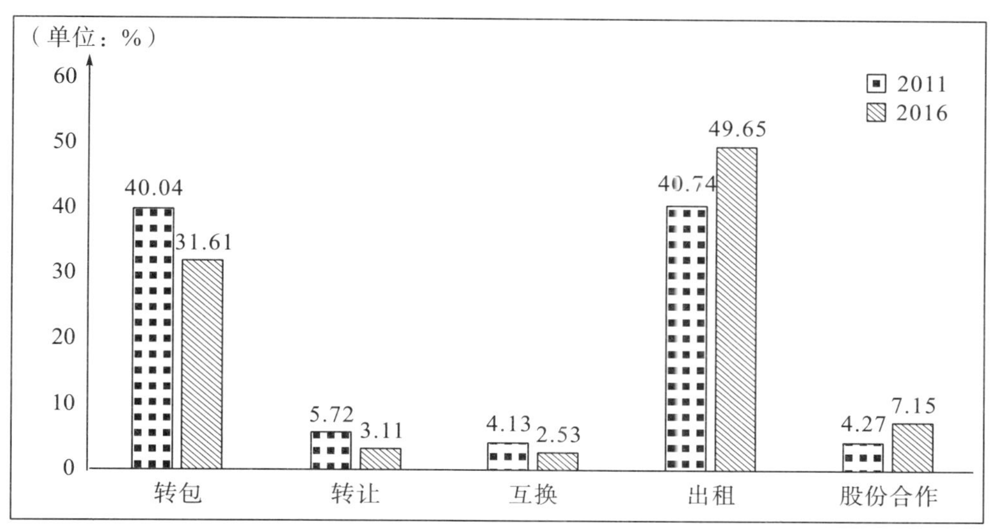

图 2　2016 年与 2011 年四川省农地流转形式比较

2. 农地流转去向日趋多元化，但绝大多数耕地仍由承包户经营

农地流转去向仍然以农户为主，流转入专业合作社和企业的比重紧随其后，尽管土地流转的受让主体日益多元化，但大部分承包耕地仍然由承包户经营管理。据统计，2016 年四川省流转入农户的耕地面积为 928.97 万亩，相比于 2011 年增幅达 327.86 万亩，占比从 55.95%降至 47.15%；流转入专业合作社的耕地面积从 131.50 万亩增至 421.01 万亩，占比从 12.24%增至 21.37%；流转入企业的耕地面积从 188.40 万亩增至 345.02 万亩，占比从 17.54%微降至 17.51%。

尽管近年来四川省承包耕地流转面积的年均增速在 10 个百分点以上，但承包农户的土地经营主体地位并没有根本改变。第一，大部分耕地仍由承包农户持有。2016 年，全省 57.61%的耕地由承包农户自己经营，在已经流转的 1/3 的承包耕地中，流入承包农户的比例仍然接近 5 成，达 47.15%。总体来看，承包农户经营的承包耕地比例仍然在 7 成以上。在四川部分丘区或山区，这一比例甚至高达 9 成。第二，通过土地经营权流转形成的规模经营形势发展较快，促成的土地集中规模经营分布呈两极化趋势。2016 年，全省流转耕地面积在 10 亩以上的占据流转总面积的 59.34%，其中，流转 300 亩以上的规模比重最高，达 16.66%；其次是 10～29 亩的规模比重，占 13.83%；而 50～99 亩和 100～199 亩的规模比重，分别为 8.16%和 8.04%；200～299 亩的流转比重最低，仅为 6.23%。

3. 农地流转“非农化”现象较凸显，助推土地流转价格持续攀升

据统计，2015 年，四川省流转用于种植粮食作物的面积为 521.95 万亩，占流转耕地面积的比重仅为 32.22%，耕地“非粮化”比例明显高于全国平均水平和国内部分农业大省的耕地“非粮化”比例（见表 2），可见，四川耕地“非粮化”现象十分突出。另据课题组对省内的典型性调查，通过出租、股份合作等形式流转的

耕地中，受土地租金、机械投资、人工费用以及粮食补贴分配等影响，9 成以上不种粮食，直接危及全省粮食安全。还有一些业主把流转的土地用于发展经济作物、养殖业，甚至挖塘养鱼、建设休闲山庄、开办农家乐等，改变了土地的农业用途，致使流转土地难以复耕。① 在对四川流转土地的家庭农场主进行调查时发现，土地租金通常占据经营总成本的五成以上，而种植 1 亩蔬菜的收入相当于种植 5～7 亩粮食作物的收入，对粮食等主要农作物的经营者而言，规模越大，经营成本和经营风险相应越高，更是难以获取预期收益。随着工商资本大举介入土地流转，土地流转“非粮化”与“非农化”的隐患将更为凸显。

表 2　2015 年四川省与部分省（市）流转用于粮食作物的面积与非粮化比重

指标	全国	江苏	河南	重庆	四川
粮食作物面积（万亩）	25331.44	1425.95	2430.77	536.45	521.95
非粮化种植比重（%）	43.31	53.92	37.47	63.09	67.78

数据来源：《中国农村经营管理统计年报 2015》。

4. 旧有农业经营模式基本改变，不同程度的规模经营得以实现

从课题组在四川省的实地调研来看，虽然 7 成以上承包耕地仍然由承包农户自己经营管理，但家庭经营靠天吃饭、靠人力畜力的旧有模式已经基本改变。目前，较为普遍的经营模式分为两种：一种方式是在合作组织带动下形成的较为紧密的规模经营形式，如“专业合作社＋农户”“公司＋农户”“公司＋专业合作社＋农户”等。这种方式中，承包户通过加入专业合作社等形式，以“生产在家、服务在社、销售在司”的方式，实现了统一购买农资、统一机械化作业、统一对外销售，把承包的分散生产经营活动转变为可以应用现代农业生产装备的机械化生产、规模化经营。② 截至 2016 年年底，四川省农民专业合作社有 74048 家，其中被农业主管部门认定为示范社的达 7881 家，带动农户数超过 1000 万户，占承包农户总数的 49.12%。另一种方式是社会化服务组织带动下形成的较为松散的规模经营形式。这种方式中，承包农户与农机作业、植物保护、农资供应、产品营销等社会化服务组织签订购买、销售、托管、代耕等协议的形式，利用新型经营主体拥有的现代农业生产装备，完成承包耕地部分的田间作业和产前产后经营活动。以从事农业服务业的专业合作社为例，据统计，2016 年，四川全省共有 3519 家农民专业合作社从事农业社会化服务，其中农机服务社达 1742 家，植保服务 883 家，土肥服务 94 家，金融保险服务 88 家。

---

① 李光跃，彭华，高超华，杨祥禄. 农地流转促进适度规模经营的基本思考——基于四川省的调查分析 [J]. 农村经济，2014（7）：52—55.

② 赵鲲，刘磊. 关于完善农村土地承包经营制度发展农业适度规模经营的认识与思考 [J]. 中国农村经济，2016（4）：12—16，69.

三、四川省农业适度规模经营对“三农”转型的效应与地方经验

（一）四川省农业适度规模经营对“三农”转型的效应分析

判定什么样的农业经营规模才是适度的，才是有利于“三农”发展的？可以从农业规模经营对“三农”转型的效应入手进行评价与思考。当前农户户均土地经营规模普遍较小，影响农户产出效益的主要因素还是农地规模，因此，农地流转与农业、农民、农村发展关系最为直接与密切。就四川农业大省而非农业强省的实际省情而言，人多地少和耕地后备资源不足的矛盾非常突出，优化土地资源配置、提升土地利用效率，成为推进农业可持续发展的重要条件。为此，本研究选择农地流转面积作为规模经营的表征性指标，借鉴匡远配等①的弹性分析方法测评四川省农业适度规模经营对“三农”转型的效应影响。

1. 农业规模经营对农业转型效应评判

现有的大部分研究认为，合理有序的土地流转有利于保护耕地资源、推进土地集约化经营、保证农产品有效供给和粮食安全，加速现代农业转型升级步伐。因此，农业产业结构、粮食安全、农业生产效率、农业机械化发展、农业社会化服务水平等方面成为衡量农地流转效率的重要内容。将农地流转对农业 GDP 占国民经济比重、粮食总产量、农业劳均产值、农业机械总动力和农林牧渔服务业增加值比重的弹性来衡量 2010—2015 年四川省农地流转对“农业”转型的效应影响，结果见表 3、图 3。

表 3　四川省农地流转的农业转型效应的弹性计算结果（以 2010 年为基期）

年份	农地流转面积（万亩）	农业GDP/GDP	粮食总产量	农业劳均产值	农机总动力	农林牧渔业服务业增加值比重
	X	Y_1	Y_2	Y_3	Y_4	Y_5
2010	975.8	—	—	—	—	—
2011	1074.4	−0.17399	0.21122	0.09092	0.85004	0.326369
2012	1195.8	−0.23440	0.06290	0.077022	0.69202	0.094150
2013	1360.7	−0.44790	0.15616	0.029328	0.50864	0.305333
2014	1482.3	−0.34201	−0.04031	−0.01572	0.58595	0.565150
2015	1619.9	−0.11321	0.21673	0.023843	0.63287	1.075519

① 匡远配，陆钰凤．农地流转实现农业、农民和农村的同步转型了吗［J］．农业经济问题，2016（11）：4−14，110.

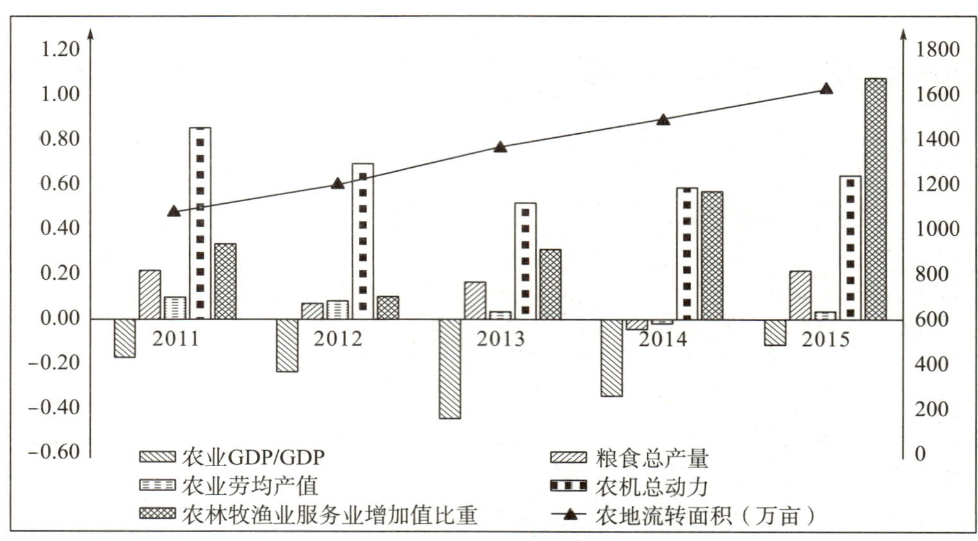

图 3　四川省农地流转对农业转型效应的弹性影响

农地流转基础上的规模化经营是农村经济社会转型的必然趋势，农地流转解困留守农业和农业劳动力低效问题，推动农业现代化快速转型发展。从表 3 中可见，农地流转对“农业”转型的多维影响具体表现为：第一，农地流转与农业产业结构调整。2010 年以来，农地流转对 Y_1 的弹性均为负值，表明四川省农地流转明显推动了农业 GDP 份额的下降，顺应了产业结构演进规律。而其弹性系数绝对值小于 1 且递减，原因在于：一是土地流转过程中的被干预、被流转现象仍然存在，导致农地流转速度明显快于农业产业结构调整速度；二是农业生产体系的转型速度明显要快于农业服务体系的转型速度。第二，农地流转与粮食增产。2010 年以来，农地流转对粮食总产量 Y_2 的弹性基本为正，表明四川农地流转能够带动提升粮食生产专业化、集约化水平，推动以种粮大户、合作社为代表的新型经营主体成为粮食稳产增产的重要推动力。但其弹性系数值小于 1，原因在于：一是四川农业依然未能实现适度规模经营，难以促成明显的规模经济效益；二是农村留守劳动力以老弱病残妇幼居多，只能支撑起分散、粗放的小农经营模式，粮食持续增产压力不断提升；三是与经济作物相比，种植粮食的比较效益一直偏低，粮食生产对地方财政贡献又小，制约了地方政府和农民发展粮食生产的积极性，加之工商资本的介入，“非粮化”倾向仍在蔓延。第三，农地流转与农业劳均产值。2010 年以来，农地流转对农业劳均产值 Y_3 的弹性基本为正，但弹性系数值处于递减趋势。表明农地流转推动了四川省农业生产经营方式和组织形式得到改善，一定程度上提升了农业产业整体素质，但受制于农业比较效益持续走低以及农资产品价格不稳定等因素影响，农业劳动生产率增速表现出趋缓态势。第四，农地流转与农机化水平。2010 年以来，农地流转对农机总动力 Y_4 的弹性均为正，且弹性系数值较高，表明农地流转带来的规模经营促使农机和现代农业综合配套技术得以广泛应用，推动四川省农业机械化快速发展。若能进一步提升四川省农业机械的适配性和应用性，强化农机具补贴政策效率和降低农业机械成本，反之又能加速提升农地流转效率。第五，农地流转与农业社会化服务。2010 年以来，农地流转对农、林、牧、渔业服务业增加值比重 Y_5 的弹性均为正，且增势明显，特别是 2015 年的弹性系数高达 1 以上，说明农地流转在实现“土地规模经济性”的同时，对优质高效的农业社会化服务也产生了强烈的需求，意味着农业生产经营活动通过进一步卷入外部分工以及社会化分工网络的扩展，可以实现“服务规模经济性”。①

据此，可见四川省在农业适度规模经营推进过程中，农业资本化作用逐渐增强，农业增长方式正朝着资本、技术密集型方向转变；农业生产组织呈现出规模化、专业化、合作化等“制度性特性”，预示着农业转型进入深化期。但是，以农地细碎化经营为特征的生产方式仍然未能得到明显改善，正呼唤着新型农业经营体系引领下的资本化、规模化、组织化与合作化新路径。

2. 农业规模经营对农民转型效应评判

农地流转改变了农地资源配置模式与劳动力投入方式，直接影响到农民的增收效应，改变了农民的生活方式。在促农增收方面，出租、转包、托管、信托等农地流转模式能形成一定的财产性收入。农地流转有助于解决农民进城后土地经营的后顾之忧，提高农民的工资性收入，改变农民家庭经济收入方式，为农村人口向城镇迁移和人口市民化创造条件，促成社会阶层结构的变化。因此，农村就业结构、劳动力迁移规模、农民增收渠道、转移人口市民化等方面是农地流转对农民转型效应的重要体现。将农地流转对乡村非农就业人员比重、农村居民工资性收入占比、农村转移劳动力和农民市民化率的弹性来衡量 2010—2015 年农地流转对“农民”转型的效应影响，结果见表 4、图 4。

表 4　四川省农地流转的农民转型效应的弹性计算结果（以 2010 年为基期）

年份	农地流转面积（万亩）	乡村非农就业人员比重	农村转移劳动力	工资性收入占比	市民化率	农村居民恩格尔系数
	X	Y_6	Y_7	Y_8	Y_9	Y_{10}
2010	975.83	—	—	—	—	—
2011	1074.4	0.26799	0.24068	0.19820	0.38586	−0.41634
2012	1195.8	0.07958	0.43910	0.26279	0.13671	0.116751
2013	1360.7	0.15377	0.12115	0.22937	0.32043	−0.51853
2014	1482.3	0.18184	0.07849	0.20897	0.22512	−0.96465
2015	1619.9	0.00957	0.02920	0.17619	0.43589	−0.17073

① 熊鹰，彭迎，陈春燕，李晓. 粮食适度规模经营的探索实践与思考——以四川省邛崃市“合作联社+种植大户”模式为例［J］. 农业科技管理，2016，35（6）：57－60.

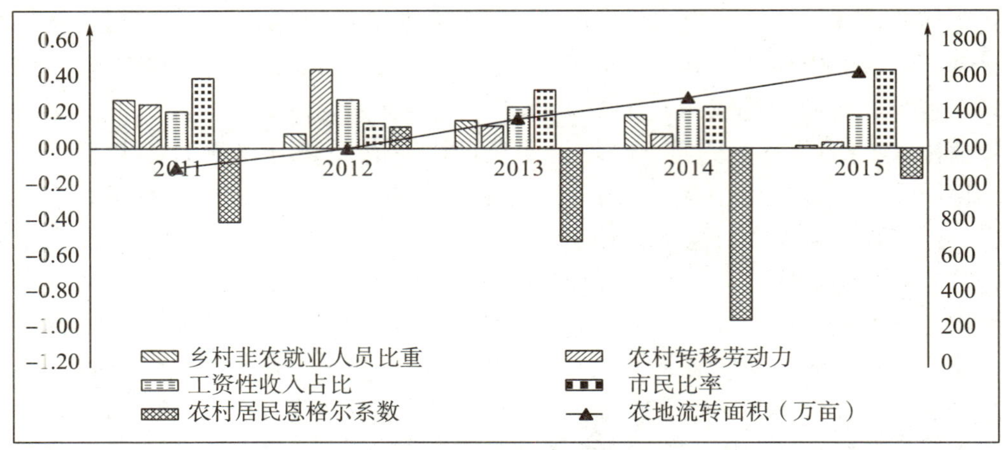

图4　四川省农地流转对农民转型效应的弹性影响

农地流转直接影响农民收入，同时，将改变农地资源配置与劳动力的投入方式，影响农业投资的增收效应，进而改变农民家庭经济收入方式，导致农民分层和分化，促成社会阶层结构变化和农村社会整合的新范式。从表4中可见，农地流转对“农民”转型的多维影响具体表现为：第一，农地流转与乡村非农化就业。农地流转助力乡村劳动力非农化就业，进而推动农村就业结构与经济结构转型。2010年以来，四川农地流转对乡村非农就业人员比重 Y_6 的弹性系数值均为正，但年度波动性较大。其原因在于：四川农村转移劳动力占据乡村非农就业的8成以上，随着经济下行压力的加大，农村转移劳动力数量增速逐年趋减，抑制了乡村非农就业人员比重的有效提升。第二，农地流转与农村转移劳动力。2010年以来，土地流转对农村转移劳动力数量 Y_7 的弹性系数值均为正，表明农村转移劳动力数量持续增长，但数值逐年递减的原因在于，四川农村在为城镇化发展不断提供劳动力资源的同时，全省农村劳动力开始逐渐步入“刘易斯拐点”，并引致劳动力价格攀升和农业生产成本上涨。第三，农地流转与农民收入结构。2010年以来，农地流转对农民工资性收入比重 Y_8 的弹性系数均为正，表明农地“三权”主体的分离能够助力农民从土地的束缚中解放出来，通过兼业行为提高家庭非农收入。但弹性系数值小于1且逐年递减表明，农民增收形势依然严峻：一方面随着土地产权制度改革的深化，农民对土地财产权预期提升，转出农地意愿有所下降；另一方面，经济进入新常态之后，城镇化对农村转移劳动力吸纳能力有限，难以实现进城务工劳动力及其家庭向城镇的完全转移，农民工资性收入增速下滑导致农户兼业化状态凝固，愈来愈表现为“人动地不动”的发展态势。第四，农地流转与农业人口市民化倾向。2010年以来，土地流转对农民市民化率和农民恩格尔系数均表现为正效应，特别是 Y_9 的弹性系数增势较明显，表明农地流转与农民市民化二者是农业现代化的共生过程。同时，农地流转所带来的收益有利于改善农民生活质量，促使农村居民恩格尔系数持续递减。但弹性系数值小于1的原因在于，在农村人口迁移和流动成为常态的背景下，农村转移人口仍然难以从根本上转变职业属性和角色，农民转型之路任重道远。

据此，可见伴随着农业转型升级必然推进农民转型。相比于2000年，2015年四川省农业劳动力的比重降低了18个百分点，仅为38.6%。但农业劳动力就业结构变动仍然长期滞后于产业结构变动。农村人口迁移和流动成为常态，社会流动机制助推了农村阶层分化和村庄精英外流，农民难以自主性选择。同时，在乡村稳态社会结构下，农民工很难从根本上改变职业属性和角色，很难实现真正意义上的农民转型。

3. 农业规模经营对农村转型效应评判

农地流转有利于加快培育新型农业经营主体，激发农业内生活力，推动诸如土地信托、土地托管、土地入股等农地经营新模式发展，在优化地方投融资环境的同时，对改善农村基础设施、农村消费环境、农民生活方式和促进城乡融合发展等方面具有积极作用。将农地流转对城乡收入差距、城镇化率和城乡恩格尔系数比三者的弹性系数来衡量2010—2015年农地流转发展对“农村”转型效应的影响，结果见表5、图5。

表5 四川省农地流转的农村转型效应的弹性计算结果（以2010年为基期）

年份	农地流转面积（万亩）	城镇化率	城乡居民可支配收入比	城乡居民消费支出比	二元对比系数
	X	Y_{11}	Y_{12}	Y_{13}	Y_{14}
2010	975.83	—	—	—	—
2011	1074.4	0.40654	−0.39078	−0.5429	0.19702
2012	1195.8	0.35967	−0.06062	−0.39267	0.15913
2013	1360.7	0.22823	−0.17504	−0.33668	−0.33997
2014	1482.3	0.34891	−0.14897	−0.32123	0.08056
2015	1619.9	0.32341	−0.12478	−0.30203	0.20864

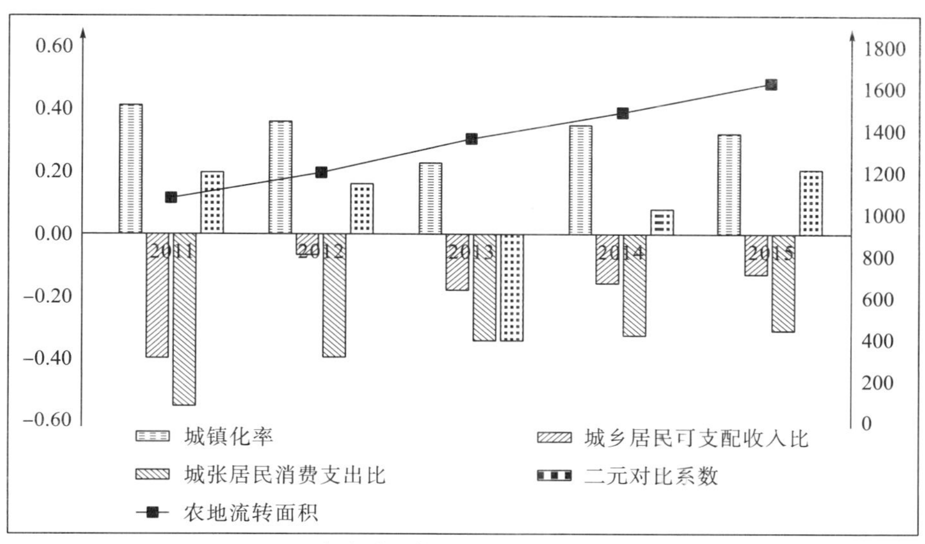

图5 四川省农地流转对农村转型效应的弹性影响

农地流转带来的产权结构和生产方式的改变必然带来深远的社会变革。从表5可以看出，农地流转对“农村”转型的多维影响具体表现为：第一，农地流转与城镇化进程。农地流转与城镇化进程关系密切，2010年以来，农地流转对城镇化率Y_{11}的弹性系数均为正，表明农地流转和农业剩余劳动力转移明显加速了四川省的城镇化进程。弹性系数值小于1，原因在于：四川农村剩余劳动力存量仍然较大，农村劳动力结构性失衡，土地城镇化明显快于人口城镇化，制约了劳动生产率的提升和产业结构的转型速度。第二，农地流转与城乡居民可支配收入比。2010年以来，农地流转对城乡居民可支配收入比Y_{12}的弹性系数均为负，说明农地流转一定程度上有利于缩小城乡居民收入差距。但弹性系数绝对值小于1，且趋于递减，表明四川农民增收面临着较为严峻的发展态势。一方面，受宏观经济形势影响，农民工资性和转移性收入增长均受到抑制；另一方面，城市工商资本大举进驻农业，容易造成与农民争利的局面，农民难以分享合理收益；还有，农地流转中的权力寻租问题仍然凸显，赋予农民长期而有保障的土地财产权依然困难重重。第三，农地流转与城乡居民消费支出比。2010年以来，农地流转对城乡居民消费支出比Y_{13}的弹性系数均为负且波动较为均衡，表明近年来农地流转对城乡居民消费差距的影响是正向的，农村居民消费水平和生活质量正逐步向城市居民趋近。第四，农地流转与二元对比系数。2010年以来，农地流转对二元对比系数Y_{14}的弹性系数基本为正，表明农地流转在助力农业规模化、集约化经营的同时，很大程度上解放了农村剩余劳动力，有效推动农村二、三产业和农村城镇化发展，对于统筹城乡发展具有积极效应。但弹性系数值小于1，原因在于：受农村地区融资难度大、人力资本匮乏、区位条件和经济基础较差等现实因素的影响，四川省城乡二元结构特征仍然较为固化。

据此，可见农地流转带来的规模经营在一定程度上改变了农村社会的基石，培育了农村的巨大消费需求，城乡居民收入与消费差距有缩小趋势，城乡一体化进程和农村转型加快推进。

总体而言，农业适度规模经营对调整农村产业结构、转移农村剩余劳动力、加快农业产业化进程、提高农业效益和农产品市场竞争力等发挥着重要作用，但在“三期叠加”期，农村现代化转型仍然存在诸多困难。

（二）四川省农业适度规模经营与新型经营体系构建的地方经验

新型农业经营主体是助推农业适度规模经营的重要力量，培育新型农业经营主体，要以集约化、组织化、社会化为目标，诱导企业家能力、资金、技术等生产要素集聚，改善农业经营规模经济性。

1. 四川省崇州市“农业共营制”模式

(1) 背景介绍

崇州市是四川省成都市的农业大县和粮食主产区，常住人口67万，其中农村劳动力36.95万人，外出务工人员占比高达73.4%，农村劳动力大规模流出，农村务农劳动力基本是60岁以上的“高龄农民”，农村“谁来务农”、农业“谁来经营”和“谁来服务”问题严峻。

（2）实践做法与成效

经过多年探索，崇州现已形成了以家庭承包为基础，以农户为核心主体，农业职业经理人、土地股份合作社、社会化服务组织等多元主体共同经营的新型农业经营模式，被称为“农业共营制”模式（如图6所示）。

①尊重农民意愿，建立土地股份合作社

按照农户入社自愿、退社自由、利益共享、风险共担的原则，引导农户以农村土地经营权作价量化入股，组建土地股份合作社。截至2016年5月底，崇州市土地股份合作社达246个，入社面积31.6万亩，占耕地面积的60.8%，入社农户达9.23万户，适度规模经营率接近70%。

②培育职业经理人，推动农业生产专业化

崇州市大力开展以农业职业经理人为重点的新型职业农民培育行动，并建立完善相关资格认证、政策扶持等制度，着力解决“谁来种地”和“科学种田”的问题。截至2015年年底，全市有新型职业农民6712人，其中农业职业经理人1887人。据地方统计，农业职业经理人经营的水稻种植平均每亩增产10%，生产资料投入与机耕机收成本下降15%。

③建立“一站式”服务超市，强化农业社会化服务

崇州市按照“政府引导、资源整合、市场参与、多元合作”原则，分片区建立农业服务超市，搭建农业技术咨询、农业劳务、全程机械化、农资配送、专业育秧（苗）、病虫防治、田间运输、粮食代烘代贮、“粮食银行”等一站式全程农业生产服务平台，实现适度规模经营对耕、种、管、收、卖等环节多样化服务需求与供给的对接。

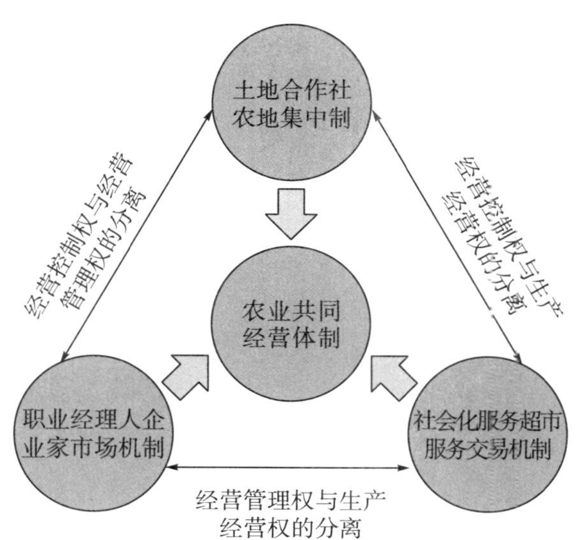

图6 四川省崇州市“农业共营制”模式机理图

（3）经验启示

①新型农业经营主体推进农业适度规模经营的重要性

崇州市“农业共营制”案例中，农业职业经理人和农业专业服务组织作为两类新型经营主体在推进农业适度规模经营发展进程中发挥了积极作用。前者有效改善了农业的知识分工与生产决策效率；后者促进了农业技术分工，带动产前与产后服务效率的明显提升。

②催生了农业适度规模经营的新路径

优化了农业资源配置，实现了现代物质技术装备、企业家能力等先进生产要素与经营方式的高效对接，突破了传统农业适度规模经营依靠扩大土地规模的单一性，进一步强调了农业企业家才能和农业社会化服务的重要性，增强了农业可持续发展能力。

2. 四川省蒲江县“工商资本＋商品契约”模式

（1）背景介绍

2013年3月，联想佳沃对中新公司进行全资收购，成立佳沃（成都）现代农业有限公司。通过引入更先进的技术、管理等生产要素，佳沃公司对原有猕猴桃种植方式进行更新调整，探索了工商资本进驻猕猴桃产业的发展新范式，促使猕猴桃种植标准化、规模化程度有效提升，产品质量安全实现了全程控制，参与合作的农户亩均增收达到20%～30%。

（2）实践做法与成效

联想佳沃采取多种经营模式，与家庭农场、专业大户、专业合作社等签订授权种植收购协议，并实施“6个统一”发展战略，即统一品牌授权、统一农事标准、统一农资农具供应、统一全程品管、统一报销和统一协助融资来实现全产业链控制和和植环节利益的共享（如图7所示）。

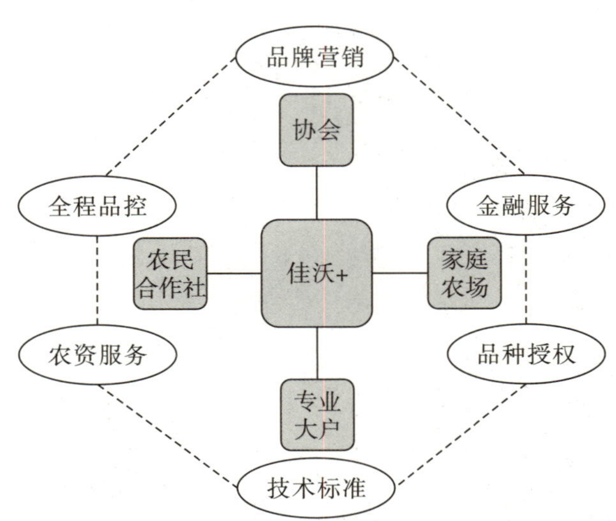

图7 佳沃公司“加盟型连锁种植”模式

①采取加盟型连锁模式，探索“龙头企业＋家庭农场/专业大户”新模式

佳沃与家庭农场、专业大户等签订授权种植收购协议，带动规模农户开展产业化经营模式。公司负责提供技术指导、实行品控监管、统一收购鲜果；规模农户自行流转土地并按操作规范进行种植。佳沃每月向农户提供农事管理技术方案，并要求农户如实记录农资等使用情况，据此追踪果品质量、推测果品产量。收获季，公司统一收购农残标准、果实外形、含糖量等方面合规的鲜果，有效确保产品品牌、品质、品种和品管的“四管统一”。

②组织散户抱团发展，探索“公司＋农民合作社＋小农”新模式

佳沃与农民合作社联合，采取承包、代种、统一服务等方式，合理有效地将散户土地集中起来，推进抱团式发展。对于积极转让土地承包权的农户优先雇佣让其进入成为工人。农民出让土地承包权，公司支付其保底地租，并以合同形式长期固定，农民还可以获取公司超产分成权益，意愿加入公司参与生产的农民可以获取季节性务工收入，从根本上解决了农民的后顾之忧。针对散户数量多、难以有效培训和监管的问题，公司对合作社的技术人员进行培训和指导，通过网格化督导管理方式，检查种植农户投入品的使用和记录情况，有效确保小农生产出的商品果品质。

③发挥工商资本的促进作用，引入现代农业生产模式

佳沃公司凭借雄厚的资本实力进入猕猴桃产业带来了先进的现代农业生产要素，引领农民转变传统种植方式，有效提升了产业整体素质和核心竞争力。一是示范带动，吸引农户参与猕猴桃标准化、产业化发展。二是培育质量意识。佳沃公司按照市场化运营模式，要求参与合作的农户等按照规定标准进行生产，并通过契约机制激励农户规范自身种植行为。三是控制自建基地规模，防止与民争利。联想自建基地从10000亩缩减至4000亩，集中力量打造精品示范园，既有利于降低经营成本、控制风险，方便管控与科技示范推广，又能避免大规模工商资本进驻农业挤占农民就业空间和抑制其他经营主体成长的现象。

（3）经验启示

蒲江猕猴桃产业要走上高端化路线，所需要的资金、技术及品牌等门槛较高，单靠农户分散生产经营能力是远远不够的，而佳沃公司利用其雄厚的工商资本在这些领域拥有更多可以移植的专业化知识、技术，投资规模化经营更具优势、更易成功；另外，佳沃公司通过与农户、家庭农场、合作社等抱团合作，大力推广标准化生产，有效提高了农产品产出率和品质安全，并利用其资金和技术优势，开拓农产品国内外市场，形成一套完善的市场运行机制，实现资本增值。

3. 四川省眉山市“土地信托”模式

（1）背景介绍

2015年，眉山市东坡区以“政府主导、农民自愿、市场运作、产业连片、规模发展、风险控制”的经营模式，成立国有独资的农村土地流转服务有限公司，开展农村土地“信托流转”模式，实现了当地农村土地规模化经营，培育壮大了“四

大新型经营主体”，参与信托流转的农民收入得到了显著提高，推动了当地农村经济发展，为农业适度规模经营发展提供了有价值的参考实例。

（2）实践做法与成效

第一，当地政府通过直接介入的方式成立国有独资的农村土地流转服务有限公司，即“土地信托公司”。第二，土地信托公司使用信托基金支付土地使用权转让费从委托方（农民）手中获取土地。第三，土地信托公司对受托土地进行整治。第四，土地信托公司通过招标、竞拍方式确定受让方（外来业主），获取土地信托收益。第五，土地信托公司将获取土地信托收益的一部分返还给土地流转信托资金，以循环使用。第六，土地信托公司依托其信托平台进行投融资。第七，土地信托收益分配，主要用于进一步壮大信托公司实力、建设农村公共服务设施和提高农民的社会保障能力。当然，这种模式也存在诸多反对声音，由于政府介入力度过强，利益寻租、政府信用持续性以及土地非粮化、非农化问题仍然难以有效规避。但考虑到目前我国还不具备具有专门技术、从事土地信托中介服务的相关非政府组织机构。因此，由政府牵头，设立具有公信力的“准土地信托中介公司”不乏是一种符合农村地区实际情况的选择（如图 8 所示）。

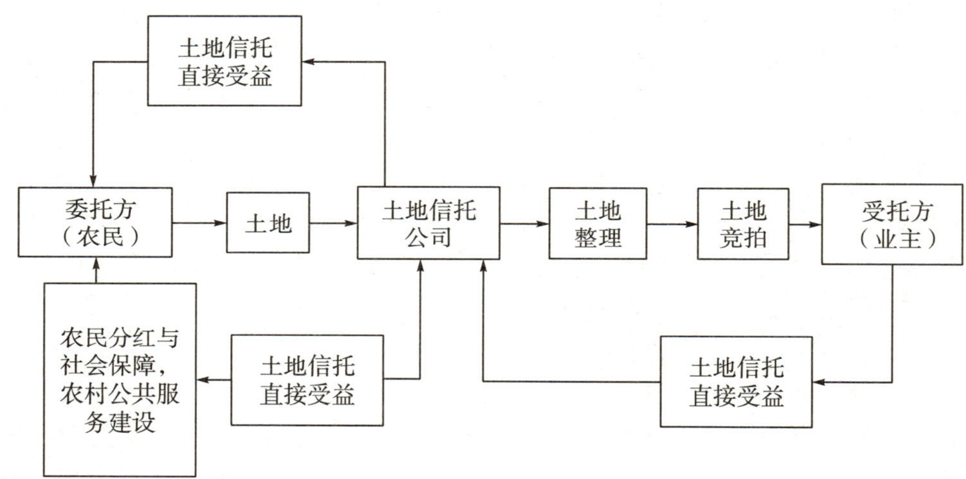

图 8　四川省眉山市土地信托流转运作流程图示

眉山市东坡区通过政府主导的土地信托流转模式，在破解土地流转困境方面成效显著：

①促进农业规模经营，提高了农业规模经济效益

土地信托流转后实现了土地的集中成片，通过引入大户和企业经营实现了农业生产的规模化、集约化。以眉山市东坡区为例，目前，东坡区农村土地流转存量面积达到 26 万亩，流转率达到 36%。全区还成立了农业产业和服务组织、农机租赁公司和劳动服务公司，为委托方和受托方提供社会化服务。

②促进农村剩余劳动力转移，切实增加农民收入

当地农民将土地流转后，不出远门在本乡镇专业大户、家庭农场等务工，既领取土地流转收益，又有务工报酬，有效解决了“谁来种地、怎么种地”等一系列问题。

③促进农业投入的增加，提高了农业综合生产能力

土地信托流转后，更有利于国有、企业、工商、银行、社会资本进入农业市场，进一步夯实农业基础。受托方可以摆脱土地流转期限短和融资难困境，在农村基础设施建设、农民社会保障方面发挥更大作用。

④培育了新型经营主体

土地信托流转的成功模式可以吸引在外经商的企业家、大学生返乡承包流转土地，加入农业规模经营创业行列，一些受托方还成立专业合作社、家庭农场，成为推动农业产业化的中坚力量。

4. 地方经验小结与启示

适度规模经营若能满足不同经营主体的发展诉求，其引导下的农业适度规模在产权细分角度、专业化分工角度、利益分配角度等方面均能表现出较为趋同的发展优势（如图 9 所示）。

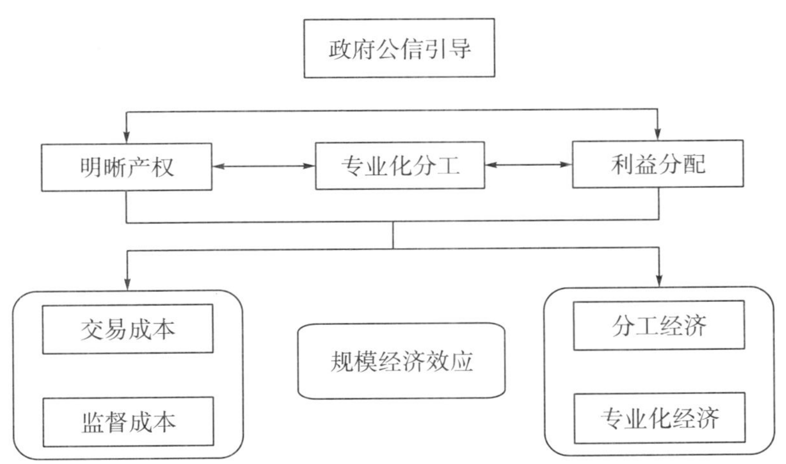

图 9　农业规模经营理论框架

（1）产权细分角度

不同的产权细分和交易方式对应不同的交易成本，由此将形成不同的市场交易规模和分工经济发展路径。在坚持土地集体所有制不得改变、农村土地承包经营权长久不变的原则下，唯一可以运作的只有农地经营权，因此通过农地经营权的产权细分，将“小而全”的农户纳入分工经济由此实现分工深化和报酬递增，是改善农

业经营规模、推进农业经营方式创新的重要方向。①

无论是崇州市农业经营主体的“共建共营”制度、蒲江县工商资本推动下的适度规模经营模式，还是眉山市东坡区的“土地信托”模式，均是在坚持农户主体地位、家庭承包权的基础上，盘活了土地经营权，并通过经营权的进一步细分与重新配置，形成合作社、农户、职业经理人、家庭农场、社会化服务组织等多元化主体共同经营的新型农业经营组织体系，实现了决策者、管理者、生产操作者的三重分离，将不同的权能匹配给具有比较优势的行为主体，有效解决了单个农户进入市场所面临的外生交易费用高、谈判能力弱等问题；同时有效确保了农户的主体地位，防止土地流转“非农化”或“非粮化”问题。

（2）专业分工角度

专业化分工促使不同组织之间的依赖关系实现迂回的经济效果。如崇州市职业经理人的发展促成代营外包模式（管理与知识交易），社会化服务超市促成了代耕外包（技术与劳务交易）模式，促进了农业分工与专业化。佳沃公司在与家庭农场、专业大户、合作社抱团发展的过程中，通过在每个村建立猕猴桃综合服务室、技物服务室，安排专员为农户提供生产技术、物资供应以及综合管理服务，有效推进了标准化管理、集约化经营，农产品质量安全得到进一步保障。眉山市东坡区利用地方政府信用担保这种公共资源，增强了农户参与土地流转的意愿，较好地解决了工商资本投资农业过程中土地细碎化及谈判成本、道德风险较大等问题，同时，土地信托经营机构可利用自身优势，以土地经营为平台，在农业生产与科学管理上有效整合资源，引入更多社会主体参与其中，有序推动了农业产业化分工和农村产业结构调整进程。

（3）利益分配角度

从微观层面而言，有效确保了各个参与主体的权益，并调动了各方的积极性。一是助推农民脱离小农经济局限，参与社会化分工，同时又能保证其经营决策的主体地位；二是职业经理人通过企业经营与规模经营，实现创业增收；三是社会化服务组织通过专业化与生产性服务外包，实现农业从土地规模经营向服务规模经营过渡。

---

① 胡新艳，朱文珏，罗必良. 产权细分、分工深化与农业服务规模经营［J］. 天津社会科学，2016（4）：93—98.

表 6　四川省农业适度规模经营发展模式比较

类型	主要特征	优势	劣势	适用区域	地方案例
土地集中型	以家庭为单位，从事独立的生产经营和结算，一般具有较为丰富的经验	有利于激励农户不断探索新的栽培技术，探索节约生产成本的耕作方法；有利于自愿学习最新的农业生产技术，不断加强对自己的人力资本投资；有利于农户采用农业机械生产作业，对农业生产的投资积极性较高	因产权和自然风险的影响，土地流转中各方关系较为复杂，农户和大户的权益难以得到全面保障	分户进行农业生产的比较效益低，规模化经营的效益空间较大，能够实现现代化或机械化的地区	眉山市“土地信托”模式 安岳县“土地再流转”制度①
统一服务型	依托社会化服务组织，实现农业生产经营某个或某些环节的规模化	降低土地耕种成本，农民外出务工实践增多，有利于增加农民收入	土地规模经营并未真正实现，土地集中开发受到限制	农业社会化服务体系较健全、政府引导监督机制较为完善的地区	崇州市“共营制”模式
合作型	农户之间形成了紧密的利益链条，有完善的制度体系和利益分配机制，既有专业种植经验丰富的社员，又有具备现代经营意识的社员	通过推行土地股份合作制实现农业生产联合组织，解决土地规模集中的难题；适当卷入外部分工和社会化服务，提升生产组织化和专业化水平；将农户及其他组织主体结合起来，增强抵御市场风险的能力	农户与委托方存在委托代理问题，农民权益无法有效保障；合作社资金短缺，融资渠道不畅，贷款利息过高；人才缺乏，尤其缺少农业技术方面的人才	有大户或经纪能人牵头，且相关产业形成了显著规模和良好的发展基础的地区	邛崃市“合作联社＋农业大户”经营模式②
企业型	凭借雄厚的资金实力、灵活的经营机制和科学的管理方式，通过市场机制实现种养规模化、标准化和产业化	具有较强的资金实力，有利于加大对农业的投入，便于公司积极投身于农业基础设施建设和农业机械设备的添置，加快了农业机械化进程；具有较高的科技优势，有利于农业结构调整和农业新产品应用，辐射带动周边乡镇农户增收	与所有农户达成流转协议实现土地成片经营较为困难；公司经营的市场风险和自然风险均存在	农业产业化发展基础较好的地区	蒲江县佳沃猕猴桃园

四、路径选择与政策建议

（一）路径选择

四川省区域间资源禀赋、经济条件、人力资本、技术水平等差异较大，迫切需要贴合省情、农情，因地制宜、因境施策，围绕“农业全产业链”整合构建现代化

① 安岳县“土地再流转”制度：柠檬种植业主首先通过与当地农户签订合同，以每亩 600 斤稻谷价格获取土地经营权；再以每亩 300 元价格将土地部分经营权再次流转给蔬菜种植户，或以每亩 100 元价格将土地部分经营权回转给农户；从柠檬业主手中承包土地的业主或农户可在柠檬树下种植蔬菜、毛豆等较为矮小且不影响柠檬树生长的作物，促使土地每个部分的经营权都能最大限度地利用，实现土地经营权流转效益最大化。

② 邛崃市“合作联社＋农业大户”模式：首先，引导农户以土地承包经营权入股，吸纳家庭农场、专业种植大户、专业种植合作社入社，形成集产、加、销集于一体的合作联社；其次，聘请懂技术、会经营的种田能手担任职业经理人，负责合作联社内的生产经营管理；再次，整合公益性农业服务资源和社会化农业服务资源，建立新型农业社会化服务体系，实现适度规模经营对耕、种、管、收、卖等环节多样化服务需求与供给的对接，即“农业专业合作联社＋职业经理人＋农业社会化服务”的“三位一体”经营模式。

生产、经营、服务体系，走“内生性”的适度规模经营发展路径。因此，建议如下：

1. 倡导多方参与，发展联盟型农业适度规模经营

首先，培育多种类型的新型经营主体。农业规模经营是针对农业生产经营主体而言的，是农业生产力的组织方式。要以集约化、组织化、社会化为目标，诱导企业家能力、资金、技术等生产要素集聚，改善农业经营规模的经济性。一是大力培育新型职业农民。注重内培与外引相结合，加大对从事农业生产农民的培训力度，激励吸引年轻劳动力、大中专毕业生、专业技术人才留在农村从事农业生产活动，改善农村的人力资本结构。二是引导新型农业经营主体递进式发展。通过强化政策扶持引导，建立新型农业经营主体分类信息库，推动有实力、有能力的专业大户、家庭农场向专业合作社和农业龙头企业发展。三是提升新型农业经营主体档次和水平。探索推行不同产业规模经营的准入制度，促进新型农业经营主体加强自身建设，做大做强。

其次，建立新型农业经营组织联盟。在推进农业多元化适度规模经营中，应充分发挥农户、专业大户、家庭农场、农民合作社和龙头企业的不同优势，提升整体农业经营业态。一是坚持家庭承包经营制度和培育新型农业经营主体并重，发挥农户的基础作用和新型经营主体的带动作用，形成多样性组织模式和利益联结机制。二是通过组建联合社或者兼并重组形式，引导合作社联盟合作，鼓励家庭农场、农民合作社等以土地经营权、产品、原料等多种形式参股农业龙头企业，鼓励发展以农业龙头企业为核心、联结其他新型农业经营主体的产业联合体。三是通过各类新型农业经营主体与涉农院校、科研院所联合，打造农业产业技术创新和增值提升战略联盟，提升规模经营层次。

2. 强化利益联结，发展股份型农业适度规模经营

一是创新土地入股形式。可以采用分户经营的方式实现企业入农民的“股”，即企业负担所有基础建设成本，例如，果蔬种植大棚、标准养殖圈舍等建设，统一提供生产资料、生产技术、销售平台等，由农民实行生产管理，对经营增产增收部分实行分红，超出部分企业与农户利益均分；亦可采用联产联营的方式实现农民入企业的“股”，即农户以土地入股建立土地股份合作社，促进农民联合形成利益共同体和命运共同体，参与全产业链利益分配；或农民以土地作价、企业以资金、科研单位以技术等参股联合建立股份合作或股份制企业，实行统一经营，所获收益按股分配，同时注重联产联营模式下的利益分配均衡问题。

二是鼓励集体资产和多种要素入股。创新集体资产管理方式，鼓励有条件的地区开展土地和集体资产股份制改革，探索“资源变股权、资金变股金、农民变股东”的发展模式，推动农村资产股份化、土地股权化，将农村集体建设用地、承包地和集体资产确权分股到户，通过成立社区股份合作公司或向新型农业经营主体招

标实现规模经营。此外，鼓励资金入股、技术入股、农用机械入股等多种形式的股份合作，引导财政投入到村的发展类资金转变为村集体和农户持有的股金，促进农民在保底收益的基础上获得股份分红。在利润分配上，坚持股权平等、同股同利，并根据盈利情况分配。

3. 壮大产业实力，发展融合型农业适度规模经营

一是引导规范工商资本入农。鼓励和引导工商资本进入农户家庭、农民合作社等农业生产和产业发展的薄弱环节，如发展良种种苗繁育、高标准设施农业、规模化养殖和开发农村“四荒”资源等适合企业化经营的种养业。同时，应在工商企业承包面积、经营能力、土地用途和风险防范等方面设定门槛，展开监督，规范工商资本入农行为。

二是加快促进农业产业融合。一是推动农业内部产业融合，如依靠“菜—果种植”“粮—经种植”“粮—渔复合”“果—牧结合”等，以及发展立体农业和循环农业等模式，避免单一农产品生产的周期性障碍和生产要素资源的闲置，走上生态高效适度规模经营之路。二是推动农业产业链上下游延伸，以农产品生产为依托，向农产品加工业、农村服务业以及乡村旅游业顺向融合；也可以依托农村加工业或服务业基础向农产品原料基地、农产品批发市场逆向融合，走高附加值的适度规模经营之路。三是推动农业与相关产业融合发展，以农工融合、农商融合和农旅融合渗透和交叉重组为路径，以产业范围拓展和产业功能转型为表征，不拘一格推动农业“六次产业化路径”，激发农业与农村发展新活力。

4. 鼓励因地制宜，积极推行差别化规模经营路径

成都平原地势平坦、土壤肥沃、经济发达、资本量充足，农户对土地和农业依赖性相对较弱，耕地流转意愿较强，在土地成本和人工成本增速较快的现实背景下，可推行资本或技术要素替代土地和劳动力的发展模式，逐步推广“家庭农场化”或“工厂化”农业适度规模经营模式，并创新发展专业化农业服务体系。推进集中成片的标准化、规模化农产品生产基地和农业园区建设，加快优质粮油、蔬菜、伏季水果、茶叶、猕猴桃、食用菌等优势特色产业和高端种业、设施农业发展，借助成都平原市场、科技、信息和资本优势，全面提升农业机械化、信息化、品牌化水平，走高端农业和农业高端之路。同时，积极推动一、二、三产业联动发展，促使农村剩余劳动力向二、三产业有效转移，进一步提升农民非农收入水平。

而对我省山地丘陵区而言，受土地分散、位置偏远、基础设施较差、交易成本高等条件限制，土地经营规模普遍偏小，耕地流转意愿相对较弱。因此，推动山地丘陵区农业适度规模经营，首先要积极开发适应其地形地貌特征的中小型、便携式农业机械，以及适合丘陵山区特色产业生产与加工的农业机械，加速提升丘陵山区农机化水平，同时大力推进农业生产服务的社会化、合作化和专业化，有序稳妥推行“小规模家庭农场”模式；对贫困山区而言，经济严重滞后，土地细碎化程度

高，可以继续保留其小规模分散经营模式，在确保农民基本生存需求的基础上，通过三产适度融合开发带动农业经营效益提升（如图 10 所示）。

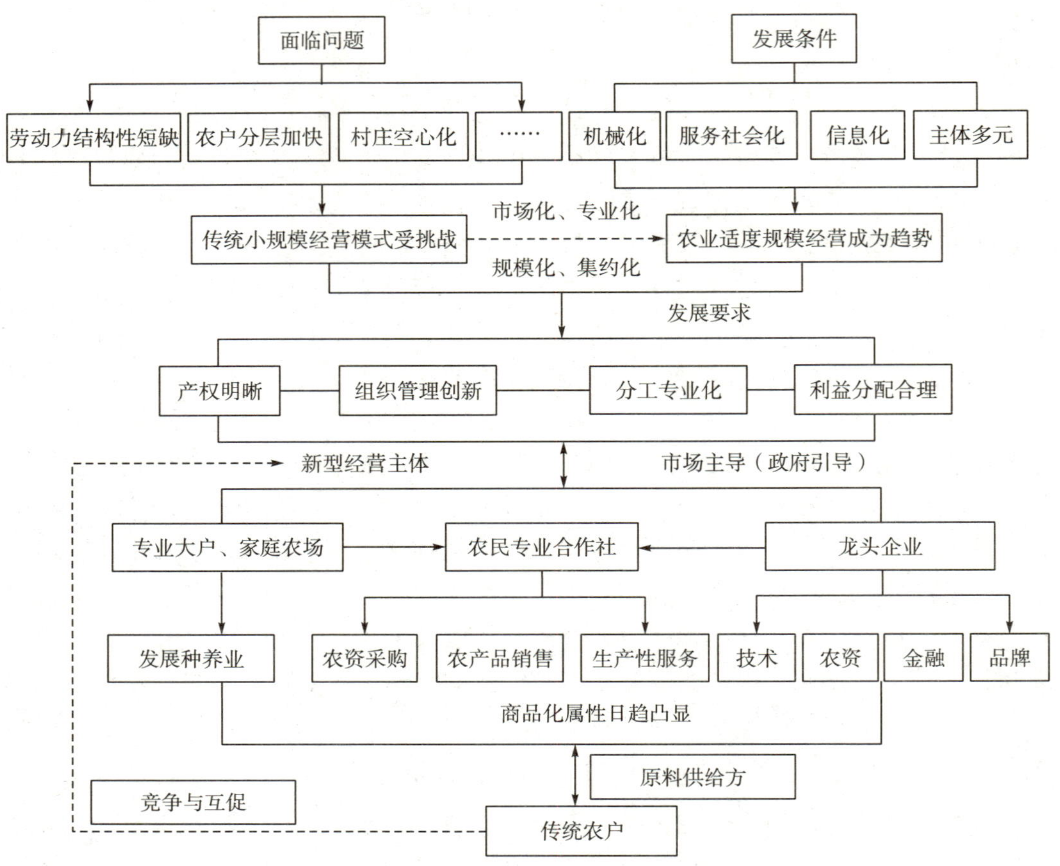

图 10　农业适度规模经营与新型经营体系构建框架图示

（二）政策建议

1. 农业适度规模经营要因时因地推行差别化模式

农业规模经营应因时因地，结合区域特征和农地流转主体意愿，从比较效益出发，推行差别化模式，提高规模经营效益。农地规模经营要根据不同地域、不同地形地貌特征、不同种养业特性、农村劳动力转移情况、农业机械化程度以及区位经济水平等，确定研究不同区域适度规模经营的适宜区间，重点支持在适度规模经营适宜区间的新型农业经营主体，坚决摒弃农业现代化基金主义“大农场”“大机械”“土地大流转”的认知误区。[①] 如在经济发达的成都平原地区，农地流转意愿较强且资本量充足，地方政府可以采取资本或技术替代劳动力模式，引导农户加入土地

① 赵颖文，吕火明. 农业现代化与城镇化关系的理论考察、现实困境及其原因探究［J］. 农村经济，2017（6）：109－115.

股份合作社、转包土地经营权等推行工厂化或农场化经营模式；在山丘区，土地细碎化程度较高，要积极开发小型便携式农机具，并配套提升社会化服务水平，缓步推行小规模家庭农场模式；而对贫困山区和少数民族地区而言，区位经济条件差、劳动力转移渠道不畅通，土地高度分散、农资明显匮乏，不适宜通过土地规模化经营来追求农业现代化，可以继续保留小规模农户分散经营模式，在确保满足贫困山区农民基本生存的理性需求的基础上，把握规模经营的适度性，逐渐挖掘农业增收潜能。

2. 农业适度规模经营要以确保粮食安全为基本前提

经济发展新常态下，土地流转规模在新型城镇化推动下将呈现出进一步扩张的态势，农业农村投资的巨大潜力将吸引工商资本大举介入“三农”领域，但由此引致的“非粮化”“非农化”现象加剧和农业生态环境破坏问题必须引起高度重视。特别是耕地“非粮化”会持续加大四川省作为粮食主产区保障粮食安全供给的压力。目前，四川在推进农地流转进程中，“非粮化”和“非农化”倾向明显，凡流转土地规模较大的经营主体，基本都有社会工商资本背景，表明实现保障粮食供给安全的公益目标难以寄托于强势资本经营主体，而传统家庭经营基础上发展起来的适度规模经营主体才是确保粮食安全的中坚力量，粮食规模经营支持政策应更多地倾向于“家庭经营＋适度规模”，而非大规模甚至超大规模的资本经营模式。[①] 因此，政府应着力加强对家庭农场、专业大户等能够保障粮食安全生产的适度规模经营主体的扶持，要在提高粮食种植收益上大做文章，如提高对种植粮食的经营主体的补贴和奖励，并在基础设施建设、金融信贷、农资供求、社会化服务、技术培训、市场信息等领域提供必要的扶持与优惠。同时，政府应结合市场情况，制定合理的粮食最低保护价，适度调控生产资料的市场价格，保障农民种粮收益，防止出现“谷贱伤农”的现象，不能让土地流转后继续种粮成为一句空话。

3. 农业适度规模经营要搞好农地流转配套改革措施

农地规模经营的根本出发点和落脚点是发展现代农业和促进农民增收。在推进农地流转进程中，政府须切实做好农业发展规划，引导土地流转和规模经营向优势产业集中的同时，兼顾好农户权益，解决好农民的出路问题，推动农村劳动力向城镇转移。在新型城镇化的带动引领下，政府要继续推动地区二、三产业发展，积极提升农村劳动力职业素质技能，引导农村剩余劳动力的非农化转移；同时，针对非农就业带来劳动力雇佣成本提升问题，一方面，政府要积极探索构建服务体系充足、供需匹配的新型农业社会化服务体系，推进农业分工深化，有效降低规模经营成本和拓展土地规模经营维度；另一方面，农地规模经营主体自身应充分利用其在资金获取和新技术应用方面的优势，推动农业生产和土地经营朝着土地和劳动集

① 尚旭东，朱守银．粮食安全保障背景的适度规模经营突破与回归［J］．改革，2017（2）：126－136.

约、资本和技术密集方向发展。[①] 此外，政府要进一步明晰土地所有权，丰富使用权内容，强化其收益权能和处分权能，让农民可以从土地承包经营权流转中获取合理收益。在确保农民合法权益的前提下，探索“市场引导流转、政府培育市场”的土地流转机制，支持创建农地流转交易平台，培育通过市场调节农地流转的长效机制。政府还要按照推进城乡基本公共服务一体化要求，加大农村社会保障投入力度，加快建立多层次、广覆盖的农村社保体系，逐步弱化土地福利与社保功能，解除土地转出者的后顾之忧。

4. 农业适度规模经营要支持“共享经营权+社会化服务”模式

共享土地经营权将产生巨大的农业生产性服务业市场，商机无限。一方面，从具体省情、农情出发，以新型主体带动农户共享土地经营权的规模经营形式具有广阔的发展前景，应当作为发展规模经营的重要途径予以大力倡导和支持。要认真总结全省各地实践经验，健全相关扶持政策。对采取购买服务等方式与新型主体共享土地经营权的承包农户给予相应的政策优惠；按新型经营主体通过共享土地经营权带动的农户数量、提供的服务规模给予相应的补贴；在农机购置、仓储设施建设等方面，对服务规模达到一定标准的新型经营主体给予更多的优惠措施。另一方面，从既解决农业问题又解决农民问题的长远目标着眼，应重点鼓励承包农户之间共享土地经营权。一方面是将要退出的大量兼业农户，一方面是专心务农的规模经营户，要鼓励和支持农机大户、家庭农场等规模经营农户通过提供服务、领办合作社等多种形式带动兼业农户，既满足老年农民的恋农情结，也在共享中逐步培育扎根农村、稳定可持续的新型经营主体。同时，鼓励供销合作、邮政储蓄等社会机构发挥组织资源、资金等方面的优势，为承包农户提供各类社会化服务。

5. 农业适度规模经营要注重把握好新型主体与传统农户的关系

发展规模经营离不开新型经营主体。培育新型农业经营主体，要坚持农村基本经营制度和家庭经营主体地位，以承包农户为基础，以家庭农场为核心，以农民合作社为骨干，以龙头企业为引领，以农业社会化服务组织为支撑，加强指导、规范、扶持、服务，推进农业生产要素向新型农业经营主体优化配置，创造新型农业经营主体发展的制度环境。

在壮大新型主体的同时，要把握好其与传统农户的关系。一方面，大量的传统农户会长期存在。不能因为强调发展新型农业经营主体，就试图将其完全取代传统农户，这是一个误区。此外，这些小规模农户存在先天不足，抗御自然风险和市场风险的能力较弱，而且在农业市场化程度日益加深、农业兼业化和农民老龄化趋势不断加快的过程中，传统农户的弱势和不足表现得更加明显。在支持新型农业经营

---

① 刘洪彬，董秀茹，钱凤魁，王秋兵. 东北三省农村土地规模经营研究［J］. 中国土地科学，2014，28（10）：12－19.

主体的同时，也要大力扶持传统农户，这不仅是发展农村经济、全面建成小康社会的需要，而且是稳定农村大局、加快构建和谐社会的需要。另一方面，新型主体和传统农户相辅相成。新型经营主体与传统农户不同，前考主要是商品化生产，后者主要是自给性生产。两者尽管有一定的竞争关系，但更有相互促进的关系。新型主体发展，尤其是龙头企业、合作社，可以为传统农户提供生产各环节的服务，推动传统农户生产方式的转变。与此同时，传统农户也可以为合作社、龙头企业提供原料，成为其第一车间。在发展中，特别是在扶持政策上，对传统农户和新型经营主体要同等重视，不可偏废。

（四川省统计局　四川省农业科学院）

农产品质量管理与品牌发展战略研究

从全国来看，虽然“整体平稳，持续向好”是中国农产品质量安全的总体特征，但是，一些农产品质量安全事件，如海南“毒豇豆”、双汇瘦肉精等，对农产品质量安全带来了巨大挑战。从我省来看，虽然2016年全省蔬果茶、肉蛋奶、蜂蜜、鱼等大宗农产品例行监测总体合格率达99.6％，快速抽检合格率达99.9％，而且截至2016年年底，四川认证登记“三品一标”农产品5467个，居西部第一、全国前列，培育了“天府龙芽”“四川泡菜”等省级区域品牌，但农产品质量安全形势依然严峻，必须引起高度重视：一是农产品生产环境出现了深刻的变化，耕地资源减少、质量下降，资源环境约束趋紧，而且化肥、农药、农膜等超出合理水平，对农产品质量安全水平的提高形成根源性制约。二是农产品消费需求结构快速转变，农产品消费结构从温饱型转向小康型，对农产品的品质要求和品种多元化需求不断提高。三是农产品供需矛盾出现本质变化，从供给不足走向结构性过剩，缺乏“有效供给”，粮食上形成的产量、进口量和库存量“三量齐增”怪象就是其生动和深刻的反映。因此，在农产品质量安全日益引起各方高度关注、加强农业供给侧结构性改革的背景下，当务之急就是减少“无效供给”，实现有质量的增长。可以说，提高农产品质量安全水平、塑造农产品品牌是推进农业供给侧结构性改革和现代农业建设的关键环节和重要任务。2017年中央一号文件明确提出“坚持质量兴农”，要求“全面提升农产品质量水平”，并“实施优势特色农业提质增效行动计划”和“推进区域农产品公用品牌建设”。四川省则在2017年一号文件第一部分就明确提出要加强农产品质量安全监管，培育“川”字号特色农产品品牌。这充分说明，四川农产品质量管理和品牌战略极为重要，是必须深入研究的紧迫任务和重点任务。

一、农产品质量管理和品牌发展战略的内在逻辑

农产品质量管理和品牌发展战略虽然属于不同的范畴，但二者息息相关、紧密相连。农产品质量管理是保障农产品品质、质量的重要手段，也是塑造农产品品牌的基础支撑，如果农产品没有较高的稳定质量，相应的品牌将成为“无源之水、无本之木”。在以品牌农业为着力点的现代农业发展时期，通过农业品牌化建设，推进农业结构调整，有利于促进农业规模化、标准化、产业化、市场化，有利于建立

农产品质量安全与信誉管理的载体和约束机制，有利于推动农业生产向优势区域集中和产业结构优化，最终促进农业竞争力的提高和升级转型。但是，如果缺乏品牌效应、优质难以实现优价，又将削弱农产品生产经营主体提高农产品质量的积极性和主动性。因此，农产品质量安全管理与品牌建设相互制约、相互促进。

（一）农产品质量管理是品牌塑造的基础支撑

品牌是产品质量、品质和特色的象征，是产品内在的价值的一种载体，这就决定了品牌必须有相应的质量作为支撑。首先，农产品质量是决定品牌价值的基础要素，虽然农产品品牌价值是产品独特性、体验感、竞争力和品牌策划、宣传、推广等多因素综合作用的结果，但其质量的高低是关键性影响因素。如果没有过硬的质量，将很难塑造出品牌。对于质量低劣的产品，即使暂时让消费者接受或者长期让低层次消费者接受，也不可能形成持续的品牌影响力和广泛的市场美誉度。其次，农产品质量管理是品牌塑造的基础支撑。农产品质量管理不仅具有提高质量水平的能力，更具有提高质量稳定性的功能，打造品牌难，守住品牌更难。如果缺乏有效的农产品质量管理，艰辛打造出来的品牌很可能因为一个农产品质量安全事件毁于一旦。

（二）农产品品牌塑造是强化质量管理的重要路径

我国经济已经进入新常态，农产品已经从供给不足走向了阶段性、结构性过剩，目前最大的问题是有效供给不足。相对而言，农产品的同质化特征较为明显，如果缺乏品牌，农产品就难以形成具有差异化的竞争优势。农产品品牌建设包含农产品质量管理的内在要求。目前政府主推的无公害、绿色、有机和农产品地理标准保护产品“三品一标”品牌体系均具有相应的质量执行标准和质量管理要求，“三品一标”创建活动在很大程度上推动着农产品质量水平的提高和管理能力的增强。农产品品牌价值实现是促进农产品质量管理的内在动力。强化农产品区域性公共品牌和企业、产品品牌建设有助于增强农产品市场竞争力和盈利能力，通过品牌塑造、品牌营销利用市场机制促进品牌价值实现，利用优质优价的内在驱动增强农产品质量管理的动力源和持续性。

（三）农产品质量管理和品牌发展战略能够形成良性循环

“三品一标”是联结农产品质量和品牌的有效载体，也是政府加强农产品质量管理的重要手段和创建区域性公共品牌的重要支撑。“三品一标”品牌认证登记的前提条件要求标准化、规模化生产和产业化经营，发展“三品一标”有助于提升农业标准化和规模化程度，推进了“公司＋基地”“合作社＋农户”等经营模式的完善和发展。通过抓标准、保质量、创品牌，“三品一标”产品可能表现出明显的市场优势和价格优势，从而带动农民增收。“三品一标”品牌的发展壮大有助于增强市场竞争力、扩大农产品销售，有助于提高农产品安全水平、降低消费风险，有助于有效规避农产品市场风险，增加农业企业盈利和农民收入，有助于推进农业现代化和产业化，走规模效益之路，有利于加快区域特色农产品开发、发展特色农业。因此，通过强化“三品一标”创建和管理工作，可以将农产品质量管理和品牌发展战略有机结合起来，形成优质助推优价、优价驱动优质的良性循环，从而构建起推动农业供给侧结构性改革的市场化良性循环机制。

二、四川农产品质量管理和品牌建设存在的不足

民以食为天，食以安为先，以质为本。可以说农产品安全是食品安全的基石，农产品质量安全水平与人民群众的身体健康乃至生命息息相关。虽然四川省在农产品质量管理和品牌建设方面取得了明显的成效，但是在农产品质量安全和品牌建设方面还存在以下不足：

（一）农产品质量安全管理水平较低

1. 监测覆盖面仍然较低

四川省面积48.41万平方千米，是全国农业大省，2016年粮食、油料、中药材和蔬菜播种面积分别为645.4万公顷、130.7万公顷、11.7万公顷和137.2万公顷，水产养殖面积为21.5万公顷，而在种植业产品中，粮食、油料、烟叶、蔬菜、茶叶、水果、中药材的产量分别达到3483.5万吨、313.6万吨、21.9万吨、4365.7万吨、26.4万吨、845.4万吨、45.9万吨，在畜产品中，全年肉猪、牛、羊和家禽出栏分别达到6925.4万头、305.2万头、1755.8万只和67776.9万只；水产品产量达到145.4万吨。但是，全省监测农产品共2.4万批次（个），快速抽检各类农产品452.91万批次，抽检各类农业投入品10743批次，因此，虽然监测总体合格率高，出现的问题绝对数小，但那仅是其中很小的一部分。

2. 监管协同度仍然较低

农产品质量安全监管涉及部门多、环节多，虽然近年来协同度趋于提高，但仍然较低，导致监管实效受到影响。从监管制度来看，《中华人民共和国食品安全法》《中华人民共和国农产品质量安全法》和部门、地方规章等法律法规之间还存在一些矛盾和空白的地方，制度之间不完全协同不利于严格监管；从监管机构来看，目前四川省级层面虽已全面整合农、畜、水产品监管资源，但全省还有84个县（市、区）未实施监管机构整合，52%已实施整合的县（市、区）中农畜水、畜水、农畜整合等多种方式并存，统筹管理难度极大，难以有效利用现有监管资源；从监管条件来看，不仅人员素质较低，尤其是乡、村两级监管人员学历相对较低，而且乡、村两级监管所需的设施设备、办公条件、交通工具等还很不完善，大量政府主导的检测机构只具备检测常规项目的能力，而农兽药残留、激素残留、放射性污染、重金属污染及转基因等与农产品质量安全密切相关的检测内容仍然缺乏足够的检测能力，不利于监管工作的开展。

3. 监管均衡性仍然较低

重点领域和重点环节有利于提高监管效率，但同时也容易形成监管“短板”，造成“木桶”效应，往往在监管薄弱的领域出现质量安全问题。一方面，区域不均衡，经济发达地区明显好于经济落后地区，领导重视的地区明显好于不重视的地区，如在监管人员上，成都市平均每个县（市、区）有监管人员 6.5 人，凉山州仅有 1.5 人，且越往基层监管力量越薄弱；在监管经费上，虽然成都、广元等少数地区每个县平均安排经费达到 218 万元和 126 万元，但大部分地区经费未纳入财政预算或预算金额少，凉山州每个县仅安排 5 万元，仅为成都的 2.2%，而且全省乡、村两级基本无专项经费，有经费的地区多在几千元的水平。另一方面，行业不均衡，除已实施机构整合的地区外，各地种植业监管机构相对完善，畜牧业监管机构主要挂靠在动物卫生监督机构，少有单独设立，渔业监管机构最弱，仅有 38%的县（市、区）和 2.4%的乡（镇）设立渔业监管机构；而且在人员配置上，畜牧业监管人员数量相对稳定，约占辖区范围监管人员总数的 50%以上，基本都是专职人员，种植业和渔业监管人员较少，平均每个机构不足 3 人，兼职比例高，队伍稳定性差。

4. 监管震慑力仍然较低

从统计数据看，“十二五”期间四川共查处农产品质量安全案件 8866 件，为农民挽回经济损失 2.12 亿元，2016 年查办案件 2245 起，挽回经济损失 4967 万元。虽然，对于食品安全问题要用“用最严谨的标准、最严格的监管、最严厉的处罚、最严肃的问责”，但相对而言，农产品质量安全监管执法力度较弱、处罚力度较低，对不安全的农产品质量安全行为震慑力不足，从农业部公布的农产品质量安全执法监管典型案例中可见一斑。其中，四川省梓潼县动物卫生监督机构查处康某屠宰、加工、贮藏病变猪（肉）案中，2016 年 7 月检查发现康某居住的院子中的冻库内存放有病变症状的猪肉和猪头 250 余千克，但仅给予罚款 9961 元、行政拘留五日的处罚。① 这主要是由于以下两方面原因造成的。主观方面，由于农产品质量安全执法实质上是“自己执自己的法”，而且出于保护地方产业、促进农民增收、维护社会稳定等多方面的考虑，地方监管机构面临隐瞒本地农产品质量安全问题并且“大事化小、小事化了”的内在要求，导致不愿执法、不敢执法，甚至对重金属超标、农残超标等农产品质量安全问题“绕道走”。客观方面，由于执法队伍和执法设备不足，尤其是面对分散小规模的小农生产经营格局，加上溯源体系不健全、市场准入制度不完善，使用投入违禁品、制假售假等违法行为被发现的概率低，而且处罚力度相对较低，因此缺乏强有力的威慑。

---

① 农业部新闻办公室．农业部公布农产品质量安全执法监管典型案例［EB/OL］．http://www.scagri.gov.cn/ywdt/hydt/201707/t20170703_514496.html.

5. 监管信任度仍然较低

虽然各级政府部门在努力通过改善产地环境、推进农业标准化、促进品牌建设提高农产品质量安全水平，并通过加强监测、强化专项整治、建设质量追溯体系等提高农产品质量监管水平，而且从统计、通报的数据来看，农产品质量呈稳中向好态势。但是，在消费者对农产品质量安全重视度快速提升、现代自媒体快速传播农产品质量安全事件的情况下，无论是农产品生产者还是消费者，对农产品质量安全的信任度不仅低，而且呈现出越来越不信任的态势，对生产者而言，即使自己的生产方式安全，但却可能因为自己无法发现的产地环境问题和假冒伪劣投入品而生产出不安全的农产品；对消费者而言，不知道自己吃的东西到底是不是安全的，尤其是非农产品质量安全部门首度曝光的农产品质量安全事件常常让消费者“心有余悸”，并对监管部门的监管产生质疑。所谓“信心比黄金更重要”“信任比黄金更珍贵”，公众对监管缺乏信任在某种程度上比农产品质量安全问题本身带来的挑战更严重。

（二）农产品品牌效应发挥不够

1. 品牌同质化现象突出

农产品品牌面临着塑造难度大、管理难度大的双重难度。农产品的同质性较强，品牌的专属性差，而且具有地域特征的农产品“三品一标”等品牌一般都属于“集体”属性，即在一村、一县或一个区域内为某个特色的产品使用，这就加大了品牌管理难度，如果管理不善或不严，就会毁坏整个产品的品牌形象，进而涉及整个区域，造成“倒牌”。此外，由于品牌之间的特色、差异不够鲜明，导致“川”字号的农产品品牌在市场上缺乏足够的影响力和品牌价值。

2. 品牌企业带动力不够强

虽然我省近些年新型农业经营主体不断涌现，大户、企业、家庭农场等已经层出不穷，但拥有知名品牌的企业却不多，为数不多的品牌企业也存在力量薄弱、带动能力不强的问题。以广元市为例，全市有 3 个驰名商标企业，分别是“欧阳晓玲”“宝珍”“邻水脐橙”，规模均不大，带动力有限。“欧阳晓玲”属于四川省欧阳农业集团公司，核心基地在华蓥市，主导产品是广安蜜梨，近年公司在广泛寻求扩张和合作上市。“宝珍”属于四川安泰茧丝绸集团公司，生产基地在武胜县，农业主导产品是丝绸，近年由于国际市场因素，丝绸制品价格走低，行情不好，企业农业板块扩张不快。“邻水脐橙”属于邻水县柑橘协会，邻水脐橙种植面积已达 24.5 万亩，产量达到 9.5 万吨，使用邻水脐橙名称的生产、经营主体偏多、规模偏小，但各企业、合作社以及各类经济组织、业主的品牌意识、统一标识意识有待提升，整体活力还需全面加强。

3. 品牌扶持服务力度不够大

全省通过国家商标战略实施示范城市建设行动，各级各部门以及农业企业的商标意识显著增强，各级各部门商标建设的服务意识得到提升。但据我们调查了解，一些地方基层党委、政府对发展品牌农业引领现代农业新跨越的作用认识不足，支持农业产业化发展、加强农产品品牌建设的主动性不足。特别是受传统农业生产经营和消费观念的影响，部分农产品生产经营者缺乏长远眼光，满足于小富即安，缺乏创建品牌的自觉性，与此同时，一些地方对品牌发展的扶持兑现不力，服务力度还须加强。

三、农产品质量管理和品牌建设的机遇和挑战

加强农产品质量管理和品牌建设势在必行，既要抓住当前的机遇，也要客观地审视面临的挑战。

（一）加强农产品质量管理和品牌建设面临着四大机遇

1. 农业供给侧结构性改革对农产品质量和品牌提出新要求

农业供给侧改革的首要任务就是要优化产业产品结构。当前，我国农业发展环境发生了重大变化，农业的主要矛盾已由总量不足转变为结构性矛盾，我国农业出现了供给与需求严重错位的现象，“中低端产品过剩，高精端产品缺乏”。发展“三品一标”就是在生产领域，从供给角度出发，加强优质供给，减少无效供给，提高农产品的质量和效益，促进农村经济持续健康发展。

2. 消费升级背景下对农产品的需求已从追求数量转为追求质量

当前我国已经进入质量兴农、品牌发展的新时代，四川省作为农业大省也在积极加快向现代农业发展的步伐。新形势下，农产品生产从单纯地追求数量转向追求质量，因此农产品质量安全的重要性越发凸显。同时，农产品品牌作为农产品质量最有力、最直接的表达，因此加快推进农产品品牌建设也必须提上议程。以品牌提升质量，以品牌引领消费，提高农业供给体系的质量和效益，将品牌资源优势转化为产业优势和市场优势，已成为开启四川向现代农业强省、品牌大省跨越的必然。

3. 政府监督职能的放大导致对农产品质量安全和品牌建设重视程度越来越高

各级政府对农产品质量安全的监管职能不断强化，健全农产品质量安全监管网络将成为未来农业管理部门监管工作的重点任务。农产品质量安全管理涉及农业、质监、工商、卫生、技术等诸多部门，在现有条块分割的管理体制下协调成本很高，工作效率有待提高。同时，政府也将加快农产品质量安全监管“最后一公里”建设，在对现有资源进行整合的基础上发动全社会的力量进行有效监督，积极探索将现有监管机构和监管人员延伸至村级的模式。例如，金堂县就通过“政府出台奖励扶持政策、企业自主择定执行标准、职能部门严格过程监管”三方面完善农业标准化实施制度，而且还首创性地以政府购买服务的方式，2016 年县级财政投入资

金431.2万元聘请91名农产品质量安全村级职业监管员，整体提升了全县农产品质量安全监管水平。目前，四川省正在积极探索和讨论“农产品质量安全村级职业监管员”，相信这将成为未来的必然趋势。

同时，政府也将在未来农产品品牌建设过程中起越来越重要的引导作用。四川省即将出台《关于加强农产品品牌建设的意见》（以下简称《意见》），提出了“十三五”时期加强四川省农产品品牌建设工作的指导思想、基本原则、主要目标、重点工作和保障措施等，为全省农产品品牌建设工作提供了指导性意见和政策支撑。为了配合《意见》的贯彻落实，四川省农业厅还将印发《四川省农产品品牌建设“五大工程”实施方案》，指导和组织农业部门大力实施好农产品品牌建设“孵化、提升、创新、整合、信息”工程，把意见精神贯彻落实到具体工程，落脚到具体工作。可以预见的是，未来农产品质量安全和品牌建设将成为四川省农业管理部门工作的重中之重。

4. “互联网+”催生的农产品流通新趋势加快了农产品品牌建设的要求

传统的农产品流通依靠产地、批发、销地批发市场、分销商再到终端用户，存在链路不畅通，需求不确定、价格波动对上游影响大、运输存储损耗率高的特点。当前“互联网+”与农产品流通相结合产生了“天猫、京东等综合性B2C平台以及沱沱工社为代表的垂直B2C平台”“以微信公众号、APP等模块的餐饮创业平台”“商超企业和社区服务店”“社区O2O农产品等新业态店铺”等新型农产品流通渠道。这些渠道的共同特点是通过互联网极大地扩大了终端消费群体的数量和空间范围，导致了消费过程信息不对称问题凸显，此时，品牌作为有效传递产品质量信息的媒介的作用愈发凸显。从管理的角度来看，对农产品网络营销的监管空白问题较为突出，四川省丰富的农产品资源更需要加强质量安全监管。从品牌的角度来看，只有通过强化品牌建设才能向消费者传递产品质量信息，将自身的产品与其他产品区分开来，从而凸显品牌产品的市场竞争力。

（二）加强农产品质量管理和品牌建设面临着四大挑战

1. 新型农业经营主体尚未成为农业生产主力

当前四川省虽鼓励新型农业经营主体发展适度规模经营，但尚未能有效扭转以单个农户传统碎片化生产经营为主体的格局，给政府部门进行农产品质量监管带来难度。由于农业目前仍然以分散的小规模经营为主，生产经营主体多、规模小，单个主体生产经营的品种多，而且主动接受监测、接受标准化生产的意愿较弱，导致标准化推广难度大，农产品质量安全难以得到有效保证。同时，由于新型农业经营主体规模不大，且发展快速，会出现监管标准缺失的情况，也给农产品质量监管带来一定难度。新型经营主体创新采用的一些生产技术和流程，虽然对周边农户增收有一定的带动效应，例如进行家禽生态散养和休闲观光农业经营等，但尚无标准可依，导致既难以实现有效的质量、品质把控，又难以通过科学快速推广复制。

2. 农业标准化生产水平低严重制约质量安全

现有标准主要集中在生产加工过程的产中环节，尚未对现代农业整个产业链产前和产后环节实现有效的全覆盖，特别是针对农产品后期的储存、运输、销售环节的标准比较少，难以适应现代农业发展的需要。同时存在总体标龄过长的问题，甚至出现技术指标落后于农业产业发展的情况。当前，我省新型经营主体发展很快，新产业新业态标准缺失问题比较突出，新型经营主体创新采用的一些生产技术和流程，虽然对周边农户增收有一定的带动效应，例如进行家禽生态散养和休闲观光农业经营等，但尚无标准可依，导致既难以实现有效的质量、品质把控，又难以通过科学快速推广复制。此外，农业生产经营主体看重农产品产量的传统思维模式未能彻底扭转，对农业标准意识淡薄的局面亟待转变，不可避免地阻碍了农业标准知识的普及，更谈不上全方位、主动性地应用标准。更为重要的是，相关部门对农业标准宣传推广创新不足，未能通过有效的途径和方式向广大农民普及。一方面，标准过多、过于烦琐导致标准在实施的过程中遇到不同程度的困难，存在“重制定轻实施”的现象。另一方面，政府主管部门的科普宣传和扶持力度有待加强和创新，从业者对相关知识、技术的接受进度缓慢，使得标准化工作缺乏有效的信息传递，加上一些培训的针对性不强，导致“想听的来不了，来了的不想听”。

3. 农产品品牌建设缺乏专业人才和专业营销能力

由于分散经营的农业体制，加上对品牌的重要性认识不足、创建品牌能力有限，导致农业品牌化严重滞后。一些产业化、规模化程度较高的生产主体尽管有塑造品牌的愿望，但往往缺少相关的知识和能力。只有请专业的团队进行品牌规划，研究差异化竞争战略，认真研究品牌特质，设计出专业的品牌形象，将农产品和地方文化进行完美结合才能达到良好的品牌传播效果。过去那种把农业当成“大老粗”的思维早就过时了，品牌农业一方面结合产品，一方面连接市场，品牌建设的复杂程度不亚于任何其他产品品类。品牌农业对专业性的要求，不仅源于越来越激烈的市场竞争，同样也来自各地对农业品牌建设的重视程度越来越高。只有专业，才能在众多同类农产品中脱颖而出，抓住消费者的眼球，将品牌的核心价值迅速传递给消费者。农业品牌大力发展面临着缺乏专业人才和专业营销能力的挑战。

4. 优质优价驱动的良性循环机制尚未完全形成

国外在培育农产品品牌时，严格按照全生产过程标准进行管控来保证农产品品质，从而打好品牌化的基础，提升品牌价值，促进农产品优质优价。虽然我省也在积极搭建各种宣传平台，推介品牌、宣传品牌，形成政府重视、企业主动推介、消费者认知等多方合力推进品牌建设，扩大品牌知名度和农产品占有份额，但是，由于品牌建设相对滞后，而且“三品一标”在一定程度上存在重认证轻管理现象，加上市场准入制度和质量追溯体系尚不完善，消费者既难以通过自身能力辨别农产品的优劣，又难以获得农产品生产经营过程的品控信息，因此导致认证管理公信力不足，农产品品牌的知名度和影响力相对较弱，虽然通过市场机制在一定程度上形成了优质优价驱动部分主体提高农产品质量、注重品牌建设的势头，但从总体来看，优质优价驱动农产品质量提升的良性循环尚未完全形成，对占绝大多数的分散小规模经营而言表现尤为突出。

四、四川农产品质量管理和品牌战略选择

在四川努力推进农业大省向农业强省跨越的过程中，尤其是在深入推进农业供给侧结构性改革的背景下，迫切需要牢牢抓住机遇、沉着应对挑战，充分发挥消费市场的驱动作用，有效提高四川农产品质量管理水平和品牌竞争力。为此，针对我省存在的不足，特提出以下几点建议。

（一）发挥农业标准化体系的规范作用

提高标准化生产水平是确保农产品质量、塑造农产品品牌的重要基础支撑，尤其是在农业供给侧结构性改革，保障“舌尖上的安全”及绿色发展的背景下，用标准来立规矩、树标杆显得尤为重要和迫切。

1. 加强标准制定、修订工作

一是完善农产品标准信息库，尤其是要加强对国际标准的研究，积极搜集与我省农产品生产密切相关的各类农业标准，便于借鉴采用，同时抓住我省各个区域的主导产业、主导产品，选准重点，构建产前、产中、产后全过程的标准体系，尤其是要加快健全规范的农产品质量安全控制标准体系。二是加强标准的修订工作，及时对不适宜的标准进行清理和修订完善，增强标准的指导性。三是以新产业新业态为重点加强标准制定工作，针对农业功能拓展和新领域标准缺失现象凸显的问题，加强标准制定工作，尤其是要大力发展农业服务业标准，如以农产品物流、生态休闲观光农业、农业信息服务、良种服务、农技服务等为主要内容的现代农业服务业标准。四是优化标准制定、修订机制，坚持以市场为向导，从实际需求出发，形成农业标准化制定多方参与的协同机制，把上级部门、专家等标准制定者的标准供给与基层部门、农业生产经营主体等标准推广与实施者的标准需求结合起来，尤其是要在标准制定中充分调研农业生产经营主体的标准需求情况和标准制定意见建议。

2. 优化标准推广应用体系

一是提高标准实用性，鼓励和指导龙头企业、合作社等新型农业经营主体根据自身需要，在政府强制性标准和推荐性标准基础上因地制宜地形成更具指导性和操作性的标准体系，改变“抽屉标准”的窘境。二是加强农业标准意识宣传普及，对农业标准的关键内容和重点环节进行梳理，让复杂的农业标准简单化、易记忆、好使用，尤其是对区域性特色优势产业的生产标准，要利用明白纸、顺口溜等多种形式让重要农业标准家喻户晓。三是优化培训机制，在全面加强农业标准推广应用的

基础上，将农业标准化生产理念和技术充分融合到新型职业农民培训、职业经理人培训等项目中，并将龙头企业、合作社、家庭农场和种养大户等作为推广农业标准化的重点，提高农业标准的知晓率和接受度。

3. 加强农业标准化示范

围绕区域优势农产品尤其是“三品一标”产品加强农业标准化基地建设，以点带面促进农业标准的应用。一是以优质高效为重点推进农作物生产标准化示范，加强种植模式标准、要素高度集聚、产业显著发展、示范作用明显的现代粮油、经济作物产业基地建设，完善集约化育苗、采后商品化处理、贮运保鲜等设施配套，集成推广标准化生产、病虫害绿色防控、配方施肥等关键技术。二是以适度规模畜禽养殖场建设为重点推进畜牧业标准化示范，积极发展“健康养殖＋沼气＋绿色种植”等农牧结合、生态循环的发展模式，推动标准化适度规模养殖成为全省现代畜牧生产的主导形式。三是以水产健康养殖示范场建设为重点推进水产标准化示范，加强水产健康养殖示范场、示范基地、休闲渔业示范基地建设，大力推广健康养殖技术、特色优势品种，尤其是要通过加快池塘标准化改造促进水产标准化生产。

（二）激发农业规模化经营的促进作用

以市场为导向的农产品质量水平提升和品牌创建更具内驱力和持续性，加上质量管控和品牌创建的规模效应，以龙头企业等新型农业经营主体为支撑的适度规模和规模化经营具有更强的质量管控及品牌塑造动力。发达国家的经验也表明，产业化龙头的促进作用十分值得重视。

1. 合作联动

一是充分发挥规模效应。由于短期内家庭联产承包责任制下分散的小规模经营仍占主体地位，对一家一户的分散经营开展农产品质量管理和品牌创建不仅难度极大，而且单位成本较高，不具有经济可行性。因此，要提高农业标准化水平和质量安全保障能力，必须提升农户的组织化程度，将专业合作社作为提升农户组织化程度的有效载体，把小农生产联合起来形成质量水平提升和品牌塑造的规模效应。二是充分发挥合作社的示范带动效应，要充分发挥合作社尤其是本土化合作社的纽带作用和扎根于广大农民群众的优势，促进周边农户通过标准化生产等提高农产品质量安全保障水平。三是充分发挥利益联结机制的驱动作用，利用合作社社员多、辐射面广的特征，通过保底收购、“六统一”等利益联结机制，形成组织化的农产品质量安全水平提升和品牌共塑、利益共享格局。

2. 园区推动

只有进行标准化生产，质量安全才能得到有效保障；只有具备一定规模，品牌效应才能充分显现。一方面是围绕优势农产品建园区，尤其是要围绕“三品一标”产品，突出重点产业，对有影响的主导产业、特色产业集中连片规模化推进，以标准园区建设为载体，使农业标准的推广与优质高效农产品基地、现代农业示范园区、高新技术园区建设紧密衔接，形成区域性品牌塑造的坚实产业基地支撑。另一方面是构建园区建设与质量管理相互促进的互动机制，在加强园区建设为强化质量管理提供基础条件的同时，通过质量管理进一步提高园区的经营管理水平，并利用园区的辐射带动作用促进农产品质量安全管控措施的落实。

3. 企业带动

其一是发挥企业的质量管理优势，农业龙头企业是制定企业标准和实施农业标准的重要主体，也是提高农产品质量并塑造农产品品牌的主力军，积极培育龙头企业实施农业标准化生产和加强农产品质量管控的自律性，尤其是要充分发挥大多数龙头企业覆盖农业生产、加工、营销等全产业链的优势，围绕培育农业支柱产业和特色产业等形成从产前到产中、产后的完整质量管控体系，建立多层次、广覆盖、重实效的推广实施网络，为品牌建设提供有效的支撑。其二是发挥企业的品牌塑造优势，要充分发挥龙头企业一头连着市场，一头连着生产基地和农户，抓住一个能够带动一大片的特征，鼓励和支持农业龙头企业实行标准化改造，开展质量认证体系建设，塑造农产品品牌，将其培育成为提高农产品质量管理能力并塑造农产品品牌的“领头雁”，增强带动能力。

（三）加强常态化监督管理的约束作用

加快建立完善的农产品监管体系，实现“从产地到餐桌”的全程专业化监控，而且要形成常态化的监督管理机制，有效提高监管的威慑力和实效性。

1. 提高监管广度

一是提高例行监测抽样比例，尤其是要针对特色优势产品和重点区域提高例行监测抽样，同时进一步加大快速检测的覆盖面。二是循序渐进地推进村级农产品质量安全协管员职业化，重点做好村级农产品质量安全监管、检测、植保、防疫、动物卫生协检工作，从而完善省、市、县、乡、村五级监管体系，真正打通农产品质量安全监管的“最后一公里”，推动质量安全监管体系实现有效全覆盖。三是建立多元化的农产品质量安全社会监督机制，鉴于多方参与机制是提升监管制度效率和有效性的重要途径，健全农产品质量安全信息发布系统，通过定时发布监测信息、执法信息等增强农产品质量安全监管的公开性和透明度，推动生产经营主体诚信自律和消费者监督。同时，充分发挥新闻媒体的舆论监督作用，并利用信息化手段建立监督信息共享平台，充分动员社会力量构建监督网络。

2. 提高监管深度

一方面双向延伸监管范围，探索将农产品质量溯源体系向重要投入品质量溯源和特色优势农产品加工产品质量溯源两头延伸，强化生产源头治理和全过程监管，不断拓展农产品质量安全监管的深度，让农产品质量更加可控。另一方面是提高监管能力，要抓好检测体系和监管体系建设，进一步完善检测标准，建成一批有专业技术、分工明确、具有区域特色的“双认证”检测机构，加强乡级检测机构和村级快速检测室的建设，提高检测能力，让监管有专业技术力量的支撑。同时，整合农、林、畜、水产品等监管资源，进一步增强监管能力。

3. 提高监管力度

一是加强农产品质量安全追溯体系建设，尤其是利用信息化手段，充分发挥“互联网+”的作用，实现农产品全程溯源。二是健全农产品质量安全风险管理体系，构建基于科学监测、评估、预警、处置的风险管理系统，建立目的明确、设计科学、执行有力的风险监测体系，针对农兽药残留、重金属以及环境污染物等开展全面监测和分析评估，并完善风险预警和召回机制，最大限度地防止不安全食品的扩散、流通和消费。三是加强联合执法，由农业与工商局、质监局、公安局等组建具有综合执法能力的联合执法机构，提高执法效率和执法力度，增强监管执法的震慑力。

（四）优化品牌化认证管理的驱动作用

农产品优质优价是促进农产品质量提升和品质优化的内在动力，关键是通过可信的传导机制将真实信息传递出来，而优化农产品品牌的认证和管理机制，则有利于增强品牌的社会公信力和市场认可度，从而形成优质实现优价、优价驱动优质的良性循环。

1. 加强品牌创建

一是加强标准认证服务。定期开展良好农业规范、“三品一标”、食品安全管理体系和食品安全体系规范等标准认证申报培训，为农业生产经营主体提供有针对性的申报辅导，促进标准化生产水平和质量管控水平不断提高。二是塑造区域性公用品牌，针对四川省丰富的农产品资源，围绕水果、蔬菜、茶叶、生猪、中药材等特色优势产业，持续做大做强“川”字号公用品牌，鼓励市县创建具有区域特色的公用品牌，尤其是通过创建国家农产品质量安全县（市），提高区域农产品质量安全整体水平。三是鼓励创建企业品牌和特色产品品牌，支持农业企业、专业合作社等农业生产经营主体争创中国驰名商标、中华老字号和省著名商标。

2. 加强品牌管理

一方面是加强证后管理，“三品一标”作为政府主导的安全优质农产品公共品牌，要转变“重认证、轻管理”的格局，通过加强证后管理推进农业标准化、提高农产品质量和品质，充分发挥其在指导生产规范、保障安全、满足消费等方面不可替代的作用，确保品牌的公信力。另一方面是完善公用品牌管理机制，健全区域公用品牌使用管理办法，对区域公用品牌实施统一的行业规范、技术标准、准入制度、宣传推介、外形包装和品牌保护，尤其是要对公用品牌进行届期续查、年度审查和动态抽查，形成能上能下、优胜劣汰的区域公用品牌动态管理机制。

3. 提升品牌价值

一是加强优质农产品市场培育。充分利用广播、电视、网络等各种新闻媒体，大力宣传农产品质量安全知识，教育和引导消费者树立质量安全意识和品牌意识，促进农产品质量安全水平提升与品牌营销、效益提升形成良性互动。二是加强品牌宣传推介。充分利用农博会、菜博会、茶博会、泡菜展销会和水果采摘节等节会加强全省品牌农产品宣传推介，组织优势农业企业及优质农产品参加国际国内农产品展销会，提高农产品品牌的知名度和影响力。三是加大产品市场营销力度，支持农业生产经营主体在大型超市、农贸市场等设立“三品一标”认证产品销售专柜，扩大认证产品的知名度与美誉度，同时构建“互联网＋”营销体系，拓展优质品牌农产品销售渠道，促进农产品实现优质优价。

（五）增强精准性支持政策的杠杆作用

鉴于农产品质量管理和品牌建设的正外部性和公共性，必须由政府对农产品质量管理和品牌建设给予更加精准的支持，不仅要落实政府属地责任、部门监管责任和生产主体责任，而且要尽可能发挥政策的杠杆作用，撬动更多的资源投入农产品质量水平提升和品牌建设。

1. 整合政府资源

首先是强化属地责任，要高度重视农产品质量安全和品牌建设工作，通过压实责任促进各级政府把农产品质量安全和品牌建设工作摆上议事日程，制定切实可行的发展规划和措施，并认真组织实施。其次加强部门联动，进一步梳理和明确部门职能职责，尤其是对属于空白和具有交叉的领域要进行明确和细化，建立部门间上下联动、左右互动、密切配合、齐抓共管的协调工作机制，探索形成集中监管职能、整合监管资源、建立贯穿全链条的协调型监管体制，这也是世界各国降低监管成本、提升监管效率的普遍做法。再者是加强项目资金整合。针对涉农项目多、单个项目支持额度小等问题，围绕农产品质量管理和品牌建设进行系统化的支持政策设计，既突出重点领域和环节，又形成整体性的支持体系，增强政策合力。

2. 撬动社会资源

其一是吸引科研机构和农林类高校积极投入研究，建立产学研一体化的标准体系、检验检测技术、质量管理体系、溯源体系等，努力解决现有技术、标准不能满足监管需要和部分脱离实际的双重问题。其二是扩大政府购买服务范围。在培育社会化服务机构的同时，将村级协管员管理、质量检测、品牌策划宣传等纳入政府购买服务范围，比如在检测方面，引入第三方检测机构为政府监管提供检测服务，弥补政府监管力量的不足，形成以政府监管为主并借助社会力量对农产品质量安全加以监管的共治模式。三是积极引导工商资本流向，通过强化农产品生产主体责任和公共品牌打造等，引导工商资本提高质量管理和品牌建设投入力度。

3. 激活内生动力

一方面是激活监管主体的内生动力，通过落实监管责任，加强目标考核和配套的奖惩力度，鼓励和支持地方政府创建农产品区域公用品牌，对于成功创建国家和省级农产品质量安全监管示范县（市）、农产品质量安全县（市）的给予项目和资金倾斜。另一方面是激活生产经营主体的内生动力，构建与农产品质量和品牌建设挂钩的农业生产经营主体支持政策体系，扭转以增产扩面为重点的政策支持导向，强化质量提升和品牌塑造导向，比如在省级龙头企业和示范社等评定中纳入标准化生产、质量管理和品牌塑造等因素，对农业生产经营主体开展绿色防控、有机肥替代化肥等质量自我提升行为加大补贴力度，在申请认证、品牌创建和宣传推荐等方面加大支持力度，促进农产品实现优质优价。

（四川省统计局　四川省社会科学院）

四川省粮食综合生产能力提升的扶持政策研究

民以食为天，粮食永远是人类生存与发展面临的首要问题。四川省是中国西南地区唯一的粮食主产省，对保障中国粮食安全起着不可替代的作用。然而，近年来四川省的粮食安全形势发生了根本性的逆转，粮食产不足需，结构性矛盾突出，水土与劳动力资源约束增强，每年需要大量外购才能满足居民生活和企业的用粮需求。四川省作为国家全面创新改革试验区和一个拥有8000多万人口的大省以及饲养和粮食加工大省，“十三五”乃至今后相当长时期，保障粮食安全、保持粮食市场稳定，将面临着更加复杂的形势和更加严峻的挑战。为了持续挖掘粮食生产潜力，再造四川粮食新一轮的增长势，从根本上保障四川省粮食安全，维护四川省经济社会发展大局，四川省政府发布了《四川省粮食生产能力提升工程建设规划纲要(2014—2020年)》(以下简称《纲要》)，提出到2020年四川省粮食综合生产能力达到800亿斤以上，并划定了90个重点县(市、区)为粮食生产能力布局规划核心区。自《纲要》实施以来，四川省粮食产量有所增长，但增幅不大，供需结构性矛盾仍然十分突出。

第一，随着工业化、城镇化进程的加快以及居民膳食结构的升级，耕地面积刚性减少，粮食消费量刚性增加，今后依靠扩大播种面积来增加粮食产量的可能性不大，必须依靠粮食生产条件的改善、科技进步和粮食生产技术推广服务体系的建立来提高粮食单产水平，进而提高四川省粮食综合生产能力。

第二，作为全国13个传统粮食主产区之一，四川省既是人口大省，又是粮食生产和消费大省。然而，近年来四川省的粮食生产格局已经发生了重大变化，粮食总产量从1996年以前的全国首位下降至2016年的第五位，并且从粮食剩余区变成了粮食短缺区；粮食单产水平自2006年以后已连续多年低于全国平均水平。2016年粮食贡献指数位列13个粮食主产区最末。在四川省粮食生产条件不断改善的前提下，单产水平不高体现了粮食生产基础设施的薄弱和科技支撑乏力。

第三，四川省是劳务输出大省，种粮队伍老龄化趋势明显且接受新技术的能力有限，致使四川省面临严峻的“谁来种地”困局；四川省人均耕地面积低于全国平均水平，土地流转和适度规模经营难度大；农村面源污染严重。要素投入和环境恶化已经成为粮食增产的硬约束。

第四，近年来四川省粮食失衡特征十分明显，主要表现为粮食产不足需和结构性失衡。虽然2007—2013年四川省实现了粮食“七连增”，但增速低于全国平均水平，2014 年粮食总产量较 2013 年减少 0.4%。2014 年至 2016 年虽略有增长，但幅度不大。随着饲料与工业用粮的大幅度增长，玉米的缺口较大，每年需要大量外调。

基于以上现实问题，加快粮食供给侧结构性改革，进一步提升粮食综合生产能力，再造四川省新一轮粮食增长势，是满足居民消费结构升级和保障粮食安全的必然要求，也是落实经济稳中求进总基调的基础性工作。

一、四川省粮食生产的现状及特征

粮食综合生产能力是一定时期、一定地区在一定社会经济技术和正常气候状况下，通过各种生产要素的综合投入、有机组合及相互作用所形成的，能够相对稳定地实现一定产量的粮食产出能力。粮食综合生产能力是粮食生产的潜在能力，而不是实际产量，但粮食的实际产量能在一定程度上反映粮食综合生产的高低。

（一）粮食总产量变化情况

2000—2016 年，四川省粮食产量总体呈增长态势，但增长缓慢。这 16 年间的粮食产量变化大致可分为两个阶段（如图 1 所示）。

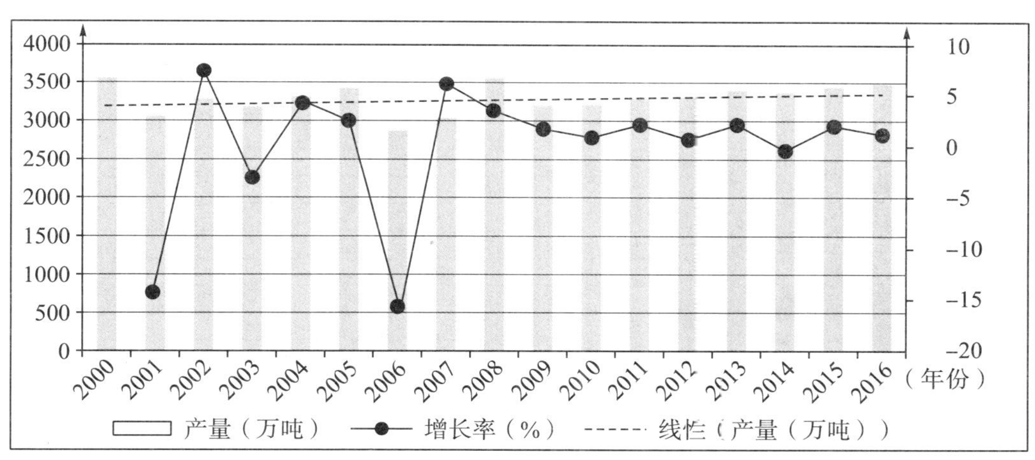

图 1　2000—2016 年四川省粮食产量变化及趋势

数据来源：2000—2015 年数据来源于历年《四川统计年鉴》，2016 年数据来源于国家统计局《关于 2016 年粮食产量的公告》。

第一阶段（2000—2006 年）：粮食产量大幅波动。2000 年，粮食产量为 3568.5 万吨，2006 年下降到 2859.8 万吨，跌破了 3000 万吨关口，减产 19.86%。这一时期粮食产量的波动基本上是粮食播种面积和单产的波动共同造成的，当然，2001 年和 2006 年历史罕见的严重旱灾对粮食产量也造成了严重影响。2000 年粮食播种面积为 685.4 万公顷，2006 年减少到 644.9 万公顷，减幅为 5.9%；粮食单产由 2000 年的 5206.4 千克/公顷减少到 2006 年的 4434.6 千克/公顷，减少 14.8%。

分品种看，稻谷始终是四川省第一大粮食作物，产量远高于其他粮食品种，在粮食总产量中的占比在40%以上（如图2、图3所示）。2000—2006年，减产最多的是稻谷，减产占粮食总量的50%，但由于基数大，减幅为20.99%，仅次于小麦；小麦、玉米、豆类、薯类减幅分别为30.54%、10.53%、6.65%和16.18%（见表1）。

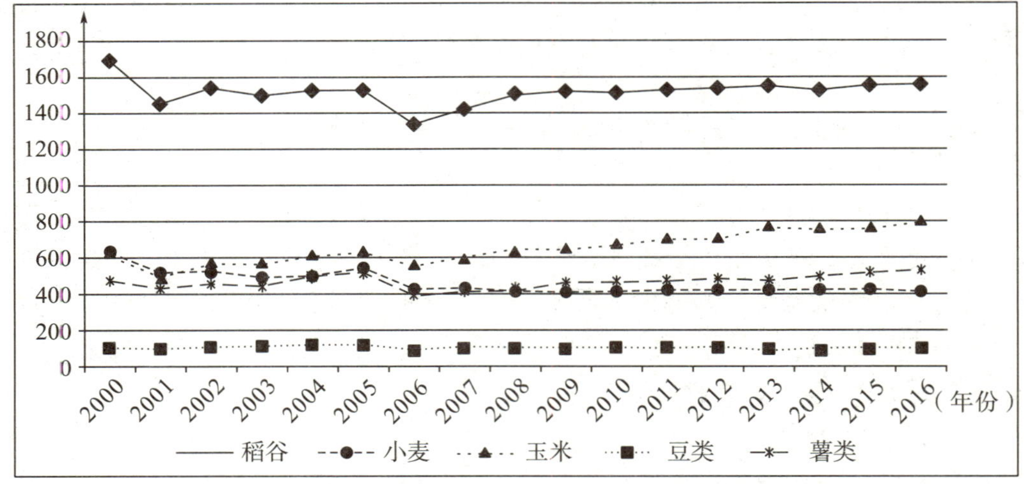

图2　2000—2016年四川省粮食产量品种结构的变化

数据来源：2000—2015年数据来源于历年《四川统计年鉴》，2016年数据来源于国家统计局《关于2016年粮食产量的公告》。

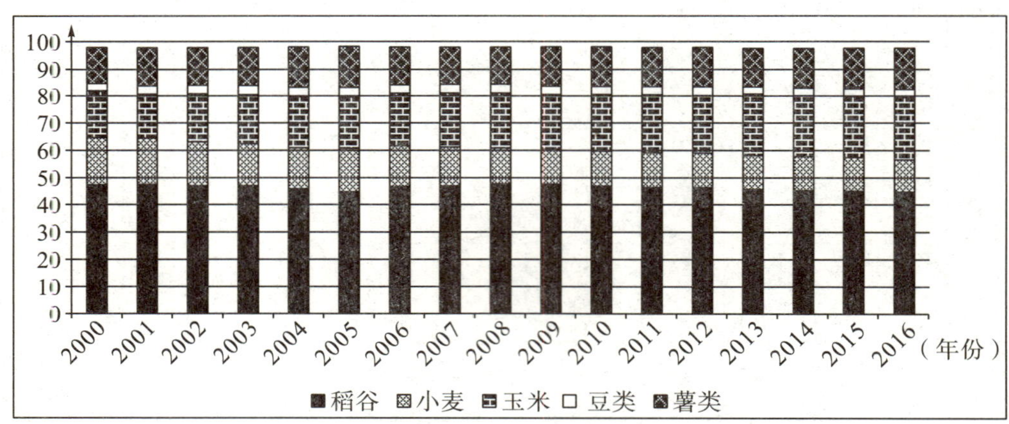

图3　2000—2016年四川省主要粮食品种占粮食产量比重的变化

数据来源：2000—2015年数据来源于历年《四川统计年鉴》，2016年数据来源于国家统计局《关于2016年粮食产量的公告》。

表 1　不同阶段四川省粮食增（减）产的品种构成

时期	粮食		稻谷		小麦		玉米		豆类		薯类	
	增(减)产（万吨）	增(减)幅（%）	增(减)产（万吨）	增(减)幅（%）	增(减)产（万吨）	增(减)幅（%）	增(减)产（万吨）	增(减)幅（%）	增(减)产（万吨）	增(减)幅（%）	增(减)产（万吨）	增(减)幅（%）
2000—2006 年	−708.7	−19.86	−355.3	−20.99	−187.6	−30.54	−64.9	−10.53	−6.4	−6.56	−76.7	−16.18
2006—2016 年	623.7	21.81	221.0	16.53	−13.3	−3.12	241.5	43.77	14.2	15.54	134.0	33.73
2000—2016 年	−85.0	−2.38	−134.3	−7.94	−200.9	−32.70	176.6	28.64	7.8	7.96	57.3	12.09

数据来源：根据四川省历年粮食及各品种产量计算。

第二阶段（2006—2016 年）：粮食产量稳定增长（2014 年略有下降），除小麦减产外，其他粮食品种同步增产。这一时期播种面积变化不大，单产水平的提高对粮食增产起到了极大的促进作用。粮食产量从 2006 年的 2859.8 万吨增加到 2016 年的 3483.5 万吨，增产 21.8%；粮食播种面积从 644.9 万公顷增加到 645.4 万公顷，仅增加 0.07%；粮食单产从 4434.6 千克/公顷增加到 5397.5 千克/公顷，增加 21.7%。

分品种看，玉米成为推动粮食增产的主要力量，并稳定成为四川省第二大粮食作物。10 年间，玉米增产 241.5 万吨，增幅为 43.77%，对粮食增产的贡献达到 38.7%；稻谷增产 221 万吨，增幅 16.53%，对粮食增产的贡献为 35.4%；薯类增产 134 万吨，增幅 33.73%，对粮食增产的贡献为 21.5%；豆类增产 14.2 万吨，增幅 15.54%，对粮食增产的贡献为 2.3%；小麦减产 13.3 万吨，减幅 3.12%（见表 1）。

总体来看，2000—2016 年的 16 年间，四川省粮食产量虽然呈现增长态势，但是占全国粮食产量的比重从 7.72%下降到 5.65%（如图 4 所示），位次也从全国第二位下降到第五位。[①] 但是，2016 年四川省粮食产量仍然没有回归到 2000 年的产量水平，共减产 85 万吨，减幅为 2.38%。玉米增产明显，主要得益于播种面积的扩大和单产水平的提高，16 年间共增产 176.6 万吨，增幅为 28.64%，年均增长 1.8%；薯类和豆类也有一定程度增长；小麦和稻谷减产，其中小麦减产最大，为 200.9 万吨，减幅 32.7%；稻谷减产 134.3 万吨，减幅 7.94%。回顾 2006 年的产量 2859.8 万吨，为 16 年间最低。在粮食播种面积略有减少[②]、粮食价格上涨[③]的

① 2000 年山东省粮食产量为 3837.7 万吨，排全国第一位，四川省粮食产量为 3372 万吨，排第二位；2016 年黑龙江、河南、山东、吉林、四川粮食产量分列全国前五位。

② 2006 年粮食播种面积比 2005 年减少 5.3 万公顷，减少 0.08%。

③ 2006 年稻谷、小麦、玉米三种粮食每 50 千克主产品平均出售价格比 2005 年上涨 4.63 元，涨幅 6.87%。见《2007 年全国农产品成本收益资料汇编》。

前提下，粮食总产量比 2005 年减少 16.1%、单产减少 15.4%，如果说特大干旱是导致 2006 年粮食减产的原因[①]，那么之后几年如果无自然灾害[②]的情况下粮食产量应很快回归到 2005 年的水平，但是一直到 2015 年才得以回归，那么 2006 年的大幅度减产并非仅仅是自然灾害的原因，一定还有其他因素的影响，至于到底是什么因素？有待于进一步深入研究。

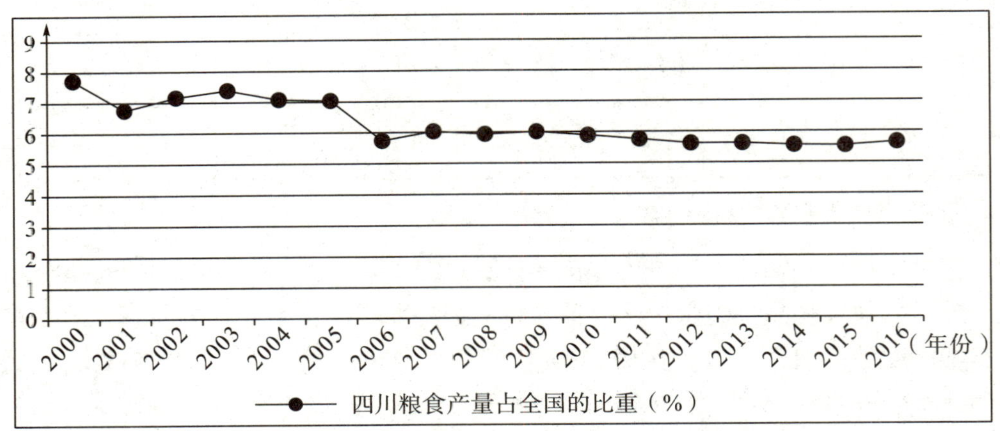

图 4　2000—2016 年四川省粮食产量占全国的比重

数据来源：2000—2015 年数据来源于历年《四川统计年鉴》和《中国统计年鉴》，2016 年数据来源于国家统计局《关于 2016 年粮食产量的公告》。

（二）粮食单产变化情况

与粮食总产量的变化趋势相同，2000—2016 年，粮食单产的变化也可分为两个阶段。第一阶段为 2000—2006 年，除 2001 年和 2006 年粮食单产有较大幅度下降外，其余年份粮食单产缓慢增长，但增幅不大。2006 年粮食单产比 2000 年减少 488.39 千克/公顷，减幅为 9.38%。这一时期粮食单产增长率大幅波动，上下震荡幅度甚至超过 20%；第二阶段为 2006—2016 年，粮食单产基本上呈缓慢且稳定上升态势（2007 年和 2014 年略有减产）。2016 年粮食单产比 2006 年增加 679.44 千克/公顷，增幅为 14.4%，年均增长 1.35%。粮食单产增长率小幅波动，但波动幅度已明显收窄（如图 5 所示）。16 年间，有 11 年粮食单产增长，5 年减产，增产与减产的年份分别占整个时期的 68.8%和 31.3%。

---

① 2006 年受灾面积和成灾面积分别为 156.6 万公顷和 21.6 万公顷，分别为 2005 年的 53.2%和 18%。

② 实际上 2008 年汶川特大地震当年四川省粮食总产与单产仍然比上年增长 3.7%和 4.0%，2013 年芦山地震当年四川省粮食总产与单产仍然比上年增长 2.2%和 2.1%。

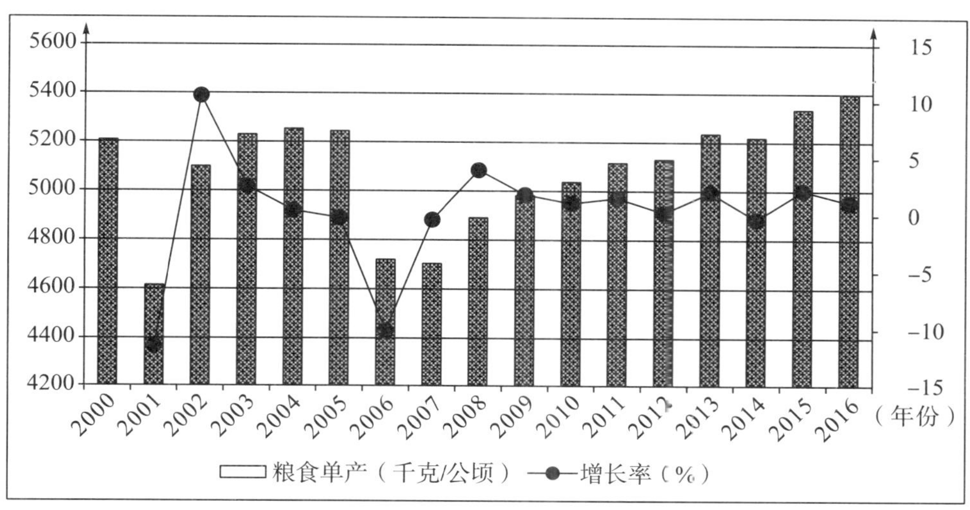

图 5　2000—2016 年四川省粮食单产及增长率变动趋势

数据来源：2000—2015 年数据来源于历年《四川统计年鉴》，2016 年数据来源于国家统计局《关于 2016 年粮食产量的公告》。

2006 年以前，四川省粮食单产一直高于全国平均水平，但 2006 年以后，除 2009 年和 2010 年外，其余年份均低于全国平均水平（如图 6 所示）。一方面说明四川省粮食生产能力还没有从灾后重建中完全恢复过来，另一方面说明四川省粮食生产仍然有较大的增产潜力。

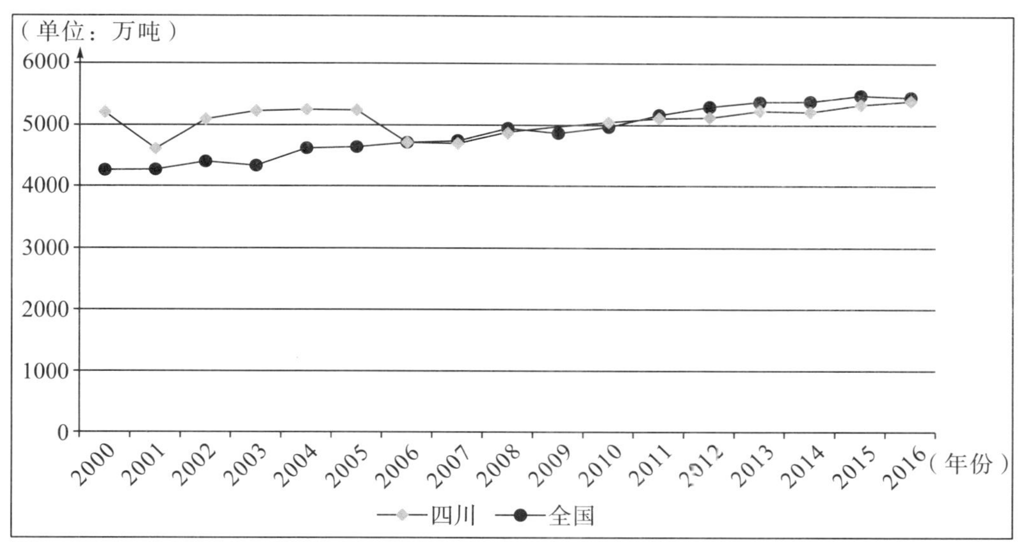

图 6　2000—2016 年四川省粮食单产与全国平均水平的比较

数据来源：2000—2015 年数据来源于历年《四川统计年鉴》和《中国统计年鉴》，2016 年数据来源于国家统计局《关于 2016 年粮食产量的公告》。

分品种看，玉米成为四川省粮食单产水平提高的重要推动力量，2000—2016

年，玉米单产增加 677.1 千克/公顷，增幅 13.56%；薯类单产增加 210.9 千克/公顷，增幅 5.37%；稻谷、小麦、豆类减产，减幅分别为 3.61%、0.73%和 7.79%（见表 2、图 7）。

表 2　不同阶段四川省粮食单产增（减）产的品种构成

时期	粮食		稻谷		小麦		玉米		豆类		薯类	
	增(减)产（千克/公顷）	增(减)幅（%）	增(减)产（千克/公顷）	增(减)幅（%）	增(减)产（千克/公顷）	增(减)幅（%）	增(减)产（千克/公顷）	增(减)幅（%）	增(减)产（千克/公顷）	增(减)幅（%）	增(减)产（千克/公顷）	增(减)幅（%）
2000—2006 年	−771.8	−14.80	−1442.80	−18.10	−371.2	−9.70	−715.4	−14.33	−174.8	−7.94	−721.2	−18.37
2006—2016 年	962.9	21.70	1304.5	19.99	343.4	9.94	1392.5	32.56	3.3	0.16	932.1	29.09
2000—2016 年	191.1	3.67	−138.3	−3.61	−27.8	−0.73	677.1	13.56	−171.5	−7.79	210.9	5.37

数据来源：根据四川省历年粮食及各品种单产计算。

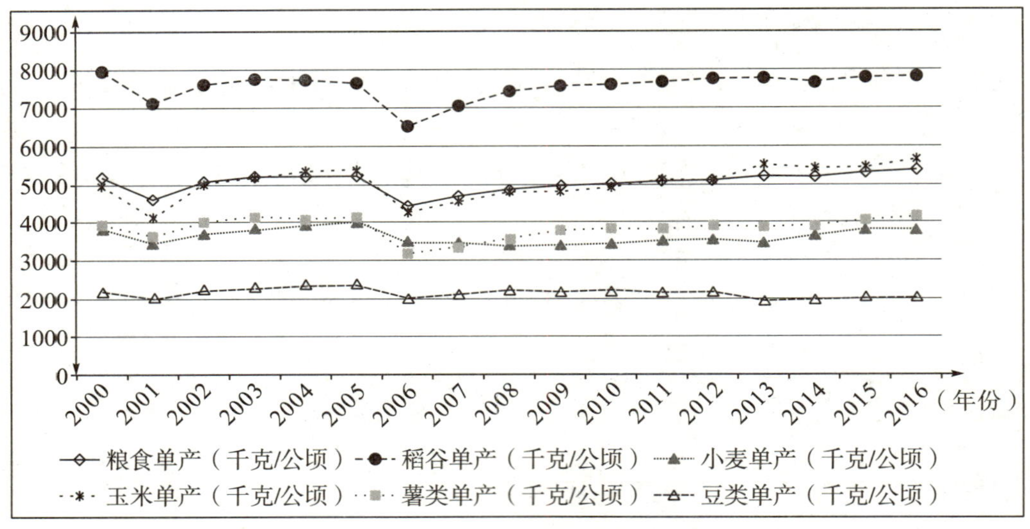

图 7　2000—2016 年四川省主要粮食品种单产变化

数据来源：2000—2015 年数据根据历年《四川统计年鉴》粮食总产量和粮食播种面积计算，2016 年数据根据国家统计局《关于 2016 年粮食产量的公告》数据计算。

综合分析，四川省粮食产量的变化主要表现出如下特点：①单产水平的提高已经成为支撑四川省粮食增产的主要因素。2000—2016 年，四川省粮食共减产 85 万吨，其中播种面积减少的作用为−245.4%；单产增加的贡献为 154.2%（见表 3）。②化肥施用量和其他物质投入的增加，对单产水平的提高发挥了重要作用。通常化肥施用量越多，单位面积产量就越高（见表 4）。③尽管玉米已经超过稻谷成为支撑四川省粮食增产的主要品种，但相对于其他品种，由于稻谷产量的基数大，单产水平也远高于其他品种，因此稻谷却更可能成为导致粮食减产的主要品种。④粮食增产已经越来越多地取决于科技进步和基础设施建设。⑤经营效益和比较利益对粮食生产投入或粮食增产的决定作用已经显著增强。

表 3　2000—2016 年四川省粮食产量、播种面积和单产的变化

时期	年末实有耕地面积		粮食播种面积		粮食单产		粮食产量	
	增长量（万公顷）	增长率（%）	增长量（万公顷）	增长率（%）	增长量（千克/公顷）	增长率（%）	增长量（万吨）	增长率（%）
2000—2006 年	−48.76	−7.58	−40.5	−5.91	−771.8	−14.80	−708.7	−19.86
2006—2016 年	78.83	13.26	0.5	0.08	962.9	21.70	623.7	21.81
2000—2016 年	30.07	4.67	−40	−5.84	191.1	3.67	−85	−2.38

数据来源：根据四川省历年粮食产量、播种面积和粮食单产数据计算。

表 4　2000—2015 年四川省化肥施用量、农机动力、有效灌溉面积和农村用电量

时期	化肥施用量（万吨）		农业机械总动力（万千瓦）		有效灌溉面积（万公顷）		农村用电量（亿千瓦时）	
	增长量	增长率（%）	增长量	增长率（%）	增长量	增长率（%）	增长量	增长率（%）
2000—2006 年	15.6	7.34	665.22	39.60	1.8	0.73	34.9	5.92
2006—2015 年	21.6	9.46	2059.63	87.83	24.81	9.98	57.1	48.51
2000—2015 年	37.2	17.50	2724.85	162.23	26.61	10.78	92	111.11

数据来源：根据四川省历年数据计算。

注：由于 2016 年上述指标还未见公布，故数据截止到 2015 年。

粮食综合生产能力最终通过粮食播种面积和粮食单产表现出来，尽管粮食的实际产量与粮食生产能力的含义有所不同，但粮食的实际产量从一定程度上能够反映粮食综合生产能力的高低。四川省粮食播种面积的减少主要是农民种粮的积极性不高，进一步表现为粮食生产成本上升，种粮利润减少。2016 年，三种粮食生产的平均总成本为 1082.36 元/亩①，比 2009 年提高了 532.3 元/亩，增幅为 96.8%。粮食生产成本上升主要是物质和服务费用、人工成本上升和土地成本增加所致；粮食生产成本的快速上升导致粮食生产的净利润急剧下降，三种粮食生产的净利润为−346.28元/亩，比 2009 年减少了 455.28 元/亩（如图 8 所示）。粮食单产主要受自然资源、物质投入、气候条件、技术应用、经营管理等各方面因素的影响。自然资源包括农田土壤、水资源及利用情况；物质投入主要包括化肥、农药、农机、水利设施投入等；气候条件主要表现为粮食生产过程中受到的旱灾、水灾、风雹和霜冻等极端气候的影响；技术应用主要包括良种技术、栽培技术的推广和应用；经营管理主要表现为粮食生产的组织模式、田间管理以及人力资本的投入等。从粮食生

① 四川省 2016 年主要农产品成本收益情况报告。

产的未来发展趋势来看，随着城镇化和工业化的快速推进，在粮食播种面积和复种指数难以提高的前提下，政策的着力点应该主要放在粮食生产成本的降低以及粮食单产水平的提高上。上述影响粮食生产成本以及粮食单产水平的各因素中除了气候条件外，其他因素均是可控的。

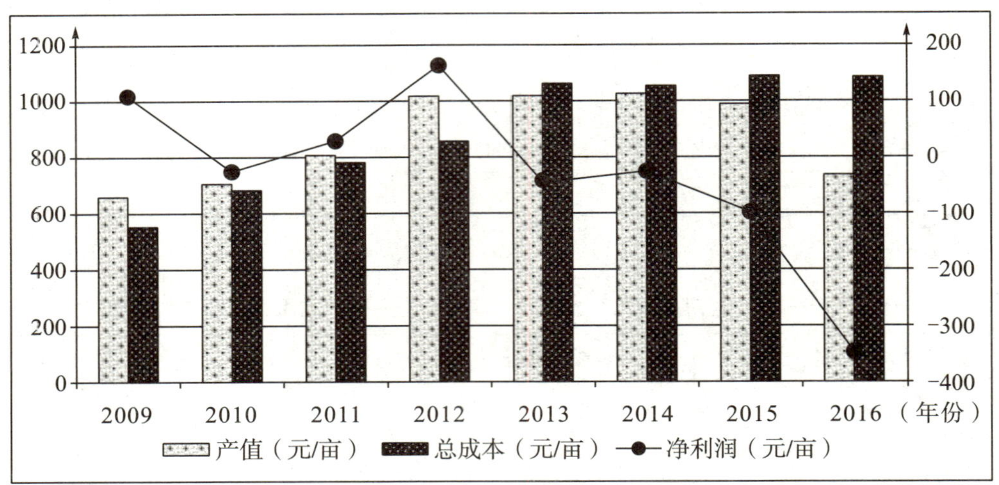

图 8　2009—2016 年四川省三种粮食生产的产值、成本与利润变化

数据来源：历年四川省主要农产品成本收益情况报告。

二、四川省粮食综合生产能力提升的政策框架

粮食综合生产能力的提升是一项复杂的系统工程，主要由人、物、市场等要素构成。因此，粮食综合生产能力提升的扶持政策的主要作用对象应针对人、物、市场等要素进行设计。其中，粮食生产中物的因素涉及资源保障、物质装备和科技支撑政策，目的在于使粮食生产有基本的物质条件保障；粮食生产中人的因素涉及生产经营政策和收入支持政策，目的是组织粮食生产者进行生产并保障其有发展粮食生产的积极性。加工转化、风险抗御和市场调控政策的主要作用对象是粮食生产中的市场因素或通过市场调节间接作用于粮食生产中物的因素，目的在于克服市场的不确定性给粮食生产造成的不利影响。当然，任何政策的功能都不是单一的，各项政策之间存在一定的交叉。以主要粮食品种的最低收购价政策为例，该政策既能引导和调控粮食市场价格，又能保障生产者收入。同样，补贴政策既能增加生产者的收入，也能影响粮食播种面积。对上述政策的主要功能作出划分，目的在于便于研究。上述政策及对象之间相互交叉、相互影响，任何单一政策的变化都可能引起其他因素发生变动，因此，对任何一项政策的评价都应当置于整个粮食生产大局中给予考虑。粮食综合生产能力建设政策体系如图 9 所示。

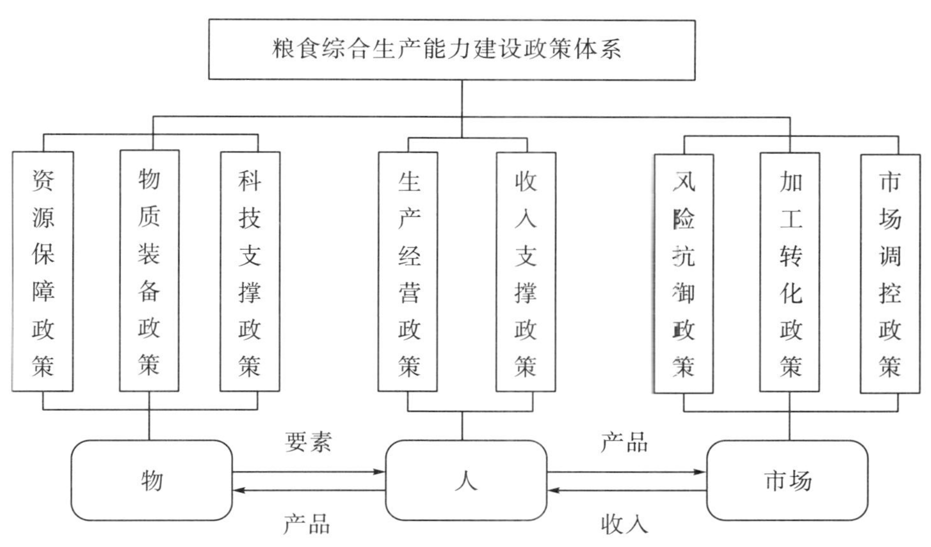

图 9　粮食综合生产能力建设政策体系框架图

（一）资源保障政策

资源保障政策指以使粮食生产有必要的耕地和水资源为基础而采取的措施和手段。这是保护和提高粮食综合生产能力的基础条件，主要包括基本农田保护政策、耕地质量建设政策、水资源保护政策等。

（二）物质装备政策

物质装备政策指为促使生产者加强粮田基础设施建设，增加化肥、农药等生产投入品的数量，提高农业机械化水平而采取的措施和手段。这是提高粮食生产效率的基本手段，主要包括农田水利基本建设政策、农业机械化推进政策、农业投入品产业发展政策等。

（三）科技支撑政策

科技支撑政策指为增加粮食生产科技含量，强化粮食生产科技支撑而采取的措施和手段。这是在资源、人口等约束条件不断增强的情况下提高粮食综合生产能力的必由之路，主要包括粮食新品种的研发、新技术的应用、推广体系手段的完善等政策。

（四）生产经营政策

生产经营政策指采取多种经营形式将生产者组织起来投入粮食生产活动。这是影响粮食生产效率的重要因素，主要包括农地经营政策、农民组织政策等。

（五）收入支持政策

收入支持政策指为保证粮食生产者能够得到合理而有保障的收益，从而具有发展粮食生产积极性而采取的措施和手段。这是市场经济条件下影响粮食综合生产能力的重要因素，主要包括价格政策、税收政策、补贴政策等。

（六）风险抗御政策

风险抗御政策指为防范和化解粮食生产与流通过程中面临的自然和市场风险而采取的各种措施和手段。这是防止粮食生产出现剧烈波动，稳定并提高粮食综合生产能力的必要条件，主要包括发展农业保险、健全粮食市场体系等政策。

（七）加工转化政策

加工转化政策指为发展以粮食为主要原料的农产品加工业而采取的各种扶持政策和优惠政策。这是延长粮食产业链、提高粮食产品附加值、增加粮食生产者收入水平的重要途径，主要包括导向性的产业政策及优惠性的财政、税收、信贷等方面的政策。

（八）市场调控政策

市场调控政策指为防止粮食市场大起大落，保证粮食供需平衡所采取的宏观调控政策。这是市场经济条件下保证粮食稳定供给，确保粮食安全的必然要求，主要包括粮食储备调节政策、粮食产品收购价政策等。

三、四川省粮食综合生产能力提升的扶持政策及其绩效

（一）资源保障政策

耕地和水资源是粮食生产的基本组成要素，是制约粮食综合生产提升的基本资源。随着经济社会的发展、工业化和城镇化的快速推进，耕地和水资源的短缺对提高粮食综合生产能力提出了越来越严峻的挑战。

鉴于我国耕地与水资源极为稀缺的基本国情，国家为保护耕地和水资源付出了不懈努力。在耕地资源保护方面，一是长期坚持将耕地资源保护作为一项基本国策，在《宪法》《土地管理法》《基本农田保护条例》和《农村土地承包法》等一系列法律法规中对保护耕地提出了明确要求。四川省落实最严格的耕地保护制度，先后出台了《四川省土地管理实施办法》《四川省耕地质量管理办法》《四川省基本农田保护细则》《四川省耕地保护与质量提升项目实施方案》等政策性文件，为确保四川省耕地数量不减少、质量不降低付出了巨大努力。2000—2016 年，四川省耕地面积从 643.47 万公顷增加到 673.54 万公顷，净增 30.07 万公顷，每年净增 1.88 万公顷。人均耕地面积从 1.17 亩增加到 1.22 亩（如图 10 所示）。二是加强基本农田建设，划定了基本农田保护区，明确了基本保护区划定制度、占补平衡制度、禁止破坏和荒芜基本制度、行政首长负责制度、监督检查制度、培肥地力和环境保护制度，切实保护耕地资源。划定永久基本农田是保障国家粮食安全的战略基石。2010 年四川省启动了永久基本农田划定工作，截至 2016 年年底，全省已划定永久基本农田 519.53 万公顷，占全省耕地面积的 77.13%。三是加强耕地质量建设，组织实施“金土地工程”，努力培肥地力，保护和提高耕地质量。对拥有耕地承包

权、做到耕地不撂荒、地力不降低的种地农户，实行耕地地力保护补贴，补贴面积以土地承包或土地确权面积为基础，按排除法进行调整。2016 年全成都市统一补贴标准为每亩 93.4 元。

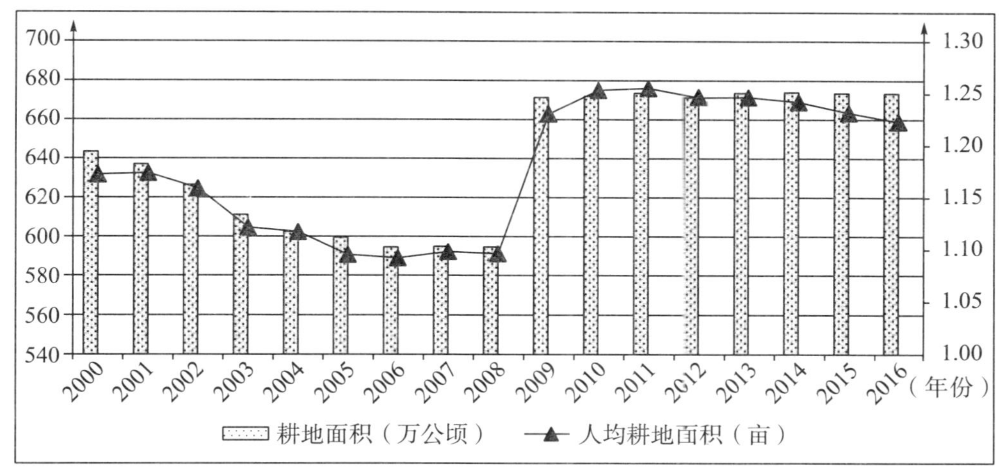

图 10　2000—2016 年四川省耕地与人均耕地面积变化情况

数据来源：2000—2008 年的耕地面积采用国控变更数据，2009 年数据采用四川省第二次土地调查数据，2010—2016 年数据来自四川省国土资源厅《四川省国土资源公报》。

在水资源保护利用方面，出台了《关于实行最严格水资源管理制度的实施意见》《四川省饮用水水源保护管理条例》《关于深化水价改革加强节水工作的实施意见》等政策性文件，推广农业节水技术，提高水资源利用效率。

通过落实最严格的耕地和水资源保护政策，收到了显著成效，但从粮食生产能力提升的角度来看，仍然面临着诸多困难：一是人均耕地面积少，低于人均 1.4 亩的全国平均水平，推行粮食适度规模经营的难度大。二是耕地质量不容乐观，主要表现为中低产田面积大且耕地污染严重，对粮食单产水平的提高有明显的制约作用。据 2005 年全省耕地质量调查，中低产耕地占全省耕地面积的 70.6%，中低产田土的产量水平仅为高产田土的 60%左右，且产量年度间稳定性较差。[①] 三是水资源量和人均水资源量明显减少（如图 11 所示），对农业的可持续发展会产生不利影响。2000—2016 年，四川省水资源总量从 2654.03 亿立方米下降到 2340.9 亿立方米，净减少 313.13 亿立方米，减幅 11.8%；人均水资源量从 3222.94 立方米下降到 2833 立方米，净减少 389.94 立方米，减幅 12.1%。

① 数据来源于四川省人民政府《四川省土地总体规划（2006—2020 年）说明》，2009 年 11 月。

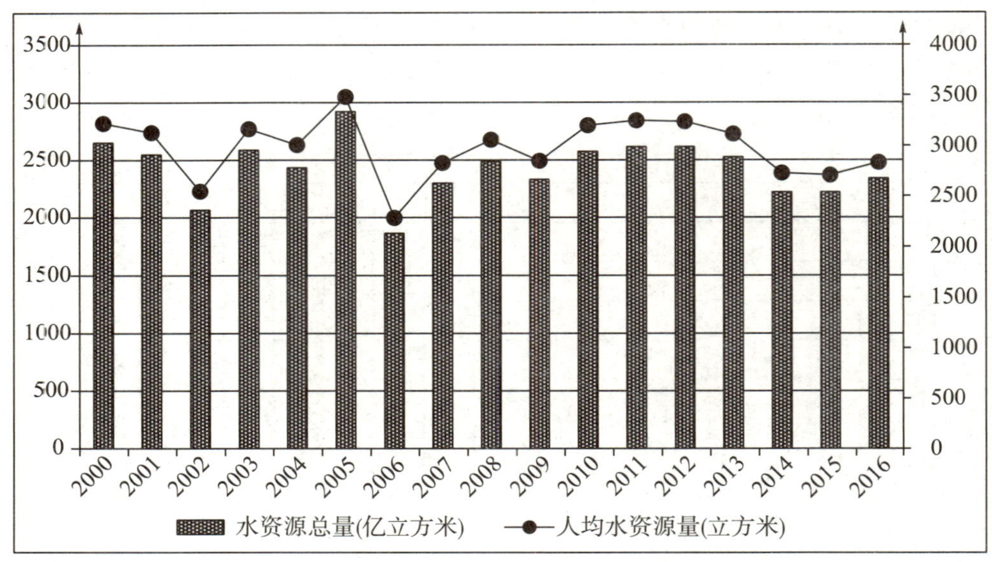

图 11　2000—2016 年四川省水资源总量与人均水资源量变化

数据来源：历年四川省水资源公报。

（二）物质装备政策

农田基础设施和物质装备水平是提高粮食综合生产能力的保障条件。目前农田基础设施薄弱、农业投入品利用效率不高、农业机械化水平较低的问题比较突出。改善粮食生产的物质装备条件，是近年来粮食综合生产能力建设政策的重点之一。

2004 年以来，中央连续 3 个一号文件都把加强农业基础设施建设，提高物质装备水平作为增强粮食和农业综合生产能力的重要内容，提出明确要求并采取了有力措施。四川省也多方面着力提升粮食综合生产能力，一是组织实施优质粮食产业工程。2014 年四川省发布了《四川省粮食生产能力提升工程建设规划纲要（2014—2020 年）》，提出到 2020 年粮食综合生产能力达到 800 亿斤以上，并划定 18 个市（州）的 90 个重点县（市、区）为粮食生产能力布局规划核心区，主要突出水稻、玉米、小麦和马铃薯四大重点作物。90 个重点县（市、区）和四大重点作物均占粮食综合产能的 85%左右，成为全省粮食生产的“生力军”。二是加强农田水利和高标准基本农田建设。以农田水利和高标准基本农田建设为重点，加快中小型水利设施建设，扩大农田有效灌溉面积，提高排涝和抗旱能力，粮食生产条件明显改善。2011 年至 2015 年累计建成高标准农田 4 亿多亩，项目区农田生产条件明显改善，农田抗灾减灾能力显著增强，形成了一批田成方、渠相连、旱能灌、涝能排的粮食生产基地。2000—2016 年，农田有效灌溉面积从 246.9 万公顷增长到 281.33 万公顷，增长 13.94%，占耕地面积的比重从 38.37%提高到 41.77%，提高了 3.4 个百分点。尤其是 2009 年以后，有效灌溉面积增长较快（如图 12 所示）。三是提高农业投入品利用效率。开展“测土配方施肥普及行动”和“测土配方施肥百千万”示范活动，推广测土配方施肥先进技术，狠抓配方肥到田、推进技术入户，选定配方肥定点生产企业，加强配方肥质量监管。测土配方施肥技术的推广使用，在一定程度上抑制了化肥施用量的增长，2015 年化肥施用量仅比 2000 年增加 37.2 万吨，年均增长 1.08%，近年来基本实现了化肥施用量的负增长，农药使用量也基本如此（如图 13 所示）。四是加快农业机械化发展。从 2004 年开始，由财政出资，对农民个人、农机专业户和直接从事农业生产的农机服务组织购置和更新大型农机具给予一定补贴。2000—2016 年，农业机械总动力从 1679.65 万千瓦增加到 4450 万千瓦，增加了 164.9%（如图 14 所示），机耕、机播、机收面积占农作物播种面积的比重也快速增长（如图 15 所示），农机化水平不断发展，主要农作物耕种收综合机械化水平达到了 55%。[①] 上述措施为近几年粮食综合生产能力的恢复和提高发挥了重要作用。

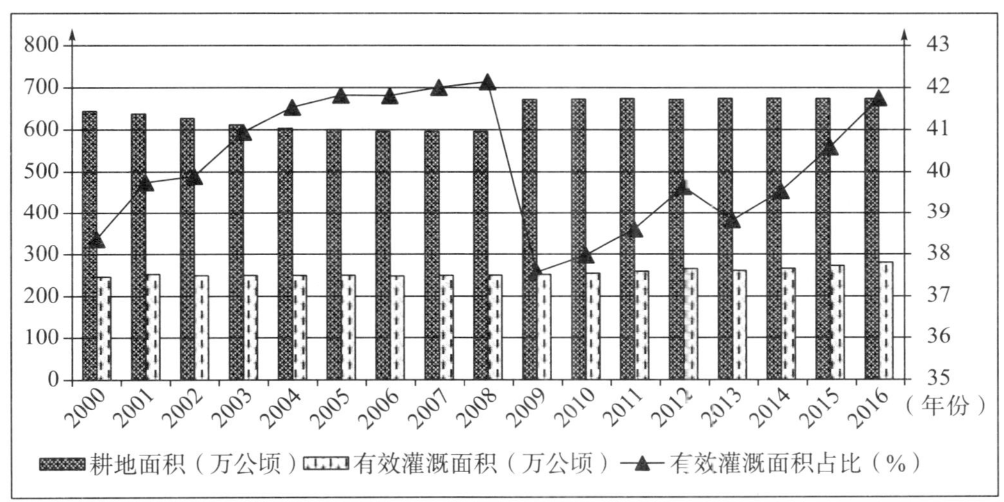

图 12　2000—2016 年四川省农田有效灌溉面积变化情况

数据来源：2000—2008 年的耕地面积采用国控变更数据，2009 年数据采用四川省第二次土地调查数据，2010—2016 年数据来自四川省国土资源厅《四川省国土资源公报》。有效灌溉面积来源于历年《四川统计年鉴》。

① 2016 年四川农业农村经济基本情况。

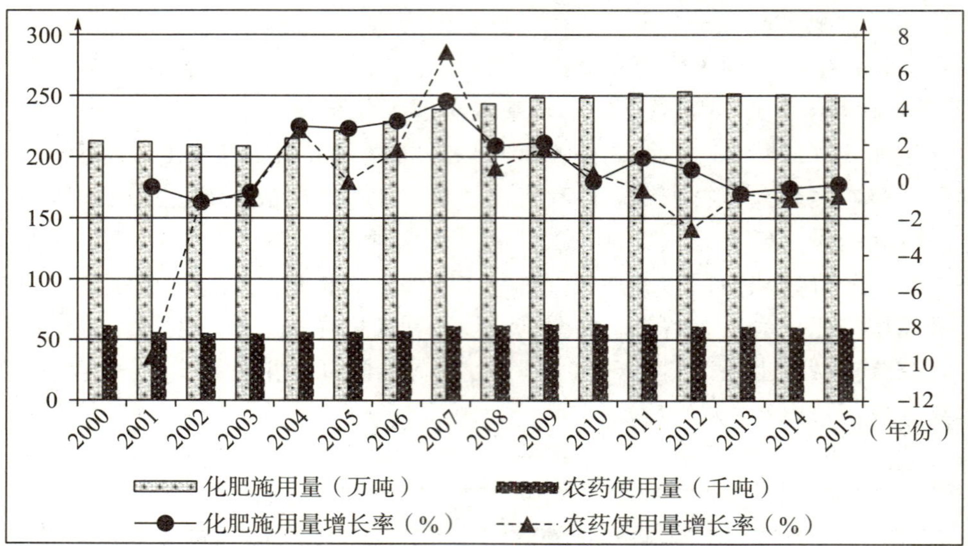

图 13　2000—2015 年四川省化肥、农药使用量变化情况

数据来源：化肥施用量来源于历年《四川统计年鉴》，农药使用量来源于《中国农村统计年鉴》。

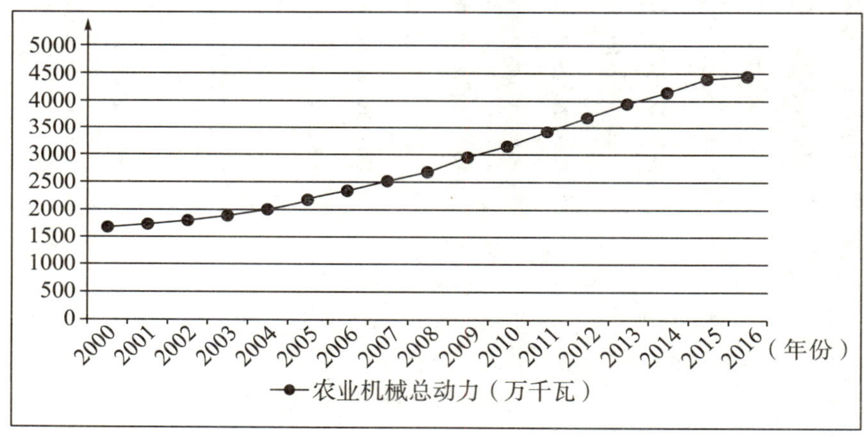

图 14　2000—2016 年四川省农业机械总动力变化情况

数据来源：历年《中国农村统计年鉴》。

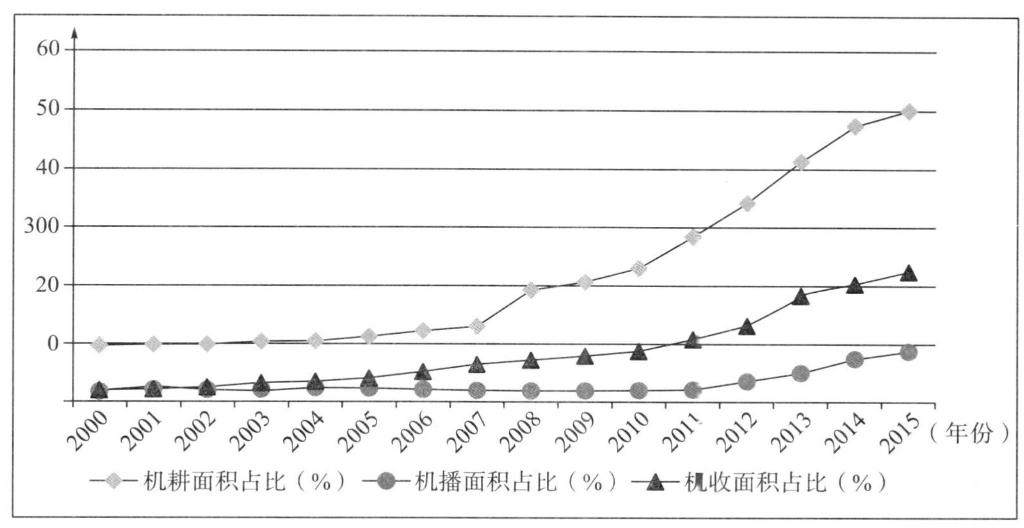

图 15　2000—2015 年四川省机耕、机播、机收面积占耕地面积的比重变化情况

数据来源：2000—2013 年机耕、机播、机收面积来源于历年《四川统计年鉴》，2014—2016 年数据来源于《中国农业年鉴》。

纵向来看，四川省粮食生产条件有了明显改善，但是横向对比，四川省粮食生产的物质装备状况仍然有较大差距，主要表现在：

1. 有效灌溉面积占耕地面积的比重一直低于全国平均水平

2000—2016 年，四川省有效灌溉面积从 38.37%增长到 41.77%，全国有效灌溉面积从 41.97%增长到 48.81%（如图 16 所示）。有效灌溉面积数量少、占比低，说明抗御自然灾害的能力还不强。

2. 农业机械化水平远低于全国平均水平

2000—2015 年，全国耕种收机械化水平从 28.62%提高到 60%，提高了 21.38 个百分点；四川省耕种收机械化水平从 5.07%提高到 29.47%，提高了 24.4 个百分点（如图 17 所示）。[①] 农业机械化水平的提高能够节约人工劳动，降低粮食生产的人工成本，提高粮食生产效率。四川省农业机械化水平低，需要从政策上大力扶持。

3. 化肥施用强度提高，但粮食产量下降

2000—2015 年，四川省按耕地面积计算的化肥施用强度从 330.40 千克/公顷增长到 370.88 千克/公顷，增加了 12.25%，按播种面积计算的化肥施用强度从 221.25 千克/公顷增加到 257.82 千克/公顷，增加了 16.53%，但粮食产量下降了 3.52%；全国按耕地面积计算的化肥施用强度从 323.32 千克/公顷增长到 446.12

① 耕种收机械化水平按机耕水平 * 0.4+机播水平 * 0.3+机收水平 * 0.3 计算。因 2016 年数据未见公布，故数据截止到 2015 年。

千克/公顷，增加了 37.98%，按播种面积计算的化肥施用强度从 265.29 千克/公顷增加到 362.06 千克/公顷，增加了 36.48%，粮食产量增长了 34.46%（见表 5）。化肥施用强度的提高一方面说明化肥的使用效率降低；另一方面也会对土壤环境造成破坏，危害食品安全。

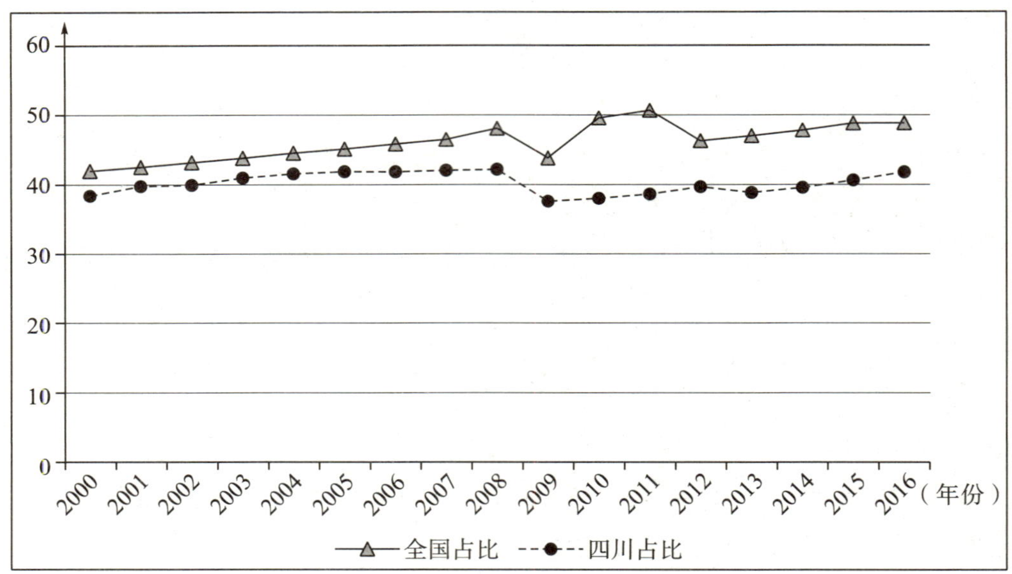

图 16　2000—2016 年四川省与全国有效灌溉面积占耕地面积的比重

数据来源：全国耕地面积数据来源于历年《中国国土资源公报》，有效灌溉面积数据来源于历年《中国统计年鉴》；四川省有效灌溉面积数据来源于历年《四川统计年鉴》。

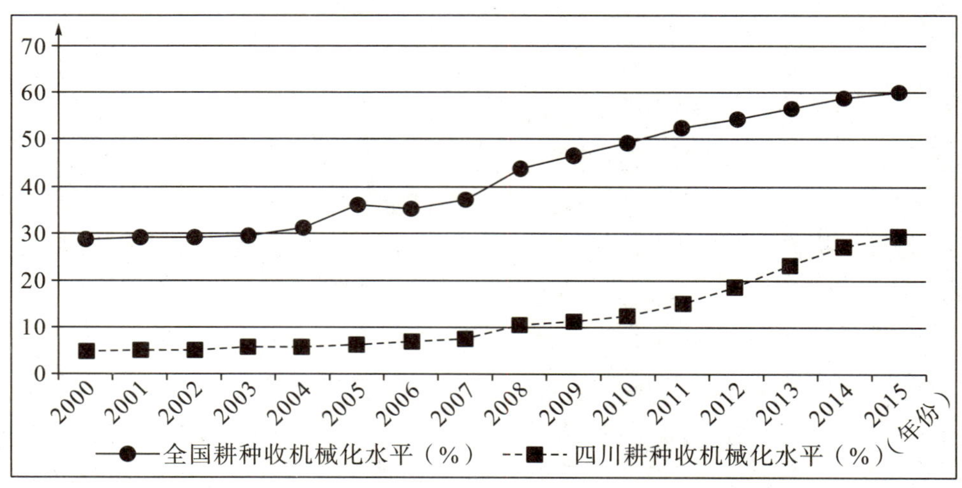

图 17　2000—2016 年四川省与全国有效灌溉面积占耕地面积的比重

数据来源：历年《中国农业年鉴》。

表5　2000—2015年四川省与全国化肥施用强度

年份	四川按耕地面积计算的化肥施用强度（千克/公顷）	四川按播种面积计算的化肥施用强度（千克/公顷）	四川省粮食产量（万吨）	全国按耕地面积计算的化肥施用强度（千克/公顷）	全国按播种面积计算的化肥施用强度（千克/公顷）	全国粮食产量（万吨）
2000	330.40	221.25	3568.5	323.32	265.29	46217.5
2001	332.76	221.49	3056.5	333.33	273.19	45263.7
2002	334.52	219.14	3275.2	344.59	280.62	45705.8
2003	340.95	222.07	3183.3	357.52	289.44	43069.5
2004	356.34	228.71	3326.5	378.67	301.95	46946.9
2005	368.43	233.03	3409.2	390.41	306.53	48402.2
2006	383.72	244.28	2859.8	404.65	323.87	49746.9
2007	400.33	256.73	3026.9	419.59	332.84	50160.3
2008	408.31	257.28	3140.3	430.43	335.26	52870.9
2009	369.33	261.67	3194.7	399.19	340.73	53082.0
2010	369.05	261.64	3223.5	456.75	346.15	54647.7
2011	372.92	259.89	3292.3	468.59	351.50	57121.0
2012	376.57	261.81	3315.7	432.00	357.30	58957
2013	372.74	254.14	3387.1	437.39	359.11	60193.5
2014	371.17	258.78	3374.9	443.96	362.41	60709.9
2015	370.88	257.82	3442.8	446.12	362.06	62143.5

数据来源：根据历年《四川统计年鉴》和《中国统计年鉴》提供的数据计算。

（三）科技支撑政策

长期以来，农业科研和推广水平的不断提高，有力地推动了粮食综合生产能力的提升。目前已形成产前、产中、产后不同领域，省、地（市）、县、乡镇不同层次，研究、开发、推广、应用不同环节的较为完善的农业科学研究和推广体系。为了提高粮食生产的科技水平而推广实施的粮食综合生产能力科技提升行动、高产优质粮食品种选育工程、农业科技入户工程、测土配方施肥技术等，为全面提高粮食综合生产能力提供了科技支撑。基层农技推广单位通过引进农作物新品种、新技术、新模式、新机制等“四新技术”，组装适合不同区域的农业先进生产集成技术，通过开展技术宣传、培训和技术咨询，组织实施集成技术的示范及推广应用，实现了粮食增产和农业增效。在新时期和新阶段，依靠科技提高单产水平是提高粮食综合生产能力的必由之路。

2012年四川省委、四川省人民政府发布《关于全面加强农业科技创新推广确保农业农村发展迈上新台阶的意见》，明确提出，完善农业科技转化推广体系，强化现代农业科技支撑；加大新型农民科技教育培训力度。对未升学的农村高初中毕业生免费提供农业技能培训，对符合条件的农村青年务农创业和农民工返乡创业项目给予补助和贷款支持。

强化科技支撑是近年来粮食恢复增长的重要原因。2010—2016 年，已连续 7 年粮食单产水平维持在 5000 千克/公顷以上，2016 年粮食单产比 2000 年增加了 191 千克/公顷，仅此一项，就增产粮食 12 亿千克以上。

通过科技发展，提高粮食单产水平的潜力巨大。目前，四川省的粮食单产水平还低于全国平均水平，与世界粮食最高单产水平的差距更大。分品种看，稻谷、豆类、薯类单产高于全国平均水平，但差距在不断缩小，小麦和玉米单产低于全国平均水平（见表 6）。未来通过优质、高产、专用粮食品种的选育，栽培与管理技术水平的提高，对粮食增产的作用将十分明显。

表 6　2000—2016 年四川与全国粮食分品种单产水平

年份	稻谷单产（千克/公顷）		小麦单产（千克/公顷）		玉米单产（千克/公顷）		豆类单产（千克/公顷）		薯类单产（千克/公顷）	
	全国	四川	全国	四川	全国	四川	全国	四川	全国	四川
2000	6271.6	7968.5	3738.2	3827.4	4597.5	4992.7	1655.7	2202.2	3 497.0	3 925.4
2001	6163.3	7131.8	3806.1	3444.4	4698.4	4105.7	1624.8	2027.1	3 487.0	3 630.6
2002	6189.0	7623.8	3776.5	3694.7	4924.5	5049.8	1892.9	2226.6	3 710.0	4 001.8
2003	6060.7	7762.7	3931.8	3797.0	4812.6	5201.6	1652.9	2283.7	3 621.0	4 150.7
2004	6310.6	7739.3	4251.9	3909.0	5120.2	5365.1	1814.8	2352.2	3 762.0	4 089.0
2005	6260.2	7655.2	4275.3	3993.5	5287.3	5414.6	1704.5	2364.5	3 650.0	4 128.4
2006	6232.3	6525.7	4593.4	3456.2	5326.3	4277.3	1620.9	2027.4	3 430.0	3 204.2
2007	6433.5	7067.4	4607.7	3455.7	5166.7	4561.5	1453.7	2130.3	3 474.0	3 357.4
2008	6562.5	7439.8	4762.0	3368.6	5555.7	4815.3	1702.8	2236.2	3 537.0	3 567.2
2009	6585.3	7583.2	4739.1	3366.9	5258.5	4822.5	1630.2	2192.4	3 468.7	3 780.4
2010	6553.0	7618.4	4748.4	3431.5	5453.7	4940.0	1771.2	2205.9	3 559.1	3 824.2
2011	6687.3	7686.1	4837.2	3514.2	5747.5	5147.6	1836.3	2171.4	3 675.2	3 800.8
2012	6776.9	7768.5	4986.2	3538.8	5869.7	5117.9	1819.6	2185.2	3 705.6	3 899.4
2013	6717.3	7783.7	5055.6	3464.6	6015.9	5532.7	1759.9	1954.2	3 714.4	3 867.6
2014	6810.7	7663.9	5243.2	3614.9	5817.0	5443.8	1771.1	1986.8	3 756.8	3915.9
2015	6892.5	7798.9	5392.7	3809.7	5891.9	5461.5	1794.0	2018.2	3 767.1	4052.6
2016	6860.7	7830.2	5327.4	3799.6	5972.7	5669.8	1781.0	2030.7	3 775.5	4136.3

数据来源：2000—2015 年数据来源于历年《四川统计年鉴》和《中国统计年鉴》，2016 年数据来源于国家统计局《关于 2016 年粮食产量的公告》。

四川省粮食生产的物质装备条件不断改善，但是粮食产量的增长水平仍较低，表明传统农业的精耕细作达到较高水平之后，单纯依靠改善粮食生产条件来提高粮食产量的作用有限，未来应主要以科技进步作为粮食增产的新动力，着力提高粮食单产水平。但是，目前的关键问题在于没有建立起有效的农业技术推广机制，主要表现在：

第一，从推广机构的职能上看，现有的农业科技推广服务机构除了承担着公益性技术推广（如动植物病虫害监测、预报、对农民的培训等）和带有中介性服务（农产品的质量检测、为农民提供产销信息）的职能外，还承担了包括部分执法监督管理（如种子管理、植物检疫、动物检疫等行政执法工作）和经营性服务（如种子、农药、化肥、农机等农业生产资料和兽医兽药销售等商业性经营创收工作）等多种职能。同一农业科技推广机构同时承担不同类型的职能，多项职能交叉，必然造成农业科技推广机构的政、企、事不分，导致农业科技推广力量分散，农技人员没有足够的精力和时间从事农技推广工作，直接影响其技术推广职能的发挥。

第二，从推广机构设置上看，推广机构设置不合理。首先，现行的推广工作按专业划分，分属于农业、林业、畜牧和水产等部门，各自为政，条块分割，机构重复，缺乏有效的协调和沟通。其次，基层农业科技推广机构的管理归属不统一，存在统一管理和分属管理并存的情况，管理层级混乱。再次，组织管理上具有双重性。由于各级推广机构按行政层级对口设置，每一级都存在严重的行政依附，各级农业推广机构除了接受上级推广机构的业务指导外，还受本级农业行政部门的直接领导，而且本级政府行政部门的直接领导权远大于上级推广机构的业务指导权。

第三，从管理体制看，目前政府农业部门、农业科研单位、农业高校三大体系条块分割，缺乏内在联系和协调，导致农业科技创新、成果转化、技术推广、人才培训存在脱节现象，造成农业科技成果的转化率低，推广效益低、重复研究和经费浪费的现状，限制了农业科技推广服务变革与发展的动力和潜力。

第四，当前农业科技推广人才队伍面临推广人员素质偏低、推广队伍不稳定、推广人员工作积极性不高等现实问题，严重制约了农业科研成果的转化和应用。由于农村基础条件差、推广人员工作艰苦、待遇差等原因，农业科技人员人心涣散，跳槽或改行现象时有发生。实际上，在乡、镇基层推广机构中，具有大专以上学历的推广人员相当少，还有很大比例的中专以下文化程度的人员在从事农业推广工作。同时由于专业学习和参加技能培训的机会很少，在职农技人员知识断层、老化，知识更新速度缓慢，这在一定程度上影响了农业新技术的推广应用和效益发挥。

（四）生产经营政策

在坚持家庭承包经营的基础上，按照“确权、赋能、搞活”的思路，以明确农村土地权属为手段，以赋权赋能到户为核心，以放活土地经营权为重点，积极推进“三权分置”改革和土地流转，发展粮食适度规模经营，培育新型农业经营主体，不断推进农业经营制度的创新与完善，是目前粮食生产经营政策的着力点。

2013年四川省委、四川省人民政府《关于创新农业经营体制机制加快发展现代农业促进农民增收的意见》明确提出，着力培育新型农业生产经营主体，加快培养新型职业农民。探索建立新型职业农民培育机制、认证制度、政策扶持体系和投入保障机制。对未能升学的应届农村初中、高中毕业生参加劳动预备制培训，按规定给予补贴。落实对符合条件的中高等学校毕业生、退役军人、返乡农民工务农创业给予补助和贷款支持的政策。2015年四川省人民政府《关于加快转变农业发展方式的实施意见》和2017年四川省委、四川省人民政府《关于以绿色发展理念引领农业供给侧结构性改革切实增强农业农村发展新动力的意见》重申了培育壮大新型农业经营主体，发展适度规模经营，促进一、二、三产业融合的若干政策意见。

为粮食适度规模经营者提供信贷担保和贷款贴息，对达到一定规模并符合条件的规模化生产者给予一定奖励，对领办、新办的农民合作社、家庭农场和农业企业的农业职业经理人进行补贴，对评定的国家级、省级、成都市级农业产业化龙头企业和示范合作社进行奖励等政策措施，有力地推动了新型农业经营主体的发展和粮食适度规模经营。截止到2015年，四川省承包土地流转面积累计达到1619.9万亩，流转比例达到27.7%。共培育新型职业农民4万人，种粮大户15327户，家庭农场2.3万个，农民专业合作社5.8万个，龙头企业8703家。

农业经营制度的创新和完善为粮食综合生产能力的提高奠定了基础。从稳定提高粮食综合生产能力的要求来看，目前农业生产经营组织制度还有两个方面需要继续完善。一方面，双层经营体制外部存在各种力量分割集体和农户利益的问题，内部存在农户土地所有权不充分的问题；另一方面，粮食生产、加工、销售的产业化程度还不高，受市场波动影响大的问题突出。为使粮食综合生产能力建设有稳定的经营制度基础，必须继续稳定和完善统分结合的双层经营体制，积极推进粮食产业化经营，提高农民的组织化程度。

（五）收入支持政策

收入水平是决定农民发展粮食生产积极性最重要的因素。特别是现阶段农业就业比重较高，种粮收入仍是农民的主要收入来源之一，保障农民的种粮收入是提高粮食综合生产能力的根本保障。近年来我国出台的粮食生产扶持政策大多坚持以保障农民收入为导向，其中影响最大、受益面最广的是农业税减免、对种粮农民直接补贴和农资综合补贴等。

从2004年开始，四川省积极落实国家的各项粮食补贴政策，补贴力度不断加大，对粮食综合生产能力的恢复和提高以及农民收入的增加起到了重要的推动作用。从2015年起，农业补贴制度改革将农作物良种补贴（含花生和马铃薯良种补贴）、种粮农民直接补贴和农资综合补贴（简称农业“三项补贴”）合并为“农业支持保护补贴”，政策目标调整为支持耕地地力保护和粮食适度规模经营。其中，将20%的农资综合补贴存量资金用于支持粮食适度规模经营；80%的农资综合补贴存量资金，加上种粮农民直接补贴和农作物良种补贴资金用于耕地地力保护。2016年全省落实中央财政农业补贴资金94.72亿元，其中：农业支持保护补贴66.56亿元，农机购置补贴4.03亿元（见表7）。

表7　2010—2016年四川省粮食生产补贴情况

年份	粮食直补（亿元）	综合直补（亿元）	良种补贴（亿元）	农机购置补贴（亿元）	落实中央财政农业补贴（亿元）
2010	6.5	42.8	9.2	7.09	65.59
2011	6.52	49.69	11.44	7.1	74.75
2012	6.5	61.8	11.6	9.8	89.7
2013	6.5	61.8	10	9.8	88.1
2014	6.53	61.82	9.99	10	88.34
2015	78.57			9.13	87.7
2016	66.56			4.03	94.72

数据来源：2010—2016年四川省农业农村经济基本情况。

目前粮食补贴政策存在的主要问题是由于农户数量多，经营规模小，政府财力有限，补贴水平不高，加之粮食生产成本的上升，对农民收入的直接影响有限。

（六）风险抗御政策

近年来极端气候灾害多发，农业的抗灾能力不强，每年因灾损失严重。同时，粮食市场波动起伏较大，农民损失惨重。健全粮食生产的风险抗御政策，对提高粮食综合生产能力具有重要意义。近年来，在加强农业基础设施建设，增强粮食生产抗御自然风险的同时，还重点加强了农业政策性保险。

2007年，四川省人民政府下发了《关于开展政策性农业保险试点工作的通知》，在全省范围内开展中央财政补贴的政策性农业保险工作。在取得初步成效后，2009年又下发了《关于进一步推进我省政策性农业保险工作的意见》，2015年，农业政策性保险补贴政策进一步完善。一是完善主要粮食作物保险保障体系。从2015年起，将小麦纳入全省性保费补贴品种范围，全省中央财政保费补贴品种增至12个，全面覆盖水稻、玉米、小麦三大粮食作物品种以及主要畜牧业品种。二是优化省市县财政保费补贴结构。省财政按种植业、养殖业、林业三大类别统一确定省对市县保费分担政策，并根据可调控财力系数、保费规模、农业产值、民族自治等因素分档确定具体分担比例。三是扩大育肥猪价格指数保险试点范围。2015年，国家、省、市、区（市）县四级财政对农户参加政策性农业保险给予70%～90%的保费补贴，其中水稻、玉米、小麦、杂交水稻制种等保费补贴为75%。

为了防范农村土地流转风险，2015年，邛崃市在全国首创农村土地流转履约保证保险机制，并出台了《邛崃市建立农村土地流转风险防范机制的实施意见》，签订了全国首单土地流转履约保证保险保单。2016 年出台了《邛崃市全域开展农村土地流转履约保证保险工作方案》，以全市“成新蒲”、邛州大道、西部灾区重建三条产业示范带为轴线，全面铺开集中连片流转区域的参保工作。目前，邛崃市已引入中华联合财产保险、景泰保险等 3 家公司合作开展农村土地流转履约保证保险工作，完成土地流转履约保证保险参保面积 17.4 万亩，实现全市规模流转 100 亩以上的土地流转行为投保率达 90%以上。

随着农业政策性保险的推进，农业保险保费收入大幅度提高，参保受益户次也有所增加。2016 年，农业保险费收入达到 31.2 亿元，10 年间增加了近 10 倍（如图 18 所示），2758.8 万户次参保农户受益。

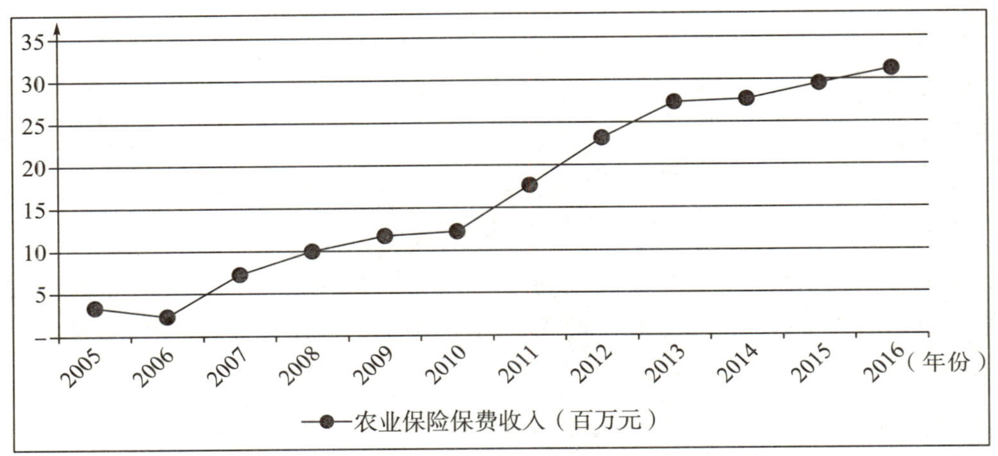

图 18　2005—2016 **年四川省农业保险保费收入**

数据来源：2005—2014 年数据来自中国保险年鉴，2015—2016 年数据来自四川省农业农村经济基本情况。

总体来看，尽管近年来风险抗御政策取得了一些进展，但农业保险涵盖的范围和领域仍有限；承保理赔机制和工作程序有待进一步优化，网点人员培训等需进一步加强，服务质量和理赔工作时效有待进一步提高；基层相关部门和保险公司的沟通协调有待进一步加强。

（七）加工转化政策

粮食加工是指对原粮进行工业化处理，制成半成品或成品粮食、粮食食品及其他产品的过程。粮食加工业是粮食再生产过程的重要环节和食品工业的基础性行业，与人民生活密切相关，对提高人民生活质量，调整优化粮食生产结构，增强粮食综合生产能力具有重要意义。

2004 年中央一号文件明确提出支持主产区进行粮食加工转化。主产区要立足粮食优势促进农民增加收入、发展区域经济，并按照市场需要，把粮食产业做大做强。2007 年四川省委、四川省人民政府在《关于加快发展现代农业扎实推进社会主义新农村建设的意见》中提出要加快发展农产品加工业，扩大加工范围，延伸产业链条，提升加工档次和科技含量，形成品牌优势和规模效益。2015 年四川省人民政府在《关于加快转变农业发展方式的实施意见》中进一步提出要加快提升农产品加工和产业化经营水平，进一步扩大农产品初加工补助资金规模，在优势特色农业产业带梯级建设集筛选分级、清理水洗、烘干打蜡、保鲜贮藏、包装储运、质量检测、品牌培育、市场营销等于一体的农产品初加工园区。2017 年四川省委一号文件《关于以绿色发展理念引领农业供给侧结构性改革切实增强农业农村发展新动力的意见》以及四川省人民政府办公厅《关于支持农业产业化龙头企业（工商资本）带动脱贫攻坚的意见》《关于支持返乡下乡人员创业创新促进农村一二三产业融合发展的实施意见》再一次提出了发展农产品精深加工业，促进农产品加工业提档升级的政策要求。

2017 年，结合农业供给侧结构性改革，为了培育壮大"川"字号农产品品牌体系，提升农业核心竞争力，四川省人民政府办公厅出台了《关于加强农产品品牌建设的意见》，四川省粮食局也出台了《深入推进四川省粮食行业供给侧结构性改革行动方案》，提出了"一项改革＋三大行动＋六大工程"行动方案。①

邛崃市农产品品牌认证奖励政策的内容是，对新建有机农业生产基地（含产品）200 亩以上和标准化绿色食品生产基地（含产品）500 亩以上的，在经认证后，分别给予业主 15 万元、5 万元的一次性奖励；对获得出口备案基地认证、GAP（即良好农业规范）认证的业主，给予 5 万元一次奖励；对涉农企业获得 ISO22000、HACCP 认证的，给予 2 万元一次性奖励；获得 ISO9000、ISO14000、ISO18000 认证的，给予 1 万元一次性奖励。对涉农企业、农民专业合作社、家庭农场等新型农业经营主体，按照"统一生产技术规程、统一设施标准、统一病虫害防治、统一投入品供应、统一种苗"等方式开展标准化生产，生产管理台账健全，保障农产品优质、安全的，给予经营主体 5 万元一次性奖励。对新获得行政认可的"中国驰名商标""地理标志证明商标""地理标志保护产品""农产品地理标志"、国家农业标准化示范项目等国家级品牌的，给予每个产品（项目）10 万元一次性奖励；对新获得行政认可的四川省农业标准化示范项目，"四川名牌""四川省著名商标"给予 5 万元一次奖励；对新获得行政认可的"成都市著名商标"给予 1 万元一次奖励。

在政策的大力扶持下，四川省粮食加工业的发展也取得了长足进步。到 2015 年，规模以上粮油加工企业数量达到 1090 个，总产值 1162.8 亿元，产品销售收入 1160.9 亿元，利润总额 45.3 亿元（见表 8）。

---

① "一项改革"即按照有利于国有资产保值增值、有利于增强粮食安全保障能力、有利于粮食流通事业长远发展的原则，进一步深化国有粮食企业改革。"三大行动"即"创新发展"行动、"绿色发展"行动和"人才兴粮"行动；"六大工程"即规范开展"川粮产后服务工程"、创新开展"川粮放心粮油工程"、启动"川米优化工程"、启动"川粮品牌提升工程"、开展川粮"三产融合"示范工程、开展川粮"3+2"粮食应急保障能力建设工程。

表 8　近年来四川省粮食产业主要经济指标

年份	企业单位数（个）	工业总产值（亿元）	主营业务收入（亿元）	利润总额（亿元）
2008	—	344.17	334.93	6.11
2009	—	335.10	338.10	11.00
2010	—	531.00	517.00	17.50
2011	717	684.20	675.30	19.70
2012	815	834.10	814.00	30.90
2013	796	948.80	894.60	31.90
2014	788	1387.10	1539.30	71.60
2015	1090	1162.80	1160.90	45.30

数据来源：2009—2016 年《中国粮食年鉴》。

尽管粮食加工转化取得了较大进展，但与居民生活水平提高的要求相比还有很大差距。存在加工专用品种和优质原料基地缺乏；加工企业数量多、规模小；粮食加工链条短、资源利用率低；标准体系和质量控制体系不健全，产品缺乏国际竞争力；科技投入和技术储备不足，创新能力较差等问题。需要加大贯彻落实已有的各项扶持政策力度，并根据形势的需要，在信贷、税收、投资等方面出台新的扶持措施。

（八）市场调控政策

进入新阶段后，国内粮食市场的发展及国际粮食市场的变化对粮食综合生产能力的提高构成了新的影响。针对这种新形势，我国及时推进粮食流通体制改革，实施主要粮食品种的最低收购价和临时收储政策，并对化肥、农药等粮食生产投入品价格的大幅度上涨进行干预，加大了市场调控力度。

2009 年，四川省委一号文件《关于 2009 年抓好重大项目建设促进农业发展农民增收的意见》提出要健全重要农产品储备制度，合理布局建设粮油肉等重要农产品储备体系。加快构建区域性粮食物流中心，搞好粮食物流骨干通道、关键节点、中心粮库和应急网点建设，完善粮食流通体系。同年，四川省人民政府印发了《关于四川省省级储备粮油管理办法的通知》，2012 年又出台了《关于完善粮食流通体制改革政策措施的实施意见》。这些政策的出台和实施构成了四川省粮食安全的市场调控体系。

推进粮食流通体制改革，完善粮食市场体系，培育多元的市场主体等措施增强了粮食市场竞争。在最低收购价政策引导下，粮食市场平稳运行。针对近年来出现的玉米暂时性过剩问题，及时提出了玉米的价补分离政策以及粮食供给侧改革措施，未来应沿着目前的思路对有关政策进行健全和完善。

四川省每年 1200～1500 万吨的粮食缺口主要是发挥了市场的作用。但需要引起重视的是近年来全国范围内粮食生产形势良好，粮食流通能力较强，所以并没有出现区域性的缺粮问题。但是，一旦出现突发性风险，如地震、泥石流等极端灾害，就有可能出现局部性、暂时性缺粮。历史经验证明，粮食安全突发性风险往往发生在流通环节。即使市场有粮，受流通能力限制，短时间内也无法满足大量的粮食需求。能否将粮食安全危机消灭在萌芽状态，取决于政府是否掌握流通主渠道的作用并能利用它来调控流通领域，保障粮食供给。在粮食流通领域，既要不断改革创新，建立充满活力的竞争机制，又必须保持政府强有力的应急干预能力。

四、四川省粮食综合生产能力提升的政策改进

（一）严格保护和合理利用耕地和水资源

严格保护耕地和水资源是保护和提高粮食综合生产能力的基础。土地资源是粮食生产的根本。耕地是粮食综合生产能力的基础要素，耕地的数量和质量决定着粮食综合生产能力的高低。许多国家特别是粮食生产大国都一直特别重视耕地资源的保护，通过制定政策、增加投入等方式，扩大耕地面积、提高耕地质量，保护土地资源的供给能力。

1. 保证粮食播种面积

认真贯彻和落实《土地管理法》《基本农田保护条例》，通过政策手段进一步保证粮食耕种面积，加大农田保护力度，严格控制各类建设用地对耕地尤其是基本农田的侵占行为，严格耕地审批手续，建立省级耕地保护目标责任制。

2. 进一步加强地力保护，维护和改善耕地质量

增加投入，加大中低产田改造和高标准基本农田建设力度，但在高标准农田建设过程中需要注意保护农民的土地权益；用补贴的方式引导农民综合运用农艺、生物和工程措施提高耕地质量。

3. 积极开发和推广先进农业技术

大力发展节地节水农业，通过先进农业技术的应用，保证有限的土地和水资源得到充分有效利用。

4. 采取有力措施加强农业水资源保护

节约农业用水，防止农业用水污染。改变传统的农业用水方式，提高农业用水利用率。建立科学合理的用水机制，形成政府、集体、企业和个人共同参与农业节水的局面。根据不同地区农业发展的特点和需要，合理制定水资源开发和调配方案。积极扶持和引导农民使用农业节水技术和设备。积极推行产权制度改革、承包、租赁等有效措施，加强农业节水工程管护，大力发展节水农业。

（二）大力加强粮食生产基础设施建设

基础设施建设是实现粮食生产稳定增长的根本措施。今后应以优质粮食产业工

程为重点，增加投资总量，突出投资重点，拓宽投资渠道，提高资金使用效益，着力加强粮食生产基础设施建设，提高粮食生产的物质装备水平。

1. 做大做强“川粮优化工程”

重点抓好现有90个粮食生产重点县的基础设施建设。增加投资规模，在粮食生产重点县实施优质粮食产业工程。充实工程建设内容，以优质专用粮种繁育、病虫害防控、高标准基本农田建设、现代农机装备推进、促进粮食加工转化等项目为重点，完善配套工程项目建设。

2. 加强农田水利设施建设

增加农田水利设施建设投入，加快以节水改造为中心的灌区续建配套步伐，完善灌排体系，提高农田水利设施服务功能，恢复和扩大有效灌溉面积。搞好病险水库的除险加固、中型水源的开发和中小河流域的治理，控制水资源利用潜力。开展田间排灌、小型灌区和非灌区抗旱水源、丘陵山区雨水集蓄利用等田间水利工程项目建设。鼓励农民投工投劳兴修农田水利和购买田间节水设备，引导产业化经营的龙头企业等社会力量参与农田水利建设。

3. 提高农机装备水平

农业机械是建设现代农业的重要物质装备，发展农业机械化是实施农业现代化的重要手段。按照“立足大农业、发展大农机、服务新农村”的思路，制定和完善科学有效的发展规划和工作细则，进一步研究制定农机化发展的扶持政策，采取切实有效的措施，加快农机化发展。在进一步加大现有国家财政对大中型农机具购置补贴的基础上，加强对《中华人民共和国农业机械化促进法》《四川省农业机械管理条例》《四川省农村机电提灌管理条例》以及中央、省购置补贴政策和法律法规的宣传，充分调动农民参加农业机械化发展的积极性。要因地制宜，科学规划，有计划、有步骤、有重点地引进适合我省地理环境的新型农机具，分区域建立农业机械示范基地。县级财政应投入部分资金发展农机大户，鼓励有实力的农机经营者和农机专业合作组织建立新型农业机械示范点，通过试点，带动面上农机发展。加大农机技术和操作人员的培训力度，组织开展多种形式的技术技能培训，提高农机操作人员技术水平。鼓励有条件的乡镇争创农业机械示范乡镇。加强农机社会化服务体系建设，加强基层农机队伍建设，配齐和加强乡镇农机专业技术和服务人员，鼓励、扶持发展农机服务组织，支持农机专业大户牵头成立跨区域的农机专业合作社，并对开展新型农机具推广、技术培训、机械维修、信息、中介、跨区作业等社会化服务给予税收、信贷等优惠，提高农机服务标准化、专业化服务能力。扶持发展农机维修业，扶持建设一批功能齐全，服务周到，管理水平高的农机维修中心。

（三）不断强化粮食生产的科技支撑

依靠科技进步提高单产，是提高粮食综合生产能力的主攻方向。今后必须全面加强农业科研、成果转化和推广体系建设，积极构建粮食生产科技支撑的长效机制。

1. 加强农业科研的基础研究，建立激励机制推动农业科技创新体系建设

进一步强化政府对农业科技投入的主体地位，建立以政府为主导、社会力量广泛参与的多元投入保障机制，加强农作物改良中心和重点实验室建设；建立适应市场经济要求的技术成果评价与分配激励机制，组织开展生物技术、信息技术、遗传工程等重大科研项目攻关。强化需求导向，加快优质、高产、专用粮食品种的选育，加强粮食品牌建设，提高“川字号”粮食品牌的知名度。

2. 努力提高农业科技成果转化效率

运用市场机制促进农业科技成果转化。围绕粮食生产目标，确立主推技术、主导品种。通过引入市场机制，加快新品种、新技术等科技成果的集成、转化和提高，以项目带动方式引导资金、人才向重点作物和重点技术倾斜。鼓励农业科研单位、大专院校等应用研究人员投身粮食生产第一线，推进粮食生产科技成果产业化。

3. 深化农技推广体制改革

逐步建设公益性推广机构为主导的多元化农技推广体系，按照公益性职能和经营性业务分开的原则，合理设置基层的农技推广机构，明确公益性推广机构的职责，并加大财政扶持力度；经营性推广机构起源于市场，政府可给予一定的优惠政策扶持；鼓励科研单位、大专院校、农民专业合作组织和产业化经营的龙头企业开展多种形式的农技推广服务；组织实施农业科技入户工程，加快新型职业农民的培训，引导农户推广应用新品种和新技术。

（四）继续完善粮食生产的组织经营制度

生产经营政策不仅决定着粮食效率，也是影响生产者收益的重要因素。在长期坚持家庭承包经营基本制度的基础上，加快推进“三权分置”制度改革和粮食生产适度规模经营，积极发展多种形式的产业化经营。

1. 加快推进农地“三权分置”制度改革

坚持政府主导，部门推动，金融机构、农业经营主体积极参与，多方联动，推行农村土地承包经营权抵押贷款模式，合力盘活农村资源，实现农村资源变资产，资产变资本。

一是“土地承包经营权＋担保公司”模式。承包土地农户和经营主体将合法取得的经营权向担保机构提供反担保，金融机构据此向土地经营主体发放贷款。

二是“土地承包经营权＋收益＋担保公司”模式。承包土地农户和经营主体将合法取得的经营权和地上所产生的收益向担保机构提供反担保，担保公司或引入农业企业、融资公司向金融机构提供保证担保，金融机构据此向土地经营主体发放贷款。

三是“土地承包经营权＋收益＋地上构筑物”模式。承包土地农户和经营主体

将合法取得的土地经营权和地上所产生的收益及地上附属物作为抵押物，金融机构按照评估价值向土地经营主体发放贷款。

四是“土地承包经营权＋银行授信”模式。金融机构根据对农业经营主体、承包土地农户的动态评级授信和合法取得的土地经营权，向农业经营主体、承包土地农户发放贷款。

2. 积极探索和推行多元化土地经营模式

打破土地零星分散的传统农业经营格局，积极探索和推行股份合作制、家庭农场制、连片耕种制、农业共管制、委托代耕制、土地寄种制等六种农村土地经营模式，实现土地要素集聚和规模连片经营。深入推进农村产权交易市场建设及土地流转规范运行机制，强化网络交易平台，设立农村产权“一站式”服务窗口，扩大交易品种和交易量，助力农村经济发展。

3. 加大新型农业经营主体的培育力度

粮食生产结构的调整优化和综合生产能力的提高不可能依靠日益老龄化的普通农户，主要靠种粮大户、家庭农场、农业合作社、涉农龙头企业等新型粮食生产经营主体。但目前由于没有统一的各类新型农业经营主体的认定标准，现实中各主体间交叉存在的现象较为普遍，同时也缺乏扶持和培育对象，因此，要在对各类新型农业经营主体进行明确认定的基础上，有重点、有针对性地加大扶持力度，充分发挥各类新型农业经营主体的作用，推进粮食生产适度规模经营。加强农业经营主体的品牌建设工作，指导符合条件的专业合作社和家庭农场积极申报各级示范场社，并给予一定的奖励。

4. 积极发展粮食产业化经营

鼓励国有粮食企业、中介组织等采取订单收购、建立粮油生产基地、建立利益分配机制等手段与农民形成利益共同体，发展多种形式的粮食产业化经营，延长粮食生产的产业链。发展粮食产业化中介组织，对产前、产中、产后各个环节实行全方位的社会化服务。

（五）加大对粮食生产主体的收入支持力度

保护和调动种粮农民积极性，关键是保障农民获得稳定的种粮收益。要围绕保障种地农民收入的目标，采取利益平衡手段，调动农民种粮的积极性。

1. 逐步完善种粮农民的收入保障制度

逐步增加对种粮农民的补贴规模，提高补贴标准，完善补贴方式；从源头上改革粮食补贴政策，降低粮食生产成本，稳定粮食生产能力。从目前的补贴政策来看，虽然已投入了大量补贴资金，但是由于粮食生产成本的抬升而抵消了补贴的效果。稻谷、小麦的最低收购价政策和玉米的临时收储政策也已不能适应当前粮食生产的形势，应从源头上改革粮食补贴政策。对种子、化肥、农药等农业生产资料可采取政府采购的方式无偿或低价提供给农户，从源头上补贴生产成本。一方面可以减少农户在乱象丛生的农资市场上购买到假农资的现象；另一方面也可以真正起到降低生产成本的作用。针对土地成本增长过快和过高的问题，在政府财政允许的前提下，可对达到一定规模的粮食生产者进行补贴并逐步提高补贴标准。重点加快培育“核心粮农”，增加对“核心粮农”的补贴。

2. 加大对粮食生产重点县的财政扶持力度

逐步增加对粮食生产重点县的财政扶持力度，帮助其解决财政困难问题，以保护其发展粮食生产的积极性。按照四川省优势农产品区域布局规划，在国家财政补贴的基础上，分品种分区域对粮食生产者进行补贴。一方面可以发挥市场的作用促进粮食生产按品种向优势产区集中，另一方面可以使有限的补贴资金真正达到补贴的效果。

（六）增强粮食生产的抗御风险能力

防范自然风险和市场内风险是粮食生产稳定持续发展的必然要求，也是保护种粮农民利益的重要内容。要建立健全灾害防控体系，尽可能降低各种灾害对粮食生产的影响；健全和完善粮食市场体系，尽可能减少种粮农民的利益损失。

1. 健全粮食生产灾害防控体系

建立粮食生产的重大自然灾害和病虫害防控应急反应和处理机制，努力提高监测预报水平，做好防灾的各种物质储备，制定各种灾害的防范和救助预案，确保灾害发生时能够及时反应和有效救灾，把灾害损失降到最低水平。

2. 积极探索和建立粮食作物政策性保险的新路子

在开展主要粮食作物品种政策性保险的基础上，逐步建立政府扶持、市场化运作、农民自愿投保、企业积极参与的保险制度，保护种粮农民利益，促进粮食生产持续稳定发展。

3. 总结和推广邛崃模式

针对土地流转风险，尽快总结和推广邛崃市土地流转履约保险的经验，并在全省范围内推广，以便为粮食生产的适度规模经营创造条件。

（七）积极促进粮食转化增值

随着居民消费结构的升级，对肉、蛋、奶等高耗能食品的消费刚性增长。通过加工转化、过腹转化等形式改变粮食产品的初级形态，既能延长粮食生产产业链，提高产品附加值，增加后续收益，又能满足居民的消费需求和增加种粮农民收入。要采取财政、税收等综合手段，扶持粮食加工业、畜牧业的发展，推动粮食转化增值。

1. 大力发展粮食加工业

目前由于粮食生产经营者申请进行粮食精深加工的手续繁杂，更多地仅限于烘干环节，应加大对粮食生产经营者添置烘干仓储设施以及粮食精深加工企业的扶持力度，大力推进粮食精深加工。对粮食加工转化给予税收优惠。设立专项贷款和中长期贷款项目，通过财政贴息向种粮大户、农民合作组织和粮食加工企业提供优惠的生产投入、基本建设和流动资金贷款，增强粮食加工转化能力。

2. 加大财税政策扶持力度

整合各级财政支农资金和农业综合开发资金，重点支持优势农产品加工业的基础设施建设，加大关键技术研究、引进和推广力度。搭建公共服务平台，并对符合农产品深加工发展方向的重点项目，采取多种方式给予导向性产业扶持。贯彻落实国家制定的涉农优惠政策，从事种植业、养殖业、农林产品初加工以及研究开发新产品、新技术、新工艺的重点农产品加工龙头企业，依法享受企业所得税优惠政策。

3. 拓宽融资渠道

一是争取信贷支持。鼓励商业银行和政策性银行扩大对农产品加工龙头企业的授信额度，及时发放季节性收购农产品所需流动资金贷款，适当放宽固定资产贷款抵押担保条件；二是加大信用担保服务，鼓励种类信用担保机构优先安排农产品加工企业的贷款担保。

4. 促进粮食过腹转化

加强粮食秸秆综合利用技术研究，制定相应的鼓励政策，不断开发粮食秸秆的新功能。有计划地发展饲用粮食作物，扶持养殖业比重大的地区发展青贮玉米、苜蓿等饲用粮食作物。以小额贷款、贴息补助和提供保险服务等形式，支持粮食生产重点县加快发展畜牧业，促进粮食过腹转化增值。

（八）加强和改善粮食市场宏观调控

宏观调控是政府的重要经济职能，保护和提高粮食综合生产能力，必须不断加强和改善政府对粮食生产、流通的宏观调控方式，保持粮食市场供求平衡，稳定市场粮价。

1. 积极培育粮食市场体系，搞活粮食流通

加快发展“四散化”粮食现代物流体系，提高粮食流通效率。支持培育区域性的粮食批发市场，引导大宗粮食贸易进场交易，鼓励用粮企业到粮食批发市场协商成交。同时建立和健全粮食市场法规体系，规范市场行为。积极培育粮食中间大商业组织特别是粮食贸易的农民合作经济组织，避免国有粮食部门垄断粮食市场。

2. 放开粮食价格和市场准入，形成合理的竞争机制

充分发挥市场作用，改善粮食供求平衡。政府主要通过粮食储备和吞吐调节机制，间接调控粮食市场，稳定粮食价格。

3. 加强粮食市场信息网络建设

应用电子商务等多种交易方式，降低粮食流通成本。目前建立的粮油网站，普遍规模小，内容少，可以考虑由省粮食局或粮食行业协会建立一个权威性的网站，提供全方位的国际、国内粮食信息以及电子商务平台。

4. 建立健全粮食监测预警机制

在落实国家粮食价格收购政策的基础上，积极发挥国内国际两个市场的调节作用，完善粮食储备调节制度，建立健全粮食安全预警机制。密切关注粮食生产、消费、价格、库存、进出口等重要指标的变化情况，研究确立与省情相适应的预警理论和方法，找准影响粮食生产的相关因子和关键问题，逐步建立起高效统一、与国际接轨的监测预警系统，加大对粮食生产预警系统建设的投入。

（四川省统计局　西南财经大学）

四川省农村劳动力转移就业问题研究

一、导论

农村剩余劳动力向城市转移是二元经济结构转换的社会经济现象。自改革开放以来，伴随着工业化和非农化的快速推进，大量农村劳动力从农业生产中转移出来，使中国的城镇化水平快速提升。然而，由于户籍制度改革严重滞后，在过去长期形成的城乡二元结构未得到根本消除的情况下，又形成了以“农民—市民—农村转移劳动力”为主体的三元社会经济结构，“双重户籍墙”不仅阻碍了农民转变为市民，而且导致我国的劳动力市场呈现二元分割的状态，农村劳动力进入城市工作，往往只能进入报酬较低、工作环境差、社会保障不足的“次属劳动力市场”，这种二元就业制度的长期存在，严重影响了农村转移劳动力的就业权利，进而导致他们的经济资本、人力资本和社会资本缺失，成为他们融入城市社会的重要障碍。

四川是农村劳动力资源大省，也是劳务输出大省，约六成以上的农村劳动力进入城市工作和生活，规模庞大，但其中有相当一部分没有稳定的就业，收入水平低下，不能安心定居城市，没有真正融入城市社会。农村劳动力大规模跨区域流动就业，而不是迁移定居城市，这种“候鸟”型转移模式成为影响市民化进程、影响社会和谐发展的重要因素。合理、有效地开发四川省农村劳动力资源，推进农村劳动力有序转移就业，是增加农民收入、加快农村脱贫致富的重要途径，也是打破三元社会经济结构、统筹城乡发展、实现农村转移劳动力社会融合和市民化的重大举措。本课题运用经济学、人口学、社会学等相关理论，通过实地调研和相关数据分析，全面掌握四川省农村劳动力资源状况和就业特点，对四川省农村劳动力转移就业的制约因素进行深度剖析，提出有针对性的政策建议，有助于为省委省政府完善相关政策提供依据。

二、四川省农村劳动力资源现状及转移就业特点

（一）四川省农村劳动力资源基本情况

劳动力资源指 16 周岁及以上，有劳动能力，参加或要求参加社会经济活动的人口，包括就业人员和失业人员。本文采用农村劳动年龄人口（15～64 岁）和乡

村就业人员指标对四川省农村劳动力资源变化趋势和就业分布情况进行分析。

从农村劳动力资源总量变化趋势看，四川省农村劳动力资源规模由增变减。根据四川省人口普查数据计算，四川省农村劳动年龄人口从1980年的3000万人左右①增至2000年的4066.8万人，而2010年四川省农村劳动年龄人口为3304.2万人，比2000年减少了762.6万人。

从农村劳动力资源年龄结构看，四川省农村劳动力年龄老化趋势明显。2010年，四川省50～64岁农村劳动年龄人口比重达27.4%，比2000年提高了5.8个百分点，35～49岁农村劳动年龄人口比重为37.6%，比2000年提高了7.1个百分点，而20～34岁农村劳动年龄人口比重为24.7%，比2000年下降了15.2个百分点，青年劳动力比重大幅下降，中老年劳动力比重有所上升，全省农村劳动力年龄老化趋势明显。

从农村劳动力资源性别结构看，四川省女性比重有所增加。2010年四川省农村劳动年龄人口中，男性劳动力1677.9万人，占50.8%；女性劳动力1626.3万人，占49.2%，比2000年增加了1个百分点。

从农村劳动力资源受教育程度看，四川省农村劳动力的文化素质仍处于落后水平。2010年四川省农村劳动年龄人口受教育年限为7.7年，比全国平均水平低0.5年；农村劳动力文盲率（文盲人口占15岁及以上人口比重）为9.09%，高于全国1.83个百分点；与河南、湖南、江苏、湖北等劳务输出大省相比，四川省劳动力中文盲和小学文化程度的比重也明显偏高。

从乡村就业人员变化趋势看，四川省乡村就业人员经历了快速增长、波动下降和持续下降三个阶段。具体而言，1978—1992年，四川省乡村就业人员快速增长，从1978年的2621.5万人增长至1992年的3607万人；1993—1998年，四川省乡村就业人员在波动中缓慢下降；1999年至今，四川省乡村就业人员持续下降，从1998年年末的3573.5万人下降至2016年的3257万人。从乡村就业人员所占比重看，四川省乡村就业人员占全部就业人员的比重持续下降，从1978年的84.9%降至2016年的67.02%（如图1所示）。

① 孔祥智．四川农村劳动力有序流动与转移研究［J］．调研世界，2006（5）：28−30.

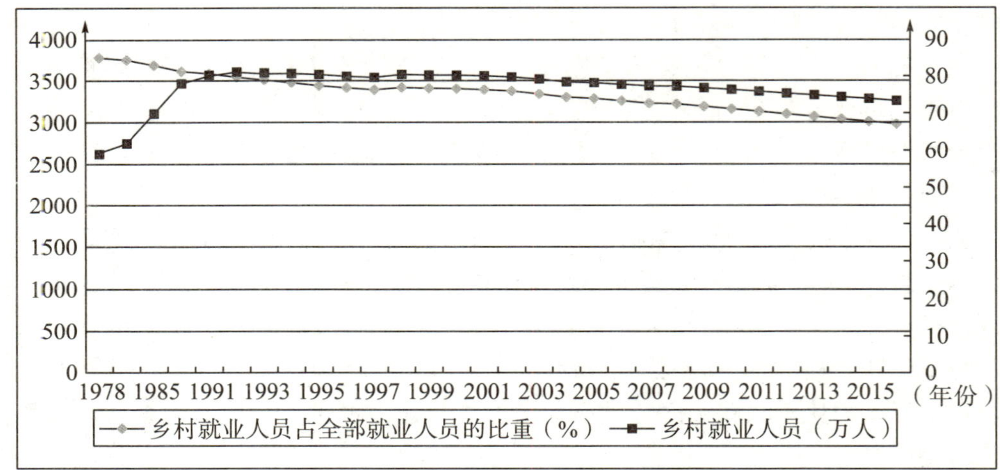

图 1　1978—2016 年四川省乡村就业人员变化情况

数据来源：《四川统计年鉴 2016》。

从行业分布看，四川省乡村就业人员主要分布在农林牧渔业、采矿业、制造业、建筑业、批发零售业和交通运输、仓储和邮政业 6 个行业。其中，从事农林牧渔业的乡村就业人员大幅下降，从 1978 年的 2508.44 万人减至 2015 年的 1853.69 万人，占全部乡村就业人员的比重从 1978 年的 95.7%降至 2015 年的 56.5%；从事第二、三产业的乡村就业人员大幅增加，从 1978 年的 113.06 万人增至 2015 年的 1427.31 万人，占全部乡村就业人员的比重从 1978 年的 4.3%增至 2015 年的 43.5%。其中，从事制造业和建筑业的乡村就业人员增长幅度最大，分别从 1978 年的 0.69 万人和 0.30 万人增至 2015 年的 9.56 万人和 10.13 万人，占全部乡村就业人员的比重分别从 1978 年的 0.7%和 0.3%增至 2015 年的 9.6%和 10.1%。四川省农村劳动力正持续从第一产业向二、三产业转移（如图 2 所示）。

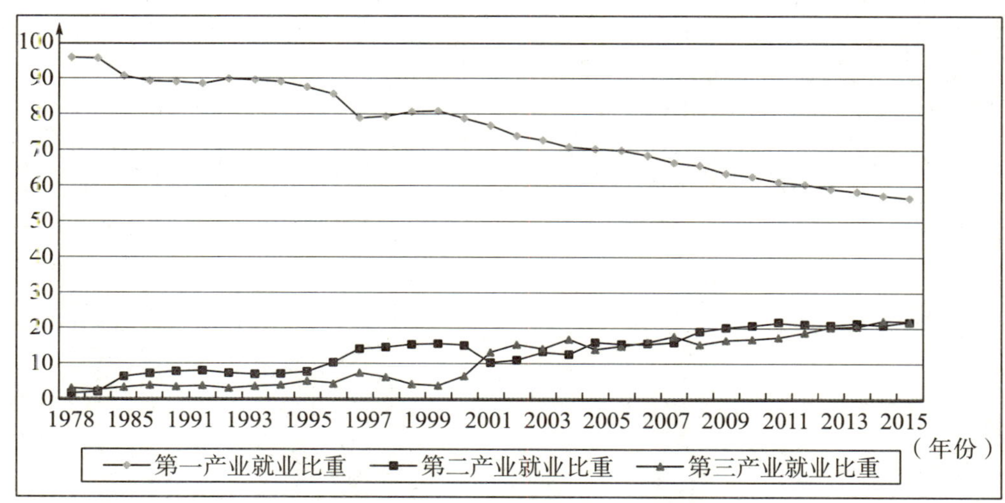

图 2　1978—2015 年四川省乡村就业人员产业分布情况

数据来源：《四川统计年鉴 2016》。

（二）四川省农村劳动力转移就业基本情况

从转移规模看，四川省农村劳动力转移输出规模不断扩大。四川省农村劳动力真正意义上的转移始于20世纪80年代初期，在农村实行家庭联产承包责任制后，广大农民在获得生产自主权的同时，开始向非农产业和城市寻找就业机会，但总的来说，农村劳动力流动半径不大，转移规模较小，转移总量为100万左右。随着改革开放的深入，各行各业对劳动力的需求进一步扩大，促成了农村劳动力的全方位、大规模转移，四川省农村劳动力转移进入了一个新的发展时期，四川省农村劳动力转移规模迅速扩大，1998年突破了1000万人①，2008年突破了2000万人，达2023万人。2009年以来，受人口老龄化程度加剧、新增劳动力减少等因素影响，四川省农村劳动力转移增速开始有所下降，2009年四川省农村劳动力转移规模为2173.9万人，同比增长7.46%，至2014年转移输出2472.2万人，同比仅增长0.7%；2015年转移输出2478.9万人，同比仅增长0.27%；2016年转移输出约2491.5万人，同比增长0.5%；2017年上半年转移输出2418.5万人，同比增长1.3%（如图3所示）。

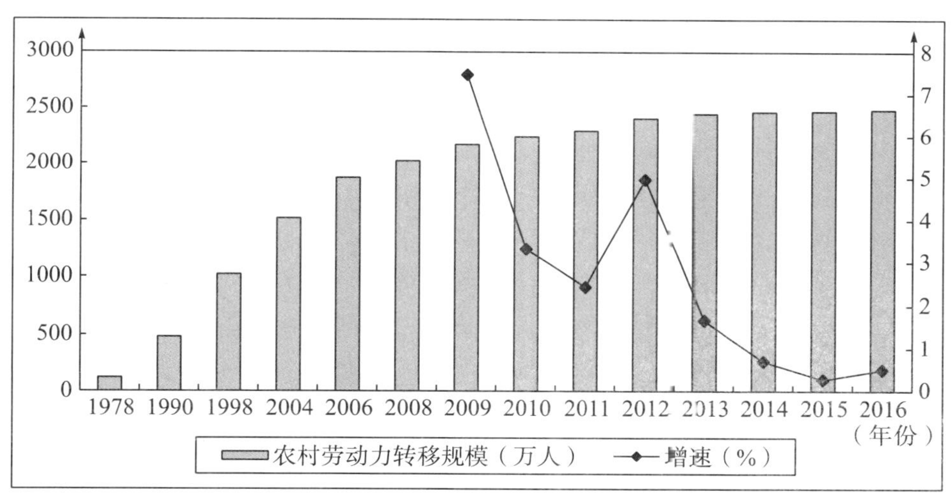

图3　四川农村劳动力转移输出规模变化情况

数据来源：国家统计局四川调查总队调查数据，四川省人力资源和社会保障事业发展统计公报（2008—2016）。

从转移区域看，四川省农村劳动力呈从就近转移为主，到省外转移为主，再到省外转移和省内转移并行的变化趋势。国家统计局四川调查总队抽样数据和四川省人力资源和社会保障厅统计数据显示，在2005年以前，四川省农村劳动力以省内转移为主，省内转移比重大于省外转移，但省内转移比重逐年下降；2006年，四川省农村劳动力省外转移规模超过省内转移规模；随着四川省新型城镇化建设的全

① 孔祥智．四川农村劳动力有序流动与转移研究［J］．调研世界，2006（5）：28－30.

面推进，2012 年，四川省农村劳动力转移出现历史性转折——省内转移数量高于省外输出，且省外转移数量首现减少现象。2012 年，省内转移就业 1291.87 万人，同比增长 18.33%，占转移总规模的 53.5%；省外输出就业 1117.27 万人，同比减少 7.3%，占转移总规模的 46.3%。2015 年，省内转移就业 1339.7 万人，占转移总规模的 54%，省外转移 1136.2 万人，占转移总规模的 45.8%。2016 年，省内转移就业 1354.7 万人，占转移总规模的 54.4%，省外转移 1133.9 万人，占转移总规模的 45.5%。2017 年上半年，省内转移 1264.5 万人，省外输出 1154 万人。

从转移收入看，劳务收入成为农民增收的重要来源之一。随着农村劳动力转移数量的快速增长，工资性收入已经成为四川省农民增收的重要源泉。四川省转移农村劳动力全年实现劳务收入从 2008 年的 1228 亿元增至 2016 年的 3833.4 亿元，年均增速达 15.3%。2008—2016 年，四川农村劳动力转移人均劳务收入从 2008 年的 6070.2 元增至 2016 年的 15385.9 元，年均增速达 11.3%，高于同期四川省城乡居民收入平均增速，劳务收入成为农民增收的重要来源之一。从农村居民收入结构看，农村居民人均工资性收入不断增长，从 2000 年的 597.2 元增至 2015 年的 3463 元，占农村居民全年人均总收入的比重从 2000 年的 21.2%增至 2015 年的 23.8%，是农村居民的第二大收入来源。

（三）四川省农村劳动力转移就业特点及存在的问题

为深入了解四川省农村劳动力转移就业的基本特点及存在的问题，课题组赴成都、绵阳、德阳、遂宁等市州对四川省农村转移人口进行了问卷调查和访谈，了解四川省农村劳动力转移就业、收入情况、教育程度、就业保障等多方面情况。调查发放问卷 1000 份，共回收有效问卷 984 份。在 984 名被访者中，从性别结构看，男性 571 人，占 58%，女性 413 人，占 42%；从年龄分布看，未满 16 岁的 39 人，占比 4%，16～20 岁的 110 人，占比 11.2%，21～30 岁的 324 人，占比 32.9%，31～40 岁的 246 人，占比 25%，41～50 岁的 201 人，占比 20.4%，50 岁以上的 64 人，占比 6.5%；从婚姻状况看，已婚的 629 人，占比 63.9%，离异的 35 人，占比 3.6%，丧偶的 11 人，占比 1.1%，未婚的 309 人，占比 31.4%。从调查结果看，四川省农村劳动力转移就业主要存在以下几个问题：

一是就业主要集中于劳动密集型行业。从调查结果看，受访的农村转移劳动力从事的行业主要集中于制造业、建筑业等劳动密集型行业，其中，所从事行业排名前五位的分别是建筑业、制造业、住宿餐饮业、批发零售业和居民服务业，占比分别为 18.6%、16.1%、12.2%、11.5%和 10.2%（如图 4 所示）。这些行业技术含量相对较低、对文化程度的要求不高。

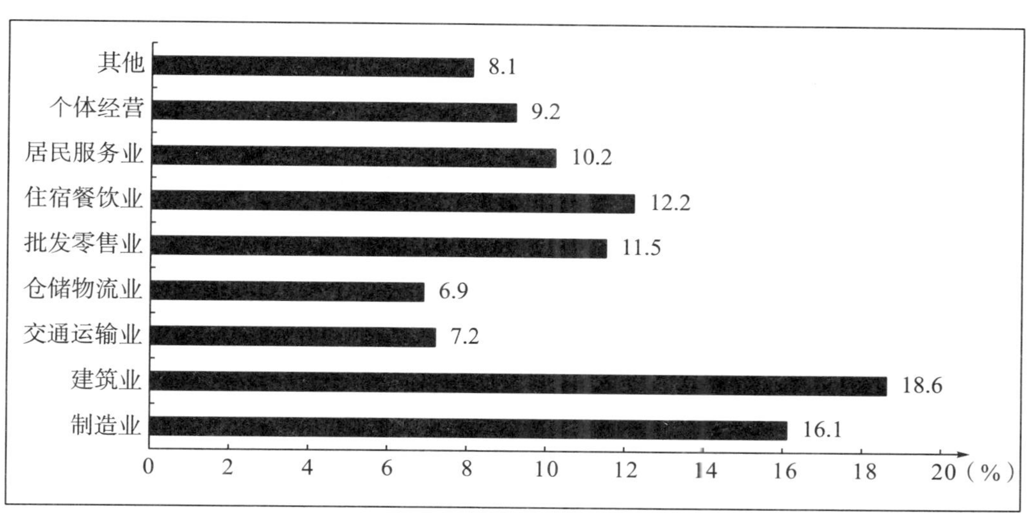

图 4　受访者行业分布情况

从职业职位看，农村转移劳动力大部分是基层工作人员。调查显示，普通工人或服务员占比达 52.3%，技术工人占比 20%，基层管理人员占 13.3%（如图 5 所示）。

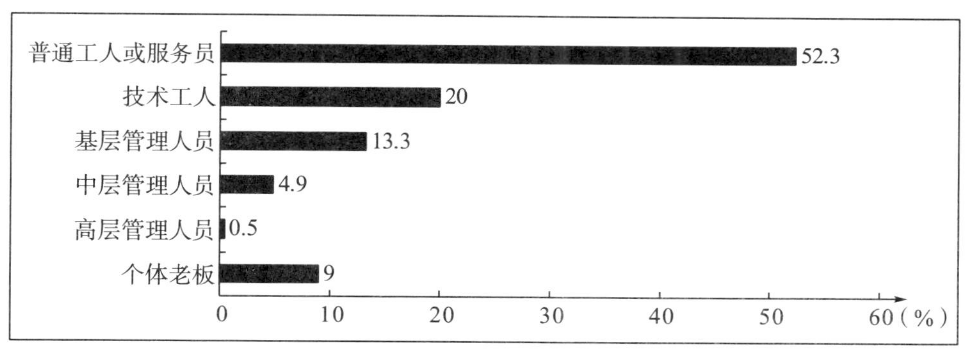

图 5　受访者职业属性

二是农村劳动力工资待遇相对较低。调查显示，八成受访者月平均收入在 5000 元以下，其中，月平均收入 1000～3000 元的占 20.6%，月平均收入 3000～5000 元的占 51.6%，月平均收入 5000～7000 元的占 9.1%，月平均收入 7000 元以上的占 8.7%（如图 6 所示）。经计算，全部受访者月平均收入为 3690 元，全年平均收入 44280 元，比 2016 年四川省全部城镇单位就业人员平均工资 54425 元低约 10000 元。

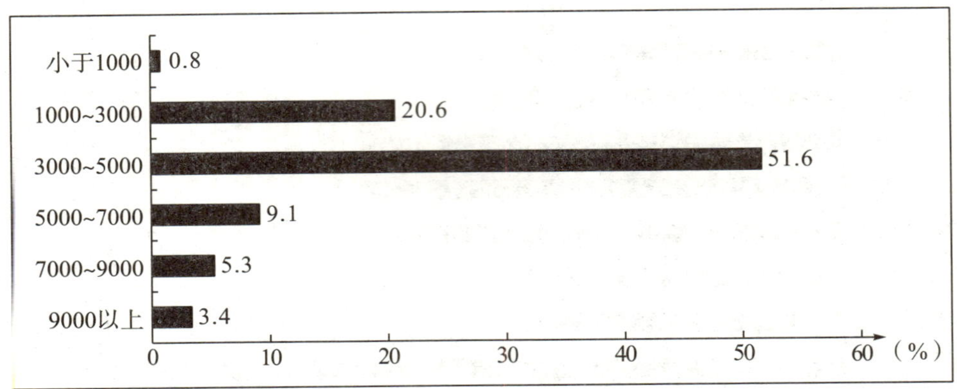

图 6　受访者平均月收入情况

三是农业劳动力文化程度普遍不高。调查数据显示，受访者初中及以下文化程度占 66%，同时有约 40%的受访者缺乏专业技术技能。文化水平和专业技能的缺乏是影响农业劳动力就业及在城市生存的主要因素（如图 7、图 8、图 9 所示）。

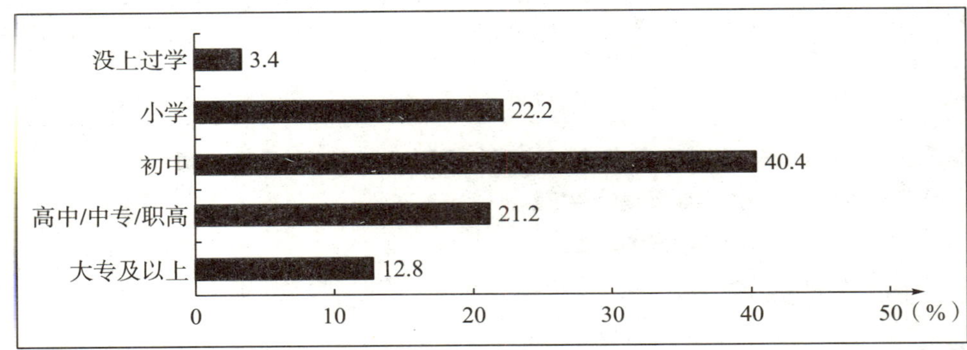

图 7　受访者受教育程度

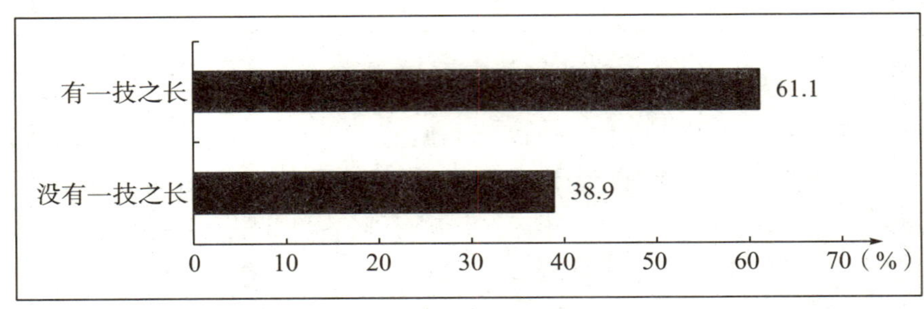

图 8　受访者技能情况

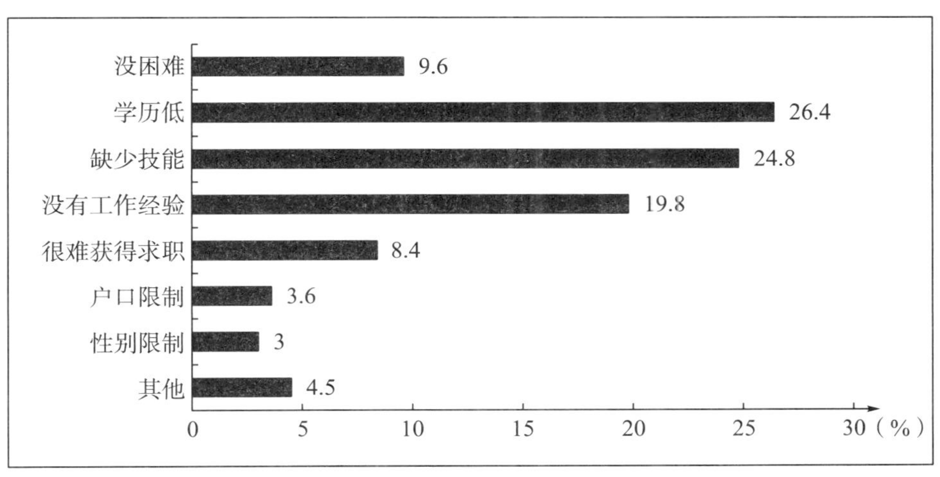

图 9 受访者找工作时遇到的最大困难

四是农村劳动力社会资本有限。农村转移劳动力应聘工作的主要途径是亲戚朋友介绍，其次是自己去劳务市场。其中，通过亲戚朋友介绍的占比 40.0%，自己去劳务市场的占比 22.3%，网上招聘的占比 17.7%（如图 10 所示）。

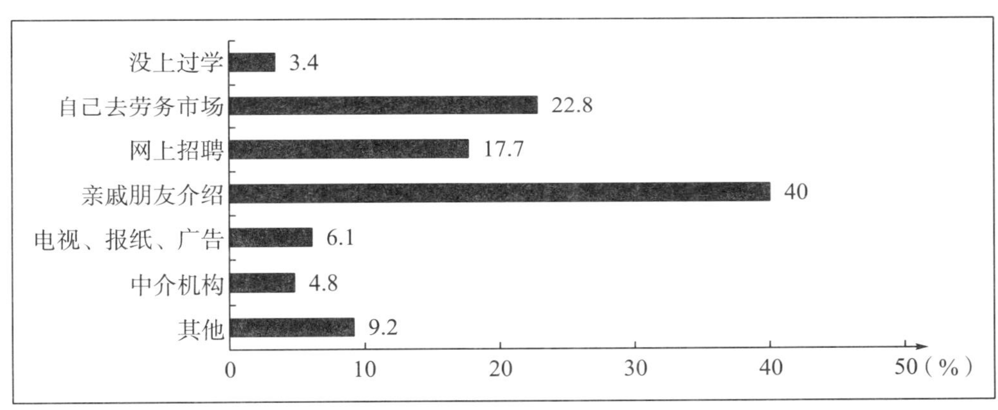

图 10 受访者应聘工作方式

五是农村劳动力社会保障不足。农业转移劳动力所在企业多为私营企业，工作时间长，劳动强度大，就业保障差，还存在不签合同、拖欠工资等情况。调查显示，有 30%的受访者工资存在拖欠的情况（如图 11 所示），40%的受访者没有与用工方签订合同（如图 12 所示）。在受访者中，除工伤保险参保率超过 30%外，其余城镇居民社会保险参保率均未超过 30%，同时，还存在单位不购买社会保险的现象，且该比例高达 31%（如图 13 所示）。

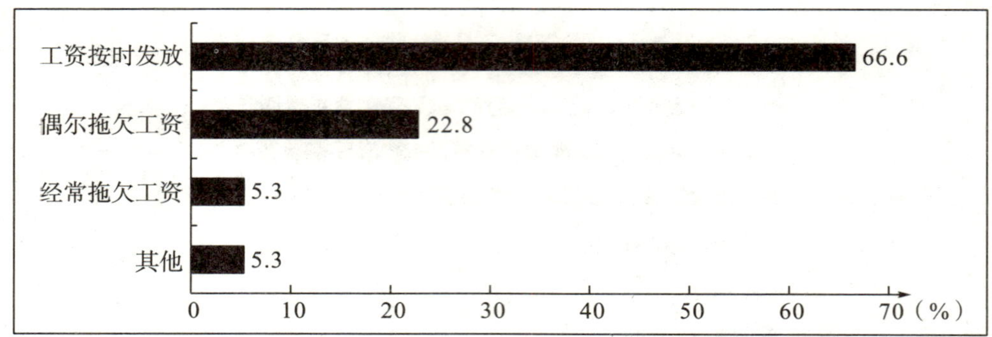

图 11　受访者工资发放情况

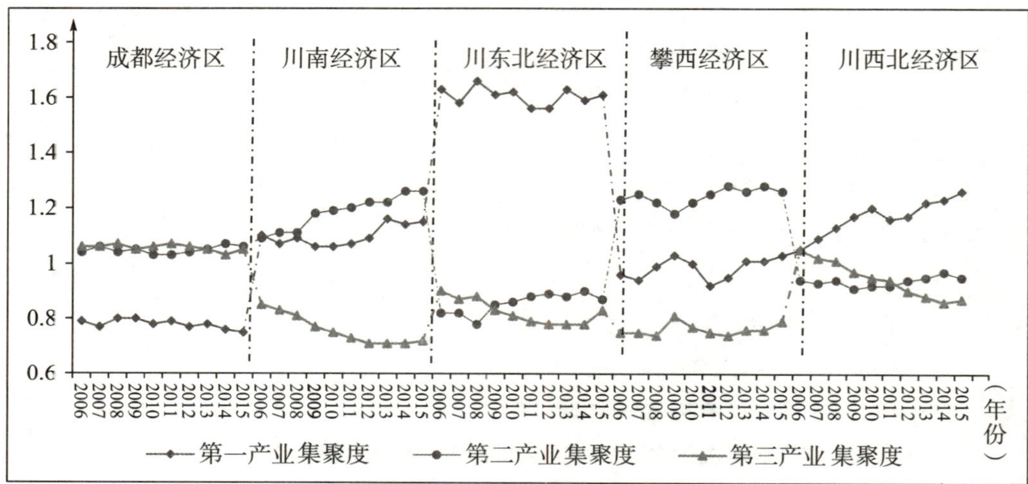

图 12　受访者合同签订情况

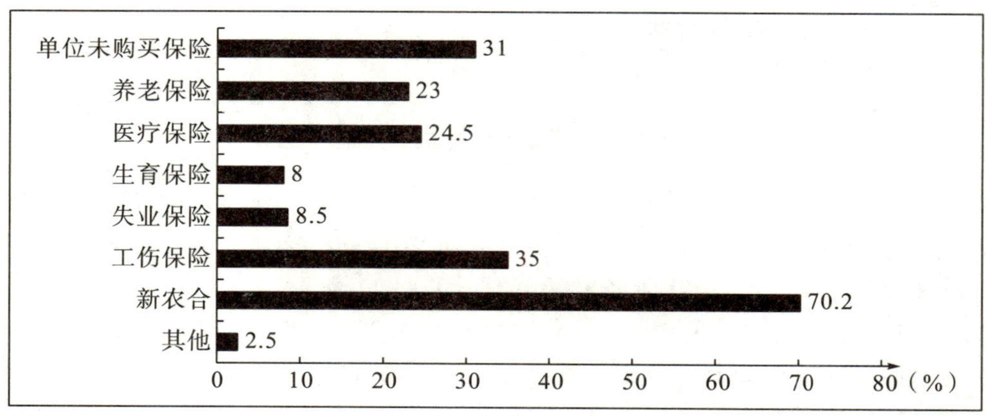

图 13　受访者参加社会保险情况

注：本题为多选。

三、四川省农村劳动力转移就业的制约因素

（一）制度制约因素

1. 户籍制度及其衍生制度障碍仍然存在

近年来，国家高度重视户籍制度改革，2014 年 7 月，国务院印发《关于进一步推进户籍制度改革的意见》；2016 年 1 月 1 日，施行《居住证暂行条例》；2016 年 2 月，国务院印发《关于深入推进新型城镇化建设的若干意见》，农业部、国土资源部、教育部、人社部、卫生计生委、住建部、财政部、发改委等有关部门出台了一系列配套政策措施，户籍制度改革取得重大进展。四川省也出台了《进一步推进户籍制度改革实施方案》，全面实施居住证制度，并全面放开除成都市外其余市州的城镇落户限制，不以退出“三权”作为农民进城落户条件。但受制于长期实行的城乡二元户籍制度，仍有部分城市存在落户限制，部分农村转移劳动力无法取得城市居民的户籍身份。同时，长期的城乡分割造成城市与农村之间公共资源的分配严重失衡，户籍制度衍生出的社会保障制度、劳动就业制度、住房保障制度、教育医疗制度等一系列制度安排把农村转移劳动力排斥在城市资源配置体系之外，阻碍了农村转移劳动力获取在城市生活的相应权利，加大了农村转移劳动力在城市的就业和生活成本。例如，成都房价高、生活成本高、教育成本高，即使入户门槛有所降低，大量转移到成都的农村劳动力仍旧因为高房价而无法取得成都户口。我们的调查结果也显示，收入不高消费高、房价高、教育费用高、政策受限是农村转移劳动力不愿落户城镇、在城镇不能稳定就业的主要原因（如图 14 所示）。

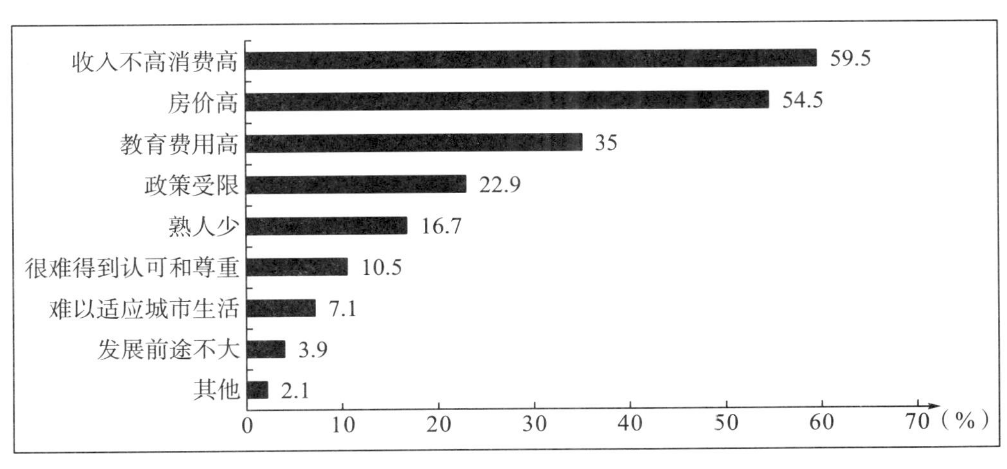

图 14　受访者不愿落户城镇的原因

2. 农村土地制度改革难度较大

随着农村土地征收、集体经营性建设用地入市、宅基地制度改革等农村土地制

度三项改革试点意见的出台，我国农村土地制度改革将进入开创性改革阶段，在全国31个省区市33个试点县（市、区）中，仅四川省、浙江省各有两个试点县。当前，农村土地制度改革的方向是，在符合规划和用途管制的前提下，允许农村集体经营性建设用地出让、租赁、入股，实行与国有土地同等入市、同权同价；保障农户宅基地用益物权，改革完善农村宅基地制度等，保障进城农民的土地权益，解决农村转移劳动力进城发展的经济资本问题。但由于长期忽视农民的社会保障以及城乡二元经济结构，农村土地被赋予了社会保障功能，土地成为保障农民家庭最基本生存需要的基本保障。同时，由于城市就业的风险与不确定性，还有相当部分农村劳动力属于季节性转移，土地的就业保障功能仍然存在，土地成为农村劳动力抵御城市就业风险的主要保障。因此，附着在土地上的收益及潜在利益，使得农村劳动力的土地归属感将可能长期存在，可能会影响土地制度改革的实施落地，从而影响农村劳动力转移。

从调查情况看，土地归属感、生活成本低、亲戚朋友多、生活方式习惯是影响农村转移劳动力希望回到农村的主要原因，其中土地归属感占比最大，达到48.1%（如图15所示），表明农业转移劳动力在收入较低且不稳定、城市生活成本高的现实情况下，附着在土地上的收益及潜在利益是影响农村转移劳动力在城市稳定就业和市民化的最主要原因。

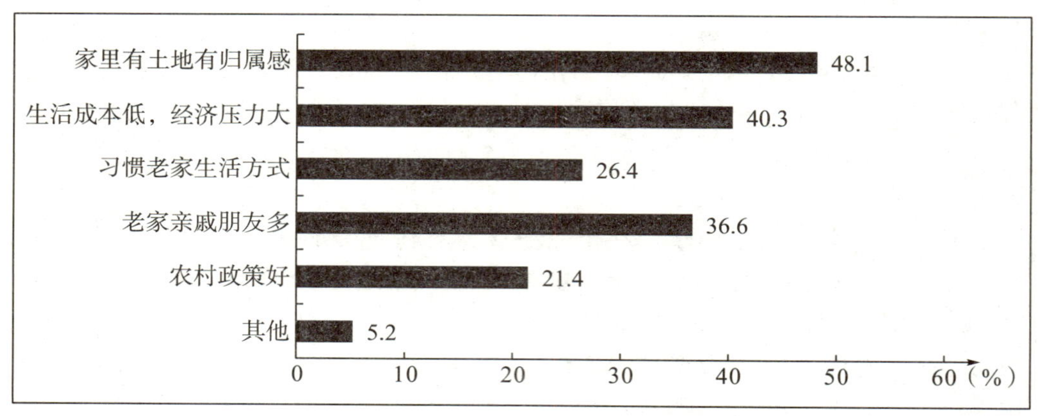

图15 受访者希望回乡的原因

3. 劳动力就业服务体系不健全

在就业体系方面，城乡统一的劳动力市场尚未建立完善，劳动力市场信息不通畅，农村劳动力流动大多是自发性的，带有盲目的、无组织的分散特征，农民外出打工主要通过各自的社会关系网络，借助亲缘、地缘关系，如亲戚、朋友、同乡等渠道获取就业信息，或者求助于各类民间劳务中介组织，导致农村劳动力转移就业的组织化、社会化程度低，加大了农村劳动力流动的成本和风险。同时，就业保障体系尚未建立完善，农村转移劳动力多在私营企业就业，市场秩序不完善，就业稳定性差，用工单位往往基于成本压力不为员工办理养老保险、工伤保险、医疗保险等，对员工权益的保护意识薄弱，大多数私营企业特别是中小微企业没有工会组织，分散的农村转移劳动力往往诉求无门，无法表达和维护自己的正当权益，农村转移劳动力合法权益受侵害的现象较为普遍。

（二）城镇化发展制约因素

1. 城镇化发展水平不高

近年来，四川省城镇化发展进程加快，但仍存在低于全国平均水平、地区间发展不均衡、城镇体系不健全等问题，极大地制约了农村劳动力向城镇的转移。一是四川省城镇化水平低于全国平均水平。2016 年，四川省城镇化率达 49.2%，比 2000 年提高了 22.5 个百分点，但仍低于全国平均水平 8.2 个百分点。二是四川省城镇化发展不均衡。成都市城镇化率高达 70.6%，而广安、巴中、阿坝、甘孜、凉山等 5 个市州城镇化率不足 40%，甘孜仅 29.3%，地区间城镇化发展极不均衡。三是四川省城镇化体系还亟待完善。目前，全省已有成都一个特大城市、3 个大城市、8 个中等城市、141 个小城市和 1531 个镇新型城镇化发展成效明显。成都一城独大，城镇人口达 1047.6 万人，聚集人口的功能十分突出，但中小城市规模整体偏小，城镇化发展不足，产业的聚集水平和人口吸纳能力还不够高，制约了四川省农村劳动力的转移就业。

2. 城镇化发展质量不高

在加速推进城镇化的同时，四川省和全国其他地区一样也存在城镇化发展质量不高的问题。一是四川省户籍人口城镇化率与常住人口城镇化率的差距还在不断扩大。2015 年，四川省户籍人口城镇化率仅为 30.6%，比常住人口城镇化率低 17.1 个百分点，差距比 2000 年扩大了 9 个百分点。大量农村转移劳动力在城镇居住和就业，虽然实现了职业和地域的转移，但还没有实现身份的转换，享受不到与城市居民同等的公共服务和社会福利。二是城市基础设施和公共服务建设滞后于土地城镇化和人口城镇化。部分地区环境污染、交通拥堵等大城市病问题日益突出，市政设施建设不足、公共服务供给不足、城市服务管理水平较低等问题成为制约城市发展的瓶颈因素。三是与工业化进程比较来看，四川省城镇化建设也滞后于工业化进程。钱纳里模型实证研究表明，一国或地区工业化与城镇化协调发展的标志是城镇化率和工业化率的比值在 1.4 至 2.5 之间。2016 年，四川城镇化率和工业化率的比值为 1.4，而 21 个市州中，仅成都和巴中达到 1.4，而巴中城镇化率仅为 39.1%，工业化率为 28.7%，是一种低水平的均衡。此外，除成都已进入工业化后期发展阶段外，大部分市州还处于工业化初期和中期发展阶段，第二、三产业发展均不足，对农村剩余劳动力的吸纳能力有限。但同时，按照经济发展规律，第二、三产业还有较大发展空间，因此，农村剩余劳动力转移空间也较大。

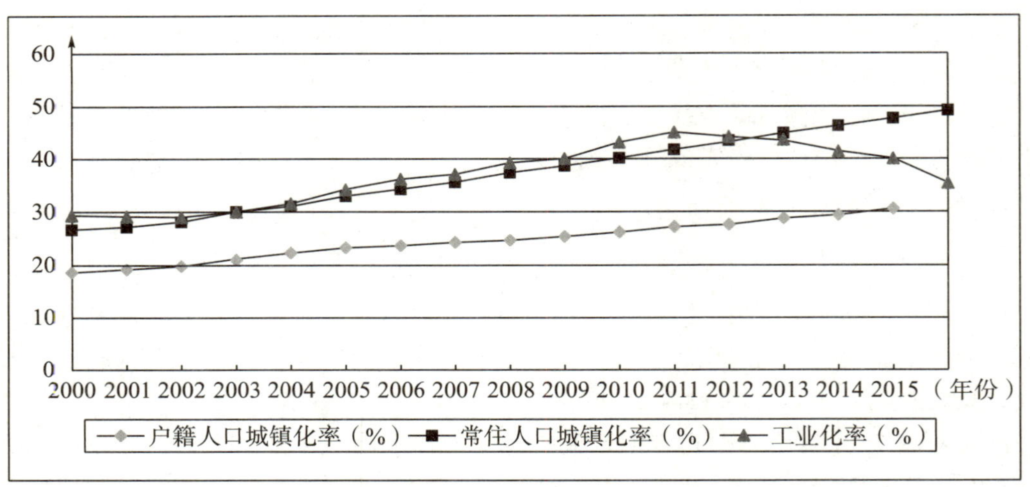

图 16　2000—2016 年四川省城镇化率与工业化率变化情况

表 1　四川省 21 市州城镇化率、工业化率、第三产业比重情况

地区	2015 年户籍人口城镇化率（%）	2016 年常住人口城镇化率（%）	2016 年工业化率（%）	城镇化率与工业化率的比值	2016 年第三产业比重（%）
四川省	30.6	49.2	35.4	1.4	45.4
成都市	58.7	70.6	37.0	1.9	53.1
自贡市	38.6	49.1	52.3	0.9	31.4
攀枝花市	53.3	65.3	67.5	1.0	26.1
泸州市	24.3	47.5	54.6	0.9	28.9
德阳市	34.9	49.6	53.0	0.9	31.8
绵阳市	32.4	49.5	41.7	1.2	35.7
广元市	24.1	42.4	39.8	1.1	37.3
遂宁市	28.4	47.0	47.2	1.0	29.1
内江市	26.2	46.7	54.6	0.9	25.2
乐山市	37.9	48.7	54.0	0.9	31.6
南充市	23.3	45.1	38.8	1.2	30.2
眉山市	28.7	43.4	47.6	0.9	29.3
宜宾市	21.4	46.6	52.6	0.9	28.3
广安市	22.2	38.8	40.4	1.0	32.6
达州市	23.4	42.4	35.3	1.2	36.7
雅安市	34.9	44.0	47.1	0.9	30.6
巴中市	23.5	39.1	28.6	1.4	36.9

续表1

地区	2015 年户籍人口城镇化率（%）	2016 年常住人口城镇化率（%）	2016 年工业化率（%）	城镇化率与工业化率的比值	2016 年第三产业比重（%）
资阳市	18.5	40.1	48.1	0.8	29.3
阿坝州	34.5	37.9	38.5	1.0	37.1
甘孜州	14.9	29.3	21.9	1.3	38.2
凉山州	15.6	33.0	33.9	1.0	31.3

（三）劳动力市场因素

1. 农村劳动力有效供给不足

四川省人口学会研究结果显示，经过 20 世纪 80 年代就近转移、90 年代省外转移输出、20 世纪以来外出就业和就近转移并行等几个阶段，目前大量农村劳动力已经进入非农产业就业，四川省农业剩余劳动力仅 500 余万人，农村劳动力供给正从无限供给向有限供给转变。据 2016 年四川省流动人口卫生计生服务流出地监测调查，目前留在农村的人口年龄集中在 40～54 岁，仍然留在农村的这部分剩余劳动力因年龄、文化和技能等因素，难以向二、三产业转移就业，而且他们自身转移就业的意愿也不强烈，农村实际面临着无人可转出的局面。

同时，从农村劳动力供给结构看，第一代农民工农闲时进城打零工赚钱，农忙时回村下地干活，本质上还是地道的农民；而第二代或第三代农民工是以城市生活为最终归宿，他们即使在城里挣不了钱，也不愿意回农村，与父辈相比他们不愿种地，也不会种地。调查结果显示，有丰富务农经验的仅占 23.5%，七成农民工没有务农经验或务农经验不足（如图 17 所示）。当前，四川省提出加快现代农业发展，推动种养加一体，一、二、三产业融合发展，构建现代农业产业体系、生产体系、经营体系。若没有新型农民，没有年轻人力资源支撑，将难以实现农业的现代化。

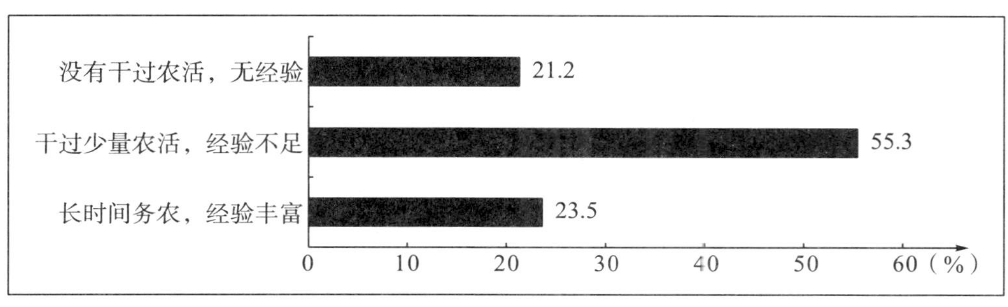

图 17　受访者务农经验

2. 劳动力市场结构性矛盾突出

随着产业转型升级、经济结构调整的加速，四川省劳动力市场结构性矛盾更加凸显，特别是高技能人才、专业技术人才严重缺乏。目前，企业生产技术革新与产品升级换代的步伐加快，引进了大量现代化操作设备，生产方式、流通方式等不断革新，对劳动者技能水平的要求越来越高，而相对而言，农村转移劳动力受教育程度不高、技能水平低，与就业岗位匹配率低，使得企业用工需求与劳动力供给矛盾较为突出。四川省统计局农民工返城务工情况调查显示，企业招聘高学历、高技能人才和管理人才仍然困难，但务工人员学历和技能又普遍偏低。从在内江调查的15家企业来看，有10家企业计划共招聘62名技术、管理类人才，仅1家企业成功招聘1名管理类人才。从剑阁县情况看，常年在外务工人员25万人，其中初中以下文化程度务工人员9.5万人，占外出务工人员总数的38%。从2015年1%人口抽样调查资料看，全省53.75%的流动人口受教育程度为初中及以下。

（四）劳动者自身制约因素

1. 人力资本和社会资本匮乏

农村转移劳动力人力资本和社会资本的普遍匮乏是影响农村转移劳动力就业的主要障碍。一是人力资本存量不足。由于教育资源在城乡的配置严重失衡，农村转移劳动力受教育程度普遍偏低，使其就业层次低，工作不稳定。调查显示，三年内更换过工作的约占55%，且工资收入少，就业竞争力弱。人力资本高低不仅影响着农业转移劳动力退出农业进入非农业的职业转换适应能力，还决定着他们进入城镇的生存和发展能力。进入城市后，人力资本积累的水平制约着农村转移劳动力群体在城市生存、就业和发展的状态。他们长期在城市“次属劳动力市场”中从事“苦、脏、累”的工作，很大程度上是由于其受教育程度较低，人力资本偏低；人力资本越强的农业转移劳动力，参与城市劳动力市场竞争的能力相对较强，相对收入较高，更容易适应新的生活方式，所受到的社会排斥较小，融入度较高。四川农村转移劳动力由于受教育程度较低，人力资本的“先天积累”和“后天形成”均不足，严重影响农村转移劳动力的就业竞争力。二是社会资本匮乏。农村转移劳动力进入城镇最初依靠的是乡村社会网络和人际关系，这些原始社会资本越充足，农村转移劳动力参与社会交往的障碍越大。由于农村转移劳动力主要以亲缘、友缘和地缘为社交网络，很少参与社区组织活动，加之倾向于城镇居民利益的制度设计，使得农村转移劳动力这一群体私人关系型社会资本不足，组织型社会资本贫乏，制度型社会资本缺失。由于个人社会资本的有限，即使拥有较好教育背景的农民工，也难以寻找更好的就业岗位，调查显示，通过亲戚朋友介绍工作的占比40%。社会资本成为影响农村转移劳动力城市就业选择及永久定居的关键制约因素。

2. 社会融入障碍

如前所述，由于市场经济制度体系的不完善，社会权益制度系统的不完整、缺失，“相对贫困”导致农村转移劳动力缺乏足够的经济资本积累、人力资本投资及社会资本的形成。三大资本困境导致农村转移劳动力融入城市社会的能力不足，并进一步影响他们与城市居民之间的心理融合。在社会融入问题上，制度的隔阂是最关键、最根本的原因，长期的城乡二元分割，一方面使得农村转移劳动力从心理层面加深了自身非城市群体的自我暗示和自我定位，另一方面加深了城市居民对农村转移劳动力的歧视和偏见。但是即便有的农村转移劳动力已经拥有了城市户籍，解决了制度隔离问题，却仍然不认同自己的城市市民地位，存在“被排斥”的心态，难以融入城市，呈现“半融入”状态，问题的关键在于心理融入存在障碍。现代性和城市性的匮乏是农村转移劳动力实现社会融合与市民化的重要瓶颈，也是歧视产生的重要前提。相对于城镇居民而言，农村转移劳动力在价值取向、行为规范、生活态度以及受教育程度等方面表现出明显的差异性，他们对城市生活有时难以适从，普遍存在自卑、压抑和缺乏归属感等问题。文化价值观念陈旧，传统观念和小农意识较强，现代市场意识、法制意识不强等，都阻碍了他们融入城市和市民化的过程。我们的调查显示，认同自己城市人身份的农村转移劳动力只占 15.2%。

四、促进四川省农村劳动力有序流动和转移的建议

在新型城镇化建设和农业供给侧结构性改革背景下，要推进农村劳动力转移就业，必须从制度设计、产业规划、就业环境、城镇体系建设等多方面进行科学的统筹规划，促进农村劳动力有序流动和转移。

（一）继续深化户籍制度改革，消除农村劳动力转移就业的制度障碍

继续深化户籍制度改革，赋予农村转移劳动力平等的公民权。建立城乡统一的户籍管理制度，打破长期以来的城乡二元结构体制，逐渐剥离附着在户口上的各种特权，弱化户籍背后的利益关系，消除就业、企业注册登记、住房、子女入学、医疗等阻碍农村劳动力自由流动的歧视性政策，创造一个有利于农村转移劳动力市民化的制度环境，实现农村转移劳动力与城镇居民在实质上的平等，而不仅仅是身份上的平等。

（二）推进农业现代化发展，实现农村剩余劳动力就近转移

首先，要大力推进现代农业发展，实现部分剩余劳动力就近、农业产业内转移。通过规模化、集约化和标准化生产方式吸纳部分剩余劳动力在农业产业内转移；加大农业结构调整力度，大力发展多种经营和特色农业，结合各地资源特点，培育与当地特色农业有关的乡镇企业和民营企业，拓宽农业内部的就业空间，促进农业内部多渠道吸纳农村富余劳动力就业。

其次，要推进农业与二、三产业融合发展，延伸农业产业链，实现部分剩余农村劳动力向二、三产业转移。一是应发展吸纳劳动力较多的工业部门，为农村劳动力的转移提供更多就业机会。二是应结合本地区资源优势，促进农业与二、三产业联动发展，例如体验式旅游、休闲旅游、文化旅游、康养旅游等，拉长农业产业链

条，创造更多的就业岗位，引导农民充分就业。三是扶持中小企业和乡镇企业发展，扩大就业岗位，要在资金、技术、政策等方面为中小企业提供优惠，鼓励中小企业和乡镇企业再次创业，以提供更多的就业岗位。

（三）加快新型城镇化建设，扩大农村劳动力就业空间

新型城镇化发展有助于为农村劳动力提供更大的平台和更好的就业创业机会。当前，四川省城镇化发展不足，城镇化质量还不高，表明未来四川省城镇化发展的潜力和空间较大。

一是进一步改善城镇化发展质量。积极推进城镇市政基础设施建设，加快城镇公共交通设施建设、污水垃圾处理、空气污染治理、园林绿化建设等，增强城镇综合承载能力；逐步实现教育、医疗、文化等公共服务均衡化布局。

二是加快建设大中城市。当前，成都城市首位度较高，四川省城市规模等级断层现象明显，除成都外，其余均未达到最佳城市人口规模，集聚效应和辐射效应不强。因此，在保持成都经济增长极发展的基础上，应加快四川大中城市的发展，降低入户门槛，提升城市综合功能，促进农村劳动力向大中城市集聚，扩大大中城市的自我扩张能力和辐射带动能力。

三是大力发展小城市和小城镇。四川省小城镇数量众多，应结合四川省实际，依托特色资源，加大投入，完善基础设施和公共服务建设，扶持培育一批经济发展快、人口吸纳能力强的小城镇，建设大批新型农村社区，为四川省县域经济发展和就地就近吸纳农村人口创造条件，促进农村劳动力的就业城镇化。

（四）创建公平的就业环境，维护农村劳动力合法权益

一是加强政府公共就业服务职能。农民工流出地和流入地均要加强公共就业服务职能，把促进农民工就业放在首要位置，建立突破户籍地限制服务就业的工作机制，落实好国家稳定就业的积极政策，在农民工培训、就业指导、职业介绍、社会保障和维权服务方面让农民工得到实惠。同时在“大众创业、万众创新”的新形势下，应引导和鼓励更多的农民工通过创业创新实现就业、带动就业。

二是要建立劳动力稳定流动、动态监测和监督监控机制，积极引导和规范农村劳动力市场。

三是要建立覆盖城乡的公共就业服务体系，搭建城乡统一的就业信息网络平台，将就业培训信息、就业信息、政策咨询和就业权益维护等公共就业服务延伸到基层，及时掌握城镇工业企业、服务行业和城市居民生活对劳动力的需求，为农村转移劳动力创造就业岗位、提供就业信息和指导，及时解决农村转移劳动力就业难问题。

四是大力发展和规范各种职业中介机构和劳务派遣、职业咨询指导、就业信息服务等社会化服务组织，构建政府和社会多方位的劳动力就业服务体系，拓宽职业介绍渠道，加强跨区域间合作，广泛实现就业岗位和人力资源等信息共享。

五是要建立健全最低工资制度、拖欠工资处罚制度、职工带薪休假制度、安全保障制度等，加强对用工单位的监管，保障农村转移劳动力的合法权益。同时，加强培训和引导，提高农民遵守法律法规和依法维护权益的意识。此外，建议设计农村转移劳动力通过技术工人转为中间阶层的制度，例如恢复我国过去的“八级工”制度，为农村转移劳动力创造上升流动的社会渠道。

六是充分发挥金融、投融资机构、行业组织协会支持创业创新的社会功能，支持更多有条件的农民工通过创业创新实现就业。农业产业化龙头企业、专业合作社要充分利用政策扶持资金做大做强，就近吸纳农民工就业，帮助解决返乡农民工就近就业、就近发展问题。

（五）积累经济资本，增强农村转移劳动力经济适应能力

首先，要提高农村转移劳动力在城市就业的收入水平。完善落实最低工资制度，构建农村转移劳动力工资支付保障体系。通过有序推进改革工资、社会保障及住房制度，提高农村转移劳动力的经济资本积累水平。

其次，重点推进农村土地制度改革，确保农业转移人口在土地流转和征用过程中的主体地位，有效保障其切身利益，并促进土地资源能够顺利转化为农村转移劳动力进入城市定居的物质资本。

（六）加大人力资本投资，提高农村劳动力就业竞争力

加强对农村转移劳动力的职业、技能培训，形成非农产业就业、城市消费生活的新的人力资本条件。这需要政府、社区、企业共同建立健全培训体系，构建长效高效的培训机制。同时也需要农村转移劳动力主体增强意识，主动学习新技能，提高职业素养和培养社会文明习惯。

一是进一步加大教育产业投入力度，加强和普及农村12年制义务教育，尽快把义务教育普及到高中，降低农村教育成本。在城市义务教育环节，应重视农村转移劳动力子弟享受平等的基础教育权益，积累家庭在城市社会生活的人力资本。

二是应进一步加强农村转移劳动力的职业教育培训。相关部门、中介机构或派遣单位根据需要可组织开展免费的职业技能培训，同时鼓励用人单位加大对农村转移劳动力的免费职业技能培训，不断提高农村转移劳动力的技能水平和综合素质。

三是应鼓励发展社区教育、成人教育等职业教育模式。应加大农村转移劳动力培训经费投入力度，减少职业教育费用，降低农村转移劳动力教育门槛，扩大受教育人口范围，提升农村转移劳动力的文化理论水平，从根本上提高农村转移劳动力的就业层次和就业竞争力。

四是应鼓励农村转移劳动力提高自身综合素质。农村转移劳动力自身要有加强学习和提高技能水平的理念，相关部门、社区、村镇要引导农村转移劳动力自觉参加各类技能培训，提升专业技能水平，提高对就业形势的分析判断能力。

（七）丰富社会资本，提升农村转移劳动力融入城市的能力

首先，需要建立和完善劳动力市场的就业引导机制，发挥社区组织、企业组织及农民自组织的作用，弥补农村转移劳动力的社会资本短缺情况。建立提供服务和咨询的组织，如农民工职业介绍与技能培训服务中心、农民工信息交流中心、农民工法律援助中心等，扩展更多的农村转移劳动力进城途径，使其进城的途径更流畅，信息更充分，费用更低。

其次，需要建立和谐的城市社会关系，消除城市排斥和隔离，拓展农村转移劳动力在城市定居的社会关系网络和空间。一方面需要农村转移劳动力转变价值观念和行为习惯，提高综合素质，增强社会交际能力，培养城市融入的归属感；另一方面也需要城市市民包容、理解和关心、接纳。

（八）完善公共服务体系，促进农村转移劳动力社会融合

建立覆盖城乡的社会保障和公共服务体系，是解决农村转移劳动力与城市居民福利待遇差别、保障农村转移劳动力进城后稳定生存的重要途径。

在教育服务方面，确保农村劳动力及其随迁子女平等享受教育权利。一是要将随迁子女义务教育纳入各地区教育发展规划和财政保障范畴，保障进城农民随迁子女以公办学校为主接受义务教育，解决农村转移劳动力随迁子女因户籍原因造成的升学限制等。二是要加大公立学校的办学规模和数量，加大农村转移劳动力子女入学比例，减轻农村转移劳动力经济负担。

在社会保障方面，建立健全城乡统一的社会保障和福利制度。应尽快实现农村转移劳动力医疗保险和医疗救助无缝衔接，确保农村转移劳动力按规定实现养老保险、医疗保险、失业保险、工伤保险、社会救助等基本社会保障全覆盖，完善基本医疗保险、养老保险等社会保险的全省转移接续办法；对符合享受各种社会保障和公共服务条件的农村转移劳动力，切实做到应保尽保、一视同仁；要将农村转移劳动力纳入社区卫生和计划生育服务体系，提供基本健康教育、妇幼保健、预防接种、传染病防控、计划生育等公共卫生服务。

在住房保障方面，要完善住房保障制度。将农村转移劳动力纳入城镇保障性住房保障范围，使其平等享受与城镇人口相同的租赁和购买住房的政策，实施并逐步扩大农村转移劳动力安居工程，让农村转移劳动力能以较低成本享受较好的城镇居住条件。当务之急是政府和用工单位要积极改善农村转移劳动力的住房条件，改善工棚条件，防范住房安全隐患。

在文化服务方面，要为农村转移劳动力的基本文化权益提供制度化保障，提供公共文化服务，如加强图书馆、文化馆、美术馆、博物馆等公共文化服务设施建设并向社会免费开放服务，引导农村转移劳动力在城市文化环境中自觉提升文化素养和综合素质，培育科学、文明、健康的生活方式，缩小与城市居民的差距，积极融入城市社会。要加强舆论导向，消除农村转移劳动力融入城市的文化障碍，通过多

种形式引导全社会树立理解、尊重和保护农村转移劳动力的意识，平等对待农村转移劳动力，消除心理和文化排斥，创造友好宽容、和谐相处的社会环境。

（四川省统计局　四川师范大学）

附件　农村转移劳动力就业及城市融入情况调查问卷

尊敬的受访者：

您好！我是“农村转移劳动力就业及城市融入情况调查”课题组的调查员，目前正在开展相关调研，以供政府部门决策参考。本次调查内容可能与您的利益密切相关，如果能得到您的支持，我们将不胜感谢！

我们向您郑重承诺：本次调研不涉及任何个人身份信息，也不会对您的生活与工作产生任何不利影响，调查数据仅用于课题研究。再次感谢您的配合！

本问卷请受访者独立完成，如有任何疑问，调查员将向您耐心解答。请在符合您的情况的选项下打“√”，可以多选，如果没有您所想的答案，可以补充说明。

A　基本信息

性别________年龄________户籍所在地__________

1. 您的婚姻状况是__________

A. 未婚　B. 已婚　C. 离异　D. 丧偶

2. 您的受教育程度是________

A. 没上过学　B. 小学　C. 初中　D. 高中

E. 中专/职高/技校　F. 大专及以上

3. 您是否具有务农经验________

A. 没有干过农活，无经验　B. 干过少量农活，经验不足

C. 长时间务农，经验丰富

4. 您老家的地现在是如何处置的________

A. 没有耕地　B. 家人或亲友耕种　C. 转租给别人耕种

D. 入股分红　E. 抛荒　F. 已被政府/集体征收（或收回）

G. 其他

5. 哪些家人与您一起在城里生活（可多选）________

A. 只有自己　B. 配偶（或男/女朋友）　C. 子女

D. 父母　E. 其他

B　就业状况和未来城市生存潜力

6. 您在外地打工有多长时间了________

A. 1年以下　B. 1～3年　C. 3～5年　D. 5～10年

E. 10年以上

7. 近3年您更换了几个工作（或工作地点）________

A. 没有更换过　　B. 更换过1～3个

C. 更换过4～6个　　D. 更换过7个及以上

8. 您工作的行业是属于________

A. 制造业　　B. 建筑业　　C. 交通运输业

D. 仓储物流业　　E. 批发零售业　　F. 住宿餐饮业

G. 居民服务业　　H. 事业单位　　I. 个体经营　　J. 其他

9. 您目前在单位是________

A. 普通工人或服务人员　　B. 技术工人　　C. 基层管理人员

D. 中层管理人员　　E. 高层管理人员　　F. 个体老板

10. 您主要是靠什么方法找到工作的（可多选）________

A. 自己去劳务市场找　　B. 靠亲戚、朋友介绍

C. 通过网上招聘　　D. 电视、报纸、广告等

E. 中介机构　　F. 其他

11. 在工作上，您是否具有一技之长________

A. 工作方面有一技之长　　B. 工作方面没有一技之长

12. 您在找工作中遇到的最大困难有哪些（可多选）________

A. 没困难　　B. 学历低　　C. 缺少技能　　D. 没有工作经验

E. 很难获得求职信息　　F. 户口限制　　G. 性别限制　　H. 其他

13. 您主要考虑了哪些因素（可多选）________

A. 工资收入　　B. 工作时间　　C. 劳动强度　　D. 工作环境

E. 工作是否体面　　F. 是否帮交社保　　G. 是否提供住宿

H. 领导是否尊重员工　　I. 工作发展机会

J. 是否提供培训　　K. 其他

14. 您现在每天工作多长时间________

A. 8小时及以下　　B. 8～10小时　　C. 10～12小时　　D. 12小时以上

15. 您每月全部收入平均下来大概有__________元。

16. 您每月工资是否能按时发放________

A. 工资能按时发放　　B. 单位偶尔拖欠工资

C. 单位经常拖欠工资　　D. 其他

17. 您与打工单位是否签订了书面劳动合同________

A. 是　　B. 否　　C. 有口头合同，但没签订正式书面合同

D. 不清楚

18. 您是否愿意在业余时间参加培训学习________

A. 愿意　　B. 不愿意　　C. 视情况而定

19. 您一般参加职业技能培训的途径有哪些（可多选）________

A. 没有参加过任何技能培训　　B. 单位提供的无偿培训

C. 单位提供的有偿培训　　D. 政府组织的无偿培训

E. 自费参与社会机构提供的培训　　F. 网络学习

G. 其他

20. 目前企业雇主（单位）为您购买（缴纳）或您自己购买（缴纳）的社会保险有（可多选）________

A. 未购买（参加）任何保险　B. 养老保险　C. 医疗保险

D. 生育保险　E. 失业保险　F. 工伤保险

G. 人身意外或伤害保险　H. 新农合保险　I. 其他

21. 当正当权益被侵害时，您打算选择的维权方式主要有______（可多选）

A. 忍气吞声，不维权　　B. 个人与用人单位协商

C. 求助亲友找公司说理　　D. 借助单位工会的力量与用人单位协商

E. 寻找政府帮助　　F. 报警

G. 通过法律途径　　H. 寻求媒体帮助

I. 其他

C　**生活和城市融入**

22. 您在城里的居住方式是________

A. 住单位宿舍　　B. 与他人合租

C. 个人或家庭单独租房　　D. 在城市拥有自己的住房

E. 临时居住在亲戚或朋友家　　F. 其他

23. 您现在每个月最大的开支是________

A. 寄钱回老家养家　B. 住宿费用　C. 日常饮食费用

D. 通信费用　E. 交通费用　F. 衣物费用

G. 自身学习费用　H. 子女教育费用　I. 娱乐消费费用

J. 还按揭贷款　K. 人情交往费用　L. 其他

24. 您子女的上学情况是________

A. 没有子女　　B. 子女还小，没上学

C. 在城里民工子弟学校上学　　D. 在城里公办学校上学（不交借读费）

E. 在城里公办学校上学（交借读费）　　F. 在城里普通民办学校上学

G. 在老家学校上学　　H. 子女未满 16 岁，但没上学

I. 子女满 16 岁，已参加工作　　J. 其他

25. 您平时的娱乐活动主要有（可多选）________

A. 没什么娱乐　B. 玩手机　C. 看电视　D. 和朋友聊天

E. 打牌下棋　F. 逛街　G. 去网吧　H. 去电影院看电影

I. 去KTV　　J. 泡吧　　K. 看报纸杂志　　L. 体育锻炼
M. 其他

26. 您平时主要与哪些人联系和来往（可多选）________
A. 家人（男/女朋友）　　B. 老乡　　C. 单位同事
D. 当地城里的朋友　　E. 网友　　F. 其他

27. 您在城里参加过以下哪些活动（可多选）________
A. 没有参加过任何社会集体活动　　B. 选举或被选举　　C. 法律宣传活动
D. 政策宣传活动　　E. 党团小组活动　　F. 工会活动
G. 妇联活动　　H. 街道办活动　　I. 公益组织活动
J. 网络组织举办的活动　　K. 通过集会抗议的方式维护自己的权益
L. 通过法律途径维护自己的权益　　M. 其他

28. 您对城里的工作和生活还满意吗______
A. 非常满意　　B. 满意　　C. 基本满意
D. 不满意　　E. 非常不满意

29. 您愿意长期留在城市工作和生活吗________
A. 愿意
B. 现在愿意，老了以后打算回到老家附近的城镇生活
C. 现在愿意，老了以后打算回到农村老家
D. 在城里先干着，机会合适还是打算回家乡创业
E. 不愿意
F. 没想过

30. 假如没有城市户口，您愿意长期留在城里工作和生活吗________
A. 愿意　　B. 不愿意　　C. 无所谓　　D. 没想过

31. 如果您愿意留在城里工作和生活，主要的原因是（可多选）________
A. 市民收入高　　B. 城里发展机会多　　C. 市民生活质量高，娱乐活动多
D. 市民社会地位高，有优越感　　E. 市民有各种社会保障
F. 医疗条件好　　G. 子女教育环境好　　H. 交通便利，生活方便
I. 家人、朋友都在城里　　J. 其他

32. 如果您打算以后回到老家或老家附近的城镇工作和生活，主要的原因是（可多选）________
A. 老家有房和土地，生活有保障　　B. 老家生活成本低，压力小
C. 习惯老家的生活方式　　D. 老家亲朋好友多，有归属感
E. 现在农村政策好，老家创业有发展机会
F. 老家空气好，环境质量高　　G. 其他

33. 您觉得要留在城里工作和生活，主要的困难是（可多选）______
A. 收入不够，城市日常消费高，家庭无法负担

B. 城市房价太高　　C. 城市子女教育费用太高
D. 没有城市户口，政策上受到限制　　E. 城里熟人少
F. 在城里很难得到认可和尊重　　G. 想法和习惯难以适应城市生活
H. 个人发展前途不大　　I. 其他

34. 您认为成为城里人的主要标志是（可多选）________
A. 取得了城市户口　　B. 在城里工作和收入都比较稳定
C. 在城市拥有住房
D. 在教育、医疗、社保等方面和城里人待遇一样
E. 具有和城里人一样的习惯和想法　　F. 其他

35. 您对政府为农村转移劳动力提供的相关政策和服务满意吗________
A. 非常满意　　B. 满意　　C. 基本满意　　D. 不满意
E. 非常不满意

36. 为了能在城里更好地工作和生活，您现在最希望政府能帮助解决的问题包括（可多选）________
A. 就业与培训　　B. 劳动安全　　C. 劳资关系　　D. 工作环境
E. 户籍问题　　F. 居住状况　　G. 养老保险　　H. 医疗保障
I. 子女教育　　J. 选举权和被选举权等政治权益　　K. 法律援助
L. 在城里得不到尊重　　M. 社会治安　　N. 公共基础设施
O. 公共文化服务　　P. 其他

四川省产业集聚对新型城镇化影响研究

一、绪论

（一）研究背景及意义

1. 研究背景

自党的十八大提出走中国特色“新四化”道路以来，四川省政府坚持落实党中央的部署与要求，于2015年依据《国家新型城镇化规划（2014—2020年）》，结合四川省实际情况，颁布实施了《四川省新型城镇化规划（2014—2020年）》，坚持推进新型城镇化与工业化、信息化和农业现代化同步发展、强化产业对城镇化支撑作用的发展原则。在“稳中求进”工作总基调的指导下，主动适应经济发展新常态，保持宏观经济平稳发展的同时，努力促进产业结构优化升级和城镇化进程发展。本着加快推进工业化和城镇化绝不能走工业遍地开花、城镇盲目布局、土地无限开发、生态环境恶化的路的重要原则，2006年1月，《四川省“十一五”规划纲要（草案）》提出构建成都、川南、攀西、川东北和川西北5大经济区，2016年9月，四川省五大经济区“十三五”发展规划指出要瞄准各经济区不同的发展程度和特点，有针对性地提出相应的目标和举措，为加快推进各经济区工业化和城镇化发展提出战略指引和发展重点。但四川省城镇化程度仍然滞后，落后于工业化水平，2016年年末四川省常住人口城镇化率为49.21％，与四川省二、三产业占地区生产总值比重的87.80％相比较低。

2. 研究意义

产业集聚与新型城镇化之间是相辅相成的，产业集聚作为新型城镇化的发展基础，为其提供发展动力；而城镇化的本质为处于城镇内的人口、资源等在内部分布集中的形态。在集聚效应下，城镇化中劳动力、资金、资源等生产要素可以更有效地利用；产业集聚的形成与发展对城镇的空间结构、经济发展、基础设施和社会环境等有显著的促进作用。新型城镇化为产业集聚提供劳动力、土地等基础要素，通过完善的基础设施、良好的社会环境和较高的综合实力为产业集聚提供有效的载体，从而提升产业集聚的竞争力。因此，对四川省产业集聚、新型城镇化以及两者之间的关系进行分析，将对四川省产业结构优化升级、新型城镇化持续健康发展具有重要的指导意义。

（二）国内外研究现状

随着产业多样化的发展，产业不同发展阶段的特征对城镇化的影响也有较大差异，越来越多的学者选择从产业角度研究产业集聚对城镇化的影响。早在 20 世纪中期，发展经济学的代表人物缪尔达尔（Myrdal，1957）和赫希曼（Hirschman，1958）、佩鲁（Perroux，1950）等人就提出了产业集聚与城镇化在经济发展过程中具有的循环累积效应。20 世纪 90 年代以来，新经济地理学派代表人物克鲁格曼（Krugman）、维纳布尔斯（Venables）和藤田昌久（Fujita）等人（1999）提出的“迁移驱动模型”和“投入—产出联系驱动模型”对理解产业集聚和城镇化对经济发展的作用具有重要意义。进入 21 世纪以来，美国经济学家米尔斯（Mills，2003）和汉密尔顿（Hamilton，2003）提出的“城市形成模型”较好地描述了产业集聚与城镇化的互动关系，其基本观点为：产业的区位选择和集聚过程是城镇化发展的源泉和动力。

国内学者对此展开的研究的主要成果和观点有：曹广忠（2003）通过对山东省孙联镇、昌城镇和浙江省钟管镇、大塘镇四地的实地调查和对比分析发现，通过促进产业集聚、形成产业集群，对促进小城镇可持续发展具有更好的效果。徐维祥和唐根年等人（2005）以浙江省各地市典型的产业集群区为例，对其产业集群、工业化与城镇化三者之间的互动发展模式进行分析，发现作为地方工业生产活动载体的工业园区具有良好的集聚效应。左雯（2010）以河南省为例，研究了其产业集聚与城镇化二者的关系，并提出要促进二者的和谐发展，必须不断完善产业链条、产业配套设施、政府与市场引导机制等。张贵先（2012）研究了重庆市产业集群与城镇化互动发展模式，论证了产业集群提升城镇化水平，而城镇化所特有的技术培训、人力资源、基础设施及生活配套服务等功能为产业集聚提供了有效支撑。张爱武等人（2013）共同的研究结果证明，产业的聚集为城市化的发展和转型夯实了重要的经济基础，提供了可持续发展的动力，在此基础上，揭示了新型城镇化背景下产业集群发展中存在的主要问题，并提出相应的对策建议。王胜男和马昭（2013）的研究结果显示，综合影响力下降的第一阶段，城镇化最主要的驱动因素体现于人口因素和基础设施建设方面；综合影响力逐渐上升阶段，着重体现在城镇医疗卫生及配套设施水平与经济增长协调发展方面；综合影响力急速上升阶段，社会服务建设对城镇化发展的作用越发突出。程剑伟（2013）通过陕西省产业集群和城镇化两方面的数据对两者进行了典型相关分析，得出两者之间具有很大的相关性，应加强两者的互动结合发展，相互促进城镇化与产业集群发展的结论。杨林和袁鑫等（2014）通过对山东省三类区域产业集聚与城镇化内在相关性的面板数据模型的回归分析，发现山东省产业集聚同城镇化呈正相关关系，但每类区域产业集聚程度与最佳规模的差距呈现非均衡性，产业集聚对城镇化的作用效应也存在差异。王耀中和欧阳彪等人（2014）通过空间计量方法对全国城市面板数据的研究发现：生产性服务业的集中出现和发展，对城镇化的发展有明显的促进作用，另外，政府政策支持、居民收入和外商直接投资对新型城镇化的正向作用显著，而城市经济发展的影响效果日益减弱。

综上所述，关于产业集聚和新型城镇化的研究主要有以下特点：第一，产业集聚现象越来越明显，并且产业集聚度与区域经济发展具有显著的正相关性；第二，产业集聚与城镇化形成良性互动机制，产业集聚为城镇化的发展奠定了经济基础，可以为新型城镇化的发展和演进提供重要动力，而城镇化所特有的技术培训、人力资源、基础设施及生活配套服务等功能为产业集聚提供了有效支撑。以上相关研究尽管有很多值得借鉴的地方，但我国学者在如下领域还有所欠缺：

目前诸多学者分别在产业集聚效应、城镇化方面的研究取得了较为丰富的成果，但是针对县域产业集聚与城镇化关系的实证研究还很匮乏。

从实证方法看，对于具有显著空间依赖性的产业集聚与城镇化问题，在统计计量方法上很少引用空间面板模型进行全面深入的定量分析，多数采用普通面板模型进行估计。然而地区之间的经济活动是相互联系的，忽视了空间因素，与经济现实不相符，因此在经济研究中考虑空间相关性和异质性，将经济活动的空间效应引入分析当中是十分必要的。

（三）研究目的、内容及方法

1. 研究目的

本文旨在从空间的角度将产业集聚与新型城镇化进程相结合，并通过全面深入的研究解决以下几个问题：

第一，四川省县域、五大经济区产业集聚与新型城镇化的时空演变现状，以及四川省产业集聚与新型城镇化在全国范围内的水平。

第二，四川省县域、五大经济区产业集聚对新型城镇化水平是否存在贡献，贡献有多大，产业集聚与新型城镇化在县域、五大经济区间的空间溢出效应是否存在。

第三，对比四川省五大经济区，三次产业集聚对新型城镇化水平的影响在各经济区间是否存在显著差异，是否应实施差异化的区域政策。

通过上述分析，总结四川省产业集聚与新型城镇化发展过程中的成效与不足，并有针对性地提出政策建议。

2. 研究内容

本研究分为绪论、理论介绍、现状分析、实证分析、政策建议五个部分：

第一部分是绪论：对文章的研究背景和意义进行介绍，回顾国内外的相关研究文献，指出可以借鉴和薄弱的地方，在此基础上对本文的研究内容和方法进行简要概述。

第二部分是理论介绍：对产业集聚和新型城镇化概念及相关基础理论、新型城镇化综合评价指标体系进行介绍，为后文的分析和研究提供基础。

第三部分是现状分析：重点利用描述统计方法，结合空间分布图，介绍四川省2006—2015年产业集聚和新型城镇化的现状。

第四部分是实证分析：根据现状分析，研究产业集聚对新型城镇化的影响，构建空间面板模型实证分析产业集聚和其他控制变量对新型城镇化水平的影响。

第五部分是政策建议：根据本文的研究结论，针对产业集聚和新型城镇化提出可行的建议，力求充分发挥产业自身优势，推进新型城镇化发展。

本研究的技术路线如图1所示：

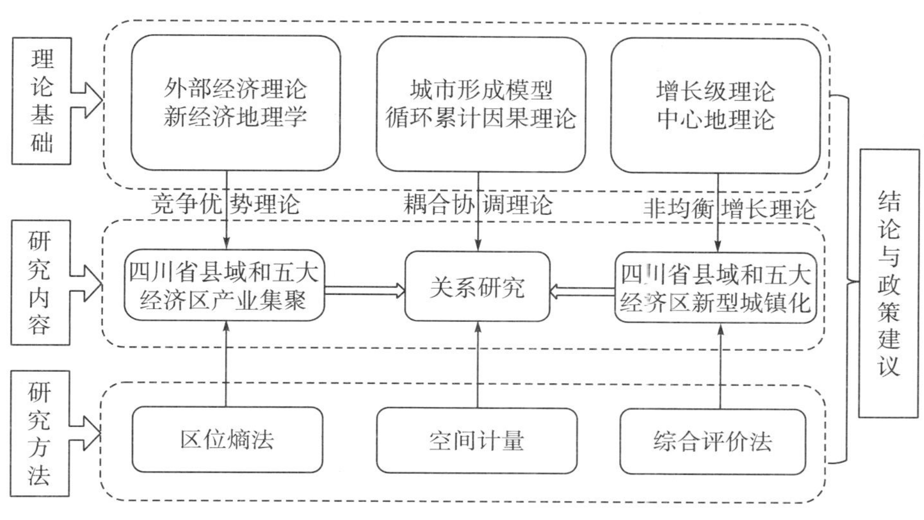

图1　技术路线图

3. 研究方法

为有效研究产业集聚对新型城镇化的具体影响，本文综合运用产业经济学、经济地理学、计量经济学等基本学科理论，采用了多种研究方法：

一是定性分析与定量分析相结合：对现状的分析采用定性方法研究产业集聚和新型城镇化；在二者的关系中采用定量分析研究产业集聚度对新型城镇化的影响。

二是理论分析与实证分析相结合：在产业集聚和城镇化的相关理论基础上，探讨产业集聚对新型城镇化的影响；构建空间面板模型实证分析四川省产业集聚对新型城镇化的影响。

三是比较分析方法：在现状描述中，对比分析了四川省内部五大经济区及四川省与其他省市的产业集聚和新型城镇化水平；在对全省县域数据的实证分析基础上，就五大经济区数据分别构建了空间面板模型进行对比研究。

二、相关理论及方法介绍

（一）产业集聚

1. 产业集聚相关理论

产业集聚的思想最早出现在亚当·斯密的《国富论》中，他提出企业通过分工合作完成生产能够带来规模报酬递增，从而大量不同分工的企业组成了群体，其实就是产业集聚过程。随着产业集聚现象的逐渐显著，越来越多的学者开始从各个角度对其进行深入研究，形成了较为完整的理论体系，其中最具代表性的产业集聚理论有以下几种：

（1）外部经济理论

新古典经济学代表马歇尔（Marshal，1890）在《经济学原理》一书中提出了外部经济的概念，他认为产业集聚能够带来外部规模经济：集聚区内专业人才市场的建立，企业间的竞争产生的技术溢出，制造商、供应商和消费者之间信息的快速流动，就是这三种外部经济形式诱发了企业在空间上集聚的行为。

（2）新经济地理理论

以美国经济学家克鲁格曼（Krugman，1995）为代表提出的新经济地理理论，为产业集聚理论提供了全新的研究视角。他的“中心—外围”模型是在市场不完全竞争和规模报酬递增的前提假设基础上提出的，他认为由于市场的不确定性以及技术的快速更新，会导致内部规模经济效应的下降，而产业集聚可以节约交易成本，更容易带来外部规模经济效应，促进区域经济增长。

（3）竞争优势理论

美国经济学家迈克尔·波特（Porter，1998）基于竞争优势理论，提出了产业集群的概念。他认为具有相关性的企业通过集聚可以降低生产成本、提高生产效率、增加技术创新等，形成竞争优势，进一步吸引更多的企业加入，从而扩大集聚规模，出现产业集群。波特提出的“钻石模型”中，还特别强调了集聚对提升企业、区域和国家竞争力的作用。

2. 产业集聚水平的测度

产业集聚水平的高低表现为空间上分布不均衡的程度，产业分布越不均衡则集聚水平越高。衡量集聚水平的指标有很多，例如行业集中度，用于测定某一具体行业的集聚水平。赫芬达尔指数需要某一具体行业的市场占有额，不能反映产业空间分布状况。空间基尼系数在使用上难度较大。区位熵由哈盖特（P. Haggett）首先提出并运用于区位分析中，一方面该指标能够从区位的角度对产业集聚水平进行分析，并能有效展现某产业的空间分布情况；另一方面计算数据的获取较为容易。区位熵的具体测算公式如下：

$$LQ_{ij}(t)=\left[\frac{E_{ij}(t)}{\sum_i E_{ij}(t)}\right]\Big/\left[\frac{\sum_j E_{ij}(t)}{\sum_i \sum_j E_{ij}(t)}\right]$$

其中，$E_{ij}(t)$表示 t 时期 i 地区 j 行业的增加值，$\sum_i E_{ij}(t)$和$\sum_j E_{ij}(t)$分别表示 t 时期 j 行业的增加值和 t 时期 i 地区的增加值；$\sum_i \sum_j E_{ij}(t)$表示 t 时期的增加值。区位熵 $LQ_{ij}(t)$ 公式的分子表示 t 时期在 i 地区内 j 产业的增加值占比，分母为 t 时期在全部地区内 j 产业的增加值占比，将一个地区某产业的增加值占比与全国平均水平相比较，可以衡量该产业在该地区相对其他地区的集聚程度。若区位熵 HLQ 小于 1，则表示该地区该产业相对分散，不存在集聚现象；若区位熵 HLQ 大于 1，则表示该地区该产业相对集中，存在产业集聚，并且区位熵 HLQ 值越大，其行业集聚程度越高。

（二）新型城镇化

1. 城镇化理论

城镇化的相关理论数目繁多，因为城镇化这个概念涉及不同学科视角下的社会进化过程。与城镇化有关的经济基础理论梳理如下：

（1）增长极理论

法国经济学家佩鲁（Perroux，1965）从空间发展角度提出了增长极理论，主要探讨了统筹城市和乡村之间的相互关系和变化趋势。增长极是指在一定区域内由某部门或企业主导形成的经济支撑点，该点与其周围区域形成良性互动机制。一方面通过集聚效应，使得区域内的信息、技术、资本和劳动力等各项生产要素和资源不断流向增长极，形成一定的规模效应，促进增长极快速发展；另一方面通过扩散效应，增长极也向周边辐射区域不断提供各种要素，带动就业，提高生产效率，促进商品流通和技术进步，从而带动整个区域经济的发展。而这个“增长极”就指“城市”，增长极的形成过程也就是城镇化的过程。

（2）中心地理论

德国地理学家克里斯泰勒（Christaller，1966）的中心地理论阐述了经济活动在城市体系中的布局原理以及城镇系统的分布规律。他通过调查研究指出，城市分布呈现三角形状，而周边的市场区域则各自呈现六边形；每个区域由大小不一的城镇组成城镇体系，位于区域中心的城镇就是中心地，不同区域的中心地规模也不同，不同规模的中心地均发挥着相应的职能；若中心地之间的等级差距越大，则它们的距离越远，反之则越近。

（3）非均衡增长理论

在增长极理论和中心地理论的基础上，弗里德曼（Friedmann，1967）又提出了“循环累积论”和“中心—边缘理论”，进一步改进和完善了“扩散效应”和“极化效应”（即集聚效应）的内涵和作用机制，并指出由于发展的不均衡导致了地区间的差异不断扩大，最终形成了城乡二元结构。

2. 新型城镇化的内涵及测度

新型城镇化建设不仅仅是城镇规模不断扩大，城镇人口不断增加的过程，更是产业结构不断升级和人民生活质量不断提高的过程，新型城镇化是“以人为本”的城镇化，是以“产业互动、节约集约、生态宜居、和谐发展”为基本特征的城镇化，是大中小城市、小城镇、新型农村社区协调发展、互促共进的城镇化。

为准确而全面评价新型城镇化的含义，在坚持科学、全面、有代表、可操作等原则下，笔者从三个层次、五个维度、十八项具体指标入手构建了新型城镇化水平综合评价指标体系，具体见表 1。

表 1　新型城镇化水平综合评价指标体系

目标层	准则层（B）	指标层（X）	衡量目标
新型城镇化水平 URB	B1 经济发展	X1 人均 GDP（元）	经济水平
		X2 第三产业产值占 GDP 比重（%）	产业结构
		X3 财政一般预算收入（亿元）	财政收入
		X4 出口总额（万美元）	对外贸易
		X5 全社会固定资产投资（万元）	投资水平
		X6 公共财政支出（亿元）	财政支出
		X7 工业总产值（亿元）	工业水平
	B2 社会发展	X8 小学师生比	教育
		X9 普通中学师生比	教育
		X10 每千人医疗机构床位数（床/千人）	医疗
		X11 每千人拥有福利院床位数（床/千人）	社会福利
		X12 公路里程（千米）	交通
		X13 移动电话用户（万户）	通信
	B3 人口发展	X14 城镇化率（%）	人口结构
		X15 二、三产业就业比重（%）	就业结构
	B4 资源环境	X16 工业二氧化硫排放量（万吨）	废气排放量
	B5 人民生活	X17 职工平均工资（元）	工资水平
		X18 居民储蓄存款余额（万元）	储蓄

为计算新型城镇化综合评价得分，需对各项指标确定相应的权重。常用方法包括专家评价法和熵值法，其中专家评价法是主观法确定权重，根据其专业知识和相关经验对各指标的重要性程度进行判断的结果。本文借鉴路添超（2009）介绍的熵值法，这是一种根据各指标的差异程度客观确定各自权重的方法，避免了由于经验不足造成主观判断的错误。具体计算方法和步骤如下：

第一步，为消除不同指标的量纲影响，需对各指标进行标准化处理：$X'_{ij}=\frac{X_{ij}-X_j^{min}}{X_j^{max}-X_j^{min}}$，式中：i代表地区、j代表指标项，共有n个地区m项指标，X_j^{max}和X_j^{min}分别为当年各地区j项指标的最大值和最小值。

第二步，计算各项指标的熵值 $e_j=-\frac{1}{\ln n}\sum_{i=1}^{n}\ln(P_{ij})$，指标值的变异程度越大，则评价作用就越大，对应的熵值越小。式中 $P_{ij}=X'_{ij}/\sum_{i=1}^{n}X'_{ij}$，是各项指标下各地区指标值所占的比重。

第三步，计算各项指标的熵权 $w_j=d_j/\sum_{j=1}^{m}d_j$，式中 $d_j=1-e_j$，是差异系数，与熵值关系相反。

第四步，将各指标标准化结果乘以熵值法所确定的对应权重，得到新型城镇化综合评价指数 $URB_i=\sum_{j=1}^{m}w_jX'_{ij}$。

（三）耦合协调理论

耦合概念早期来自物理学研究，是指两个或两个以上系统经过相互作用而彼此影响。耦合协调则被用来刻画系统间的良性耦合，即指系统间的积极互动和优化循环。耦合协调度即反映两种系统积极互动影响的强度。耦合和耦合协调近年来被研究者广泛应用于社会现象的研究中，用于刻画社会不同子系统之间相互作用的方向和强度。为深入分析产业集聚和新型城镇化存在的耦合协调关系，本研究构建了能够有效反映整体功效和协同效应的耦合评价模型。以U_1和U_2分别指产业集聚和新型城镇化两系统的评价值，耦合度（C）则可通过下式计算得出。

$$C=\sqrt{4U_1U_2\ (U_1+U_2)^2}$$

当C值接近1时，系统间接近实现共振。耦合度在很多情况下无法有效区别系统间是高水平还是低水平共振，特定区域产业集聚和新型城镇化两系统均较为滞后时也会表现出高度的耦合，这显然与二者均在高水平状态上实现的耦合是存在巨大差异的，因此需要通过耦合协调度对耦合质量加以评判。耦合协调度的测算如下式所示：

$$D=\sqrt{C\times T},\ T=\alpha_1U_1+\alpha_2U_2$$

其中，D和T分别为产业集聚和新型城镇化二者的耦合协调度和综合评价指数，α_1和α_2为待定系数，且相加之和为1。鉴于两系统在协调发展过程中的相互促进程度会存在差异，新型城镇化发展除产业集聚影响外，还有很多其他影响因素，本研究对α_1和α_2分别赋值0.4和0.6，将D值以0.3、0.4、0.5、0.6和0.7为分界点把系统协调度划分为严重失调（Ⅰ）、中度失调（Ⅱ）、轻度失调（Ⅲ）、勉强协调（Ⅳ）、中度协调（Ⅴ）和高度协调（Ⅵ）六类。

三、四川省产业集聚与新型城镇化现状分析

（一）四川省产业集聚现状

1. 产业规模不断扩大，产业结构持续优化

2015 年四川省地区生产总值为 30053.1 亿元①，三次产业增加值分别为 3677.3 亿元、13248.1 亿元、13127.7 亿元，按可比价计算，比 2014 年增长 3.7%、7.5%、9.5%。四川省经济增速逐年放缓，由 2006 年的 13.5%放缓至 2015 年的 7.9%，但仍高于全国同期增速。经济运行呈现总体稳定、稳中有进的发展态势。

四川省三次产业结构由 2006 年的 18.4∶43.4∶38.2 变为 2015 年的 12.2∶44.1∶43.7，二、三产业比重上升，产业结构调整成效显著。四川省各地认真贯彻落实“稳增长、调结构、促发展”政策，各经济区加快调整产业结构，尤其第二产业占比均明显提升，2015 年成都平原经济区、川南经济区、川东北经济区、攀西经济区、川西北生态经济区第二产业比重比 2006 年分别提高 3.0、11.9、13.2、4.9、2.5 个百分点。

2. 第一产业集聚明显，二、三产业水平较低

利用空间基尼系数、产业集中系数、区位熵计算产业集聚度，通过比较，区位熵更能符合产业集聚情况，因此本文利用区位熵体现四川省产业集聚水平。

2006—2015 年，四川省三次产业集聚度②趋势平稳，第一产业集聚度最高，10 年间均在 1.7 以上，第二产业集聚度在 0.91 至 0.97 间波动，略高于第三产业。

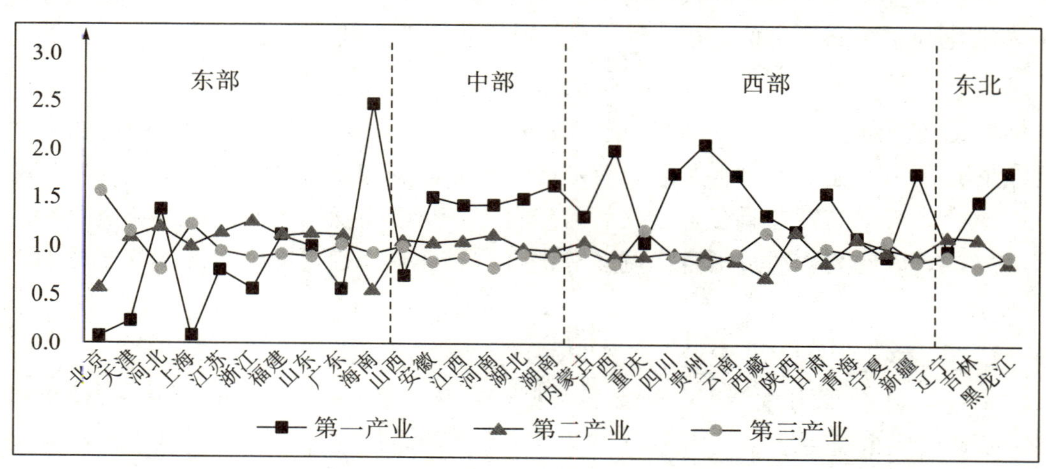

图 2　2015 年全国各省市三次产业集聚度散点图

---

① 如无特别说明，本文数据均来源于《四川省统计年鉴》《中国统计年鉴》，缺失数据采用插值法补全。

② 本文集聚度以 2006 年为基期，对数据进行平减后计算得到。

与全国相比，2015 年四川省第一产业集聚水平排名第六，二、三产业分别排名 21、19，处于中偏下水平。

如图 2 所示，从区域划分看，与中东部地区相比，四川省第一产业集聚水平低于海南，高于其余省份，第二产业集聚水平高于北京、海南，低于大部分省份，处于较低水平，第三产业集聚水平也相对较低；与西部和东北地区相比，虽然第一产业集聚水平略低于贵州、广西、黑龙江，但集聚处于较高水平。整体而言，四川省与中西部、东北地区大多数省份表现基本一致，第一产业集聚水平明显高于二、三产业。

3. 战略性新兴产业集聚水平较低，各传统优势产业存在差异

我国《国民经济行业分类》于 2011 年进行第三次修订，为避免行业标准不一，根据《国民经济行业分类（2011）》，选取 2011—2015 年四川省与全国各行业增加值计算出战略新兴产业、各传统优势产业与部分行业集聚度，结果见表 2 和表 3。

表 2　2011—2015 年四川省战略性新兴产业①与传统优势产业集聚度

产业	2011 年	2012 年	2013 年	2014 年	2015 年
战略性新兴产业	1.00	0.97	0.99	0.95	0.95
装备制造业	—	0.92	0.97	0.97	0.93
饮料食品产业	1.94	1.80	1.82	1.78	1.72
汽车制造业	—	0.79	0.93	0.96	0.94
能源电力	1.01	1.07	1.11	0.82	1.21
现代中药	1.55	1.52	1.43	1.45	1.34

注：由于行业数据不全，“—”代表数据缺失。

由表 2 可知，2012—2015 年四川省战略性新兴产业集聚度均小于 1，产业集聚不明显。四川省传统优势产业中，饮料食品集聚水平最高，能源电力与现代中药集聚已形成集聚现象，装备制造与汽车制造集聚不明显。

产业集聚度表明产业整体的集聚水平，产业集聚差异是由于行业集聚差异造成的，现具体分析行业集聚（见表 3）。

① 本文依据《国民经济行业分类（2011）》，结合四川省战略性新兴产业与传统优势产业内涵，发现：战略性新兴产业与各传统优势产业都分散在国民经济的某些部门，称这些包含战略性新兴产业和传统优势产业的两位数行业中类为依托部门。选取依托行业可清晰划分部分战略性新兴产业与五大传统优势产业，产业集聚度是以 2006 年为基期，对各依托行业增加值进行平减，利用区位熵法计算。战略性新兴产业与传统优势产业的依托行业见附表 1、2。

表3　2011—2015年四川省分行业集聚度

行业名称	2011年	2012年	2013年	2014年	2015年
1 农业	0.93	0.93	0.95	0.96	0.97
2 林业	0.71	0.74	0.81	0.82	0.89
3 牧业	1.39	1.41	1.42	1.43	1.39
4 渔业	0.30	0.28	0.29	0.29	0.30
5 煤炭开采和洗选业	1.08	1.09	0.84	0.91	0.96
6 石油和天然气开采业	0.79	1.03	0.29	1.23	1.87
7 黑色金属矿采选业	1.25	1.65	1.60	1.83	2.03
8 有色金属矿采选业	1.46	1.72	1.60	1.49	1.15
9 非金属矿采选业	2.26	2.64	2.12	2.00	1.91
10 开采辅助活动	—	4.25	5.13	3.84	3.41
11 其他采矿业	—	2.92	2.44	1.33	0.47
12 农副食品加工业	1.39	1.28	1.24	1.24	1.16
13 食品制造业	1.02	1.26	1.26	1.26	1.23
14 酒、饮料和精制茶制造业	4.00	4.43	4.75	4.54	4.48
15 烟草制品业	0.77	0.93	0.91	0.92	0.79
16 纺织业	0.62	0.70	0.68	0.66	0.62
17 纺织服装服饰业	0.31	0.28	0.29	0.28	0.27
18 皮革、毛皮、羽毛及其制品和制鞋业	0.93	0.81	0.65	0.57	0.54
19 木材加工和木、竹、藤、棕、草制品业	0.78	0.83	0.71	0.75	0.73
20 家具制造业	1.94	1.86	1.79	1.86	1.77
21 造纸和纸制品业	1.05	1.02	1.02	1.04	0.88
22 印刷和记录媒介复制业	1.22	1.40	1.41	1.20	1.41
23 文教、工美、体育和娱乐用品制造业	0.64	0.17	0.23	0.20	0.20
24 石油加工、炼焦和核燃料加工业	0.33	0.38	0.40	0.59	0.64
25 化学原料和化学制品制造业	0.88	0.95	0.89	0.87	0.86
26 医药制造业	1.55	1.52	1.43	1.45	1.34
27 化学纤维制造业	0.61	0.66	0.67	0.76	0.77
28 橡胶和塑料制品业	0.73	0.83	0.82	0.84	0.81
29 非金属矿物制品业	1.40	1.39	1.32	1.30	1.32
30 黑色金属冶炼和压延加工业	0.90	0.89	0.94	0.97	0.94

续表3

行业名称	2011年	2012年	2013年	2014年	2015年
31 有色金属冶炼和压延加工业	0.56	0.52	0.48	0.42	0.36
32 金属制品业	0.83	0.83	0.81	0.8	0.79
33 通用设备制造业	0.96	1.20	1.14	1.12	1.15
34 专用设备制造业	1.01	1.05	1.03	1.03	0.97
35 汽车制造业	—	0.79	0.93	0.96	0.94
36 铁路船舶航空航天和其他运输设备制造业	—	0.81	0.90	0.89	0.86
37 电气机械和器材制造业	0.48	0.53	0.49	0.5	0.53
38 计算机、通信和其他电子设备制造业	0.81	1.13	1.37	1.39	1.24
39 仪器仪表制造业	—	0.28	0.24	0.24	0.25
40 其他制造业	—	0.70	1.35	1.77	1.64
41 废弃资源综合利用业	0.36	0.51	0.99	1.27	1.33
42 金属制品、机械和设备修理业	—	1.76	1.84	1.23	0.78
43 电力、热力生产和供应业	0.88	1.00	1.06	0.73	1.06
44 燃气生产和供应业	1.29	1.91	1.59	1.52	2.48
45 水的生产和供应业	1.64	1.82	1.84	1.66	1.59
46 交通运输、仓储和邮政业	1.00	0.95	0.93	1.13	1.13
47 批发和零售业	0.95	0.88	0.86	0.78	0.79
48 住宿和餐饮业	2.18	2.02	2.09	1.96	1.98
49 金融业	0.94	1.15	1.22	1.14	1.07
50 房地产业	0.79	0.75	0.71	0.81	0.85

注："—"代表数据缺失，灰色部分为2015年集聚度大于1的行业。

由表3可知，四川省有23个行业集聚度大于1，27个行业小于1。其中酒、饮料和精制茶制造业集聚度最高，为4.48；开采辅助活动集聚水平也很突出，为3.41；此外牧业、以原材料供应为主的大部分行业、制造业中家具、印刷、医药等行业，以及燃气和水等资源型生产供应业、住宿餐饮业与金融业等具有明显的集聚竞争优势。集聚度小于1的行业中，渔业、其他采矿业、纺织服装服饰业、文教、工美、体育和娱乐用品制造业、有色金属冶炼和压延加工业、电气机械和器材制造业、仪器仪表制造业等集聚水平偏低。

战略性新兴产业中新一代信息技术产业集聚较好，其余产业中大部分行业集聚不明显，如化学原料和化学制品制造业、专用设备制造业等。传统优势产业中，具有集聚现象的饮料食品业、能源电力与现代中药分行业中，农副食品加工业、食品制造业、酒、饮料和精制茶制造业、医药制造业、电力、热力生产和供应业、燃气生产和供应业、水的生产和供应业均具有一定的集聚水平，且行业集聚不同。而装备制造、汽车制造分行业中只有通用设备制造业与计算机、通信和其他电子设备制造业集聚明显，其他行业集聚水平均偏低。

4. 三次产业集聚空间分布不平衡

利用产业集聚测度方法计算出四川省 181 个县域[①]的产业集聚度，并采用分位图的形式反映其空间分布特征。图 3 至图 5 分别绘制了 2015 年四川省 181 个县三次产业集聚的地理空间分布分位图，以颜色深浅区分产业集聚水平的高低，颜色越深则代表该地区的产业集聚度越高。

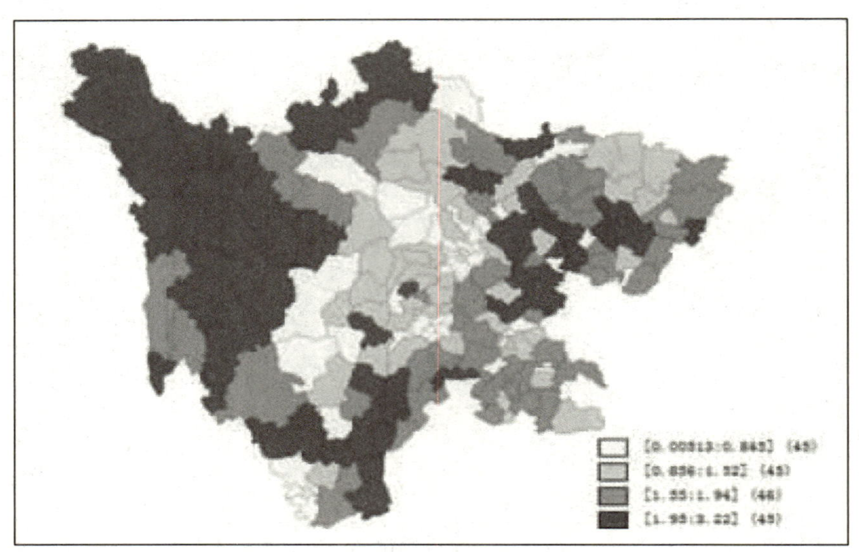

图 3　2015 年四川省第一产业集聚空间分位图

由图 3 可观察到，四川省第一产业集聚分布呈现“两边高、中间低”的空间分布特征，其中西部高值多集中于甘孜藏族自治州和凉山彝族自治州，而集聚程度较低的地区多分布于成都平原经济区。

① 巴中市恩阳区与广元市前锋区为 2013 年设立的县级行政区，为保证数据一致性，故 181 个县域中不包括恩阳区与前锋区。

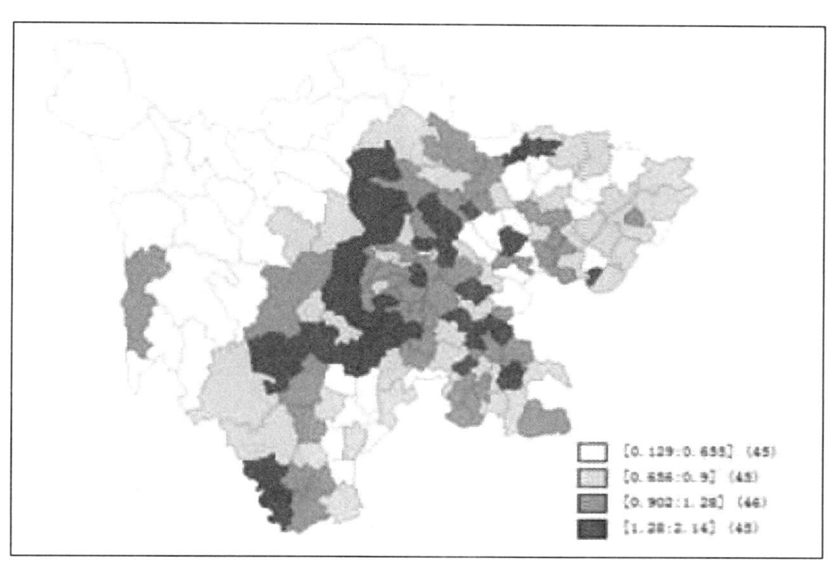

图 4　2015 年四川省第二产业集聚空间分位图

与第一产业相反，第二产业在空间上表现为中部地区集聚水平较高，并向东西方向逐渐降低；其中甘孜藏族自治州与达州市、巴中市第二产业集聚水平偏低且呈现低低聚集的态势。

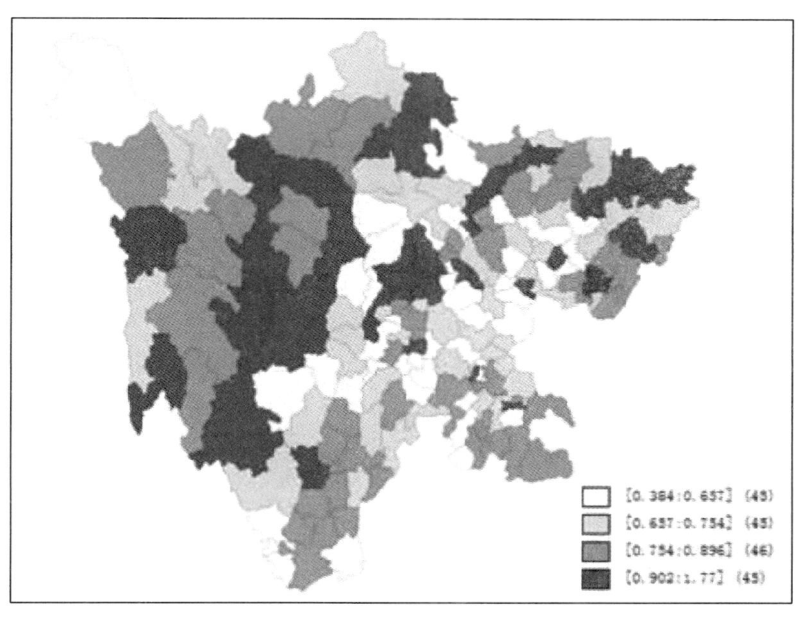

图 5　2015 年四川省第三产业集聚空间分位图

第三产业与一、二产业相比，集聚水平在空间上较为分散，并未形成明显的特征，但从图 5 可以看出成都市与甘孜藏族自治州部分地区第三产业集聚水平较高，且具有集中的趋势。

5. 五大经济区产业集聚各有特点

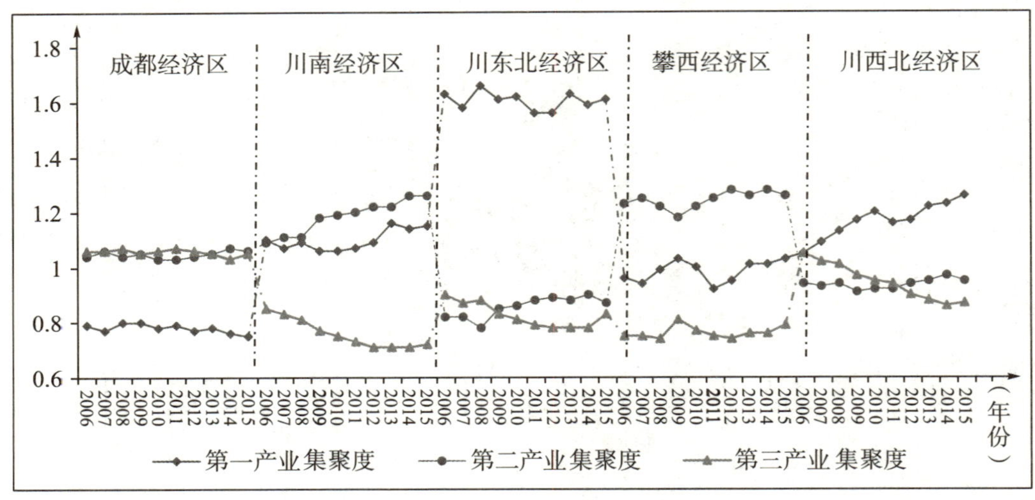

图 6　2006—2015 年四川省五大经济区三次产业集聚度折线图

第一，从区域内部来看，2006—2015 年，作为四川省核心增长极的成都平原经济区第一产业集聚水平偏低，总体呈下降趋势，二、三产业集聚水平较高，表现平稳；川南经济区一、二产业集聚与第三产业相比处于较高水平且具有上升趋势，第三产业集聚水平在持续下降；川东北经济区第一产业相比二、三产业具有明显的集聚优势；攀西经济区第二产业集聚水平最高，其次为一、三产业，川西北生态经济区一、三产业集聚水平分别具有明显的上升和下降趋势。

第二，五大区域对比来看，川东北经济区第一产业集聚水平最高，其中 2015 年农业集聚度为 1.47，具有明显的集聚现象，有利于“十三五”中大力发展农业规划的实施，其次为川西北生态经济区，其农牧特色产业发展较好，牧业集聚水平为 1.89。第二产业中，川南经济区与攀西经济区自然资源丰富，产业基础较好，集聚水平略高，而川东北经济区由于工业化起步偏晚，产业布局分散，虽自然资源丰富，但集聚水平最低。第三产业集聚水平最高为成都平原经济区，与其他经济区相比，该地区传统第三产业不断充实提高，新兴第三产业不断涌现，第三产业规模迅速扩大；第二为川西北生态经济区，其中旅游业集聚水平达到 4.0，旅游业拥有强大的市场基础，并带动餐饮业等其他服务业的发展。

(二) 四川省新型城镇化现状

1. 人口城镇化率与全国差距有所缩小

四川省人口规模不断壮大，2015 年四川省 50～100 万辖区人口的城市有 5 个，100～200 万辖区人口的城市在 2006 年 10 个的基础上增加了 2 个，400 万辖区人口的城市有 1 个。

表 4　2006—2015 年四川省与全国城镇化率

指标＼年份	2006	2007	2008	2009	2010	2011	2012	2013	2014	2015
四川城镇化率（%）	34.30	35.60	37.40	38.70	40.17	41.83	43.54	44.90	46.30	47.68
全国城镇化率（%）	44.34	45.89	46.99	48.34	49.95	51.27	52.57	53.73	54.77	56.10
与全国差距（%）	10.04	10.29	9.59	9.64	9.78	9.44	9.03	8.83	8.47	8.42
四川增速（%）	—	3.79	5.06	3.48	3.80	4.13	4.09	3.12	3.12	2.98
全国增速（%）	—	3.49	2.40	2.88	3.33	2.64	2.54	2.21	1.94	2.43

在人口规模增长的同时，城镇化率明显提升。据表 4 可知，四川省城镇化率低于全国水平，但增速高于全国，以年均 3.73%的速度从 2006 年的 34.30%增加到 2015 年 47.68%，差距逐步缩小。

2. 基础设施建设和环境污染治理成效显著

表 5　2006 年与 2015 年四川省基础设施建设与环境污染治理情况

指标	人均拥有道路面积（平方米）	用水普及率（%）	燃气普及率（%）	人均公园绿地面积（平方米）	建成区绿化覆盖率（%）	城市绿地面积（公顷）	生活垃圾清运量（万吨）	城市污水日处理能力（万立方米）	工业二氧化硫排放量（万吨）
2006 年	9.46	80.83	71.82	7.74	33.54	54488	527.1	239.1	112.1
2015 年	13.63	93.05	92.46	11.96	38.65	87095.99	823.57	565.9	71.76
增减额	4.17	12.22	20.64	4.22	5.11	32607.99	296.47	326.8	40.34
增长率（%）	44.1	15.1	28.7	54.5	15.23	59.8	56.2	136.7	−36.0

2015 年，四川省基础设施建设投资 7499.9 亿元①，与 2014 年相比，投资力度增长了 17%。据表 5 可知，2006—2015 年，四川省基础设施建设质量和水平显著提高，基础设施体系进一步完善，2015 年人均公园绿地面积超过了 11 平方米，此外，城市污水日处理能力在十年间提升了 326.8 万立方米，增长了 136.7%，工业二氧化硫排放量减少 40.34 万吨。

3. 人居环境改善，人民生活显著提升

表 6　2006 年与 2015 年四川省人居环境及人民生活情况

指标	万人拥有公交车辆（标台）	每千人医疗机构床位数（床）	每千人拥有福利院床位数（床）	普通高等学校数（所）	居民人均可支配收入（元）	居民人均消费支出（元）
2006 年	8.24	2.3	0.038	76	5049	4501
2015 年	13.52	6.0	0.338	109	17221	13632

① 数据来源于《四川经济日报》，http://scnews.newssc.org。

续表6

指标	万人拥有公交车辆（标台）	每千人医疗机构床位数（床）	每千人拥有福利院床位数（床）	普通高等学校数（所）	居民人均可支配收入（元）	居民人均消费支出（元）
增减额	5.28	3.7	0.300	33	12172	9131
增长率（%）	64	159	782	43	241	203

2006—2015 年，四川省人居环境条件在出行、医疗、教育、社会保障等方面不断完善。由表 6 可知，万人拥有公交车辆、每千人医疗机构床位数、每千人拥有福利院床位数数量明显增加，普通高等学校数十年间新增 33 所。在人居环境改善的同时，人民生活质量显著提高，2015 年居民人均可支配收入、居民人均消费支出在 2006 年基础上翻了一番。

4. 新型城镇化水平与发达省份存在差距

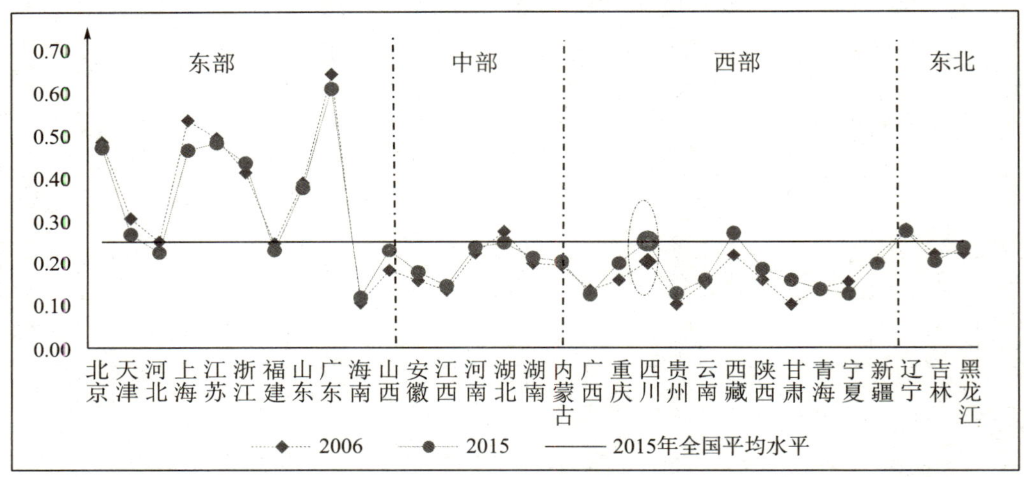

图 7　2006 年与 2015 年全国各省市新型城镇化水平①散点图

利用理论中介绍的新型城镇化测度方法，计算得出 2006—2015 年四川省新型城镇化水平，其由 2006 年的 0.2020 增长到 2015 年的 0.2521，十年间以年均 2.49%的增速增长，如图 7 所示，四川省于 2015 年在全国排名第 10，在中西部和东北地区中较为突出，但与东部发达省市北京、上海、广东等相比仍存在一定差距。

2006—2015 年，四川省社会发展、经济发展、人民生活、人口发展、资源环境平均份额分别为 46.9%、31.2%、12.1%、6.4%、3.4%，其中，社会和经济发展份额高达 77.1%，可见推动社会和经济发展是促进新型城镇化水平的重要途径。与发达省份相比，一方面，四川省在经济发展和人民生活两方面落后，如广东

① 计算新型城镇化水平时均使用平减后的数据。

省经济发展份额十年间由 59.9%上升到 60.8%，约为四川省的两倍，北京的人民生活份额由 20%上升到 25.8%，约为四川省的一倍；另一方面，四川省在资源环境上略占优势，资源环境份额逐年上升，但其份额仍然较低。

5. 东西两极分化明显

为反映四川省新型城镇化水平的空间分布状况，将所测算出的新型城镇化水平绘制成空间分位图，如图 8 所示。

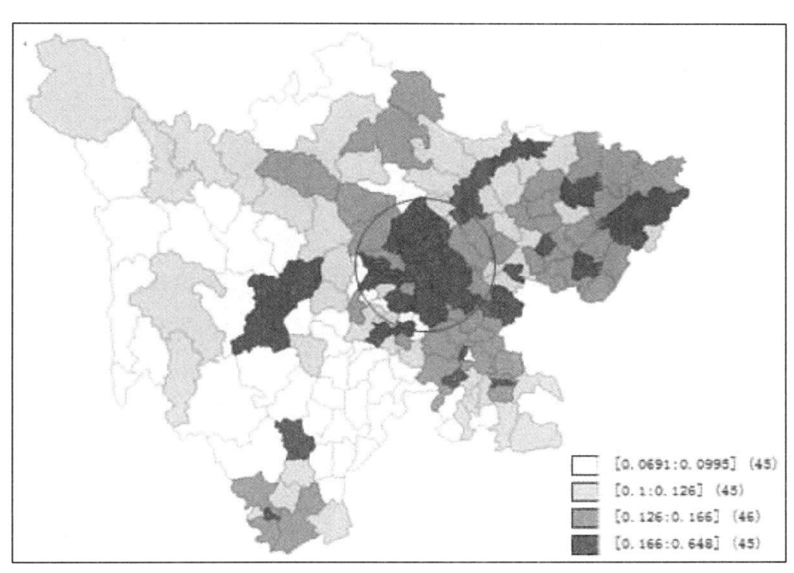

图 8　2015 年四川省新型城镇化空间分位图

由图 8 可以看出，东部地区颜色深，西部地区颜色浅，说明东部地区新型城镇化水平高于西部地区；其中，成都平原经济区新型城镇化水平较高，集聚效应明显（图中圆圈所示位置），而新型城镇化较低水平集中在川西地区，如甘孜藏族自治州等。

6. 川东北经济区各方面进步明显

表 7　2006 年与 2015 年五大经济区新型城镇化各方面情况

指标	年份	成都平原经济区	川南经济区	川东北经济区	攀西经济区	川西北生态经济区
城镇化率（%）	2006	41.15	31.69	29.01	30.54	30.61
	2015	55.43	44.10	42.66	42.40	43.14
公路里程（万千米）	2006	6.02	3.13	4.08	1.45	1.62
	2015	10.05	4.93	8.98	3.07	4.53
医疗机构床位数（万张）	2006	10.75	3.26	4.12	1.50	0.55
	2015	25.36	8.89	10.51	3.17	0.94

续表7

指标	年份	成都平原经济区	川南经济区	川东北经济区	攀西经济区	川西北生态经济区
政府教育经费（亿元）	2006	69.19	27.62	42.10	16.12	9.32
	2015	482.55	198.35	265.85	118.99	61.18
人均可支配收入（万元）	2006	1.64	0.67	0.62	0.51	0.31
	2015	5.79	2.74	2.89	1.63	1.08
工业二氧化硫排放量（万吨）	2006	31.53	34.03	18.87	15.48	1.98
	2015	18.06	22.49	10.32	13.36	1.17

2006—2015 年，四川省五大经济区在人口城镇化率、交通基础设施建设、社会发展、人民生活、环境污染治理方面的发展各有特点。其中川东北经济区各方面均在不断提升，其城镇化率、人均可支配收入在五大经济区中增速最快，分别为 4.38%、18.73%，工业二氧化硫排放量也以年均 6.48%的速度降低，公路里程、医疗机构床位数、政府教育经费排五大经济区第二，但与成都平原经济区相比差距仍然很大；成都平原经济区除环境方面，其他方面建设均最好，其工业二氧化硫排放量以年均 6.01%的速度降低，但排放量为五大经济区第二；川南经济区城镇化率仅次于成都平原经济区，医疗机构床位数以最快年均增速 11.78%的速度增长，但二氧化硫排放量最高，2015 年为 22.49 万吨；攀西经济区公路里程、人均可支配收入、医疗机构床位数为五大经济区倒数第二，2015 年城镇化率居末位，在基础设施建设、人民生活以及城镇化水平建设方面还很不足；川西北生态经济区环境方面表现最好，但医疗、教育、人均可支配收入方面均最差。

7. 成都平原经济区新型城镇化水平“一家独大”

表 8　2006—2015 年四川省五大经济区新型城镇化水平

区域 \ 年份	2006	2007	2008	2009	2010	2011	2012	2013	2014	2015
成都平原经济区	0.91	0.90	0.90	0.92	0.92	0.95	0.93	0.91	0.91	0.88
川南经济区	0.19	0.17	0.18	0.16	0.16	0.16	0.15	0.17	0.17	0.17
川东北经济区	0.14	0.14	0.13	0.15	0.16	0.17	0.17	0.19	0.21	0.22
攀西经济区	0.14	0.13	0.11	0.10	0.11	0.10	0.09	0.09	0.09	0.09
川西北生态经济区	0.23	0.25	0.24	0.22	0.23	0.19	0.21	0.24	0.22	0.23

由表 8 可知，2006—2015 年，成都平原经济区新型城镇化水平最高，其在经济、人口、社会发展及人民生活方面均居首位，但在资源环境方面居末位，成都平原经济区集经济、人口、社会发展于一体，产业、人口、资本、技术仍向其集聚，在带来了经济空间的同时，也给资源环境带来了更大的压力。川南经济区作为地区

生产总值总量第二的经济区，其社会发展水平较好，但资源环境水平为倒数第二。川东北经济区新型城镇化水平逐年升高，且增速在五大经济区中最快，作为四川省重要的经济增长极，其整体经济实力明显增强，城镇化水平仍偏低。相比于其他经济区，攀西经济区在优势资源产业方面发展良好，但新型城镇化建设还不足，在“十二五”期间居末位。川西北生态经济区在“十二五”期间经济发展取得了较大成绩，且资源环境方面表现突出，但是新型城镇化整体水平并未取得进步。

四、四川省产业集聚对新型城镇化影响分析

上述内容呈现了四川省产业集聚与新型城镇化发展现状，现就两者之间的关系进行深入研究。首先，对产业集聚和新型城镇化进行耦合协调度分析，其次，探讨时空上产业集聚对新型城镇化的影响，以及新型城镇化水平的空间效应。

鉴于四川省五大经济区产业集聚与新型城镇化发展各有特色，因此在分析四川省产业集聚与新型城镇化关系的基础上，有必要对四川省五大经济区进行实证研究。

（一）四川省产业集聚与新型城镇化的关系现状

耦合度体现两系统间的协调关系，耦合协调度刻画了系统间积极互动的强度。根据理论介绍的耦合协调理论，计算得到四川省 2006—2015 年三次产业集聚与新型城镇化耦合度指数均值都在 0.7 以上，意味着两者之间存在内部契合性。为进一步探索产业集聚与新型城镇化的协调强度，计算出四川省整体与五大经济区耦合协调度，结果见图 9 与表 9。

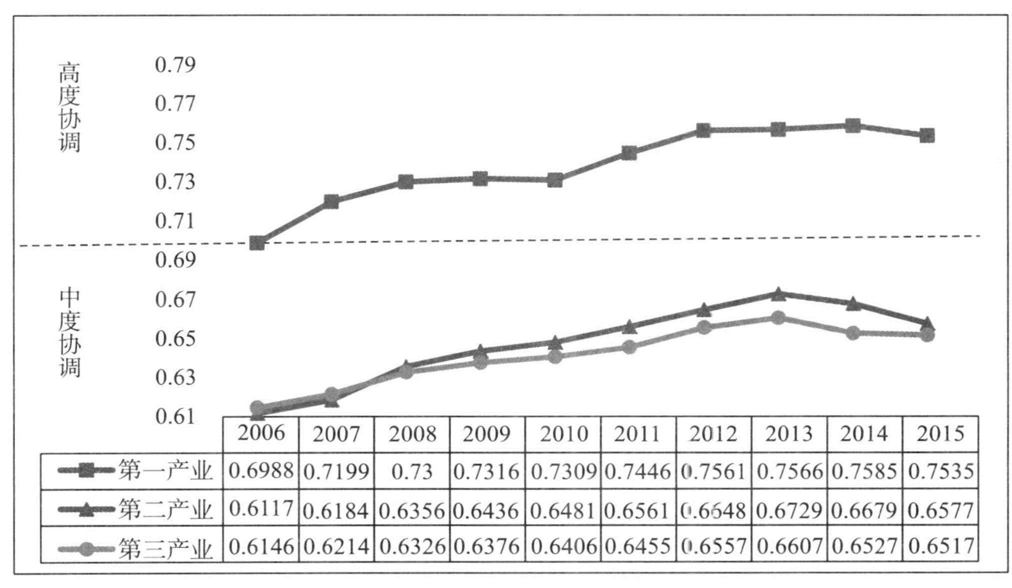

	2006	2007	2008	2009	2010	2011	2012	2013	2014	2015
第一产业	0.6988	0.7199	0.73	0.7316	0.7309	0.7446	0.7561	0.7566	0.7585	0.7535
第二产业	0.6117	0.6184	0.6356	0.6436	0.6481	0.6561	0.6648	0.6729	0.6679	0.6577
第三产业	0.6146	0.6214	0.6326	0.6376	0.6406	0.6455	0.6557	0.6607	0.6527	0.6517

图 9　2006—2015 年四川省新型城镇化与三次产业集聚耦合协调度折线图

如图 9 所示，四川省三次产业集聚与新型城镇化耦合协调度存在不同程度的增加，其中，第一产业一直处于高度协调阶段，而二、三产业表现为中度协调，且第二产业略优于第三产业。

表 9　四川省五大经济区产业集聚与新型城镇化耦合协调情况

产业	区域	2006 年	2010 年	2015 年	均值	归类
第一产业	成都平原经济区	0.928	0.929	0.910	0.926	高度协调
	川南经济区	0.721	0.685	0.713	0.702	高度协调
	川东北经济区	0.633	0.648	0.711	0.659	中度协调
	攀西经济区	0.562	0.525	0.508	0.519	勉强协调
	川西生态经济区	0.654	0.675	0.678	0.655	中度协调
第二产业	成都平原经济区	0.979	0.982	0.975	0.982	高度协调
	川南经济区	0.719	0.707	0.731	0.716	高度协调
	川东北经济区	0.542	0.562	0.621	0.572	勉强协调
	攀西经济区	0.594	0.549	0.532	0.548	勉强协调
	川西生态经济区	0.638	0.637	0.638	0.634	中度协调
第三产业	成都平原经济区	0.983	0.988	0.973	0.984	高度协调
	川南经济区	0.672	0.623	0.627	0.634	中度协调
	川东北经济区	0.553	0.555	0.615	0.567	勉强协调
	攀西经济区	0.532	0.494	0.478	0.490	轻度失调
	川西生态经济区	0.654	0.641	0.626	0.635	中度协调

表 9 中由耦合协调度的均值对五大经济区进行归类，从产业层面来看，与二、三产业相比，五大经济区第一产业集聚与新型城镇化的协调关系较好。从区域角度来看，成都平原经济区三次产业集聚与新型城镇化的关系都表现为高度协调，说明该经济区新型城镇化得到产业集聚提供动力支持的同时，也推动产业集聚的发展；川西北生态经济区三次产业与新型城镇化的关系都为中度协调；川南经济区一、二产业表现较好，为高度协调；川东北经济区中第一产业比二、三产业协调度好；攀西经济区中第三产业集聚与新型城镇化耦合协调度最差，表明两者之间并未形成很好的良性互动。

（二）四川省产业集聚对新型城镇化影响实证分析

上述分析阐明了四川省产业集聚与新型城镇化的协调关系，现就两者的空间关系进行研究。

1. 四川省产业集聚与新型城镇化的空间特征分析

（1）产业集聚与新型城镇化的全域空间相关性检验

空间相关理论认为一个区域内的某种属性值与其周围区域的同一属性值通常是

具有一定的自相关性的，通过空间相关性检验可以证实此种空间相关关系是否确实存在，若存在显著的空间相关性，在构建计量模型进行估计时，就应加入空间因素。首先，设定空间权重矩阵。本文使用最常用的一阶 Rook 规则设定空间权重矩阵。其次，计算 Moran's I 指数。Moran's I 指数是用来度量空间相关性的一个重要指标，能够定量反映出某种属性值在邻近空间地理单元之间相类似的程度，计算公式为：

$$\text{Moran's I} = \sum_{i=1}^{n}\sum_{j=1}^{n} w_{ji}(x_i - \bar{x})(x_j - \bar{x})/S^2 \sum_{i=1}^{n}\sum_{j=1}^{n} w_{ji}$$

x_i为观测值，n 为观测值个数，w_{ij} 为标准化空间权重矩阵中的元素，$S^2 = \frac{1}{n}\sum_{i=1}^{n}(x_i - \bar{x})^2, \bar{x} = \frac{1}{n}\sum_{i=1}^{n} x_i$ 。其中 Moran's I>0 代表空间正相关，Moran's I<0 代表空间负相关。

利用 2006—2015 年四川省县域数据，计算得到产业集聚和新型城镇化的 Moran's I 指数和检验值，结果见表 10。

表 10　2006—2015 年四川省产业集聚与新型城镇化 Moran's I 指数及检验结果

年份	第一产业（LQY）		第二产业（LQE）		第三产业（LQS）		新型城镇化（URB）	
	Moran's I	统计量	Moran's I	统计量	Moran's I	统计量	Moran's I	统计量
2006	0.6106***	11.4811	0.6401***	12.0301	0.5588***	10.5156	0.7556***	14.1834
2007	0.6287***	11.8181	0.6386***	12.0019	0.5553***	10.4503	0.7642***	14.3427
2008	0.6459***	12.1382	0.6526***	12.2627	0.5917***	11.1294	0.7825***	14.6844
2009	0.6252***	11.7540	0.6682***	12.5549	0.6295***	11.8323	0.7751***	14.5464
2010	0.6341***	11.9194	0.6662***	12.5178	0.6410***	12.0481	0.7790***	14.6195
2011	0.6421***	12.0679	0.6662***	12.5168	0.6550***	12.3092	0.7934***	14.8872
2012	0.6575***	12.3558	0.6701***	12.5902	0.6500***	12.2157	0.7572***	14.2132
2013	0.6522***	12.2560	0.6648***	12.4901	0.6122***	11.5116	0.7621***	14.3043
2014	0.6536***	12.2820	0.6645***	12.4861	0.5973***	11.2335	0.7343***	13.7867
2015	0.6494***	12.2035	0.6672***	12.5349	0.5949***	11.1876	0.7729***	14.5044

注：“***、**、*”分别表示通过显著性水平为 1%、5%、10%的检验。

Moran's I 指数及其检验结果显示，2006—2015 年，产业集聚与新型城镇化的 Moran's I 指数均为正，且都通过了空间自相关性检验，表明四川省 181 个县域的新型城镇化和产业集聚在地理空间上并非随机分布，而是存在显著的空间正相关现象，即存在高值集聚或低值集聚的空间分布特征。

（2）产业集聚与新型城镇化的局域空间相关性检验

全域空间相关性检验证实了四川省产业集聚与新型域镇化存在空间正向依赖

性，但是并未明确这种空间正依赖性具体为何种模式。本节利用 Moran's I 指数散点图进行产业集聚与新型城镇化的局域空间相关性检验。

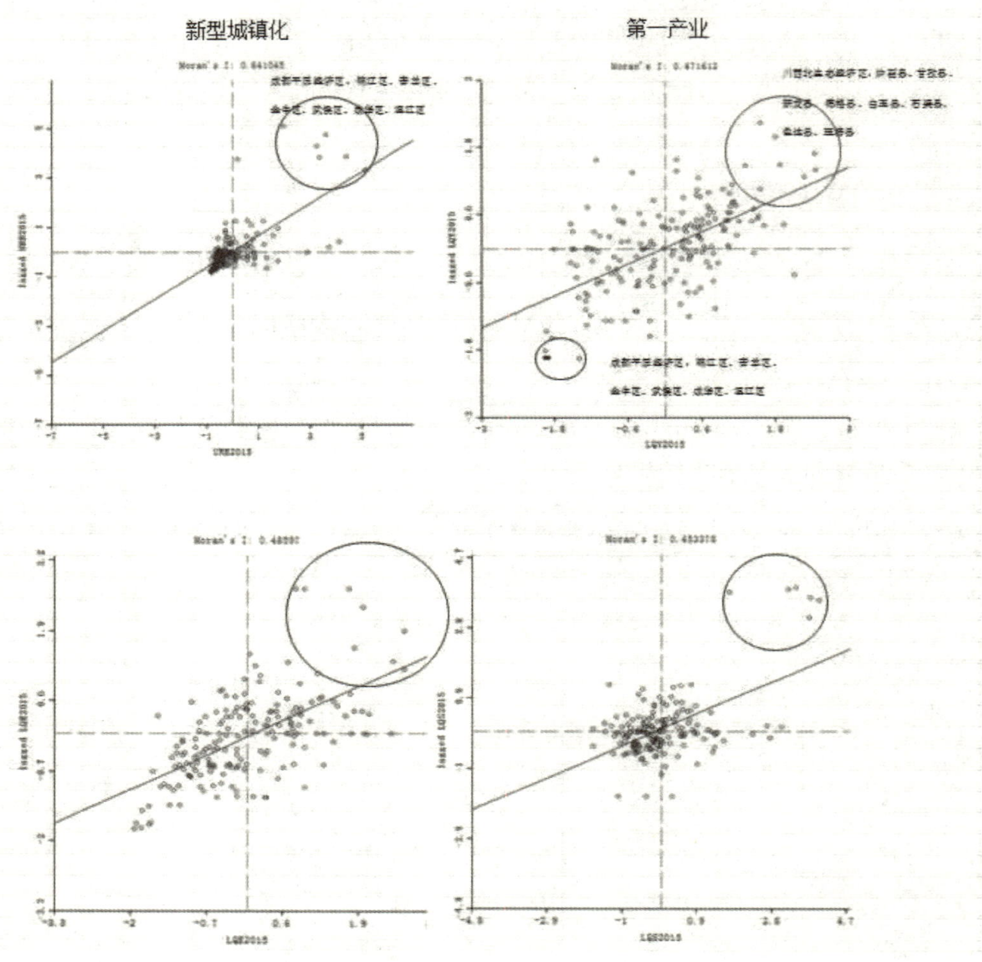

图 10　2015 年四川省新型城镇化和三次产业集聚 Moran's I 指数散点图

如图 10 所示，四川省大部分县域位于一、三象限，反映出新型城镇化和三次产业集聚水平具有高值区域集中和低值区域聚集的不同空间结构模式。此结果进一步证实了产业集聚与新型城镇化皆存在显著的空间依赖性。

（3）产业集聚与新型城镇化双变量空间相关性分析

表 11　四川省新型城镇化与三次产业集聚双变量 Moran's I 指数

指标	第一产业集聚度		第二产业集聚度		第三产业集聚度	
时间	2006 年	2015 年	2006 年	2015 年	2006 年	2015 年
Moran's I 指数	−0.3630***	−0.3384***	0.1470*	0.0450	0.2472***	0.4117***

由表 11 可知，以新型城镇化水平为第一变量、产业集聚度为第二变量的双变量 Moran's I 指数表明：第一产业集聚度与新型城镇化水平的空间相关性为负，说明第一产业多表现为"高低聚集"，即新型城镇化水平较高的区域被较低产业集聚度的地区包围；而二、三产业为空间正相关，即二、三产业多表现为"高高聚集"和"低低聚集"；与一、二产业相比，第三产业 Moran's I 指数绝对值明显变大，说明第三产业集聚与新型城镇化发展的空间相关性显著增加。

2. 四川省产业集聚与新型城镇化的实证分析及结果

根据上文分析及空间相关性检验结果，可以判断确实存在明显的空间依赖性。因此，在进行关系研究时需要考虑空间因素，构建纳入空间效应的空间面板模型，能够得到更有效的拟合结果，并探索和估计地区间的空间溢出效应情况。

基于四川省 181 个县域 2006—2015 年三次产业集聚度（LQ）与新型城镇化水平（URB）的面板数据，选取以下变量作为控制变量：以人均 GDP 代表经济发展水平（AVGDP），以人均全社会固定资产投资代表城镇建设投资（G），以职工平均工资代表居民收入（WAGE），以公共财政支出代表政府活动（GE），通过单位根检验和各变量间的协整关系检验证明所选指标符合构建面板计量模型的基础条件。

通过似然比（LR）检验和稳健 LM 检验发现，新型城镇化与产业集聚存在空间效应；通过 Hausman 检验以及本文数据量的选取决定采用具有空间固定效应的空间滞后模型（SLM）。具体形式如下：

$$UPB_{i,t}=\rho WURB_{i,t}+\beta_1 LQY_{i,t}+\beta_2 LQE_{i,t}+\beta_3 LQS_{i,t}+\beta_4 \ln AVGDP_{i,t}+\beta_5 \ln WAGE_{i,t}+\beta_6 \ln G_{i,t}+\beta_7 \ln GE_{i,t}+\varepsilon_{i,t}$$

其中，i 表示县域，t 表示年份，ε 代表随机误差项，$\beta_i(i=1,2,\cdots,7)$ 为解释变量的回归系数，ρ 为空间滞后系数，W 为标准化的空间权重矩阵。

根据上述设定的空间滞后模型（SLM），利用 2006—2015 年四川省 181 个县数据，得到估计结果，见表 12。

表 12 模型估计结果

变量	系数	直接效应	间接效应	总效应
LQY	−0.022***	−0.023***	0.005***	−0.018***
	(−4.028)	(−4.069)	(3.234)	(−4.085)
LQE	0.041***	0.041***	−0.008***	0.033***
	(10.703)	(10.684)	(−2.213)	(10.490)
LQS	0.050***	0.050***	−0.010**	0.040***
	(8.559)	(8.630)	(−4.775)	(8.692)

续表12

变量	系数	直接效应	间接效应	总效应
ln*AVGDP*	−0.039***	−0.040***	0.008***	−0.032***
	(−5.678)	(−5.617)	(4.040)	(−5.607)
ln*WAGE*	0.007	0.007	−0.001	0.005
	(4.602)	(1.614)	(−1.542)	(1.613)
ln*G*	0.009***	0.009***	−0.002***	0.007***
	(4.920)	(5.043)	(−3.812)	(5.031)
ln*GE*	0.025***	0.025***	−0.005***	0.020***
	(12.037)	(11.979)	(−5.085)	(12.616)
*W*ln*URB*	−0.236***	—	—	—
	(−5.764)	—	—	—
R^2	0.9658			

注："*、**、**"分别表示通过显著性水平为1%、5%、10%的检验，括号内为统计量值。

由表12估计结果可以得到以下结论：

(1) 四川省二、三次产业集聚促进新型城镇化发展

由表12可知，四川省二、三产业集聚的系数为正，且通过了显著性水平检验，表明二、三产业集聚对新型城镇化具有明显的提升作用，且第三产业的集聚程度比第二产业的集聚程度对新型城镇化水平的影响效果大，而第一产业集聚的系数显著为负，说明第一产业集聚对新型城镇化发展并未直接起到促进作用。直接效应与间接效应分别表示的是本地区解释变量的变化对自身和周围地区新型城镇化的影响，直接效应的绝对值略高于系数的绝对值主要是由于反馈效应的存在，如某地区的产业集聚度变化影响了自身的新型城镇化水平后，本地区的新型城镇化水平通过空间权重矩阵传导影响了周围地区的新型城镇化水平，而周围地区以同样的方式来反馈影响本地区的新型城镇化水平。

(2) 四川省新型城镇化在各县域内具有极强的竞争效应

SLM模型的空间自回归系数 ρ 值的正负代表着新型城镇化水平空间溢出效应的影响方向，表12显示 ρ 为−0.236，在1%的水平下显著小于零，表明四川省新型城镇化在县域间存在负向空间溢出效应，即一个地区新型城镇化与周围的城镇化水平存在竞争效应。

3. 四川省五大经济区产业集聚对新型城镇化的影响分析

上述对四川省181个县域进行实证分析时，已经确定具有空间固定效应的空间滞后模型较为合适。此部分对四川省五大经济区的实证分析同样依据181个县域的数据，故依旧采用相同的模型，结果见表13。

表 13　四川省五大经济区模型估计结果

系数	成都平原经济区	川南经济区	川东北经济区	攀西经济区	川西北生态经济区
β_1	−0.045＊＊＊	−0.037＊＊	−0.015＊＊	0.004	0.001
	(−3.931)	(−2.172)	(−2.262)	−0.44	−0.09
β_2	0.054＊＊＊	0.02	0.040＊＊＊	0.018＊＊＊	0.. 006
	−8.103	−1.167	−3.933	−5.309	−1.113
β_3	0.041＊＊＊	0.103＊＊＊	0.049＊＊＊	0.042＊＊＊	0.015＊
	−4.265	−5.301	−3.835	−5.447	−1.8
β_4	−0.059＊＊＊	0.022	−0.018＊	−0.012＊	−0.020＊＊＊
	(−3.677)	−1.085	(−1.743)	(−1.775)	(−3.804)
β_5	−0.024＊＊	−0.001	0.024＊＊＊	0.008＊	0.008＊＊＊
	(−2.300)	(−0.099)	−3.635	−1.899	−3.253
β_6	0.014＊＊＊	0.009	0.020＊＊＊	0.005＊＊＊	0.002
	−3.577	−1.549	−7.849	−2.873	−1.372
β_7	0.029＊＊＊	−0.001	0.020＊＊＊	0.007＊＊	0.010＊＊＊
	−7.804	(−0.137)	−6.787	−2.298	−4.953
ρ	−0.236＊＊＊	−0.236＊＊	−0.236＊＊＊	0.544＊＊＊	0.565＊＊＊
	(−3.678)	(−2.385)	(−2.578)	−11.17	−11.132
R^2	0.9664	0.9293	0.9368	0.9903	0.9346

注："＊＊＊、＊＊、＊"分别表示通过显著性水平为1%、5%、10%的检验，括号内为统计量值。

结合四川省产业集聚与新型城镇化实证结果，得出以下结论：

从第一产业集聚对新型城镇化的影响来看，五大经济区中成都平原经济区、川南经济区和川东北经济区第一产业集聚对新型城镇化水平的作用方向与四川省整体效果一致，而攀西经济区和川西北生态经济区则表现为促进作用，其中成都平原经济区的效应最大。

从第二产业集聚对新型城镇化的影响来看，五大经济区的第二产业集聚对新型城镇化的发展都发挥了积极推动的作用，成都平原经济区、川东北经济区和攀西经济区表现显著，其中成都平原经济区的贡献系数最高。

从第三产业集聚对新型城镇化的影响来看，五大经济区的影响系数都显著为正，说明第三产业集聚对新型城镇化水平起着明显的促进效应，且在各自经济区内部，第三产业的集聚程度对新型城镇化的发展基本都为最具影响的，其中川东北经济区的作用最大。

从新型城镇化的空间效应来看，五大经济区呈现了东西分布不一致的现象，成都平原经济区、川南经济区和川东北经济区与四川省整体的空间自回归系数一样，表现为县域间的竞争关系，而攀西经济区和川西北生态经济区由于新型城镇化水平较低从而其在空间上体现为县域间的积极促进作用。

五、政策建议

（一）结合自身特色，差异化发展

四川省在切实落实多点多极支撑发展战略、构建“一轴三带、四群一区”城镇化发展格局的同时，五大经济区应因地制宜、扬长避短。

1. 川东北经济区应持续壮大特色优势产业

作为川渝合作区经济发展腹地，川东北经济区应继续保持新型城镇化在城镇化建设、人民生活、环境污染治理方面的良好发展速度，强化城镇职能分工，克服产业布局分散的问题，促进工业化进程，发展三次产业融合的现代农业产业体系，大力发挥二、三产业集聚对新型城镇化的促进作用，推动特色发展。

2. 攀西经济区应推动攀枝花、西昌错位发展

攀西经济区应注重提高新型城镇化水平，利用战略资源建设创新开发试验区，进一步提升矿产资源和水资源的综合循环利用能力，推动一、三产业集聚发展，结合攀枝花市与西昌市良好的第二产业集聚条件，发挥县域间的促进作用，提高城市建设和质量水平。

3. 川西北生态经济区应以绿色发展、改善生态为基调

川西北生态经济区应因地制宜开发矿产资源，合理发展第二产业，改良传统农牧业发展方式，进一步加强第一产业，尤其是牧业的集聚优势，大力发展以生态文化旅游经济为代表的第三产业，实施全域旅游发展格局，建设特色鲜明、生态文明的产业体系，同时加强基础配套设施，推进高原特色城镇化。

4. 成都平原经济区应强化辐射带动能力

成都平原经济区应利用自身区位条件，率先发展第三产业，努力形成高端产业集聚，重点发展高新技术产业、现代服务业、先进制造业，同时还应注重资源环境保护，发挥四川省核心经济增长极的引领作用。

5. 川南经济区应加强环境污染治理

川南经济区应结合自身工业集聚优势，加快推进转型升级，减小工业对环境的污染，强化第二产业集聚对新型城镇化的正面影响，利用该区域已有的产业基础、区位优势和资源禀赋，提升区域城市综合承载能力。

（二）深化产城融合，促进协调发展

优化城镇规模结构，完善基础配套设施建设，以推动产业集聚，确保产业融

合、城镇融合、人口融合同步发展；大力发展第三产业，努力提升一、二产业集聚效应，坚持以新型工业化引领城镇化，以农业现代化支撑城镇化，以现代服务业促进城镇化，以生态旅游产业带动城镇化，构建产城融合发展机制；以城镇作为承载产业的主体，将产业功能、城镇功能融为一体，协调和处理好与城镇的关系，增强产业对城镇发展的动力支持，提升城镇对产业的服务功能。

（三）发展优势产业，培育产业集群

四川省应根据区域经济发展的实际情况，在产业集聚发展规划的指导下重点发展传统优势产业和战略性新兴产业。一方面，继续发展具有一定优势的饮料食品业、能源电力与现代中药等优势产业，利用先进的高新技术改造传统产业，以资源优势为依托，大力发展精深加工，促进优势产业集群；另一方面，结合自身的产业优势，因势利导，科学合理地承接技术密集型产业的扩散，将其与发展战略性新兴产业融合在一起，努力实现“建成国家战略性新兴产业发展聚集高地”的十三五规划目标。

（四）促进产业集聚，优化产业结构

政府应立足产业基础、企业状况和集聚现状，采用倾斜性的产业政策，引导并带动支柱产业健康、快速发展。首先，巩固第一产业的基础地位，促进农牧业的大力发展，缩小地区间发展差异；其次，加大技术创新力度，升级产品结构，提高工业化水平，同时借助技术创新效果，拉动劣势行业的发展，强化第二产业的优势地位；最后，围绕已有的优势行业，以金融业、餐饮服务业等行业为依托，大力发展第三产业。

（五）坚持绿色发展，努力补齐短板

以“创新、协调、绿色、开放、共享的发展理念”为引领，认真落实新型城镇化发展战略，提高城镇化质量；进一步加强基础设施与公共服务设施建设，健全社会保障体系，提升公共服务水平；注重生态环境保护建设，使城镇布局与资源环境承载能力相匹配，促进绿色低碳循环发展；提高城镇居民生活水平，完善城镇化体制机制，推进城乡发展一体化，缩小城乡差距，努力推动四川省就地就近城镇化进程。

（四川省统计局　西南财经大学）

附表

附表 1　战略性新兴产业依托行业分类

战略性新兴产业依托行业	国民经济行业分类名称	所属的战略性新兴产业
C26 化学原料和化学制品制造业	2632 生物化学农药及为生物农药制造	新材料产业
	2664 信息化学品制造	新材料产业
	2665 环境污染处理专用药剂材料制造	节能环保业
C27 医药制造业	2760 生物、生化制品的制造	生物产业
C30 非金属矿物制品业	3072 特种陶瓷制品制造	新材料产业
C32 有色金属冶炼及延压加工业	3230 稀有稀土金属冶炼	新材料产业
	3240 有色金属合金制造	新材料产业
C34 通用设备制造业	3420 金属加工机械制造	高端装备制造业
C35 专用设备制造业	3512 石油钻采专用设备制造	高端装备制造业
	3562 电子工业专用设备制造	高端装备制造业
	3575 渔业机械制造	高端装备制造业
	3580 医疗仪器设备及器械制造	高端装备制造业
	3591 环境污染防治专用设备制造	节能环保业
	3592 地质勘查专用设备制造	高端装备制造业
C37 铁路、船舶、航空航天和其他运输设备制造业	3710 铁路运输设备制造	高端装备制造业
	3740 航空航天器制造	高端装备制造业
C38 电气机械及器材制造业	3810 电机制造	高端装备制造业
	3832 光纤光缆制造	高端装备制造业
C39 计算机、通信和其他电子设备制造业	3910 计算机制造	新一代信息技术产业
	3920 通信设备制造	新一代信息技术产业
	3930 广播电视设备制造	新一代信息技术产业
	3940 雷达及配套设备制造	新一代信息技术产业
	3960 电子器件制造	新一代信息技术产业
	3970 电子元件制造	新一代信息技术产业
C40 仪器仪表制造业	4010 通用仪器仪表制造	高端装备制造业
	4020 专用仪器仪表制造	高端装备制造业
	4041 光学仪器制造	高端装备制造业
C42 废弃资源综合利用业	4210 金属废料和碎屑加工处理	节能环保业

续表1

战略性新兴产业依托行业	国民经济行业分类名称	所属的战略性新兴产业
D44 电力、热力的生产和供应业	4412 水力发电	新能源产业
	4413 核力发电	新能源产业
	4414 风力发电	新能源产业
	4415 太阳能发电	新能源产业
	4419 其他电力生产	新能源产业
D46 水的生产和供应业	4620 污水处理及其再生利用	节能环保产业
	4690 其他水的处理、利用与分配	节能环保产业

附表 2　各传统优势产业依托行业分类

传统优势产业	传统优势产业依托行业
饮料食品产业	C13 农副食品加工业
	C14 食品制造业
	C15 酒、饮料和精制茶制造业
现代中药	C27 医药制造业
装备制造业	C33 金属制品业
	C34 通用装备制造业
	C35 专用设备制造业
	C37 铁路、船舶、航空航天和其他运输设备制造业
	C38 电气机械及器材制造业
	C39 计算机、通信和其他电子设备制造业
	C40 仪器仪表制造业
汽车制造	C36 汽车制造业
能源电力	D44 电力、热力生产和供应业
	D45 燃气生产和供应业
	D46 水的生产和供应业

四川康养产业发展研究

一、前言

（一）研究背景

截至2015年年底，中国60岁以上老年人口的比重超过15%，成为全世界老年人口增长速度和规模均居首位的国家。作为中国的人口和农业大省，四川则成为中国人口结构性变动最具代表性的省份。2015年四川省60岁以上老年人口达到1748万人，占常住人口的20.38%，高出全国平均水平4.23个百分点，65岁及以上人口比重达到13.33%，人口老龄化水平位居全国前列。四川老年人口总体增长快，规模大，老年人家庭空巢化、独居化加速，特别是高龄人口比重高，农村老龄问题突出等基本特点在未来相当长一段时间不会发生根本变化。

人口老龄化对社会、政治、经济和文化发展带来了前所未有的影响，一方面，人口老龄化会对劳动力供给、资本积累、国民储蓄、经济增长方式以及社会保障体系、政府财政支出等诸多方面带来严峻挑战；另一方面，人口老龄化也意味着促进发展的新机遇，不断扩大的老年人口为康养产业的发展带来了重要的契机。在人口老龄化背景下深入研究四川康养产业发展潜力，对于积极有效地顺应我国、我省社会结构新变化，满足“健康老龄化”需求，把握未来社会经济发展的机遇，促进我省康养产业的合理布局以及资源优化配置具有非常重要的现实意义。

（二）对康养产业的界定

康养产业是21世纪的新兴产业，虽然我国政府和理论界对康养产业发展高度重视，然而由于康养产业在我国尚处于起步阶段，迄今为止尚没有对康养产业作出过任何权威性定义。

根据国内外学者的论述以及对国家政府相关政策的解读，本研究认为康养产业可以理解为健康和养老产业的统称，是为促进老年人口的社会参与和健康发展，不断提升老年人生活质量，满足老年人多元化养老需求而形成的综合性产业体系，包括直接或间接为健康养老提供多种服务和支持的行业和部门。从广义上讲，它包括所有与健康和养老相关的横跨第一、二、三产业的综合产业体系；从狭义上讲，康养产业则是指一定数量的老年人在特定的时间和区域内，能够集中参与和分享的社会经济活动。它主要涉及养老服务、医疗健康、旅游文化、科技信息等若干个领域，是现代服务业的重要组成部分。

本课题主要采用狭义康养服务业的概念。即使如此，其覆盖面还是极广的。为了能够对这一产业有一个较为深入的反映，本课题从以下几个方面进行研究：首先根据现有宏观数据，在老年人这一潜在消费者数量和相关投资变动的基础上，对四川省及国内其他省份康养产业发展潜力进行总体预测分析；通过问卷调查和实地访谈，对康养产业中最具代表性的两大门类——机构养老服务和康养旅游服务进行深入研究。选择这两个领域的主要原因在于：机构养老服务是康养产业社会化、市场化的代表性和基础性行业，是保证老年人身体健康的基本需求；康养旅游服务则是康养产业中能够满足老年人较高层次需求的产业，代表着人们对精神健康和文化健康的追求，两者共同构成康养产业的核心内容。

二、对四川省康养产业市场潜力的总体预测

（一）模型设计与构建

为了突出康养产业的社会性及与其他社会经济系统要素之间的关联性，本研究主要采用系统动力学模型，结合 Markov 模型、人口生命表等方法，通过对影响康养产业的各类变量进行系统规划，从人口数量（潜在需求）、投资规模（发展动力）、市场需求和供给 4 个子系统具体分析各类要素对康养产业市场潜力的影响，对 2016—2025 年四川省康养产业市场规模和发展潜力进行系统仿真及总体预测，并对国内区域间的市场差异性进行全面分析。所用数据主要来自《中国统计年鉴》《中国人口统计年鉴》、中国 2010 年人口普查数据及《四川省统计年鉴》。

（二）数据选择与预测结果

系统模拟仿真初始值包括总人口数、老年人口比重、投资总额、国内生产总值、人口出生率和死亡率。初始值以 2010 年为基础，主要是因为本年度国家开展第六次人口普查，可以获得全国分年龄人口死亡率指标，这是编制人口生命表和预测人口数量变动的基础。方程各子系统中的系列参数主要采用 2008—2015 年相关数据进行统计回归拟合方法进行估计，具体预测结果见表 1、表 2、表 3。

表 1 市场需求规模影响变量描述性统计

年份	人均GDP（元）	居民收入水平与消费水平				人口与社会福利		
		居民人均消费水平（元）	城镇就业人员平均水平（元）	居民消费价格指数	人均可支配收入（元）	65 岁及以上人口（万人）	卫生、保障和福利业投资（亿元）	老年人床位数①（万张）
2008	24321	8707	28898	105.9	15780.8	10956	1155.61	257.4
2009	26222	9514	32244	99.3	17174.7	11307	1858.64	283.5
2010	30876	10919	36539	103.3	19109.4	11894	2118.98	306.1
2011	36403	13134	41799	105.4	21809.8	12288	2330.27	343.2
2012	40007	14699	46769	102.6	24564.7	12714	2617.15	406.5
2013	43852	16190	51483	102.6	26467.1	13161	3139.3	483.7
2014	47203	17778	56360	102.0	28843.9	13755	3991.5	380.3
2015	49992	19308	62029	101.4	311948	14386	5174.5	358.1

表 2 四川省老年人口数量结构及康养市场规模预测结果

年份	市场规模（亿元）	65 岁以上老年人口数量（万人）	劳动年龄人口数量（万人）	老年抚养系数（%）
2015	1382.37	1094.4	5806.07	18.85
2016	1643.61	1135.32	5826.04	19.49
2017	1879.54	1201.11	5832.51	20.59
2018	2150.53	1259.32	5832.45	21.59
2019	2359.82	1318.77	5879.23	22.43
2020	2528.56	1369.35	5885.43	23.27
2021	3001.18	1426.38	5882.71	24.25
2022	3736.94	1453.61	5870.47	24.76
2023	3987.01	1472.67	5769.89	25.52
2024	4122.35	1501.94	5727.31	26.22
2025	4655.78	1564.65	5696.62	27.47

① 2015 年国家统计局没有单独统计老年床位数，而是以老年和残疾人床位数来统计的。本数据根据 2015 年残疾人数量进行调整。

表 3　2016—2025 年分省康养市场规模预测结果

（单位：亿元）

地区＼年份	2016	2017	2018	2019	2020	2021	2022	2023	2024	2025
山东	1899	2172	2285	2342	2867	3114	3318	3953	4688	5135
江苏	1717	1963	2247	2570	2954	3448	3904	4478	5142	5908
四川	1644	1880	2151	2360	2528	3001	3737	3987	4122	4656
河南	1435	1641	1878	2148	2469	2883	3263	3644	4099	4539
安徽	1382	1580	1808	2068	2377	2776	3142	3645	4139	4755
浙江	1308	1496	1711	1958	2250	2627	2974	3412	3917	4501
湖北	1201	1373	1572	1798	2066	2412	2731	3133	3597	4133
河北	977	1117	1278	1462	1680	1962	2221	2547	2925	3361
江西	860	983	1125	1287	1480	1727	1955	2243	2576	2959
广东	798	912	1044	1194	1372	1602	1814	2181	2589	3045
湖南	804	919	1052	1203	1383	1615	1828	2097	2407	2766
上海	572	655	749	857	985	1150	1301	1493	1714	1970
重庆	587	671	768	878	1010	1179	1334	1531	1758	2020
辽宁	526	601	688	787	905	1056	1195	1371	1575	1809
北京	441	504	577	660	759	886	1003	1150	1321	1518
黑龙江	448	513	587	671	771	901	1020	1170	1343	1543
陕西	374	428	489	560	643	751	850	975	1120	1287
福建	291	333	381	436	501	584	662	759	872	1001
吉林	338	387	442	506	581	679	768	882	1012	1163
山西	306	350	401	458	527	615	696	799	917	1054
内蒙古	286	327	374	428	492	575	650	746	857	984
广西	263	301	344	393	452	528	598	685	787	904
新疆	233	266	304	348	400	467	529	607	697	800
云南	257	294	336	385	442	516	584	670	769	884
贵州	223	255	292	334	384	449	508	583	669	769
天津	177	202	231	265	304	355	402	461	530	609
甘肃	169	193	221	253	291	340	384	441	506	582
青海	45	51	58	67	77	90	102	117	134	154
宁夏	41	47	54	62	71	83	94	108	124	143

续表3

地区\年份	2016	2017	2018	2019	2020	2021	2022	2023	2024	2025
海南	25	28	32	37	42	49	56	64	73	84
全国	20023	23230	25843	29258	33529	39317	44620	51087	48682	67492

（三）预测结果分析

从预测结果可以看出：第一，四川省康养市场发展潜力巨大，2016 年总体市场规模达到 1600 多亿元，仅次于山东、江苏，在全国位于第三位，高于安徽、河南等人口大省；第二，在未来 10 年间，四川省康养市场将保持连续上升势头，到 2025 年将达到 4656 亿元，是现在市场规模的近 3 倍；第三，从市场增长率变化来看，四川省康养市场潜力增速并不会处于完全稳定变化中，市场平均增幅会略小于安徽、浙江、江苏等省份。

四川省老龄人口绝对数量较高是市场潜力较大的直接原因，同时在过去几年间我省人均可支配收入和与老龄康养有关的投资规模较同为人口大省的河南、安徽高，所以预测前期四川省产业发展潜力明显高于这两个省份，而市场潜力低于山东和江苏的原因在于后两省虽然老年人口数量较我省低，但经济发展水平、老年人口的消费能力以及投资增长率较我省高；在预测后期，四川省康养产业的发展速度会有所降低，主要在于前期快速增长之后的市场状况会对影响市场变动的各因素产生反向动力效果。随着前期市场需求的不断增加，各类企业与机构的投资意愿和规模随之上升，从而促使服务水平和技术创新水平的提高，不断降低生产成本与价格水平，增加产业市场供给，趋于下降的供求比反过来会抑制产业市场需求的增加，使得市场规模增速降低，并走向稳定水平；相反，在前期发展不够充分的市场后期则会呈递增趋势。

总的来讲，区域康养市场潜力受到经济发展水平、人口结构、人口迁移和流动、居民收入和消费水平以及老龄产业和社会福利事业投入等多方面因素的影响。在现有的预测中，各主要影响变量是根据 2008—2015 年的发展状况进行回归拟合得出的，所以一些实际因素可能对预测结果产生影响：首先，从数据选取上，因为目前尚未有任何关于康养产业的全面专门统计，因此只能以最直接的官方统计标准——老年人床位数变化率作为康养服务衡量市场供给变化率的标准，用卫生、社会保障和社会福利业固定资产投资额变化率代替康养产业投资总额变化率。从全国来看，在国家政策的影响下，2010 年之后康养产业的市场供给率增长速度均保持高速增长。就四川省的情况来看，可能因为受到 2008 年灾后重建这一个特殊因素的影响，社会福利投资额和市场投资变化率增速高出国内诸多省份，在一定程度上可能会导致预测结果稍高；另外，对市场潜力影响较高的经济发展水平、居民收入和消费水平以及社会福利投资都是基于常住人口口径进行核算的，而我省青壮年劳动力目前省外转移的规模每年基本还保持在1000多万人，改革开放前30年间四川人口省外迁移的总量庞大，随着我国供给侧改革和产业结构调整、区域经济协调发展力度的不断加强，最早流出省外的劳动力人口已经接近退休年龄，考虑到多种因素导致的人口回流和收入变动情况，四川省未来康养产业的市场需求还会有较大幅度的增长。

三、供需视角下四川省机构养老服务问题研究

少子化、小型化、家庭成员职业和居住地流动性加快是现代家庭的典型特征，这对中国传统的“家庭养老”观念形成了巨大冲击，“健康养老”越来越多地从个人家庭问题演变成为社会问题。虽然宏观统计数据测量上显示康养产业市场发展潜力巨大，但从微观市场角度来讲要把这种产业潜力变为现实，关键还是在于要让老年消费者购买社会服务的倾向和意愿能够与市场供给达成一致。为此，本课题组对四川省机构社会养老服务的需求和供给两个方面展开了深入调查。

对四川省老年社会养老服务需求的调查分为两个部分进行：一是老年消费者对养老服务产品需求的特征和潜在意愿，目的在于了解到底有多少老年人愿意接受社会养老服务，他们是否具备足够的消费能力，他们需要的养老服务项目具体是什么，这是决定区域产业潜在市场转变为真实市场的关键性因素；二是已经成为机构或社会养老服务市场消费者的老年人对现行的服务供给是否感到满意，供求之间是否存在差异性，这是决定市场规模能否进一步扩大的关键性因素。对四川省老年社会养老服务供给情况的研究来自几个方面：一是课题组对四川省成都市、南充市、广元市几地各类社会养老机构的实地走访调查；二是通过与政府相关部门沟通，参加政府组织的研讨会；三是来自四川省民政厅的统计资料。

（一）四川省机构养老服务潜在需求分析

2017年1月到4月，本课题组采用随机抽样和入户面访的方式对成都、南充和广元三地60岁以上老年人的基本情况和养老服务需求状况进行了随机调查，此次共发放问卷800份，实际收回有效问卷720份。其中包括城市老年人252名，乡镇老年人144名，农村老年人324名，被调查老年人的城乡结构大致与我省当前的人口城镇化率大体一致。被调查老年人中男性297人，女性433人，男女性别比例约为2∶3，平均年龄67.4岁。从被调查者的婚姻状况来看，已婚者占被调查总数的79.8%，丧偶者占被调查总数的18.53%，离婚者占被调查总数的0.33%，另外1.4%的是未婚老人。

1. 被调查者的经济状况

老年人口人均收入水平不高，城乡老年人之间收入差距大。调查显示，被调查老年人人均月收入为1021.0元，其中，城市老年人的月收入为1783.9元，农村老

年人的月收入为664.6元，城市老年人比农村老年人收入高1119.3元。从收入分布上看，老年人的月平均收入呈偏态分布，月平均收入在2000元以下的占被调查总数的73%，月平均收入在4000元以上的仅占3.7%，多数农村老年人月平均收入在1000元以下。从收入来源看，无论城市还是农村，养老保险都是老年人的主要收入来源，其次是子女资助。城市老人中84.3%的收入来自退休金或养老保险金，农村老人55.2%的收入来自社保金。此外，农村老年人子女大多外出务工，因此部分农村老年人还在从事农业生产，有13.5%的农村老年人的收入主要来自劳动力收入（见表4）。

表4　被调查老年人分城乡主要收入来源

收入来源	农村	城市
退休金或养老保险金（%）	55.2	84.3
劳动收入（%）	13.5	2.8
财产性收入（%）	3.7	3.1
子女供养（%）	15.1	6.9
社会救助（%）	13.6	2.9
合计（%）	100.0	100.0

从支出来情况来看，老年人月均支出1274.2元，其中城市老人月均支出1552.3元，农村老人832.1元。调查中要求老人选出自己主要支出的前三项，调查结果显示，老年人生活中最主要的支出为日常生活开支和医疗支出（见表5）。

表5　被调查老年人日常支出分类前三项分布

支出分类	比例（%）
生活开支	54.6
医疗开支	20.3
休闲娱乐	11.7
人情往来	16.6
补贴父母	9.0
补贴子女	16.3

2. 被调查者的居住和健康状况

老年人口以空巢家庭居多，夫妻双方守望相助是老年人的基本生活状态。在居住方面，59.8%的老人是自己和配偶单独居住，与子女同住或在不同子女家轮流居住的老人有40.9%（其中有0.7%的老年人在不同子女家轮流居住）。这就意味着空巢老人家庭占到城乡老年家庭总数的近60%。不过，也有40%左右的老年人虽然独自居住，但子女住在离家较近的地方，遇到急难事情子女可以上门帮助（见表6）。

表6 调查老年人目前的居住状况

居住情况	比例（%）
在不同子女家轮流居住	0.7
住子女家里	40.2
自己住，子女不在附近	18.5
自己住，子女在附近	41.3
合计	100.0

在所有被调查对象中，56.5%的老年人患有老年慢性病，包括高血压、气管炎或者支气管炎、糖尿病等，其中生活不能自理的老人大约占3.7%。在生活照料方式上，88.2%的老人都是自己照顾自己，由子女照料的占11.5%，其他照料方式属于个别情况（见表7）。

表7 被调查老年人目前生活照料方式

照料方式	比例（%）
请专人照料	0.2
社区照料	0.2
子女照料	11.5
自我/配偶照料	88.2
合计	100.0

所有被调查的老年人都认为"身体健康"是自己当前最看重的事情，在日常生活中保持健康最关键的因素在于合理饮食（72.7%），经常运动（54.8%），心情愉快（47.2%），定期体检或去医院（12.4%），使用保健品（4.3%）；但是在访谈中，85%左右的老人表示平时生病之后，不会去医院看病，最主要的原因是觉得医疗费用比较高，虽然医疗保险可以报销一部分，但还是有40%左右的费用需要自己承担，同时部分老人认为医院存在过度治疗现象，如果不是特别严重，住院治疗不如完全自费买药便宜，此外无人陪同和怕给子女添麻烦也是重要的原因。

3. 被调查者对养老社会服务的选择意愿

经济收入水平与老年人口养老模式选择密切相关，居家养老仍是当前老年人的意愿选择。在养老模式选择上，79.8%的老年人把居家养老作为意愿养老模式的第一选择，有31.4%的老年人把机构养老作为意愿养老的第二选择，其中愿意去公办养老机构的为19.7%，愿意去民办养老机构的为11.7%（见表8）。

表 8　被调查老年人对养老模式的选择意愿表

（单位：%）

选择意愿	居家养老	钟点托老	社区养老	民办养老院	公办福利院	商业化养老公寓
第一选择	79.8	2.2	5.8	4.8	7.4	0.0
第二选择	6.2	13.9	11.0	11.7	19.7	3.2
第三选择	4.5	2.6	7.1	17.5	8.4	2.9

老年人的经济收入状况和城乡分布与其对养老模式的选择有较强的关系。月均个人收入在1000元以下的老人中，有89.7%选择居家养老，月均收入在4000元以上的被调查老人中，居家养老的比例为66.7%，而愿意选择机构养老的比例占到28.4%。由于农村老年人收入较城市普遍更低，因此在选择养老方式方面，农村老年人93.2%表示不会选择机构养老，其中最主要的原因是"负担不起"，还有5.8%的老人"不知道有机构养老"或认为"只有孤寡老人才能去"，只有1%的老人明确表示"想去"，而城市老年人表示"想去"或者"以后搞不动了肯定要去"的比例占到约21.7%（见表9）。

表 9　不同收入水平老年人对养老模式的选择

（单位：%）

养老模式	1000元以下	1000～2000元	2000～3000元	3000～4000元	4000元以上
居家养老	89.7	81.9	77.7	76.5	66.7
钟点托老	0.7	2.3	4.9	2.9	0.0
社区养老	0.7	4.5	4.9	11.8	4.8
民办养老院	2.1	4.9	4.9	0.0	9.4
国办福利院	6.9	6.4	7.7	8.8	19.0
合计	100.0	100.0	100.0	100.0	100.0

在问及对养老机构的看法时，有一半以上的老年人对养老机构的印象评价不错。评价"好"和"较好"的占受访者的51.8%，评价"一般"的占15.7%，评价较差的占5.8%，另外还有26.75%的受访者表示不清楚。访谈了解到，老年人对养老机构的印象受到媒体宣传的影响较大，特别是媒体对养老机构的负面宣传，直接影响老年人的入住意愿。

在影响老年人选择机构养老的因素方面，被访者表示首要考虑的几个因素分别是经济承受能力、服务质量和水平、环境优美度、医疗方便程度。其中，把经济承受能力放在第一考虑因素的老年人占到被调查老年人总数的62.3%；在各种养老机构类型中，老年人心目中认为最倾向的三项选择分别为医养结合型养老机构（73.1%）、综合型养老机构（57.7%）、社区养老机构（39%），可见被调查老人多数愿意选择有较强医护能力的养老机构（如图 1 所示）。

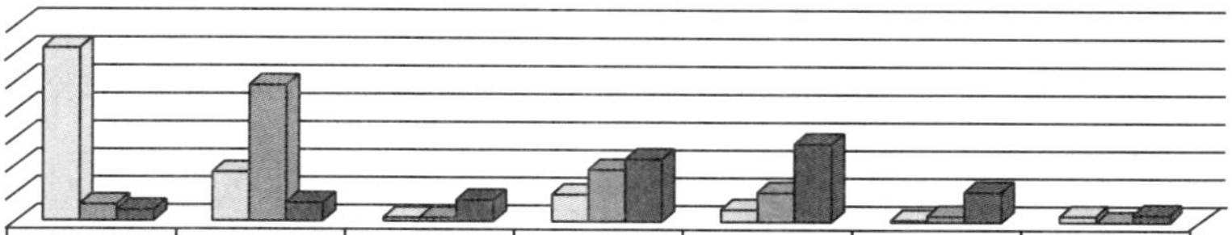

	经济承受能力（%）	服务质量、水平（%）	交通便利程度（%）	医疗方便程度（%）	环境优美度（%）	文化娱乐设施（%）	综合考虑（%）
□第一考虑因素	62.3	17.8	1.1	9.8	4.2	0.5	2.3
■第二考虑因素	6.5	49.4	1.8	18.7	10.8	2.2	0.7
■第三考虑因素	4.1	6.7	8.2	22.7	28.2	10.9	2.5

图 1　被调查老年人选择养老院考虑因素分布图

4．被调查者认为最需要的社会帮助或服务

老年人口最需要的仍然是物质和资金支持，医疗和生活服务是最迫切的服务需求。调查数据显示，有 53.5%的老人认为最需要的支持和帮助是资金物质支持，而且收入水平越低的老年人这种想法越强烈。月均收入在 1000 元以下的老人中，有 76.3%希望得到政府或者社会的资金、物质支持；有 42.5%的被调查老年人在第二选择中选了村（社区）提供服务，有 28.7%的老人在第三选择中选了希望专业社工服务。对于老年人具体需要的社会服务项目，可以分为生活照料服务、医疗护理服务和精神慰藉服务三类。对此三类服务的需求情况进行排序，明显呈现出医疗护理需求>生活照料服务需求>精神慰藉需求的状态。老年人的社会服务需求在医疗护理和生活照料服务方面的集中度也最高，医疗护理服务和生活照料服务还是老年人最迫切需要的服务内容（如图 2、图 3 所示）。

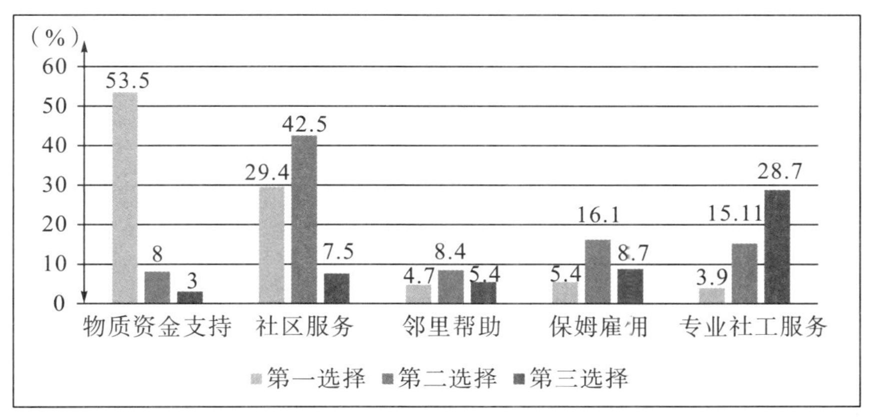

图 2　被调查老年人对政府和社会的帮助的需求分布图

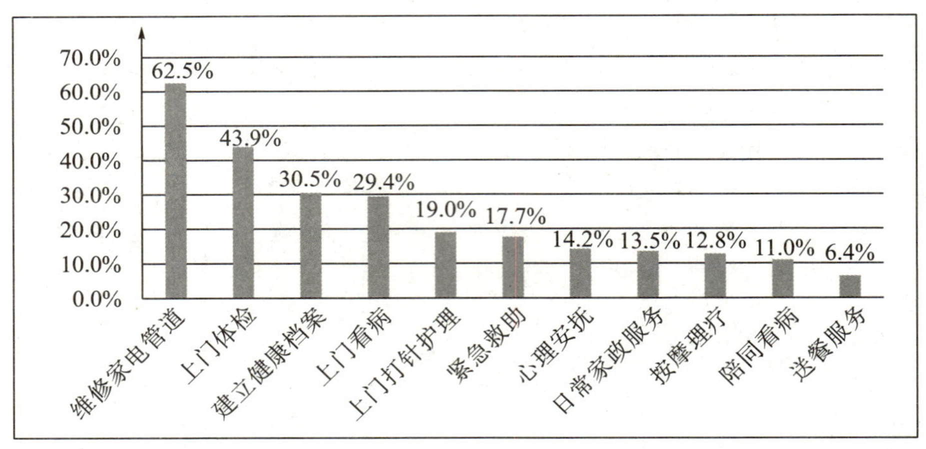

图 3　被调查老年人需要的社会服务项目分布图

5. 小结

从调查结果总体来说，四川省老年人总体收入水平较低且城乡差距大。仅就平均收支水平看，城市老年人每月会有一定节余而农村老人则是入不敷出。从居住和健康情况上看，超过 60%的四川省老年人生活在空巢家庭，超过 56.5%的老年人患有慢性病，老年人自己照顾自己或老夫妻相互照料的比重接近 90%，仅有 10%左右的老年人能够受到子女的照料。尽管如此，绝大多数老年人不会选择机构养老，其中最主要的原因在于经济因素，对养老机构缺乏了解和信任也是一个方面。相比之下，城市老年人对社会养老机构的需求量显著高于农村，有超过 20%的城市老年人未来可能会选择机构养老。从老年人对养老机构类型的需求来看，医养结合型养老机构和综合型养老机构是目前老年人最需要的两种养老机构。在老年人最需要政府和社会提供的帮助这一问题上，超过一半的老人认为政府和社会应该对老年人提供资金物质支持，尤其是农村老年人对物质帮助的需求更为迫切。在其他社会服务项目中，老年人最需要的帮助是医疗服务，其次则是日常生活帮助，可见多数老年人还处于基本的生存需求阶段。

（二）四川省机构养老服务实际需求与供求一致性分析

为进一步了解现行社会养老服务供给水平和结构与老年人实际需求之间的一致性，本课题组对已经接受社会养老服务的老年消费者进行了主观感受调查。

根据四川省民政厅的资料，截至 2015 年成都市入住养老机构的老年人数为 1.2 万人，城乡比例为 43.4%和 56.7%，自费比例为 28.7%。相对于其他地市（州），成都市社会化养老服务机构最为密集且自费入住比例显著高于其他地区。由于本课题对养老服务的研究主要是从市场而非社会救助角度进行的，同时在对广元、南充等养老机构数量较多且农村老年人较为集中的地区进行调查时，我们发现农村入住老年人仍以“三无”老年人为主且受访效果较差，而且绝大多数农村老年人暂时未形成对社会化养老服务的需求。因此我们最终确定以成都市非政府公办的20家养老机构（包括小微社区养老服务机构）中入住的老年人为对象展开调查。

1. 养老社会服务供给主观感受调查方案设计

本课题运用SERVQUAL模型对成都市社会养老机构服务内容和水平进行评价，从有形性、可靠性、响应性、保证性和移情性5个维度①，设计了27个服务质量评价原始指标体系。在小范围预调研基础上，运用因子分析等方法对指标进行调整，检验量表的信度和效度，并以分析结果为依据调整指标的排序和权重分布，最终形成了包含响应性、移情性、有形性、可靠性4个维度、24个评价指标在内的有效质量评价体系（见表10）。

表10　成都市社会养老机构服务质量评价指标体系

维度	指标	权重	
		小计	指标权重
S1响应性	N1. 护理人员积极主动提供服务和帮助情况	0.4622	0.0685
	N2. 护理人员为您提供基础护理服务合格情况		0.1615
	N3. 当您遇到困难时机构和护理人员的重视和解决的情况		0.1143
	N4. 您需要等待护理人员的时间长短（护工的快速反应情况）		0.1058
	N5. 护理人员热情、耐心、周到程度		0.1616
	N6. 机构及护理人员值得信赖的程度		0.1235
	N7. 护理人员具有护理专业知识和技能情况		0.1143
	N8. 护理人员对您的尊重程度		0.0839
	N9. 机构告知老人其所提供的服务情况		0.0658
S2有形性	N10. 室外绿化环境情况	0.2668	0.0745
	N11. 具有完备医疗设施配备情况		0.2580
	N12. 室内卫生环境情况		0.1353
	N13. 提供户外休闲活动和场所情况		0.1353
	N14. 提供膳食的品种、口感等情况		0.1353
	N15. 基本生活设施（如桌椅、电器等）配备情况		0.2580

① 维度解释：有形性是指有关服务的具体设施，主要包括硬件设施、环境条件和服务人员的仪表等。在社会养老服务中，有形性主要体现在为老人提供的基本生活设施、医疗设施和休闲娱乐场所设施，以及室内外和服务人员的卫生、膳食丰富和营养水平等方面；可靠性是指机构或服务人员能够可靠并正确地执行所承诺的服务的能力，强调的是可信赖性、长期稳定性及一致性。在社会养老服务中，可靠性代表服务提供者能够及时并长期地履行所承诺的服务内容和服务水平；响应性是指服务人员能够及时并迅速地提供服务，强调的是服务人员对要求的快速反应与提供服务的热情态度。在社会养老服务过程中，响应性主要体现在面对身体条件、心理状况、生活方式存在很大的差异的老年消费者群体时，服务人员能否对老年人的要求做出迅速的判断和反应，并能够和蔼、热情、适时、敏捷地提供服务；保证性是指服务人员具有专业的理论知识和技能，能够获得顾客信赖的能力。在社会养老服务中，保证性通常表现为服务人员具有专业素养，具有解决问题的专业知识与能力，能够获取老年人信赖，使之感到舒心和满足；移情性指能够有效地和顾客沟通，明晰顾客需求并给予个性化的服务，强调的是重视顾客的权益和了解并解决不同顾客的差异。在社会养老服务过程中则体现为老年人能够感受到机构或工作人员的关注和理解，并且能够满足其个性化需求。

续表10

维度	指标	权重	
		小计	指标权重
S3移情性	N16. 护理人员提供的服务让您觉得安全的程度 N17. 护理人员为您提供个性化服务情况 N18. 提供与您聊天交流、心理沟通等精神慰藉服务情况 N19. 机构根据不同的老人提供不同的服务情况 N20. 机构提供的服务符合您需求情况	0.1433	0.2028 0.0935 0.2028 0.0514 0.4343
S4可靠性	N21. 养老机构声誉情况 N22. 机构按时提供日常服务情况 N23. 机构始终维护您的权益及尊严情况 N24. 机构完成所承诺服务情况	0.1433	0.1390 0.2338 0.2338 0.3933

2. 入住养老机构老年人口的基本特征

本次调查以成都市内养老机构中入住的老年人作为研究样本，共计发放、回收问卷 320 份，剔除无效问卷 24 份，合计回收有效问卷 296 份，问卷有效回收率达到 92.5%，所得数据用 SPSS20.0 软件进行处理分析（见表 11）。

表 11　入住社会养老机构老年人的人口变量描述性统计

指标		频率	百分比	累积百分比
性别	男	111	37.5	37.5
	女	185	62.5	100
户籍所在地	四川成都	214	72.3	72.3
	四川其他	65	22	94.3
	其他省份	17	5.7	100
婚姻状况	有配偶	67	22.4	22.4
	丧偶	197	66.8	89.2
	离异	26	8.8	98
	未婚	6	2	100
入住	1 年以下	96	32.3	32.4
时长	2～5 年	148	49.8	82.4
	6～10 年	43	14.5	97
	10 年以上	9	3	100
年龄	60 岁及以下	38	12.1	12.1
	65～79 岁	111	37.6	49.7
	80～89 岁以上	134	45.4	95.1
	90 岁及以上	13	4.9	100

续表11

指标		频率	百分比	累积百分比
学历	初中以下	225	76	76
	高中	50	16.9	92.9
	大专	11	3.7	96.6
	大学以上	10	3.4	100
身体状况	健康无疾病	72	24.4	24.4
	健康患有慢性病	146	49.3	73.7
	患有多种疾病	68	22.9	96.6
	常需入院治疗	10	3.4	100
收入状况	999 元及以下	15	4.9	4.9
	1000～1999 元	52	17.6	21.5
	2000～2999 元	91	30.8	52.3
	3000～3999 元	88	29.6	81.9
	4000 元及以上	50	17.1	100
费用来源	自费	291	98.3	98.3
	政府补助	5	1.7	100
养老花费	999 元及以下	15	5.1	5.1
	1000～1999 元	39	13.2	18.2
	2000～2999 元	238	80.4	98.6
	3000 元以上	4	1.4	100

（1）入住老人女性显著高于男性，高龄、丧偶人口比例大

在所有参与调查的老年人中，男性与女性的数量差距比较大，二者比例分别为37.5%和62.5%；从老年人的户籍所在地看，成都市户籍的老年人占72.3%，省内其他地区的老年人比例为22%，还有5.7%的老年人来自四川之外的其他省份；在年龄方面，80～89岁高龄老人数量最多，所占比例最大；在婚姻家庭状况方面，受访老人中丧偶老人占66.8%，有配偶的老人约为22.4%，部分有配偶的老人选择和配偶一起入住；同时，老人受教育程度普遍较低，主要以初中及以下学历为主，大专及以上学历只占7.1%；在健康状况方面，自认为身体完全健康的老人占24.4%，在生活上能够完全自理的老人占55.1%，半自理的老人占39.0%，还有5.9%的老人生活完全不能自理（如图5所示）。

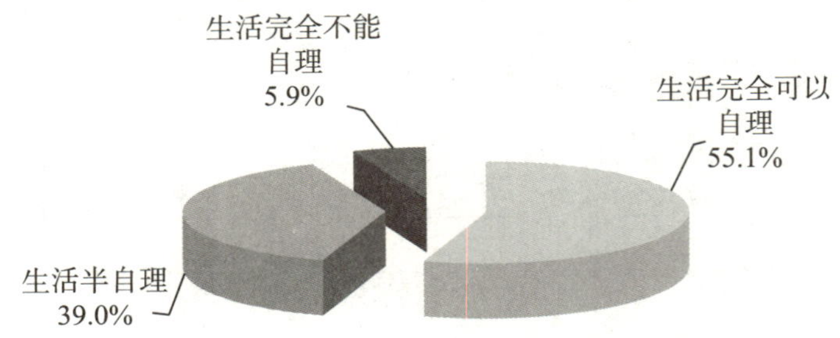

图 5　被调查老年人生活自理情况

（2）入住老年人的平均收入较老年人总体水平高，月均养老支出约为 2000 元

在经济状况和收入支出方面，受访者中 60%以上的老人的收入分布在 2000 元至 4000 元之间，绝大多数老人主要是依靠退休金和子女供养生活，其中收入主要来源于退休金的老人比例为 71.7%。而在养老花费方面，80.4%的老人月均养老支出为 2000～3000 元。由于入住老年人的养老费用主要是根据老年人的身体健康程度以及护理要求来制定的，绝大多数受访老年人生活都可以自理或半自理，就老年人整体而言的养老费用平均在 2000 元左右。

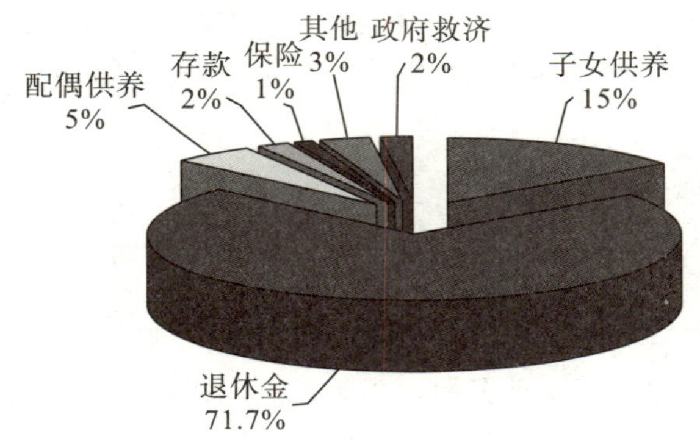

图 6　被调查老年人主要收入来源情况

（3）入住老年人基本来自多子女家庭，就近入住是第一选择

80%以上的受访老年人有多个子女，其中 3 个及以上子女的老年人达到 49.3%，多子女老年人中有 81.2%的老年人至少有一个儿子，绝大多数老年人在入住养老机构前都是和配偶或者子女一起生活。大多数的老年人更加倾向于入住距离家近的养老院，他们给出的解释是，这样可以便于子女周末探望，或是自己对周围环境比较熟悉，更加有归属感与安全感。在入住时间方面，入住养老机构 5 年以下的占到了 82.4%，入住十年以上的仅占到总人数的 3%，这主要是由于所调查的养老机构部分成立时间未满十年，这就使得大多数老年人的入住时间也相对缩短，另外可能因为入住的老年人大多年岁较高，在养老机构生存的时间相应也会缩短（如图 7 所示）。

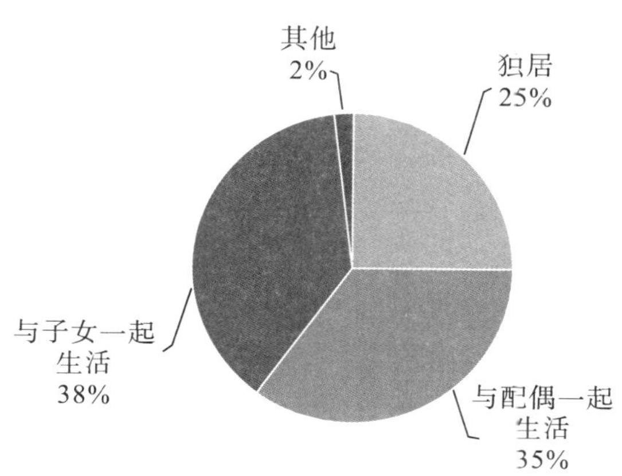

图 7　入住社会养老机构前的居住方式

3. 入住老年人对机构养老服务供求一致性的主观测评

根据前文建立的服务质量评价模型和指标体系，利用 SPSS20.0 软件对调研获得的 296 个有效样本进行数据分析，并进一步通过两配对样本 T 检验得到指标的感知平均值（P 值）、期望平均值（E 值）、标准差、均值的标准误差以及期望值与感知值之间的差值 SQ（SQ=P−E），以此判断当前社会养老机构的服务供给是否能够满足老年人的实际需求。SERVQUAL 评价量表的核心观点是服务质量差距，当 SQ≥0 时，表示市场供给水平和质量能够满足有效需求，供求呈一致性，相反则表示供给未能达到需求，尚存在不足之处（见表 12）。

表 12　成都市社会养老机构服务质量评价指标各个指标得分及 SQ 值

SQ 值	指标	P 值	E 值	P−E	SQ 值
S1 −0.0219	N1	3.2976	4.1415	−0.8439	−0.0268
	N2	3.6341	4.3312	−0.6976	−0.0520
	N3	3.1609	3.9659	−0.8049	−0.0425
	N4	3.0293	4.0390	−1.0090	−0.0493
	N5	3.4731	4.2732	−0.8000	−0.0598
	N6	3.1073	4.0732	−0.9659	−0.0552
	N7	2.9415	4.0391	−1.0976	−0.0580
	N8	3.3366	4.1415	−0.8049	−0.0311
	N9	3.3707	4.0293	−0.6585	−0.0200

续表12

SQ值	指标	P值	E值	P−E	SQ值
S2 −0.0135	N10	3.0098	3.8341	−0.8244	−0.0164
	N11	3.2049	4.1415	−0.9366	−0.0644
	N12	3.7609	4.3951	−0.6341	−0.0229
	N13	3.0976	4.1415	−1.0439	−0.0377
	N14	3.4293	4.1756	−0.7463	−0.0269
	N15	3.0098	4.1951	−1.1854	−0.0816
S3 −0.0056	N16	3.4439	4.2585	−0.8146	−0.0237
	N17	2.5415	3.7756	−1.2341	−0.0165
	N18	2.6731	3.8293	−1.1560	−0.0336
	N19	2.6488	3.8390	−1.1902	−0.0088
	N20	3.2536	4.1854	−0.9317	−0.0580
S4 −0.0036	N21	3.4537	4.2098	−0.7560	−0.0150
	N22	3.8195	4.1951	−0.3756	−0.0126
	N23	3.1951	4.0244	−0.8293	−0.0278
	N24	3.3171	3.9219	−0.6049	−0.0341

测量结果显示，总体SQ值为−0.0090，响应性、有形性、移情性和可靠性四个维度的SQ值分别是−0.0219、−0.0135、−0.0056和−0.0036。其中老年人对移情性维度的服务内容的感知差距最大，为−1.0653，之后依次是有形性、响应性和可靠性，分别为−0.8591、−0.8536和−0.6415。对具体的指标均值来说，N17的差距最大，为−1.2341，N4、N7、N13、N15、N18、N19的差距也超过1分；N22的差距最小，仅为−0.3756。

可见从老年人的主观感受来讲，目前社会养老机构所提供的服务水平和质量与老年人本身的需求之间均存在显著差距，未能满足老年人的期望与需求。在四个综合维度中，入住老年人对可靠性评价最高，对服务质量的响应性最不满意，这表明现在的养老服务机构能够提供较为稳定可靠的日常养老服务，然而无论是在有形的基础设施建设方面，还是在服务快速反应能力、专业护理能力，以及心理慰藉和精神服务、获取入住老人信赖等方面都还亟待提高。

4. 小结

如果将评价结果与老年人的需求层次相结合，可以得出以下结论：

第一，在生理需求层面。老年人对社会养老机构的卫生条件和膳食情况感到相对满意，但基本生活设施和户外休闲场所不能满足老年人的需要。

第二，在安全需求层面。被调查老年人对社会养老机构提供的基本医疗条件和护理情况比较满意，但认为能够提供的医疗服务太有限，对护理人员的专业性方面表示不满意，而且与需求期望存在很大差距。

第三，在尊重需求层面。被调查老年人普遍认为该层次的养老需求基本能得到满足，养老机构的服务人员对老年人比较有爱心和耐心。

第四，在自我实现需求层面。社会养老机构在提供心理慰藉服务、个性化服务、增强老年人的社会参与、改变"老了就没有价值"观念方面则存在不足。

（三）四川省机构养老服务供给状况

1. 养老服务机构数量及床位供给显著增长，社区养老机构增速较快

来自四川省民政厅的统计数据显示，2015 年我省共有养老机构总数 2547 个，养老床位数 30.21 万张。其中城市养老机构数和床位数分别为 592 个、7.42 万张，农村为 1955 个、22.8 万张，农村总体大于城市；从机构性质来看，机构养老仍以编制部门（事业单位）为主，占比为 79.1%，在规模上则以 0～99 个床位中小型机构为主，占到全部养老机构的 51%；2015 年养老机构收住人数 22.72 万人，其中城市 4.03 万人，农村 18.69 万人；在收养人员来源方面，农村老龄人口占到 82%，"三无"对象是主要组成部分，自费人员仅占 10%。

在社区养老方面，2015 年四川省社区养老机构 18762 个，城市 10098 个，农村 8664 个，城市略高于农村，城乡间数量基本持平，各自所占比重分别为 54%和 46%；社区服务机构床位数 18.82 万张，较 2014 年增加 15.14 万张；2015 年社区服务机构和设施收养 6.84 万人，比 2014 年增加 6.33 万人，是 2014 年的 13 倍。与往年截然不同的是，2015 年社区养老机构留宿照料人数为 6.16 万人，占到全部收养人数的 90%，而 2014 留宿照料人数仅为 0.04 万人，所占比例不过为 26%。这表明社区养老机构已经发生了根本的变化，在整个社会养老体系开始承担越来越重要的作用和功能。此外，城市便民、利民服务网点数增加了 1300 个。

2. 养老服务机构收费结构相似，但不同类别机构价格差异较大

从收费标准构成来看，养老机构的价格基本上由床位费、护理费、公杂费、伙食费和医疗费这几个部分组成，其中公杂费与伙食费是比较固定的费用。床位费、护理费和医疗费根据老人入住房间标准、身体状况的不同而有所变化。另外，养老机构的性质不同，收费标准也有差异，属于事业单位编制的公办养老机构有政府拨款和财政补贴，社区小微型养老机构能够提供的场地和服务有限，这两类机构收费相对较低，而民营或合资等性质的纯市场化养老机构收费水平则普遍偏高；人口密集，交通、医疗和生活条件便利的中心城市养老机构与郊区、偏远地区相比差距也较大。所以最后直接表现为省内不同类别、性质的养老机构之间收费标准波动大，收费标准差异最高每月超过 4000 元。

在我们的调查中，绝大多数养老机构提供的房间以三人间和双人间为主，少数机构有单人间，最多的有八人间和十人间。单人间、双人间、三人间和三人以上房间的比例分别为 5.48%、8.36%、50.68%和 5.48%。每月床位收费标准从 500 元

到1800元不等。护理费中基础护理费为200～780元/月/人，其他护理费需要通过协商解决，介护等级超过二级以上，等级服务费将按天收费；公杂费每月平均200元左右。举例来看，如果一个只需要养老院提供基础护理的老年人入住成都市第一福利院，在不生病且入住最低标准房间的情况下，每月需要支付的养老费用大概为1500元，同等条件下在广元荣山镇敬老院则仅需900元，而如果入住成都市礼爱老年介护中心，每月的费用则在5000元以上。

3. 养老服务机构人才要素供给持续增长，但距离实际需求相差甚远

2015年四川省养老机构就业人数有1.46万人，其中城市就业人数0.6万人，农村0.86万人。在所有从业人员中，管理人员0.83万人，专业技术人员0.63万人，管理人员明显较专业技术人员多，占全部从业人员的57%；2015年社区服务机构和设施服务从业人员为5.95万人，较2014年增加1.4万人。

在我们调查选取的20家养老机构中，入住老人的男女性别比例约为1∶2，为老人提供照顾、护理服务的工作人员的男女性别比同样约为1∶2，护工与老人之间的比例约为1∶3，即基本上1名护工要照顾3位老人。按此比例，2015年全年四川省养老机构与社会养老服务中心合计收住的老年人总数为28.56万人（其中有22.72万人入住养老院），那么2015年仅专业护理人员的实际需求数量至少应该达到9.52万人，实际上现在所有养老机构从业人员的总数只有7.57万人（其中管理人员的比例至少在40%以上），专业护理人员供求的绝对数量相差2～6万人。事实上调查已经反映出1∶3的护理人员配比比率还不能达到老年人的实际需要，因此可以推断养老机构专业人员数量是远远不足的。

成都市老龄委收集的资料显示，截至2015年8月成都养老护理员总数为2800人左右，男女比例为1∶3。其中持有养老护理职业资格证书的人数仅为700人，持证护理员的男女比例为1∶4.7。我们在成都市的调查显示，98%的护理人员来自农村，年龄在50岁以上，其中绝大多数没有专业护理职业资格证。结合我们在四川省内其他地区的调查综合来看，护工的月平均工资2000元左右，普遍由下岗职工和农村务工人员组成，养老护理人员的平均年龄介于40岁至50岁之间，文化程度大多为小学及小学以下文化水平，对护理人员的培训大多数是机构内部培训，主要以高年资的护理人员向低年资的护理人员传授老年护理技巧为主，诸如饮食照料、睡眠照料、排泄照料等具体操作经验，一般经过一个月的内部培训，新护工就"持证上岗"。在我们的访谈中，某养老机构管理人员谈到："我们一直都鼓励我们的护工去考这个证（养老护理员证），但是由于他们的文化水平有限，我们自己出钱送了一批又一批的护工去考证，可通过的少之又少，后面我们就只能让我们的管理人员去考这个证。"

4. 养老服务机构内部管理较为规范，但服务水平及服务内容差距较大

在调查中，各养老机构在内部管理方面基本都比较规范，所有的服务项目分

类、开放时间、收费标准，包括一周菜谱都有明确公示，有些机构的房间还有入住老年人的标牌。内部档案分门别类，管理井然有序，服务中心的管理档案、服务人员的档案等文件均整齐排列，所有养老机构的办公室都可以供老年人亲属或监护人随时查阅其健康档案。从卫生条件来看，各养老机构的卫生条件都比较好，室内外环境、入住老人的床铺、衣物都十分干净整洁，即使是生活完全不能自理的老年人房间里也没有异味，所有服务人员的装束也都符合规定且比较得体。以上成绩的取得政府监管起到了至关重要的作用。

在硬件设施条件方面，各养老机构差异较大，远离市区的养老机构硬件设施较好，场地比较宽敞，有些养老院周边自然环境相当优美，院内具有绿化及娱乐设施，老年人可以开展简单的休闲娱乐活动，某家养老机构还有一块菜地，入住的老年人可以在那里种菜养鸡。但多数建在城区或社区内的养老机构设施较差，许多小微型养老机构是在原来社区活动中心的基础上改建的，部分甚至是租赁的民用住房，可供老年人活动的场地比较有限。在调查中我们观察到一般四人以下标准的房间里都配有电视机、电风扇等生活电器，但超过四人标准的房间就不一定有；收费较高的养老机构提供的套间、单间和标准间配备有空调、独立卫生间、24 小时呼叫、热水、无障碍活动设施等，但绝大多数小型养老机构不具备这些条件，而由居民住房改建的微型养老机构硬件设施相对较差，很多都是一个较大房间中摆放多张床位，甚至有家微型养老机构只有一个房间却居住了 10 多位老人。根据 2015 年的统计数据，全省养老机构建筑面积约为 476.71 万平方米，分摊到所有入住老年人身上，人均建筑面积约为 20 平方米，再除去办公、医疗、食堂等场所，其实真正能够让老年人活动的空间的确十分有限。

在养老服务项目和内容方面，各养老机构提供的服务包括老年人住宿、饮食服务、老年人护理、医疗服务等多个项目，基本涵盖老年人生活所需。但从总体来看，主要还是集中在生活照料、一般的康复护理方面，对于心理护理、精神慰藉、医疗服务等方面的服务项目比较少，所谓的娱乐文化设施大多数就是有一间棋牌室或麻将室，且在我们的走访中并没有发现老年人参与其中。老人们相互之间的交流似乎也不多，但参与调查的老人却往往很愿意与我们交流，在某种程度上表现出群居的老人更孤独，相互间缺乏精神层面的沟通。

此外，大部分养老机构的医疗服务水平有限，治疗、康复医用设备较少，仅能进行体检、打针、输液等基本的医学护理；有的机构虽然医疗设备较为先进，基本的医疗保健服务能满足老年人需求，但是达不到卫生部门医疗报销的标准，不能使用社保卡，也影响老年人的正常就医，因此有些养老机构就采取了“医养合作”，如转诊或者通过绿色通道等形式来解决老年人的医疗需求。

（四）四川省养老服务市场发展中的问题与成因

通过对我省社会养老服务市场的供求分析可以看出，近年来我省社会养老服务市场发展速度较快，但现阶段整个市场的供求已经开始出现较为严重的不均衡问题：

1. 机构养老床位空置率持续居高

我省目前建成的各类养老机构的数量和实际提供床位数较2010年都已经翻了一番多。截至2015年，整个市场上养老机构床位数达到49万多张（包括18万多张社区床位）。以成都市为例，“十二五”期间，成都市民办养老机构由42家增加到147家，每年增速约为126%，床位数由7688张增加到48746张，年均增速约为152%。与此同时，机构床位空置率也在不断增长。四川省民政厅的数据显示，2015年年底全省农村敬老院空置床位数约有3.6万张，四川省审计厅对全省养老机构和社区照料中心的抽查显示，2.29万张养老机构床位中常年使用的仅有1.39万张，闲置率达40%左右。

从我们的调查结果来看，养老机构普遍存在床位空置情况，中心城区养老机构的入住率明显高于郊区和农村，尤其是偏远地区农村养老机构空置率更高，入住率低于40%，甚至还有部分乡村养老院根本就没有人入住。

2. 整个机构养老服务行业都处于亏损或不盈利状态

另一个特别值得关注的现象是现有的社会养老机构普遍亏损，政府公办养老院基本完全依赖财政补贴，民办养老机构几乎少有盈利，尽管很多社区养老机构从建立初始就带有非盈利色彩，但保持收支平衡都很困难。在调查中，所有床位数在70张以上的民办养老机构全部亏损；部分公办民营养老机构与前两年相比财务状况略有好转，但仍然处于亏损状态；只有4家小微观型社区养老机构的财务可以持平，其中1家有微利。

如果说单个商家或服务机构在市场上失败是非常正常的现象，但整个行业都处于这种不盈利状态，在市场发展过程中着实罕见。何况目前的养老服务基本都还属于对技术和产品创新没有太多高求，进入门槛较低的劳动密集型产业，与之类似的家庭保洁、保姆、小餐桌这些服务行业都能蓬勃发展，并解决大量就业问题。但大家都认为市场前景广阔的机构养老服务却经营困难，这实在值得理论界和政府部门深思。

3. 市场价格高于老年人的可支付能力

老年人收入水平总体较低，养老机构服务收费价格与老年人支付能力不匹配，养老机构收费价格普遍高于老年人可支付以及愿意支付的水平。我们在四川省的调查显示，老年人人均月收入仅为1021元，入住养老机构的老年人60%以上的收入分布在2000元至4000元之间，月均养老费用支出在2000元至3000元之间。只进行普通照护的养老机构，即便是省内收费最低的公办养老机构，月均收费也在1200元以上。也就是说，老年人在身体一定要能够自理且不生大病的情况下，其平均收入勉强可以负担机构养老支出。对需要介助和介护的老年人，就算是最低的一级护理，每月支出至少也要2200元和3600元。

身体健康的老年人对机构养老服务的需求弹性较大，他们更愿意居家养老，与熟悉的环境、亲邻生活在一起。而真正有刚性需求的是需要照料的老人，现在的市场价格远远高于其平均收入，不只是老年人认为负担不起，包括其子女家庭负担起来都困难。

4. 养老机构提供的服务内容和项目与老年人的真实需求仍有距离

总体上机构养老服务仍处于满足老年人基本生理需要的阶段，在基本生活设施、户外休闲场所、医疗服务、护理人员的专业化程度、心理慰藉、个性化和精神服务层面都还远不能满足入住老年人的需求，而老年人的社会参与性、老年人的孤独感并未因为入住养老机构而得到改变，甚至更严重了。

造成现实问题的原因应该说是多方面的，其中既有政府的原因，也有企业和消费者不成熟的原因。

（1）将需要与需求混同，养老机构建设步伐过快，是导致机构养老服务供过于求的根本原因

市场是由需求而不是需要支撑的。在经济学里这是两个完全不同的概念。需要是个人的主观看法或想法，极不稳定且随时可变。只有当需要与购买行为结合起来时才是真实的需求。在需要向需求转化的过程中会受到一系列因素的影响与制约。但在我们长期的理论研究中却都将两者混同了，专家、学者单纯根据老年人口数量的增长和他们的可能想法，就推测出机构养老市场需求量，肯定是对产业需求的绝对高估。由此得出的“供给严重不足，各级政府和社会机构应不断加大对养老设施建设力度”的观点和做法也必然偏离实际。

现实中的问题用一个显而易见的经济学原理解释就是——供给快速扩张的步伐明显已经超越了市场现实的需求能力，市场已经供过于求了。如果按照我省“十三五”养老和健康产业发展规划，继续保持这种供给势头和发展理念的话，到2020年全省仅养老机构床位数计划就将增至61万张，比现在的30万张还要增长一倍，届时很可能导致机构养老服务总体产能严重过剩和内部结构的进一步失衡。

（2）缺乏市场调查和商业分析，养老机构空间布局和产品定位出现偏差，是导致机构养老服务供求失衡的主要原因

我们现在的养老机构建设基本是两种流程：公办养老机构由政府划拨一块偏远闲置的土地直接建设，建成之后公办或转给民办；民办机构是先拿地，办证，然后配备员工，最后才是招收老人。无论是政府还是民营机构，在投资办院之前对养老服务市场都缺少必要的市场调研，对市场需求的挖掘不够深入，从根本上未将机构养老服务当作一种商业模式进行选址、市场细分、产品设计和开发。受到土地、建设以及运营成本的制约，较大规模的社会化养老机构普遍远离城区。由于中国农村人口老龄化程度较城市更为严重，“鼓励农村发展老龄产业，尤其是鼓励农村发展养老服务业，多建养老院和养老服务机构，消除老龄产业的城乡差异”一直是我国养老服务业发展的基本指导思想，因此绝大多数由财政投资的公办养老机构落在农

村。一个最现实的问题是农村人口收入水平普遍较低，尤其是农村老年人，他们现有的收入水平只能维持正常的生活和社会交往需要，不是在迫不得已的情况下，不属于政府托底的农村老年人几乎不可能自费入住养老机构。对经济条件较好的城市老年人来讲，他们对养老服务的需求相对较高，但理想的养老机构不仅能够提供更多的医疗、康复服务，同时还要交通生活便利，方便子女随时探望。两者之间的矛盾同样比较突出，这也是为什么农村养老床位空置率高于城乡，城市郊区养老床位空置率高于城市中心的一个根本原因。

（3）传统的消费观和养老观短期内很难改变，机构养老服务市场缺乏引领群体，是导致机构养老服务需求不足的主观原因

中国老年人的传统消费观念很难在短期内改变，让现在的老年人普遍接受购买服务的理念还需要一个过程。虽然现在老年人“养儿防老”的观念已经发生了很大的改观，无论在城市还是乡村，老年人对儿女的养老要求不断降低，但是配偶间守望相助仍然是中国沿袭至今的传统，也是老年夫妇服务需求得以满足的最主要途径。中国老年人口“已婚有偶”比例稳定且明显高于西方发达国家的平均水平，这些都会导致老年人减少对社会服务的需求。调查显示，接近90%的老年人都是通过夫妻间的相互照料，居家解决生活和养老问题的，夫妻双方同时入住养老机构的比例非常低，特别是在双方生活基本能够自理或者是一方身体健康状况较好的情况下，入住养老机构的比例更低。

此外，计划经济时期开始逐渐形成的“福利化养老”认识误区依然存在，使得当下中国养老市场缺乏引领老年消费的参考群体。任何一个市场消费者的行为和偏好都会受到参照群体的价值观、行为特征和品牌偏好的影响，社会各阶层具有向上学习模仿的特点，因而示范群体的引领对市场发展的意义重大。现阶段收入较高的老年人大多来自政府机关、事业单位和国有垄断企业，而他们往往都带有被政府计划经济时代的社会福利覆盖的痕迹，干休所、疗养院、高干病房等与工作单位挂钩的各种福利设施在市场经济时期并未停止建设，原工作单位的“离退休处”部门也未撤销。本应在养老服务市场上起引领带动作用的这些群体仍然能够享受到由财政投资建设或补贴运营的福利设施和服务，一方面加剧了老年阶层内部的社会不公平；另一方面不仅减少了原属于市场的消费需求，而且使得我国老年市场恰好缺失了一个引领消费者的阶层。

5. 机构养老服务由政府主导依然是市场的主流，浓厚的福利色彩背后的不公平竞争导致市场价格扭曲，失去调节供求的作用

从一开始，我国老龄产业就带着浓厚的社会福利色彩，但是随着老龄人口规模和比例的不断增大，仅仅依靠政府的力量无论是在提供多样性的服务和产品方面，还是从政府投资能力的角度都没有办法满足人们的需求。因此，国家大力推动民间和社会资本进入养老服务业，形成了现在养老机构公办和民办并存的市场现状。按照设计初衷，公、私并存是为了相互补充，但是现实状况却并非如此。因为各种原

因本应承担托底责任的公办养老机构，除极少数外准入门槛形同虚设，大量财政补贴造成的“价廉物美”导致“一床难求”，而民办养老机构由于条件差或收费高而问津者少，部分公办养老机构“一床难求”与民办养老机构床位的大量闲置并存在所难免。

从市场逻辑来讲，养老机构的内部设施、服务内容与收费标准挂钩是完全正常的，但由于存在“价廉物美”公办养老机构做示范，消费者理所当然地就认为民营机构收费过高，依靠财政力量的公办，包括公办民营、民办公助，与完全依靠市场建设的民营机构之间形成不正当竞争，不仅挤压了部分民办养老机构的生存空间，而且养老服务市场正常的价格机制在一定程度上被扭曲了，公众在一些舆论的引导下会认为民营机构是为谋求暴利，甚至认为养老服务行业本身利润率高而前赴后继地进入，价格机制失去了调节市场的功能。

至于老年人的发展需求不能被满足，专业人才缺乏等其他问题，实质上都与当前的市场结构相关。在一个不能保持盈利的市场上，使用最低价的劳动力和土地，尽可能地降低成本是经营者唯一的选择。

（五）完善和促进养老服务市场发展的政策建议

从根本上来说，养老服务市场现阶段的问题都可归结为两点：一是对政府与市场的责任边界划分不清，二是对市场的发展阶段把握不准。因此，未来应基于两个方面予以调整：

第一，明确政府与市场的责任边界，探索建立政府从养老服务市场退出机制是现阶段的主要任务。毫无疑问，对于包括老人在内的弱势群体给予保障是政府的责任，这也是中国老龄事业发展的根本原则，但必须明确的是这并不意味着政府需要对老龄市场大包大揽。从过去中国市场经济发展的历史经验来看，政府直接介入市场活动，资源配置必然是低效率的，当前机构养老服务产业的发展再次印证了这一点。因此，分清政府与市场的责任，把市场主体的地位还给企业，通过竞争和价格机制的作用促进市场发展建设是现阶段必须要解决的问题。

第二，养老服务市场的发展还处于成长期，政府、企业和社会机构的行为都不能够脱离这一实际。中国人口老龄化程度严重、人口规模大这是不争的事实。但与此同时也必须看到，我国进入高收入国家行列尚需时日，四川省还属于欠发达区域，老年人口收入水平低、传统的消费观念和养老观都决定了现阶段包括养老服务在内的整个康养市场都还处于发展的初期阶段，满足老年人的基本养老需求应是当前政府宣传倡导、企业的发展定位的中心。具体来讲，可以从以下几个方面着手：

1. 减少政府直接投资兴办养老机构的行为，明确政府的“兜底”责任

从世界社会保障体系制度的建设和发展来讲，政府的责任很明确，就是“兜底”。在养老服务领域，政府需要着力解决的是老年人中真正需要帮助的那部分弱势群体。在过去的十年间，应该说四川省政府已经基本超额完成了省域内福利性养

老机构的建设任务，基本解决了符合条件的城乡“三无”老人和特困老人的供养工作，现在是时候放缓政府投资的步伐了。政府工作的重点应转移到合理统筹现有各类养老机构的空间布局、功能结构，推进养老机构地区平衡和结构合理方面。未来在供养人口空间密集度没有达到一定标准前应暂停新增政府公益性养老机构建设项目，对新增供养人口可根据就近原则调剂使用现有资源；对确有必要建设的福利性养老机构，应遵循社会保障体系的基本原则，建设朴素实用的“普惠型”养老院，扩大“兜底”容量。

2. 完善与养老服务相关的财政补贴制度和社会保障制度，切实提高老年人的收入水平

要保证公开透明每一项与养老相关的公共政策，增加社会监督的力量，老人在入住公办养老机构时必须经过资格评估，并接受社会监督，确保公平、公正，真正使公办养老院为“穷老人”托底；改变财政补贴的形式，将“补机构改为补个人”，建议取消对养老机构建设的直接补贴，而是将贴补直接与个人挂钩，建立“钱随人走”的养老服务补贴制度，消除老年人异地养老的制度障碍，保证符合条件的老人能够在省域范围充分使用现有的各类福利性养老机构；失能、失智老人对机构养老需求刚性且普遍收入水平更低，应在现有医疗保险、高龄补贴、护理补贴的基础上，加快出台长期介护保险制度，通过政府、社会和个人三方共同筹集资金，实现统一管理、分账核算、统一支付来解决公共医疗和个人能力不足的问题；从长期来看，国家财富分配政策还需要进一步向公民倾斜，逐步提高包括老年人在内的全体公民的收入水平。

3. 加快市场规则和配套制度的制定，给市场经营者创造一个公开、公正、通畅的市场环境

继续完善推进公办养老服务市场化改革进程中的制度建设。目前我国对公办养老机构市场化改革还只有原则性政策，对公办民营的养老机构在管理上缺乏统一的管理标准，许多细则还有待完善，但无论采取哪种形式实现公办养老机构转制，前提条件都应该是着眼于消除公办（建）民营与市场纯商业组织之间的不公平；借鉴发达国家经验，建立基于全社会的养老服务标准和具体的行业标准，解决市场信息不对称的问题，为企业生产经营活动提供客观的评价、参考和依据，也让老年人消费者能够基于价格机制进行消费决策；打通养老、医疗、社会保险之间的通道，改善养老机构和医疗机构互相独立、自成系统的现状，加大医疗保险的覆盖面，解决医养不能结合的现实问题；鼓励专职院校培养养老服务专业人才，为产业发展建设人才储备队伍；建立和完善养老服务业国民经济统计工作，帮助政府、企业了解现状，找准问题，这也是当前制度建设中一项亟待解决的问题。

4．肯定居家养老的主体定位，以中低端服务作为目前发展的重点和突破口，逐步改变市场消费观念和消费习惯，带动养老服务产业的长期发展

居家养老在我国有着深厚的文化和历史传统，也是我国在解决人口老龄化问题上较其他西方国家的优势所在。养老社会化绝不是对居家养老模式的替代，而是补充。社会化养老服务发展的方向应该是提供家庭不能完成的专业化服务，比如医疗看护，或者相对于家庭而言成本更低的服务，比如家政。在目前老年人收入水平较低、消费习惯尚未养成的情况下，社会资本应更多地把发展重点放在“居家养老+养老服务”的模式上，从区域上讲应以消费水平和需求能力较强的城市为中心向外围逐步扩散，在老年人口聚集区发展中低端的小微型养老服务机构、医疗和生活服务配套机构，尤其是小微型、智能化、连锁专业化服务。这些能够解决老年人日常生活问题的服务不仅需求大，而且有利于市场消费者的养成。

此外，对企业而言，像政府这样将市场粗略地划分为居家养老、社区养老和机构养老三种模式是远远不够的，必须要更细地划分市场，才可以带来更明晰的商业模式和前景。应该说居家护理、失能—失智老人日托中心、康复中心、护理宾馆、传统护理院、高端私立养老院、适老性住宅这些在西方国家已经成熟的养老模式在中国都有发展的空间，企业必须结合自己的实际情况和能力，通过深度调研市场，充分掌握不同层次老龄人口的集中区域、身体及心理健康状况、收入、护理需求等核心信息，然后设计适当的机构养老模式以及与之相适应的产品、价格和管理架构，才能真正适应市场需求，也才是企业的生存之道。从长期来看，有了成功的企业，产业才具备发展的中坚力量。

四、四川省康养旅游业发展相关问题研究

康养旅游起源于14世纪法国的温泉SPA疗养，但成为引人注目的产业则在20世纪40年代之后，它是伴随着经济发展和人们生活水平不断提高而逐渐兴起的新型旅游形式。在我国，2016年1月国家旅游局正式颁布了《国家康养旅游示范基地标准》，随后确定了首批5个“国家康养旅游示范基地”，标志着康养旅游被正式纳入我国旅游发展战略。尽管起步较晚，康养旅游在我国社会经济发展中的重要性却已经被社会各界和市场普遍认同。

（一）康养旅游的目标群体及基本特征

不同于历史上一直存在的传统旅游，康养旅游是现代旅游业发展过程中产生的新型旅游方式，是建立在良好的自然生态、人文及文化环境基础上，以维护健康或促进健康为需求动机，将运动、治病、疗养、养生、养老等与旅游相结合，以修身养性、医疗康复、延年益寿为目的的旅游形式。

作为一种专项度假活动，康养旅游的市场主体是非大众化的，针对的是具有康

养需求的特定人群，主要包括有一定经济实力和闲暇的老年群体、亚健康群体和医患群体，并以老年群体为主，中年群体为辅。由于亚健康群体和医患群体往往也与人口的年龄增长有密切关系，因此在康养旅游的研究过程中，国内外学者基本把康养旅游与老年旅游合而为一，只是在人口界定上，年龄在 50 岁至 70 岁之间的中老年旅游者被认为是市场主体，其中 50～60 岁的人口则被 *Tourism Science* 定义为市场上最活跃的群体。

康养旅游融合了传统养生观和现代休闲观，既具有所有旅游活动的共性，即异地性、暂时性和综合性，也具有不同于其他旅游活动的特殊个性——健康和养生是康养旅游的根本目的。因此，除了在游客年龄结构上的显著特点外，康养旅游还具有一些不同于其他旅游方式的特征：

1. 旅游方向明确，优良的自然环境或特定的医疗、健康资源地是康养旅游者的主要目的地

康养旅游是对自然或人文条件要求更高的专项度假旅游活动，具有特定的物质条件基础。旅游者往往选择气候舒适、物产富饶或文化底蕴浓郁的地方度假旅游养生，以康复治疗为目的的游客则流向医疗资源集中的国际医学中心城市或者优质低价的医疗地。有些疾病需要特殊气候环境才便于康复，康养旅游群体会寻求适合自己病情康复的旅游地，如森林、温泉、沙滩等。

2. 停留时间长，重复消费比例高是康养旅游不同于其他旅游形式的基本特点

相对于观光旅游、专项旅游，康养旅游群体具有足够的闲暇时间，在一地居住和停留时间较长。以观光为主的传统旅游多为一次性消费，追求的是新奇特，吸引消费者的是旅游目的地的景观和项目的奇异性，有些甚至是极度艰苦和危险的环境。但康养旅游以健康为目的，消费者可能会因为当地的环境比较适合自己的健康需求而滞留较长时间，且会定期不定期地多次反复前往。不同于纯粹的休闲旅游，有些人可能为获得生活环境和气候条件的显著改变，需要进行长距离旅行。比如我国北方的老年人在冬季会前往三亚进行“候鸟式”的康养旅游，美国的老年人选择跨州前往南部的佛罗里达，而欧洲的老年人则会跨越国境走向意大利南部的托斯卡那地区等。

3. 出游方式以家庭自助游为主，普遍带有“反旅游”倾向

康养旅游通常是一个或几个关系较好的核心家庭自助出游，住宿通常会选择价格实惠、环境较好的家庭式旅馆或短租公寓，而非奢华酒店。在旅游地也会顺应日常生活规律，接纳本地居民的生活方式，回避非原真性的旅游习惯和作息安排，频繁光顾更具原真性的居民活动场所，与刻意营造的旅游景点保持距离。因此，养老旅游者普遍带有“反旅游”倾向，他们希望与观光旅游者割裂和区分，以体现自己独特的身份认同和社会地位。

4. 高度注重健康和心理感受，消费能力较一般旅游观光者更强

由于追求身体或心理上的健康，康养旅游群体对目的地的舒适性要求比较高，在饮食、住宿、出行方面都会有宽松的预算。而一些本身患有疾病的群体在康养旅游中用于医疗保健方面的花费可能要比正常旅游支出高出数倍甚至几十倍。从国际上来看，即使是为了享受高质低价医疗资源而跨国前往泰国、古巴或印度的游客，其花费都远远高于普通的观光度假游客。

（二）四川省康养旅游市场发展现状

1. 四川省发展康养旅游市场的优势

现代医学认为，海拔、气候和水资源与人类的健康息息相关。最适合人类生存的海拔高度是500～2000米，特别是海拔1500～2000米的高山或高原，是长寿的理想地理环境。世界著名的三大长寿区域——厄瓜多尔的维尔卡巴姆巴山区、苏联的阿布哈兹以及我国广西的都安县、巴马县等，都位于海拔1500米的山区。四川省地处长江上游，省域内水系发达、河道纵横并由此而得名，全省地形复杂多样，山地、高原和丘陵约占全省土地面积的97.46%，除四川盆地底部的平原和丘陵外，大部分地区岭谷高差均在500米以上。由于受地理纬度和地貌的影响，四川气候的地带性和垂直方向变化十分明显。同时周边高山环绕，使得四川在中国历史上成为最少经历战乱和动荡的区域，省府成都也是全国唯一一个建城之后保留至今没有更名和迁移的城市。独特的自然环境、众多的民族、悠久的历史，底蕴深厚的民俗民间文化不仅奠定了四川发展康养旅游的先天基础，而且造就了可参与式的康养体验。从各方面来讲，四川发展康养旅游的条件都非常优越。

（1）康养旅游资源丰富，类型多样

四川省康养旅游资源富集度及类型在全国乃属一流，省内温泉、冰雪、湖泊、溪流、森林、草原、山峰等各类适合康养的自然景观十分齐备。温暖湿润的气候和优质的空气质量，使四川成为全世界植被类型和生物多样性最丰富的地区之一，生存着世界上独有的大熊猫和川金丝猴等，生物多样性实际上是衡量一个区域是否适合生物生存的最基本的要素。同时，四川还是中国排名前三的温泉之乡，首屈一指的中药材生产研发基础，中国道教文化发源地，佛教文化发扬地，彭祖养生文化故土，太极养生起源地，茶文化发源地，成都则是享誉中外的中国休闲之都和美食之都。四川省自然、人文资源有机统一，在全国同类资源中独树一帜，具有开展康养旅游的得天独厚的优势，“老不出蜀”精确地概括了四川省优越的康养生活环境。

（2）康养资源分布极为广泛，称得上处处有景

四川省康养旅游资源分布极为广阔，全川21个市（州）均有康养旅游资源分布。以大凉山—龙门山为界，西部为高原山地，集中了森林、草甸、湖泊、温泉等各种资源，攀西地区更是以优质的空气质量、地热温泉、阳光指数和森林植被及中药材资源被世界认知；东部的四川盆地、丘陵集中了历史上保留下来的各种人文景观

和文化精粹，青城山、峨眉山、彭祖山分别是中国道家文化发源地，佛教文化发扬地，彭祖养生术发源地，成都市是中国休闲文化和饮食文化中心；四川北部秦巴山地森林资源和地热资源丰富，川北的广元市有“中国温泉之乡”的美誉。从气候舒适度来看，四川盆地地区春、秋季适宜康养旅游，川西南山地春、夏、秋季均适宜康养旅游，攀枝花—米易金沙江河谷地区冬季温暖，属于避寒型气候，适宜冬季阳光康养旅游，而川西北高原除高纬度、高海拔地区不适宜旅游外，绝大部分地区夏季凉爽舒适，是典型的避暑型气候。

（3）资源品质优良，康疗功效较强

四川省的空气湿润度，攀西地区的阳光指数，森林植被覆盖率及负氧离子，温泉所含的矿物质及微量元素，中药材资源及养生文化在全国乃至世界均属前列，这种优质的自然及文化康养资源，对亚健康、病患及老年群体具有很强的减压、康体、医疗、养生、养颜、延年益寿等功效；由于位于青藏高原板块、云贵高原板块与横断山系之间，强烈的地壳运动形成了四川省内特殊的地质构造条件和地热资源，以广元、北川、康定、木里一线为界，四川的温泉资源涵盖了西部高原高温地热区、中部中温地热区和东部盆地低温地热区等不同类型，而且四川的地热水资源绝大多数无色、无味、透明，部分因氯化钠或硫酸盐类含量较高而具有咸、涩等味，地热水中普遍含有多种对身体有益的微量元素，部分达到矿泉水标准，具有很高的医疗保健价值和极高的旅游开发价值；川南自贡具有全世界最独特的盐卤养生资源，由于卤水埋藏地接近 1000 米深处，未受化学污染，通过处理后用于沐浴和经加热后产生的气体用于呼吸，可达到调节神经系统各部位，平衡中枢神经系统，改善人体睡眠，缓解疾病的效果，尤其对皮肤疾病、皮肤扩张、风湿性关节炎、高血压患者功效更为显著，原盐卤水用热冷凝水稀释后，可以作为理疗矿泉用水，具有延缓衰老的功效。

（4）景城结合，旅游开发条件较好

四川省一直是国内外知名的旅游胜地，具有世界级旅游资源 5 处，其中包括世界自然遗产地九寨沟、黄龙和大熊猫栖息地；世界文化遗产青城山—都江堰；世界文化和自然双遗产峨眉山—乐山大佛；有包括卧龙、九寨沟、黄龙、亚丁在内的世界生物圈保护区 4 个，还有世界地质公园 2 处。此外，四川省有旅游城市、旅游强县 23 座，成都市是中国最佳旅游城市；省内有国家 A 级旅游景区 374 家，其中包括国家 5A 级旅游景区 10 家、国家 4A 级旅游景区 180 家；国家级森林公园 37 处，湿地公园 24 个。由于旅游资源丰富，四川省各级政府一直十分注重旅游业的发展，并形成了良好的基础。通过不断推进交通和城市等基础设施建设，中国西部综合交通枢纽已经形成。目前四川康养旅游资源富集区大多毗邻知名景区和城市，如峨眉山、青城山、蜀南竹海、西岭雪山等，交通便利，生活设施条件较好，大成都、川南、川西、川东北和攀西皆有康养资源分布且地理和交通区位优势明显。康养资源围绕城市和景点发展，便于促进资源整合，有利于形成一批特色鲜明、体系完备、品牌过硬的康养产业集群。

2. 四川省康养旅游的空间布局

四川省政府高度重视对四川省康养旅游资源的开发，目前已整合了省内的中医药康养资源，规划出一个核心（成都），两大区域（川南和三州地区），三大中心（青城山、峨眉山和攀西旅游区），四大板块（产业文化旅游板块、中医健康养生旅游板块、民族医药生态旅游板块、中药资源科考旅游板块），五条精品线路（“阿坝藏羌医药文化与健康养生探寻”“甘孜藏医药文化与健康养生探寻”“攀西彝族、摩梭医药文化与健康养生探寻”“中医药与佛教、彭祖长寿文化体验”“中医药与道教养生文化体验”）的全域四川中医药健康养生旅游框架。

对于丰富的地热资源，提出了将四川省建成“中国西部国际知名温泉旅游目的地”的目标，提出了“一极带动、七区联动、精品串联”的战略布局，即大成都温泉旅游增长极，大峨眉温泉旅游片区、大川南温泉旅游片区、攀西阳光温泉旅游片区、大九寨温泉旅游片区、香格里拉温泉旅游片区、环贡嘎山温泉旅游片区、大秦巴温泉旅游片区，天府原汤温泉旅游线、巴山蜀道温泉旅游线、禅山竹海温泉旅游线、攀西阳光温泉旅游线、大九寨藏羌风情温泉旅游线、香格里拉康巴温泉旅游线。

得益于丰富的旅游资源、便利的交通基础设施以及政府的高度重视，四川省各地市州也在加紧规划康养旅游相关项目，目前已在成都市、阿坝州、达州市、德阳市、广安市、攀枝花市、宜宾市、泸州市、眉山市、绵阳市、南充市、遂宁市、自贡市、乐山市等14个市（州）建成（或在建）与康养旅游相关的规划项目近百项，涵盖了生态旅游、乡村与休闲旅游、水利与地质公园旅游等各个方面。

3. 四川省康养旅游产品开发情况

一般来说，康养旅游产品可以有三大开发模式：一是特色文化驱动型开发模式。以区域特色文化为基础，打造集康养文化体验、康养教育、休闲度假、养生养老于一体的综合度假区，该类项目的建设需要文化本身具有悠久的历史，且随着时间的沉淀与世代的传承保留着自身的特色，民族、宗教、医药、茶道、饮食、武术、体育及长寿等文化内涵均可成为发展的基础。二是优势资源依托型开发模式。其核心是区域内具有不可复制的先天优势资源，开发具有规模化效应，且其中很多旅游资源本身就具有康养价值，如温泉、冷泉、江河湖泊、森林山地、乡村田园、气候资源、滨海资源等。三是康疗保健植入型开发模式。文化和自然资源不突出的区域，以旅游区现有特色医疗资源为平台或引入国内外医疗资源，打造康复治疗、养生保健、慢病疗养、休闲度假等多功能式度假区，如SPA、中医药保健、中药材种植基地、医疗中心等。

目前我省康养体系产品多样，已经形成了部分有一定规模且具代表性的系列康养旅游产品。具体包括：

（1）阳光康养旅游

主要以攀西地区为代表，依托该区域充沛的阳光、冬暖夏凉的气候、丰富的物产和独特的生态资源，以促进旅游参与者身体健康、精神愉快为目的，以运动、健身、休闲、度假、养生、养老功能为核心，辅之以优美的环境和完善的配套服务设施为保障的创新型、生态型、健康型旅游活动。在发展中主要借鉴美国太阳城养老产品模式和我国台湾地区农庄经济模式，目前已建成以欧方营地和普达阳光两个国际康养旅游度假区为代表的高端康养旅游综合体，涵盖阳光休闲旅游度假区、国际医疗健康管理中心、中医健康养生中心、国际康养理念的 CCRC 社区，以及阳光养生博物馆、五星级旅游度假酒店、大型会议中心、体育运动公园、CSA 模式生态果园和养生产业园等一流配套设施，每年冬季吸引前来长期度假的中老年游客超过 10 万人。

（2）森林康养旅游

森林以山林溪谷为生态本底，具有明显的养生效用。四川省是全国森林大省，拥有森林面积 3.6 亿亩，居全国第 3 位，森林覆盖率 35.7%，高出全国平均水平 14 个百分点；建成自然保护区 123 个，森林公园 129 个。四川是较早在全国探索森林康养旅游发展模式的省份，已经有接近 20 年的森林产业转型之路，因此各地在发展森林康养方面都积累了一定的经验。其中代表性的产品包括以广元、绵阳、巴中、达州为代表的秦巴地区森林、饮食养生康养旅游区，现已成功创建宣汉、苍溪、沐川、鸡冠山 4 个国家级森林公园和江油国家百合公园，创建旺苍大峡谷、章怀山、博美山、纳龙河 4 个省级森林公园，其中建于东汉和帝八年（96），距今有 2000 年历史的宣汉县还提出了“舌尖”康养的特色文化主题；以雅安、乐山为代表的森林茶道养生度假区，该区域内森林覆盖率超过 50%，以素有世界茶文化发源地、世界茶文化圣山美誉的蒙顶山为中心，建设了三万亩生态观光茶园，烟波浩渺的百丈湖、清漪湖，以及新石器遗址、大禹治水遗迹、禅林宝刹、摩崖雕刻、宋代茶马司、世界茶文化博物馆、红军百丈关战役纪念馆等人文景观，是名副其实的绿色世界、天然氧吧和生态宜居区。

（3）乡村康养旅游

四川是“农家乐”的发源地，也是国内最早开展农村休闲旅游的地区。美丽乡村本身就是最理想的养老之地，乡村康养旅游以农业资源环境、农田景观、农业生产活动和农业文化为载体，结合中国传统人与自然和谐的思想，开发无污染、高效、节能、智慧型、体验型的现代农业旅游产品，四川各地现已打造了包括花、果、苗、木在内的既具有生产、经济功能，又具有生活、生态功能的各类旅游区。截至 2015 年，全省有全国休闲农业与乡村旅游示范县 13 个、示范点 24 个，省级乡村旅游示范县（市、区）64 个、省级乡村旅游示范乡（镇）村 748 个，星级农家乐、乡村酒店 3653 家，全国农业旅游示范点 28 个，全国特色景观旅游名镇（村）11 个，乡村旅游在全省旅游总收入中所占比重接近 30%。

（4）文化康养旅游

佛教文化、道教文化、长寿文化以及中国传统茶道文化中包含着丰富的养生理念、修身养性等内涵，能够实现宗教式的超脱出世，以及对关爱、慈悲、温情与宽容的情感需求，使旅游者从心灵上得到抚慰，精神生活及心理世界得到满足。都江堰市作为中国道教圣地、长寿之乡，有着独特的自然本底、健康文化和养生传统——青城山是中国道教发源地，拥有底蕴深厚的青城道养文化。道教创始人张陵在这里留下了绵延 1800 多年的道教养生文化传承。有统计数据显示，都江堰全市人均寿命 79.35 岁，高出全国平均水平 3.72 岁，百岁老人占人口总数的比率超过万分之一，是全国平均水平的 7 倍。这里森林覆盖率达 60%，年均气温 15.2℃，年均降水量 1200 毫米，气候宜人，生态绝佳，空气、水质常年保持国家一级水平，空气负氧离子高达 22000 个/立方厘米，宜人环境让都江堰成为健康养生的天然区域。同时，都江堰在历史上就是医疗资源丰富的城市，不仅涌现了皇甫垣这样的当地名医，而且吸引了药王孙思邈来到都江堰悬壶济世，千古名著《千金翼方》为都江堰留下了中医养生的经典传承。2015 年，都江堰市将旅游与养生结合，提出了用 15 年的时间打造全国首个世界康体养生旅游目的地的目标。

（三）四川省康养旅游产业发展中存在的主要问题

1. 康养旅游资源整合度不高，品牌特色打造不充分

我省拥有丰富的自然生态旅游资源和人文景观资源，可开发的康养旅游资源也极其丰富，尽管已开发的康养旅游产品众多，但总体上讲大多仍属于观光类养生旅游，康养度假旅游开展得不够，没有使游客真正体验到既能“康体”又能“养性”的养生度假游。传统旅游度假区即使自然景观类旅游资源特色一般，只要生态环境好，度假活动丰富，餐饮住宿及服务设施条件较好，也可开发为极具吸引力的旅游度假区。由于目前对康养旅游资源的分类及评价未建立完整的体系，在资源开发利用过程中很难将康养度假区与传统旅游度假区区分开来，造成了养生旅游度假区的特色不足，难以发挥品牌效益。

2. 康养旅游开发规划系统未建立，配套设施建设针对性不强

我省的康养旅游度假区多冠以“养生旅游”和“生态”的名号，但并没有完善规划设计，对用科学的方法指导养生旅游度假区的规划建设，如养生旅游度假区的规划原则、规划布局模式、规划用地类型、规划设施配套、规划景观环境特色等相关问题还未作系统的研究，康养项目的可进入性和安全性达不到要求。从省内设施条件最完备的攀西康养旅游度假区来看，目前用于接待康养旅游度假者的有农家乐、酒店客栈以及高端的养老地产，但其中农家乐、酒店客栈都是临时性用作接待康养群体的，只提供住宿、餐饮服务，没有配套的适应中老年人康养需求的娱乐、休闲等参与性的产品；西昌邛海国际老年社区是攀西地区第一家已经建成并投入运营的专业的、综合性的高端养老地产项目，但其核心养老服务项目也没有配套完

全，目前也只是在住宿、餐饮基础上加入了简单的医疗服务项目。同时所有的农家乐、酒店没有一家有针对老年人设计的无障碍化设施、紧急呼叫系统等，这会给老年人带来很多的不便，也极容易造成安全问题。另外，在软件服务方面，还没有针对老年人的特殊化服务，更没有针对不同老年人群的专业化、个性化服务，忽视了康养群体在医疗、照护、社交、文化等方面的多元化需求，忽视了养老旅游者与本地居民的融合和生活体验功能。

3. 康养旅游开发功能定位不明确，产品设计创新性不强

康养旅游市场以老年人和亚健康人群为主，但也开始呈现出大众化的趋势。但是由于对养生旅游的客源市场缺乏细分，产品开发意识不强，结构单一，造成了养生旅游产品雷同的问题。如市场上多流行温泉养生度假、森林养生度假、休闲养生度假等传统度假产品，特色康养旅游度假产品创新不足；很多地方还没有转变观念，没有为老年人服务的意识，旅游线路和产品还是延续着以往旅游观光产品的内容，并未真正融入养老养生的实质，没有明确区分不同类型旅游者的需求，缺乏真正有核心主题价值的产品，康养旅游产品粗化、泛化，无法满足旅游者个性化、特色化的需求。

4. 宣传营销不到位，市场知名度低

全省只有攀枝花市将阳光康养作为一个旅游主题进行宣传营销，但宣传力度还比较小，宣传的途径也比较单一，基本上都是政府通过报纸或旅游论坛等形式进行推介，市场广告效应并不明显，省内其他地区目前还没有真正把康养旅游作为主题进行宣传营销。虽然四川省基础条件非常好，但宣传营销还不到位，市场知名度比起海南三亚和广西北海、巴马等地还非常小，在旅游市场上对四川的市场认知度均还处于自然观光的形象阶段。

5. 康养专业旅游市场管理不规范，服务人才队伍缺乏

与其他旅游产业相比，康养旅游产业才刚刚起步，整个产业缺少统一的行业规范和准则，还有待于建立起一个规范有序、公平竞争、和谐统一的市场体系。康养旅游产品如医药养生本身具有一定的专业性，消费者对产品的认知有限，部分景区以假乱真、以次充好、虚假宣传、价格欺诈等侵害消费者利益的现象时有发生，以中老年人为主体的康养群体对这类行为尤其敏感，这不仅影响我省的旅游形象，同时也会阻碍康养旅游市场的开拓和壮大。另外，康养旅游对服务人员的专业要求更高，他们既要懂得专业的养生知识，又要懂得旅游服务的相关技能。虽然目前国内不论在旅游领域还是生活领域都流行养生热潮，但是省内各地农家乐、酒店客栈服务人员绝大多数专业素养较差，专业的养生服务人才仍然十分缺乏。

（四）促进四川省康养旅游产业健康发展的政策建议

受国家顶层设计的推动、消费市场的刺激，康养旅游已经成为我国各级政府及管理部门的重要布局方向。在“健康中国”背景下，一系列利好政策纷纷出台。但

必须看到，作为一种新兴业态，康养旅游产业的发展还需要一个逐渐成熟和成长的过程，必须要依靠各级政府和市场、企业的合力，才能带动产业蓬勃健康有序地发展。

在宏观层面上，需要政府加强引导和规划，制定有利于促进不同区域之间协调发展的战略方向和措施，维持市场秩序，避免不利于市场发展的恶性竞争或不公平竞争；在微观层面，需要企业实施整合营销策略，通过细分市场确定市场定位，通过完善服务建设富有竞争力的品牌。

1. 规划先行，从全域化视角出发，通过重点区域和品牌建设形成四川省康养旅游的核心竞争力

康养旅游的开发建设需要特定的条件。对康养旅游目的地的选择、建设和发展来说，环境是第一位的资源，区位和交通是重要的制约因素，设施、产品和服务是制胜法宝，三个层次构成一个逻辑整体。

从四川省各地的实际情况来看，青城—峨眉地区文化特色突出，攀西地区资源优势不可复制，大成都范围内医疗资源集中，而且这几个区域交通区位以及生活基础条件较好。省内其他区域虽然资源齐备，但相互之间资源类似度高，康养主题不明显，有些地区资源有特色但交通生活条件不便，或是资源分布零散，整合开发成本高。在当今康养旅游成为热点之时，省级相关组织和领导部门必须保持相对冷静的态度，通过全方位的调查研究，制定适合我省各地区实际的发展规划，有重点、有步骤、有计划地实施康养发展战略。在市场发展初期，应集中有限资源着力发展几个重点区域，通过构建相对完善的产品和服务组合，培育四川康养旅游主打品牌和特色品牌，吸引和带动更多的省外、境外消费者了解和参与四川康养旅游。

省内各地目前均提出要大力发展康养旅游，此时要特别注意可能会出现“康养旅游”一哄而上的现象，在建设过程中应首先强调质的提升而不是量的扩张。特别是要避免某些地方政府和企业可能在原有基础上经过简单包装就提出各种“康养旅游”项目，或是部分企业以“康养旅游”为名目大搞“圈地运动”，这不仅极易造成省内各市州之间、各景区之间的恶性竞争，而且盲目开发可能导致我省原本脆弱的自然生态遭到进一步破坏或引起替代性竞争，不利于全省康养旅游市场长期的规范化、可持续发展。

2. 因地制宜，结合区域资源实际研判康养旅游发展方向，通过围绕乡村旅游构建“康养+”产品作为四川康养旅游发展的基石

康养旅游产品应该遵循旅游发展规律和旅游市场的需求，分层次和成体系科学地打造，满足多层次的康养旅游市场需求。结合康养旅游产品开发条件，可以将其分为高、中、低端三类：其中低端产品可以环境美化、自然观光、美丽乡村为主，打造“养眼”的观光系列基础产品；中端产品可以健康养生、运动康体等为主，打造“养身”的休闲系列重点产品；高端产品则应以历史文化、少数民族文化、宗教

文化等为主，打造“养心”的文化系列特色产品。从产品配置角度讲，低中端产品是市场发展的基础，而高端产品则是市场发展的形象。

对省内各级地方政府而言，在资本和财政投入有限的情况下，应审慎度量本地区的自然资源和人文资源，明确可以依托现有资源开发的康养旅游产品体系，再适当引入对政府资源无依赖的技术手段与方法等，促进本地康养旅游产业的发展。四川是我国的农业大省，过去20年间通过美丽乡村建设，农村的基础设施得到了极大的改善，生态环境和山水资源优势显现，乡村旅游在我省有着良好的发展基础和经验，省内消费者对乡村旅游已经形成了一定的消费习惯。通过把美丽乡村建设与康养相结合，围绕乡村旅游构建一系列“康养+”模式，推进康养旅游与现代休闲农业融合，可以充分利用现有资源而无须过多的投入，既能够持续不断地提高农业和农民的经济水平，而且容易形成康养旅游多点开花的局面，有利于促进区域旅游业向度假旅游发展转型，形成区域性康养旅游产业集群。

但需要注意的是，旅游业发展到今天已经不能只是简单地迎合市场需求，而应该制造潮流，引导潮流。因此基于乡村休闲的康养旅游目的地同样需要不断丰富自身的内涵，各地可以利用现有基础，并借鉴已有的成果和经验，从“食住行游购娱”等各要素角度出发，采用组团式的发展思路，打通全链条的农村康养旅游体系，打造具有自身特色的乡村康养旅游服务项目。

3. 强化环境意识，以维持生态系统和环境承载力为首位，对规模化的康养项目实施严格的开发、建设和管理评估制度

康养旅游本身就是特色鲜明的具有康体养生性质的高端旅游，失去了环境要素，康养旅游产业就会成为无源之水。环境保护意识对康养旅游的可持续性起着至关重要的作用，在开发、建设和管理过程中必须贯彻绿色、低碳、环保思想。康养旅游资源大部分都属于不可再生资源，因此在市场管理方面，与其他市场尽量放开政府管制不同，康养旅游行业必须建立绿色低碳制度，采取相对严格的准入和执行标准。

在康养企业行业准入和建设过程中建立并全面执行环境评估制度，依据生态环境承载力的空间差异，确定不同康养旅游区域的开发强度，尽可能减少康养旅游开发对地表水、空气、植被、地形地貌的影响，减少人为因素对生态环境造成的破坏，确保旅游开发项目不会对自然环境产生不良影响；在项目运行过程中，政府同样需要加强对康养旅游区环境的监督管理。应建立康养旅游区生态环境质量评价指标体系和环境卫生标准，并以此规范和指导企业机构的经营行为；建立常规的环境卫生监督检查机制，通过严格执行和遵守国家的各项法律法规，以多种途径和形式深入宣传环境保护意识，在全社会形成支持康养旅游区生态环境保护的良好氛围，确保生态系统和康养旅游两者之间的良性循环和可持续发展。

4. 培育产业要素，创新康养旅游公共服务，维护有利于康养旅游长远发展的市场秩序

和一次性的观光旅游相比，康养旅游群体的特殊性以及重复消费的特征决定了消费者高度重视产品和服务的质量及性价比。在康养旅游过程中，影响消费者选择的因素除了自然环境之外，还包括项目本身的设施、产品和服务内容及组织管理水平等，而这些因素都是可以通过人为干预决定的。当然，从市场角度来看这些均属于企业自我经营管理的范畴。但就一个区域的产业发展和培育而言，在加大外部软件环境及制度建设力度、完善交通网络和各种配套基础设施等方面，政府仍然大有可为。

康养旅游的目标人群以老年人、病弱者为主，对专业性的人才队伍、通畅的旅游信息渠道要求比较高，对安全保障和市场秩序较普通游客更为敏感。在康养旅游发展的初期，政府应致力于完善有助于市场发展的制度和环境建设，理顺康养旅游中的管理关系，按照国家相关标准对企业提供的产品、服务及无障碍设施等进行适度监管，建设旅游信息咨询和投诉、旅行安全保障以及旅游标识系统等便民惠民服务体系；建立稳定的康养旅游人才培养机制，科学的人才测评体系和从业资格制度，鼓励和带动综合型人才进入康养旅游队伍，提高康养旅游从业人员的专业技能和服务水平；加强旅游网络信息化建设，通过搭建康养产业发展平台，利用各种传统渠道和移动互联网，深入宣传全面健康观念，对康养旅游目的地进行全媒体的推广，提高本地康养旅游的认知度；实行智能化网络管理，规范行业发展秩序，做好社会治安管理，切实保障康养旅游群体的合法权益，减少客户的后顾之忧。

五、结语与展望

消费者对终端产品和服务的需求是影响产业发展的原动力，康养产业发展受到总体人口结构变动的影响远大于其他产业。从人口和社会经济发展的宏观趋势来讲，我国康养产业有着广阔的发展前景和快速增长规模。

然而，现阶段老年人收入水平总体较低，消费观念尚未转变，政府在宏观管理和制度、企业在市场研究和开发等方面都还于处于不断的摸索过程中。康养市场上供求双方还不成熟，反映出当前我国、我省康养产业仍处于发展初级阶段的基本事实，在市场上则表现为总量规模大但单体规模小、产业间横向合作和融合程度低、供求结构不均衡等阶段性特征和问题。随着生长在改革开放和市场经济环境下的第一代人①（以 1965 年前后出生时间为界）进入老龄化阶段，中国将在 2025 年以后迎来康养产业发展的高峰期和黄金阶段。

---

① 生活在市场经济环境下，意味着未来老年人口的收入水平、生产观、消费观与现阶段生活在传统计划经济背景下的老年人会截然不同；同时，这也是中国第一代独生子女家庭的父母，其家庭观和养老观也会发生根本转变，从而会成为中国康养市场上的第一代成熟消费者。

康养产业之所以被认为是一个庞大的、在国民经济发展和结构变动中起重要作用的产业，除了日益增长的老年人口本身外，更关键的在于人口老龄化将从根本上重塑年轻社会形成的产业结构和产业体系，并从客观上要求第一、二、三产业做出相应的战略性调整。康养产业涉及内容广泛，行业众多，不同行业之间产品和服务的性质差异很大，需求弹性各有不同，其中有些甚至是关系到公民基本生存权利的行业。在这种情况下，笼统地研究、管理、制定产业政策和推动康养产业发展是不现实的，也是不科学的。特别是在市场发展初期阶段，有效地对康养产业进行科学的分类、统计，分门别类地制定市场游戏规则和市场评价标准，从战略、规划、立法的高度制定适合产业发展的政策措施，创造有利于市场竞争的环境是政府最主要的任务，也只有在明确的制度约束和激励的双重作用下，才有利于快速有效地发展和培育产业组织，有利于构建符合市场规律的产业结构，有利于更多企业加入并从市场发展的角度实施企业发展策略，最终形成有效的市场供给和市场需求，并促进整个康养产业进入良性发展轨道。

（四川省统计局　西南交通大学）

附录

附录1　四川省养老机构管理人员访谈提纲

访谈对象基本信息		
年龄：	性别：	职务：
访谈内容		
1. 你们机构的性质是什么？ 2. 你们养老机构目前的老人数量、床位数量是多少？ 3. 你们的工作人员有多少？护工有多少？ 4. 护工的来源、性别年龄、文化程度是怎么样的？持证上岗的护工有多少？ 5. 谈谈目前你们养老机构的护工情况（工资、待遇、培训）。 6. 你们养老机构为老人提供哪些服务？ 7. 老人能够在你们的养老机构中看病吗？看病之后医疗费用能够报销吗？ 8. 当老人发生重大疾病时，你们的保障措施有哪些？ 9. 你们养老机构的收费标准是怎样的？ 10. 目前政策规定的相关补贴和减免你们机构能够享用吗？如果不能，是什么原因？ 11. 你觉得在目前养老机构发展的过程中遇到的问题有哪些？你心中有没有相应的解决措施？ 12. 你希望政府或者社会为机构养老的发展做一些什么？		

附录 2　四川省老年人访谈提纲

访谈对象基本信息		
年龄：	性别：	
访谈内容		
1. 您来自农村还是城市？ 2. 您的最高学历是什么？ 3. 您平均每月的收入是多少？ 4. 您家有几个孩子？ 5. 目前您跟谁一起居住？ 6. 您听说过机构养老和养老机构吗？ 7. 如果让您入住养老机构，您愿意吗？ 8. 您觉得目前成都市的养老机构怎么样？ 9. 您的身体状况如何，有慢性病吗？ 10. 如果您入住养老机构，您希望得到哪些服务？ 11. 如果您入住养老机构，您最多愿意支付多少费用？		

附录 3　成都市养老机构服务质量调查问卷

您好：

我是西南交通大学的研究生，目前正在进行一项有关成都市社区微型养老机构服务质量的问卷调查。本次调查采取匿名方式进行，严格遵照国家相关法律法规对您的信息予以保密，请您如实填写，感谢您的配合！

注：请在与您实际情况相符的选项处打“√”，谢谢！

一、个人基本情况

Q1. 您的性别是

A. 男　　B. 女

Q2. 您的年龄是

A. 60 岁以下　　B. 60～69 岁　　C. 70～79 岁　　D. 80～89 岁

E. 90 岁以上

Q3. 您的文化程度是

A. 不识字或很少识字　　B. 小学　　C. 初中

D. 高中　　E. 大专　　F. 本科

Q4. 您的健康情况

A. 健康无疾病　　B. 基本健康患慢性病

C. 患有多种疾病　　D. 常需住院治疗

Q5. 您的自理状况是

A. 生活能自理　　B. 生活半自理　　C. 生活完全不能自理

Q6. 您的配偶情况是

A. 有配偶　　B. 丧偶　　C. 未婚　　D. 离婚

Q7. 您有______个子女，其中儿子有______个

A. 0个　　B. 1个　　C. 2个　　D. 3个及以上

Q8. 您入住养老机构前的居住方式是

A. 独居　　B. 与配偶一起单独生活

C. 与子女一起共同生活　　D. 其他

Q9. 您目前的收入（元）情况是

A. 999元以下　　B. 1000～1999元　　C. 2000～2999元　　D. 3000～3999元

E. 4000元以上

Q10. 您目前主要的生活来源是

A. 政府救济　　B. 子女供养　　C. 退休金　　D. 配偶供养

E. 租金、利息、存款　　F. 保险　　G. 其他

二、机构养老服务质量

说明：以下问题的选项中分为很好、比较好、一般、比较差、很差五个水平，请您根据实际情况进行评价，并在相应的选择上画"√"。

维度	评价题目	期望值					实际感知值				
		很好	比较好	一般	比较差	很差	很好	比较好	一般	比较差	很差
有形性	YX1 基本生活设施（如桌椅、电器等）配备情况	5	4	3	2	1	5	4	3	2	1
	YX2 具有完备医疗设施配备情况	5	4	3	2	1	5	4	3	2	1
	YX3 提供户外休闲活动和场所情况	5	4	3	2	1	5	4	3	2	1
	YX4 提供膳食的品种、口感等情况	5	4	3	2	1	5	4	3	2	1
	YX5 室外绿化环境情况	5	4	3	2	1	5	4	3	2	1
	YX6 室内卫生环境情况	5	4	3	2	1	5	4	3	2	1
	YX7 护理人员个人卫生、衣着洁净情况	5	4	3	2	1	5	4	3	2	1
	YX8 收费价格合理公开情况	5	4	3	2	1	5	4	3	2	1
可靠性	KK1 养老机构声誉情况	5	4	3	2	1	5	4	3	2	1
	KK2 机构记录老人资料准确、完整程度	5	4	3	2	1	5	4	3	2	1
	KK3 机构按时提供日常服务情况	5	4	3	2	1	5	4	3	2	1
	KK4 机构完成所承诺服务情况	5	4	3	2	1	5	4	3	2	1
	KK5 当您遇到困难时机构和护理人员的重视和解决的情况	5	4	3	2	1	5	4	3	2	1

续表

维度	评价题目	期望值					实际感知值				
		很好	比较好	一般	比较差	很差	很好	比较好	一般	比较差	很差
响应性	XY1 机构告知老人其所提供的服务	5	4	3	2	1	5	4	3	2	1
	XY2 护理人员为您提供基础护理服务合格情况	5	4	3	2	1	5	4	3	2	1
	XY3 护理人员积极主动提供服务和帮助情况	5	4	3	2	1	5	4	3	2	1
	XY4 您需要等待护理人员的时间长短（即护工的快速反应情况）	5	4	3	2	1	5	4	3	2	1
保证性	BZ1 护理人员热情、耐心、周到程度	5	4	3	2	1	5	4	3	2	1
	BZ2 护理人员具有护理专业知识和技能情况	5	4	3	2	1	5	4	3	2	1
	BZ3 护理人员提供的服务让您觉得安全的程度	5	4	3	2	1	5	4	3	2	1
	BZ4 护理人员值得信赖的程度	5	4	3	2	1	5	4	3	2	1
移情性	YQ1 机构始终维护您的权益及尊严情况	5	4	3	2	1	5	4	3	2	1
	YQ2 机构根据不同的老人提供不同的服务情况	5	4	3	2	1	5	4	3	2	1
	YQ3 护理人员为您提供个性化服务情况	5	4	3	2	1	5	4	3	2	1
	YQ4 机构提供的服务符合您需求情况	5	4	3	2	1	5	4	3	2	1
	YQ5 护理人员对您的尊重程度	5	4	3	2	1	5	4	3	2	1
	YQ6 提供与您聊天交流、心理沟通等精神慰藉服务情况	5	4	3	2	1	5	4	3	2	1

调查到此结束，感谢您的配合，祝您健康长寿！

附录 4　康养产业市场规模预测的反馈回路设计与子系统

市场需求子系统

Dt＝INTEG（Dt－1，AR，IN，Pn，RT，D0，WF）　①

市场供给子系统

St＝INTEG（SR，St－1，GDP，IN，P0，Pn，RT，S0）　②

老年人口数量子系统

AR＝F（FR，DR，BR，TP）　③

产业投资规模子系统

RT＝INTEG（IG，G0，GDP，Pn，S）　④

其中，Dt 表示产业市场需求量，AR 表示老龄人口比重，IN 表示收入水平变动，P 表示市场平均价格，WF 指社会福利政策变量，RT 是产业投资增速，St 表示产业市场供给量，SR 表示市场供给增速，RT 代表产业投资变化率，GDP 反映国内生产总值，FR 表示育龄妇女生育率水平，DR 代表人口死亡率，BR 表示人口出生率，TP 代表总人口，IG 代表产业投资变动总量，G0 反映产业基期投资数量，INTEG 代表系统动力学中的水平方程，下标分别代表不同时期。

方程①反映产业市场需求随着时间推移，受老年人数量增加、收入变动、市场价格水平、产业投资变动影响的总体变化累进值，其中价格和投资水平对市场需求具有双向影响。

方程②反映市场供给水平的变化情况，产业投资额、老年人的消费水平、国内生产总值、人均收入、老年人口数量等各因素均会对其产生影响，当然反过来当期供给也会对未来上述各变量产生影响。

方程③代表人口存活转移矩阵模型，主要用于预测未来老龄人口的数量变动，反映产业市场发展的潜在需求；

方程④主要反映产业投资规模与市场价格、收入、市场供给状况之间的双向影响关系。

在整个系统中，由出生率与死亡率决定的总人口数、产业投资总额是动力学模型的状态变量，它们分别是市场需求的人口基础和产业持续发展的经济动力，反映康养产业可持续发展的宏观经济支撑。其他变量（人均收入、价格水平、社会福利水平等）则是控制变量，其变化与国家相关政策密切相关，并最终影响康养产业总体的供给与需求状况。

附录 5　养老服务市场评价指标主成分解释方差

成分	初始特征值			提取平方和载入			旋转平方和载入		
	合计	%	累积%	合计	%	累积%	合计	%	累积%
1	14.267	52.839	52.839	14.267	52.839	52.839	6.017	22.287	22.287
2	1.519	5.625	58.464	1.519	5.625	58.464	4.692	17.379	39.666
3	1.056	3.912	62.376	1.056	3.912	62.376	3.581	13.265	52.931
4	1.003	3.714	66.091	1.003	3.714	66.091	3.553	13.160	66.091
5	0.893	3.309	69.400						
6	0.858	3.178	72.577						
7	0.798	2.954	75.532						
8	0.770	2.850	78.382						
9	0.635	2.351	80.733						
10	0.589	2.182	82.915						

续表

成分	初始特征值			提取平方和载入			旋转平方和载入		
	合计	%	累积%	合计	%	累积%	合计	%	累积%
11	0.526	1.948	84.863						
12	0.465	1.721	86.584						
13	0.427	1.581	88.165						
14	0.396	1.465	89.630						
15	0.365	1.351	90.981						
16	0.353	1.307	92.287						
17	0.302	1.120	93.408						
18	0.283	1.048	94.455						
19	0.259	0.959	95.414						
20	0.236	0.873	96.287						
21	0.199	0.738	97.025						
22	0.183	0.679	97.704						
23	0.168	0.622	98.327						
24	0.150	0.554	98.880						
25	0.113	0.418	99.298						
26	0.096	0.354	99.652						
27	0.094	0.348	100.000						
提取方法：主成分分析									

附录 6　旋转成分矩阵 a 值

指标	成分			
	1	2	3	4
XY3	0.769	0.199	0.294	0.173
XY2	0.733	0.288	0.130	0.089
KK5	0.659	0.224	0.395	0.315
XY4	0.629	0.308	0.325	0.260
BZ1	0.623	0.142	0.117	0.504
BZ4	0.616	0.414	0.078	0.289
BZ2	0.568	0.418	0.421	0—. 116
YQ5	0.547	0.180	0.431	0.361

续表

指标	成分			
	1	2	3	4
XY1	0.531	0.408	0.162	0.410
KK2	0.484	0.423	0.378	0.367
YX8	0.475	0.318	0.205	0.337
YX5	0.113	0.816	0.106	0.113
YX2	0.333	0.688	0.348	0.119
YX6	0.268	0.646	0.075	0.427
YX3	0.309	0.640	0.229	0.227
YX4	0.300	0.619	0.438	0.266
YX1	0.446	0.578	0.077	0.322
YX7	0.381	0.439	0.383	0.408
BZ3	0.059	0.408	0.705	0.028
YQ3	0.409	0.030	0.610	0.320
YQ6	0.476	0.247	0.564	0.317
YQ2	0.511	0.075	0.549	0.310
YQ4	0.465	0.262	0.536	0.402
KK1	0.288	0.196	0.137	0.660
KK3	0.031	0.334	0.386	0.626
YQ1	0.466	0.163	0.098	0.547
KK4	0.168	0.475	0.366	0.511
提取方法：主成分分析 旋转法：具有 Kaiser 标准化的正交旋转法				
a. 旋转在 10 次迭代后收敛				

附录 7　养老机构服务质量评价指标的判断矩阵

附表 1　养老机构服务质量评价指标权重的判断矩阵

	S1	S2	S3	S4	W
S1	1	2	3	3	0.4622
S2	1/2	1	2	2	0.2668
S3	1/3	1/2	1	1	0.1433

续表

	S1	S2	S3	S4	W
S4	1/3	1/2	1	1	0.1433
一致性检验：λmax=4.0104　*CI*=0.0035　*RI*=0.90　*CR*=0.0039<0.10					

附表 2　响应性判断矩阵及一致性检验 S1

	N1	N2	N3	N4	N5	N6	N7	N8	N9	W
N1	1	1/5	1/3	3	1/5	1/2	1/4	2	2	0.0685
N2	5	1	3	1/2	1	3	2	1/2	2	0.1615
N3	3	1/3	1	2	1/3	1/2	3	1/2	4	0.1143
N4	1/3	2	1/2	1	3	1/2	1/2	2	2	0.1058
N5	5	1	3	1/3	1	3	2	1/2	3	0.1616
N6	2	1/3	2	2	1/3	1	1/2	3	3	0.1235
N7	4	1/2	1/3	3	1/2	2	1	3	1/2	0.1143
N8	1/2	2	2	1/2	2	1/3	1/3	1	1/2	0.0839
N9	1/2	1/2	1/4	1/2	1/3	1/3	2	2	1	0.0658
一致性检验：λmax=9.5576　*CI*=0.0697　*RI*=1.45　*CR*=0.0481<0.1										

附表 3　有形性判断矩阵及一致性检验 S2

	N10	N11	N12	N13	N14	N15	W
N10	1	1/3	1/2	1/2	1/2	1/3	0.0745
N11	3	1	2	2	2	1	0.2580
N12	2	1/2	1	1/2	2	1/2	0.1353
N13	2	1/2	2	1	1/2	1/2	0.1353
N14	2	1/2	1/2	2	1	1/2	0.1353
N15	3	1/2	2	2	2	1	0.2580
一致性检验：λmax=6.2638　*CI*=0.0528　*RI*=1.24　*CR*=0.0425<0.10							

附表 4　移情性判断矩阵及一致性检验 S3

	N16	N17	N18	N19	N20	W
N16	1	3	1	4	1/3	0.2028
N17	1/3	1	1/3	3	1/4	0.0935
N18	1	3	1	4	1/3	0.2028

续表

	N16	N17	N18	N19	N20	W
N19	1/4	1/3	1/4	1	1/5	0.0514
N20	3	4	3	5	1	0.4343
一致性检验：λmax=5.2002　*CI*=0.5000　*RI*=1.12　*CR*=0.0447<0.10						

附表 5　可靠性判断矩阵及一致性检验 S4

	N21	N22	N23	N24	W
N21	1	1/2	1/2	1/2	0.1390
N22	2	1	1	1/2	0.2338
N23	2	1	1	1/2	0.2338
N24	2	2	2	1	0.3933
一致性检验：λmax=4.0604　*CI*=0.0201　*RI*=0.90　*CR*=0.0224<0.10					